THE GOLDEN BOUGH

A STUDY IN MAGIC AND RELIGION

金枝篇

呪術と宗教の研究

第7巻

穀物と野獣の霊［下］

J.G.FRAZER

J・G・フレイザー

神成利男
訳

石塚正英
監修

国書刊行会

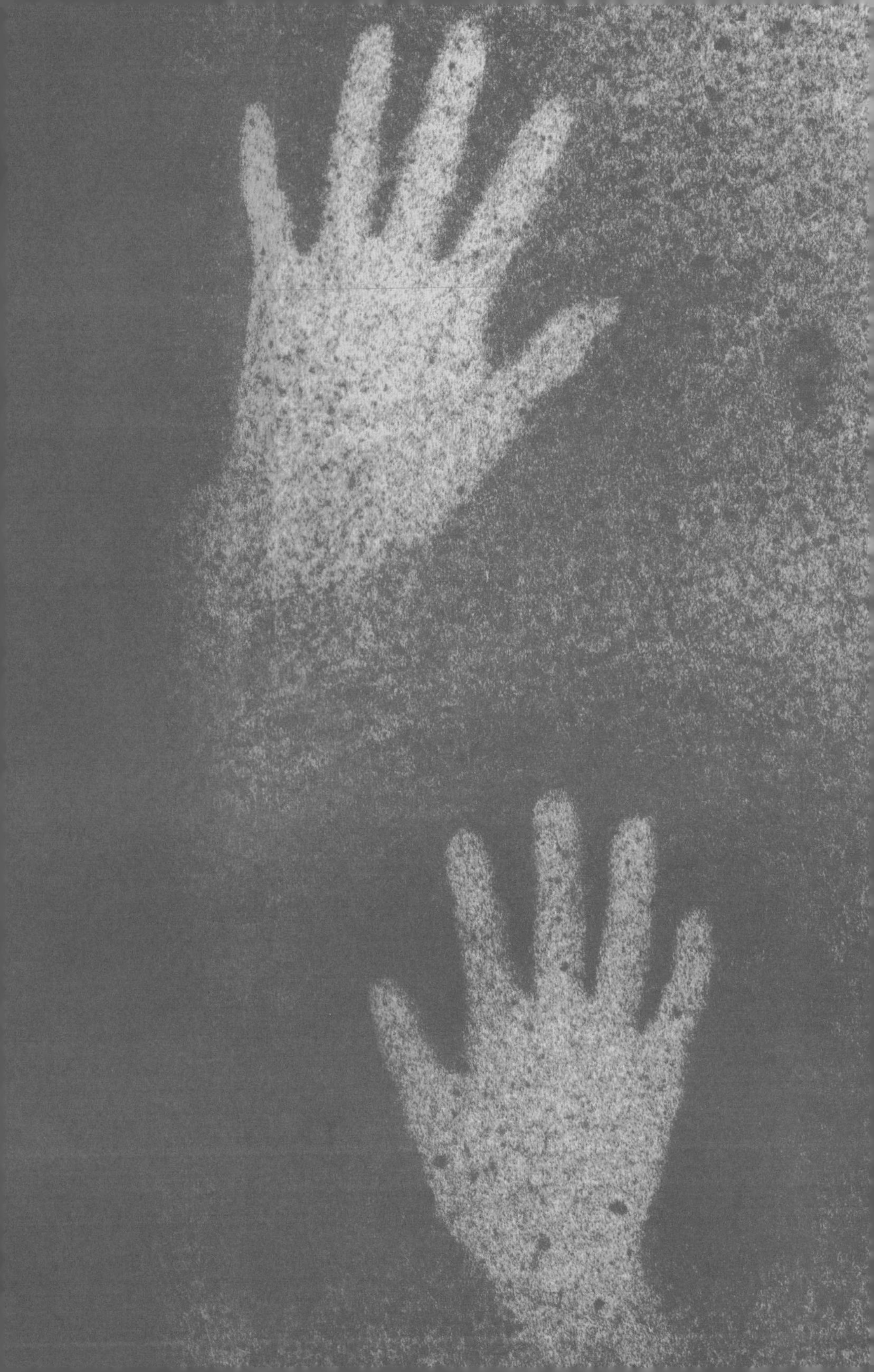

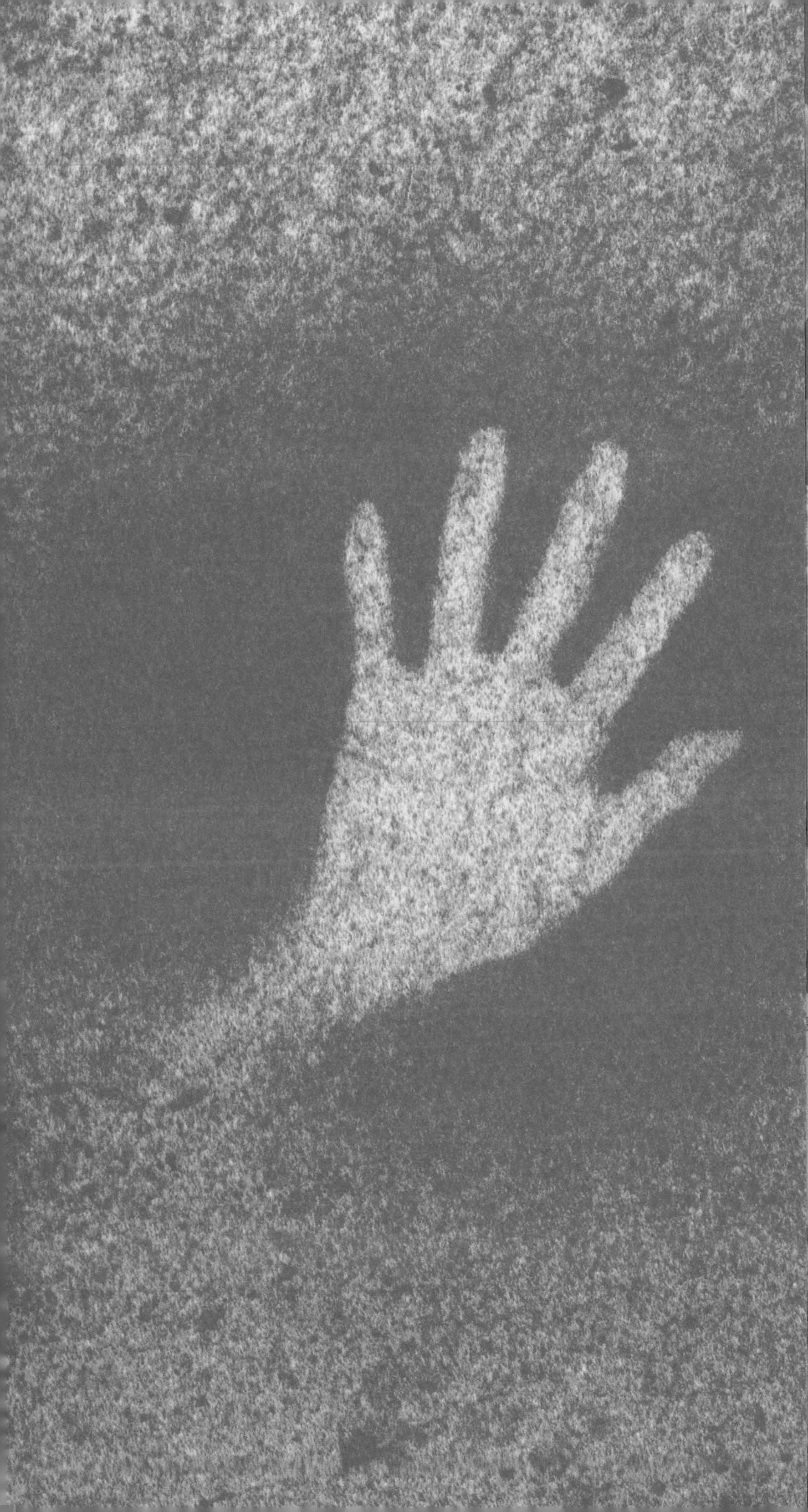

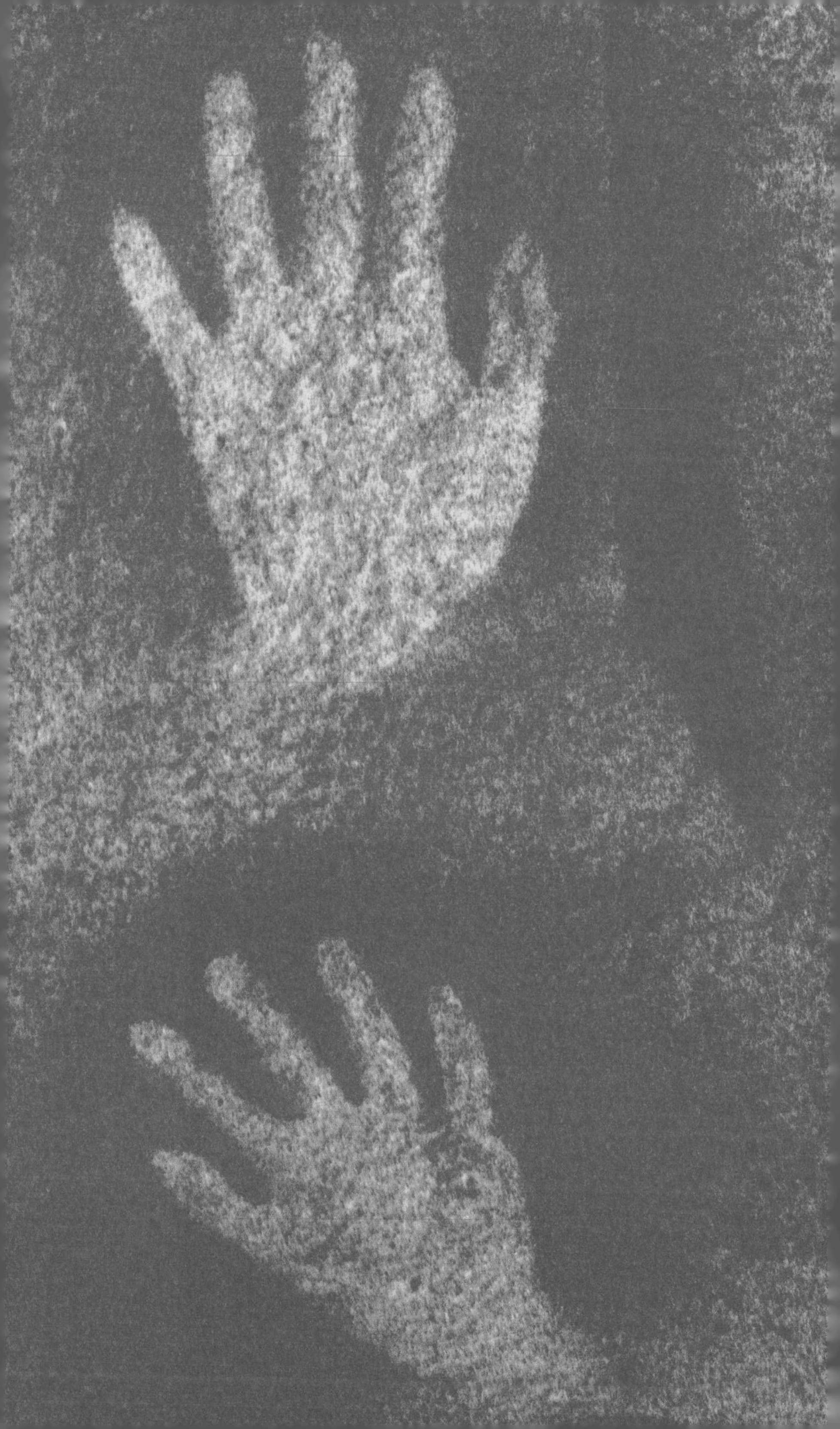

J・G・フレイザー―金枝篇　呪術と宗教の研究――第七巻

第五部——穀物と野獣の霊（下）——

神成利男訳

金枝篇　第七巻——目次

第九章　動物としての古代植物神……19

1　**山羊と雄牛のディオニュソス**

山羊としてのディオニュソス。パン、サテュロス、シレノスとの結び付き(19)　山羊の姿をした森の霊(20)　ディオニュソスの化身たる雄牛は、植物神としての性格の表現(21)　ゼウス・ポリエウスに対するアテナイの雄牛供犠、ブポニアは穀物霊の表現(21)　マグネシアにおけるゼウス・ソシポリスに対する雄牛供犠は穀物霊の化身(22)　男女双方としての穀物霊についてのギリシアの観念(23)　ギニアにおける穀物霊の化身としての雄牛(24)　中国における(24)　カシュガルとアンナンにおける(25)　中国の皇帝による例年の耕作開始(26)　中国の慣習とエレウシス他の土地における農耕祭儀との類似(26)　ディオニュソス祭儀において生きた動物を引き裂くこと(27)

2　**豚や馬としてのデメテル**

豚とデメテルの結合(27)　テスモポリア祭における豚(27)　テスモポリア祭のヨーロッパ北部の民俗慣習との類似(29)　馬の頭をしたピガレイアのデメテル(29)

3　**アッティス、アドニスと豚**

アッティスと豚(30)　アドニスと猪(30)　ヒエラポリスにおける豚の曖昧な位置(30)　ユダヤ人の豚に対する態度(31)

4　**オシリス、豚、雄牛**

古代エジプト人の豚に対する態度(31)　オシリスと月に対する例年の豚の供犠(31)　聖なる動物を食べると皮膚病、特にハンセン氏病に罹るという信仰(32)　聖なる物に触れるだけでも危険とされ、一種の消毒を必要とする(32)　恐らく豚は最初は穀物神オシリスの化身と見なされたが、後代にはその敵テュポンの化身と見られた(34)　穀物畑を荒らしたことが猪が穀物霊の敵と見られた理由(35)　例年の豚殺しは年に一度オシリス殺しを演じること(36)　エジプトの赤い雄牛と赤髪の男の供犠(36)

聖なる雄牛アピスとムネウィスに同一視されたオシリス（37）　古代エジプトにおける宗教の三大類型の層化（37）　特定の社会類型に対応する宗教階層について（37）　遊牧民の信仰の例、ディンカ人とヌエル人の家畜への畏敬（38）

5　ウィルビウスと馬

ウィルビウスがヒッポリュトスと見なされて馬に殺されたという伝説、馬を聖なるアリキアの森から追放する慣習（40）　アテナイでは山羊はアクロポリスから追放されていたが、年に一度犠牲にされた（40）　例年、十月のローマで犠牲にされた馬は穀物霊の具現化（41）　ヨーロッパ北部の収穫慣習との類似（42）　聖所から馬を追放する他の例（42）　アリキアの森から馬を追放する理由は不明確である（43）

第十章　神を食べること……………………………………………………45

1　初収穫物の聖餐

新穀を穀物霊の身体として聖餐にする（45）　ヴェルムランドの慣習（45）　新穀を食べる際の古いリトアニアの祭儀（46）　新穀や新ジャガイモを食べる際の現代ヨーロッパの祭儀（46）　新穀を食べる際の異教徒のチェレミス人の祭儀（47）　新しい穀物を食べる際のアイヌの祭儀（47）　新しいパンの実やヤムイモを食べる際のリーフ島のメラネシア人の祭儀（48）　新しいヤムイモを食べる際のニューカレドニア人の祭儀（48）　ブル島やセレベス島での新米を食べる際の祭儀（48）　セラム島とボルネオ島における新米を食べる際の祭儀（49）　インドにおける新米を食べる際の祭儀（48）　チャム人が耕作、蒔き付け、刈り取り、新米を食べる際に行う祭儀（50）　ニジェール川沿岸のオニチャにおける新しいヤムイモを食べる際の祭儀（51）　トーゴランドの黒人エウェ人の間における新しいヤムイモを食べる際の祭儀（51）　アシャンティ人における新ヤムイモ祭（53）　クマシとベナンにおける新ヤムイモ祭（54）新しいシコクビエを食べる際にナンディ人が行う祭儀（54）　ナタールやズールーランドのカフィール人の間の新穀祭（55）　ズールー人の祭典の無礼講的性格（55）　ズールー人の王の例年の王権放棄は恐らく王を焼く慣習の名残（57）　新穀を食べる前にベチュアナ人が行う祭儀（57）　新穀を食べる際にマタベレ人が行う祭儀（58）　初物の果実を食べる際にオヴァンボ人が行う祭儀（58）　新トウモロコシを食べる前にボロロ先住民の行う祭儀（58）　ブスクすなわち北米のクリーク先住民における新収穫物祭（58）　ユーチ先住民における新穀祭（60）　セミノール先住民の青トウモロコシ踊り（61）　ナチェズ先住民における新穀祭(61)　季節初の野生の液果や根を食べる前にセイリッシ先住民、トンプソン先住民が行う祭儀(63)　新穀を食べる際に行う祭儀は、植物は精霊により生命を与えられており、その霊を宥めなければならないという観念に基づいているように思われる(64)　初収穫物の神聖性(65)　食べた者の胃の中で聖なる食物と不浄な食物が一緒になるのを防ぐ配慮(65)　初収穫物の聖餐式は時に神や霊に対する初収穫物の供犠と結び付いた(66)

2　アステカ人の間において神を食べるということ

ウィツィロポチトリまたはウィツィリプツトリ神の生パンの呪像を聖餐として食する慣習(67)　化体説はバラモンによって教えられた(68)　ウィツィロポチトリ神の呪像を殺して食べる慣習(69)　生パンの像を食べるメキシコの慣習(69)　テスカトリポカ神の化身である男を殺して食べるメキシコの慣習(70)　メキシコのウィチョール先住民と南インドのマラ人における神像を聖餐として食する慣習(70)　聖母の像を食べるヨーロッパの慣習(71)

3　アリキアにおける多くのマニアエ

マニアエと呼ばれるパンがアリキアで焼かれた(71)　ローマのコンピタリア祭ではマニアすなわち〈亡霊の母〉または〈祖母〉に羊毛製の像が奉納された(71)　アリキアにおけるパンは恐らく〈森の王〉の形に作られた聖餐パンだった(72)　亡霊や悪魔の関心を生きている人間から逸らすため人形を供える慣習(72)　悪魔を騙すため家の戸口に像を置くチベットの慣習(72)　亡霊を欺くため死者と共に埋める像(72)　本当の埋葬から悪魔の注目を逸らすための偽の埋葬(73)　病気の悪魔を欺き、あるいは人間の代わりに像を受け取るようしむけて、病気を治したり防いだりするのに使う呪像(74)　ニアス島やアジア各地で悪魔の関心を逸らすために用いる呪像(76)　中国における亡霊その他の悪霊が人々に及ぼす力を逸らすための呪像(76)　カフカスのアブハズ人や西アフリカのエウェ黒人、ブリティッシュ・コロンビアのニシュガ先住民における人命を救う身代わりに用いる呪像(77)　ローマでコンピタリア祭に吊された羊毛製の呪像は、恐らく生者の身代わりに〈亡霊の母〉あるいは〈祖母〉に供えられたものだった(78)

第十一章　新穀の供犠……80

神々への新穀供犠は恐らくそれを聖餐として食べる慣習より後代のもの(80)　新穀は時には王に、時

1　神であるノスリを殺すこと
狩猟遊牧民族は彼らが崇拝する動物を殺して食べる(112)　カリフォルニア先住民の大ノスリを殺す祭典(112)
2　神である雄羊を殺すこと
アモンの祭典における古代エジプトの雄羊供犠(114)　生贄に捧げた動物の皮の使用(114)
3　神である蛇を殺すこと
フェルナンド・ポー島におけるイサプーの聖蛇、その皮を吊す例年の慣習(115)
4　神である亀を殺すこと
ズニ先住民の聖なる亀殺し(115)　人間の霊魂が亀へ乗り移るという信仰(117)　祖霊に雨を願う慣習(118)
5　神である熊を殺すこと
熊に対するアイヌの曖昧な態度(118)　仔熊を養育し、厳粛な祭典をもって殺すアイヌの慣習(119)　アイヌの熊祭に関するショイベ博士の記述(121)　アイヌの熊祭に関する昔の日本人の記述(122)　樺太のアイヌの熊飼育と殺しの慣習(122)　ギリヤーク人の熊祭(124)　シュレンクによるギリヤーク人の熊祭の記述(124)　シュテルンベルクによるギリヤーク人の熊祭の記述(127)　ゴルディ人とオロチ人の熊祭(128)　殺して食べる熊に対してこれらすべての部族が示す尊敬(128)　アイヌが育てて殺すワシミミズクや鷲や鷹に示す同様の尊敬(129)　アイヌが崇拝する動物を殺して得ようとする利益(130)　これら部族の熊祭は恐らく狩人が森で殺すあらゆる野生の熊に行う似たような儀礼の延長に過ぎない(131)　これら民族の熊に対する行動は一見したほど非合理でも矛盾したものでもない(131)

第十四章　狩人による野獣の慰霊……………………133
野生人は動物が人間のように不滅の霊魂を持っていると信じている(133)　アメリカ先住民は動物と人間の間に明確な区別をしない(133)　野生人のある者は動物の身体と人間の身体の区別が付かない(134)　こうして野生人は自分が殺す動物とその動物の他の成員達を宥める(135)　鰐を殺す時のためらいと儀礼(136)　虎を殺す時のためらいと儀礼(139)　北米先住民の尊敬した蛇、特にガラガラヘビ(140)　蛇を殺す時キジバで行われる祭儀（142）　狼を殺す時の祭儀（142）　特定の鳥は崇拝された（143）　自分達の殺さなければならない動物達に対する野生人の詫び（143）　カムチャツカ人、オスチャーク人、コリヤーク人、フィン人、サーミ人が殺した熊の慰霊（143）　北米先住民による殺した熊の慰霊（145）　アフリカにおける殺した象の慰霊（146）　アフリカにおけるライオンの慰霊（146）　アフリカにおける殺した豹の慰霊（146）　ウガンダにおける殺した水牛や羊の慰霊（148）　コリヤーク人の間における死んだ鯨の慰霊（149）　死んだ鯨、カバ、オンス、猿の慰霊（150）　死んだ鷲の慰霊（151）　蜘蛛の亡霊を欺く（152）　怖ろしくない動物でも肉や皮に価値があれば尊敬をもって扱われる（152）　殺した黒貂に対する尊敬（152）　黒貂やビーバーの骨は犬の届かないところに置き、死んだ動物達が怒らないようにする（153）　アメリカ先住民は鹿、ワピチ、ヘラジカを儀礼的崇敬をもって取り扱う（154）　アメリカ先住民はヤマアラシ、海亀、ハツカネズミを儀礼的崇敬をもって取り扱う（156）　儀礼的崇敬をもって扱われる死んだ狐、海亀、鹿、豚（156）　出し抜かれた駝鳥の亡霊（157）　イヌイットによるトナカイを支配する霊への慰め（157）　イヌイットによる海獣の儀礼的取り扱い（157）　動物達が再生するよう、海獣の膀胱を海に戻すイヌイットの例年の祭儀（158）　魚は漁労部族が尊崇した（159）　漁期に初めて獲れた魚の儀礼的取り扱い（161）　動物の骨は再生を促進するため保存された（163）　死者の再生を促進、あるいは防ぐため、その骨を保存したり折ったりする（164）　動物の不滅についての野生人の確信（164）　夢に関する素朴な説はこの信仰の充分な説明とはならない（165）　野生人は生命を滅ぼすことのできない力と考えているらしい（165）　この観念とエネルギー保存に関する現代科学の観念との類似（166）　物語や伝説における肉体の復活（166）　アメリカ先住民は腿の腱をきまって切り取って棄てる（167）　この慣習を説明するために先住民の語った話（167）　この慣習は共感呪術の原理に基づいているようである（168）　死んだ獲物の腱を断ち切り目玉をくり抜いて、その動物の亡霊を不自由にし盲目にする（169）　死んだ動物の舌を切り取るのは恐らくその亡霊が話をするのを防ぐため（170）　持ち主に超人的知識と力を与えるため切り取られた動物の舌（170）　類感呪術によって敵に同じような危害を加えるため、生贄の雄牛を切断するベチュアナ人の慣習（170）　亡霊を無力にするため、敵やその他危険な人物の死体を切断する（171）

第十五章　農民達による有害生物の慰霊……173

1　穀物の敵

ヨーロッパにおける作物や家畜にはびこる有害生物の慰霊（173）　野生人が有害生物を宥める類似の方

法（174） ネズミやハツカネズミの中庸な取り扱い（174） 時には少数の有害生物が優遇される一方で他のものは駆除される（176） 作物を荒らす昆虫に対する女達の偽の哀悼（176） 有害生物を防ぐ呪術としての偶像（177）

2 〈ハツカネズミのアポロン〉と〈狼のアポロン〉

害をなす生物から名を取ったギリシアの神々（178） 〈ハツカネズミ（スミンテウス）のアポロン〉（178） 〈狼のアポロン〉（178）

第十六章 人間霊魂の動物への転生……180

多くの野生人が特定の動物を殺さないのは死者の霊魂が彼らに宿っているからである（180） アメリカ先住民における人間霊魂の動物への転生の信仰の例（180） アフリカにおける信仰（181） マダガスカル島における信仰（183） アッサム州、ビルマ、コーチシナにおける信仰（183） フィリピン、サンドウィッチ諸島、パラオ諸島における信仰（184） スマトラ島、ボルネオ島における信仰（185） ニューギニアにおける信仰（186） ソロモン諸島における信仰（187） 古代インドにおける信仰（188） 仏教における転生の教義（188） 古代ギリシアにおいてピュタゴラスやエンペドクレスの説いた霊魂転生の教義（188） エンペドクレスの教えの仏教との類似性（189） エンペドクレスの物理的推測とハーバート・スペンサーのそれとの類比（190） 進化か分解か（191） ダーウィンの先駆者たるエンペドクレス（192） 神のふりをする人としてのエンペドクレス（192） プラトンにおける霊魂転生説（193）

第十七章 動物聖餐の類型……194

1 エジプト人とアイヌの聖餐類型

アイヌやギリヤーク人の熊に対する不分明な態度が明らかにされる（194） 動物崇拝の二類型（195） 動物聖餐のエジプト型とアイヌ型の二類型（195） 遊牧民族における動物聖餐の例（196） アブハズ人とカルムク人におけるアイヌ型すなわち贖罪型の動物聖餐（196） トダ人やマディ人におけるエジプト型の動物聖餐（196）

2 神である動物との行進

神である動物を戸毎に連れ回すことによる交わりの形式（197） 蛇部族の一員が戸毎に持ち歩く蛇の像

（197）ヨーロッパの「ミソサザイ狩り」（198）　俗信におけるミソサザイの聖なる性格（198）　マン島における「ミソサザイ狩り」（199）　アイルランドやイングランドにおける「ミソサザイ狩り」（200）　フランスにおける「ミソサザイ狩り」（200）　聖なる動物の宗教的行列（201）　スコットランドのハイランド地方における雌牛の皮をかぶった男を叩く祭儀（201）

3 〈鋤の月曜日〉の祭儀

動物に扮した男達の行進。そこでは動物は穀物霊を表現しているようである（203）　ボヘミアにおける〈懺悔の三が日の熊〉（203）〈燕麦の山羊〉、〈エンドウ豆の熊〉等（204）　スウェーデンの〈ユールの山羊〉（205）　ウィトルジーの〈藁の熊〉（205）　イングランドにおける〈鋤の月曜日〉の祭儀（205）〈鋤の月曜日〉におけるダンスの目的は恐らく作物の生長である（206）〈鋤の月曜日〉の祭儀はトラキアとブルガリアの謝肉祭の祭儀に似ている（206）　これらすべての場合において儀礼的な耕作と種蒔きは恐らく豊作祈願の呪術である（208）　このような祭儀ははるか古代にまで遡る（209）

註　ガロ人における米の収穫時の馬の祭儀……210

原註……213

余論……267

第五部（下）解説……285

事項索引

地名索引

人名索引

上巻目次

第一章　ディオニュソス
第二章　デメテルとペルセポネ
第三章　原初的農耕における競技の呪術的意義
第四章　原初的農耕における女性の役割
第五章　北ヨーロッパにおける穀物の母と穀物の乙女
第六章　世界各地における穀物の母
第七章　リテュエルセス
第八章　動物としての穀物霊
註　原始の暦におけるプレイアデス

凡例

一、本書は、『金枝篇――呪術と宗教の研究』全七部十三巻を、第一部、第五部、第七部は全二巻、残りは各部一巻として刊行するものである。本書は第五部「穀物と野獣の霊」下巻にあたる。

二、本書の底本としては完結版である第三版 James George Frazer: *The Golden Bough, A Study in Magic and Religion*, Third Edition, Macmillan and Co., 1936.を使用した。尚、各巻の口絵は日本語版独自のものである。

三、原著の第十三巻にあたる「余論（*AFTERMATH, A Supplement to The Golden Bough*）」については、各巻の内容に合せてこれを分割し、原著の章番号のまま各巻末尾に収録することとした。

四、原註は各巻の本論及び余論末尾に一括して掲げ、章もしくは節ごとに番号を付した。

五、原著の段落はすべて踏襲したうえで、小見出しについても改行を施した。

六、固有名詞（人名・地名・神話伝承など）については、原則として原著の英語表記に従った。ただし、より一般的な表記が存在するものについては適宜変更を加え、疑問のある箇所には割註や原綴を添えた。なお（ ）で付した原綴はフレイザー自身のものである。

七、割註、原綴は〔 〕で挿入した。原著には、フレイザー自身が（?）を付した固有名詞等があるが、それも同様に割註で示した。

八、原著及び神成訳には、かつては日常語・常識語であったにせよ現在では差別語にあたる言葉が散見されるが、それらは使用せず、訳語選定においては必要以上に差別の意味がでないよう配慮している。例えば「野蛮人（savage）」や「未開人（barbarian）」は「野生人」「野生の人々」などとし、「原住民（native, aborigines）」は「先住民」などとした。また「原始的（primitive）」については、主として「原初的」という訳語を採用した。性や身体に関わる表現も、同様に現代的な意識や倫理観を配慮している。

九、「……族」という訳語・表現は使用しないこととした。原則として、単に部族や氏族名がある場合は「……人」「……の人々」とし、前後に tribe がついている場合は「部族」を、clan がついている場合は「氏族」という訳語をあてた。

十、そのほか訳語の選定について、詳しくは本書第一巻末の「日本語版刊行にあたって」を参照のこと。

金枝篇　呪術と宗教の研究――第五部　穀物と野獣の霊（下）

第九章　動物としての古代植物神

1　山羊と雄牛のディオニュソス

動物としての古代植物神　どのように説明しようとも、農民民俗において、穀物霊は広く動物の姿で想像され、表現されているという事実が残る。この事実は、特定の動物が古代の植物神ディオニュソス、デメテル、アドニス、アッティス、オシリスに対して持つとされる関係を説明するのではなかろうか。

山羊としてのディオニュソス。パン、サテュロス、シレノスとの結び付き。これらの神々は半山羊半人の森の神と考えられた　ディオニュソスから始めよう。既に見てきたように、彼は時に山羊、時に雄牛として表現された。[1] 山羊としての彼は、パン、サテュロス、シレノスなどの下位の神々とほとんど区別はなく、これらの神々はすべて彼と密接な関係があり、だいたいのところ完全に山羊の姿で表現されている。例えばパンは彫刻や絵画では、山羊の顔と脚で表されるのが決まりである。[2] サテュロスは尖った山羊の耳、時に突き出た角や短い尾で表現される。[3] 彼らはしばしば単に山羊として語られ、[4] 演劇において彼らの役は山羊皮をまとった人々により演じられた。[5] シレノスは芸術作品では山羊皮をまとった姿で表現されている。[6] さらに、ギリシアのパンやサテュロスに対応するイタリアのファウヌスは、山羊の脚と角を持った半山羊人として表される。[7] またこれら山羊の姿をした下位神はすべて、多少なりとも森の神の性格を共有している。かくしてパンはアルカディア人に〈森の王〉と呼ばれた[8]。シレノスは樹木の精と結び付けられた[9]。ファウヌスははっきり森の神と呼ばれており[10]、その性格は今でもシルウァヌスと結び付き、あるいは同一視されるほどであり、シルウァヌスはその名自体が示す通り、森の霊である[11]。最後に、サテュロスとシレノス、ファウヌス、シルウァヌスの結び付きは[12]、サテュロスもまた森の神だったことを証明している。これら山羊の姿をした森の霊に対応する霊は、北ヨーロッパの民間伝承にも見られる。例えばレーシイ（レース＝「森」より）というロシアの森の霊は、部分的には人間の姿をしているが、山羊の角、耳、脚を持つと信じられている。レーシイは意のままに自分の背丈を変えることができる。森の中を歩く時は樹木の高さ、草地を歩く時は草丈ほどといった具合に。レーシイのある者は森の霊であると同時に穀物の霊である。収穫前には穀物の背丈ほどだが、収穫後には縮んで切株ほどになってしまう[13]。このことは――前にも記したが――樹木霊と穀物霊の密接な関係を明らかにするもので、また前者が容易に後者に融合してしまう様子を示している。同じように、ファウヌスは森の霊でありながら、作物の生育を促進すると信じられた[14]。民俗慣習において、穀物霊がいかにしばしば山羊の姿で表現されているかは既述の通りである[15]。とするとマンハルトの主張するように[16]、パン、サテュロス、ファウヌスは恐らく、広く流布している山羊の姿をした森の霊の階級に属するものであろう。山羊は森の中をさまよい樹皮を齧《かじ》ることを好み、そのために有害な存在ではあるが、それこそが樹木霊がこれほどしばしば山羊の姿をとると想像されることに対する、明白にして恐らくは十分な理由である。植物神がその化身である植物に依存して生きるという矛盾が、野生人の精神を悩ますことはない。このような矛盾は、神が植物に内在することを止め、その所有者または主人と見なされるときに生じる。なぜなら植物の所有という観念は、当然、それに依存して生きるという観念に通じるからである。既に述べたように、本来作物に内在すると考えられた穀物霊は、後にはその所有者と見られるようになり、彼はそれによって生活し、それを奪われれば困窮に陥ってしまうのである[17]。

山羊の姿をした森の霊　このようにして山羊の姿をした樹木霊という表現は広く流布したと思われる。それは野生人の精神には自然なものでもあった。従って、前述したように、樹神ディオニュソスがしばしば山羊の姿で表されるのを見る時[18]、我々は次のように結論せざるをえない。すなわち、この表現は樹神としての彼本来の性格の一部に過ぎず、二つの明らかに別個の信仰――一つは樹神を本来の姿とするもの、もう一つは山羊の姿を取るもの――の融合によって説明されるものではない、と。もしこのような融合がディオニュソスの場合に起こったとすれば、ギリシアのパンやサテュロス、イタリアのファウヌス、またロシアのレーシイの場合にも、同じく起こらなければならないはずである。二つの全く関係のない信仰の融合も、一度なら起こりうる。全く別のところで二度となると、ありそうもない。三度となれば到底考えられないことだ。

ディオニュソスの化身たる雄牛は、植物神としての性格のもう一つの表現のように見える

既に見たように、ディオニュソスはまた雄牛の姿もとった[19]。今まで述べたことからすれば、彼の雄牛形は、植物神である彼の性格のもう一つの表現に過ぎないはず、と考えるのは当然であり、特に北ヨーロッパにおいては、雄牛は穀物霊の一般的な化身であるからなおさらである[20]。そしてエレウシス秘儀における、ディオニュソスのデメテルやペルセポネとの密接な関連は、彼が少なくとも農業と密接な関係を持つことを示している。雄牛の姿をしたディオニュソスのもう一つの考え得る説明はこうだろう。すなわち雄牛としての彼の概念は本来、植物神である彼の概念とは全く異なるものであって、この二つの概念の融合は、かたや元々雄牛神を信仰し、かたや樹神を信仰していた二つの部族の結合といった事情によるものというのである。アンドリュー・ラング氏はこうした見解を取っているようだが、氏は、雄牛の姿をしたディオニュソスは「雄牛トーテム信仰から発展したか、あるいはそれを継承したか」のいずれかだろうと示唆している[21]。もちろんその可能性はある。しかしアーリア民族がかつてトーテム信仰を有していたかどうかははっきりしていない[22]。一方、多くのアーリア民族が植物神を動物の姿で考えていたことは極めて明確である。従って、アーリア民族において、ギリシア人同様、植物神が動物として表現されているのを見た時には、この民族への影響がはっきりしない原理より、影響が明らかな原理によってこれを説明する仮説を採用するべきだろう。我々の現在の知見では、ディオニュソスの雄牛姿を、その山羊姿と同様、植物神である彼本来の性格の一表現と見るのがより安全である。

ブポニア、ゼウス・ポリエウスに対するアテナイの雄牛供犠

もしディオニュソス祭儀以外の祭儀において、古代人が穀物霊の化身として雄牛を殺したことを示すことができれば、この見解の可能性がより高まるであろう。これは「雄牛殺し」（ブポニア）として知られるアテナイ人の供犠で行われたようである。六月の終わりか七月の初め、すなわちアッティカにおいて脱穀がほとんど終わる頃に行われた。伝説によれば、この供犠はこの国を襲った旱魃と飢饉を終息させるため制定された。その祭儀は次の通りだった。小麦と大麦を混ぜた物、あるいはそれで作ったパンをアクロポリスのゼウス・ポリエウスの祭壇に置く。雄牛達を祭壇のまわりへ追い立て、祭壇へ登ってその上の供物を食べた雄牛を犠牲とした。雄牛を殺す斧とナイフは「水運び」と呼ばれる乙女達が持って来る水で前もって濡らしておき、それから武器を砥いで畜殺人達に手渡す。彼らの一人が斧で雄牛を倒し、もう一人がナイフでその咽喉を切る。雄牛を倒すとすぐ、前者は斧を捨て逃げ去る。咽喉を切った男もどうやらそれに倣ったらしい。その間に雄牛は皮を剝がれ、参列者全員がその肉を食べた。それから皮に藁を詰めて縫い上げ、次にその藁詰めの雄牛を脚で立たせて、まるで耕作しているかのように鋤《すき》につないだ。それから「王」（と呼ばれた者）が主宰する古代の法廷において、誰が雄牛を殺したかを決める裁判が行われた。水を持って来た乙女達は斧とナイフを砥いだ男達を責めた。斧とナイフを砥いだ男達はこれらの武器を畜殺人に渡した男達を責めた。これらの武器を畜殺人達に渡した男達は畜殺人を責めた。また畜殺人達は斧とナイフに罪をなすり付けた。従ってこれらが有罪とされ、刑を宣告されて海に投じられた[23]。

ブポニアにおける雄牛供犠は、穀物霊を表したもののようである

この供犠の名前――「雄牛殺し」――[24]、すなわち畜殺に加わった各人がその罪を他の者になすり付けようとする骨折りは、斧とナイフ双方の形式的裁判と刑の宣告と共に、雄牛が単に神に供えられた犠牲であるだけでなく、それ自身が聖なる者であって、その畜殺は聖瀆行為、殺人とされたことを示している。これは、雄牛を殺すことが昔のアッティカでは大罪だった、というウァロの説により裏付けられる[25]。犠牲を選ぶ方法は、穀物を食べた雄牛が自分の分け前を取る穀物神と見なされたことを示唆している。この説明は次の慣習によっても裏付けられる。オルレアン地方のボースでは、四月二十四日ないし二十五日に「大モンダール」という藁人形を作る。というのは古いモンダールは今や死に、新しいモンダールを作る必要があるからである。この藁人形は厳粛な行列によって村を行ったり来たりし、最後に一番古いリンゴの木の上に置かれる。そこにリンゴが収穫されるまで残しておき、その時に降ろして水中に投じるか、あるいは焼いてその灰を水中に投じる。しかし、この木から最初に果実を摘み取る人は「大モンダール」の称号を受け継ぐ[26]。「大モンダール」と呼ばれ、春に一番古いリンゴの木に置かれる藁人形は、ここでは樹木霊を表現する。この霊は冬に死に、リンゴの花が枝に現れる時に再生する。そして木から最初に果実を摘み取り、これにより「大モンダール」の名を受ける人は、樹木霊の化身と見なされなければならない。原初的民族は一般に、いかなる作物でもその初物は何かの祭儀が行われるまでは食べようとしない。この祭儀を行って初めて、食べても安全となり、また神意に添う訳でもある。この嫌忌の理由は、初物は神の所有物か、あるいは実際に神を内在させているという信仰にあるように思える。そのため聖なる初物をあえて我物にするところを見られた人間あるいは動物は、自分の物を手に取ろうとしている人間あるいは動物の姿をした神自身とおのずから見なされる。脱穀の終わり頃に設定されたアテナイの供犠の時期は、祭壇の上に置かれた小麦や大麦が収穫の供物だったことを示唆している。さらに、その後の食事の聖餐的性格――全員が神なる動物の肉を分け食べる――は近代ヨーロッパの収穫の晩餐との相似を示している。既に見たように、この晩餐では穀物霊を表す動物の肉を収穫者達が食べるのである。さらにこの供犠が旱魃と飢饉を終息させるために設けられたという伝説は、これを収穫祭とする見方を支持している。藁詰めの雄牛を据えて鋤につなぎ、穀物霊の復活を演じたことは、樹木霊をその化身である〈野人〉の姿で復活させることにもなぞらえられよう[27]。

メアンダー川流域のマグネシアにおけるゼウス・ソシポリスに対する雄牛供犠

恐らく、穀物霊と雄牛の同視がさらにはっきり現れるのは、メアンダー川流域のマグネシアのギリシア人が、ゼウス・ソシポリスを祀るため行った供犠だろう。ソシポリス（「都市の救世主」）という称号は、この神がゼウス・ポリエウス（「都市のゼウス」）と同等であることを示している。

幸いにもこの祭儀の詳細はある碑文に残されており、ここには祭儀執行に関する議会と人民の告示が記されている。毎年ヘライオン月の祭典には、執政官達が金にあかして一番立派な雄牛を購入し、蒔き付けが始まる頃のクロニオン月の新月に、執政官と祭司達がゼウス・ソシポリスにその雄牛を奉献した。その間に聖なる式部官が都市、国家、人民の安泰、平和と富、穀物の収穫とその他すべての果実、家畜のために厳かに祈願文を読み上げた。その後、この聖なる動物は冬の間養われた。飼育は請負人により行われ、彼は法にもとづいて雄牛を市場に連れ出し、そこで雄牛の飼育費をすべての小売商、特に穀物商に寄付させる。この寄付は自身のためになるという見込みから進んでなされた。このように数ケ月間公費で飼養された後、最後に雄牛は、アルテミシオン月の十二日に大歓声のなか市場に引き出されて犠牲とされた。この月はアッティカのタルゲリオン月、イギリスの五月に相当すると信じられており、ギリシアの低地地方では穀物の刈り取られる季節である。雄牛を供犠の場所に連れていく行列には、元老院議員、祭司、執政官、若者、競技の勝利者が皆参加し、行列の先頭には祭の服装をした〈十二の神々〉の像が運ばれ、フルート奏者、管楽器奏者、ハープ奏者達が厳かな音楽を奏でた[28]。

このように犠牲にされた雄牛は、穀物霊の化身と見なされたようである

ところで、このように蒔き付け時期に奉献され、信者達、特に穀物商人の出費で飼われ、最後に収穫時に犠牲にされた雄牛に穀物霊の化身を見るのは理にかなっている。この雄牛は種を地に蒔いた時に神に奉納され、穀物が育つ間、その恵み深い力で生育を促進するよう、飼養された。そして最後に、この併行性を完成させるため、作物の刈り入れ時に雄牛は殺され、穀物束の刈り取りは穀物霊の死と見なされたのである[29]。同じように近代ヨーロッパの収穫畑や脱穀場では、穀物霊がしばしば雄牛や仔牛の姿をとると考えられ、これが刈り取りや脱穀時に殺されると想像されたことは既に見てきた。さらに、この観念は収穫畑で本物の雄牛や仔牛を殺すことで達成されていたことも既述の通りである。このように、古代ギリシアと近代ヨーロッパにおける雄牛の姿に具現した穀物霊の観念は、非常に近似しているように見える。

男女双方としての穀物霊についてのギリシアの観念

ゼウス・ポリエウスとゼウス・ソシポリスに供えられた犠牲について私が採用した解釈では、穀物霊は女性ではなく男性であり、デメテルやペルセポネではなくゼウスとして考えられている。ここには全く矛盾はない。歴史のはるか以前にギリシア人の到達した思惟段階で、彼らは自然における再生産の過程は、男性と女性要素の結合により遂行されるものと想像した。彼らは、いくつかの原初のままの野生人のように、女性要素だけがこの目的を達成し、男性要素の助けは不要であるとは信じなかった。それゆえ、既に見たように、彼らは穀物女神、母デメテルと娘ペルセポネはそれぞれ男性のパートナーを持ち、穀物生産のため彼らと結合すると想像した。デメテルの相手はゼウス、ペルセポネの相手は彼の兄プルトン、いわゆる地下のゼウスだった。また、この神々の夫婦のどちらか一方の結婚が、作物生育を促進させるた

めの大秘儀の一部として、エレウシスで厳粛に執り行われたと考えるべき理由は既述の通りである。[30]

ギニアの大バッサムにおける穀物霊の化身である雄牛　雄牛は世界の他の地方でも穀物霊の表象として現れている。ギニアの大バッサムでは、豊作祈願のため例年二頭の雄牛が殺される。この供犠を効果的にするためには、雄牛の涙を流させることが必要である。そこで村の女達が皆雄牛の前に座って、「雄牛は泣くよ、そうだ、雄牛は泣くよ！」と歌う。時々女達の一人が雄牛のまわりを歩き回り、マニオクの粥《かゆ》やヤシ酒を雄牛、特にその目に浴びせかける。雄牛の目から涙が流れ落ちると、人々は「雄牛が泣く！　雄牛が泣く！」と歌いながら踊る。それから二人の男が雄牛の尾を掴み、一打でそれを切り離す。もし一打で尾を切り離さないと、年内に大きな災厄が起こると信じられている。雄牛はその後殺され、肉は首長達が食べる。[31]ここでの雄牛の涙は、コンド人やアステカ人の人間犠牲の涙と同様、[32]恐らくは雨乞い呪術だろう。動物の姿に具現化した穀物霊の力はしばしば、尾に宿ると想像され、最後の一握りの穀物はしばしば穀物霊の尾と考えられたことは既述の通りである。[33]ミトラ教では、この観念が夥しい彫刻のいくつかにまざまざと示されており、それは雄牛の背に膝をつき、横腹にナイフを突き刺しているミトラ教徒を表現している。これら記念物のあるものでは、雄牛の尾の先が三本の穀物の茎となっており、ある記念物には、ナイフによる傷から血の代わりに穀物の茎が突き出しているのが見られる。[34]このような表現が確かに示唆しているのは、その供犠がミトラ教の儀式において主要な位置を占めていたらしい雄牛の、少なくとも一つの側面が、穀物霊の化身であると考えられていたことだ。

中国における穀物霊の化身としての雄牛　春の到来を言祝いで中国全土において行われる祭儀では、穀物霊の化身である雄牛がさらにはっきりと現れている。春の初日、通常二月三日ないし四日はまた中国の新年の初めに当たり、この日、市の長は行列を作って市の東門に赴き、人身牛頭の農業神に犠牲を捧げる。このため雄牛、雌牛、水牛の大きな呪像を準備してそれらが東門の外に立てられ、傍らに農具が置かれる。これらの像は色とりどりの紙片を枠組に貼り付けて作られるが、その作業は盲人が行うか、あるいは呪術師の指示の下に行われる。紙の色は来るべき年のようすを予言する。もし赤が主体だと火災が多い。白いと洪水や雨がある。他の色についてもこの伝で解釈がなされる。官吏達がゆっくりと雄牛のまわりを歩き、一歩ごとに様々な色の棒で強くそれを叩く。この呪像には五種の穀物が詰まっており、像が棍棒の打撃で壊されるとそれがこぼれ出る。それから紙屑に火が付けられ、群衆はその燃え屑に殺到する。その一つを入手した者は誰でも一年間幸運に恵まれること間違いなしと信じられているからである。次に生きた水牛を殺し、その肉を官吏達が分配する。ある記録によると、雄牛像は粘土で作られ、長官が叩いた後、人々が石を打ち付けてバラバラに壊し、「それによって彼らはその年の豊作を期待する」[35]。しかしこの祭儀は地方によって多少異なっている。別の記録では、金箔を貼った角を持つ粘土製の雌牛をかつぎ、行列を作ってねり歩くが、これは非常に大きいものなので、四十人ないし五十人の男手で辛うじて運ぶことができるほどである。この怪物のような雌牛の後を、片足に靴を履き片足は裸足の少年が歩いていくが、この少年は勤労の守護神をあらわす。彼はこの呪像をまるで前に追いやるように棒で叩く。その後、大量の小さな粘土像の雌牛がこの大きな像の中から取り出されて人々に分配される。それから大きな雌牛と小さな雌牛はバラバラに壊され、人々はその破片を家に持ち帰り、粉にすり潰してそれを畑に撒くが、こうすると豊作になると考えられている[36]。中国北部の威海衛近辺の諸都市では、「春の初め」の祭儀は年によって日が変わる祭りで、通常一月に行われる。地方長官やその従者達が行列を作って「春に会うため」市の東郊に赴く。大きな厚紙細工の雄牛を、マン・シェンと呼ばれるこれも厚紙細工の男の像と共に、行列を作って運んでいく。「この像は典型的な牛追いか農夫、あるいは農業神のいずれかを表している」。この行列が長官邸に帰って来ると、長官本人並びにその随員達が、杖で雄牛を叩いたり突いたりし、その後その呪像を従者の像と共に燃やす。この二つの呪像の色と衣服は、中国暦の予報と一致する。例えば、雄牛の頭が黄色だとその夏は酷暑となる。緑だと春は不順な天候となる。赤いと旱魃になる。黒いと雨が多い。白いと大風がある。もしマン・シェンが帽子を被っていれば、その年は日照りが続く。無帽だと雨がちになる。そのほか彼の服装の諸点についてもそれぞれ解釈がなされる。厚紙細工の雄牛の他に、粘土製の小さな雄牛もまた作られたと思われる[37]。中国ではこの祭儀は「雄牛叩き」とも「春叩き」とも呼ばれ、それは雄牛が自然の春の力と同一視されていたことを証明しているように見える。この祭儀の中心である雄牛は、本来は生きた雄牛だったと思われるが、この慣習が初めて歴史に現れた西暦初頭からはずっと粘土の素焼像か板紙細工である。今日でも中国の暦は、春の守護神「マン・シェン」をつれた「春の雄牛」の絵に一ページを割いている。この神は牛の傍らに立ち、柳の枝を摑んで生産力を刺戟するため牛を打とうとしている。この中国の慣習の一形式においては、穀物霊は穀物を充たした雄牛によりはっきり表現されているようで、その破片はそれゆえに豊穣をもたらすと想像されているのであろう[38]。これは〈死神〉の像を燃やしてその燃え殻を奪い合い、豊作祈願のためそれを畑に埋めるシュレジエンの慣習や、その中に詰めた乾した果物を奪い合うフィレンツェの〈老婆〉の鋸挽きの慣習に比較することができる[39]。この二つの慣習は、中国の例と同じく春に行われる。

カシュガルとアンナンにおける穀物霊の化身としての雄牛

春に素焼や厚紙の雄牛像を叩く慣習は、中国に限ったことではなく、アジア東部に広く流布しているようである。例えばカシュガルとアンナンにおいて記録されたものが残っている。きらびやかな式服をまとい豪華な駕籠に乗った一人の官吏に先導されて厚紙の雄牛像が厳かに通りを行く様子を、一八九二年二月三日にカシュガルでフランス人旅行者が記述している。「この聖なる動物は畑に生命を与える春の神に奉献されたものである。そしてこの雄牛像は町の東郊に運ばれる。大司祭役の官吏がこれに恭々しく食物と神酒を供えてその年の豊作を祈願し、翌日に鞭で散々打たれて壊される[40]」。さらにアンナンでは、毎年春が近付くと、儀典局が春季祭の執行方法を地方長官に訓令する。この祭典に欠くことのできないのは、素焼製の雄牛とその番人像である。この二像の姿形とそれに塗る色は毎年の中国暦に詳しく記されている。雄牛の色と番人の服装については衆目の一致した見解があり、この番人はマン・サン、すなわちその年の作物を支配する特定の力と呼ばれている。緑、黄、黒の水牛は豊作を予言する。赤または白の水牛は不作と大旱魃、あるいは暴風を予言する。もしマン・サンが大きい帽子を被っていれば、その年は雨が多い。反対に無帽であれば長期の大旱魃の恐れがある。否、そればかりではなく、人々はこの雄牛の番人の顔付きが不機嫌か機嫌がよいかを見て、吉凶を判断するほどである。暦書の指示通り準備された雄牛とその番人は、官吏や人々を従え行列を作って春の祭壇に運ばれる。この祭壇は一般にどの地方都市にもある。そこで地方長官が春の守護神（シュアン・クァン）に、果物、花、香を供え、また紙製の金貨銀貨を大量に祭壇で燃やす。(41) 最後に雄牛とその番人は風水師の指示した場所に埋められる。豊作を予言する雄牛の三色、すなわち緑、黄、黒が、古代ギリシア・ローマ人が穀物の女神デメテルに付した色と全く同一なのは興味深い。(42)

中国の皇帝による例年の耕作開始

中国人が大地の豊穣祈願祭を非常に重要視していることは、最近まで、否、現在でも行われている古くからの慣習により立証されている。決められた日に皇帝自身が国の高官達に付き添われ、自ら雄牛を繋いだ鋤をひいて畝《うね》を幾筋か耕し、聖なる畑、いわゆる「神の畑」に種を蒔く。この種の生長具合は後々も折をみて北京市の長官がていねいに調べる。彼は穂の出具合で吉凶を判断する。一本の茎に十三の穂がたまたま見付かれば、それは非常に吉兆である。この厳粛な儀式の準備として皇帝は前もって三日間斎戒することになっており、また皇帝に付き添って畑に出る皇子や官吏達も同じように斎戒しなければならない。このように皇帝の手で耕された神の畑に育った穀物は、黄色の袋に入れられ、特別の蔵に収められて、特定の厳粛な供犠の際に皇帝により用いられ、皇帝はそれを上帝と自身の祖先達に供えるのである。地方では、耕作時期は同じように皇帝の代理である地方長官により開始される。(43)

中国の慣習とエレウシスその他の土地における農耕祭儀との類似

中国の皇帝がこのようにその年の耕作を儀式的に開始する聖なる畑、すなわち「神の畑」、またそこの作物を供犠に用いるこの聖なる畑は、エレウシスにおけるラーロスの野を思い出させる。そこでは同じように毎年聖なる耕作が行われ、その作物が同じように神に捧げられたのである。(44) さらにそれは、中央ボルネオのカヤン人が年間の各種農作業の真似事を行って仕事初めとした小さな神田《しんでん》を思い出させる。(45) 先に指摘したように、このような聖化された区画はすべて、恐らく元来は霊達の領分とも言うべきものだったのだろう。すなわちこれは人々が穀物霊専用に取り分けた場所で、その目的は、彼らがそれ以外の霊の領分に対して行った略奪について、穀物霊を慰めるためなのである。また、中国の皇帝とその高官達が耕作に着手する前に守る斎戒は、多くの野生人が各種の農作業に従事する準備として行う、同じような斎戒慣習に似ている。(46)

ディオニュソス祭儀において生きた動物を引き裂くこと

要するに、山羊としてのディオニュソスも、雄牛としてのディオニュソスも、恐らく本質的に植物神だったと結論することができよう(47)。私が引用した中国とヨーロッパの慣習は恐らく、ディオニュソス祭儀において生きた雄牛または山羊を引き裂く慣習に光を投げかけるものである。この動物は、コンド人の犠牲がバラバラに切り刻まれたのと同じように、バラバラに引き裂かれた。それは信者達がそれぞれ、生命を与え豊穣をもたらす神の力を分配し、確保するためであった。その肉は聖餐として生で食べられたが、その一部は家に持ち帰って畑に埋め、あるいは大地の作物に植物神の生長を促す力を伝えるために使用されたと推察される。ディオニュソスの神話で語られる彼の復活は、アテナイで行われたブポニア（牛を殺す祭儀）のように、殺した雄牛に詰物をしたものを据え付けて、その祭儀で演じられたのであろう。

2　豚や馬としてのデメテル

豚とデメテルの結合

次に穀物女神デメテルに移る。ヨーロッパの民間伝承において、豚が通常穀物霊の化身であることを思えば(1)、かくも密接にデメテルと結び付けられている豚は、もともと動物の姿をした女神自身ではなかったか、という疑問が浮かぶ。豚は彼女に捧げられた動物だった(2)。芸術作品では、彼女は豚を連れた姿で描かれる(3)。そして彼女の秘儀では豚が定期的に犠牲にされる。その理由は、穀物に害なす豚は女神の敵であるためとされている(4)。しかし、動物が神として、あるいは動物神として考えられるようになった後、これまで見てきたように、神がその動物の姿を脱ぎ捨て純粋な人の形を取ることがしばしば起こり、それから初めは神の役を担って殺された動物が、神に対する敵意のゆえに神に供えられた犠牲と見られるに至ったのである。要するに、神が自分自身の敵であるという理由で、自分自身に供犠されるという訳である。これはディオニュソスに起こったことだが(5)、デメテルについても同じことが言えよう。

テスモポリア祭における豚

また事実デメテルの祭典の一つであるテスモポリア祭は、本来豚は穀物の女神自身、すなわちデメテル、あるいはその娘にして分身であるペルセポネの化身だったことを実証している。アッティカのテスモポリアは、十月に女性だけで行われる秋の祭典だったが(6)、哀悼の儀式によってペルセポネ（あるいはデメテル(7)）の地下世界への降下を表現し、歓喜をもって彼女の生還を表現したようである(8)。このことからこの祭典の初日には〈降下〉あるいは〈上昇〉等様々の名前が付けられ、またカッリゲネイア（つつがなき誕生）という名前が祭典の三日目に付されているのである。ところで、ルキアノスに関する古い注釈(9)から、テスモポリア祭の様子についてある程度詳しく知ることができるが、これは〈降下〉あるいは〈上昇〉と呼ばれる祭儀の部に、重要な光を投じるものである。古典注釈者によると、テスモポリア祭においては、「デメテルとペルセポネの割れ目」に豚、パン菓子、リンゴの木の枝を投げ込む慣習だったという。この割れ目というのは聖なる洞穴あるいは地下蔵だったようである。[10] これらの洞穴や地下蔵には蛇がいたと言われ、この蛇は洞穴を守り、中に投げ込まれた豚やパンのほとんどを食べたという。後日――恐らくは次の例祭に[11]――豚、パン、リンゴの枝の残骸を「引き出し手」と呼ばれる女達が取って来る。彼女達は三日間斎戒した後、洞穴の中に降りていって、両手を叩いて蛇どもを追い出し、残骸を持ち出して祭壇に安置した。この残骸の一片を入手し、それを種と一緒に蒔いた者は必ず豊かな実りを得ると信じられていた。

ラヌウィウムにおける聖なる蛇

洞穴の蛇を女達が養うことは、古代のイタリアの祭儀に比較されよう。ラヌウィウムでは、ユノーの森にある聖なる洞穴に一匹の蛇が住んでいた。特定の指定された日に、目隠しされた数人の聖なる乙女達が、両手に大麦の菓子を持って洞穴の中に入った。彼女達は神霊に導かれてまっすぐ蛇の巣に歩み入り、その菓子を供えたと信じられている。彼女達が清純なら蛇は菓子を食べ、その両親は喜び、農民は豊作を期待した。しかし、もし乙女達が穢れていると、蛇は菓子を食べず、蟻がやって来て、その拒絶された食物を砕き、そしてそれを一片ずつ聖なる森から運び去る。それによって、穢れた乙女達の出現がもたらした汚点を聖所から取り除いたのである。[12]

テスモポリアの祭儀を説明する伝説

テスモポリア祭の素朴な古代祭儀を説明する、次のような伝説が伝えられている。

プルトンがペルセポネを連れ去ったちょうどその時、たまたまエウブレウスという豚飼いがそこで豚の番をしていたが、プルトンがペルセポネと共に消え去った深い割れ目に、その豚の群れが呑み込まれてしまった。そこでテスモポリア祭では、エウブレウスの豚の消失を記念して毎年洞穴の中に豚を投げ入れたのである。[13]

このことから、テスモポリア祭において豚を洞穴の中に放り込むことは、ペルセポネの地下世界への降下の演劇的表現といえる。また、ペルセポネの像は投げ込まれなかったようなので、豚の投げ込みはペルセポネの降下の付けたしではなく、豚自体の降下だった、要するに豚がペルセポネだったと考えられるのである。後にペルセポネまたはデメテル（というのは二人は同等なので）が人間の姿を取るようになった時、彼女の祭典で豚を洞穴に放り込む慣習に対する理由が必要になった。そこで、プルトンがペルセポネを連れ去った時、たまたま近くで豚が草を食べていて、彼女と共に呑み込まれたという話ができたのである。この物語は明らかに、豚としての古い穀物霊の観念と、擬人化された女神としての彼女の新しい観念との間の断絶に橋を架けようとする不器用なこじつけに見える。悲しみに沈んだ母が消え失せたペルセポネの足跡を探し求めていた時に、彼女の足跡が豚の足跡で掻き消されてしまったという伝説の中に、それよりも古い観念の痕跡が残っている。[14] 推論するに、豚の足跡は本来ペルセポネとデメテル自身の足跡だったのである。豚飼いエウブレウスはデメテルが最初に穀物の秘密を伝授したトリプトレモスの兄弟だった、という伝説の中に、豚と穀物には密接な関係があるという意識が潜んでいる。事実、一説によると、エウブレウス自身、その兄弟トリプトレモスと一緒に、デメテルにペルセポネの運命を教えた報酬として穀物の贈り物を受け取ったという。[15] さらに、テスモポリア祭においては女達が豚の肉を食べたことが注目される[16]。もし私が正しければ、この食事は信者達が神の身体を分かち合う、厳粛な聖餐ないし聖体拝領だったに違いない。

テスモポリア祭のヨーロッパ北部の民俗慣習との類似

こう説明して来ると、テスモポリア祭は既に述べたヨーロッパ北部の民俗慣習に類似している。テスモポリア祭——穀物女神を祀る秋の祭典——において豚の肉の一部を食べ、一部は翌年まで洞穴の中に保存しておき、そこで取り出して豊作をもたらすよう種と共に畑に蒔いたのと同じように、グルノーブル近辺では、収穫畑で殺した山羊は一部を収穫の夕餐で食べ、一部は漬け物にして次の収穫まで保存しておく[17]。同じくプイイでは、収穫畑で殺した雄牛の一部は収穫人達が食べ、一部は漬け物にして春の蒔き付け初日まで保存しておくが[18]、恐らくその時に種と混ぜるか、あるいは耕夫達が食べるか、それともその両方だったのだろう。同じくウドヴァルヘイ地方では、収穫に際し最後の一束の中で殺した雄鶏の羽毛を春まで保存しておき、それから種と一緒に畑に蒔く[19]。同じくヘッセンとマイニンゲンでは、聖灰水曜日あるいは聖燭節に豚の肉を食べ、骨は蒔き付け時まで保存しておき、その時畑に埋めるか袋の中の種と混ぜる[20]。最後に、同じく、最後の束から取れた穀物はクリスマスまで保存され、それで〈ユールの猪〉を作り、後で壊して春の蒔き付け時に種と混ぜる[21]。以上を要約すると、穀物霊は秋に動物の姿で殺され、その肉の一部は信者達が聖餐として食べる。そしてその一部は次の蒔き付け時期または収穫時まで、穀物霊の力の維持または更新の担保や保証として保存される。秋と春の間、穀物霊は死んでいると考えられるのか、それともブポニアにおける雄牛のように、殺された後すぐに生き返ると想像されているのかははっきりしない。ロベックが校訂したクレメンスとパウサニアスによれば[22]、テスモポリア祭では豚は生きたまま投げ込まれ、翌年の祭典に再び現れると考えられていた。従ってここでロベックの校訂を受け入れるなら、穀物霊は一年を通して生きていると考えられていたのである。彼は地下で暮らして働き、毎年秋に地上へ出てきて再生し、それから地下の住家に戻された[23]。

馬の頭をしたピガレイアのデメテル

ギリシア人が豚の姿をしたデメテルやペルセポネなどを思いつくはずがないと、気難しい連中が異議を唱えるならば、アルカディアのピガレイアの洞穴に、女性の胴体と馬の頭とタテガミを持った黒衣のデメテル像があることを示しておこう[24]。豚としての女神像と、馬の頭を持つ女性としての彼女の像は、野蛮さにおいてほとんど変わるところがない。ピガレイアのデメテルに関する伝説は、近代ヨーロッパと同様、古代ギリシアにおいても、馬が穀物霊のとる動物の姿の一つだったことを示している[25]。伝えられるところによると、デメテルは自分の娘を探している時、ポセイドンの求婚を避けるため雌馬の姿となり、また彼のしつこさに腹を立てて、西アルカディアの高地にあるピガレイアからほど遠くない洞穴に退いたという。現在は聖画のあるキリスト教の小礼拝堂に変わったこの大洞穴は、深い峡谷の崖面にあり、物好きな旅人が目にするところとなっている。峡谷を轟々と流れるネダ川は、今なお頭上鬱蒼たる森の中を曲がりくねって進み、海へと流れ込む。黒衣をまとったデメテルがその場所にあまり長く留まったため、地上の作物は滅びかけ、もしパン神がこの怒れる女神を慰め、洞穴を立ち去るよう説得しなかったならば、人類は餓死していただろう。この出来事を記念してピガレイア人は洞穴の中に黒衣のデメテル像を建てた。これは馬の頭とタテガミを持ち、長い外衣をまとった女性像である。[26]その不在が地上の作物を滅ぼす黒衣のデメテルは、夏の緑の外套を脱ぎ去った冬の裸の大地を神話的に表現したものに違いない。

3 アッティス、アドニスと豚

アッティスと豚　次にアッティスとアドニスに移るが、これらの植物神もまた、同種の他の神々同様、動物の化身を持っていたことを示すように思えるいくつかの事実を記そう。アッティスの信者達は豚肉を食べることを避けた。[1]これは豚がアッティスの化身と見なされていたことを示しているようである。また、アッティスが野生の猪に殺されたという伝説も[2]同じ方向を指している。というのは、山羊のディオニュソスと豚のデメテルの例から、神を傷付けたと言われる動物が元々は神自身だったということは、ほとんど断言してもよいからである。恐らくアッティスの信者達の発した「ヒェス・アッテス！　ヒェス・アッテス！」の叫び声は、[3]「豚のアッティス！　豚のアッティス！」の意に他ならなかった――ヒェスは恐らくギリシア語のヒュス（豚）のプリュギア語形だろう。[4]

アドニスと猪　アドニスについては、彼と猪の関係は、必ずしも彼が野猪に殺されたという物語では説明されない。[5]別の物語によると、猪が牙で木の皮を剥ぎ、そこから幼子アドニスが生まれたという。[6]しかし、また別の話によれば、アドニスは猪狩りの最中にレバノン山でヘパイストスの手にかかって殺されたという。[7]伝説におけるこれらの異説は、猪とアドニスの関係が明確である一方で、その関係の理由が理解されず、その結果それを説明するため異なった物語が案出されたことを示している。確かに豚はシリア人の間では聖なる動物に位置付けられていた。

ヒエラポリスにおける豚の曖昧な位置　ユーフラテス川流域の一大宗教都市ヒエラポリスでは、豚は犠牲にも食用にもされず、もし人が豚に触れれば、その日一日不浄とされた。ある者はこれは豚が不浄だからと言い、またある者は豚が神聖だからと言った。[8]こうした意見の相違は、宗教思想の漠然とした状態を指すもので、ここでは神聖と不浄の観念がまだ明確に区分されず、両者は混じり合って我々がタブーと呼ぶ一種の混濁した状態にある。豚がアドニス神の化身とされてきたことはこれと全く一致しており、またディオニュソスとデメテルの類例からは、この動物がアドニスと敵対する物語は、神の化身としての豚という古い考え方を後代で誤認したものに過ぎないと考えられる。豚がアッティスの信者や恐らくはアドニスの信者によって犠牲にされることはなく、また食べられもしなかったという慣習は、これらの祭儀において豚が厳粛な儀式により神の化身として殺され、信者に聖餐として供された可能性を否定するものではない。事実、動物を神として殺し、これを聖餐とすることは、この動物が神聖なものであり、一般にこれを大切にしたことを意味している[9]。

ユダヤ人の豚に対する態度

ユダヤ人の豚に対する態度は、異教徒シリア人の豚に対するものと同様はっきりしていなかった。ギリシア人は、ユダヤ人が豚を崇拝したのかそれとも敵視したのかを決めることはできなかった[10]。ユダヤ人は豚を食べようとしなかったが、しかし一方において豚を殺そうとしなかった。前者の掟が不浄を表すものだとしても、後者が豚の神聖とされたことを表す度合のほうがはるかに強い。というのはこの二つの掟、少なくとも一つの掟は、豚が神聖なものであったという仮説で説明されるからであり、どちらの掟も、あるいは少なくとも一つの掟は、豚は不浄であったという仮説では説明できないのである。従って、前者の説をとるとすれば、豚はイスラエル人に忌み嫌われたのでなく崇敬されたのだった。イザヤの時代に至るまで、ユダヤ人のある者は秘密裡に庭に集い、宗教的儀式として豚やネズミの肉を食べたことを見ると、この説を肯定せざるを得ない[11]。疑いなくこれは非常に古い祭儀で、豚とネズミが神として崇められ、ごく稀に行われる厳粛な儀式でその肉を神々の身体や血として聖餐に供した時代に遡る。さらに、一般的にこう言うことができよう。すなわち、すべてのいわゆる不浄な動物は本来は聖なるものだった。それを食べない理由は、それらが神だったからである。

4 オシリス、豚、雄牛

古代エジプト人の豚に対する態度

歴史時代の古代エジプトでは、豚はシリアやパレスティナにおけると同様、曖昧な位置にあったが、しかし一見、その不浄性はその聖性をはるかに凌駕しているように見える。ギリシアの著述家達は、エジプト人は一般に豚を不潔で卑しい動物として嫌ったと述べている[1]。もし人が通りがかりに豚に触れるようなことがあると、彼は衣服を付けたまま川の中に入り、穢れを洗い落とした[2]。豚の乳を飲むとハンセン氏病にかかると信じられていた[3]。豚飼いは、エジプト生まれの者であってもすべての神殿に入ることを禁じられ、このように差別されたのは彼らだけであった。豚飼いと自分の娘を結婚させる者はなく、また豚飼いの娘と結婚する者もいなかった。豚飼い達は自分達同士の間で結婚した[4]。

オシリスと月に対する例年の豚の供犠

しかし、エジプト人は年一回、豚を月とオシリスに犠牲として捧げ、またそれだけでなくその肉を食べた。とはいえ、その他の日は一切豚を犠牲にすることはなく、その肉を食べようともしなかった。この日に豚を供えられない貧者は、パンを焼いてそれを代わりに供えた[5]。このことは、豚は聖なる動物であって、一年に一度信者達によって聖餐に供されると考えなければ、説明困難である。

聖なる動物を食べると皮膚病、特にハンセン氏病に罹るという信仰

エジプトにおいて豚は神聖だったという見解は、現代人には全く反対の証拠に見えるかも知れない事実により裏付けられる。例えば、先に述べたように、エジプト人は豚の乳を飲むとハンセン氏病に罹ると考えていた。しかし野生人は、自分達の最も神聖視する動物や植物について、明らかに類似した見解を持っている。例えば、ウェタル島（ニューギニアとセレベスの間にある）の人々は、自分達は野豚、蛇、鰐、海亀、犬、ウナギなど様々な動物の子孫であると信じており、祖先とされる動物の類は食べない。もしそんなことをすればハンセン氏病に罹り狂気に陥るとされる。[6] 北米のオマハ先住民の間では、大鹿をトーテムとする人は、もし雌の大鹿の肉を食べると、身体のあちこちに吹出物や白斑が生じると信じている。[7] 同部族で赤トウモロコシをトーテムとする人は、赤トウモロコシを食べると口のまわり中に腫れ物ができると考えている。[8] トーテム信仰を持つスリナムのブッシュネグロは、カピアイ（豚のような動物）を食べるとハンセン氏病になると信じているが、[9] 恐らくカピアイは彼らのトーテムの一つだろう。魚を神聖視した古代シリア人は、魚を食べると身体に腫れ物ができて、足や腹がふくれ上がると考えていた。[10] イギリス領中央アフリカの中央アンゴニランドのニャンジャ語族は、人がもし自分のトーテム動物を食べると、身体に斑点が生じると信じている。この皮膚病を治すには、その動物の骨を煎じた汁で身体を拭く。しかし、その煎じ汁を飲むと病気になる。[11] ドイツ領東アフリカのワゴゴ人は、トーテム動物を食べた罪は、罪人本人ではなく罪のない親戚に降りかかると考えている。例えば、彼らはシラクモ頭の子供を見るとすぐに、その父親が自分のトーテムを食べたので、哀れな子供の頭にシラクモができたのだと言う。[12] ドイツ領東アフリカの別の部族ワヘヘ人の間では、シラクモやその他の皮膚病に悩む人は、誤って自分のトーテム動物を食べたためだとしばしば言う。[13] 同じように、同地方の別の部族ワヘイア人は、自分の氏族のトーテム動物を殺したり食べたりすると、腫れ物が生じると考えている。[14] 同じく、中央アフリカのカヴィロンドのバントゥ系部族は、トーテム動物を食べると皮膚にひどい腫れ物ができると主張しており、それはある薬草の煎じ汁と黒い雄牛の脂を混ぜて、病人の身体を万遍なくこすれば治るという。[15] オリッサのチャサ人は、自分達のトーテム動物を傷付けるようなことがあればハンセン氏病に罹り、血統が絶えてしまうと信じている。[16] これらの例は、聖なる動物を食べるとしばしばハンセン氏病またはその他の皮膚病を生じると信じられていることを証明している。従ってそれらの例は、豚の乳を飲むとハンセン氏病になると信じられている以上、豚はエジプトでは神聖だったに違いないという見解をある程度裏付けるものである。このような想像は、野生人の一部が好む半ば腐敗した肉を食べると皮膚病を生じやすいという観察から、しばしば思いつかれたことだろう。事実、多くの近代の権威はハンセン氏病をこの原因、特に半ば腐った魚を食べることに帰している。[17] ヘブライ人がハンセン氏病に対して抱いた嫌悪、並びにハンセン氏病患者を社会から隔離するため払った努力は、純粋な衛生的理由と同時に、宗教的理由に基づいたものだったこ

とは否定できないようだ。彼らはハンセン氏病患者の外形が崩れるのは、タブーを犯した罰だと想像したのであろう。確かに、旧約聖書中のハンセン氏病の例を、歴史家達は罪を犯した直接の結果と見ているのである。[18]

聖なる物に触れるだけでも危険とされ、一種の消毒を必要とする　さらに、豚に触れた後は、身体と衣服を洗わなければならないという掟は、豚の神聖性に関する見解を裏付けている。罪の贖いのというのは、聖なる物に触れた影響は、仲間と交わる前に洗うか何かして取り除かなければならないと一般に信じられているからである。例えばユダヤ人は聖書を読んだ後は手を洗う。罪の贖いの供物をした後、神殿から出て来る前に大祭司は身体を洗い、聖所で着用していた上衣を脱がなければならなかった。[19]ギリシアの祭儀において、罪を贖うための供犠で、供犠の主宰者は犠牲に触ってはならず、供物をした後、町あるいは自分の家に入る前に、身体と衣服を川や泉で洗わなければならない掟があった。[20]インド中部地方の小部族パラジャ人はいくつかの氏族に分かれていて、各氏族はそれぞれ虎、亀、山羊、大トカゲ、鳩など自分達のトーテムを持っている。もし誤って自分のトーテム動物を殺すようなことがあれば、「自分の家の素焼の料理鍋を放り出し、衣服を洗い、さらにマンゴーあるいはジャムンの木（エウゲニア・ヤンボラナ）の樹皮を浸した水で家を浄める。これは哀悼のしるしである。というのはこのような行為は不幸をもたらすと考えられているからである」[21]。豚をトーテムとしている中部地方のチャドワル人は、誰か他人が豚を殺すのを見てさえ、家の中の陶器類を投げ出し、まるで家族の一員が死んだ時のように家を浄める。[22]ポリネシア人は、聖物に触れたために起きる「聖なる感染」を免れる必要を強く感じている。そのため様々な祭儀が行われた。例えばトンガでは、たまたま神聖な首長あるいは彼の身に付けた物に触った人は、手で物を食べる前に一定の儀式を行わなければならないことは既述の通りである。さもないと彼は腫れ上がって死んでしまうか、少なくとも瘰癧《るいれき》などの病気にかかると信じられていた。[23]さらに、ニュージーランドで聖物に触れるとどういう致命的結果が生じると想像され、また実際に生じるかは既述の通りである。[24]要するに、野生人は聖なるものは危険だと信じている。それは一種の電気のような霊力に満ちており、たとえ死なないまでも、それに触れると何らかの衝撃に見舞われる。このため野生人は、特に神聖視しているものには触ることはもちろん見ることさえ嫌がるのである。例えば、「鰐」族のベチュアナ人は、鰐に出会ったり見たりすることを「忌むべき不幸なこと」と考えていて、見ると目に炎症を起こすとされている。それにも拘らず、鰐は彼らにとり最も神聖なものであって、彼らはそれを自分達の父と呼び、それにより誓いを立て、また祭典でそれを祀る。[25]山羊はマデナッサナ・ブッシュマンの聖なる動物であるが、「それを見ることは、人をして当分の間不浄ならしめ、かつ不安な気持に陥らせる」。[26]オマハ先住民中の「エルク」族は、雄の大鹿《エルク》に触れただけで身体に腫れ物ができ白斑を生じると信じている。[27]同部族中の「爬虫類」族は、蛇に触ったりその匂いを嗅いだりした者は髪が白くなると考えている。[28]蝶を神としているサモア人のあるものは、蝶を捕まえると死んでしまうと信じていた[29]。さらにサモアでは、バナナの赤く枯れた葉は食物を載せるのに使われるが、「野鳩」族の一員がこれをその目的に使うと、リュウマチ性の腫れ物ができるか、身体中に水痘のような発疹が出ると考えられていた[30]。中央インドのビール人中のモリ氏族は、孔雀を自分達のトーテムとして崇拝し、それに穀物を供える。しかしこの氏族の一員は孔雀の足跡を踏むだけで後で何らかの病気に罹ると信じており、またもし女が孔雀を見たら顔を覆って目を逸らさなければならないとしている[31]。このように野生人の精神は、聖性を一種の危険なウィルスと考えているようで、用心深い人はこれをできるだけ避け、たまたまこれに感染するようなことがあれば、一種の浄めの儀式でていねいに自分を消毒するのである。

このように、恐らく豚は最初はエジプト人にとって神聖な動物であり、穀物神オシリスの化身と見なされたが、後代にはオシリスの敵テュポンの化身と見られたのであろう

以上の類例に照らして見ると、豚に触れることに関するエジプト人の信仰と慣習は、豚を極めて不浄なものとする考え方よりも、極めて神聖なものとする説に基づいて説明することが恐らくできるだろう。否、これをもっと正確に述べると、次のようなことを意味している。すなわち豚は単に不潔でいとわしき動物ではない、というだけではなく、高度な超自然的力を与えられた者として見られていた。またそこには宗教的畏怖という原始的感情があり、その中に畏敬と嫌悪の念が相半ばするかたちで混ざり合っていた。古代人自身、豚がエジプト人に与えた恐怖の別の面に気が付いていたようである。エジプトに十四ケ月間滞在し、祭司達と交わったギリシアの天文学者で数学者エウドクソス[32]は次のような説を述べた。エジプト人が豚を殺さないのは、それを忌み嫌うためではなく、農耕に役立つと考えているからだ。というのは、彼によると、ナイル川の水位が下がると、豚の群れを畑に放し、湿った土の下に種を踏みこませていたのである[33]。しかし、ある存在がこのように絶対に相容れない、二つの混ざり合った感情の対象となる時、それは不安定な均衡状態にあるといっていいだろう。時が経つにつれ、相反する二つの感情の一方がもう一つの感情を圧倒していく傾向があって、最後に優位を占めた感情が尊敬か嫌悪かによって、その対象は神に昇格するか、悪霊に降格するかのいずれかとなる。要するに、エジプトにおける豚の運命は後者だった。というのは歴史時代には、豚に対する恐怖が、かつてその身に向けられた畏敬と崇拝を凌ぐに至ったことは確かなようであるからである。しかし、豚に対する畏敬、崇拝は、その没落時においてさえ決して跡を絶ったわけではなかった。彼はエジプトの悪魔にしてオシリスの敵であるセト、すなわちテュポンの化身と見られるに至った。なぜならテュポンがホルス神の目を傷付けた時、豚の姿をしていたからである。ホルスはこの豚を焼き、豚の供犠を制定し、太陽神ラーは豚を嫌悪すべきものと宣言した[34]。さらにテュポンがオシリスの身体を発見してそれを細かく切り刻んだのは、猪狩りの最中であり[35]、これが一年に一度豚が犠牲に供された理由である。これは明らかに、オシリスがアドニスやアッティスのように、猪もしくは猪の姿をしたテュポンによって殺されたという、より古い物語が近代化されたものである。このように、オシリスに対する例年の豚の供犠は、神を殺して切り刻んだ憎むべき動物に加えられた復讐と解釈するのが自然かもしれない。しかし、まず第一に、このように動物が年に一回、たった一回だけ厳粛な犠牲として殺される場合、通常、この動物が神であることを意味し、また一年間神として大切にされて尊敬を受け、殺される時もまた神の資格において殺されることを意味している[36]。第二に、アッティスやアドニスの場合は違うとしても、ディオニュソスやデメテルの例は、神の敵という理由で神に犠牲として捧げられた動物は、恐らく元々は神自身だったことを教えている。従って、オシリスに対する例年の豚の供犠は、豚のこの神に対する明白な敵意と相俟って、豚は本来は神だったこと、次に豚はオシリスだったことを示すに与って力がある。後代、オシリスが擬人化され、豚との元々の関係が忘却された時、豚はまずオシリスと区別され、さらにその後、神話学者達によってオシリスの敵とされたのである。学者達は、豚がこの神の敵だったという以外に、この神の信仰との関連で豚を殺す理由を考えることができなかったのである。あるいはプルタルコスの述べるように、豚は神々と親密でなく、その反対だったので犠牲とするにふさわしいものだったと考えたのである[37]。

猪が穀物畑を荒らしたことが、穀物霊の敵と見られた理由である

この後者の段階では、猪が穀物畑を散々荒らしたことが、穀物霊の敵と見なすべき十分な理由を提供したことだろう。しかも本来は、私の言うことが正しいとすれば、猪が穀物畑で我がもの顔に振舞ったことそれ自体が、人々に穀物霊自身と同一視させたのである。しかし後に猪は敵視されるに至った。

猪の作物に及ぼした被害の証拠

猪の多い地方でこれが作物畑に与える被害については、ほとんどのイギリスの読者には当然縁の薄いものであるから、例によりそれを示すのがよかろう。例えばパレスティナでは、猪は「作物に及ぼす恐るべき被害のため徹底的に追われ殺される。彼らは手の届く限りの一切の作物を食い尽くすのみならず、たった一晩の中に猪の一隊は畑全部を根こそぎにし、その年の農民の希望を台無しにしてしまう。彼らが好んで集まる場所は川や湖のそばの葦の多い沼沢地や茂みであって、エリコからゲネサレト湖に至るヨルダン川河岸の至る所の茂みに群がっている。犬も人も狩り出すことのできないこの要塞から彼らは、村人の穀物畑や根菜に夜間掠奪を行い、夜明けには隠れ場所に帰る。エリコ付近は特に被害が大きく、大麦が実る頃には、農民達は毎晩見張りをして彼らを追い払わなければならない。その出現は彼らが茂みを掻き分けて進む時の物音で分かるのが常で、人々は物音を目当てに銃を射つ[38]」。猪は南アフリカでは作物の大敵である。ズールー人が自分達の畑のまわりに構える垣根は、主として猪の恐るべき被害を防ぐためであるが、ヤマアラシ、ヒヒ、カバ、象もまた実った作物を荒らす。時には畑の中の高台に小さい小屋を建て、この中に番人を置き、夜の侵入者を脅して追い払う[39]。同じくイギリス領中央アフリカでは、高台に作られた小屋の中に日夜番人が常駐し、ヒヒや猪の侵入からトウモロコシ畑を守るが、猪はヒヒよりさらに破壊的である。というのは、彼らは穀物を貪《むさぼ》り食うと同時に、作物を掘り返すからである。また番人達は掠奪者を寄せ付けぬため、金物を手元に置き、絶えず叩き続ける[40]。ニアス島では、しばしば全島の畑が日没と日の出の間にこの害獣によって踏み荒らされてしまう。穏やかな熱帯の夜の静寂はしばしば畑の番人達の金切り声で破られる。その声は長い間木の茂った谷に谺《こだま》し、あちこちから聞こえる鈍いブーブーという声が番人達の努力の無駄でなかったことを物語る[41]。フィリピン諸島のルソン島北部では稲田が同じように猪の掠奪にさらされ、番人達が日夜監視に当たっており、時にはこのために大きな石の建造物が作られ、番人は夜には動物を脅して追い払うため火を焚く[42]。一年の農作業の初めにカンボジアのバナール人は、我々に沢山の米を恵んで下さい、猪がそれを食べないよう防いで下さい、とヤン・セリに祈願する[43]。スマトラのガヨ地方では、米作の最大の敵は猪と野ネズミであり、時に彼らの襲撃で収穫が根こそぎやられることがある[44]。ドイツ領ニューギニアのカイ人の間では、畑仕事に従事する者は決して豚肉を食べようとしない。その理由は、豚は野生のものであれ家畜であれ、作物の最も危険な敵であるからである。従って、カイ人の間では、畑の働き手が豚を食べると、胃の中の死んだ豚の肉がきっと生きた豚を畑に誘いこむと思われていたようだ[45]。共感呪術の原理に基づいたこの迷信は、恐らく古代における地中海東部の農耕民族の一部が抱いていた豚肉への嫌悪を説明するものだろう。

作物畑の猪の被害は、古代エジプト人の豚に対する曖昧な態度を理解する一助となる

このように稲作における猪の被害をよく知る民族なら、この動物は穀物神の敵、あるいは恐らく穀物神自身であって、彼をその権利から遠ざけようとする人類のあらゆる努力にも拘らず、自分の物を享受しに自身やって来るという考えが自然に出て来るであろう。ここから農耕民族がどのようにして古代エジプト人と同様、猪を自分達の穀物神オシリス、あるいはその敵テュポンと同一視したかが理解できるのである。伝説によるとオシリス自身が殺されたまさにその日に、彼に豚の犠牲を捧げることは、豚とオシリスを同一視する説に十分な裏付けを提供するものである[46]。なぜならこうして豚を殺すことは、年に一度オシリス殺しを演じて見せることであり、それはちょうどテスモポリア祭で豚を洞穴に放り込むことで年に一度ペルセポネの地下降下を再現していたのと同様である。またこの二つの慣習は、収穫時に穀物霊の化身である山羊や雄鶏等を殺す慣習と類似している。

エジプトの赤い雄牛と赤髪の男の供犠

さらに元々オシリス自身であった豚が、後に彼の敵テュポンの化身と見なされるに至ったという説は、赤髪の男と赤い雄牛のテュポンに対する同様の関係により裏付けられる。というのは、焼き殺してその灰を箕《み》で撒布された赤髪の男について、ローマで春に殺された赤毛の仔犬と同じく、本来は穀物霊自身、すなわちオシリスの代理だったと信ずべき十分な根拠を見てきたからで[47]、彼らは穀物を赤や黄金色にする特別の目的のため殺されたのである。しかし、後代これらの男達は、オシリスではなくその敵テュポンの化身であると説明され、[48]彼らの殺害は神の敵に加えられた復讐行為と見なされたのである。同じように、エジプト人が犠牲に捧げた赤い雄牛は、テュポンに似ているという理由で犠牲とされたといわれた[49]。しかし本来は、穀物霊オシリスに似ているという理由で殺された、という方がよりありそうなことである。雄牛は一般に穀物霊の代理であり、それゆえ収穫畑で殺されたことを我々は既に見てきた。

聖なる雄牛アピスとムネウィスに同一視されたオシリス

オシリスは、メンフィスの雄牛アピスとヘリオポリスの雄牛ムネウィスと何度も同一視された[50]。しかし、赤い雄牛がそう見えたように、これらの雄牛が穀物霊オシリスの化身だったかどうか、後代オシリスと混同されるに至った本来全く異なる神々ではなかったかどうか[51]。これらについてははっきりしない。信仰の広まり具合からみて、この二つの雄牛信仰は、その信仰が特定の地方に限定される通常の聖なる動物とは異なる土台に立っているように見える。それゆえ、もし後者が言われているようにトーテムから発展したとすれば、アピスとムネウィスの信仰には何か別の起源を見出さなければならないであろう。これらの雄牛が本来は穀物神オシリスの化身ではなかったとすれば、恐らく遊牧民により崇拝された聖なる牛の子孫だろう[52]。

古代エジプトにおける宗教または迷信の三大類型の層化

もしその仮説が正しければ、古代エジプトには社会形成の主要三段階〔狩猟、遊牧、農耕〕のそれぞれに対応すべき宗教または迷信の三大類型が層を成していることが分かるだろう。トーテム信仰は狩猟社会の段階にある諸民族が野生の動植物に対して払う一種の迷信的敬意である、とおおむね説明できようが、これは聖なる動物の局地的な信仰に代表される。遊牧社会の段階に属する家畜信仰はアピスとムネウィスの崇拝に、また、農耕社会の段階に特有の栽培植物信仰はオシリスとイシス信仰に、それぞれ代表されよう。決して牛を殺すことのなかったエジプト人の雌牛に対する畏敬は[53]、右の第二あるいは第三段階に属するものだろう。雌牛の角を持つ姿で描かれ、雌牛に化身すると考えられていたはずのイシスへの雌牛奉献は[54]、雌牛が赤い雄牛同様、穀物霊の化身だったことを示すものだろう。しかしながらこのイシスと雌牛の同一視は、オシリスと雄牛アピス並びにムネウィスの同一視と同じように、単なる混合説の結果かもしれない。しかし、アピスのオシリスに対する本来の関係がどうであろうとも、アピスについては、神殺しの慣習に関する論考上看過すべからざる一つの事実がある。雄牛アピスは神として非常に華やかに、深い畏敬の念をもって崇拝されたが、聖典に定められた一定期間以上は生きることを許されなかった。そしてその期間が満了すると聖なる泉に沈められた[55]。この期間はプルタルコスによると二十五年だった[56]。しかし、必ずしも常にそれが守られるとは限らなかった。雄牛アピスの塚が最近になって発見されたが、その碑文によると、第二十七王朝時代には二頭の聖なる雄牛が二十六年以上生きていたことが分かる[57]。

特定の社会類型に対応する宗教階層について

誤解を避けるため、次のことを付け加えておく方がよいだろう。社会形成の主要三段階にそれぞれ対応する宗教または迷信の三大類型について私が今述べたことは、宗教全体の発展の見取図を意味するものでもなければ、その輪郭ですらない。野生の動植物に対する畏敬、家畜に対する畏敬、耕作植物に対する畏敬だけが、それぞれが対応する発展段階の社会に主に流布していた唯一の宗教または迷信の形式であると言うつもりは決してない。私が示唆したいのはただ、それらはそれぞれ各段階特有のものであるということである。いかなる宗教体系もそれを構成する要素はあまりにも多岐にわたり、その相互の影響はあまりにも複雑であって、少数の単純な形態に適当に要約することはできないのである。宗教の層と社会の層の対応関係を大まかに指摘するにあたって、これまで注意を向けてこなかった要因を一つだけあげると、死者の霊に対する恐怖は最も強力な要因の一つであって、事実それは、最下層から最上層へと至る社会発展の各段階における宗教の進化の経路を形成する上において、恐らく最も強力な要因に思える。そして、まさにそれゆえに、死者の霊に対する恐怖というものは、どれか一つの社会形態に特有のものというわけではない。また、私が社会の三段階に特有なものとして選んだ三つの宗教または迷信の類型は、それぞれその層に対応する段階に厳密に当てはまるものとは到底言えない。例えばトーテム信仰、すなわちある人間の集団が野生の動植物に払う特別な畏敬は、狩猟段階の社会にはたいてい生じるものだが、必ずしも人類の発展における原始的な状態に特有のものというわけではなく、アフリカ、インド、アメリカの多くの部族の例に見られるように、遊牧段階のみならず農耕段階にもしばしば残っているのである。要するに、ナイフで組織や色のはっきりと違う部分をきれいに切り分けるように人類の歴史を解体することなど、実際には不可能なのだ。説明の便宜上、理論的にはそうすることもできようが、現実に組織は混ざり合っており、色は溶け合ってほとんど気が付かないうちに色調が変化しているので、いかに優れた分析の刃も受け付けるものではない。科学の抽象的な一般論で具体的な現実の細部をすべて十全に理解することができないのは、自明の理というものである。自然の事実は人間の理論の貧弱な枷《かせ》などいつでも吹き飛ばしてしまうのである。

ディンカ人の家畜への崇敬

この問題を離れる前に、原初的な遊牧民族が自分の家畜に払う崇敬の例をいくつか見ておきたい。というのは、私が今示したように、古代エジプト人の聖なる雄牛の崇拝は、現代ヒンドゥー人の雌牛崇拝同様、彼らの遠い祖先が家畜に払った同じような畏敬に直接由来していることは間違いないようだからである。白ナイルの大規模な牧畜部族、というより国を形成できる規模の民族であるディンカ人を好例として取り上げよう。シュヴァインフルトはこう述べている。「ディンカ人のあらゆる思考や観念は、いかにして家畜を獲得し維持するかに向けられている。家畜には一種の畏敬が払われているようだ。家畜の腐肉さえ非常に大切にされる。その糞は燃やして灰にして寝床にしたり身体に塗るのに使われ、小水は洗濯に使ったりあるいは塩の代用にしたりと、彼らの日常の必需品である。後者の利用法を我々の衛生観念と一致させるのは困難であることは認めざるを得ない。雌牛は決して殺さないが、病気になると他の牛から隔離し、そのために建てられた大きな牛舎の中で大切に養われる。自然死、あるいは事故死した牛だけが食用にされる。これらはすべて、アフリカの遊牧部族のほとんどに見られるが、もしかしたらすでに滅びた家畜崇拝の遺物のように見えるかもしれない。しかしディンカ人は殺された動物が自分の所有物でなければ、決してその肉を御馳走になるのを嫌がることはないという事実に注目してほしい。雌牛が彼らの畏敬の対象となるのは、いかなる迷信的判断によるものではなく、現実にそれを所有しているという喜びからである。死や強奪によって家畜を失った時のディンカ人の悲しみは筆舌に尽くし難いものがある。家畜の損失を最大の供犠で贖おうとする。家畜は妻や子供よりも貴重だからである。しかし、死んだ雌牛が無節操に埋葬されることはない。黒人はそれほど感傷的ではない。そうした出来事はただちに告知され、隣人達は酒宴の支度をするが、これは彼らの単調な生活にはまさに画期的なことである。しかし、雌牛を亡くした所有者本人は、喪失の痛手のため、雌牛の肉の一片に触ることさえできない。悲しみに沈んだディンカ人が、あたかもその災難に耐えられないかのように、何日も口を閉ざし気が抜けた様子をしていることも珍しくない[58]」。富裕なディンカ人はしばしばお気に入りの雄牛を持ち、敬意をもってそれを遇するが、観察者はその雄牛を古代エジプト人のアピスと比較している。「富裕な黒人の小屋の傍らのあちこちに、枯れた大木が立てられている。その枝には食物や恐らくは戦利品を納めた容器が吊され、幹には戦闘やダンスの招集用の大太鼓（ノガラ）が結び付けられる。この木には、他の家畜の群れから離した大きなよく肥えた雄牛がつながれている。白い牛で、肩と脚のところで鼠色に変わっている。長い角は人工的に反対側に曲げ、髪の束で飾られる。尻尾の房は切り落とす。この牛がマクウィ、すなわち黒人のアピスである。その色と特定の印によりこれを子牛の頃から選別していた主人は、いつか村人に対して自慢の種となるよう大事に育てる。主人は雄牛を去勢し、飾り立て、群れの先頭に立って歩き、踊り、闘うよう調教する。マクウィは常に主人の愛情のこもった世話を受ける。主人は最上の草を彼に与えることを忘れない。鈴が手に入ると、それを雄牛の首に吊す。そして夜、客をもてなすに十分な牛乳（メリシャ）があれば、太鼓を鳴らして若者を集め、神なる雄牛のまわりを踊る[59]」。

ヌエル人の家畜への畏敬　また、上ナイルのもう一つの遊牧部族ヌエル人について、ある旅行家はこう語っている。「ディンカ人同様、ヌエル黒人の間でも、家畜は敬意を払われている。実際、それは崇敬といっていいほどで、古代エジプトの動物崇拝、とりわけあの聖なる雄牛アピス崇拝を思わせるものがある。しかしこの敬意はただ、家畜が彼ら黒人の所有物であるという単純な事実に基づくものだろう。最も大きく立派な雄牛が群れのリーダーである。この雄牛は髪の束と小さい鈴で飾られ、あらゆる点で他の牛と区別され、一家並びに牛の群れの守り神と見なされる。この牛を失うことは持ち主にとって最大の不幸である。夜になると主人は雄牛に群れのまわりを回らせ、自分は焚火のそばに横になり、雄牛の美と勇気を讃える歌をうたい、一方雄牛は嬉しそうに鳴いて満足の意を表す。主人は毎朝家畜の群れをこの雄牛に委ね、雄牛は群れを一番良い牧草地に案内して彼らを危険から守る。この雄牛を主人はあらゆる美と強さの理想として崇める。それどころか彼は、漠然と『崇高なる存在』の概念を表すニェレディットとか、雷をあらわすのと同じ名を雄牛に付ける」(60)。

5　ウィルビウスと馬

ウィルビウスがヒッポリュトスと見なされて馬に殺されたという伝説、また馬を聖なるアリキアの森から追放する慣習は次のような結論を指すものだろう。すなわち馬はウィルビウスの化身とされ、例年森で供犠された

ここで、アリキアの森の最初の神なる王ウィルビウスがヒッポリュトスと見なされて馬に殺された、という伝説の意味を思い切って推論してみよう(1)。まず第一に、穀物霊がしばしば馬の姿で表現されたことは既述の通りである(2)。また第二に、後代の伝説で神を傷付けたとされる動物は、時には本来神自身だったということもある。これから推論すると、ウィルビウスすなわちヒッポリュトスを殺したとされる馬は、実際には植物神であるこの神の化身だったのである。彼が馬に殺されたという神話は恐らく、彼の信仰のある特徴、とりわけ馬を彼の聖なる森から追放する慣習を説明するため作られたものだろう。なぜなら神話は変化するが、慣習は変わらないからである。人間は彼らの前に祖先達が行ったことを続けるが、祖先達の行ったこととの理由は忘れ去られてしまう。宗教の歴史は古い慣習と新しい理由の折り合いを付け、不合理な慣習に筋の通った理論を見出そうとする、長きに亘る試みである。この場合には、神話は慣習より新しいもので、決して森から馬を追放する本来の理由を示してはいない。追放されることからみて、馬は聖なる動物もしくは森の神の化身ではあり得なかったと推論される。しかし、結論を出すのはまだ早い。

同じようにアテナイでは、山羊は通常アクロポリスから追放されていたが、年に一度必要な供犠のため許された

女神アテナを山羊皮（アイギス〔山羊皮の胸甲または楯〕）を身に付けた姿で表現する慣習から推察されるように、山羊はかつてアテナの聖なる動物または化身だった。にも拘らず、山羊はふつうアテナには犠牲に捧げられず、彼女の偉大なる聖所アテナイのアクロポリスに入ることも許されなかった。その理由として、山羊はアテナの聖樹オリーヴに被害を与えたからと主張されている(3)。従ってここまでは、山羊とアテナの関係は馬とウィルビウスの関係と同じであり、この二つの動物は神に加えた危害のため聖所から追放されたのである。しかしウァロによれば、山羊をアクロポリスから追放する掟には例外があったという。彼の言によると、年に一度、必要な犠牲として山羊がアクロポリスに追いこまれたという(4)。ところで、前に記したように、動物が年に一回だけ供犠される時は、それは恐らく神に供える犠牲としてではなく、神自身の代理として殺されたのだろう。従って、もし山羊が一年に一度アクロポリスで供犠されたとすれば、それはアテナ自身と見なされて供犠されたものと考えられる(5)。そして供犠された山羊の皮は女神像にかけられてアイギスとされ、それが毎年新しいものと替えられたと推論される。同じようにエジプトのテーベでは、雄羊は神聖な存在であり、犠牲にされなかった。しかし一年のある日に雄羊を殺し、その皮をアモン神の像にかけた(6)。ところで、アリキアの森の祭儀をもっと詳しく調べるならば、馬をそこから追放する掟は、山羊をアテナイのアクロポリスから追放する掟と同様、年に一度馬を森に連れていきウィルビウス神の代理として犠牲にする、毎年の例外に属するものであることを見出すであろう(7)。よくある誤解で、このように殺された馬は時を経るうちに、彼が害を加えた神に対する敵として供犠されるようになった。これはデメテルやオシリスに捧げられた豚、あるいはディオニュソス、また恐らくはアテナに捧げられた山羊と同様である。例外を指摘することなく掟を記録するのは著述家にとって非常に容易なので、アリキアの森の掟が私の想像するような例外に全く触れることなく記録されているのは驚くに当たらない。もしアテナイオスやプリニウスの記述しか残っていなかったら、我々は女神アテナに対する山羊の供犠を禁じ、山羊をアクロポリスから追放した掟のみを知り、幸いにもウァロの著作が示してくれた重要な例外に気付かなかったであろう。

十月のローマにおける例年の馬の供犠

年に一度アリキアの森で馬が森の神の代理として犠牲に捧げられたという推論は、年に一度ローマで行われた同じような馬の供犠で、ある程度裏付けられる。毎年十月十五日、マルス平原で戦車競走が行われた。勝った組の右側（外側）の馬を槍で刺し殺し、豊作祈願のためマルス神に供犠し、頭は切り離して、数珠つなぎにしたパンで飾った。その後すぐ二つの区――ウィア・サクラ区とスブラ区――の住民が、その頭をめぐって争奪戦を行った。もしウィア・サクラの住民がこれを取ると王の家の壁にそれをかけた。もしスブラの住民が取るとマミリアの塔にそれをかけた。馬の尾は切り取って王の家に運んだが、あまりに素早く運ぶため家の炉に血がしたたり落ちるほどだった(8)。さらに、馬の血は集めて四月二十一日まで保存しておき、その時ウェスタの処女達がそれを六日前に供犠した仔牛の胎児の血とまぜた。それからこの混合物は牧羊者に分配され、家畜を燻蒸するのに用いられた(9)。

このように犠牲にされた馬は、穀物霊を具現化したものらしい

この祭儀で馬の頭を数珠つなぎのパンで飾ること、また供犠の目的とされているもの、すなわち豊作を手にすることは、この馬が、既に多くの例を見てきた穀物霊の動物の代理の一つとして殺されたことを示しているようである(10)。馬の尾を切り取る慣習は、雄牛の尾を切り取って豊作を祈願し、それを犠牲に捧げるアフリカの慣習と同じものである(11)。ローマとアフリカのこの二つの慣習では、動物はどうやら穀物霊を表しているらしく、さらに、その実りをもたらす力は特にその尾に宿ると考えられている。後者の観念は、既述のように、ヨーロッパの民間伝承にも見られる(12)。さらに、春に馬の血で家畜を燻蒸する慣習は春に〈老妻〉、〈乙女〉、あるいはクライヤックの束を餌として馬に与えたり、あるいはクリスマスに牛にそれらを与える慣習、また〈ユールの猪〉を春に耕作用の雄牛や馬に食べさせる慣習に比較されよう(13)。これらの利用法はすべて、家やその住人に対する穀物霊の祝福を手に入れ、かつその恩恵を翌年まで貯えることを目的としている。

この供犠の古代的性格と、ヨーロッパ北部の収穫慣習との類似

ローマのいわゆる〈十月の馬〉の供犠は我々を古い時代に遡らせる。後に大都市の陋巷《ろうこう》となるスブラ区は当時はまだ孤立した村落で、住民は近隣の村の者と収穫畑で親睦の競技を行った。ローマはまだ小さな地方都市だった。祭儀の行われたマルス平原はティベレ川のほとりにあり、王制廃止まで王の領地の一部だった。伝説によれば、最後の王がローマから追われた時、川のほとりの王の領地に刈り取りを待つばかりの穀物が実っていた。しかし、誰もこの呪われた穀物を食べようとせず、川に投げ込まれて山のように積ったので、夏の暑熱と共に水位が下がると、それを核として島ができた[14]。馬の供犠はこのように、収穫の終わりに王の穀物畑で行われた古い秋の慣習だった。馬の尾と血は穀物霊の代理の主要部分として王の家に運ばれ、そこに保管された。これはちょうどドイツで収穫の雄鶏が農家の切妻や扉の上に釘付けにされたり、スコットランドのハイランド地方で〈乙女〉の形をした最後の穀物束が家に運ばれ、暖炉の上に保管されたりするのと同じである。このように穀物霊の恵みは王の家と炉、そしてそれを通して王の治める共同体にもたらされたのである。同じように、ヨーロッパ北部の春と秋の慣習では、現在でもしばしば〈五月の柱〉が市や自治区の長の居宅の前に据え付けられ、最後に収穫された穀物の束が「村の長」という格である市長の元に運ばれる。しかし、馬の尾と血は王の手に移ったが、かつては間違いなく独自に同様の祭儀を行っていたと思われるスブラの村民は、馬の頭を賞品とする競争を許されて満足した。彼らが馬の頭を勝ち得た時にそれを釘付けにしたマミリアの塔は、村の貴族である古いマミリア家の所有になる小塔型の砦だったようである[15]。都市全体と近隣村落のため王の畑とその居宅で行われた祭儀は、各都市がそれぞれの畑で同じような祭儀を行った時代があったことを前提としている。ラティウムの田園地方の村々では、ローマの小村の収穫祭が王の領地で行われる共同祭儀に併合されたずっと後まで、自分達の畑でこの慣習を守り続けたのであろう。アリキアの聖なる森は、ローマのマルス平原同様、共同の収穫祭の舞台であり、そこでは近隣の村々のため同様の粗野な儀式で馬を犠牲に捧げたであろうという想像は、見込みのないものではない。馬は樹木と穀物双方の実りをもたらす力を代理するものだった。というのは、この二つの観念は、〈収穫の五月〉のような慣習にも見られるように、混ざり合っているからである。

聖所から馬を追放する他の例

しかしながら、馬とウィルビウスの関係をこのように解釈する根拠は非常に薄弱であり、また馬を聖アリキアの森から追放する慣習は、我々が全く気付いていない何か他の迷信的動機に基づいているかもしれないことは、覚えておかなくてはならない。ロードス島のイアリュソスの町には、太陽の娘の一人であるアレクトロナの聖所があったが、そこには馬、ロバ、ラバなどの運搬用の動物は一切入ることができなかった。これらの動物を聖域に連れて来て掟を破った者は、供犠によってそこを浄めなければならなかった。また、この聖域に蹄鉄や豚のどの部分でも持って来た者は、同様の贖罪をしなければならなかった。また自分の羊をこの聖域内に入れた者は誰でも、羊一頭に付き一オボロスの罰金を払わなければならなかった[16]。これらの禁則の理由は全く分からない。特に馬に関するタブーには注目すべきである。というのは、ロードス島民は毎年アレクトロナの父である太陽に戦車と馬を奉献する風習があったからで[17]、これはもちろん太陽がそれに乗って空を馳けることができるようにするためであった。ロードス島民は、太陽の娘は父親の特別な所有物である馬に手を出す立場にはないと考えたのではないか。この推論は恐らく西アフリカの類例により裏付けられるであろう。奴隷海岸のエウェ人は雨神ニクプラを馬に乗る人と考えており、騎乗の神が流星の姿で大空を疾駆しているのが見られるという。このため、彼が本拠地として通常住んでいるとされるアングラの町では、通りで馬に乗る人を見かけない。どうやらそれは神のいでたちに対する不敬な侵害行為と見なされているらしい。以前はヨーロッパ人でさえアングラでは馬に乗ることを禁じられた。この地方的偏見を無視しようとした宣教師達は、怒った住民達に棒切れや汚物を投げ付けられた[18]。聖域に馬が入ることを許さないもう一つの神は、マダガスカル島の神ラケリマラザである。この名前は「小さいけれど名士」を意味する。彼の住居はタナナリヴォの東約七マイルの所にある丘の上にあった。しかし、この気難しい神が大嫌いなのは、馬だけではなかった。「偶像を安置した場所の周辺、神聖とされた全領域にわたって、偶像の番人が細かに指定している特定の動物および事物は持ち込むことも、持ち込みを見過ごすことも禁じられている。こうして禁止されるものはファディと呼ばれるが、これは南海諸島の有名なタブーと同じく輸入語である。それぞれの偶像は独自の特別なファディを持っている。ラケリマラザの禁止するものは、銃、火薬、豚、玉ネギ、シフォトラ（カタツムリに似た貝）、シトリ（子供の鰐に似た小動物）、縞や斑点のある外衣、黒いものすべて、山羊、馬、葬儀やタンゲナ〔裁判、審問の集会〕で供される肉、猫、フクロウである。番人達は死体のある家に入ることは禁じられている。また川を渡る際に『私を運んでくれ』と言ってはならない。さもないと鰐に襲われる恐れがある。また戦に際しては話をしてはならない。さもないと射たれる危険がある」[19]。これらの夥しい各種のタブーすべてに対して特定の理由を見出そうとしても無駄なのは明らかである。その多くは、もはや知ることのかなわぬ偶然の事情に基づくものだろう。しかし、イアリュソスのアレクトロナの聖所のみならず、他の古代ギリシアの神殿でも各種のタブーが厳守されていたことは注目に値する。例えば、アルカディアのリュコスラにおける女王の聖所では、黒、紫、あるいは花を飾った衣服を身に付けたり、靴をはき、指輪をはめたり、または髪を編んだり覆ったり、手に花を持ったりした者は入ることを禁じられた[20]。またこの聖所ではザクロの持ち込みが禁じられていたが、他の果物はなんでも自由に持ち込むことができた[21]。

アリキアの森から馬を追放する理由は不明確である

以上の例は、古代ローマ人が聖アリキアの森から馬を追放するに至ったと考えられる数多くの理由のどの一つにしろ、独断的に主張することの危険を警告するものである。原初的な迷信の領域は、科学の侵入をもってしてもなお、まだ大部分が事実上暗黒の奥地にある人跡未踏の荒野、錯綜した迷路であって、そこを孤独な探求者は、明りも手がかりもなしに永遠にさまよっているのかもしれない。

第十章　神を食べること

1　初収穫物の聖餐

新穀を穀物霊の身体として聖餐にする慣習　穀物霊が時には人間の姿、時には動物の姿をとること、またどちらの場合でも穀物霊はその代理の姿で殺され、聖餐として食べられることをここまで見てきた。実際に穀物霊の代理として人間を殺す例を探そうと思えば、当然ながら、野生民族に目を向ける必要があろう。しかしながら、ヨーロッパの農民の収穫の夕食もまた、動物を穀物霊の代理と見なして、聖餐として食べるという明らかな例と考えられる。さらに予想されるように、新穀そのものが聖餐として、すなわち穀物霊の身体として食べられるのである。

新穀で作り、人の形に焼いて食べるパン　スウェーデンのヴェルムランドでは、最後に刈り取った穀物で農民の妻が少女の形のパンを作り、これを家族全員に分けて皆で食べる[1]。ここでのパンは、乙女と考えられていた穀物霊を代理している。それはちょうどスコットランドの穀物霊が、同じように女性の姿に作られ、〈乙女〉と名付けられた最後の穀束によって表されているのと同じである。例によって、穀物霊は最後の穀束に宿ると信じられ、従って最後の束で作ったパンを食べることは穀物霊そのものを食べることである。同じようにフランスのラ・パリスでは、パン生地で作った男を最後の収穫車で運ばれる樅の木に吊す。この木とパン男は市長の家に運ばれ、ブドウ収穫期が終わるまでそこに保管される。それから収穫終了の祝宴が開かれ、そこで市長はパン男を砕いて人々に与え食べさせる[2]。

新穀を食べる際の古いリトアニアの祭儀

これらの例では、穀物霊は人間の姿で表され、食べられる。その他の例では、新穀が人間の形のパンに作られることはないが、それでもそれを食べる際の厳粛な儀式は、これが聖餐として、すなわち穀物霊の身体として食べられることを示してあまりある。例えば、次の祭儀はリトアニアの農民達が新穀を食べる時に行われるならわしだった。すべての穀物が収穫され、脱穀の始まった秋の蒔き付けの頃、農民は各自サバリオスと呼ばれる祭典を行った。これは「混ぜこぜにする」という意味である。九種類の作物——小麦、大麦、カラス麦、亜麻、豆、扁豆《ヒラマメ》、その他——を一握りずつ取り、それぞれの作物を三つに分ける。それからこの二十七に分けた作物を一つの山にし、混ぜ合わす。穀物は最初に脱穀し、箕《み》にかけて、このために別に取っておかなければならなかった。こうして混ぜられた穀物の一部は小さいパンを焼くのに用いられ、家族全員に一つずつ割り当てられた。残りはさらに多くの大麦やカラス麦に混ぜてビールを作った。この混合物でかもした最初のビールは農夫、その妻と子供の飲料で、二番目にかもしたのが召使い用だった。ビールが出来上がると、農夫は誰も訪ねてくる予定のない晩を選ぶ。それからビール樽の前に跪き、ビールを水差しいっぱいに注ぎ、それを樽口にかけてこう言う。「おお豊穣たる大地よ、ライ麦、大麦その他すべての穀物を豊かに実らせ給え」。次に水差しを妻や子供の待つ客間に持っていく。客間の床には黒または白、あるいは斑《まだら》（赤ではないもの）の雄鶏と、同じ色同じ種類の雌鶏が一羽ずつ、縛って置かれている。これらの鶏はその年に孵化したものでなければならない。それから農夫は水差しを手にして跪き、神に収穫を感謝し、翌年の豊作を祈る。次に全員が両手を上げてこう言う。「おお神よ、おお汝大地よ、私達はこの雄鶏と雌鶏を心からあなた方に供えます」。その言葉と共に農夫は鶏を木製スプーンで殴って殺す。これはその首をはねたくないからである。最初の祈りの後と二羽の鶏を殺した後、彼はビールを三分の一ずつ注ぎかける。それから農夫の妻はまだ使ったことのない新しい鍋で鶏を煮る。それが終わると、床の上にブッシェル桝《ます》を底が上になるようにして置き、その上に先に述べた小さいパンと煮た鶏を置く。次に新しいビールを柄杓と三つのマグカップと共に持って来るが、この柄杓とマグカップはこの時以外は使われない。農夫がビールをマグカップに柄杓で入れると、家族はブッシェル桝のまわりに跪く。それから父親が祈りを唱え、三杯のマグカップのビールを飲み干す。その他の家人も彼の例に倣う。それからパンと鶏の肉を食べ、その後再びビールを回し飲みし、全員がそれぞれ三杯のマグカップのビールを九回飲み干すまで続ける。食物は一切残してはならない。しかし、もし何かが残るようなことがあれば、翌朝同じような儀式でそれを食べる。骨は犬に与えて食べさせる。もし犬がそれを平らげないと、残りは家畜舎の堆肥の下に埋める。この祭儀は十二月初めに行われた。これを行う日には悪い言葉は一切使ってはならない[3]。

新穀や新ジャガイモを食べる際の現代ヨーロッパの祭儀

以上が二百年以上もの昔の慣習だった。現在のリトアニアでは、新ジャガイモや、新穀で作ったパンを食べる時は、食卓についている全員がお互いの髪を引っ張り合う[4]。この慣習の意味ははっきりしないが、しかし同じような慣習が異教徒のリトアニア人の厳粛な供犠において行われたことは確かである[5]。エーゼル島のエストニア人の多くは、まず鉄片をかじってからでないと新穀で作ったパンを食べようとしない[6]。ここでの鉄は明らかに、穀物の中の霊を傷付けないための呪術である[7]。現在のサザランドシャーでは、新ジャガイモを掘ると、家族全員がそれを味わわなければならない。さもないと「ジャガイモの中の霊が立腹し、ジャガイモは保存が利かなくなる[8]」。ヨークシャーの一部では今でも牧師が最初の穀物を刈る慣習があり、私にこれを教えた人は、こうして刈られた穀物は聖餐式のパンを作るのに使われると信じている[9]。もしこの慣習の後半部分が正しい報告であるとすれば（類推はこれに有利である）、これはキリスト教の聖餐式がその中に、間違いなくキリスト教よりはるかに古い聖餐礼を吸収した様子を示している。

新穀を食べる際の異教徒のチェレミス人の祭儀　ヴォルガ川の左岸に住む異教徒のチェレミス人は、新穀で作った最初のパンを食べる時、村人達が村一番の旧家に集まり、東の扉を開けて全員がその方を向いて祈る。それから呪術師または祭司が各人にマグカップで一杯のビールを与え、それを飲み干す。次に祭司がパンを切って各人に一片ずつ配り、皆で食べる。最後に若者達が年長者達の所へ行き、地にひれ伏してこう言う。「我々は祈る、神が生きながらえるように、また来年も新穀のために我々が神に祈ることができるよう、神が取りはからってくれるように」。その日は饗宴とダンスで暮れる。これを書いた著者によると、祭儀全体はまるで聖餐式を模したもののようだ[10]。別の報告によると、チェレミス人の各家長はこの時、沐浴した後、各種の穀物を麦芽、パン、酒と共に容器に入れ、それを太陽に向かって捧げ持ち、同時に神々が彼に与えた諸々の良きことに感謝する[11]。しかし祭儀のこの部分は、新穀の聖餐式というよりむしろ供犠である。

新しい穀物を食べる際のアイヌの祭儀　日本のアイノまたアイヌ人は、各種の雑穀をそれぞれ男女に分け、これをまとめて「神なる夫婦のシリアル」（ウムレク・ハル・カムイ）という。「従ってキビを粉にして常食のパンにする前に、老人達がまず若干のパンを礼拝用に作る。それができ上がると彼らはこう言って極めて熱心にこのパンに祈る――『おお、汝穀物の神よ、私達は汝らを礼拝する。汝は今年は非常によく育ち、汝の香りは甘美である。汝のなせることは素晴らしい。火の神は喜ぶであろう。また我々も大いに喜ぶ。おお汝神よ、おお汝神なる穀物よ。汝は人々を育てる。私は今汝を食べる。私は汝を礼拝し、汝に感謝する』。このように祈った後、彼ら信者達はパンを取って食べ、それから人々が皆新穀に与るのである。同じように、様々な忠誠の身振りや祈りの言葉と共に、この種の食物はアイヌの安寧のために奉献されるのである。間違いなく、穀物の供物は神に対する貢物と考えられるが、この神は他ならぬ種そのものなのである。そしてそれが神とされるのは、人間の身体に有益なものである限りにおいてに過ぎないのである[12]」。

新しいパンの実やヤムイモを食べる際のリーフ島のメラネシア人の祭儀

メラネシアのリーフ諸島の先住民は、初物の果実を食べる際に行う祭儀を次のように述べている。「パンの実またはニナス（堅果）のような食用になる木の実が熟し始めると、人々がそれを食べる一月ほど前に、皆で一緒に叢林に出かける。この『聖なる食事』には全員一緒に行かなければならず、帰って来ると皆一ケ所に集まり、一人も欠けてはならない。人々は座ってパンの実を料理する。それを料理している間は誰も事前に食べる者はいない。彼らはそれをきちんと並べて恭々しく料理し、霊がその食物を彼らに与えたものと信じ、それに対して感謝を捧げる。料理が終わると、一人の男がパンの実を持って木に登る。全員が地面に立って上を見上げ、男が天辺に登った時に鬨《とき》の声を上げ、それが終わるとこう叫ぶ。『これは全土のパンの実である』。それから男はパンの実を投げ落とし、人々はそれを拾って再び鬨の声の声を上げ感謝の意を表す。というのは、パンの実の守り神がその声を聞くと考えているからである。ヤムイモについての考え方も同様で、何の違いもなく、全てが同様である。彼らは霊が食物を与えてくれると考えており、人々は集まって霊に感謝する。どの島でも人々は食物を司る霊がいると考えている」(13)。

新しいヤムイモを食べる際のニューカレドニア人の祭儀

ニューカレドニアのブーライでは、季節初のヤムイモを食べるのは厳粛な祭儀である。女性はこれに加わらない。事実、その前五日間はいかなることがあっても彼女達は姿を現すことなく、森の中に隠れていなければならない。しかし、祭典には他の部族の男達が招待される。祭儀の日には、七つないし八つのヤムイモをごく慎重に掘り出して葉に包むと、大きな木像の前に持っていく。像は三ないし四メートルの高さで、大雑把に人の形に刻み、部族の祖先を表す黒、赤、白に塗られている。それからこの時にだけ用いる特別な鍋を少年達が掘り出し、それで新しいヤムイモを料理し、それを食べ、その後その鍋を掘り出した場所に埋める。ここで首長または最年長者が梯子に登り、群衆に向かって長々と淀みなく演説を行い、いかに自分達の先祖が常々この最初のヤムイモの祭典を重視していたかを語り、部族の若者達も来るべき時には同様に行うよう奨励する。その後、祖先の像に向き直り、毎年人々と彼らの子孫にヤムイモの豊作をもたらすよう祈り、祖先達が在世中いつも心ゆくまでヤムイモを食べていたことを思い出すよう懇願し、また彼らの息子や孫達も当然同じ望みを抱いていることに思いを馳せてくれと頼む。弁士が演説を終え、聴衆が喝采をもってその演説に賛意を表すると、新しいヤムイモを調理して食べ、各家族は自分達の鍋でヤムイモを調理する(14)。

ブル島やセレベス島での新米を食べる際の祭儀

東インド諸島のブル島では、稲の収穫が終わると、各氏族（フェンナ）が共同の聖餐式に集まり、各氏族の構成員が少量の新穀を奉献することになっている。この食事は「稲の霊魂を食べる」と呼ばれるが、その名前ははっきりとこの食事の聖餐的性格を示している。米の一部は別に取っておいて霊達に供えられる(15)。セレベス島北部のミナハッサ半島のアルフール人の間では、祭司が最初の籾《もみ》を蒔き、それぞれの田の最初に実った稲を摘み取る。この米を炒って碾《ひ》いて粉にし、その一部を家族各人に与える[16]。セレベス島の別の地方ボラアン・モンゴンドウでは、稲の収穫前に仔豚や鶏を供える。それから祭司が少量の稲を、最初に自分の田から、次に隣人の田から摘み取る。こうして摘み取った稲はすべて自分の稲と共に干し、それからそれぞれの持ち主に返し、持ち主はそれを粉にして煮る。米が煮えると女達がそれを卵と共に祭司の所に持っていき、祭司は卵を供物にし、米は女達に返す。この米は幼児を含む家族全員で食べなければならない。この祭儀の後は、誰もが自由に自分の稲を収穫できる[17]。

セラム島とボルネオ島における新米を食べる際の祭儀　セラム島の北部沿岸では、稲田の持ち主は田の中央に六つの穴を掘り、その中に籾をおいて蒔き付けを始める。穀物が熟すと、この六つの穴から生えた稲を最初に刈り取り、持ち主が村の共同収穫祭でこれを最初に食べなければならない。このようにしてすべての田の持ち主が自分の田に最初に蒔き、最初に刈り取った米を食べる時は、他の村人達も勝手にその鍋から米を取ってもよい。この祭典が行われるまでは、田の持ち主は自分の米を売ることができない[18]。既述のように、稲が霊魂によって生命を吹き込まれていると信じるボルネオ島中央部のカヤン人の間では[19]、家族が収穫時の新米を食べる前に、女祭司が、数珠で飾った一種の果実の殻で作った呪具（カヘ・パレイ）で各人の顔や胸に触らなければならない。この儀式が家族全員に施された後、人々は数粒の新米を食べ小量の水を飲む。全員がこの儀礼を受けた後、饗宴が始まる[20]。

インドにおける新米を食べる際の祭儀　南インドのニルギリ丘陵のバーガーすなわちバダガ人〔バーガーはオランダ語で「市民」の意。スリランカにおける現地人との混血を指す。後出の引用文に「バーガー」とあり、これをフレイザーは部族名と混同した可能性あり〕の間では、クルンバル——他部族の男で、この部族をバダガ人は呪術師と見ている——により最初の一握りの種が蒔かれ、最初の束が刈り取られる。最初の刈束の穀物は「その日に碾き割り粉にされ、パンが作られ、新穀の供物として供えられる。そして犠牲の動物の残りと共に、盟約の供物や供犠の食物として、『バーガー』とその一家全員が分かち食べる[21]」。南インドのクールグ人の間では、収穫時に最初の稲束を刈る男は占星師が選ぶ。日没時に家族全員が熱い風呂に入り、それから稲田に出かけ、そこで選ばれた刈り手が新しい鎌で一抱えの稲を刈り、そこにいる全員に二、三本の稲を分配する。それから皆で脱穀場に戻る。葉を束ねた物を稲の茎で飾り、柱に結え付け、それを脱穀場の中央に立てる。さて、必要な量の新米を脱穀すると、精米して、家族全員が食べるパンのために碾く。それから人々は家の戸口に行き、そこで主婦が刈り取り人の足を洗い、まず彼に、その後残りの全員に、乳、蜜、砂糖のいっぱい入った真鍮容器を手渡し、皆でそれを飲み干す。次に、束を刈った男が、米粉、プランテーン〔料理用バナナ〕、乳、蜂蜜、七粒の新米、七片のココヤシの実などをまぜたパン菓子をこねて作る。各人はこのパン菓子を少量、アシュヴァッタ（インドボダイジュ）の葉で受け取り、それを食べる。ここで祭儀は終わり、束の刈り手は仲間達に加わる。彼が稲を刈っている時は、誰も彼に触れてはならない[22]。南インドのヒンドゥー人の間では、新米を食べるのはポンゴールと呼ばれる家族祭儀の時である。新米は新しい鍋に入れ、ヒンドゥーの占星師によれば太陽が南回帰線に入る日の正午に焚かれた火で煮る。全家族が鍋の煮え方を非常に注意して見守る。というのは来るべき年は乳の煮え方通りになるからである。乳が早く煮えると、翌年は豊作になる。しかし、乳がゆっくり煮えるとその反対になる。煮えた新米はその一部がガネーシャの像に供えられる[23]。それから全員がそれを分かち食べる。インド北部のある地方では、新穀の祭典はナヴァンすなわち「新穀」として知られている。穀物が実ると、持ち主は縁起をかついで畑に出かけ、春の作物では五、六本の大麦の穂を摘みとり、秋の収穫では一本のキビを摘み取る。これを家に持ち帰って炒り、粗糖、バター、凝乳と混ぜる。その一部は村の神々と死せる祖先達の名において火に投じ、残りは家族が食べる[24]。ヒンドゥークシュのギルギットでは、小麦の収穫が始まる前に、各家の構成員が黄昏にまぎれて密かに一握りの穀物の穂を集める。二、三本の穂を家の戸口の上に吊し、残りは翌朝炒って乳に浸して食べる。その日はお祝いで暮れ、翌朝収穫が始まる[25]。

チャム人が耕作、蒔き付け、刈り取り、新米を食べる際に行う祭儀

インドシナのビントゥアンのチャム人は、初穂を農耕の女神ポー・ナガールに供え、それを聖餐として食べ終わるまでは、米の収穫をしない。この最初の穀物はハモウ・クレク・ラオア、すなわち「秘密の耕作の畑」と呼ばれる聖なる畑から集められ、この畑では蒔き付け、刈り取り共に特殊な祭儀で行われる。土地の耕作は罪悪と考えられているらしく、秘密に遂行し、後で贖われなければならない。六月吉日、最初の鶏鳴と共に二人の男が聖なる畑に水牛を連れていって耕作し、三つの畝《うね》を極めて静かに耕して退去する。その後夜明けに畑の持ち主が偶然ぶらりとやって来たふりをしてそこに来る。畝の様子を見て彼は立ち止まり、驚いた様子でこう叫ぶ。「誰が今夜私の畑をこっそり耕したのだ」。彼は急いで家に帰り、仔山羊または数羽の鶏を殺し、料理を作り、五包のビンロウジュ、数本の蠟燭、一壜の油、三種類の浄めの水を準備する。これらの供え物と水牛の牽く鋤を持って畑に帰り、そこで蠟燭を点し、食物を広げて、ポー・ナガールとその他の神々を礼拝し、こう言う。「私は誰が今夜こっそりと私の畑を耕したか知らない。神々よ、こんな悪いことをした人を許して下さい。この供物を受け入れて下さい。私共を哀れみ下さい。この仕事を続けることを許して下さい」。それから、神々の名において次のように自ら許可の返答をする。「よろしい、耕作を続けなさい！」。そして浄めの水で水牛やくびき、鋤を洗ったり、水をそれらにふり撒いたりする。油は鋤に塗り、地面に注ぐ。五包のビンロウジュは畑に埋める。ここで畑の持ち主は一握りの米を耕された先の三畝に蒔き、家族と共に食物を食べる。これらの祭儀がすべて正しく終わると初めて、自分の土地を好きなように耕し、蒔き付けできる。この「秘密の耕作の畑」の稲が鳩が隠れるまで伸びると、家鴨、卵、鶏の供物を神々に供える。さらに通常五皿の米、二羽の煮た鶏、一壜の焼酎、五包のビンロウジュからなる新たな供物をポー・ナガールに供え、残りは稲の開花期に供える。

最後に、「秘密の耕作の畑」の稲が実ると、どれよりも先に刈り取らねばならない。煮た鶏、米の皿、パン菓子その他の食物の供物を畑に広げ、蠟燭を点し、祭司が、あるいは祭司がいない場合は持ち主が、守り神達に祈り、そこにやって来て前に並べた食物を食べるように言う。その後、畑の持ち主は鎌で畑の中央の三本の稲を刈り、それから畑の縁の所から三摑みの稲束を刈り取って、それを全部ナプキンにくるむ。これは耕作の女神ポー・ナガールに供える新穀である。これを家に持ち帰って、脱穀し、臼で搗き、次の言葉と共に女神に供える。「おお女神よ、たった今刈り取ったこの新穀を味わって下さい」。この米は後で食べ、藁と籾殻は燃やす。この新米を食べると、持ち主は畑の中央で刈った三本の茎を取り、これを貴重な沈香《じんこう》の煙でいぶし、家の中に吊して、次の蒔き付け時期が来るまでそのままにしておく。この三本の穂から取った穀粒は、「秘密の耕作の畑」の三つの畝の種となる。以上の祭儀が終わるまでは、持ち主は畑の残りの部分や他の畑の作物を自由に刈り取ることはできない(26)。

ニジェール川沿岸のオニチャにおける新しいヤムイモを食べる際の祭儀

ニジェール川沿岸のオニチャにおける、新しいヤムイモを食べる祭儀が以下のように報告されている。「各首長は六つのヤムイモを持参し、ヤシの葉の若枝を切り取り、それを自分の家の門の前に置く。そして三つのヤムイモを焼き、若干のコーラの実と魚を取って来る。ヤムイモが焼けると、『リビア』と呼ばれる村医がそのヤムイモを取り、それを削って一種のオートミール状にし、半分に分ける。それからその半分を取り、新しいヤムイモを食べようとする人の唇に押し付ける。食べる人はその熱いヤムイモの湯気を吹き払い、それから口の中にそっくり押し込み、こう言う。『神が新しいヤムイモを食べさせてくれたことに感謝する』。それから魚と一緒に美味しそうにそれを噛み始める(27)」。

トーゴランドの黒人エウェ人の間における新しいヤムイモを食べる際の祭儀

西アフリカの黒人、エウェ人の間では、新しいヤムイモを食べるのは年間最大の祭典である。これは通常九月の初めに行われ、その性格は極めて宗教的である。トーゴランドのホー人の行う祭典についての先住民の報告がある。ヤムイモが実り、掘り出して家に持って来るばかりになると、次に行う祭典の厳粛な準備として、二日間を費やして町のすべての霊的または物的不浄を浄める。これらの浄めの儀式——これについては本書の後段で述べる——が完了すると、先住民の話によれば「人々は新しいヤムイモを食べる準備をする。準備とは畑に行ってヤムイモを掘ることである。しかし、彼らはそれを家に持ち帰らず、どこか途中の道端に置く。家に持ち帰らない理由は、人々がまだ神に犠牲を捧げる場所に行っていないからである。彼らがそこに行こうと思った時は、まずアグバシア神の供犠場への道の草取りをしなければならない。その後人々は太鼓を持ち出して高らかにそれを鳴らす。供犠の場所にやって来ると、まず二つの大きな盛り土を作り、供犠の場所にヤシ酒、調理したヤムイモと未調理のヤムイモ、油でこねたミール〔粉《あら》〕を持って来る。まず最初に未調理のヤムイモを真ん中で二つに切り、それから次のような祈りを捧げる。『アグバシア、汝はヤムイモを与えし者である。さればここに汝自身のヤムイモがある。我々は汝に心から感謝する。ヤムイモを心ゆくまで食べ、争いの起こらぬように!』。ここで彼らは地面に油でこねたヤムイモと油を混ぜないヤムイモを置く。その際アグバシアにこう言う。『白いヤムイモを食べない方には油を混ぜたヤムイモがある。油を混ぜたヤムイモを食べない方には白いヤムイモがある』。油でこねたミールとそうでないミールについても同じことをする。そしてこう言う。『私達は汝が与えたものをすべて持って来た。だから汝の好む物を食べよ!』。その後ヤシ油を一つの鍋に注ぎ、水を別の鍋に入れてこう言う。『食べ終わったら、水を飲む』。そして太鼓を叩き、歌をうたい、祭司がこう言う。『我等が父なるアグバシアよ、汝に祈る。凶事を知らせることなく吉事のみを知らせ給え! 女が妊娠した時は、双子か三つ子を生ませ給え、我々が繁殖《ふえ》るように。ヤムイモの蒔き付け時期が再び来た時は、これまでよりもっと多くの雨を降らせ給え、我々が再びやって来て、これまでよりもっと大きな感謝を捧げることができるように!』。そこで祭司が盛り土の一つに水を注いでペースト状にし、そこに人々を呼ぶ。それから祭司は指にその練り物を付け、それを人々の額、こめかみ、胸に塗ってこう言う。『これはアグバシアの練り物である。これを汝に塗る。汝は生を保つであろう』。その後人々は解散し家へ戻る」。さらに、ヤムの祭典の際に農民各々が捧げる祈禱と供物は、次のように報告されている。「夕方、町が綺麗に清掃された時、人々はヤムイモを取りに畑に行く。しかし、そのヤムイモはまだ町に持ってこずに、森の中に隠しておく。翌朝、大祭司が自分の神の供犠場所に赴くため町を離れるとすぐ、女達は隠しておいたヤムイモを取りに出かける。それから人々は料理を始める。多くの人々が鶏や山羊を殺し、また他の人は祭儀用の魚を買う。ヤムイモが煮えると、少量を潰して油を混ぜ、料理していないヤムイモと共に、屋敷の入口の地面に置く。そして家父がこう言う。『これは垣根に住むすべての神々のもの』。彼は同じことを家の扉の下で行い、こう言う。『これは私と共に住むすべての神々のもの』。それから彼は織機の所に行き、供物をしてこう言う。『これは機織りで私を助けてくれたすべての〈職人〉のもの』。その後彼は家の中に敷いてあるマットに呪文を唱え、また供物をし、話しかける。

「別の報告は、家父の祭司的機能をもっと詳しく述べている。家父達はそれぞれ生のヤムイモのかけらを持って自分の織機（アグバティ）の所に行き、こう祈る。『〈職人〉達がこのヤムイモを取って食べるように! 彼らが仕事をする時、成功するように!』。さらに、生のヤムイモを持って家の扉の下に行き、こう祈る。『おお私の守り神（アクラマ）よ、そしてこの家を見守る汝らすべての神々よ、来りてヤムイモを食せよ! 私がヤムイモを食べる時も、健康でどこも悪い所がないように! 私の家族全員が健康でいるように!』家内安全を祈願した後、彼は調理したヤムイモを取り、石の上で砕き、赤い油を混ぜる。この混合物を持って彼は再び織機の所に行き、前のように祈る。しかし、それでもまだ〈職人〉崇拝の終りではない。彼は再び調理したヤムイモを砕く。しかし今度は赤い油と混ぜない。彼は家の入口に行き、再び織機に祈る。『〈職人〉で油を混ぜたヤムイモを食べない者は、ここにやって来て白いヤムイモを食せよ！』。そこから彼は再び家の扉の下に行き、こう祈る。『私の守り神や家の番人達で油を混ぜたヤムイモを好まぬ者は、ここにやって来て白いヤムイモを私の手から取って食せ！』家の戸口から彼は室の中央に歩み入り、こう言う。『油と混ぜたヤムイモを食べない人は、白いヤムイモを食べてもよい。白いヤムイモを食べない人は赤いヤムイモを食べてもよい。また赤いヤムイモを食べない人は調理しないヤムイモを食べてもよい！』。この祈禱で彼は家の祭司としての義務を果したのである。機織人が自分の織機に祈るのと同じように、狩人は自分のマスケット銃に、鍛冶屋は自分の槌と鉄床《かなとこ》に、大工は自分の鉋《かんな》と鋸《のこぎり》に祈る。

「ところで、自由民達は祭司が町を離れるとすぐにヤムイモを調理し始めるが、大地の神トロクルウォの奴隷達は、まず子供として、自分達の神々の祭司に対する義務を果さなければならない。この子供達はそれぞれヤムの祭典の朝、両親から二切れのヤムイモを受け取り、それを自分の神の祭司の所に持っていく。祭司はヤムイモ片をさらに四つに細分する。子供は祭司の前に跪き、舌を出す。祭司は両手に二切れのヤムイモを持ち、子供に祈りの言葉をかけ、その舌にヤムイモで五回触れる。その後子供は両手を広げ、祭司はその両手を同じヤムイモ片で五回さすり、前のように祈る。それから祭司は子供の両足に五回さわり、三回目の祈りをする。祭司は子供の持って来た子安貝の殻を半分取り、それを紐に結び、子供の首のまわりに吊す。そして子供は新しいヤムイモを食べるためそこを去る。

「以上すべての準備が終わると、ヤムイモを叩いて潰し、各人は自分の兄弟を呼んで一緒に食べる。食事が終わると、人々は呼び集められて歓をつくし、ヤシ酒を飲む。午後には皆が沐浴し、新しい上衣を付け、新しい下帯を締める」[28]。

アシャンティ人における九月の新ヤムイモ祭

アシャンティ人は、九月早くに新ヤムイモ祭を行う。それが終わるまでは誰も新ヤムイモを食べない。「ヤム祭はサトゥルナリア祭のようである。盗みも密通も喧嘩もその期間内は罰せられることなく、自由気ままに振舞い、男女共に奔放の限りをつくす」と言われている。ある目撃者がその首都クマシでの情景をこう述べている。「翌朝、王は大量のラム酒を町中至る所にある真鍮の鍋にあけさせた。群衆がそのまわりにひしめき、豚のように飲む。自由民も奴隷も女も子供も、お互いに殴ったり蹴ったり踏んだりしながらわれ先に鍋の中に頭を突っこもうとし、飲むよりもこぼす方が多い。一時間もたたないうちに、貴人達を除くと正気の人間は一人も見られなくなる。四人組が家に連れ帰ろうとしているらしい相手の重みでよろめき歩く。赤い色を塗った女達の一隊が手に手をつないで将棋倒しに倒れる。どこにでもいる職工や奴隷達が天下国家を猛然と論じたて、耳を聾せんばかりの音楽、極めて淫らな歌がはじまり、男女の子供達がお構いなく淫行に耽る。皆一番立派な衣服を着ているが、酔ってとんでもないこと汚いことを競い合ってやり、その立派な着物もだらしなく引きずっている」。そのほとんどがこのために取っておかれた約百人の重罪人が、このクマシの祭儀で犠牲に供された。首長達は皆、数人の奴隷を殺して、その血が新しいヤムイモを掘った穴の中に流れ込むようにする。奴隷を殺す余裕のない人は、既に供犠された奴隷の首を持って来て、それを穴の中に入れる。以上の祭儀の後、十日ほど経ってから、王族全員が市場で初めて新しいヤムイモを食べ、王自身も出席する。翌日、王と配下の首領達はダー川で例年の沐浴を行うため、日の出前に出発する。首都の住民のほとんどが王に付いていくので、街は無人のようになる。その次の日、王は随員を引き連れて、町の南東端にある沼で沐浴するが、自分の身体を洗うだけでなく、椅子、腰掛、金銀の皿、様々な家具など、彼の専用にとってある物を洗う[29]。別の報告によると、アシャンティ人の王は、人民達の誰よりも先に新しいヤムイモを食べなければならないようである[30]。同じようにフランス領セネガルの一部を成している西アフリカのアッシニ王国では、王は人民がヤムイモを食べる前に、八日続けて新しいヤムイモを食べなければならない[31]。

クマシとベナンにおける新ヤムイモ祭

第二回目のヤムイモ祭は、十二月にクマシで行われるならわしで、その時王すなわち祭司がヤムイモを浄め、この後、一般民衆もヤムイモを食べられるようになる。この十二月の祭典のある一日にはすべての法律が停止され、各人自分の好きなことをしてよい。慣習に反して、何百にも達する王の妻達を目にすることさえできる。王とその随員達と共にタナのフェティシュ水で沐浴し、帰ってくるところを見るのである。その日は一日酒盛が続き、喧騒と叫喚が夜更けまで続く。朝早く人間の犠牲が供えられる。王宮の門の近くで最初に見付かった男が捕まえられ、屠られ、バラバラにされる。執行人は血のしたたる犠牲者の肉片を両手に持ったり、首のまわりに結び付けたりして踊る。王は新しいヤムイモを食べる前に、遠い泉から持って来たフェティシュ水で身体を洗い、首長達も同じような沐浴をする[32]。ベナンでは、王が特定の祭儀を行うまで新しいヤムイモは食べることができない。その祭儀の一つに、壺の中でヤムイモを育てるふりをするというのがあるという。踊り、酒盛り、道化芝居や演劇が祭典の一部をなし、町は人々で賑わい、恒例の乱痴気騒ぎに耽る[33]。

新しいシコクビエを食べる際にナンディ人が行う祭儀

イギリス領東アフリカのナンディ人の間では、シコクビエが秋に実ると、穀物畑を持つ女達はそれぞれ娘達と共にその中に入って行き、若干の実った穀物を摘み取る。それから女達は一粒の穀粒を自分の首飾りに付け、もう一つの穀粒を嚙んで、それで額、咽喉、胸をこする。少しも楽しそうな様子はなく、悲しそうに籠いっぱいの新穀を刈り取り、それを家に持ち帰って屋根裏に置いて乾かす。天井は枝を編んだ細工なので、隙間からたくさんの穀粒が火の中に落ち、パチパチとはねる。人々はこの無駄を防ごうとしない。というのも彼らは、火中の穀物がパチパチするのは死者の霊魂がそれを食べているためと考えているからである。数日後、新穀で粥を作り、乳と共に夕食に供される。家族全員がその粥を少し食べ、それを小屋の壁や屋根に塗る。彼らはまた少量を口に含み、それを東方と小屋の外に向かって吐き出す。それから家長は若干の穀物を手に持ち、神に健康と力を祈り、同じく牛乳のために祈り、つづいてそこにいる全員が祈りの言葉を繰返す[34]。バガンダ人の間では、豆が熟すると、女達が長男を呼び、彼女の料理した最初の豆を食べさせるならわしがあった。もしこれを怠ると、神々の不興を買い病気になると信じられていた。食事後、彼女の夫が妻の上を飛び越し、その後は皆で豆を食べてもよいことになっていた[35]。

ナタールやズールーランドのカフィール人の間の新穀祭

ナタールやズールーランドのカフィール人の間では、十二月の終わりか一月の初めに行われるカフィール年の始まりを表す祭典の後でなければ、誰も新穀を食べない。人々は皆王の小屋に集まり、そこで御馳走を食べ踊る。解散する前に「人々の奉納」が行われる。穀物、トウモロコシや南瓜など、様々な大地の実りに供犠動物の肉や「薬」を混ぜて、大鍋で煮て、この食物を少しずつ王自ら人々の口に入れる。このように、浄められた作物を食べると、その人自身、一年間浄められたことになり、すぐに自分の穀物を食べることができる[36]。祭典の前に新作物を食べたりすると、その者は死ぬと信じられている[37]。もしそれが露見すると、死刑に処せられるか、少なくともすべての家畜を取り上げられてしまう[38]。この新しい作物の聖性は、このためにのみ用いられる特別な鍋と、「夫妻」と呼ばれる二本の棒を呪術師がこすって作る新しい火で料理しなければならないという掟によく示されている。この棒は呪術師がウズワティ樹で作り、首長のみが所有する。「妻」は二本の棒のうち短い方である。新穀を料理する新火を作ると、呪術師はその棒を首長に渡す。というのは他の人は誰もそれに触ってはならないからである。それから棒は次の時節に使われるまでしまっておかれる。この棒はある程度神聖視され、首長個人の召使い以外は、誰もそれを保管してある小屋のそばに行くことはできない。この祭典の準備に使う鍋以外の鍋は、この「夫妻」の摩擦で作った火にかけることはできない。祭典が終わると、この火はていねいに消し、鍋は火起こし棒と一緒にしまわれて、翌年まで手を触れることなくしまっておかれる[39]。

この祭儀におけるズールー人の王の踊り

ズールー人の王の宮廷で見られるような、この祭儀の著しい特色は、王自身が草の外套、また別の報告によれば、草と穀物の葉の外套をまとって行う踊りである。この外套は後で燃やし、その灰は撒布して家畜が土中に踏み込む[40]。

この祭典の無礼講的性格

さらに、この祭典は乱痴気騒ぎとして報告されていることが注目に値するが、「大騒ぎと踊りが続けられ、人々は自分達の言動に責任を持たないと考えられている[41]」。

ポンド人の行う祭典

例えばポンド人の間では、祭典には無礼講の期間があり、その間首長は自分の役目を放棄し、いかなる犯罪も罰せられることがない。このポンド人の祭典の報告には、非常に数多くの興味ある特色が含まれているので、それをそっくり再録することとする。「ポンド人の首長が新穀祭を行う時は、配下の数人がヒョウタン、南瓜を他部族から購入して来る。これを料理して、内側をきれいにし、殻を容器に使用できるようにする。

それからこれを恭々しく首長に奉呈する。ここで新穀が持ち出され、通常若い雄牛を犠牲に捧げ、その後饗宴が始まる。首長は行事進行のための命令を発し、進呈されたヒョウタンの殻で供される作物を味わい、それから祭典の終わるまで自分の役目を一切放棄する。

闘牛と競技　附近の全村落から近所に家畜が集められているが、それを全部連れて来て、それから雄牛をけしかけて戦わせ、翌年の家畜の王となるべき雄牛を決める。若者達は競技やダンスに興じ、力競べや走り競べをする。これらが終わると、その場は無礼講となり、人々は乱痴気騒ぎに耽る。闘牛や競技では人々は自然の力に敬意を表するが、飲み食いしているあいだは、この力への敬意は別の形や別の儀式で表される。秩序を維持する権威は存在せず、各人は好き勝手なことをする。人が近所の者を刺したとしても一切の罰を免かれる。人、財産、道徳に対するその他の一切の罪についてもまた同様である。首長を面前で罵倒することさえ許されるが、これは他の場合には即座に報復を受け、さっさと先祖達の仲間入りをさせられてしまう罪である。この祭典の続いている間、太鼓、叫喚、拍手、音を発し得るあらゆる種類の道具により、耳を聾する騒音が続く。男達は首長の前に進み出て、彼らの最も聖なる動物の鳴き声や動作を真似して、自分達の起源、また神聖視する物について説明する。これはその人のトーテムである。他に敵が咽喉を刺された時のゴボゴボという音を真似る者もいる。この後者の象徴を選ぶ者は『槍の子』として知られている。儀式、乱痴気騒ぎ、無言劇が終わると、首長はいつもの場所へ戻ってそこに座り、その行為により王の職務を再開する。王は戦士達の中で最も勇敢な者を呼び出し、彼は直ちに勇気と戦略を表す動物の皮を身にまとい装う。彼は群衆の熱狂的な叫びの中で踊り、その後首長は祭典の終わりを宣言し、収穫作業が始まる」[42]。

ズール人のこの祭典において首長その他の人々に与えられた自由　獰猛な独裁者シャカの時代に行われたズール人の新穀祭を報告している別の著者はこう言っている。「この期間、首長達は王と忌憚なく会話することを許され、勝手気儘に、ときに尊大な態度で話をする」[43]。さらにパンダ王時代にズール人を訪ねた別の旅行家はこう述べている。「絶対独裁制の慣習にも拘らず、年に三日間、今度は国民が王の行為を厳しく追及する権利をもつ期間がある。トウモロコシが熟す時に開かれる戦士達の全体集会において、活発な論議が行われ、質問が発せられると王は人々の満足がいくように即答しなくてはならない。私はその時、列から飛び出して来た一介の戦士達が、雄弁にして極めて精力的な演説家らしさを帯びるのを目にした。そしてパンダ王の烈火の如き怒りに対峙するばかりか、衆人の前で彼を攻撃し、彼の行為を責め、不名誉かつ卑しき行為と呼び、王をして自分の行為を弁明せざるを得なくし、さらにその弁明に突っ込んで偽りを暴いて反論し、最後には威丈高に王を脅し、軽蔑の身振りでその大演説を締めくくるのである」[44]。

ズールー人の王の例年の王権放棄は、恐らく王を焼いてその灰を撒布する慣習の名残だろう

独裁的なズールー人の王に対するこのような自由は、王達がポンド人の首長同様、祭典期間中王権を放棄、あるいは退位させられた時代のあったことを示しているようである。恐らくそこからさらに一歩進むことができよう。既述のように、この時ズールー人の王は、草あるいは薬草と穀物の葉の外套をまとって踊り、それを後で燃やして、その灰を撒布し地中に踏み込んだ。この慣習は大地の豊穣を促進することを明らかに意図し、古い時代には王自身を焼きその灰を撒布して同じ目的を達成したのであろう。というのは既述のように、ズールー人と同じバントゥ系部族のベチュアナ人には、豊作を願って人間を犠牲にし、その灰を大地に撒布するならわしがあったからである(45)。これに関連して銘記すべきことは、既に見たように、ズールー人の王の肉体的な力が衰え始めると殺す慣習についての独立した証拠があるということである(46)。

新穀を食べる前に、ベチュアナ人が行う祭儀

ベチュアナ人の間では、新穀を食べる前に身を浄めなければならないことになっている。この浄めの儀式は新年の初め、一月の首長が定めた日に行われる。これは部族の大きな小屋で始まり、そこに成人男子全員が集まる。各人は手に先住民がレロツェ（南瓜とナタウリの中間のようなものと記されている）と呼ぶヒョウタンの葉を持つ。そしてその葉をすり潰して絞り出した汁を足の親指と臍《へそ》に塗る。多くの人がその汁を実際に身体のあらゆる関節に塗るが、物知りによるとこれは古代の慣習が一般化したものだという。大きな小屋でのこの祭儀の後、各人は自分の小屋に戻り、家族の男女、子供を全員集め、このレロツェ葉の汁を塗る。またこの葉の一部をつき砕いて木の大皿で牛乳と混ぜ、犬に与えて舐めさせる。それから家族各人の粥皿をこのレロツェ葉でこする。この浄めが終わって初めて、人々は自由に新穀を食べることができる。浄めがすんだ後の夜は、各人は儀式として自分の本妻と寝なければならない。彼女が昨年中に不義をしていた場合は、その儀式の役割を果す前に、自分の罪を告白する義務がある。告白すると呪医が彼女を浄め、豆を焼いてその煙でいぶす。そこで夫と妻はお互いに臍の下を軽く傷付け、「薬」を混ぜた夫妻の血を相手の傷に塗る。これで女の浄めは終わり、二人はそこで儀典の残りを続けることができる。もし結婚した男性が、この例年の浄めの儀式を行う時に家を離れているようなことがあれば、彼は非常に悲しむべき状態にあると考えられる。事実、彼が翌年生きのびる機会は非常に少ないと想像される。家に帰って来ても、彼は自分の家に入ろうとしない。というのは家が穢れるからである。また彼の影が子供の一人にかかることでもあれば、その子は死ぬ。彼は自分の妻がやって来て、彼にヒョウタンの水を飲ませるまで待たなければならない。これは妻が一緒に浄めの儀式を行うため、彼の帰りを待っていたしるしである。しかし、もし彼女が水を持って来なければ、留守中に誰か他の男と儀式を行ったことが分かり、前述した燻《いぶ》しと放血により彼女を浄めることが必要になってくる。しかし、この浄めの儀式が終わっても、夫妻は一年の残り、すなわち次の例年の浄め儀式まで、夫婦の交わりをしてはならない。ベチュアナ人は「この掟を破る者は皆、超自然的な罰を受ける――夫、妻、あるいは子供が死ぬ」と考えている(47)。

新穀を食べる際にマタベレ人が行う祭儀

南アフリカのもう一つのバントゥ系部族マタベレ人の間では、王が最初に新穀を味わうまでは誰もこれを食べることができず、この掟を犯したことが分かった者は直ちに死刑に処される。この祭典では、首都ブラワヨに集まった群衆が王の前で大きな半円を作って踊り、王も時々この踊りに加わる。王が加わった時は、呪医とその従者達が茨を持って踊り手の間に乱入し、疲れて来たように見える者達の身体に茨を当て新たな元気を出して踊るように励ます。王の妻達もまた右手に結婚指輪を持ち、左手に緑の枝を持って長い列を作って歌い踊る。祭典三日目には、数百頭の雄牛を供犠する。黒い雄牛すなわち聖牛の肉や血は護符となる。残りは切り分けて人々に分配され、祝宴を催す。四日目は特に新穀祭儀のため割り当てられている。朝に全員が川に下りていって沐浴し、帰りには呪医が護符を混ぜた新しい野菜と穀物の皿を持って、中味を手に摑んで群衆に撒き散らし、人々はこれを取って食べる。それが終わると人々は自由に新穀を食べてもよかった。ある報告によると、この新穀祭は夏至（南半球では十二月二十一日）の最初の満月に行われた。別の報告によると、二月に満月の二、三日後に行われ、これがマタベレ人の年の初めを表した(48)。

初物の果実を食べる際にオヴァンボ人が行う祭儀

南西アフリカのオヴァンボ人、自称オヴアクアンヤマ人は、特定の祭儀を行うまでは、オムオンゴ樹の新果実を食べようとしない。これは二月に熟し、それからアルコール性飲料が抽出される。特に夫婦は互いにこの果実を一つ差し出して、白墨で互いの額、頰、鼻に白い印を付け、それに型通りの祝福の言葉を付け加える。新しい年の始まりを示すものらしいこの祭儀をもし怠ると、膝の関節が激しい痛みに襲われ、足が不自由になると信じられている(49)。

新トウモロコシを食べる前にボロロ先住民の行う祭儀

ブラジルのボロロ先住民は、呪医の祝福を受けるまでは新しいトウモロコシを食べず、もし食べると必ず死ぬと考えている。祝福の儀式は次の通りである。半熟のトウモロコシの皮を洗って呪医の前に置き、呪医は絶えずタバコを吹かしながら何時間も踊り歌い続け、陶酔状態に陥り、そこで皮に嚙み付き、四肢を痙攣させ、時々悲鳴を発する。大きな動物や大きな魚を殺す時はいつでも同じような祭儀が行われる。ボロロ人は、この祭儀の終わる前に誰かがまだ浄められていないトウモロコシや肉に触るようなことがあれば、彼とその全部族が滅亡してしまうと深く信じている(50)。

ブスクすなわち北米のクリーク先住民の間における新収穫物祭

北米のクリーク先住民の間では、ブスクすなわち新収穫物祭が一年の主要な祭儀であった(51)。これは穀物の実る七月か八月に行われ、古い年の終わりと新しい年の始まりを表した。これを行う前には、先住民は誰も、新収穫物を食べるどころか、手にする者さえいなかった。時にはそれぞれの町が独自のブスクを行い、時にはいくつかの町が協力して共同のブスクを行った。ブスクの挙行前、人々は新しい衣服や新しい家庭用品や家具を用意し、古い衣服やガラクタは穀物の残りや古い糧食と一緒に集め、一山にまとめて火を付けて焼いてしまう。[52] 祭儀の準備として、村内の火はすべて消し、灰は綺麗に掃き浄めた。特に炉や神殿の祭壇は掘り起こして灰を取り去った。それから主祭司がバトンスネイク〔米国南部産の棘のある多年草〕の根、タバコの若葉、および新収穫物を少量ずつ炉の底に置き、そのあと白粘土で覆うように命じ、その上を綺麗な水で濡らした。それから祭壇を覆うかたちで若木の緑の枝を分厚く積み重ねて亭《あずまや》を作った。[53] その間に家にいる女達は家を掃除し、炉を新しくし、新しい火と新収穫物を迎えるために用意された料理用の器を洗う。[54]「供物の新収穫物を汚すことのないよう」公の広場や聖なる広場は前回の饗宴のゴミ一つに至るまでていねいに掃き浄められた。さらにまた前年中に食物を入れたり、使用したりした一切の容器は、日没前に神殿から移された。それから、新収穫物のお供えの掟と結婚の掟に違反しなかったことが分かっている男全員が、触れ役によって集められて、聖なる広場に入り厳粛な断食を行った。しかし、女性（六人の老婆を除く）、子供、戦士の位階に達していないすべての男は、聖なる広場に入ることを禁じられた。またこの聖なる広場の四隅には番兵が置かれて、不浄とされた一切の人間や動物が入らないようにした。

断食と浄め　厳しい断食がそれから二晩と一日続き、信者達は「嘔吐して自分達の罪深い身体を浄めるために」バトンスネイクの根の苦い煎じ汁を飲む。聖なる広場の外にいる人々も浄められるように、老人の一人が広場の隅に大量のタバコの若葉を置く。これを一人の老女が運び出して外にいる人々に配り、人々は「自分達の霊魂を苦しめるために」それを噛み、飲み込む。この全体的な断食の期間中、女、子供、また虚弱な体質の男は、正午過ぎには食事を許されるが、その前には許されなかった。断食の終わった朝には、女達が大量の昨年の食物を聖なる広場の外側に運んで来る。それからこの糧食は腹を空かせた群衆の前に持って来て置かれるが、午前中に綺麗に後片付けをしなければならなかった。

摩擦で作る新しい火　太陽が頂点から傾き始めると、全員が家の中に留まり、悪いことをせず、古い火は必ず消して火の粉一つ残らぬようにせよ、と触れ役の声が命じた。今や完全な静寂が支配した。それから大祭司が二つの木片をこすって新しい火を作り、それを緑の亭の下の祭壇に置いた。この新しい火は殺人を除くすべての過去の罪を贖うものと信じられた。次に一籠の新しい収穫物を持って来て、大祭司が各種の作物を少しずつ取り出し、それを熊の油でこすり、若干の肉と共に「新しい果実の供物として、また罪をつぐなう例年の供物として、寛大なる火の聖霊に対し」供えた。彼はまた聖なる吐薬（バトンスネイクの根とカッシーナすなわち「ブラック・ドリンク」）を少量、火中に注いで、その薬を浄めた。外に残っていた人々がここで聖なる広場に近寄って来るが、中へ入ることはない。すると大祭司が演説を行い、古い祭儀や慣習を守るよう説き、新しい聖火が昨年の罪を祓い浄めてくれたことを知らせ、またもし女達の誰かが古い火を消さず、あるいは何か不浄なことをしていたら、「聖火が彼ら及び他の人々を害することのないよう」直ちに立ち去るべきだと真剣に警告する。それから新しい火の一部が聖なる広場の外に置かれ、女達は嬉々としてそれを家に持ち帰り、自分達の清浄な炉に置く。いくつかの町が協力してこの祭典を行う時は、新しい火はこのようにして何マイルも運ばれる。それから新収穫物を新しい火で調理し、熊の油と共に食べる。この油は必要不可欠のものとされていた。祭儀の途中で、人々は両手の間で新穀をこすり、それから顔と胸をこする。[55]その後に続く祭典期間中、戦士達は野生的な戦いの衣装をまとい、頭を白い羽毛で覆い、両手に白い羽根を持って、その下で新しい火を燃やしている聖なる亭のまわりを踊った。この祭儀は八日間続き、その間最も厳格な節制が行われた。この祭典の終わりに当たり、戦士達は模擬戦を行い、それから男女が共に、三つの組に分かれて聖火のまわりを踊った。最後に、全員が白粘土を身体に塗り、流水で沐浴した。彼らが水から出てくる時には、自分達が過去に犯した過ちに対して悪いことがふりかかることはないことを信じている。そうして彼らは喜びと平穏の中に去っていく。

ユーチ先住民の間における新穀祭　同じような種類の祭儀が今でも毎年オクラホマのユーチ先住民により行われている。彼らはクリーク部族に属しているが、異なる言葉を話す。この祭儀は太陽によって制定されたと言われている。これは公共の広場で厳粛に行われ、穀物の実るのに合わせて時期を決め、通常七月の半ばか初めに行われる。この祭儀の間は、斎戒と塩断ちが定められ、男達は皆吐薬をのむ前に十二時間の断食をしなければならない。二つの石を打ち付けて聖なる新火を燃やし、その後すべての男性は係の者によって胸や腕に切り傷や掻き傷を作られ、血を流して広場の地面にその血を滴らす。この男性の流血はユーチ人の起源を象徴しているといわれる。最初のユーチ人は太陽の母が月経時に大地に落とした血の滴の中から飛び出してきたのである。このためユーチ人は自分達を太陽の子と呼ぶ。この厳粛な掻き傷の儀式の後、同様に厳粛な嘔吐の儀式が行われる。これもまた太陽により制定されたものである。太陽は先住民に、バトンスネイクの根とレッドルートと呼ばれる根を水に浸し、その汁を飲み嘔吐して自分の身体を浄め、翌年病気にかからないようにすることを教えた。彼らは新穀を食べる前にこうして自分を浄めなければ病気になると考えている。町の首長は吐剤を用意する厳粛な義務があり、秘儀を授かった四人の少年がこれを手伝う。この吐剤を入れた壺の縁には太陽を表す模様があり、広場の中央近くの火の東側に置いてある。これを飲む順序は飲む者の位階により定められている。太陽が天頂に達すると、四人の最高位の貴人が進み出て、東方を向いて、口に苦いが健康によいその薬を飲み下す。それから自分の場所に退き、例の通りの結果を待つ。薬が利き始めたのを感じるとその場所から出て行って、胃の中味をこのために別に設けた場所に吐き出す。彼らの後には別の四人組が続き、その後にはさらにまた四人組という具合に続き、このようにして全員が身を浄める。この儀式は数回繰り返される。これが終わると、全員水辺に行き、身体を飾った塗料を洗い落とす。それから広場の自分達の場所に戻って新穀を心ゆくまで食べる。

球技

数時間休んだ後、男達は球戯を行うが、これは単なる娯楽ではなく儀礼行事である。組に分かれ、各選手には二本のラケットが渡される。各組の目的は相手方のゴールに球を打ち込むことである。ゴールは二本の真直に立った棒と横棒から成っている。二つのゴールはそれぞれ東と西に立っている。それに続く夜はずっと踊りが続けられ、一般にだらだらした頽廃淫蕩の気分がみなぎる。しかし両親や長老達は若者達の不行跡を見て見ぬふりをする。踊りの中には、踊り手達が鴨、ノスリ、ウサギ、魚、野牛、鶏、フクロウなど自分達のトーテム動物の動作や鳴き声の真似をするものがある[56]。

セミノール先住民の間の青トウモロコシ踊り

今日でも、クリーク先住民と同系統のフロリダのセミノール先住民の残存者は[57]、青トウモロコシ踊りと呼ばれる例年の浄め儀式と祭儀を行い、そこで新トウモロコシを食べる。祭典の初日の晩に、彼らは吐き気を催させる「ブラック・ドリンク」を飲みほす。これは吐剤と浄め、両方の役を果す。この飲料を飲まない者は無事に新トウモロコシを食べることはできず、また年内に病気になると信じられている。この飲料を飲んでいる間に踊りが始まり、呪医達がこれに加わる。翌日新トウモロコシを食べる。その次の日に断食するのは恐らく、胃の中の聖なる食物を普通の食物に接触させて汚すのを恐れてのことだろう。しかし三日目には大饗宴が催される[58]。

ナチェズ先住民の間における新穀祭

さらに、同系統のもう一つの部族ナチェズ先住民は、ミシシッピー川下流の東岸に住み、大祭において新穀を聖餐として食べた。その模様をルイジアナのフランス人歴史家デュ・プラッツが詳述している。読者のほとんどは恐らく彼の著作を目にすることはできないと思われるので、便をはかってその部分をそっくり引用しておく。彼によると、ナチェズ人は自分達の年を三月から始め、それを十三の月に分けた。我々の八月に当たる彼らの六月は桑の月で、七月はトウモロコシすなわち偉大な穀物の月だった。「この祭典は間違いなくあらゆる祭典中最も厳粛なものである。これは主として新穀を共同の宗教的儀礼で食べることである。新穀は明らかにその目的のため、しかるべき儀式によって蒔き付けされたものである。この穀物はこれまで耕作されたことのない場所に蒔かれる。この土地を耕し準備するのは戦士に限られるが、彼らはまた穀物を蒔き、草取りをし、刈り取りをして収穫する唯一の人間でもある。この穀物が実る頃になると、戦士達は全体の饗宴に適当な場所を定め、それに近接して円形の穀倉を作り、その底と側面には穀茎を用いる。それに穀物を充たし、収穫が終わり穀倉に覆いをかけると、〈偉大な太陽〉に知らせ[59]、彼が全体の饗宴の日を指示する。饗宴の数日前、人々は〈偉大な太陽〉とその他の家族全員のため、穀倉のまわりに小屋を建てる。〈偉大な太陽〉の小屋は二フィートほどの高さの盛り土の上に建てられる。饗宴当日は全部族民が日の出と共に自分の村を出発し、旅行できない老人と病人および輿《こし》に乗った〈偉大な太陽〉を肩にかついで運ぶ数人の戦士だけが残る。この輿の座席には数枚の鹿皮が敷かれ、四辺に交差する四本の棒が結い付けられていて、八人の男達でかつぐ。彼らは百歩行くとこの荷を次の八人の男達に渡し、順次このようにして村から二マイルほど離れた饗宴の行われる場所に運んでいく。九時頃、威厳を示す装身具で着飾った〈偉大な太陽〉が自分の小屋から出て来て、輿に乗せられるが、その頭上には花で作った天蓋がある。彼は数分の内に聖なる穀倉へ運ばれ、歓喜の叫びを四方に響き渡らせる。輿から降りる前に、彼はすべての場所をていねいに回り、穀物の前に来た時、それに向かってホー、ホー、ホーという言葉を長々と恭々しく発しながら三回拝礼する。この拝礼は全部族により繰り返され、ホーという言葉を九回はっきりと発する。九回目に〈太陽〉は輿を降りて王座に座る。

摩擦により作る新しい火　「二つの木片を激しくこすり合わせて火を起こし、穀物の下ごしらえがすむと、戦闘部隊の隊長が各一族に属する戦士達をつれて王座の前に進み出て、〈太陽〉に向かって『語れ、汝の言うことを聞かん』と述べる。その時、王が立ち上がり、世界の四方に礼拝し、穀倉に進み、空を見上げて両手を挙げ、『我等に穀物を与えよ』と言う。ここにおいて戦闘部隊の大隊長、王子や王女、男全員が、それぞれホーという言葉を発して王に感謝する。それから穀物が分配される。まず女性の〈太陽〉達に、それから女性全員に分配し、彼女達はそれを持って自分達の小屋に走っていき、大急ぎでそれを調理する。すべての小屋で穀物が調理されると、その皿を〈偉大な太陽〉の手に渡し、彼はそれを世界の四方に供え、それから戦闘部隊の大隊長に向かって『食べよ』と言う。これを合図に戦士達がすべての小屋で食べ始める。その後、まだ母の懐に抱かれている子供を除いてあらゆる年齢の子供達が食べ、一番最後に女達が食べる。戦士達が食事を終えると、彼らは小屋の前で二つの合唱隊を作り、半時間にわたり戦いの歌をうたう。その後戦闘部隊の大隊長が、それに続いて全戦士が自分達の武勲を自慢げに数え上げ、殺した敵の数を述べる。次に若者達が演説を許され、各人はできる限りの立派な態度で、自分のしたことではなく、これからしたいことを述べる。もし彼の演説が称讃に値するものであれば、一斉にホーという声で迎えられ、もしそうでなければ、戦士達は頭を垂れて黙ってしまう。

松明踊り　「この大いなる厳粛さは松明の下で行われる部族全体の踊りで幕となる。乾いた植物茎で作った子供ほどの大きさの松明が二百本以上周囲に立てられ、その中で男女がしばしば夜明けまで踊り続ける。次に述べるのは彼らの踊りの配置である。一人の男が壺に鹿の皮をかぶせて太鼓代わりにしたものを持って地面に座り、踊りに合わせて拍子を取る。彼のまわりに女達が手は握らずにお互いに少し離れて円を作る。この女達の円のまわりを、男達がもう一つの円を作ってかこむ。彼らはそれぞれ棒を持ち手として差し込んだチチコイス、すなわちヒョウタンを手にしている。踊りが始まると、女達は中央の男のまわりを左から右へと動き、反対に男達は右から左へとまわり、時には広く時には狭くと、踊りの輪を広げたりすぼめたりする。このようにして踊りは止むことなく一晩中続き、新たな踊り手が次々に参加して疲れた人達にとって代わる。

球技　「翌朝、〈偉大な太陽〉が自分の小屋から出て来るまでは誰も外に出ない。その時間は通常九時頃で、それから太鼓の合図と共に、頭に付けた羽根で分けられた二隊の戦士が現れる。一隊は〈偉大な太陽〉に率られ、もう一隊は戦闘部隊の大隊長に率られており、彼らはスパニッシュ・ビアード〔パイナップル科の植物。スパニッシュ・モス〕を詰めた鹿皮製のボールを次の者へと放って渡していく新しい遊戯を始める。戦士達はたちまちこの遊戯に加わり、激しい戦いが開始されるが、二つの隊はそれぞれこのボールを相手方の隊長の小屋に叩き付けることを目指す。通常この遊戯は二時間続き、勝った組は翌年まで、あるいは次に球戯を行うまで、勝者の印の羽根を付けることを許される。この後戦士達は戦闘の踊りを舞い、最後に水浴に出かける。この水浴は彼らが暑さに参ったり疲れたりした時に最も好むものである。

「その日の残りの時間は以前のように使われる。というのは、饗宴は穀物の残っている限り続くからである。穀物をすっかり食べ終わると、〈偉大な太陽〉を輿に乗せて連れ帰り、人々は皆村に戻る。その後王は、戦士達を彼ら自身と王のため狩猟に送り出す[60]」。

季節初の野生の液果や根を食べる前にセイリッシ先住民やティンネ先住民が行う祭儀

土地を耕さない部族でさえ、季節で最初の野生の果実を採集したり最初の根を掘ったりする時に、似たような祭儀を行うことが時折ある。例えば、北西アメリカのセイリッシやティンネ先住民の間では「若者達が季節初の液果や根を食べる時はいつでも、その果実なり根に向かって挨拶し、その愛顧と援助を乞う。ある部族の間では、野生の果実を摘み、根を集める時、毎年決まりに従って初収穫祭が行われ、また鮭を食べる部族では「紅」鮭が遡上する時に同様のことが行われる。これらの祭儀は感謝祭というよりはむしろ、豊作・豊漁を期待する特定物の供給を確かなものにするための催しである。というのは、これが正しく敬意をもって行われないと対象物の「霊」を怒らせ、それを取り上げられる恐れがあるからである」。例えば、これらの先住民は野生の液果の若芽、すなわち「吸枝」を好み、季節に入って初の若芽を採集する時は次のような祭儀を行う。「若芽を摘む時期、すなわちそれが地面に十五ないし二十センチほど伸びて来ると、首長すなわち部族の長老が、自分の妻か娘にこの小束を摘んで来てそれを食べる準備をするよう命じる。彼女達は新しい鍋や薬鑵を使ってそれを調理する準備をする。間もなく全部族民がその祭儀に参加するためやって来る。彼らは大きな円を作って立ち、その中に主宰者の首長、場合によっては長老または呪医が助手達と共に入る。誰がその祭儀を主宰するにせよ、ここで静かに植物の霊に祈願する。その大意は植物が人々に好意を示し、吸枝をふんだんに与えてくれるようにというものである。祈りの最中は、円陣の人々は皆恭々しく目を閉じていなければならない。これはこのような祭儀では常に最も重要なことで、それを守らないと霊達が怒り、彼らの求める恩寵を与えるのをやめてしまう。それがきちんと守られるよう、助手の老人達は長い杖を持ち、祈りの最中に目を開いている者を見つけると打ち叩く。祭儀のこの場面が終わると、料理した吸枝を新しく彫った皿にのせて主宰者に手渡し、さらに少量ずつ参列者全員に与え、人々はそれを恭々しく食べる。これで祭儀は終わりとなる。後で、液果の実が熟すと、同じような第二の祭儀が行われる」[61]。

トンプソン先住民が季節初の野生の液果あるいは根を食べる前に行う祭儀

ブリティッシュ・コロンビアのトンプソン先住民はヒマワリの根（バルサモルヒザ・サギッタータ）を料理して食べる。しかし彼らはそれを神秘的存在と見なしていて、関連する数々のタブーを遵守した。例えば、その根を掘ったり料理したりする女は斎戒を守らなければならず、また女がその根を焼いて料理している炉の近くは男子禁制である。若者達が季節で最初の液果や根、またはその他の実りを食べる時は、次のようにヒマワリの根に祈りを捧げた。「我は汝に汝を食べるつもりであることを告げる。山に登る時は常に我を助け給え、我常に山の頂きに無事に登れるために！　我このことを汝ヒマワリの根に祈る。あらゆる神秘の中でもっとも偉大なる汝の術よ」。この祈りを怠ると食べた者は怠け者となって朝寝坊になる。さらに、季節最初のタバコを採集して初めてこれを吸う時は、トンプソン先住民の各小屋の住人は次の祭儀を行った。長老が一族全員を時には小屋の外からも、通常日没後に集め、喫煙の習慣を持つすべての成人男女を円陣に座らせ、自分はその中心に立つ。時には人々に向かって長々と演説を行うこともあるが、普通はただこう言うだけだった。「お前達に知らせよう、我々は首長を切り刻む」。首長というのはタバコを意味している。そう言いながら彼は若干のタバコを切り刻み、それをクマコケモモの葉と混ぜて大きなパイプに詰め、火を付けると、太陽の順路に従って各人に渡す。各人はそれを一吸いし、両手を上げて手のひらを合わせると、指の間から胸の上へ煙を吹きおろす。そして煙が下っていく時、胸の前で手を交差させ、煙を擦り込むように胸や肩を両手でこすり、こう祈る。「首長よ、我が息を長くし給え。我が病気になることなく、これからも長生きさせ給え」。首長とはタバコを意味する。全員が一服すると、タバコは細かく刻まれ、各人に与えられた[62]。

野生人が新穀全般を食べる際に行う祭儀は、植物や樹木は精霊により生命を与えられており、果実を無事に食べるにはその霊を宥めなければならないという観念に基づいているように思われる

北西アメリカのトンプソン先住民その他の部族のこうした慣習は参考になる。というのはこれらの祭儀は、季節で最初の果実を食べる際に行われる祭儀の根底にある動機、あるいは少なくとも動機の一つをはっきり示しているからである。これら先住民の例における動機とは、明らかに次のような信仰である。すなわちその植物そのものが、知覚を持ち多少なりとも強力な精霊によって生命を与えられており、その身体の一部と考えられている果実や根を安全に食べるには、その前にこの霊を宥めなければならないのである。ところで、もしこれが野生の果実や根に関して真実だとすれば、ヤムイモのような栽培作物や根菜、また特に小麦、大麦、燕麦、稲、トウモロコシのような穀物についても真実であることを、かなりの蓋然性をもって推論できよう。すべての例において、野生人が新穀を食す際に示すためらいや、彼らがこの躊躇を克服する前に行う祭儀は、少なくともその大部分は次のような認識から来ている、という推論は理にかなっているように思える。すなわち植物や樹木は精霊もしくは神そのものによって生命を与えられており、その許可をもらい、あるいはその愛顧を得てはじめて、新穀を安全に食することができるという認識である。このことは事実アイヌによりはっきりと確認されている。彼らはキビを「神の穀物」、「穀物神」と呼び、新しいキビで作ったパンを食べる前には、この神に祈り礼拝する。(63)また初収穫の果実の内に宿る神がはっきりと確認されない場合でも、それを食べる時の厳粛な準備や、規定通りの祭儀を行わずにそれを敢えて食べる者が受けるとされている危難が、それを暗示しているようだ。従って、こうした例すべてにおいて、初収穫物を食べることを聖餐式、すなわち神もしくは少なくとも強力な精霊との霊的交わりとして記述することは誤りではなかろう。

様々な方法で示される初収穫物の神聖性

この結論を示す慣習の中には、初収穫物を入れるため新しい器、あるいは特別に用意された器を用いる慣習(64)、並びに聖体拝領者の身体から町中の家や街路まで、神との厳粛な霊的交わりの儀式を行う前に浄める慣習がある(65)。このような時に採用されるあらゆる浄めの方法の中で、クリーク人やセミノール人が新穀を食べる前に下剤を用いる慣習ほど、はっきりとこの祭儀の聖餐的特色を打ち出すものは恐らく他になかろう。

食べた者の胃の中で聖なる食物と不浄な食物が一緒になるのを防ぐ配慮

その目的は、聖なる食物が食べた者の胃の中で普通の食物と接触して汚されるのを、それによって防ぐことにある。同じ理由からカトリック教徒は聖餐式の断食に加わる。また東アフリカの遊牧マサイ人の間では、肉と乳だけで生活する若い戦士達は、何日もの長い間乳だけを飲まされ、それから今度はそれ以上に長い期間肉だけを食べさせられるが、一つの食物からもう一つの食物に移る際には、胃の中に古い食物が一切残っていないようにしなければならない。彼らはこれを非常に強力な下剤と吐剤を服用して行う(66)。

食べた者の胃の中における特定の食物の接触は禁じられる

同じように、イギリス領東アフリカのスク人の間では、誰も同じ日に肉と乳を摂ることはしない。またもし生《なま》のキビを噛むことがあれば、七日間は乳を飲むことを禁じられる(67)。マサイ人と同族の東アフリカのもう一つの部族ワタトゥル人の間では、羚《れい》羊《よう》の肉を食べた戦士はその日は乳を飲まない(68)。同じように中央イヌイットの間では、鹿肉と海獣の肉の併食を禁じる掟は非常に厳しい。イヌイット自身は、女神セドナは鹿が嫌いなので、彼女のお気に入りである海獣とは接触させないと言っている。このため鯨、アザラシ、セイウチの肉を鹿肉と同じ日に食することはない。この二種の肉は、同時に小屋の床の上やランプの陰に置くことさえない。もし、朝に鹿肉を食べた男がたまたまアザラシの肉を料理中の小屋に入るようなことがあれば、寝台の上で鹿肉を食べることを許される。しかしその鹿肉は小屋の中に持ち込む前に何かにくるまなければならず、また床を汚さないよう気を付けなければならない(69)。一つの食物から他の食物に移る前にイヌイットは身体を洗わなければならない。また、食べる者の胃の中で鹿肉がアザラシ、鯨、セイウチの肉と一緒になると女神が怒るとイヌイットが考えているように、ソロモン諸島のフロリダ島のメラネシア人は次のように信じている。すなわち、もし豚肉、貝、あるいはクスクスの一種の肉を食べた者がその後すぐ畑に入るようなことがあれば、畑を支配し作物を生育させる亡霊達が怒り、その結果作物が駄目になる。しかしこうした食物を食べた後、三、四日して食物が完全に胃を離れてしまえば、亡霊の怒りを買うことも作物を害されることもなく、畑に入ることができる。[70]同じように、イヌイットやメラネシア人のような野生人に考え方が近いことを、既に多くの証拠で見てきた古代ギリシア人の定めた掟では、オリュンピアでペロプスに捧げられた黒い雄羊を食べた者は、ゼウス神殿に入ることができず、またペルガモスでテレポスに供犠した者は、身体を洗うまではアイスクラピウスの神殿に昇ることができなかったが、[71]これは鹿肉を食べたイヌイットがアザラシ、鯨、あるいはセイウチの肉を食べる前に身体を洗わなければならないのと同じである。さらに、ロードス島のリンドスには、ある知られざる神または英雄の聖所があるが、山羊の肉や豆のプディングを食べた者は三日間その中に入ることができず、またチーズを食べた者は一日の間入ることができなかった。[72]この定められた期間は恐らく、この忌むべき食物が食べた者の身体から、彼が神前に出る前に出ていくように計算されていて、この神は何らかの理由によりこれら特定の食物に嫌悪を抱いていたのである。カリアのケルソネスにあるカスタボスにはヘミテアの聖所があった。そこには豚肉を食べたり豚に触ったりした者は近寄ることができなかった。[73]

初収穫物の聖餐式は時に神や霊に対する初収穫物の供犠と結び付いた

我々の調べた祭儀のいくつかにおいて、例えばチェレミス人、ブル人、チャム人、エウェ人、クリーク人の祭儀におけるように、初収穫物の聖餐式は、神々または霊達への初収穫物の供犠または奉呈と結び付き、[74]時が経つと共に初収穫物の供犠は聖餐式に完全に取って代わらないまでも、その影を薄くしてしまったのである。今や神または霊達に対する初収穫物の供物の事実だけで、新穀を食す準備として十分なものと考えられるに至ったのである。高位の存在がその分け前を受け取った以上、人間はその残りを自由に享受し得るという訳である。初収穫物に対するこうした考え方が意味しているのは、初収穫物は最早神の生命に満ちたものではなく、ただ単に神から人間に授けられた贈り物としか見なされておらず、人間は贈り物の一部を神々に返して、恵み深き神々に感謝と敬意を表さなくてはならないということである。聖餐式とは異なる初収穫物の供犠については、のちほどさらに多くの例を上げることにしよう。[75]

2　アステカ人の間において神を食べるということ

神との霊的交わりを行う方法として、ウィツィロポチトリまたはウィツィリプツトリ神の生パンの像を聖餐として食するアステカ人の慣習

パンを神の身体として聖餐式風に食べる慣習は、スペイン人によるメキシコ発見と征服前にアステカ人によって行われていた。年二回、五月と十二月に偉大なるメキシコの神ウィツィロポチトリまたはウィツィリプツトリの像が生パンで作られ、その後バラバラにされて信者達が厳粛に食した。五月の祭儀を歴史家のアコスタが次のように記述している。「メキシコ人は五月に、彼らの神ウィツィリプツトリの大祭を行ったが、この祭典の二日前に、先に述べた処女達（修道尼のように同じ神殿に閉じ込められ、隔離されていた）が、大量のビートの種と、炒ったトウモロコシとを混ぜ、それを蜂蜜でこねて練り粉とし、木の像と同じくらい大きい像を作った。目には緑、青または白のガラス玉を入れ、歯にはトウモロコシの粒を並べて、先に述べた装身具を飾り付けた。それが終わると、すべての貴族達が偶像の付けているのと同じような美しく豪華な着物を持って来て、像を盛装させた。このように着飾らせると、人々は像を空色の椅子に据え、肩で担いでいけるように輿《こし》にのせた。この祭典の朝が来ると、夜明けの一時間前に、処女達は全員が白衣に身をつつみ、新しい装身具を付けて出て来た。この日処女達は、彼らの神ウィツィリプツトリの姉妹と呼ばれた。彼女達は、こんがりと炒ってアサアールすなわちオレンジの花のようになったトウモロコシで冠を作ってかぶり、首には同じ材料で作った太い鎖状のものをかけて、それが飾り帯のように肩から左腕の下に垂れさがっていた。頬は朱で染め、腕は肘から手首まで赤いオウムの羽根で覆っている」。赤い外衣をまとい、処女達と同じトウモロコシの冠をかぶった若者達が、輿にのせた偶像をピラミッド型の大神殿の麓に運び、その険しく狭い階段を引っ張り上げたが、その間中、横笛、喇叭《らっぱ》、コルネット、太鼓が鳴り響いていた。「彼らが偶像を運び上げている間、すべての人々は大いに畏怖しつつ内庭に立ちつくした。天辺まで着き、あらかじめ作ってあったバラの小屋の中に偶像を置くと、間もなく若者達がやって来て、様々な花をたくさんまき散らし、神殿の内外を満たした。それが終わると、すべての処女達が修道院から出て来て、ビートと炒ったトウモロコシから成る練り粉の塊を持ち出す。これは偶像を作った練り粉と同じもので、大きな骨の形をしていた。処女達はこれを若者達に渡し、彼らはそれを運び上げて、偶像の足許一面に、床が見えなくなるまで置いた。これらの塊はウィツィリプツトリの肉と骨と呼ばれた。この骨が一面に置かれると、間もなく神殿の長老達全員、祭司、助祭、その他すべての聖職者達が階級と年齢に従って（というのは、彼らの間には厳しい序列があったのである）、次々にやって来た。彼らは階級と職務によって異なる色と仕立てのベールをかぶり、頭に花冠をのせ、首には花環をかけていた。その後には彼らの崇拝する色々な形の神や女神の像が同じ服を着せられて引き出される。それから練り粉の塊のまわりに順序よく並べられ、歌と踊りの儀式が行われた。このようにして塊は、この偶像の肉と骨として祝福され、浄められた。この儀式と祝福（それにより練り粉の塊は偶像の肉と骨とされた）が終わると、彼らはこれらの塊を自分達の神と同じものとして崇めた。

ウィツィリプツトリ神の肉と骨を聖餐として食べること

「それから供犠者達がやって来て、既に述べたような方法で人間の供犠を始めたが、その日は他の時よりもはるかに多くの人間を犠牲にした。というのは、それは彼らの行う祭儀の中で最も厳粛なものだったからである。供犠が終わると、若者や処女達が全員前と同じ装いで神殿から出て来て、順序に従って互いに向かい合い、太鼓に合わせて踊った。この太鼓は祭典とその対象の偶像を讃えて鳴らされるものだ。その歌に対して、最年長で最高位の貴族達全員が決まりに従って若い男女を中心に大きな円を作り、答礼の踊りを踊った。街中の人々がこの素晴しい見物に集まったが、ここには国中で極めて厳格に守られる掟があった。ウィツィリプツトリの偶像の祭典の日には、偶像の材料である練り粉に蜂蜜を混ぜたもの以外、何も食べてはならないというものである。またこの練り粉はその日にだけしか食べることができず、さらに正午を過ぎるまでは水にせよ何にせよ、一切飲んではならなかった。それらの行為は凶兆であり、冒瀆的とされた。しかし、祭儀が終われば、何を食べても差し支えなかった。この祭儀の期間は、人々は小さな子供達から水を隠し、分別のある年齢の者には、水を飲んではならない、もし飲んだら神の怒りが下って死んでしまう、と言いきかせた。人々はそれを非常に注意深く厳守した。儀式、踊り、供犠が終わると、人々は衣装を脱ぎ、神殿の祭司や貴人達は練り粉の偶像を下ろし、すべての装飾を外して、聖別された職杖と共に偶像をバラバラにし、その後それを年長者から順に聖体拝領の要領で男女、小さな子供に与えた。人々はそれを尊い物として涙を流し、畏れと敬意をもって受け取り、神の肉と骨を食べるのは悲しいと言う。病人達はこれを欲しがり、深い崇敬の念をもってそれを持ち帰る」[1]。

パンを肉に変える化体説、もしくは呪術的変換は古代アステカ人とバラモンにより知られていた

この興味ある文章から、古代メキシコ人はキリスト教宣教師の到着以前に既に化体説の神学教理に充分通じていて、厳粛な宗教祭儀においてそれを行っていたことが分かる。彼らは祭司達がパンを浄めて、それを自分達の神の身体そのものに変えることができ、その浄められたパンを分かち食べた人々はすべて神の身体の一部を自分の中にとり入れることによって神との霊的な交わりに入るものと信じた。化体説の教理、すなわち呪術でパンを肉に変えることは、キリスト教の流布どころか、その発生のずっと以前から、古代インドのアーリア民族にも馴染み深いものだった。バラモンの教えでは、供犠で供えられた米の餅は人間の代わりであり、実際に祭司の呪術によって本当の人間の身体に変えられたものだった。すなわち、「それ（米の餅）がまだ米飯の時はそれは髪である。祭司がそれに水を注ぐと皮膚になる。彼がそれを混ぜると肉になる。というのは、そうすると強靭になるからである。そして肉もまた強靭である。それを焼くと骨になる。というのはそうするとやや固くなる。そして固いのは骨である。さらに彼がそれを火から下ろしてバターを擦り付けると、骨髄に変わる。これをもって完了し、これを彼らは五重の動物供犠と呼ぶ」(2)。祭司により日々行われた米の餅のこの注目すべき化体はしかし、神自身が初めてこの儀式を行った時になし遂げたことに他ならなかった。神々が犠牲にした馬と雄牛は、それぞれボス・ガウルスとガヤルになり、羊は駱駝になり、山羊は八本の足を持ちライオンや象を殺す珍しい種の鹿に変えられた(3)。要するに古代ヒンドゥー人も古代メキシコ人も、カトリック神学の極めて洗練された秘儀から多くを学ぶことはなかったようである。

普通の食物との接触で穢されない聖なる食物

いまや我々は、神との厳粛な霊的交わりの日に、なぜメキシコ人が神の肉と骨として崇める浄められたパン以外の一切の食物を食べることを拒否したか、そしてなぜ彼らが午後まで水さえ飲むことがなかったかを完全に理解できる。彼らは疑いなく、胃の中の神の身体の一部が、普通の食物との接触によって穢されるのを恐れたのである。既に見たように、同様の宗教的恐怖からクリークおよびセミノール先住民は、初収穫の聖餐に加わる前に、強力な下剤で身体内部を洗うという、より徹底した洗滌方法を採用するに至ったのである(4)。我々はまた、なぜズールー人の少年達が新穀祭で黒い雄牛の肉を食べた後、翌日まで一切の飲み物を禁じられたかをここで推論できる(5)。

ウィツィロポチトリ神の呪像を殺して後で食べるアステカ人の慣習

十二月の冬至における祭典でアステカ人は、まず彼らの神ウィツィロポチトリを呪像の姿で殺し、後でそれを食べた。この厳粛な儀式の準備として、この神の等身大の像を、様々な種類の種を子供の血でこねた生地で作った。神の骨はアカシアの木片で表現された。この像は神殿の主祭壇の上に置かれ、祭典当日、王がそれに香を供えた。翌日早く、像はそこから下ろされ、大広間に立てられた。それからケツァルコアトル神の名を持ち、その役を演じる祭司が、火打石を穂先にした槍をこの生パン像の胸に投げ付け、何回も何回も突き通した。これは「ウィツィロポチトリ神を殺してその身体を食べること」と呼ばれた。祭司の一人が像の心臓を切り取り、それを王に与えて食べさせた。像の残りは細かく分け、それを男達が老若問わず、揺り籠の中の男児に至るまで一片ずつ貰って食べた。しかし女達は一切口にすることはない。この祭儀はテオクアロと呼ばれたが、これは「神は食べられる」という意味である(6)。

生パンの像を食べるメキシコの慣習

別の祭典においてメキシコ人は、雲をいただく山を表象する男の小像を作った。これらの小像は様々な種類の練り粉で作られ、紙の飾りで装われた。ある者は五つ、ある者は十、またある者は十五もの像を作った。作り終わると、各家の小礼拝堂に安置され崇拝された。夜の間に四回、食物を小さい器に入れてその前に供えた。そして人々は夜中その前で歌をうたい、笛を吹いた。夜明けと共に祭司がその像を織物の道具で突き刺し、頭をはね、心臓を切り取り、それを緑の皿にのせて家の主人に進呈した。像の身体はそれから家族全員、特に召使いが食べたが、「これはそれを食べることによって特定の病気にかからないようにするためで、それらの病気は、この神々を崇拝することをおろそかにした者がかかると考えられている」[7]。トラコパンやコヨアカンのようないくつかのメキシコの都市では、各種の穀物で像を作り、戦士達がそれを食べたが、この聖なる食物は戦闘に際して彼らの力を四倍にすると信じられていた[8]。ニカラグアでは一年に三回開かれる特定の祭典に、祭司や首長を始めとするすべての男達が、鋭利な火打石のナイフで自分達の舌や生殖器から血を出し、それをトウモロコシの束の上にたらして、血まみれのその実を祝福された食物として食べた[9]。

テスカトリポカ神の人間の化身である男を食べるメキシコの慣習

しかし、メキシコ人はパンや穀物の形をとった神々を食べることで、常に満足していたわけではなかった。この神の命を宿す材料を、人間の血でこねて固めるだけでは物足りなかったのだ。彼らは生きている神とのより密接な結合を切望しているように見え、本当の人間の肉を食べることによりそれを達成したのである。この人間は美しく着飾ってしばらくの間街を練り歩き、神の栄誉を受けた後、食人崇拝者に殺されて食べられた。このように人の形で食べられた神はテスカトリポカであり、この神の代理として死ぬべく選ばれた男は、眉目秀麗で名門の生まれの若い捕虜だった。このように神の死を演じるべく運命付けられた若者は、監禁中、名士の一隊に護衛されて自由にメキシコの街を歩き回ることを許された。彼らはこの若者が単なる神の似姿ではなく、実際に神自身であるかのように多大な敬意を払った。この悲劇的な替玉が最期を迎える祭典の二十日前に、間もなく別れを告げねばならぬこのはかない現世のあらゆる楽しみを享受できるよう、彼は四人の女性と結婚し、最後の厳かな行列に加わるまでずっと一緒にいた。その頂上で死ぬことになっている聖なるピラミッドの麓に到着すると、供犠者達は彼に拝礼し、長い階段を案内して上った。頂上では、五人の供犠者が彼を捕まえて、犠牲の石の上に仰向けに寝かせた。大祭司はまさに殺さんとしている神に拝礼した後、彼の胸を切り開き、儀式の慣例に則り脈打つ心臓を切り取った。しかし、普通の犠牲の死体のように階段から蹴落として転がし落とすことはなく、この死せる神の身体は恭々しくかつぎ下ろされ、その肉は細かく刻まれて、祝福された食物として祭司や貴族達に分配された。胴体から切り離された頭は、テスカトリポカ神の役を演じて生き、そして死んだすべての犠牲の白い歯を剝き出した頭蓋骨と共に、聖なる場所に保存された[10]。

メキシコのウィチョール先住民と南インドのマラ人の間における神像を食することによる神との霊的交わり

神の像を食べることにより神との霊的交わりを行う慣習は、最近までメキシコのウィチョール先住民の間に残っていた。突き出した赤い岩の下、狭い谷の中に、彼らは小さい茅葺きの火の神の神殿を持ち、ここに近年まで凝固した火山灰をおおまかに人間の形に彫り出した小神像があった。この偶像は非常に汚く、血に塗れていた。像の右側には穴があいていたが、これは敬虔にして熱心な信者達により作られたものだった。というのは、信者達は病気を治す力や秘儀の知識はこの神の聖体の一部を食べることで得られると信じていたのである。このためシャーマンもしくは呪医達は、自分達の職務遂行にかくも有益なこれらの技能を仕入れようとこの神殿に足繁く通い、食物や奉納の椀を捧げ、指の爪で神の身体の一部を掻き取って飲み込んだのである。こういう形で神と交わった後、彼らは五ケ月間塩断ちし、また一切の夫婦関係を断たねばならなかった。[11] また南インドの最下層カーストのマラ人は、女神サンカランマとその像を食べることによって交わる。この交わりは結婚式において行われる。円錐の先端を切った形をした女神像が、米とヒヨコ豆を料理したもので作られ、宝石の鼻飾り、花輪その他の宗教的象徴で飾られる。米、乳香、ショウノウ、ココヤシの実が像に供えられ、雄羊や雄山羊が犠牲に捧げられる。供犠が行われた後、参列者全員が静かに像の前にひれ伏し、それから像をバラバラに壊して皆に分配して食べる。このようにして彼らは間違いなく、たった今その破片を胃の中に送りこんだ女神の神的本質を吸収したと信じているのである。[12]

聖母の像を食べるカトリックの慣習

ヨーロッパではカトリック教会が、幼児キリストとその母の身体を食べるという無上の特権を信者達が享受できるよう、同じような方法を採用した。この目的のため、聖母マリアの像がある可溶性の無害な素材に印刷され、切手のようにシートで販売された。信者達はこの聖なる象徴をことあるごとにできるだけ多く買い、それを一、二枚食物に貼り付けて丸薬のように飲み込んだ。この慣習は無知な貧民階級に限られたものではない。若き日のフォン・ホーエンスブロッホ伯爵と敬虔な母親は、このようにしてキリストと聖母マリアの身体を食物と一緒に飲み込むことを習慣にしていた。[13]

3　アリキアにおける多くのマニアエ

マニアエと呼ばれるパンがアリキアで焼かれた

ここで我々は、「アリキアには多くのマニアエがある」という諺の説明を示唆することができる。[1] 人間の姿をしたある種のパンを、ローマ人はマニアエと呼んだ。この種のパンは特にアリキアで作られたようである。[2]

ローマのコンピタリア祭では、マニアすなわち〈亡霊の母〉または〈祖母〉に、羊毛製の呪像が奉納された

さて、これらのパンの一つの名前であるマニアは、また〈亡霊の母〉または〈祖母〉の異名もあったが、[3] これに対して羊毛製の男女の呪像がコンピタリアの祭典で奉納された。これらの像はローマでは各戸の扉に吊された。一つの像は全自由民のため家の中にかけられ、また別の種類の一つの像が全ての奴隷のためにかけられた。その理由は、この日には死者の亡霊が歩き回ると信じられており、善意にせよ単なる間違いにせよ、彼らが家の中の生きている人間の代わりに扉にかけられたこの像を持っていくことを願ってのものだった。伝説によると、この羊毛製の呪像は人間を供犠する昔の慣習の代わりであるということである。[4]

アリキアにおけるパンは恐らく、〈森の王〉の形に作られた聖餐パンだったろう

資料が非常に断片的で不確かなため、確信をもって論ずることは不可能である。しかし示唆に値するものとして、アリキアで焼かれていたらしい人形《ひとがた》のパンは聖餐パンだったこと、また神なる〈森の王〉が毎年殺された古い時代には、メキシコやインド、ヨーロッパにおける練り粉の神像のように王の像のパンが作られ、信者達に聖餐として食べられていたことがある[5]。ウィツィロポチトリを祀るメキシコの聖餐式もまた、人間犠牲の供犠を伴っていた。アリキアにおける聖なる森の開祖はマニウスという男であって、この男の子孫として多くのマニアエが生まれたという伝説は、この聖餐パンにあてられたマニアエという名前を説明するために発明された語原神話だったのだろう。このパンと人身供犠との本来の結び付きに関する漠然たる記憶は恐らく、コンピタリア祭でマニアに奉納された呪像は人間犠牲の代用だったという物語に跡付けることができよう。

亡霊や悪魔の関心を生きている人間から逸らすため人形を供える慣習

しかし、この物語自体は恐らく根拠のないものである。というのは、亡霊や悪魔の注意を生きている人間から逸らすために人形を供える慣習は珍しくないからである。この慣習は広汎に行われ、また、あらゆる方法で霊的存在の悪意の裏をかこうとする野生人に極めて特徴的な思考様式なので、その例証のため若干のページを割くことをお許し願いたい。もっともその際に本論から多少脱線するかもしれない。我々がここで論じている各種の人形の使用は、その原理において、我々が先に検証した人形の共感的使用とは全く異なることに読者は留意願いたい[6]。また共感的使用は純粋に呪術に属するのに対して、人形の代理使用は宗教の領域に入ることも併せてご覧いただきたい。

悪魔を騙すため家の戸口に像を置くチベットの慣習

チベット人は夥しい大地の悪魔達を恐れている。この悪魔達はすべて老母コン・マの支配下にある。〈亡霊の母〉または〈祖母〉であるローマのマニアに比すべきこの女神は、山吹色の外衣をまとい、手に黄金の輪索を持ち、雄羊に乗っている。老母コン・マ配下の穢れた悪魔を住居から締め出すため、シャンデリアに似た形の精巧な細工物が、家の外の扉の上に付けてある。この中には雄羊の頭骨や、黄金片、銀、トルコ玉のような貴重品、さらに米、小麦、豆のような乾燥食糧、そして最後に男、女、家の像や絵が入っている。「これらの男、妻、家の像の目的は、この供物にも拘らず入って来ようとする悪魔達を騙し、前述の絵が家の住人達であるように信じこませ、それによって彼らの怒りをこれらの木片にぶつけさせて、本当の住人である人間達を救うことにある」。準備がすっかり調うと、祭司が老母コン・マに次のように祈る。どうかこの豪勢な供物を受け入れて、悪魔達が出て来て家の住人達を悩まし害することのないように、どうか大地に開いた扉を閉めてくれるように、と[7]。

亡霊を欺くため死者と共に埋める像

また、最近この世を去った人間の霊は、後に残された縁者の魂を死者の世界に連れて行きがちであるとしばしば考えられている。このため野生人は人形や呪像を作って亡霊の通り路に置き、頭の鈍い霊がそれを本当の人間と取り違えて、生者を無事に残していくようにする。よってタヒチでは、葬儀を執行する祭司は、若干のプランテーンの葉柄を死体の胸の上と腕の下に置き、こう言う。「ここにお前の家族がいる。お前の子供、お前の妻、お前の父、お前の母がいる。満足して彼方（すなわち霊界）へ行きなさい。この世に残した人達の方を向いてはならない」。この儀式は「死者に満足を与え、またその霊が以前の住処に赴き、生者を苦しめることのないようにするため」のものと言われている[8]。ガレラ人が死体を埋葬する時は、伴侶としてバナナの木の茎を一緒に埋める。これは死者が生者の間に道連れを探すことのないようにするためである。今まさに棺が地中に下ろされようとする時、参列者の一人が進み出て、若いバナナの木を墓の中に投げ込んで言う。「友よ、あなたはこの世の仲間達と別れなければならない。さあ、これを仲間に連れていきなさい」[9]。メラネシアのバンクス諸島では、産褥で死んだ女の亡霊は、もしその子が生きていると、パノイすなわち亡霊の国へ行くことができない。というのは、彼女は赤ん坊を後に残して去ることができないからである。このため彼女の亡霊を欺く手段として、バナナの幹の一片を大雑把に葉に包み、それを墓の中の彼女の胸に置く。そこで彼女は赤ん坊と一緒だと思いながら立ち去り、葉の中でバナナの茎がするする動くのを、胸の中で赤ん坊がもぞもぞしているのだと思う。かくして彼女は亡霊の国に到着するまで幸福であり、そこでようやく自分が騙されたことに気付く。というのは、バナナの茎の赤ん坊は亡霊達の検問を通過することができないからである。そこで彼女は悲しみと怒りに涙を流しながら、子供を探しに帰って来る。しかし、その間に赤ん坊は抜け目なく別の家に移されていて、あちこち探しても見付けることはできない[10]。パラオ諸島では、女性が産褥で死ぬと、彼女の霊がやって来てこう叫ぶ。「私に子供を下さい！」。そこで彼女を騙すため、バナナの若木の茎を短く切って、彼女の右腕と胸の間に置き、一緒に埋める[11]。ティモール島でも同様の方法が同じ目的に用いられる[12]。同じような場合に、ニジェール川の三角洲の黒人はプランテーンの茎を死んだ母親の子宮の中に押し込んで、赤ん坊と一緒にいるように思わせ、生きている子供を求めて彼女の霊が帰って来ないようにする[13]。西アフリカのヨルバ人の間では、双生児の片方が死んだ時は、母親は生き残った子供と共に、死んだ子の性別を示す人の形をした素朴な小さい木像を持ち歩く。この像は単に生きている子が死んだ子に思い焦がれるのを防ぐためだけではなく、死んだ子供の霊が自分の兄弟または姉妹を害することなく入っていける物を与える意味もある[14]。西アフリカのチュイ人の間で、ある婦人が病気の子供の傍らに像が置かれているのを見たが、彼女はそれを人形だと思った。しかし、それは人形ではなく、その子の死んだ双子の片割れの像で、家もなくさまよう小さな亡霊が、淋しさのあまり兄弟を暗黒の黄泉路へ呼び寄せることのないように、亡霊の住居として生者のそばに置いた物だったのである[15]。

本当の埋葬から悪魔の注目を逸らすための偽の埋葬

ニジェール川左岸の町オニチャでかつて一人の宣教師が葬列に会ったが、これを非常に奇異な光景として記述している。

本物の死体は既に家の中に埋葬されていたが、長椅子の形をした木片に何かを被せたものを二人で肩に担ぎ、六人の男と六人の女が行列を作って付き添っていた。男達は刀を帯び、女達は街を通り過ぎるたびに手を叩いてこう叫ぶ。「これは彼の死体である。これから霊界へ行く所だ[16]」。その間他の村人達は家の中に閉じこもっていなければならない。この偽の死体は恐らく徘徊する悪魔達を本当の死体から引き離す囮《おとり》だろう。同じように、ニアサ湖西岸に住むアンゴニ人の間では、悪魔は瀕死の者や埋葬前の死者のまわりをうろつき、その魂を奪って邪悪な仲間に加えようとしていると広く信じられている。これらの霊的な敵を追い払うために銃を発射し太鼓が打ち鳴らされるが、しかし彼らの悪巧みを打ち破るより確実な方法は、偽の葬儀を行って彼らを欺き、混乱させることである。手に入る適当なもので作られた偽の死体は、本物の死体同様に取り扱われる。この偽の死体はその後かなり離れた墓場まで運ばれ、付き従う群衆は心臓も破れんばかりに泣き喚き、ドンドン打ち鳴らされる太鼓や銃の発射音が騒ぎに拍車をかける。かくして悪魔は裏をかかれる。というのは、偽の死体が満幅の敬意と共に地中に置かれ、喧騒を極めた群衆の散った後、偽の墓穴に舞い下りた悪魔がそこに見出すのはガラクタやボロ屑の束だけで、本当の墓を知ることはなく、見付けることもできない[17]。同じように、カメルーンのバクンドゥ人の間では、常に二つの墓が作られる。一つは故人の小屋の中にあるが、もう一つはどこか他の場所に作られ、本当の埋葬場所を知る者は一人もいない。この慣習はどうやら本当の墓のありかを悪魔から守るためのものらしく、悪魔は死者の魂ばかりかその身体も悪用するかもしれないのである[18]。同様の方法で、オーストラリアのカミラロイ人は、クルーベンと呼ばれる悪意ある霊を欺くため、本当の墓と空の墓の二つを作ると報告されている[19]。同じように、アッサム州のナガ人もまた二つの墓穴を掘るが、偽の墓は悪霊の注意を惹き付けるよう派手に作り、本当の墓は彼らの目を逃れるため目立たぬようにする。偽の墓の上には像を置く[20]。エジプトでは、イシスが死せるオシリスの偽の墓を数多く作り、彼の敵テュポンが本当の墓を見付けることができないようにしたという[21]。ボンベイ〔現在のムンバイ〕では、もし人が厄日に死ぬと、人形《ひとがた》の生パン像を作り、死体と共に棺架に載せて運び、一緒に焼く。これは家族の中から第二の死者が出るのを防ぐと考えられているが[22]、恐らく悪魔が本当の人間の代わりに生パン像を持っていくと思われているからであろう。

病気の悪魔を欺き、あるいは人間の代わりに呪像を受け取るようしむけて、病気を治したり防いだりするのに使う像

さらに呪像は、しばしば病気を防いだり治したりする手段として用いられる。病気の悪魔は呪像を生きている人間と取り違えたり、あるいは呪像に入るよう説き伏せられ、もしくは強制されて、本当の男女を無事で元気な状態で残していく[23]。

例えば、セレベス島のミナハッサのアルフール人は時に病人を別の家に移し、病人の寝床には枕と服で作った人形を残しておく。悪魔はこの人形を病人と間違えると考えられていて、その結果病人は回復する[24]。この種の治療法または予防法はボルネオ島のダヤク人が特に好んで用いるようである。例えば、疫病が流行すると、カトゥンゴウ川のダヤク人は戸口に木像を置いて、厄病神が騙されて人間の代わりに像を持っていくようにする。[25] ボルネオ島のオロ・ンガジョ人は、病気の原因が亡霊の侵入と考えられる時は、生パンまたは米飯で人形を作り、病人の代わりとして家の下に投げ込み、それによって病人は亡霊から免れるのである。同じように、もし人が鰐に襲われ、逃げようとする時は、生パンか米飯で作った人形を身代わりの供物として川に投じる。さもないと、鰐の姿をしているとされる水神が怒る。[26] ボルネオ島西部のある地方では、もし人が急に重い病気にかかると、医師――この地域では一般に老婆である――が木像を作り、これで病人の頭に七回触れてこう言う。「この像は病人の代わりをする。病気はこの像に移っていく」。それから若干の米、塩、タバコを小さい籠に入れ、身代わりの像と共に、そこから悪霊がその人に入り込んだと考えられる場所へ運ぶ。そこで像をまっすぐに地面に立て、その後医師が次のように霊に祈願する。「おお、悪魔よ、ここに病人の代わりをする像がある。病人の霊魂を解放し、像に取り憑けよ。なぜなら像の方が実は病人よりも美しく良いのだから」。これらのダヤク人は、人々の身体から悪霊の力を払い落とすために、ほとんど日常的に同様の身代わりを用いる。例えば、オト・ダノム人の赤ん坊が泣き止まない時は、母方の祖母が大きな葉を持って来て、子供を表す人形を作り、それを赤ん坊の身体に押し付ける。このように、言うなれば、赤ん坊から人形に霊を注ぎ移してしまうと、彼女は吹き矢を用いて小さい矢を像に突き刺し、それによって赤ん坊を苦しめた霊を殺す。[27] 同じように、ニューギニア島とセレベス島の間のダマ島では、病気は悪魔の使いのせいにされ、医師がヤシの葉の人形を作って、若干のビンロウジュ、米、空《から》の卵の殻半分と共に病人の枕元に置く。この餌に誘われて、悪魔は病人の身体を離れてヤシの葉の人形に入り、そこで老獪な医師は直ちにその首を斬る。これは当然、悪魔の最期と共に病気の終息をもたらすと考えられているのだろう。[28] 悪魔の最期と共に病気の終息胃の不調に悩む少年の治療を頼まれたダヤク人の呪術師は、布束で少年とその母親の二つの呪像を作り、それを両親の装身具少々と共に、子供を苦しめている悪魔に供えた。悪魔がその呪像を持って少年から離れることを願ってのものである。[29] バッタ人の呪術師は、病気の悪魔を病人の身体から呪術で追い出し、人間の顔を持ち、呪術用の薬草でくるんだバナナの木製の像の中に移すことができる。それからこの像を急いで運び出し、村境の外に放り投げるか埋める。[30] 時には、病人の性別に応じて男または女の服を着せた像を、十字路かその他の道路に置き、誰か通行人がそれを見て驚き、「ああ！ 何某が死んでいる」と叫ぶようにする。というのは、このような叫び声は病気の悪魔を欺き、その残忍な目的を果したものと信じ込んだ悪魔が病人を離れ、病気は快方に向かうと考えられているのである。[31] マレー半島のサカイ人の一部族であるマイ・ダラト人は、あらゆる種類の病気をニャニと呼ばれる霊の使いのせいにしている。しかし、幸いにも呪術師は、これらの有害な存在を、病人の身体から出て、草で作った粗末な像に住むよう説き伏せることができる。この像は皮を剝いた枝木で飾られた小さい鈴型の神殿に入れて、家の外に吊される。[32]

ニアス島やアジア各地で悪魔の関心を逸らすために用いる呪像

ニアス島の人々は、殺された幼児の霊がやって来て、妊娠中の女性を流産させるのを恐れている。これらの霊の歓迎されざる注目を妊娠中の女性から逸らすために、巧妙なからくりが発明された。ファンゴラと呼ばれる強力な偶像が、夜、妊婦が睡眠中に彼女を襲う悪霊から守るため、寝床のそばに置かれる。ヤシの葉の鎖でこの最初の偶像につながれたもう一つの偶像が、家の大部屋に立てられ、そして最後に小さいバナナの木が第二の偶像の前に立てられる。これは次のような考え方である。警戒怠りないファンゴラに脅えて眠っている女から逃げ出した霊は、ヤシの葉の鎖を伝ってもう一つの偶像の所に行き、そこでバナナの木を目にし、これを探し求める女と間違え、女の代わりにそれを襲う[33]。ブータンでは、ラマ僧が病気を起こす悪魔を追い払うためにやかましい音楽を奏する時、穀粉とバターで動物の小像を作って、悪霊がこの中に入るように祈り、それからこれを焼く[34]。同じようにチベットでは、人が重態に陥り、あらゆる治療法が失敗すると、最後の手段として友人達が彼の衣服の一部を付けた彼の像を〈死者の王〉に供え、偉大なる王がこの像を受け入れ、病人を許してくれるよう懇願する[35]。ビルマ人が病人を治す方法は、小さな棺桶に入れた彼の小像を埋葬するというもので、その後病人は必ず治ることになっている[36]。シャムでは、人が重病にかかると、呪術師が粘土で彼の小像を作り、それを人里離れた場所に持っていって呪文を唱え、それによって病気を病人から像に追いやる。その後呪術師が像を埋葬し、病人は全快する[37]。同じようにまた、カンボジアでは、医師が患者の粗末な呪像を作り、それをある人気のない場所に置き、亡霊または悪魔はそれを病人の代わりに持っていく[38]。同様の観念、慣習がさらに北方のアムール川下流地方の部族の間に広く流布している。ゴリド人やギリヤーク人のシャーマンが病気を引き起こした悪魔を追い出す時は、家なしの悪魔のために住居を提供しなければならず、このため人間の木像が作られ、追い出された悪魔はここを住居とするのである[39]。

中国における亡霊その他の悪霊が人々に及ぼす力を逸らすための呪像

アモイの中国人は、亡霊その他の悪霊が人々に及ぼす力を逸らす道具として、安物の呪像を盛んに利用する。これらの呪像は店に常備されて売られており、これらの店ではまた、単純な頭の亡霊や神々向けに偽の紙銭をはじめとする偽の品物を提供し、亡霊や神々はこれを完全な本物と信じ込んで受け取る。人生には付き物の多くの病気から病人を救うために使われる人形ほど粗末なものはないだろう。二本の割竹を十字に結び、人間の身体を描いた紙片を片面に糊付けしてある。他に長靴の代わりと思われる二枚の細い紙片は、男性像を女性像と区別するためのものだ。こうした「人間の身代わり」の一つで備えを固めていれば、運命など恐れるに足りない。例えば、もし家族の一員が病気にかかったり、あるいは何か凶事に襲われたり、また単に不幸に取り憑かれた場合でも、なすべきことはただ、これらの人形の一つを取り寄せ、その人の身体を隅々までそれでさすりながら、しかるべき呪文を唱え、その後人形を焼くことである。かくして患者の身体から毒気が吐き出され、きれいに一掃される。もしあなたの子供が街路でうっかり者を待ち構えている下水溝に落ちたとしても、あなたはただ子供を引っ張り上げ、泥に塗れた身体に人形をこすり付けて、こう言うだけでよい。「（身代わりで）身体の前に触れると純潔と富をもたらす。背中に付けると大変な高齢まで物を食べる力が与えられる。左側に触れると何年も幸福でいられる。右側に触れると長命になる。幸福な運命よ、やって来い！　不幸な運命よ、身代わりに移れ！」そう言いながら事故の起きた場所の近くを選んで身代わりを燃やす。注意深い人だったら、水を一桶汲んで来て、その灰を洗い流すだろう。さらに、子供の頭を綺麗に剃り上げるべきである。しかし病人が大人の場合は、剃刀で頭の天辺を少し剃り上げて邪悪な力を外へ出すだけで十分である[40]。朝鮮では、これと全く同じ原理で、寿命を延ばすために像が使われる。一月十四日と十五日にジェンすなわち「男」星の下に生まれたすべての男女は、藁人形を作ってそれに衣服を着せ、この国の通貨である銅貨をたくさん入れておく。厳密に言うと、人形の中には、それが代理する者の年齢の数だけ銅貨を入れなければならないのだが、この掟は厳格には守られていない。これらの像は家の外の道路に置かれ、貧しい人々がそれを取って破り、中のお金を取る。この像が壊されると、像が代理した者は十年間死ぬことはないと考えられている。従ってこの祭儀は十年に一度行えばよいのだが、しかしなかには、用心が嵩じて毎年行う者もいるらしい[41]。

カフカスのアブハズ人や西アフリカのエウェ黒人における人命を救う身代わりに用いる呪像

カフカスのアブハズ人は、病気はしばしば〈母なる大地〉により引き起こされると信じている。そこで彼女を宥めて、病人の命を救うため、無垢な娘が人間の形の像を作り、それを美しく着飾って地中に埋め、こう言う。「病人の代わりに、これで遊び、楽しんで下さい[42]」。西アフリカのトーゴランドのエウェ黒人は、生きている人間の霊はすべて天から来たもので、人間の姿を取るまでの間、彼らはそこに住んでいると考えている。彼らの言う天上の国アメゾウェはホーの町から東へ少し行った所にあり、そこでの生活は地上の生活とそっくりである。そこには畑があり、荒野も森林もある。そこにはまたヤムイモやトウモロコシ、さらには家畜用のヤムイモのようにあらゆる種類の食物があり、もちろん綿花もある。事実、これらの物はすべて人間と同じように天から来たものである。さらに人々は、天国に自分の霊的な母、おば、おじ、祖父などを、地上においてと同様に持っている。ところで天国の霊達は、自分達の一人が彼らの許を去り、地上で子供に生まれ変わるのを恨みがちで、時にはその後を追いかけて天界に連れ帰ることがある。これが我々の言う死である。小さい子を連れ去るのは普通、天国の母親である。子供がいなくなって淋しい母親がやって来て、目に見えぬ手を子供の上に置くと、子供は病気になり死ぬ。もし、夜、子供がすすり泣く声を聞くようなことがあれば、それは間違いなく天国からその母親がやって来て、子供の上に手を置き、自分の所に連れていこうとしているのである。もし子供が重病となり、地上の母がその子が死ぬのでないかと恐れる時は、男女二つの粘土像を作り、それを身代わりとして天上の母に供えてこう言う。「おお、汝、子供の運び手にして母なる者よ！　汝の許から去った子供の代わりに、ここに粘土人形を持って来た。これを持っていき、この現世にいる子供から汝の手を引け」。大人達も、病気になった時に粘土像を作ることがあり、天国からやって来て彼らを連れ去ろうとする使者に身代わりとしてそれを供える。これらの像は、子安貝やマスケット銃のようなその他の供物と共に、道端に置かれる。もし使者が病人の代わりにこれを受け入れれば、彼は回復する。[43] 天然痘が流行すると、エウェ黒人は時に町の外の場所を綺麗にして、そこに多数の低い塚を作り、村の人数分の粘土の小像でその上を覆う。食物や水を入れた壺も天然痘の神を元気付けるために置かれるが、この神は生者を見逃して、粘土像を持っていくことを期待されている。さらにこれを確実にするため、町に入る道路はこの神が入れないよう柵でふさいでしまう。[44]

ニシュガ先住民における人命を救うための身代わりに用いる呪像

ブリティッシュ・コロンビアのニシュガ先住民の間で、呪医が誰かの死の前兆となる夢を見ると、彼は本人に生命の危険があることを告げ、この凶兆を回避する方法を相談する。生命の危機にさらされているその男は、彫り師にできるだけ自分に似せて作らせたシギギアズクと呼ばれる小さな木像を持ち、その像がちょうど自分の心臓の上に当たるように、首から紐で吊り下げる。この状態で自分の身体の熱がその像に移るまで、通常約四日間それを身に付けておく。四日目に呪医が、熊の皮その他の職務を示すしるしを身に纏《まと》い、樹皮を細かく割いた束子《たわし》と、杉の皮で作った玩具のカヌーを持ってその家に赴く。かくして準備が調うと、陰鬱な歌、部族の死の歌をうたう。それから彼は水に浸した樹皮の束子で男の心臓のあたりを洗い、束子を木像と共にカヌーの中に入れると、再び死の歌をうたった後、像、束子、カヌーを炎の中に投じてすべて燃やしてしまう。今や死の歌は喜びの歌に変わり、それまで死の恐怖に取り憑かれていた男もそれに加わる。彼が浮かれているのも無理はない。なぜなら彼は、自分の身体の危険な穢れの浸み込んだ束子ばかりか、彼自身に似せて作り、彼の心臓の熱を吹き込んだ身代わりの像も破壊することで、死をまんまと欺いてしまったのでなかったか。[45]

従って、ローマでコンピタリア祭に吊された羊毛製の呪像は、恐らく生者の身代わりに〈亡霊の母〉あるいは〈祖母〉に供えられたものだったのだろう

これらの例を前にして、我々は次のようにはっきり結論付けることができよう。すなわち古代ローマのコンピタリアの祭典で、すべての家の戸口に吊された羊毛製の呪像は、かつてこの時期に供犠された人間犠牲の代わりではなく、〈亡霊の母〉もしくは〈祖母〉が町を廻るに際し、その像を家族と取り違えて受け入れ、もう一年生者を見逃してくれるようにと、彼女に供えられた身代わりの供物だったのである。ローマで毎年五月に大神官やウェスタの処女達が古いスブリキウス橋からテヴェレ川に投げ入れたイグサ製の人形は、[46] 元々同じ意味を持っていたと考えられる。すなわちそれは街から悪魔の力を一掃することを意図したもので、悪魔の注意を人間から人形へと逸らさせ、それからこの不気味な一団を河中に投じると、川はまたたく間にそれを海へと押し流してしまう。明らかに同じ方法で古代カラバルの先住民達は、町にはびこる悪魔達を定期的に追い払っていた。騙されやすい悪魔達はみすぼらしい一群の案山子の中に誘い込まれ、川へ投げ込まれた[47]。ローマの慣習をめぐるこの解釈は、ある程度プルタルコスの証言により裏付けられており、彼はこの儀式を「浄めの最大のもの」と言っている[48]。しかしながら、この儀式についてはは別の解釈も提出されており、事実、このイグサ製の人形は、古代並びに現代を通じてローマの好古家にとって尽きせぬ謎となっている。

第十一章　新穀の供犠

神々への新穀供犠は、恐らくそれを聖餐として食べる慣習より後代のものである

前章では、野生の諸民族はしばしば新穀や新果を聖餐として摂ったことを述べたが、これは彼らが新穀や新果は神霊や生命に満ちていると想像しているからである。後代、地上の作物が、神霊が満ちているというよりもむしろ神により創造されたものと認識された時、新穀はもはや神の身体や血として聖餐に供されることはなく、その一部をそれを創造したと信じられた神に供えた。恐らく本来は、新穀供犠は、それなくしては飢死にしてしまうに違いない神々の生存に必要なものと考えられた(1)。しかし、後の時代には、神々が人間に恵んだよき贈り物に対して人間が神々に捧げた供物、すなわち感謝のしるしとして見られたようである。

新穀は時には王に、時には死者に供される

時に新穀は神の資格における王に進呈される。また新穀は非常にしばしば死者の霊に供えられるが、時には死者の霊は穀物与奪の力を持っているため供物を受けると考えられている。新穀が神、死者、王に供えられるまでは、人々はそれを勝手に食べてはならない。しかし、新穀聖餐と新穀供犠の間にはっきりした一線を画することは必ずしも可能であるとは限らないので、この問題については後者の新穀供犠についていくつかの例を挙げるにとどめておくのが穏当だろう。

南西アフリカのオヴァンボ人の間における新穀供犠

南西アフリカのオヴァンボ人またはオヴァクワニャマ人は死者の霊を非常に怖れる。この霊は生者に強大な影響を及ぼすと信じられている。特に死せる首長の霊は、乾燥したオヴァンボランド地方において極めて重大事である雨を降らしたり止めたりすることができる。従って人々は死者の霊に非常な尊敬を払い、収穫終了時には彼らを祭る感謝祭を行う。新穀を刈って挽き、その一部を粥にして第一夫人の元へ持っていく。ここに部落の全住民が集まる。家長が粥の一部をとり、溶かした脂肪の中にそれを浸し、「汝、東方の霊達よ、それを取れ！」と叫んでそれを東に投げる。それから「汝、西方の霊達よ、それを取れ！」と叫んで同じように西に投げる。これは死者の霊が耕作期間じゅう人々に病をもたらさず、また特に雨を降らせてくれたことに対する謝意の供物であるとされている。[2]

南アフリカにおける新穀供犠

バスト人の間では、脱穀して箕《み》にかけた穀物は脱穀場に積んでおき、それに手を触れる前に一つの宗教祭儀を行わなければならない。穀物の持ち主はそこに新しい容器を持って行って、その中で若干の穀物を煮る。煮えたらそこから二、三度手ですくって穀物の山の上に投じ、「ありがとう、神々よ、明日もまた我々にパンを下さい！」という。これが終わると残りを食べ、その年の食糧は浄められたので食べてもよいとされる。[3]ここでの神々への新穀供犠は非常に特色のある観念であるが、これはまた脱穀場の小さい穴に穀物を満たしておいてこれらの強大な神々に対する感謝の供物とする慣習の中にも現れている。[4]バスト人はいまだに穀物自体にはっきりと神聖性を認めている。というのは、穀物が人の目に触れている限り、穢れた人間は一切そこから遠ざけるように気を付けるからである。収穫物を家に運ぶ際に、穢れた人を使うことが必要な時は、その人は袋に詰めている間、いくらか離れた所にいて、それを荷牛に積む時だけ近付く。この荷物を家におろすとすぐに彼は退去し、いかなる口実があろうとも、穀物を貯蔵籠にあける手伝いはしない。[5]マカラカ人はシュンパオリという神を崇拝する。その像は彼らの小屋の外の敷地内に見られる。像は斧頭、川から採ってきた石、そして両者の間の地面に突き刺した木の枝ないし長い草の茎から成る。神のまわりに収穫の初穂をばらまき、ビールをこしらえてそのうちの若干量を神の上に注ぐ。[6]南アフリカのバントゥ系部族については一般にこう言われている。彼らは首長の許しを得るまでは新穀を食べない。キビが熟すと「大きな場所《グレート・プレイス》」と呼ばれる自宅において集会を開くことを首長が命じる。そして然るべく儀式を行うが、新穀の少量を墓の上に置いたり川の中に投げ入れたりして祖霊に供える。その後、人々は新穀を集めて食べる許可を首長から与えられる。[7]

中央アフリカにおける新穀供犠

ポルトガル領に接する上ザンベジ川の一部族マラヴィ人ないしジンバ人の間では、あらゆる生産物の初穂は死者の霊（ムジモス）に供えなければならない慣習になっており、彼らは自分達にふりかかるすべての善悪をこのムジモスのせいにしている。毎年収穫時にはこの偉大な存在に供物が行われる。あらゆる種類の作物を少量ずつ、あらかじめ調理した家禽とポンベ（地酒）と共に携えて、行列を作って、歌をうたい、踊り、太鼓を叩きながら墓地に運ぶ。この墓地は森の中か荒地にあり、そこは聖所として尊ばれている。この聖所では木を伐採したり動物を殺したりしてはいけないことになっている。というのは、野生人は死者の霊がこの聖所内のあらゆる物に存在していると信じているからである。[8]イギリス領中央アフリカのヤオ人の間では、「人間の生活におけるもろもろの事どもに大きな作用を及ぼす霊的世界〈ムルング〉に供物がなされる。村落の外部や首長の小屋のそばにしばしば粗末な納屋が見られるが、この中に新穀、トウモロコシ、豆、南瓜、落花生などの初物が村人により収穫の感謝の供物として供えられる。この行為は〈クロンバ・ムルング〉、つまり〈ムルングを崇拝する〉と称される[9]。本来ヤオ人はムルングという言葉を厳密には死者の霊魂という意味で使っている。この霊魂は生き残っている人々の生命や幸福を司っているので、これを敬い宥める必要がある。いっぽう、彼らはまたこの言葉を死者の霊の集合体の意味にも拡大解釈しており、宣教師達もまた神（ゴッド）という言葉とほぼ同義だとしている[10]。ニアサ湖とタンガニーカ湖の間の北東ローデシアの一部族ウィナムワンガ人の間では、新しく収穫されたキビから作った新酒と少量の粉を死者の霊に供えるならわしである。家長が若干の酒と若干の新しい粉を自分の家の床に積んであるキビの上に注ぎ、その後自分の祖先達の霊に祈り、収穫を謝し、ここにやって来て家族と共にそれを食べるよう招請する。祭司は神殿で村全体のため同様の祭儀を行う。家長や祭司は霊達に向かい、まるで彼らが自分のまわりにいるかのように話しかける。例えばこう言う。「おお汝、偉大なる霊達よ。霊界の父達よ、母達よ。またその他のすべての皆様よ、今こそ我々を祝福して下さい。ここに食物や供物があります。あなた方皆お互いに誘い合ってお出で下さい」。それから死者の名前を呼んでからこう言い続ける。「皆さん全員お出で下さってこの供物を召し上がって下さい。汝偉大なる霊達よ、この地上の物はすべて汝達がここにいる間に汝達が知ったものです。このことをあなた達の家族やあなた達の子供達皆に知らせて下さい。私達の暮らしがいつまでも繁栄するように。おお汝偉大なる霊達よ、我々に食物やすべての地上の作物をお与え下さい。我々の家庭からすべての病気を追い出して下さい。汝偉大なる霊達よ。すべての悪霊を我々から追い払って下さい。また我々に危害を加えようというものはすべて風と共に飛び去ってしまうようにして下さい。我々が平和に住めるようにして下さい」[11]。タンガニーカ湖西方の北ローデシアのヨンベ人の間では、特定の祭儀を行うまでは新穀を食べることは誰にも許されない。太鼓叩きの一隊、呪医達、村の長老達に守られた首長がカランガ山を登り、窪地の要塞に到着する。そこは昔彼の祖先達が掠奪者アンゴニ人に対抗した場所である。ここに現在の首長の祖父が葬られている。彼の墓の前で一頭の雄牛を殺し、新穀で新たに作った酒と粥の壺を神殿の前に置く。それから地面の雑草をていねいに取り、雄牛の血を新しく起こした土塊や小屋の垂木の上にふりかける。収穫に対する感謝のお決まりの祈禱を捧げ、皆と新穀を食べるよう霊達に懇願した後、行列は下山する。村に帰ると、雄牛の屍体を分配し、全員が準備されている新しい粥と酒を飲み食いし、そしてその日は酒盛りと踊りで終わる[12]。

東アフリカの新穀供犠　イギリス領東アフリカのアカンバ人は、新穀を自分達の死者の霊に供えるまでは、誰も新穀を食べない。時にはこれらの供物を首長達の墓の上に積み、供犠した山羊の肉と共にそこに残しておく。また時には、この供物は村の聖なる野生のイチジク（ムンボ）の下の広場に供える。アカンバ人は死者の霊（アイーム）がイチジクの木の中に住むと考えているからで、亡霊達の便宜を計らって木の根元にミニチュアの小屋を建てる。イチジクの木の下の広場は「祈りの場所」（イセンボ）と呼ばれる。どのような作物であれ、それが熟すと、土地の全住民がここに集まる。特に選ばれた一組の高齢の男女が群衆から離れて祈りの場所に行き、そこで声高く死者の霊を呼び、穀物を食べる許しを乞う。人々はそれから踊るのだが、この踊りの最中に必ず誰か女性が一人、痙攣の発作におそわれて大声で叫ぶのは、人々の祈りに対する霊の返答であるとされている[13]。バガンダ人の間では、新しい畑の新穀を神に供えて今後の豊作を祈願するならわしがある[14]。白ナイルのディンカ人の間では、その家の父あるいは母が若干の新穀を神の恵みを得るために家の中庭に撒くまで、家族は誰も新穀を食べようとしない[15]。スーダン東部のジェベル・ヌバ山地のヌバ人は、キビが熟すと、次のような祭儀を行う。各村の団体はコギウルあるいはコジュウルという聖なる大司祭に指揮される。彼はラロという名の精霊から霊感を受けて行動するとされる。そこで、作物を刈る時期が分かると、太鼓を叩き、大司祭が馬に乗り男女の老人全員に付き添われて自分の畑に赴き、その他の人々は自分達の畑に出かける。そこで一番年上の子が少年である人が五本の穀物穂を折り、また一番年上の子が少女である人が四本の穀物穂を折る。若い未婚の人達は、初めての子が男か女かどちらを欲するかにより、五本もしくは四本の穂を折る。それから全員村に帰り、集めた穂を囲いの生垣の上に置く。太鼓の響きと群衆の歓呼が大司祭の帰りを報じると、人々は集めた穂を持って彼に会いにいく。大司祭は馬を所有する男達全員からなる騎馬行列の先頭に立っている。その後長老達に付き添われ、彼は自分の家に退く。その他の人々は穀物の穂をラロの洞穴に納める。このラロが聖なる大司祭に霊感を示すのである。この祭儀は饗宴、酒盛り、競馬で終わる。競馬では、若者達がキビ殻を馬の前に放り投げて驚かせ、乗手が振り落とされるのを見て興じる[16]。

西アフリカの新穀供犠　ニジェール川とベヌエ川の合流点にいる異教徒のイグビラ人は死者を家の中に埋葬し、亡霊の力を固く信じて、定期的に山羊や雄鶏を供えてその指揮と保護を仰いでいる。彼らはまた新穀の束を小屋の中の埋葬場所に吊し、死者に新穀を供える。イグビラ人はまた、新ヤムイモ祭を盛大に挙行する。それが彼らの新年の日である。家禽や山羊が供えられ、酒や油が気前よく振り撒かれる。この祭典では王が重大な役割を演じる[17]。ニジェール川下流渓谷におけるクロス川住民の間では、新ヤムイモを食べるのは非常に楽しい行事であるが、しかしその一部を神々に供犠した後でなければ誰も食べない。この祭典は各村一斉には行わず、作物の生育状態により別々に行う。この楽しい祭典では、貴賤、老若、男女を問わず、子供も含めて皆が音楽に合わせて踊る[18]。トーゴランドのエウェ黒人の一部族であるマツェ人は、九月に生長したヤムイモを掘る時、十一月に熟したトウモロコシを刈る時、二月に草を焼く時、「大地」を崇拝する。彼らが「大地の女神」に供犠する場所は、「我らの母の森」と呼ばれる。十一月には、狩人の長と大祭司に率いられた狩人達がトウモロコシ畑に赴き、そこで熟したトウモロコシの熟した穂を集める。その中の若干を祈禱と共に森の中の聖所に供えるが、一番立派な穂は自分達のためにとっておく。大地の女神に対するこの新穀供犠の後、各人は自由に自分のトウモロコシを取ることができる。[19] トーゴランドの別のエウェ系部族であるホー人の間では、いよいよヤムイモを掘ろうという時は、まず女神マウ・ソザのために植えておいた二つのヤムイモを掘る。これを女神に捧げ、祈り、こう言う。「おお、マウ・ソザよ。あなたの舟はヤムイモで一杯です。私に与えて下さい。私もあなたにさし上げます。私に渡して下さい、私もあなたに渡します。ここにあなたのヤムイモが、私があなたのために掘ったヤムイモがあります。私が私のヤムイモを掘る時、どうかたくさんお与え下さい」。ここで初めてヤムイモを掘り始める。[20] トーゴランドの別の部族バッサーリ人の間では、新ヤムイモを王に奉献するまでは誰もそれを食べようとしない。このような時には、男女や子供の長い行列が王にヤムイモを奉献するため首都を目指して延々と続くのが見られる。しかし、王自身は新ヤムイモの一部を十羽の白い家禽と共にフェティシュに供えるまではこれを食べない。[21] 奴隷海岸のアデリ人は新ヤムイモを食べる前に、自分の畑の新ヤムイモを祭司に持って行かなければならない。彼はそれをフェティシュに供え、その後に収穫作業を始めてよいと宣言する。射矢と踊りを伴うこの祭典は数日間続く。これは通常八月に行われる。[22]

マダガスカル島やビルマにおける王への新穀奉献

マダガスカル島のベツィレウ人の間では、王は米、トウモロコシ、マニオク、豆、サツマイモのようなすべての作物の初物を受けるならわしがあったが、事実この初物奉献は王の歳入の大部分を形成していた。[23] マダガスカル島のホヴァ人は、新穀の初束を王に奉呈する。この初束は穀物の熟すごとに、次から次へと列をなして王宮に運びこまれる。[24] 同じようにビルマでは「パンガティ」の実が熟すと、その中の一部は王の食用として王宮に持ってゆくならわしである。王が食べるまでは誰もこれを食べない。[25] 現代の納税のしくみは、新穀を聖大司祭すなわち王に献じる古代の慣習に直接の由来があるものと推察される。[26]

インドのアッサム州とその他の地方における新穀供犠

アッサム州のコク人は、毎年新穀を収穫する際にその一部を自分達の祖先に供え、祖先の名を呼び、両手を叩く。[27] アッサム州の別の部族ガロ人は、何にせよ収穫の際はその新穀をまず神々に奉献する。例えば彼らは米、粟の穂を若干集め、二つの石の間でそれをつき、バナナの茎片にのせて供える。[28] 八月、稲の熟す時、ベンガルのホー人は収穫の新穀を太陽に住むという「シング・ボンガ」に供える。新米と共に白い雄鶏を供犠し、供犠が終わるまでは誰も新米を食べない。[29] ベンガル州のオラオン人の間では、新米の一部を祖先に供えるまでは誰も新米を食べない。一握りの新米を調理し、地面に広げ、一壺の米の酒を作り、酒の一部もまた地面にこぼす。飲む前に各人自分のコップに指を浸し、祖先を祭って数滴を地面にこぼす。さらに、灰色の家禽を殺し、家族中の最年長者が祖霊に挨拶してこういう。「おお、老いたる母達よ、父達よ。あなた達は常日頃私達にとてもよくしてくれた。ここで私達は楽しんでおります。私達はあなた方を忘れることができません。ここに来て一緒に楽しみましょう」[30]。ラダクでは、農民達は二握りか三握りの初物の小麦を、農業を支配する霊に供える。彼らはこの供え物を家の屋根を支える柱の天辺に付ける。かくして小麦の茎と穂の束は素朴な柱頭を形成する。時にはこの装飾に雄羊の角を加える[31]。インド北西のヒマラヤ地方では、畑や境界はクシェトルパルあるいはブーミヤと呼ばれる有難い地方神の保護下にある。各村には神を祭る小神殿がある。作物の播種の際、神殿に最も近い畑の隅にある石の上に一握りの穀物を撒いて、神が生育する穀物を雹害、干魃、野獣の害から防いでくれるようにする。また収穫に当たっては、貯蔵した穀物をこの神がネズミや昆虫の害から守ってくれるようにと新穀を奉献する[32]。

インドの丘陵部族の間における新穀供犠　インドのラジャマハル近くの丘陵部族の間では、コサラネという穀物を十一月から十二月初めに刈ると、この新穀を食べる前に感謝祭が行われる。首長の指定した日に二人の男がチタリア・ゴッサイという神に供犠し、その後、首長自身が家禽を供犠する。それから部下達が自分達の畑に赴き、感謝の意を表し、クル・ゴッサイ（彼女はこれらの丘陵民族にとって女神ケレスにあたる神として記述されている）に供え、それから新しいコサラネを食べるため家に帰る。住民達が首長の家に集まる――男が一方の側に、女がもう一方の側に座る――と、ただちに一頭の豚、コサラネの桝、焼酎の壺を首長に進呈し、代わりに首長は人々がよく働き善き行いをするよう励まし祝福する。「その後、彼らのすべての神々と死者の名において献酒しながら、彼は飲み、また同じ敬虔な感嘆の叫びを繰り返しながら少量のコサラネを投げる」。それから酒を飲んでの饗宴が始まり、それが数日間続く。同部族は八月か九月にトウモロコシを刈る際、別の祭典を行う。おのおの自分の畑に豚、山羊、家禽を持っていき、それをクル・ゴッサイに供犠する。それから御馳走を食べて家に帰ると、そこでまた別の食事が準備される。この日には、村の各家では自分達の作った御馳走の一部を各家に分配するのがならわしである。もし誰かが刈り取りの際の祭典か公の感謝祭前に新コサラネや新トウモロコシを食べるようなことがあれば、首長は彼に家禽を罰として科し、それをチタリアに供犠する[33]。

インド中央部における新穀供犠　インド中央部の地方では、季節の初収穫物はビムセンあるいはビム・デオと呼ばれる神に供えられるのが一般的である[34]。新米が熟すと中部地方の野生部族ガドバ人はその新米を炊いて新しい竹籠に入れ、家畜に供した後、人々が新米を食べる[35]。同地方の森林部族ナハール人はチャイト月に森林の神ジャールカンディを祭り、この祭儀が終わるまでは、ブテア（*Butea frondasa*）やユカン（*Phyllanthus emblica*）、あるいはマンゴーの葉や果実を使わない。この神を祭る時は、これらの木の枝や葉を集め、料理した食物をそれに供え、それから初めて新しい葉、果実、木材を使用するのである[36]。さらに、別の中部地方の森林部族マンネワル人は、マフア（*Bassia latifolia*）の花を集める時は、この木を祭り、新しい花から醸造した酒の一部をそれに供え、家禽や山羊も一緒に供える[37]。中部地方の小部族パラヤ人の主祭は七月の新菜の祭、八月ないし九月の新米の祭、四月ないし五月の新マンゴーの祭である。これらの祭典では、新しい季節の作物を食べ、これらの作物を一家の祖先に供え、この時に祖先を祭るのである(38)。

パンジャブにおける新穀供犠　パンジャブでは、サトウキビを植える時、女が首飾りを付け糸を紡錘に巻きながら畑のまわりを歩き回る(39)。またサトウキビを刈る時は、初収穫は祭壇に供える。祭壇はしぼり器のそばに作られ、サトウキビの神を祭る。その後に初収穫物をバラモンに進呈する。また、女達が綿を摘み始める時は、ライスミルクを飲みながら畑を歩き回り、最初の一口を西方に向かって畑の上に吐きかける。また摘んだ最初の綿は村の店で計量して塩と交換し、その塩に祈り、綿摘みの終わるまで家の中に保管しておく(40)。

古代ヒンドゥーの新穀供犠　古代ヒンドゥー人の間では、新穀は収穫の初めに、通常新月あるいは満月の際に神々に供えられた。一年間に二回の収穫があった。大麦は春に刈られ、米は秋に刈られた。大麦と米の新穀からは供犠用のパンが作られ、十二の陶器の破片にのせて二大神インドラとアグニに供え、水か牛乳に浸したこれらの新穀の粥は、ヴィスヴェ・デヴァすなわち神々の集団に供えられた。また陶器の破片の一つにのせたパンは「天」と「地」に供えられた。これらの新穀供犠の由来は次のような神話で説明される。神々とその強大な敵アシュラ達がかつて主権を争ってお互いに戦った。この争いにおいてアシュラ達は呪術と毒の両方で人間や動物の生活の資である植物を汚した。そして彼らは神々に対し有利になろうとしたのである。このため人間も動物も食料の欠乏によりほとんど全滅に瀕した。神々がこれを聞いた時、彼らは互いにこう言った。「さあ、植物の穢れを除こうではないか」。そこで彼らは供犠の方法でこれを行った。しかし神々は彼らの中の誰がその供物を受けるかで一致しなかったので、この微妙な問題を競走で決めることとし、インドラとアグニが先頭になった。というのがこの二神に十二の陶器片にのせたパンが供えられる理由であり、残りの神々は一杯の粥で我慢しなければならないのである。従って、現在でも新穀を神々に供える者は、何人も呪術や毒で植物を汚すことができなくなるからそれを行うのであり、あるいは神々の先例にならって行うのである。ともかく、人はそれにより人間の食べる植物や家畜の食べる草を無害ならしめんとすることは確かであり、事実それこそが新穀供犠の理由である。また、供犠に対する祭司の報酬は季節に生まれた最初の子牛であって、例えるならこれは家畜の新穀というべきものである(41)。

ビルマや朝鮮における新穀供犠　上ビルマのカチン人は毎年、播種の前に大地の霊（ナト）を祭る。この祭は首長が村民全員のために行い、村民は供物を貢納する。やがて祭司が悪魔払いの祈禱により、作物が豊作となるようどの家族が最初に播種を始めるかを決定する。それからこの籤《くじ》の当たった者が出かけていって畑に種を撒く。作物が熟すと、最初に播種した家族の者が新穀を集め、それを自分の家庭の神々（ナト）に供えるまでは刈り取りできない。これは通常作物が完熟する前に行われる。他の作物の刈り取りが遅れないようにするためである(42)。上ビルマの別の民族チン人は、宗教的祭儀として新穀を食べるが、その前に自分達の死せる祖先に新穀や初成りの野菜の一部を供える。彼らはまた新穀を女神ポク・クライに供えるが、この女神にこれを少し見てもらうだけで、米の豊作は約束される(43)。インドシナのターイ人の間では、米の新穀は家族が食べる前、収穫時に家の守り神に供える。家の守り神は最後に死んだ祖先であって、後継者に引きつがれるまで家を守る。彼の神祠は家の隅の、低い竹の格子で画された場所にある。しかし、収穫時に供えられる新穀の他に、この守り神は春に乾した穀物の一部を受けるが、この時期は季節初めての雷鳴が聞かれる時である。この時彼に供える穀物は、稲が完熟する前に摘み取って大切に取っておかれたもので、春の最初の雷鳴が自然の復活の力を報じる時に供えられる。以上のように準備万端整うと、このために取った魚と共に、隅に設けられた守護神を祭る卓の上にこの米を供える。祭司が長々と単調な調子で、子供達と一緒に食事を食べるよう守護神を招請し、それから家族が卓に座って供物を食べる。饗宴の終わりには死んだ祖先の嫁、すなわち義理の娘が、祖先の食べる米と魚の入った籠を隅に吊し、その後、翌年まで神祠を閉じておく(44)。朝鮮では、あらゆる作物の新穀は宗教的祝宴の下に王に供えるならわしがあって、人民は殆んど神に対するようにこれを供えた(45)。私が既に推測したように、新穀を王に供える一般的慣習は、王を神とする信仰に基づいていることを示唆している。

東インド諸島における新穀供犠

東インド諸島のチュンバ島では、収穫後に祭典が行われる。米を充した容器が神々に感謝の贈り物として供えられる。それからヤシの木の根本にある聖石に供犠する動物の血をふりかけ、神々のためその石の上に若干の肉と共に米を置く。ヤシの木には槍と楯をかける(46)。ボルネオ島のダヤク人は稲が熟すると新穀祭を行う。女司祭達が鐘や太鼓の音と共に行列を作って畑に行き数束の熟した稲穂を集める。これを村に持ち帰り、ココヤシの水で洗い、竹の祭壇のまわりに並べる。この祭壇は収穫祭に一番大きい家の居間に築かれる。この祭壇は白や赤の吹き流しでにぎにぎしく飾り、甘い香りのビンロウジュの花を吊す。この祭儀は二日間続き、その間村はタブーとなり、誰も村を離れない。家禽だけを殺し、踊りと鐘を鳴らす音が夜も昼も続く。この祭典が終わると、人々は自由に作物を収穫する(47)。新米を搗《つ》くのは全セレベス島で行われる収穫祭の時である。B・F・マッテス博士は一八五七年に饗宴を伴う宗教的祭儀を実見している。二枚の蓆《むしろ》を地面に敷き、それぞれの上に枕を置く。枕の一つには男の衣服と剣を置き、もう一つの枕の上には女の衣服を置く。これらは、死せる祖先を表しているようである。この二つの人形の前に米飯と水を置き、その上に新米をふりかける。さらに米飯の皿を死んだその他の家族や奴隷達に供える。これが祭儀の終わりだった(48)。セレベス島の一地方ミナハッサでは、「新米を食べる」祭を行う。家禽か豚を殺し、その肉の一部を米やヤシ酒と共に神々に供え、それから飲食を始める(49)。セラム島北東岸の二つの村、コビとサリプティの人々は、新米を調理した上でタバコやその他の物と共に感謝のしるしとして自分達の祖先に供える。この祭儀は「死者を養う」と呼ばれる(50)。東インド諸島中のテニンベルとティモール・ラウト諸島では、新米を生きた家禽や豚と共に「マトマテ」に供える。このマトマテは彼らの祖先の霊であって、守護神すなわち家庭の神として祭られている。屋根の隙間を通って彼らの家に這入り、その供物を食べて家族を助けるため、一時的に自分達の頭蓋骨や、木製ないし象牙製の像に住居すると想像されている。彼らはまた鳥、豚、鰐、海亀、鮫などの姿をとる。(51)アンボイナでは、稲やその他の収穫物を集めた後、新穀の一部を神々に供え、これが終わるまでは、祭司は決してこれを食べない。新米でも何でもこの新穀の一部は煮て、ココヤシの乳汁をその上に注ぎ、インド・サフランを混ぜる。それを供犠の場所に持っていき、神に供える。人々のある者はまた神前に油を注ぎ、もし油が残れば、それを神聖かつ価値ある宝物として家に持ち帰り、病人をはじめ全員の額と胸に塗る。この油はあらゆる種類の恵みを与えてくれると固く信じられている。(52)ニューギニア南西方に位置するケイ諸島では、収穫時になると新穀を農民の神リル・マヨランに供える。(53)稲を刈った後、ニアス島の人々は自分達の祖先の像を花輪で飾り、炊いた新米をお椀一杯に盛って供え、家族に与えてくれた恵みに感謝する。(54)マレー系部族であるルソン島のイラヤ人とカタランガン人は、主として自分達の祖先の霊魂をアニトスなる名の下に崇拝している。アニトスは家庭の神々であり、彼らのある者は家の片隅にある鍋の中に住むとされるが、住居のそばに設えたミニチュアの家は特に彼らを祭るものである。(55)フィリピンのベゴボ人は、米やトウモロコシを収穫した時、自分達のすべての農具に物を食べさせるふりをした後でなければそれを食べようともせず、また一粒たりとも売ろうとしない。(56)

ニューギニアにおける新穀供犠　ドイツ領ニューギニアのブカウア人は、死者の霊は作物を生長させる力を持っていると考えている。このため森林の空地を開墾して作物を植える時は、畑に残っている木の切り株の近くに差し枝を植え込むように特に気を付ける。彼らの祖先の霊達がそれにとまると想像しているからである。彼らは植付けをしている間、死者の名を呼び、彼らの子孫である生者が食物を得て飢えに苦しまないよう畑を守ってくれることを祈る。同じように、彼らはタロイモの形をした石を地中に植え込むと立派なタロイモができると信じているが、その時、祖先達にたくさんのタロイモを与えてくれるよう祈る。作物が熟すると、人々はタロイモの束、バナナの房、サトウキビ、野菜を畑から取って来て厳かに村に持ち帰る。御馳走が準備され、新穀の一部はタバコ、ビンロウジュ、犬の肉と共にココヤシの殻の中に入れ、畑の持ち主の家の中の桟敷の上に置き、その間持ち主は祖先の霊にこう祈る。「私達が願ったように畑を守って下さったあなた方よ。ここにあなた方にさし上げる物があります。来年もまた私達をよくお守り下さい」。やがて、人々が御馳走を食べているあいだに、持ち主は密かに自分の指でココヤシの殻の中味を掻きまぜ、人々にこれを示して霊達がこの供物を食べた証拠とする。最後にこの殻の中に残っている食物は人々が平らげてしまう。(57)

フィジーとニューヘブリディズ諸島における新穀供犠

フィジーのある部族においては「ヤムイモの初物は、人々の用に供するヤムイモを掘り取る前に盛大な祭儀の下に〈ナンガ〉〈聖域〉にいる祖先達に供える。そしてこれが終わるまでは誰も新ヤムイモを食べない。このように供えられたヤムイモは〈大ナンガ〉に積まれ、腐るに任せる。もし誰か不信心者が無鉄砲にもこれを自分の用に供しようとすれば、彼は滅茶苦茶になぐられる。前に述べた宣教師は私にこう語った。彼がナンガを訪ねた時、生い茂った雑草の間に、腐った供物から生え出た夥しいヤムイモの蔓を見付けた。新穀を供える時は大饗宴が開かれ、お祭り騒ぎである。〈ナンガ〉自体はしばしば〈ムバキ〉すなわち〈収穫〉と呼ばれる」[58]。フィジーの他の地方では、新穀に関する慣習は異なっているようである。別の観察者がこう述べているからである。「ヤムイモの初物は常にその地方の主神殿に供えられ、祭司達の所有物となり彼らの歳入を形成する。しかもそれは神の用に供するというのがいつもの口実である」[59]。ニューヘブリディズ諸島中のタナ島では、神々の一般名称は「アレマ」だったようで、これは「死者」を意味した。死せる祖先の霊は神々と肩を並べていた。老齢に達した首長達は死後神となり、様々な機会に名前で呼ばれて祈禱を受けた。彼らは特にヤムイモや果樹の生長を司るとされた。新穀は彼らに供えられた。少量の新穀を石の上、あるいは樹枝の棚の上、あるいは粗末な仮祭壇の上においた。この仮祭壇は数本の枝を樹皮で縛ってテーブル状にしたもので、四本の脚で地面に立てた。全ての人が静まり返った中、大祭司の役をつとめる首長が声高にこう祈った。「慈悲深き父よ！　ここに貴方にさし上げる食物があります。お上り下さい。これに免じてわれわれによくして下さい」。それから全員が声を挙げる。これは正午頃に行われるが、その後、集まった人々は御馳走を食べ、真夜中あるいは朝まで踊り続けた[60]。

ソロモン諸島における新穀供犠

ソロモン諸島中のフロリダ島では、カナリウム・ナッツが先住民の料理に多く用いられているが、以前は新穀が死者の亡霊に供えられるまでは誰もこれを食べなかった。これは供犠方法の知識を相伝している男が村全体のために行い、そのため彼は収穫開始の権利を有していた。彼は収穫時期の到来が分かると、朝早く叫び声を挙げ、その堅果を割って若干を自分が食べ、そして若干を自分の崇拝する特定の亡霊を祭る場所にある石の上に供えた。それから初めて皆が自分達の堅果を採集してよいという訳である。首長は新しい堅果を混ぜた食物を村の祭場にある石の上に供え、各人も同じように自分の祭場において自分の亡霊に供えた[61]。この新穀供犠はウッドフォード氏が近隣のガダルカナル島にあるアオラの村で目撃した。カナリウム・ナッツすなわちソロモン諸島産アーモンドは熟してから一週間ほど経っており、ウッドフォード氏はこれを食べてみたいと言ったが、亡霊に供えるまでは駄目だと言われた。主人はこう言った。「悪魔が先に食べる。皆はその後だ」。村の全住民は十人ないし十二人の群を作って、海岸に移って供犠を行った。ウッドフォード氏の参加した組は茂ったバリントニアの枝の下の空地を掃き浄めて、そこに乾いた棒でそれぞれ十五センチ四方ばかりの小さい祭壇を六つ作った。この祭壇の上にヤムイモ、タロイモ、バナナ、少量の肉の供物を置き、皮を剝いた少量の堅果を祭壇のまわりの棒の上においた。それから木をこすって火を起こした。というのも、このためにマッチを使ってはならないからで、恐らくは各人が袋の中にマッチを一箱持ってはいただろうが。こうして作った聖火で以って祭壇に火が付けられ、供物は燃やされてしまう。これが終わると、女達が堅果を搗《つ》いて作った大きく平たいパンを持って来て、皆で食べた[62]。ソロモン諸島中の別の島サア島では、ヤムイモが熟すると、人々は亡霊に供えるため若干のヤムイモをそれぞれの畑から取って来る。朝早く家族中の男性全員が特定の祖先の亡霊達の祭場に集まる。中の一人がヤムイモを持って聖所に入り、大声で亡霊達に向かい「これがあなた方の食べる物だ」と叫ぶ。それと共にそのヤムイモを聖所の中にある頭蓋骨のそばに置く。その他の者は静かに祖先全員を呼び、自分達のヤムイモを多数供える。それぞれの畑から一つずつ亡霊各人に与えられるからである。その上、もし各人が家に頭蓋骨、その他の骨、あるいは髪のような死者の遺物をおいてある場合には、ヤムイモを家に持ち帰り、それら遺物のそばに置く。同島ではフロリダ島と同様に、カナリウムの新果は亡霊達に供えてからでなくては誰も食べない。さらにトビウオの初物は死者の霊に供犠してからでなくては誰もこれを食べることを許されない。このトビウオを供えられる亡霊は鮫の姿をしている。その中のいくつかは海岸に聖所を持ち、そこには鮫の像が置かれ、トビウオがこれらの像の前に置かれる。他の鮫の亡霊は海岸には祭られていない。残りの鮫に供える魚は海に持ち出し、ちぎって海中に投げ入れて、その間、亡霊達の名前を呼ぶ[63]。

キングズミル諸島における新穀供犠

キングズミル諸島中のある島では、最も一般的に祭られている神は「トゥブエリキ」と呼ばれる。この神は平たい珊瑚石で表現される。長さ九十センチ、幅四十五センチほどのいびつな形で、野ざらしで垂直に立てられる。ココヤシの葉をそのまわりに縛り付けてあるので、大きさも高さもかなりのものになる。葉は新鮮なものでなければならず、毎月取り代える。この神を祭るには、石の前で祈禱を繰り返し、そのそばに人々の食べる物の一部を置く。毎日の食事ごとにも、祭典の際にも、また特に神に願い事をする際にも行った。季節の初物は常にこの神に供えた。名のある家ではいずれもこれらの石の一つを持ち、偶像というよりも家族の祭壇と見なされた[64]。

トンガ諸島における新穀供犠

トンガ諸島では、その年の新穀は厳粛な祭儀の下に聖なる首長トーイトンガに供えた。彼は神と見なされた。この祭儀は通常十月頃に行われたが、もしこの祭儀をないがしろにすると、神々の復讐が必ずや人々に加えられると信じられた。次に述べることは太平洋諸島にまだほとんどヨーロッパの旗が見られなかった頃に行われた祭典の模様である。「〈イナチ〉というのは、これから分配されるべき、あるいはすでに分配された物のうちの、各々の分け前、という意味である。しかしここでは、神なる首長トーイトンガに化身した神々に供えられる作物やその他の食べ物の分け前、という意味を持っている。こうした分配は年に一度、ちょうど一般のヤムイモが完熟に達する前に行われる。この祭儀に用いられるヤムイモは他のものよりも早く植えられ、その結果、これがヤムイモの初物となる。この供物の目的は、神々による守護を確保して、その恵みが国全体に、特に大地の恵みに及ぶことを期待するものである。大地の恵みの中でも最も重要なのはヤムイモである。

「ほとんどの種類のヤムイモは七月後半頃に植えられるが、この祭儀に常に用いられる〈カホ・カホ〉という種はその一ケ月くらい前に植えられる。その際、それぞれの畑に選定された一区画が決められ、垣で囲まれたところへ上記のヤムイモを二つ植付ける。これが熟するとすぐに〈ホウ〉（王）が使者をトーイトンガに送り、〈イナチ〉用のヤムイモを掘り出す頃になったと述べ、祭儀の日を指定するよう求める。これを受けてトーイトンガは通常その翌日を起点として十日後を指定する。祭典の前日までは特に準備はしない。しかし、夜になると、ホラ貝の音が時おり島内のそこかしこで聞こえる。音は祭儀の日が近付くにつれ頻繁になり、ほとんどすべての農園の人々が三、四回はホラ貝を吹くので、夜の静寂を破って心地よい感じを覚える。特にヴァヴァウでは、森や丘が多いのでそれに反響し、一層の興が添えられる。祭儀の前日にはヤムイモを掘り出し、パンダナス樹の葉の薄膜で作った、赤く染めたリボンの一種で飾る。こうして準備した物は〈メレコーラ〉と呼ばれ、これでヤムイモを巻く。一方の端からもう一方の端に向かって螺旋状に巻いて行き、反対側の端に達すると反転して巻き返し、非常に綺麗に交叉させる。この祭儀は常にトーイトンガが選んで滞在する島で行われるので、遠い島々では、祭儀の行われるであろうヴァヴァウにヤムイモなどを送る時間を見込んで、二、三日前からこれらの準備を始めなければならない。かくして九日目はヤムイモとその他の食べ物、例えば魚、カヴァの根、マホアなどを集め、また敷物、グナトゥ〔伝統的な樹皮布。タパ〕、メレコーラの束を用意するのに費やされる。しかし、ヤムイモだけは次に述べるような行列で運ばれる……。

「太陽が沈むとすぐホラ貝の音が島中に響きわたり、夜の更けるにしたがって高らかになってゆく。ムア（首都）やすべての農場では、男女が〈ノフォ・ウウア・テゲル・グナウエ・ウウア・グナウエ〉（汝、休めよ、仕事をするな。仕事をしてはいけない）と歌うのが聞こえる。これは真夜中に至るまで益々大きくなる。通常、男達が歌詞の前半を歌い、女達が後半を歌って、それが一層の効果を増す。それから三、四時間、歌声は低まり、太陽が昇るにつれ再び大きくなる。しかし、八時頃までは道を歩き回る人を見かけない。人々は島のあらゆる場所からムアを目指しているところで、他の全ての島からもカヌーでやって来る。つまり、トンガの全住民が海陸を問わず歌をうたいホラ貝を吹き鳴らしながらやって来るのである。ムアの町は準備で大騒ぎだ。各地から入って来る男女の様々な行列はすべて、赤いリボンや花のリースで飾られた新しい〈グナトゥ〉を身にまとい、男達は槍や棍棒で武装している。以上はこれから行われようとしている祭儀の重要性を示すものである。各団体は籠に入れたヤムイモを持参するが、これは農地の持ち主である首長の重臣が後生大事に両腕に抱えて持ち運ぶ。籠はムアにある〈マライ〉[65]に置かれ、何人かの人がヤムイモを長さ二、三メートル、直径十センチほどの柱棒の中心に吊し始める。行事の運行は付き添いの〈マタブール〉[66]により進められる。

ヤムイモの初物は、最後のトーイトンガ（神なる首長）の墓に供える

ヤムイモを全部吊し終わると、それぞれの柱棒を二人の男が肩にかついで運ぶ。一人がもう一人の前を歩き、その間にリボンで飾られたヤムイモが吊されている。行列は最後のトーイトンガの墓（これはふつう近いところにあるが、場合によっては彼の家族の一員の墓でもよい）に向かって動き始め、男達は一列になって進む。二人ずつ一組になってヤムイモを運び、ゆっくりと一定の歩幅で、あたかも荷物がおそろしく重い物であるかのように、膝を曲げながら進むのである。その間、首長やマタブール達は墓前に半円形を作って座り、頭を垂れ、手を前に握り合せている」。それから行列は大きな円を成して墓のまわりを二、三周行進する。ホラ貝はやまず、男達は歌い続ける。次に、まだ棒にぶら下がったままのヤムイモが墓の前に置かれ、担ぎ手はその側に座る。トーイトンガの〈マタブール〉の一人が、男達の少し前方、墓の前に座り、まず神々全般に挨拶してから、特に故トーイトンガやその他数人の名前を挙げる。国土に素晴らしい豊作をもたらしてくれるであろう彼ら神々に感謝し、その恩恵が将来にわたって続くように祈る。これが終わると、男達は起き上がって再び荷を持ち、墓の前を二、三回めぐり歩いた後、来た時と同じ道を〈マライ〉に向かって、来た時と同じく、歌をうたいホラ貝を吹き鳴らしながら帰って行く。首長や〈マタブール〉らも間もなくそこに到着し、再びそこにヤムイモを置いて棒から外すが、まだ飾りは付けたままである。ここで二人組の男達はトーイトンガの指揮の下に大きな円陣を作って座り、王とその他の大首長達は後方の群衆の中に引き下がる。それから乾魚や敷物など、〈イナチ〉形成の他の品物を取り出し、それをヤムイモと共にトーイトンガの〈マタブール〉の一人がそれぞれの取り分に分ける。約四分の一は神々に割り当てられ、祭司達が取得する。約半分は王が取る。残りはトーイトンガのものである。〈イナチ〉の材料は運び去り、二人組達は〈カヴァ〉を飲み始める。〈カヴァ〉の根が若干量用意され、恐らくは百五十を数える籠に入った大量の食物がその場に置かれて、そのうちのいくらかを〈カヴァ〉と一緒に食べるために分配される。分配の準備の間に〈マタブール〉の一人が演説する。自分達はこの重要な祭儀を行ったので、後はただ宗教祭儀を守り、首長達をきちんと敬いさえすれば、神々は自分達を守り長生きさせてくれるだろう、と。〈カヴァ〉をすべて飲んでしまうと円陣は解散し、食物は位階に従って各首長に分配される。その日はレスリングやボクシングなどで終わり、夜になると踊りが始まる。これらが終わると、人々は神々の守護を確信して家に帰った。この祭儀で分配される食物の量は信じられないほど大量で、人々はそれを苛酷な貢納と見なしていたと言われる[67]。

祖先の墓で、神なる首長に新穀を供えることの意義

このトンガの祭儀において、先任者の墓で神なる首長へ新穀を厳粛に供えることは非常に意味がある。これは我々が既に到達した結論、すなわち新穀を首長に供える所ではどこでも、首長がそれを受けるのはその公的資格というよりもその宗教的資格においてである。実際、トンガ王は大量の新穀の分け前を受け、その量は神なる首長に割り当てられるよりも大きい。しかし次の事は非常に注目される点である。すなわち、新穀の割り当てが神なる首長主宰の下に行われる一方、王とその他の大首長達がその場から退いて群衆の中にまぎれこみ、まるで単なる平民として、このように非常に厳粛な宗教的祭儀に参加する権利を持っていないことを示している。

ポリネシアのサモアとその他の地方における新穀供犠

サモア人は、新穀を霊（アイトゥス）と首長に供えるならわしがあった[68]。例えば、ウナギの姿の神を持つ家族はタロイモの初物をウナギに供えた[69]。タヒチでは「季節に海岸で獲れる最初の魚は各種の聖物と共に祭壇に供えられた。果樹園や畑の初物もまた、豚、犬、家禽などの生き物のいくつかと共に〈タウマハ〉、つまり供儀された。このような奉謝を神に表さないと、土地の持ち主は罰せられて死ぬと信じられていたからである」[70]。ソサエティ諸島中の一島ホアヒネでは、新穀が〈タニ〉神に供えられた。貧者は種類によらず一番早く採集した果実の中の二つを持参すればよい。〈ラーティラ〉は十、首長とその息子らは位階と富に従ってさらに多く持参せねばならない。彼らは果実を神殿に運び、そこで地面に下ろして言う。「さあ、タニよ、あなたに食物を持って来た」[71]。イースター島の住民の主神はマケ・マケとハウアだった。この神々に人々はあらゆる地上の産物の初物を供えた[72]。マオリ人の間では、サツマイモの初物をサツマイモの神ロンゴの息子パニに供えることは厳粛な宗教的祭儀だった。サツマイモ（クマラ）の収穫は神聖で、その栽培に従事する者はすべて神聖視され、タブーとされた。すなわち自分達の場所を離れることも他の仕事に携わることもできない[73]。

古代プロイセン人やギリシア人、ローマ人の間における新穀供犠

古代プロイセン人は新穀と漁獲の初物を神クルショに供えたことが証言されているが、この説には疑問がある[74]。既述のように、アテナイ人やその他のギリシア民族は小麦や大麦の新穀をエレウシスにおけるデメテルとペルセポネに供えた[75]。トロイア人は新穀をポセイドンに供犠したが、彼は都市の守護神として崇拝された[76]。アッティカではブドウの初物をイカリオスとエーリゴネに供えた[77]。ローマ人は新穀をケレスに、初のワインをリーベルに供犠した。そして祭司達がこれらの供犠を終えるまでは、人々は新穀を食べず新ワインを飲まなかった[78]。古代イタリア各地では、祭司達が厳粛にブドウ収穫の開始式を執行した。ローマではこの任務はフラメン・ディアリスに委ねられ、彼はユピテルに小羊を供犠し、それから犠牲の内臓の上で初のブドウを収穫した。この祭儀が終わるまでは町の中に新酒を持ち込まなかった[79]。

アメリカ先住民の間における新穀供犠

ブリティッシュ・コロンビアのトンプソン川の先住民は、季節の初の液果を大地に、というよりは一般には山に供えた。この供犠は一人の白髪の老人が行い、彼は踊りながら山頂に向かって果実を捧げた[80]。その他の人々は顔を赤く塗り、ともに踊った。ブリティッシュ・コロンビアのオカナケン先住民は「新穀祭を行った。初の液果や根菜が熟すると、首長は自分の妻あるいは長女をやってそれを採集させるならわしがあった。それから全住民が集まって来て、自然の運行を支配するとされている空の霊達に祈りが捧げられ、果実や根菜が出席者全員に分配されて、その後は誰でも自由に欲するだけ採集できた。しかしこの祭儀が終わるまでは誰も液果を摘んだり根菜を掘ろうとはしなかった」(81)。トウモロコシの穂が形成されると、中央アメリカのキチェ人は新穀を集め、それを祭司の所に運んだ。さらに彼らはパンを焼き、それを自分達の畑を守る偶像に供えたが、後でこれらのパンを貧者や病人に与えて食べさせた(82)。アーカンサス先住民は熟したメロンやトウモロコシの初物を「生命の主人」に供える慣習があったが、この供犠が終わる前に初物に触ると、子供でさえもただちに死んでしまうとされた。初物のトウモロコシ、メロン、その他の果実の若干を老人達の面前で犬の屍体と共に細かに刻む。老人だけがこの厳粛な祭儀を手伝う特権を有していた。それから一定の祭儀を行った後、老人は踊り始め、また数人の若い娘は狂乱状態に達して、供物に飛びかかってたちまちそれを丸飲みにしてしまった。ここにおいて老人は娘達を捕まえて、アーカンサス川に投げ込んだ。これで彼女達は正気に返るという次第だった(83)。この話からは次のように推論されよう。すなわち、新穀を食することで、娘達は「生命の主人」に霊気を吹きこまれると信じられ、「生命の主人」は身代わりをもって供物を食べたことになる。

ナチェズ先住民の間における収穫祭についてのシャトーブリアンの記述

下ミシシッピー川の先住民ナチェズ人の主要な祭儀は「収穫祭」すなわち「新火祭」だった。この祭儀の古い話は既に読者に提示したが(84)、比較のためにここでシャトーブリアンによる後代の記述を引くのも悪くはなかろう。この記述はある点で前者と異なっており、新穀の聖餐よりも供犠に重点をおいている。シャトーブリアンによれば、祭典時期が近付いて来ると、触れ人が村中を歩き回り、新しい容器と新しい衣服を用意し、家を掃除して、共同の火で古い穀物、古い衣服、古い道具を燃やすよう人々に呼びかける。彼はまた罪人の恩赦を要求した。翌日、彼は再び現れ、人々に三日間断食し、あらゆる快楽をしりぞけ、浄めの薬を用いることを要求する。ここにおいて人々は皆、「血の根」と呼ぶ根から抽出した液体を数滴とる。これはバナナの一種で、そこから赤い液体を搾取する。この液体は激しい吐瀉作用を持つ。三日間の断食中、人々は静寂を守る。断食の終わりに触れ人が翌日に祭典の始まることを宣言する。翌朝、夜が明けるとすぐ、人々は至る所から太陽の神殿を目指して集まって来る。この神殿は一つは東に、もう一つは西に向かって開放された二つの扉を持つ大きな建物である。この朝、神殿の東扉は開け放しにしておく。東扉に対面して祭壇があり、昇る太陽の最初の光が当たるように設えられている。シュシュアシャ（小有袋動物）の像が祭壇の上に立っている。その右手にはガラガラヘビの像があり、左手には小猿の像がある。これらの像の前にはオークの樹皮の火が絶えず燃やされている。一年に一度、収穫祭の前夜、この聖火を絶やすことを許される。この聖なる日の朝には、祭壇の右側に大首長が立っており、彼は太陽の子孫で自分の称号も太陽からとっている。祭壇の左側には彼の妻が立っている。彼らのまわりには位階に従って、戦争の長、首長、伝令、そして若い戦士が群がっている。祭壇前には乾いた葦の束が同心円状に積まれている。

大祭司は神殿の敷居の上に立って東方の地平線を見つめている。祭儀を主宰する前に彼はミシシッピー川を三回潜らないといけない。彼は両手に二つの乾いた木片を握り、呪文をとなえながらゆっくりとこすり続ける。彼のそばには、黒いシャーベット状のものを満たした二つのコップを持った二人の従者がいる。女達はみな背中を東方に向け、それぞれ片手を素朴なツルハシに載せ、片手には幼児を抱えて、神殿入口に大半円を成して立っている。祭司が熱心に東方の高まりゆく陽光を見つめている間、群衆は静まり返っている。暁のぼんやりした明りに陽光が差し込み始めるとすぐ、祭司は両手に持っている木片のすり合せを早める。そして太陽の上辺が地平線上に現れた瞬間、木から火花を散らせて、火《ほ》口《くち》に移す。同時に、神殿外にいる女達がふり向き、自分達の子供とツルハシを昇りゆく太陽に向かって差し上げる。

ここで大首長と彼の妻が黒い飲料を飲む。祭司達は乾いた葦の円陣に点火する。祭壇上のオーク樹皮の堆積に火が付けられ、この聖なる火から村中のすべての炉の火が点けられるのである。円形の葦が燃え尽きるとすぐ、首長の妻が神殿からやって来て、収穫畑に行列を作っていく女達の先頭に立つ。そこに男達がついていくことは許されない。彼女達は最初のトウモロコシ束を採集するために出かけたのであって、それを頭上にのせて神殿に帰る。束のいくつかを大祭司に供進し、大祭司はそれを祭壇の上に置く。他の束は、夕方に食べるための、酵母を入れないパンを作るのに用いられる。神殿の東扉は閉められ、西扉が開けられる。

陽が沈み始めると共に群衆は再び神殿の西入口に集まり、そこに大きな三日月形を形成して、両端は西に向かう。酵母なしのパンを沈みゆく太陽に向かって捧げて供え、太陽の沈みゆく光の讃歌をうたい出す。闇に包まれると、平原至る所に火がちらつき、そのまわりで人々が饗宴し、音楽と酒盛りの響きが夜の静寂を破る[85]。

第十二章　肉食に関する類感呪術

穀物の精霊を聖餐として殺して食べる慣習　神を殺す慣習は、以上のように農耕社会の段階に達した民族の間に認められる。既述の通り、穀物その他の作物の霊はたいてい人間あるいは動物の姿で表現され、いくつかの地方では神の人間化身あるいは動物化身のいずれかを毎年殺す慣習が一般的である。このように穀物の精霊の人間化身を殺す理由の一つは、本書の初めの部分でそれとなく示しておいた。つまり、彼または彼女（穀物の精霊はしばしば女性である）がまだ健康で丈夫なうちに、若い後継者の身体にその霊を移して、老齢による衰弱を免れさせようとするのだろう。しかし、穀物の精霊の神なる力を更新させたいという願望とは裏腹に、刈り手の鎌やナイフにかかって穀物の精霊が死んでしまうのは避けられないこととも考えられているらしく、穀物の精霊を信仰する者はこの悲しむべき必然を黙って受け入れざるを得ないのだろう(1)。

動物や人間を食べることによりその動物や人間の性質を得るという野生人の信仰　さらに、神を表現する人間あるいは動物という形であれ、人間や動物に似せて作ったパンという形であれ、神を聖餐として食べる慣習が広範囲に見られることもわかった。このように神の身体を食べる理由は、原初的な観点から見ると、単純明快である。動物や人間の肉を食べれば、その動物や人間の物理的な特性だけでなく、倫理的かつ知的な特性をも得られると野生人は一般的に信じている。そこで、動物が神とされると、単純な野生人はその動物の肉と共にその神性をも吸収し得ると信じる訳である。たとえ神の身体や血から成ると考えられてはいない場合でも、これら動物性食物を媒介として、多種多彩な善徳あるいは害悪を得るというこの一般的信仰を例示するのは有益だろう。この教義は広汎に分派した共感呪術・類感呪術という体系の一部を成している。

動物の肉の類感呪術についてのアメリカ先住民の信仰　例えば北米先住民のクリーク人、チェロキー人その他の近縁部族はこう信じている。「自然は人間や動物に彼らの用いる食物や彼らの気に入った物の性質を移し入れる性質を持っている。鹿肉を食べる者は、鹿の身体のしくみに対応するがごとく、素早さや明敏さにおいて、不器用な熊、救い難く不潔な家禽、歩みの遅い牛、動きの重い豚などを食べる者よりも優れている。長老が昔から鹿肉をすすめて来た所以である。かつて彼らの大首長達は食事に一定の規則を課してこれを守った。性格や動作の鈍い動物の肉はほとんど食べることがなかったが、それらを食べると身体の動き全般が鈍くなり、戦闘、公務、あるいは宗教的任務に必要な力を発揮することができなくなるとされた(2)」。エクアドルのサパロ先住民は「必要に迫られない限り大低の場合バクやペッカリー〔ヘソイノシシ〕のような鈍重な動物の肉は一切食べない。食べるのは鳥、猿、鹿、魚などに限られている。主たる理由としては、鈍重な動物の肉はその動物のように動きを鈍くし、敏捷さを失くさしめ、動物を追うことができなくなるからということである(3)」。同じようにブラジル先住民のある者は、ゆっくり走り、飛び、泳ぐ獣、鳥、魚を食べようとしない。これはその肉を食べることにより敏捷さを失い、敵から逃げることができないようになるのを防ぐためである(4)。カリブ人は豚のように小さい目にならないように豚肉を避け、また亀の肉を食べることを拒否したが、それはもし食べると亀のように鈍重で馬鹿になることを怖れたからであった(5)。西アフリカのファン人の間では、同じ理由から壮年の男性は決して亀を食べない。もし食べると脚の力と敏捷性が落ちてしまうと彼らは想像している。しかし、老人は自由に亀を食べる。既に脚力を失っているので、足ののろい動物の肉を食べても一向に差し支えがないからである(6)。東ボリビアのチリグアノ人のある者はビクーニャ〔ラクダ科〕の肉に触ろうとしない。もし食べるとその動物のように毛深くなると想像したからであった(7)。一方パラグアイのアビポン人は、ジャガーの勇敢さを得るためその肉を食べた(8)。実際この目的のために彼らが消費したジャガーの数は夥しいものだったと言われる。また似たような目的で彼らは好んで雄牛、雄鹿、猪、オオアリクイの肉を食べた。このような物を多く食べると体力、活力、勇気が増すと言われていたからである。一方彼らは皆、雌鶏、卵、羊、魚、亀を食べるのを嫌った。これらのおとなしい生き物の肉を食べると、身体は重く、心は臆病になると信じていたからである(9)。ブリティッシュ・コロンビアのトンプソン先住民はフール・ヘン〔ライチョウ〕の心臓を食べようとせず、また犬にその鳥を食べさせようとしなかった(10)。これはこの鳥のように馬鹿になることを怖れたからである。

動物の肉の類感呪術についてのサン人の信仰　多くの野生人がこのように足が鈍くならないよう愚鈍な動物の肉を食べるのを恐れるのと反対に、南アフリカのサン人はわざとこのような動物の肉を食べる。その理由は、野生人の哲学が奇妙ではあるが彼らなりに洗練されていることを示している。彼らは自分達の追う獲物は狩人の身体の中の食物と共感的に影響されるものと想像した。このため脚の速い動物を食べれば、獲物もまた脚が速くなって逃げてしまう。これに反し脚の遅い動物を食べれば、獲物もまた脚が遅くなり、捕まえて殺すことができる。この理由のため、ゲムスボック〔オリックス〕の狩人達は、特に迅速敏捷なスプリングボックの肉を食べることを避けた。事実彼らはそれに手を触れようとさえしなかった。というのは、スプリングボックは夜に眠ろうともしない非常に活発な動物であると信じ、もしスプリングボックを食べれば彼らの狩るゲムスボックも同じように夜になっても眠らなくなると考えたからであった。もしそうなったら捕まえようがない[11]。

動物の肉の類感呪術についての他のアフリカの信仰

ザンベジ川上流のある部族は転生ということを信じており、各人は存命中に自分が死んだ時に入りたいと思う動物を選ぶ。そしてイニシエーションの儀式を行うが、そこでは自分の選んだ動物の腐敗した屍体から生じた蛆を飲み込まねばならず、以後彼はその動物の性質を取得することになる。そして何か不幸なことがあった時には、女達が悲嘆に暮れる一方で、男達は王蛇（ボアコンストリクター）やクロコダイルのように地面をのたくりまわったり、豹のように遠吠えして跳んだり、ジャッカルのように低く唸ったり、ライオンのように雄叫びをあげたり、あるいはカバのように鼻を鳴らしたりして、それぞれが各種の動物の性格を完璧に真似るのである[12]。明らかにこの人々は、動物の霊魂あるいは生命の要素がその腐敗せる屍体から生じた蛆にあらわれていると想像しており、このため自分達がなりたいと思う動物の生命と霊そのものを蛆を飲み込むことによって得られると考えているのである。ナマ人は野ウサギの肉を食べることを避ける。これは野ウサギのように臆病になると考えているからである。しかし、彼らはライオンの肉を食べ、豹やライオンの血を飲む。ライオンや豹の勇気と力を得るためである[13]。サン人は子供にジャッカルの心臓を食べさせない。これは子供らがジャッカルのように臆病にならないようにするためである。一方、豹のように勇敢になるようにとその心臓は食べさせる[14]。ドイツ領東アフリカのワゴゴ人の男はライオンを殺すと、ライオンのように勇敢になろうとしてその心臓を食べる。しかし、雌鶏の心臓を食べると臆病になると考えている[15]。ナイル黒人の一部族ルオ人の間では、若者達が戦闘において獰猛になるようにと豹の肉を食べる[16]。南東アフリカの戦士達はしばしばライオンや斑点のある豹の肉を料理して食べる。それによりライオンのように勇敢になろうとするのである[17]。ズールー人の兵士達が出陣のため集まると、戦士達は、豹、ライオン、象、蛇などの乾肉で作った粉をまぶした肉を食べる。こうすれば戦士達はこれら動物の勇敢さやその他の好戦的性格を得ると考えているからである。時にズールー人は、例えば豹のような野獣を殺すと、子供にその血を飲ませ、自分達はその心臓をあぶって食べる。こうすれば勇敢かつ大胆な人間になると考えている。しかし、これはかえって危険であると考える人もいる。というのは、ともすると向こう見ずな勇気を得がちで、不用意に死に向かわせる恐れがあるからである[18]。東アフリカのワボンデイ人の間では、強く勇敢になるためにライオンや豹の心臓を食べる[19]。イギリス領中央アフリカでは、勇気を得ようとする者は、ライオンの肉、特に心臓を食べ、好色家は山羊の睾丸を食べる[20]。イギリス領東アフリカのスク人は、しばしば子供達が強くなるようにライオンの脂肪と心臓を食べさせる。しかし何を食べさせているかを知らせることは許されない[21]。北アフリカのアラビア人の女性は、子供達を大胆不敵にするため、ライオンの心臓の肉片を男の子に与える[22]。西アフリカのエウェ語族は、象の肉を食べると強くなると考えていた[23]。戦いに出る前、ワジャッガ人の戦士達はまじないの薬を飲む。これはしばしばサイの角と皮を削ってビールに混ぜたもので、飲んだ者にサイの力を与えると想像されている[24]。ズールー人の村落に疫病が流行すると、呪医は老齢の犬の骨、あるいは老齢の雌牛、雄牛、その他非常に年老いた動物の骨を病人にも健康な人にも服用させるが、これはそれらの動物と同じように長生きするようにということである[25]。

動物の肉の類感呪術についての古代の信仰

同じように、老いたアイソンを若返らせるため、魔女メデイアは彼の血管に長生きした鹿の肝臓と、人間で言えば九世代ほどの長命を保った烏の頭を煎じた汁を注入した[26]。古代ギリシア・ローマでは、長生きの目的よりも他の目的で鹿と鴉の肉を食べた。鹿は熱病にかからないと想像されたので、女性達のある者は、毎朝鹿肉を食べる慣習があったが、その結果、彼女達はかつて熱病にかかることなく非常な長命を保ったといわれる。ただ、鹿を一打ちで殺さないと鹿肉の効能はすっかり失せてしまう[27]。さらに、古代の占い師達は、前兆となる鳥獣の肝要な部分を飲み込んで予言の状態に入ろうと努めた。例えば、彼らは鴉、モグラ、鷹の心臓を食べれば、その肉と共にその動物の予知能力をも自分の身体の中に取り込めると考えていた[28]。

動物の肉の類感呪術についてのダヤク人とアイヌの信仰

ボルネオ島北西部のダヤク人の間では、若者や戦士達は鹿肉を食べない。食べると鹿のように臆病になるからである。しかし女性とごく高齢の男達は食べても差支えない[29]。しかしながら鹿肉を食べることが悪いという見解を同じように持っている同地方のカヤン人の間では、男達はこの危険な鹿肉が戸外で料理された場合には食べる。臆病な鹿の霊が直ちに密林中に逃げ去り、食べる人の身体に入らないと想像されているからである[30]。日本のアイヌは、カワウソが物忘れのひどい動物であると考えており、記憶力の悪い人間のことをしばしば「カワウソ頭」と呼ぶ。従って、彼らにとっては、「カワウソの頭部は軽々しく食物に用いてはならないことになっている。もしそれを食べると、よほど注意しないとカワウソのように忘れっぽくなるからである。このためカワウソを殺しても普通はその頭を食べないということになっている。しかし、どうしてもカワウソの頭を食べたい時は、適切な配慮を払えば食べることができる。それを食べる時は、剣、ナイフ、斧、弓矢、タバコ入れ、パイプ、盆、杯、庭道具、その他一切の持ち物を縄で束にして縛り、食べている間それを頭に近付けて座っていなければならない。この食事に当たってはこれ以外の方法は許されない。この方法を忠実に守るならば、物を置いた所を忘れる危険はない。そうでないと忘れてしてしまうことになる[31]」。一方、アイヌは川鴉の心臓は極めて賢く、またこの鳥は最も雄弁家であると信じている。従ってこの鳥を殺した時はいつでもすぐこれを切り裂いてその心臓を取り出し、それが冷たくなったり傷んだりする前に飲み込んでしまわなければならない。もし男がこのようにしてそれを飲み込むと、非常に雄弁かつ賢明になり、すべての相手を論破することができる。[32] 北インドの人々は、フクロウの目玉を食べれば、フクロウのように夜目が見えるようになると想像している。[33]

犬、虎などの肉の類感呪術に関する信仰

カンサス先住民が戦に出かける時は、首長の小屋で饗宴するならわしがあったが、その主餐は犬の肉だった。その理由は、犬は非常に勇敢であって、身体がばらばらになっても主人を守るので、その肉を食べれば勇気をふるい起こさせるに違いないということだった。[34] 非常時に際し、極めて勇敢なダコタ先住民の戦士達はダンスを踊り、犬の肝臓を生で温かいうちに食べるならわしがあった。それにより犬の賢さと勇気を得るためであった。戦士達の間に犬は生きながら与えられ、殺され切り開かれた。それから肝が取り出され、細切りにして柱に吊された。各戦士はその肝を歯でつかみ取り、踊りながら噛みしめ、飲み込んだ。呪医以外は誰もそれに手を触れることができなかった。女達は踊りに参加しなかった。[35] 東インドのブル島とアル諸島の男達は、戦闘の際に勇敢かつ敏捷になるため、犬の肉を食べる。[36] ニューギニアのポートモレスビー並びにモツモツ地方のパプア人は、若者達が強い豚、ワラビー、大きな魚を食べる。これはその動物や魚の力を得るためである。[37] 北オーストラリアの先住民のある者は、カンガルーやエミューの肉を食べれば、それ以前よりも高く跳んだり速く走ったりできると想像している。[38] アッサム州のミリ人は、男達の食物として虎の肉を取る。これは彼らに力と勇気を与える。しかし「これは女達には与えられない。女が食べるとあまりにも勝ち気になってしまう」。[39] 朝鮮では強壮剤として虎の骨が豹の骨よりも高い値段で売れる。京城のある中国人は勇敢かつ獰猛になるため虎を一頭丸ごと買って食べた。[40] その中国人によると、特に勇気を付与してくれる部位は胆嚢である。そこで彼らは時おり虎や熊の胆嚢を入手し、勇気が付与されると信じてその胆汁を飲む。[41] さらにブリティッシュ・コロンビアのシミルカミーン先住民は熊の心臓を食べると勇気が湧くと想像している。[42]

狼、熊、蛇の肉の類感呪術についての信仰

上代スカンディナビアの伝説では、オーヌンド王の息子インギャルドは幼時には臆病だったが、狼の心臓を食べてからは非常に大胆になった。ヒアルトは熊の心臓を食べ、その血を飲んで力と勇気を得た。[43] またシグルズが竜のファフニールを殺し、その心臓の血を飲んだ時、それにより鳥の言葉を知ることができた。[44] 一般に蛇のある部分を食べれば鳥獣の言語を知ることができるという信仰は古代に広く流布していたようである。デモクリトスは、蛇は特定の鳥の血を混ぜたものから生じたので、蛇を食べる者は誰でも鳥の言語を解することができると言った。[45] 古代アラビア人は鳥から占いを聞くことができると考えていたらしい。それは彼らが蛇の心臓か肝臓のいずれかを食べて鳥の言語の知識を得たからである。またインドのパラカでは、人々は同じ方法により動物一般の言語を覚えた

といわれる[46]。サクソ・グラマティクスは、ロロ〔古代ノルマンの族長〕が黒蛇を食べて野生、家畜双方の獣の言葉を理解することを始め、すべての知識を得た様子を述べている[47]。ノルウェー、スウェーデン並びにユトランド半島では、十九世紀に至るまで、白蛇の肉を食べた者には超自然的な賢明さが与えられると考えられた[48]。ドイツやボヘミアには、蛇の肉を食べる者は誰でも動物の言語を解するという迷信がある[49]。蛇は非常に賢明で狡猾であるという信仰に明らかに基づく同種の観念はしばしば民話や伝説に出て来る[50]。

動物の肉の類感呪術に関する各種の信仰

モロッコでは、弱った病人には蟻を飲み込ませる。またライオンの肉を食べると臆病者が勇敢になる[51]。しかし、家禽の心臓は食べることを忌む。これは臆病者にならないようにということである[52]。子供が言葉を話し出すのが遅いと、中央アジアのトルコ人はある種の鳥の舌を食べさせる[53]。北米のとある先住民は、ブランデーは心臓と舌を煎じたものに違いないと考えていた。「なぜなら、それを飲んだ後は、私は何ものをも恐れず、驚くほど話ができるからである」[54]。ジャワには時々小さい目覚し時計のような音を発する小ミミズがいる。このため人前に立つ踊り子が稽古で大声を出し過ぎて声が嗄《か》れると、舞踊団の長がこのミミズを飲ませる。これを飲んだ後は、前のように声調を取り戻して甲高い声を出すことができるようになると信じている[55]。中央アフリカのダルフール人は、肝臓が霊魂のありかであり、動物の肝臓を食べると霊魂を拡大することができると考えている。「動物を殺すと必ずその肝臓を取り出して食べるが、手は触れないように極めて慎重な注意を払う。というのは、肝臓は神聖視されているからである。肝臓は細片にして生で食べる。そしてナイフまたは楊子の先に刺して口に運ぶ。誤って肝臓に触った者は、それを食べることを厳しく禁じられる。これは彼にとって非常な不幸とされている」。女達は肝臓を食べることを許されない。というのは彼女達は霊魂を持っていないからである[56]。

死者の肉や血、特に心臓は、その死者の善き特性を得るため食べたり飲んだりされる

さらに死者の肉や血は一般に勇敢さ、賢明さ、その他の特性を喚起させるとしてそれらを食べたり飲んだりするが、これは死者自身がそうした特性で有名であったり、あるいはそれらの特性が肉体の決まった部位に存在すると考えられているからである。例えば、南東アフリカの山岳部族の間には、若者達をギルドあるいはロッジといった秘密結社に入会させる祭儀があるが、このイニシエーションの儀式には新会員に勇気、知識その他の特性を付与することを目的とするものがある。特に勇敢に振舞った敵を殺した時はいつでも、剛勇の座とされているその肝臓、知識の座とされている耳、不撓不屈の座とされているその睾丸、その他の徳性の座とされている各部分を身体から切り離し、灰になるまで焼く。この灰は雄牛の角に入れて大切に保存し、入会式の際、その他の材料と混ぜてペースト状に作り、部族の祭司が若者達に服用させる。この方法により、殺された者の力、勇気、知識その他の特性が食べた人に分与されると信じられている[57]。山岳地帯のバスト族が非常に勇敢な敵を殺した時は、直ちに心臓を切り取って食べる。そうすれば戦闘の際に勇気と力が与えられると考えられているからである。戦闘が終わると、強敵を殺した者は首長の前に呼び出され、呪医から薬を貰い、食物と一緒に食べる。その三日後に流水で身体を洗わなければならず、十日の後にようやく妻子の元に帰ることができる[58]。同じようにオヴァンボ人の戦士は戦闘で殺した敵の心臓を取り出し、それを食べると死者の勇気を得ることができると信じている[59]。同じような信仰と慣習がイギリス領中央アフリカのいくつかの部族に広まっており、特にアンゴニ人の間で守られている。これらの部族もまた死者を切断し、切った部分を燃やして灰にする。後でこの灰はスープか粥に混ぜる。「これは普通の食物とは違い、手の平ですくい取って〈舐めるように〉口中に運ばなければならないが、これによって戦士達に勇気、堅忍不抜の精神、戦略、忍耐力、そして知恵が付与される[60]」。かつてナンディ人の戦士の間では、敵を殺した時、勇気を得るために必ず死者の心臓の一部を食べるならわしがあった[61]。ドイツ領東アフリカのワゴゴ人は同じ目的で同様の行為に及ぶ[62]。サー・チャールズ・マッカーシーが一八二四年にアシャンティ人に殺された時、アシャンティ軍の首長達が彼の心臓を貪り食ったと言われるが、そうすることで彼の勇気を飲み込もうとした訳である。彼の肉は乾かして同じ目的のため部下達に分配され、また彼の骨は国の呪像としてクマシの町に長らく保管されていた[63]。ダホメーのアマゾン人には勇敢で名を馳せる敵の心臓を食べる慣習があった。これは敵の剛勇を食べる人に移すためであった。以前は、もし報告が信ずべきものであるとすれば、知恵者で通る敵の心臓をも食べた。この地方のエウェ語族の黒人は、心臓が勇気と共に知識の座であると主張しているからである[64]。奴隷海岸のヨルバ語族の黒人の間では、戦の神オグンの祭司達が人間の犠牲の心臓を取り出し、それを乾燥して粉にし、ラム酒に混ぜて、勇気を求める者に売った。心臓がその座とされている男性的な徳を吸収するという信仰の下にその混合物を飲み込むのである[65]。同じように、オリノコ地方の先住民は敵の心臓を焙り、搗《つ》いて粉末とし、次に戦闘に出かける時に勇敢たらんとして、その粉を液体に溶かして飲む[66]。ニューグラナダのナウラス先住民は、ことあるごとにスペイン人の心臓を食べたが、これによって怖るべきカスティーリャ人騎士らのように勇敢になろうとしたのである[67]。北米のスー先住民には、勇敢な敵の心臓を粉末にして、それを飲むならわしがあった。こうして死者の勇気を我が物にしようとしたのである[68]。マスコーギ先住民もまた、敵の心臓を食べることは、「敵よりも偉大な勇気を得るものと考えた。彼らはまた、勇敢な精神は脳に由来するものと考えている。彼らの英雄達の何人かが人間の頭蓋骨からそれを飲み干すのを私は目撃した。彼らはそれに含まれている善き特性を飲んでいるに過ぎないと考えている[69]」。同じような理由で、ウガンダでは、王の霊を身に付けるため、祭司が死んだ王の頭蓋骨で酒を飲むならわしがあった[70]。ベーリング海峡のエスキモー〔「エスキモー（生肉を食う人びと）」という呼称を嫌がるカナダ先住民と違い、アラスカ先住民は自らを進んでそう呼ぶことに鑑みて、前者はイヌイット、後者はエスキモーと可能な限り訳し分けている〕の間では、若者達が戦闘で初めて敵を殺した時、勇気を増すため殺した敵の血を飲み、心臓の小片を食べるならわしがあった[71]。北西オーストラリアのある部族においては、偉大な戦士や狩人だった男が死ぬと、友人達がその心臓のまわりの脂肪を切り取って食べる。そうすることで死者の勇気と知恵が分け与えられると信じていたからである[72]。

死者の特性を得るため心臓以外の部分を食べる

しかし、このように一般に人間の心臓をその本来の持ち主の性格を受けとるために食べる一方、既に述べたように、この目的により食べられるのは心臓だけではない。例えば、ニューカレドニアでは戦に勝った者は殺した敵の身体を食べる。「お察しの通り、これは人肉を賞味するためではなく、死者が持っていると思われる勇気を自分のものとせんがためである」[73]。クイーンズランドのメアリボロ付近の部族の間では、正式な決闘において男が殺されると、友人達がその皮を剝ぎ、その身体を食べるならわしがあった。食べることで死者の戦いにおける特性を得ようとしたのである[74]。南東オーストラリアのセドラ部族とナガリゴ部族の戦士達には、殺した敵の手と足を食べるならわしがあった。こうすると死者の性格や勇気の一部を得ることができると信じていた[75]。中央オーストラリアのディエリ人においては、人が罪科を負って、正式に執行人に殺されると、それに用いられた武器を小さい木製の容器の中で洗い、その血の混じった水を規定の方法により執行人全員に服用させた。すなわち彼らがあお向けになって横たわっていると、長老達がその液を口中に注いだ。これは彼らに、将来何事を為すに当たっても、二倍の力、勇気、大胆さを与えると信じられていた[76]。ニューサウスウェールズ州のカミラロイ人は、勇敢な男の勇気を得るためその心臓と共に肝臓を食べた[77]。トンキンにもまた勇敢な男の肝臓はそれを食べる者を誰でも勇敢にするという俗信がある。このため、一八三七年、トンキンでカトリック宣教師が首を刎ねられた時、執行人がその肝臓を切り出してその一部を食べ、また一人の兵士がやはりそれを生で食べようとした[78]。同じような目的で中国人は処刑された有名な匪賊の胆汁を飲む[79]。サラワクのダヤク人は殺した敵の手の平と膝の肉を食べるならわしがあった。これは自分達の手を丈夫にし膝を強化するためだった[80]。セレベス島中央部の有名な首狩り部族トラキ人は、勇敢になるようにと、殺した敵の血を飲み、脳髄を食べる[81]。フィリピン諸島のイタロネ人は殺した敵の血を飲み、後頭部の肉と内臓を生で食べる。これはその敵の勇気を得るためである。同じ理由で、別のフィリピンの部族エフガオ人は敵の脳髄を吸う[82]。同じように、ドイツ領ニューギニアのカイ人が殺した敵の脳髄を食べるのは敵の力を得るためである[83]。西アフリカのキンブンダ人の間では、新王が王座を継ぐと、捕虜の中で勇敢な者を殺し、王や貴族達がその肉を食べる。かくして彼の力と勇気を得る訳である[84]。有名なズールー人の首長マトゥアナは、滅ぼした部族の首長三十人の胆汁を、自分を強くするという信仰の下に飲んだ[85]。ズールー人は敵の額の中央部と眉毛を食べれば敵をしっかりと見据える力を得ると信じている[86]。トレス海峡のタド島すなわちウォリアー島では、男達は有名な戦士の汗を飲み、また人血に浸して血まみれになった彼らの爪の切り屑を食べるならわしがあった。これは「石のように強く、恐れを知らないようにするためだった」[87]。トレス海峡の別の島ナギル島では、少年達に勇気を移すために、戦士は自分の殺した男の目玉と舌を取り、それを細かく切って自分の尿を混ぜた後、それを少年に服用させ、少年は戦士の脚の間に座り目を閉じ口をあけてそれを飲んだ[88]。セレベス島のミナハッサの部族は戦闘に出る前に殺した敵の頭髪の房を取り出し、熱湯に浸して勇気を抽出した。そしてその勇気を抽出した液を戦士達が飲んだ[89]。ニュージーランドでは、「首長はアトゥア［神］だった。しかし、強い神もあれば弱い神もあった。誰しも強い神になりたいのは当然である。従って他の神の霊を自分に取り入れる方法が採用された。例えば、戦士が首長を殺した時は、すぐに彼の目玉を抉り出して飲み込んだ。神なる〈アトゥア・トンガ〉はその部分に宿るとされていたのである。肉体だけでなくその霊魂をも取得したというわけで、結果として首長を多く殺せば殺すほど彼の神性は高まるのであった[90]」。

単に死者の骨と接触するだけで得られた死者の人徳

人間の肉体の部分を何ら摂取することなく、単にその骨に触るだけで死者の人徳を取得することができるとしばしば考えられている。例えば、中央セレベスのトラジャ人の間では、若者の割礼を行う時、戦闘の際に勇敢になるように、殺した敵の頭蓋骨の上に座らされる[91]。またエピロスの王子スカンデルベグが死んだ時、戦闘におけるその剛勇をしばしば感じていたトルコ人は、彼の骨の一片を自分達の心臓の付近に着用すれば、彼のような力と勇気を得るものと考えたと言われる[92]。東アフリカのガラ人は、特殊な形式で死者と合一する。彼らは死者の家から持って来た食物、特に彼の好む食物あるいは彼が自分のために料理した食物は、彼の生命即ち霊魂の一部を含むと考えている。もし葬儀の食事の際、そのような食物をいくらか食べれば、それにより死者の生命すなわち霊魂の一部、彼の霊力や知識、勇気の一部を吸収できると想像している[93]。

野生人はしばしば殺した敵の血を飲んで親友の契約を結ぼうとする

我々にとっては奇妙に見えるかもしれないが、野生民族の戦士が殺した敵の肉を食べ血を飲む動機の一つは、その敵と親友、義兄弟の盟約を結びたいということからのようである。というのは、自分達の血を少しずつお互いに相手の身体に移入することにより、二人は親族になり盟友になるというのは、野生人の間に広汎に流布する信仰だからである。今や両者の血管を流れる同一の血は、相手を傷付ければ自分も傷付くことになる。従って二人は、お互いに相手を傷付けないという最も強力な約定、最善の人質をお互いに与え合った訳である[94]。この論理の下に、野生民族の戦士は、死者の血を飲みその肉を食べることにより、殺した敵を最大の親友に変えようと努めるのである。結局これが次に述べる慣習の根底を成しているようである。イギリス領ギアナのアラワク先住民が他人を殺した時は、三日目の夜にその墓に赴き、屍体に先の鋭い棒を突き通し、それに付着した血を舐め取る。というのは、自分の殺した者の血を飲まなければ、気が狂って死ぬと信じられているからである。これに反し血を飲めば、殺人から生じるあらゆる悪い結果を避けることができる[95]。ナンディ人の信仰と慣習も同様である。「現在でも、ナンディ人は他部族の者を殺すと、槍や刀に付いた血を丁寧に洗い落として草で作った杯の中に入れ、殺した者がそれを飲む。もしそうしないと、その男は狂人になると考えられている」[96]。同じように、ニジェール川下流の部族の間では、「死刑執行人が刃の上の血を舐め取るのが慣習であり、また必要でもある」。さらに、「戦いにおいて敵を殺した剣の刃の血を舐め取る慣習は、これらすべての部族に共通であり、イボ人が私に与えた説明は一般に認められている。すなわち、もしそうしないと、殺人行為は殺人者を著しく興奮せしめるため、彼は殺人鬼となって同胞の間を暴れ回ることとなる。なぜなら、血の匂いを嗅ぎ、流血の場面を見た殺人者は、あらゆる結果に無頓着になると共に全く正気を失ってしまうからである。そして、血を舐めることだけが正気に戻るための唯一の確実な治療法である」[97]。シャン人の間では、死刑執行人は殺した者の血を飲まなければ間もなく病気になって死ぬと信じられている[98]。

殺人者が死者の亡霊と結ぶ血の契約

これらの慣習に最もよくあてはまる説明は次の通りと思われる。すなわち殺人者は殺された人の亡霊により狂人にされると考えられており、殺された人は殺人者の身体に取り付いて狂気の振舞いをさせるのである。これに反し、殺人者が殺された者の血を舐めるとすぐに殺された者と血盟の友となり、従って亡霊は彼に害を加えないのである[99]。この仮説は以前マオリ人の行っていた同じような慣習に対する理由によって強く立証されている。戦士が戦闘において敵を殺した時、敵の血を飲んだ。これは敵の亡霊の復讐から身を守るためと信じられていた。なぜなら彼らはこう考えたからである。「殺人者が殺された者の血を飲むとすぐ、死者は彼の身体の一部となり、アトゥアすなわち死者の守護霊に守られるからである[100]」。

これらの事実に照らして見ると、まだ広くカラブリアに流布している次の説を説明できよう。殺人者が逃げる場合は、彼は殺人に使った血のしたたる刃からその血を吸い取らなければならないのである[101]。さらに、間違っているかもしれないが、ブラジルのボトクド先住民の守っている慣習の理由の少なくとも一端がうかがわれる。すなわち敵の肉の一片を食べるだけで[102]、殺された敵の部族からの矢が当たらなくなる。事実、死者と血盟を結ぶことこそが、野生民族の勝利者が殺した敵の身体についてしばしば行う人肉食の共通した動機だろうということを、右に引用した例証が示唆している[103]。もしそうだとすれば、文明人がこのような慣習を見て当然のように感じる恐怖心をある程度和らげることだろう。人肉食はもはや敗者に対する盲目的な怒り、憎悪の野蛮な爆発という身の毛のよだつような光景を呈することなく、過去の敵対した記憶を拭い去り、死者との永遠の友好関係を確立することを企図した、厳粛な儀式という平穏な光景を示すからである。

死者の灰を飲むことによる死者との合一

死者の肉体の一部を用いて死者との交感に入る別の方法は、その骨を粉末に、あるいは焼いて灰にして、その粉や灰を食物や飲物に混ぜて飲み込むことである。死んだ近親者の特性を吸収する、あるいはその霊魂を慰めるこの方法は、南米の数多くの先住民部族により行われている。例えば、アマゾン渓谷中のタリアナ人、トゥカノ人、その他の部族は、葬儀の一ケ月後に腐敗の進んだ屍体を掘り出し、それを大鍋あるいは竈《かまど》に入れ、恐ろしい悪臭と共に揮発物質がすっかり蒸発するまで火にかけると、黒い炭状のペーストだけが残る。これを搗いて細かい粉末にし、いくつかの地酒の大樽の中に混ぜ込む。その酒を集まった人達が飲み干す。かくして死者の特性が飲んだ人達に移されると信じている[104]。同じように、ブラジルのリオネグロ川とジャプラ川のショマナ人とパッセ人は、死者の骨を焼き、その灰を飲料に混ぜる慣習を持っていた。「というのは、彼らはこの方法により、自分達の身体の中に死んだ友人の霊を受け入れると考えたからである」[105]。これら文献の著者がことさらに指摘していなくとも、南米先住民の守るこうした慣習の根底には同じような動機があると思われる。例えば、東ボリビアのレトロニョ人、ペチュヨ人、並びにグアラヨ人は、「注目すべき慣習により死者に対する感情を明示した。屍体が腐敗すると、骨を掘り出し、粉にして、トウモロコシと混ぜて一種のパンを作った。彼らはこれを人と分かち合える最大の友情のしるしとした。最初の宣教師の何人かは、それが何かを知らされないまま、この〈家族のパン〉を食べさせられた」[106]。さらに北西ベネズエラのコロ地方では、首長が死ぬとその事績を賞讃しながら通夜をした。それから彼の身体を火であぶり、粉にして飲料に混ぜて飲んだ。この行為は彼に対する最高の栄誉とされた[107]。エニブラ川〔エンビラ川〕のタウアレ先住民は死者を焼き、その灰を芯を抜いた葦の中に保存し、その一部を食事ごとに食べた[108]。同じように、古代において、アルテミシアは、死せる夫マウソロスに対する愛と悲しみを表現するため、夫の遺灰を粉にして水に入れ、それを飲んだ[109]。北ローデシアにおけるウェンバ人の最近の王、すなわち首長ムワンバは、彼の妻の一人が他の男と密通しているのを発見して、この二人を生きながら焼き、その間、高い所に座って二人の苦悶を眺めたといわれる。「しかし、この後間もなく、彼は悔恨と復讐《ネメシス》の恐怖に襲われたようだった。このため呪医の長に命じて二人の骨を集めさせ、それを煎じて薬を作り、殺された二人の悪霊の怒りを避けるため服用した。さもないと王は狂人になる恐れすらあった」[110]。殺された者の灰を飲むことにより、王は彼らと合一し、そしてその怒れる亡霊から身を守ろうとした。これはちょうど既述のように殺人者が殺された者の血を飲むことによりその亡霊から身を守ろうとしたのと同じである[111]。

野生人は、自分の身体を傷付け、その傷口に動植物の灰を擦り込んで倫理的その他の特性を接種しようとするが、この動植物はかかる特性に恵まれていると考えられている

野生人は食物の形で倫理的、あるいはその他の特性を吸収することができると考えているのとちょうど同じように、それを自分に接種できると都合よく想像する傾きがある。しかしここヨーロッパでは、接種するのは病気に対する時だけである。バストランドでは、人々は単に病気に対してだけでなく、倫理的な悪、自然災害、野獣や冬の寒さに対しても接種術を心得ていた。例えば、疫病が流行したり、公務がうまく行かなかったり、あるいは戦争の始まる恐れがあったりすると、父性愛に富んだ首長は人民を災厄から守るため自ら接種しようとする。首長は各神殿内で手術用のメスを用いて軽く切り傷を付け、その傷口に特定の植物や動物の灰を丁寧に調合した呪《まじな》いの粉末を一つまみ擦り込む。この尊い灰を作る動植物は常に象徴的なものである。換言すれば、首長が自分の人民に分与したいと欲する徳がそれらに染み込んでいると信じられている。例えば、冬の厳しさにも負けない葉を持つ植物、鹿をはじめどんな動物も通ることのできない垣根となる棘を持つミモザ、獣の中で最も勇敢なライオンの爪とたてがみの房、力と生殖の象徴である雄牛の角の根元のまわりの毛の房、蛇の皮、鳶《とび》や鷹の羽毛などから成っている。[112]同じようにバロツェ人は、逃げる獲物の足をくじき、豊猟を確保するために、自分達の腕や脚を傷付けて、傷口に各種の鳥獣の骨を焼いて作った粉を擦り込む。[113]南東アフリカのある部族の間では、殺した敵の様々な部分から作って、割礼の際、少年に服用させる同じような呪いの粉を、[114]戦闘の際に戦士達に接種するならわしがある。呪医が各戦士の額に傷を付け、そこに粉を付けて、戦いのための力と勇気を吸収させるのである。[115]カフィール人のある者の間では、戦士達の身体の各所にこのように接種する炭の粉は、生きた雄牛の肉を呪力を有するとされる特定の木や根塊で焼いたものである。[116]バスト人は、接種により不死身となると考えており、[117]またズールー人は同じ方法で蛇に噛まれないようになると想像している。しかし、接種の効力は永久的なものではなく、種痘のように定期的に更新しなければならない。このため毎年十月頃、ズールー人の男女、子供達は、左手の甲から皮膚の小片を切り取り、それを唾で蛇毒と混ぜて傷口に擦り込む。こうして接種した者には、蛇は一切近寄らない。また更に奇妙なことには、もし接種を受けた者の影が接種を受けていない者の影に触れることがあれば、後者は前者の影から移された毒に負かされて、まるで矢で射られたように倒れてしまうという。それほど蛇毒は激しい。[118]北ナイジェリアのベヌエ川の部族ジュコ人の間では、狩人は象狩りに出かける前に左腕に四つの傷口を作り「薬」を擦りこむ。こうすると翌日象を発見することができる。[119]

ズールー人は自分の身体に天界の力を接種できると考えている

さらにズールー人は、単に倫理的特性だけでなく、天界の力をさえも接種する方法を知っている。というのは、ズールー人は天界の牧人あるいは空の牧人というものを持っており、彼らはあたかも牧人が家畜を追うように雹《ひょう》や電光を伴った黒雲を追い払う。これら天界の牧人は天界と共感している。天界が暗くなり始め、雲が現れ、あるいは雷鳴の始まる前、天界の牧人の心臓はそれを予知するからである。彼の身体は熱くなり、興奮して怒る。空が暗くなり始めると彼もまたそのように陰気になる。雷鳴が始まると、彼は渋面を作り、顔は怒れる空のように暗くなる。刻々と移り変わる空のあらゆる状態に彼が共感するのは、つまりは彼が天を食べ、天に自分を供犠するからである。天を食べ自分を供犠する方法というのは次の通りである。雄牛が雷に打たれると、魔法使いはその肉を細断し、呪薬と混ぜて、熱いうちに食べる。彼はその肉を食べることにより天を食べることになる。肉は雄牛からとったもの、その雄牛は雷に打たれたものであり、雷は天から下りて来たという考え方である。また同じような方法で、彼は自らを天に供犠する。自分の身体を傷付け、雷にうたれた雄牛の肉を混ぜた呪薬を擦り込むのである。[120]

カフィール人のある者は雷に対するため接種する

カフィール人のある者の間では、動物や人間が雷に打たれるとすぐに祭司がやって来て、村落《クラール》中の人間に種痘をする。これは明らかに一種の雷除けである。彼はいくつかの呪符を村中の男女の首に結び付け、死者のために墓穴を掘る力が得られるようにする。これらの部族においては、動物であれ人間であれ、雷に打たれたものは必ず埋葬し、その肉は決して食べないからである。そして、供犠する動物を殺して火が焚かれ、ある種の呪《まじな》いの木や根を焼いて炭を作り、それを粉末にする。ここにおいて祭司は村人の身体のあちこちに切り傷を付け、木炭の粉を傷口に擦り込む。粉の残りは酸乳に混ぜ、皆に飲ませる。雷が村に落ちた時からこの祭儀が行われるまで、人々は乳の使用を禁じられる。頭髪も剃る。もし家に落雷すると、その家は中にある物一切と共に廃棄されなければならない。これらの祭儀がすべて終わるまでは、誰も村落を離れられないし、また他人とは一切つき合ってはならない。しかし、祭儀がきちんと終わると、人々は浄めの終わったことを告げられ、再び隣人とつき合うことができる。しかし、以後数か月間は、村落の生きている家畜、その他家畜に関わる物は一切、売却でも贈与でも他人の手に渡ることを許されない[121]。これを鑑みるに、雷に打たれた村の人々はみな危険なウィルスに感染したようなものとされ、それゆえ近隣の人々にうつす可能性がある。接種することで彼らを消毒するとともに、悲惨な結果を招かぬよう彼らを守る意味合いもある。若いカリブ人の戦士達には、勇敢と不屈を得るために接種するならわしがある。この儀式の少し前に、接種を受ける若者はある種の猛禽を捕まえて来て、指定の日まで育てておく。その日が来て儀式を見るため友人達が集まった時、若者の父が鳥の脚をつかみ、鳥の頭を息子の頭に打ち付ける。若者はほとんど気絶するほど滅多打ちを浴びてもたじろがない。次に父親が鳥の肉を砕いて搗き、一種の香料と共に水に浸す。その後息子の身体の至る所を傷付け、その傷口を先の水で洗い、彼が勇敢になることを期して鳥の心臓を食べさせる[122]。

野生人のある者は、死者の遺体を自分の身体に塗り付けて、死者の肉体的、精神的特性を得ようとする

この神秘的な物質を、秘儀を授かる者が飲み込むか、または傷付けられたり接種されたりという、さらに苦痛な手段によってそれを受けるか、いずれかが必要であるとは限らない。単に塗るだけで十分であると考えられている場合もある。オーストラリア先住民のある者の間では、男を殺してその大網脂肪を切り取り、それを自分の身体に塗るのが共通の慣習であって、こうすればその脂肪の元の持ち主である男の素晴らしい肉体的、精神的特性のすべてが受け継がれると信じている[123]。ニューサウスウェールズのカミラロイ人はしばしば死者を木の股の上に置き、下で火を燃やしてしたたり落ちる脂を受ける。彼らはその脂で死者の力と勇気を得ようとするのである[124]。ニューサウスウェールズの別の部族ウォラロイ人は、屍体を足場の上に置き、弔問者達がその下に座って腐敗した身体から流出する体液を自分達の身体に擦り込む慣習があり、こうすると強くなると信じている。他の者達は、この液を容器に集め、若者達は死者のよき性格を得るため自分の身体にこの悪臭を放つ液を擦り込んだ[125]。例えばニューギニアやティモール・ラウト、マダガスカル島の先住民のある者に見られるように[126]、同様の慣習の行われている所ではどこでも、その動機は同一であると推論できる。さらに南ギニアの黒人は脳髄を賢明の座としており、賢者が死ぬとその脳が賢明さと共に消滅することを残念だと考えている。そこで彼らは彼の身体から頭を切り離し、白亜を山と積んだ上に吊して、腐る頭から滴る脳髄と賢明さを受けるようにする。この貴重な滴りを額に塗れば誰でも死者の知識が吸収できると想像している[127]。西アフリカのファン人に属する小人族ベク人の間では、狩猟の成功のための素晴らしいお守りは次のようにして得られる。すなわち男を殺し、屍体が墓中で腐り始める頃、首を身体から切り離す。脳髄、心臓、目、髪を取り出し、秘密の処方に従って、特別な呪文を唱えながらそれらを混ぜ合わせる。この調合物が乾くと、狩人はそれを自分の身体に擦り込むが、「これは人々が死後授かるべき高次の力、とりわけ他者から自分の姿が見えなくなる能力を享受しようとするためである」[128]。カリフォルニアのディガー先住民の間では、人が死ぬとその身体を焼いて灰にし、それを松の木から抽出した濃厚な樹脂と混ぜ、弔問者の頭にそれを塗り、自然に消えるまでそのままにしておく[129]。この慣習の動機は記されていないが、恐らく死者の灰を飲み込む類似の慣習と同じく死者の力と徳に与ろうという願望からなのだろう。

動物の汁液は、時に同じような目的で使用される

アンダマン島では、少年の成人式に、首長が猪の屍体を持って来て、地面に黙って動かずに座っている少年の肩、背中、四肢にそれを強く押し付ける。これは彼を勇敢で強い男にするためである。猪は後に解体され、溶かした脂肪を少年の体に注いで擦り込む[130]。東アフリカのアラビア人はライオンの脂肪の軟膏が人を大胆にし、野獣も怖れて逃げると信じている[131]。ブラジルの北西部の森林中には赤い嘴《くちばし》を持った小さい鷹が住んでおり、鋭敏な視力で非常な高さから地上の虫さえも発見できる。コベウア先住民はこの鳥を殺した時、その目玉をくり抜いて、その汁液を自分の目にさす。こうするとその鷹のように視力が良くなると信じている[132]。南アフリカのベチュアナ部族に属するバペリ人やマレコートー人の大部分はヤマアラシを尊敬する。彼らに言わせれば、ヤマアラシを歌う。これは彼らのトーテムのようである。同族のある部族のトーテムが太陽であり、また類人猿の一種が他の部族のトーテムであるのと同じである。ヤマアラシをトーテムとする部族はこれにかけて誓い、誰かがこれを傷付けると悲しむ。ヤマアラシが殺されると、彼らは敬虔な動作でその針毛を集め、それに唾をかけて、眉にこすり付けてこう言う。「彼らは我々の兄弟、我々の主人、我々自身の一人、我々が歌う者を殺した」。彼らはヤマアラシの肉を食べると死ぬと恐れている。しかしながら、神秘的な力があるとされている植物の汁液を混ぜたこの動物のある部分を部族の幼児の関節に擦り込んでやることは、有益であるとして尊重している[133]。同じように、カンガルーの繁殖を図るため、中央オーストラリアの部族の行う厳粛な祭儀においては、カンガルー・トーテムの男達は少量のカンガルーの肉を聖餐として食べるだけでなく、自分達の身体にカンガルーの脂肪を塗った。疑いもなく、食べることと塗ることは共に自分のトーテム動物の性格を自分に分与することで、それによってカンガルー繁殖のための祭儀を遂行することができる(134)。

メキシコの祭司達に用いられた呪術の軟膏

古代メキシコにおいては、テスカトリポカ神の祭司達は強靱な神経を必要とする宗教祭儀に従事する前に、身体に呪術の軟膏を塗る慣習があった。これにはあらゆる恐怖を打ち消す効果があった。このため彼らは巣窟の中の野獣に立ち向かったり、あるいは供犠において極めて無神経に人を殺すことができたのであった。この怖るべき性質を有する軟膏は蜘蛛、サソリ、ムカデ、毒蛇などのような有毒の爬虫類や昆虫の灰を同種の生きたもの、タバコ、煤、黒い毛虫の灰と共に臼で搗き砕いて調合したものであった。それからこの貴重な物質を小さい壺の中に入れて神前に供えた。これは神の食べるものだったからである。従って彼らはこれを神の食物と呼んだ。そして祭司達が身体にこれを塗ると、一片の恐怖心も同情心もなく、仲間の者を祭儀の場で殺すという聖なる任務を果す用意ができたのだった。さらにまたこの軟膏を塗ることは、病気の治療法として極上のものとされていた。このため彼らはそれを「神の薬」と称した。病人は至る所から彼らの救い主である祭司の所にやって来て、患部にこの神の薬を塗ってもらった(135)。

燻蒸により付与される人間、動物、あるいは事物の性質

時には、動物や人間の有益な特性がより繊細かつ霊的な燻蒸という方法により他の者に分与され得る。倫理的特性を養うこの洗練された方法は古くから南アフリカのカフィール人により行われている。例えば以前には、子供が生まれるとすぐに父親の前腕その他の部分から垢を少しかき取り、特殊な薬と混ぜる。それからこの混合物に火を点けて赤ん坊を煙で燻《いぶ》したが、これは煙で「洗浄した」と言われた。この儀式は非常に重要なものとされていた。祖霊（イトンゴ）が付いているはずの父の垢という肉体的媒体を通じて、子にその霊の一部を伝える確実な方法だからである。しかし、垢にこの霊的能力が与えられている一方、子の精神的、道徳的性質は垢に調合される薬の性質に大きく依存しており、従ってこの選択と準備には多大な配慮と高度な技術が払われた。この薬の中で最も重要なものは隕石で、これは焼き砕かれて粉にしてある。垢とよく混ぜ、煙によって子供の身体の孔から中に入ったこの粉末の効果は、赤ん坊の頭蓋の泉門を閉じ、身体のこの部分の骨を強化し、精神を強め、勇気を伝え、一般的に子供の全組織を隕石の力で引き締め堅固にすることである。極めて効果のある別の薬は豹のひげ、ライオンの爪、イモリの皮をそれぞれ粉末にしたものである。この薬の服用方法は次の通りである。調合物を火にかけ、煙が出ている間に毛布に包んだ子供を抱いて、その煙を吸い込むように燃えている薬の上にかざす。所期の効果を確実ならしめるために、この薬の粉末を少し子供の食物に混ぜる(136)。同じように、ハゲタカの羽毛を燻して子供の鼻の下に持っていけば、子供はハゲタカのように勇敢になる。また孔雀の羽毛を同じようにすれば、子供は孔雀のように大胆不敵となり、雷やその他の怖ろしい物音に驚かなくなる(137)。

神を食べる野生人の慣習　ところで、野生人が神と見なす動物や人間の肉を分かち食べることを欲するかを理解するのは容易なことである。神の身体を食べれば、神の特性や力が分かち与えられるのである。また神が穀物神である場合は、穀物が彼の正当な身体である。彼がブドウの神である時はブドウの汁液が彼の血である。そこでパンを食べ、ワインを飲めば、信者は自分の神の正当な身体と血を分与されるのである。このように、ディオニュソスのようなブドウ神の祭儀でワインを飲むのは、単なる酒盛りではなく、厳粛な聖餐式である。[138] しかしながら、時代が下ると、パンを食べワインを飲めばなぜ神の身体や血を飲み食いしたこととなると考えるのか、そうしたことを理解することが理性ある人には難しくなる。

化体説についてのキケロ　「我々は普段から穀物をケレスと呼び、ワインをバッカスと呼ぶ。しかし考えてみれば、自分の食べている物が神であると信じるような狂人がはたしているだろうか」とキケロは言っている。[139] こう述べているところを見ると、このローマの哲学者は次のことにほとんど気が付いていなかったのである。すなわち、ローマ及びその信仰がローマから派生した国々において、彼が狂気の沙汰として汚名を着せている信仰は、古代の異教徒の盲目的な迷信との比較において自らの宗教文化を自讃する人々の間に、中心的な教義として数千年も続くという運命を辿ることになる。一時代の最も偉大な精神の持ち主でさえも、後代の人類が進む宗教的信仰の道筋の変化を予見することはほぼ不可能なのである。

第十三章　神である動物を殺すこと

1　神であるノスリを殺すこと

農耕民族と同様、狩猟遊牧民族には彼らが崇拝するものを殺して食べる慣習がある

以上の章で、主として農耕によって存続してきた数多くの共同体には、小麦や稲などの本来の姿にせよ、あるいは動物や人間の形を借りた姿にせよ、その穀物神を殺したり食べたりする慣習があったことは既に述べた。とはいえ狩猟遊牧民族も農耕民族同様、彼らが崇拝するものを殺す慣習があることは、依然として示されないままである。崇拝すべき諸存在、あるいはそう呼んで威厳を付けるとすれば——神々のうちで、狩人や牧者が畏敬しつつ殺すものは、純粋かつ単純な動物であり、他の超自然的存在の化身と見なされるような動物ではない。

カリフォルニア先住民には自分達の崇拝する大ノスリを厳粛に殺す慣習があった。彼らはそれを毎年殺したが、常に生き返ると信じていた

最初の例はカリフォルニア先住民である。彼らは晴朗温和な空の下、肥沃な土地に住んでいるが、[1]にも拘らずその程度は最低の野生段階に近い。太平洋の荒波の打ち寄せる、延々と続く平坦な砂浜を断ち切って岩がちの海岸が突出する所、大懸崖の端から程遠からぬ場所に、かつてサン・フアン・カピストラーノという白亜の宣教師館が建っていた。ここで少数の哀れな先住民に厳しいスペイン・カトリックの教えを広めていた牧師達の中に、ジェロニモ・ボスカナという名前の神父がいて、彼はこの野生人達の慣習や迷信に関する貴重な記録を伝えている。例えば彼はこう述べている。アクジャチェメン部族は大ノスリを崇拝していた。そうして年に一回、〈パネス〉と呼ばれる大祭、すなわち大ノスリを祭る〈鳥祭〉を開催した。祭典に選ばれた日は、前の晩に公布され、特別の神殿〈ヴァンケック〉を建立する準備が直ちに行われた。これは〈チニグチニク神〉を表すため、編み垣の上に据え付けたコヨーテすなわちプレーリー・ウルフの剝製を、円もしくは楕円形に杭で囲んだものだったようである。神殿の準備が終わると、ノスリを厳粛な行列によってそこへ運びこみ、そのために作った祭壇に置いた。それから既婚・独身を問わず、若い女性全員がまるで狂乱したようにあちらこちらと走り始め、一方年輩の男女達は黙してそれを眺め、また塗料や羽毛で飾り立てた首長達はこの尊い鳥のまわりを踊り回った。これらの儀礼が終わると、彼らは鳥を捕まえて主神殿に運んだ。集まった人々は全員この大行進に参加し、首長達は行進の先頭に立って踊り歌った。神殿に到着すると、その鳥を血の一滴も流すことなく殺した。皮はすっかり剝がれ、遺物として、あるいは〈ペルト〉という祭衣を作るために羽毛と共に保存された。屍体は神殿の中の穴に埋め、老婆達がいたく泣き悲しみながら墓のまわりに集まり、その間その上に各種の種子や食物屑を放り投げ、こう叫ぶ。「どうしてあなたは逃げ去ったのか。私達と一緒にいた方がよかったのではなかったか。私達と同じようにあなたは〈ピノール〉（一種のお粥）を作っていたというのに。もし逃げ去らなかったら、あなたは〈パネス〉にならなかったのに」。この祭儀が終わるとダンスが始まり、それは三日三晩続いた。彼らによると、〈パネス〉とは山に逃げ去った女で、そこで〈チニグチニク神〉により鳥に変えられた。彼らは、この鳥を毎年生贄に捧げたが、再び生き返って山中の自分の家に帰ると信じていた。さらにまた彼らはこう考えていた。「この鳥は殺されれば殺されるほど、ますます増えることになる。というのは毎年、全く別人の首長達が同じ〈パネス祭〉を行っていて、生贄に捧げた鳥達は、みなただ一人の女であると確信しているからである[2]」。

恐らく彼らは個々の鳥を犠牲にすることにより、種を保存することを望んだ

このようにカリフォルニア先住民が主張する〈多のなかの一〉という発想は、非常に注目に値するものであり、彼らが聖なる鳥を殺す動機を説明する一助ともなる。種の生命と個の生命とは異なるという観念は我々には簡単明瞭であるが、カリフォルニア先住民には理解できなかったようである。彼らは種の生命と個の生命とは別であると考えることができず、従って個体の生命を脅かし最終的に破壊してしまうような危険や災厄に、種の生命もまた曝されていると考えるのである。明らかに彼らは、種はそのままでは個体のように年を取り死んでいくと考えており、従って彼らが神聖視しているある特定の種の絶滅を防ぐために、何らかの手段をとらなければならないと考えるのである。この破局を回避するため考え得る唯一の方法は、血管にまだ生命の潮が流れ走り、老齢の沼によどんでいない種の一匹を殺すことである。このようにして、一つの水路から逸れ出した生命は、より新鮮に生き生きと、新しい水路に流れ込むと彼らは考える。換言すると、殺された動物は、生き返って、泉のように噴き出る若いエネルギーと共に新しい生命の期間に入るのである。この理由付けは我々には明らかに不条理であるが、その慣習自体も不条理なのだ。もし事実とよく一致し、野生人の思考原理にもよく一致するような説明がこの慣習に与えられるならば、私は喜んでここに述べた内容を徹回する。個の生命と種の生命の間における同じような混同が、サモア人にあることを記しておく必要がある。どの家族も特定の動物種を神として持っている。しかしこれらの動物、例えばフクロウの一羽が死んでも、その神の死とはならない。「彼はまだ生きており、現存するすべてのフクロウに化身すると信じられていた(3)」。

2　神である雄羊を殺すこと

アモンの祭典における古代エジプトの雄羊供犠　今論じたこのカリフォルニア先住民の素朴な儀式は、古代エジプトの宗教に非常に類似している。テーベの神アモンを崇拝したテーベ人や他のすべてのエジプト人は、雄羊を神聖視して生贄に捧げようとしなかった。しかし、一年に一回アモンの祭典において雄羊を殺し、皮を剝ぎ、この神の像をその皮の中に封じ込めた。それからこの羊を哀悼し、聖墓に埋葬した。この慣習は次の物語により説明される。かつてゼウスは羊毛をまとい、雄羊の頭を付けてヘラクレスの前に現れた(1)。もちろんこの場合の雄羊は、単にテーベの獣神に過ぎなかった。ちょうど狼がライコポリス〔古代エジプトの都市〕の獣神であり、山羊がメンデス〔ライコポリスに隣接する古代都市〕の獣神だったのと同様であった。換言すると雄羊はアモン自身だった。事実、記念碑には人間の身体を持ち、雄羊の頭を持った半人羊獣のアモンが出ている(2)。しかしこれは、獣神が完全な人間神となって現れる前にきまって通過する、いつもどおりの過渡的状態にあったことを示すに過ぎない。従って、雄羊はアモンに対する犠牲としてではなく、神自身として殺されたのであって、雄羊との同一性は殺した雄羊の皮でこの神の像を包む慣習にはっきり示されている。このように毎年羊神を殺す理由は、神を殺す一般的慣習と、神なる大ノスリを殺すカリフォルニア先住民の特殊な慣習に私が付した理由と同じであろう。エジプトの場合、この説明は雄牛神アピスとの類似で立証される。アピスは一定年限以上生きることを許されなかった(3)。このように人間神の生命を限定する目的は、私が主張したように、老齢から来る虚弱さを防ぐことだったのである。同じ理由から毎年獣神をテーベの雄羊のように殺す慣習――恐らくこれはより古い慣習である――が説明されるだろう。

生贄に捧げた動物の皮の使用　テーベ人の祭儀における一点――神の像に皮を着せる――は特に注目に値する。もしこの神が最初生きている雄羊だったとすれば、これを像で表現するのは後代に始まったものに違いない。しかしどうしてこういうことが始まったのか。この質問に対する一つの回答は、恐らく、神として殺された動物の皮を保存する慣習に求められるであろう。既に見たように、カリフォルニア先住民は大ノスリの皮を保存した。また穀物霊の化身として収穫期の畑で殺された山羊の皮は、様々な迷信じみた目的のため保存される(4)。事実、皮は神の象徴あるいは記念として保存されたというよりは、むしろその中に神の生命の一部を含むものとして保存された。しかもその皮は、中に詰め物をするか枠にはめて伸ばすだけで正規の神の像となるのである。最初はこの種の像は、毎年更新されただろう[5]。新しい像は、殺した動物の皮で作られた。しかし毎年新しく作られていた像は、簡単に恒久不変の像へと変わる。既述のように、毎年新しい〈五月の木〉を切り倒す古くからの慣習は、〈五月の柱〉として半永久的に保存しておく慣習に取って代わられた。しかし、例年新しい葉や花を飾り、また毎年新しい若木をその上に載せることさえ行われた[6]。同じように、神の化身である詰め物をした皮が、木、石あるいは金属で出来た恒久不変の像に代わった時、この像は毎年殺した動物の新しい皮を着せられたのである。この段階に到達した時、雄羊を殺す慣習が像への供犠と解釈されたのは当然であって、アモンとヘラクレスのような物語により説明されたのである。

3　神である蛇を殺すこと

フェルナンド・ポー島における イサプーの聖蛇　西アフリカでも毎年聖なる動物を殺し、その皮を保存する例があるようである。フェルナンド・ポー島〔現在はビオコ島〕のイサプーの黒人は、コブラ・カペラを自分達の守り神としているが、この蛇は彼らに善も悪もなす。富を与えることもできるし、病気や死を下すこともできる。この蛇の皮は尾を下にして広場にある一番高い木の枝から吊し、それを木に吊すことは例年の祭儀となっている。それが終わるとすぐ昨年のうちに生まれた子供達全員を連れていき、彼らの手を蛇の皮の尾に触れさせる[1]。後者の慣習は明らかに、幼児を部族神の保護下におく方法である。同じようにセネガンビアでは、ニシキヘビ氏族の子供が生まれると出生後八日以内に、ニシキヘビがその子を訪ねて来ると考えている[2]。また古代アフリカの蛇氏族であるプシリ人は、本当にこの氏族の出生児であれば、蛇は危害を加えないという信仰の下に赤ん坊を蛇にさらす習慣があった[3]。

4　神である亀を殺すこと

ズニ先住民の聖なる亀殺し　カリフォルニア、エジプト、フェルナンド・ポー島における慣習では、殺された動物はある時もしかするとトーテムだったかもしれないが、これは甚だ疑わしい[1]。いずれにせよ、この三つの例では、動物崇拝は何ら農耕とは関係がないようで、従って狩猟や遊牧社会から始まったものと推定される。次に述べる慣習も同じと言えよう。しかもこの慣習の民族——ニューメキシコのズニ先住民——は、現在は壁に囲まれた特殊な形態の村や町に定住し、農耕や製陶、織物を営んでいる。しかしズニ人の慣習にはある特徴が見られ、それが前述の諸慣習とはやや異なった部類に彼らの慣習を位置させている。従って、目撃者による言葉が最も適した説明になるかもしれない。

「真夏と共に暑さは厳しくなる。兄〔すなわち、養子になった先住民の兄〕と私は、毎日家の涼しい下の部屋に座っていた——

後者〔原文ママ〕は奇妙な鍛冶炉と粗末な道具で、メキシコ硬貨を腕輪、帯、耳輪、ボタン、その他様々な野生人の装身具に作り変えるのに忙しかった。彼の道具は驚くほど粗末だったが、彼の忍耐と器用さを組み合わせて作り出す作品は驚くほど美しかった。ある日私が彼を見ながら座っていた時、五十人ほどの男の行列が急いで丘を下り、平原を越えて西へ去っていった。ペイントを施し、貝殻で装飾された祭司が厳かに行列を率い、その後には炬火を持った〈シュー・ル・ウィト・シ〉と呼ばれる火の神が続いた。彼らが消え去った後、私は兄にこれは一体どういうことかと聞いた。

「『彼らはカ・カの都と、我々の仲間達の家に行くところだ』と答えた。

行列が亀と共に帰って来る

「四日後の日没近く、〈カ・コク・シ〉すなわち『善き踊り』の装飾をまとい仮面を付けた人々が、列を成して同じ道を帰って来た。もがいている生きた亀が一杯の籠を各人は両腕に抱え、母親が赤ん坊にするように優しくいたわって運んで来た。弱った亀のあるものは丁寧に柔かい毛布にくるまれ、頭と前足を突き出して、羽毛で飾った巡礼者達の背中に負われていた。しかし、その恰好はまるで赤ん坊の滑稽だが厳粛な戯画のようであった。私がその晩二階で夕食を食べていると、総督の義兄弟が入って来た。彼はまるで天国からの使者のように家族達に歓迎された。彼は震える指で、ひどく痛め付けられた手に負えない一匹の亀を持っていた。彼はまだ自分の両手や素足に塗料をくっ付けていて、それによって私は彼が聖なる使節団の一つを組織したものと推測した。

「『それで、あなたはカ・スル・エル・ロンに行ったのですか』と私は尋ねた。

「『そうだ』とこの疲れ切った男は、長く歌い続けた後のしゃがれた声で答え、彼のために敷かれた一枚の毛皮の上に座った。そして亀を優しく床の上においた。この亀は自由になったことが分かると、その不自由な足で可能な限りすぐに急いで離れ去った。家族達は一斉に皿、スプーン、コップを手放し、聖なる粉鉢から思い切りひと摑みして中身を取り出すと、急いで部屋の中の亀を暗い隅、水差のまわり、すり鉢の後ろ、あるいは再び床の真中などと後を追い、祈りつつその背中に粗挽粉をふりまいた。最後に、奇妙にも、亀はこれを持って来た裸足の男に近寄った。

「『はあ！』と彼は感動して嘆声を発した。『見なさい、私の所にまたやって来る。ああ今日は父祖達皆が私に素晴らしい恵みを与えなさった』。そして這い回るこの動物の上に優しく手を伸ばすと、その触った掌から深く長く息を吸いこみ、同時に神々の加護を祈願した。それから顎を片手で支え、物思いに沈む大きな目で、その囚われの醜い動物が這い回る様子を眺めた。亀は粉で見えなくなった目をしばたたき、自分の故郷である水の中を偲《しの》びながら滑らかな床を爪で掻きむしっていた。ちょうどこの時、私は敢えて質問した。

「『どうしてその亀を放すか、水を与えてやらないのですか』。

「ゆっくりとその男は私に目を向けたが、顔には悲しみ、怒り、哀れみの奇妙に入り混った表情が浮かんでいた。一方で敬虔な家族達は、信仰深い恐怖の目をもって私を見詰めていた。

「彼は遂にこう言った。『哀れな若い兄弟よ！　あなたはこれがどんなに大切なものか知っていますか。これが死ぬとでも。いいえ死にませんよ。言っておきますが、これは死ぬことができないのです』。

「『しかしそれに食物を与え、水を飲ませなければ死ぬでしょう』。

死せる親族と呼ばれる亀

「『死ぬはずがないと言っているでしょう。明日になれば棲家を変え、兄弟のもとに帰るだけです。ああ、よろしい！　どうしてあなたが知っていよう』。彼は物想いに耽っていた。再び振り返ると、目の見えない亀を見てこう言った。『ああ、私の愛する、哀れな亡くなった子供、両親、兄弟姉妹達であったかもしれない！　どれがそうだと誰に分かるのか。私の曾祖父か曾祖母かもしれない！』。これと共に、極めて悲しげに泣き沈み、震えむせび泣き、女子供もこれに同調し、彼は顔を両手に埋めた。彼の悲しみへの同情で一杯になった私は、それがどれほど間違ったことであろうと、その亀を唇まで持ち上げて、その冷たい甲羅に接吻した。それから床に下して、悲しみに沈む家族達をそのままにして急いでそこを去った。

殺された亀

「翌日、祈禱や優しい嘆願、および羽毛飾りや供物と共に、哀れな亀は殺され、肉と骨が取り外され、小川に投じられた。これは『死者の湖という暗い水の中にいる仲間達のなかで、永遠の生命にもう一度戻る』ようにするためだった。丁寧にこそげて乾かした甲羅は、踊り用の鳴り物に作り変えられ、一枚の鹿皮をかぶせられた。これは今でも私の兄弟の家にある、煙で煤けた垂木から吊されている。かつて一人のナヴァホ人が柄《ひ》杓《しゃく》の代わりにそれを買おうとしたところ、散々に怒られ叱り飛ばされ、家から突き出された。もし誰かがその亀はもう死んでいると思いきって言おうものなら、その言葉は涙の洪水を引き起こすだろう。そして、『亀はただ家を変えて、〈我々の死んだ仲間達〉の家で永久に生きるために去っただけだ』ということを彼に思い出させるのである(2)」。

この慣習には人間の霊魂が亀へ乗り移るという信仰が表現されている

この慣習には、人間の霊魂が亀の身体に移るという信仰が極めてはっきりと現れている(3)。この転生説は、ズニ人と同じ種族に属するモキ人も主張している。モキ人は、熊氏族、鹿氏族、狼氏族、野ウサギ氏族などのトーテム氏族に分かれていて、氏族の祖先は熊、鹿、狼、野ウサギなどである。死ぬと各氏族の成員は自分達の属する特定氏族に応じて、熊、鹿などになる(4)。ズニ人もまたモキ人に類似したトーテム氏族に分かれており、そのトーテムの一つが亀なのである(5)。かくして亀に転生するという彼らの信仰は、恐らく彼らのトーテム信仰の一箇条であろう(6)。では、同族の者の霊魂がその中に存在すると信じている亀を殺す意味は何だろうか。明らかにこの目的は、死者の霊魂が亀の形で集まっていると信じられているあの世と接触を保つためである。死者の霊が時々自分達の家に帰るという信仰は一般的である。従ってこの見えざる訪問者は生きている人に歓迎され、ご馳走され、それから帰される[7]。ズニ人の祭儀では、死者は、亀の形で家に持ってこられ、亀を殺すことは霊魂を霊界に帰すことである。かくして神を殺す慣習に対する既に見た一般的な説明は、ズニ人の慣習には適用されないようであり、その真の意味はやや漠然としている。その主題を覆っている曖昧性はまた、我々が有するこの祭儀についての後代のより十全な報告をもってしても完全に拭い去ることはできない。

後代の報告によるとこの慣習は祖霊に雨を願う方法のようである　報告によると、この祭儀は先住民達が穀物に必要な雨量を十分に確保するために夏至に行う、入念な儀式の一部を形成するものである。使者達は、死者の霊魂がそこで元に戻ると信じられている聖湖コスルワラワから、「彼らの分身＝亀」を持って来るため派遣される。そうしてこの生物が厳かにズニ人のもとに持ち帰られると、これらを水の容器に入れ、その傍で扮装した男達が踊りをする。この踊り手達は神や女神を演じている。「その祭儀の後、亀を捕まえた人達がそれを家に持ち帰り、朝まで垂木にその首をくくって吊しておく。朝になると鍋の煮え立った湯の中に投入する。卵は非常に美味とされている。皮膚病の薬として以外には、滅多にその肉に触ることはない。肉の一部は、〈コハクワ〉(白い貝殻の数珠玉)とターコイズの数珠玉と共に、神々の会議に供物として河中に投じられる[8]」。いずれにせよ、この報告は、亀が死んだ人間の化身と考えられているという推論を裏書きする。というのは、彼らはズニ人の「分身」と呼ばれているからである。事実、これらの亀が死者の彷徨う湖から来たということに鑑みれば、死者の霊魂の化身としか考えられないのでなかろうか。これら夏至の祭儀に発せられた祈禱と演じられた踊りの主な目的は、作物への雨を確保することにあるらしい。すると、亀をズニ人の所に持って来てその前で踊る目的は、その動物に化身した祖霊に願い、生きている子孫達のため天の水に喜んで働きかけてもらうことにあるのであろう。

5　神である熊を殺すこと

熊に対するアイヌの曖昧な態度　樺太および千島列島南部と共に、日本のエゾ〔Yezo〕あるいはエッソ〔Yesso〕島に住んでいる先住民アイノまたはアイヌの行う熊供犠の意味もまた、一見するとどこかはっきりしない所がある。アイヌの熊に対する態度を定義することはそう容易なことではない。一方で彼らは熊にカムイすなわち「神」の名を与えている[1]。しかし、彼らは同じ言葉を異邦人にも付しているので、これは超人的力、いずれにしても特別な力を恵まれているとされている存在を単に意味しているようである[2]。さらに次のように言われている。「熊は彼らの主神である[3]」、「アイヌの宗教では熊は主たる役割を演じている[4]」、「動物の間で特に偶像崇拝を受けるのは熊である[5]」、「彼らは彼らなりのやり方で熊を崇拝する」、「この野獣が自然の非情な力以上に崇拝の感情をかきたてるのは疑いの余地がなく、アイヌは熊の信仰者として際立っている[6]」。しかし、他方で彼らは機会さえあればいつでも熊を殺す[7]。「過去に、アイヌは熊狩りが最も男らしく有益な方法であると考えていて、それにたっぷり時間をかけることができた」[8]、「男達は秋、冬、春を鹿狩りや熊狩りに費した。彼らの貢物すなわち税の一部は毛皮で払われ、またその乾肉で暮らした」[9]。熊の肉は実際彼らの主食の一つである。彼らはそれを生か塩を付けて食べる[10]。また熊の毛皮は衣類となる[11]。事実、筆者達が述べている熊崇拝は、主として死んだ熊に対してのようである。例えば彼らは機会さえあれば熊を殺すが、「屍体を解体する過程で、念入りな敬意と弁解するような挨拶をすることで、自分達の殺した神を一生懸命に宥めようとする。とはいえ彼らが殺したのは神の代理なのである」[12]、「熊を殺すと、アイヌは座って熊を讃仰し、挨拶をし、それを崇拝し、イナオを供える」[13]、「熊が罠にかかったり、矢で傷付いたりすると、狩人達は詫びまたは宥めの儀式を行う」[14]。殺された熊の頭蓋骨は、アイヌ達の小屋の中の上座に安置されたり、あるいは小屋の外の聖なる柱に据えられたりし、多大の敬意をもって取り扱われる。雑穀から作った酒や「サケ」といったアルコール飲料の献酒を頭蓋骨に行い、「神なる保護者」（アコシラッキ・カムイ）[15]、あるいは「高貴なる神」といった敬称で呼ばれる。狐の頭蓋骨もまた小屋の外の聖なる柱に結び付けられ、悪霊に対する呪符とされ、神託と見做される[16]。しかし、次のようなことがはっきり言われている。「生きている狐は熊と同様あまり崇敬されず、むしろアイヌ達は狡猾な動物としてできるだけ避ける」[17]。したがって、熊はアイヌの聖獣としてもまたトーテムとしてもほとんど述べられていない。なぜなら、アイヌ達は自分達を熊と呼ばず、この動物を自由に殺し食べるからである。しかし、彼らは熊の息子を産んだ女性の伝説を持っており、また山中に住んでいるアイヌの多くは熊の子孫であることを誇っている。このような人々は『熊の子孫』（キムン・カムイ・サニキリ）と呼ばれ、心からこれを誇りとしてこう言う。「私について言うと、私は山の神の子である。私は山々を支配する神の子孫である」。「山の神」とは熊に他ならない[18]。従ってイギリス人の大権威者J・バチェラー師の信じるように、熊はアイヌ氏族のトーテムだったのであろう。しかしそうだったとしても、全アイヌがこの動物に対して示す崇敬を説明することにはならない。

仔熊を捕まえ、数年間養育し、厳粛な祭典をもって殺すアイヌの慣習

しかし、我々がここで関心を持つのは、アイヌの熊祭である。冬の終わり頃、仔熊を捕まえ村に連れて来る。もしあまりに小さければアイヌの女が授乳し、そういう女がいない場合は、手や口で食物を食べさせる。熊の仔が往々にしてそうするように、母親を慕って泣き叫ぶようなことがあれば、飼主は胸に抱き寄せ、幾晩か一緒に寝てやる。このようにして仔熊の恐怖と淋しさの感情を追い払う。日中は小屋の中で子供達と遊び、非常に可愛いがられる。しかし仔熊が大きくなって、抱きついたり引っ掻いたりして人を十分に痛めつけるほどになれば、丈夫な木製の檻の中に閉じ込められる。殺して食べる時が来るまで通常二、三年ほどの間そこに入れられ、魚や粟の粥が与えられる[19]。しかし、「若い熊は単に旨い御馳走になるためだけに育てられるのでなく、むしろフェティシュ、あるいはより高い存在の一種と見なされ尊崇されていることは、特に注目すべき事実である」[20]。蝦夷《えぞ》では、この祭儀は通常九月か十月に行われる。祭儀の始まる前に、アイヌは神々に謝罪し、できる限り親切に熊を待遇したがもはや育てることができなくなったので、止むを得ず殺さざるを得ない、と申し立てる。熊祭を行う者は、自分の親族や友人を招待し、小さな村ではほとんど全員がこの祭儀に参加する。事実遠い村々から客人達が招待されるが、たいてい無料で酒を飲めることに誘われてやって来る。招待方法は大体次の通りである。「私こと何某は、山中に住む愛すべき小神を犠牲に捧げるところです。私の友人や主人であるあなた方、どうぞ祭宴においで下さい。そうして皆で一緒に、喜ばしい気持で神を送りましょう。どうぞお出で下さい」[21]。全員檻の前に集まると、このために選ばれた一人の雄弁家が熊に呼びかけ、今まさに熊をその祖先の所に送るところだと告げる。彼は自分達が熊に対して行っていることを深く詫び、怒らないように願い、たくさんの聖なる削り掛け（イナオ）と、菓子や酒を一緒に長旅に持たせることを確約して安心させる。バチェラー氏が聞いたこの種の口上は以下のようなものだった。「おお、汝神なる者よ。汝は我々に狩られるためにこの世に送られて来たのである。おお汝尊貴なる小さな神よ。我々は汝を崇拝する。我々の祈りを聞いてくれ。我々は数多の艱難辛苦を伴いつつも汝を慰め、養ってきた。すべてこれは汝を愛するが故である。今、汝は大きくなったので、汝の父母のもとに送るところである。父母のもとに行ったならば、どうぞ我々のことをよく話し、どんなに親切であったかを知らせてほしい。どうぞ再び我々の所に来るのだ。そうすれば、我々は汝を犠牲とするだろう」。それから綱でしっかり縛られた熊は檻から出され、鏃《やじり》のない矢を浴びせられ、完全な興奮状態にさせられる。熊が無駄にもがいた後、杭に縛り付け、猿轡《さるぐつわ》をはめて絞め殺す。具体的には、首を二本の棒の間にはさみ、暴力的なまでに締めつけるのだが、皆が熱心に手伝うこともありその熊は死に至る。また上手な射手が矢を心臓に射るが、血は流さないようにする。というのも血が少しでも地上に滴れば、非常に不吉であると考えているからである。とはいえ、男達はしばしば熊の温かい血を飲む。「これは熊の持つ勇気やその他の徳性が伝わるように」ということである。また彼らはしばしば自分達の身体や衣服にその血を塗るが、これは狩猟の成功を祈るためである。熊を圧殺すると、皮を剝ぎ、首を切り離して家の東の窓に据える。そうして熊の鼻の下に熊自身の肉片が置かれるのだが、それと共に、煮た肉を入れた椀、いくらかの粟団子、そして干魚も置かれる。それからこの死んだ熊に祈禱を捧げる。他にも色々とある中で、父母のもとに去った後、その熊がふたたび生贄として養われるように、現世に戻ってくるよう時々誘い出すことがある。熊が自分の肉を食べたと思われる頃、祭儀の主宰者が煮た肉の入った椀を摑み取り、それに挨拶し、中味を出席者全員に分配し、老いも若きも皆少しずつ食べなければならない。この椀は「供物椀」と呼ばれる。なぜなら、これはたった今死んだ熊に供えられたからである。残りの肉を料理すると、同じように全員に分配され、各人は少なくとも一口分は食べることになる。この饗宴に与らないことは村落追放に等しく、その不実者はアイヌの仲間から外される。以前には骨以外の熊のすべての部分を饗宴で食べなければならなかったが、この掟は今は緩和されている。頭は皮から離して、家の外の聖なる削り掛け（イナオ）のそばの長い柱の上に据える。そして剝き出しの真白な頭骨になるまで放置しておく。こうして据え付けられた頭蓋骨は、祭典の時だけでなく、そこに残っている限り頻繁に崇拝される。アイヌはバチェラー氏に次のように断言した。すなわち、彼らは尊ぶべき熊の霊が頭蓋骨の中に宿っていることを本当に信じている。それ故に、熊の頭蓋骨を「神なる保護者」や「高貴なる神」といった敬称で呼ぶのである。[22]

アイヌの熊殺しの儀礼の慣習に関するショイべ博士の記述

熊を殺す祭儀はB・ショイべ博士が八月十日に国縫《くんぬい》で目撃している。そこはエゾすなわちエッソ島の噴火湾〔内浦湾とも〕の一村落である。彼の祭儀の記述は、先行の報告に記されていない若干の興味ある事項を含んでいるので、要約を述べる価値があるだろう。[23] 小屋に入ると、彼は盛装した約三十人ほどの男女および子供のアイヌがいるのを見た。まず家の主人が囲炉裏《いろり》で火の神に献酒し、客達もその例に倣った。それから小屋の聖なる一角にいる家神に献酒した。その間に、熊を育てたその家の主婦は一人静かに悲しげに座り、時に突然泣き出すこともあった。彼女の悲しみは明らかに嘘偽りのないもので、祭儀が進むにつれて悲しみは深くなっていた。次に、家の主人と何人かの客が小屋の外に出ていき、熊の檻の前で献酒した。数滴を小皿に入れて熊に差し出したが、熊はそれをすぐ引っくり返した。それから女達や娘達が檻のまわりで踊りだす。顔は檻に向け、膝を少し曲げ、爪先で立ち上がっては跳び踊る。その際には両手を叩き、単調な歌をうたった。たくさんの熊を養ったであろうその家の主婦と数人の老婆達が、熊に向かって両腕を伸ばし、愛情のこもった言葉で挨拶しながら、涙ながらに踊った。若者達はさっぱりそれに感動せず、それどころか歌うと共に笑っていた。騒ぎに狼狽した熊は檻の中を動き回り、嘆かわしいほどに吼えた。次にイナオ（イナボス）すなわちアイヌの小屋の外に立っている聖なる削り掛けに献酒した。[24] これらは二フィートほどの高さで、天辺が螺旋状に削られている。竹の葉を付けた五本の新しい棒をこの削り掛けに付けて、祭典のために据え付ける。これは熊を殺す時決まってすることで、葉は熊が再び生き返るという意味である。それから熊を檻から出し、綱を首のまわりにかけ、小屋の近くに連れて来る。この間首長に率いられた男達は、木製の覆いを先端に付けた矢を熊に向かって射る。ショイべ博士もまた同じことをしなければならなかった。それから熊を聖なる削り掛けの前に連れて来て、口に棒をくわえさせると、九人の男が熊の上に膝でのしかかり、竿で首をぐっと押し付けた。五分もすると、熊は一声も発さずに息を引き取った。その間、女や娘達は男達の後ろに陣取り、熊を殺している男達を打ち叩いたり、嘆き悲しんだりしながら踊った。次に熊の屍体がイナオの前の敷物に置かれると、イナオから外して来た剣と矢筒が熊の首のまわりに下げられた。それは雌の熊であったので、首飾や耳環でもまた飾られた。それから粟粥、粟餅、一杯の酒などといった形で、食べ物や飲み物が供せられる。今度は男達が死んだ熊の前の敷物の上に座り込み、それに献酒すると、深酒する。

その間女や娘達はあらゆる哀しみの素振りを見せず、楽しそうに踊るのであったが、中でも老婆が一番楽しそうに踊った。浮かれ騒ぎが最高潮に達すると、熊を檻から引き出した二人の若いアイヌが小屋の屋根の上に登り、粟餅を人々の間に放り投げ、性や年齢の区別なく皆がそれに群がり集まる。次に熊の皮を剝ぎ、腸を抜き出し、首を胴と切り離すが、皮は頭からぶら下がったままである。椀に受けた血は、男達が争って飲む。別に禁じられている訳ではないが、女や子供は誰もその血を飲まないようである。肝臓は細かく切られると、塩を付けて生で食され、女や子供も分け前を貰う。肉と残りの内臓は家の中に運んで来て、翌々日まで保存し、それから祭宴に出席した人々に分配する。血と肝臓はショイベ博士にも与えられた。熊の解体中、女や娘達は最初と同じ踊りを舞ったが、檻のまわりではなく聖なる削り掛けの前でである。この踊りではたった今まで楽しそうにしていた老婆達が、再び涙をこぼして悲しむ。熊の頭から脳味噌を取り出し塩を付けて食べた後、皮から離した頭蓋骨はイナオの傍の柱に吊される。熊にくわえさせた棒もまた柱に結い付けるが、屍体に下げられた剣と矢筒もまた同様である。剣と矢筒は一時間ほど経ったら取り外されるが、残りはそのまま立てておく。一団は、男も女もその柱の前で騒がしく踊った。しばらくすると、もう一度酒盛りがあって、今度は女達も参加し、祭は終わりを告げた。

アイヌの熊祭に関する昔の日本人の記述　恐らくアイヌの熊祭についての最初の出版物は、一六五二年にある日本人の手によって世に出されたものである。これはフランス語に訳されこう述べられている。「彼らは仔熊を見付けると、家に連れて来て、妻が授乳して育てる。大きくなると魚や鶏を食べさせ、冬にその肝臓を取るため殺す。仔熊の肝臓は毒、寄生虫病、仙痛、胃病などへの妙薬として尊重される。これは大層苦いもので、夏に殺した熊のものは何も効果がない。この熊殺しは日本の一月に始まる。殺すために熊の頭を二本の長い丸太棒の間にはさむと、男も女も含め五、六十人の者達が一緒になって締めつける。熊が死ぬと肉を食べ、肝臓は薬として保存し、皮は売る。この皮は黒く、普通一・八メートルほどの長さであるが、最も長大なものは三・六メートルもある。熊の皮を剝ぐとすぐ、熊を育てた人達はその死を嘆き悲しむ。後で人々は手伝った人達に少量の菓子を御馳走する[25]」。

樺太のアイヌの熊飼育と殺しの慣習　樺太のアイヌは仔熊を飼い、同様な祭儀のもとで殺す。伝えられている所によると、彼らは熊を神ではなく、各種の任務を持って森林の神に派遣された使者に過ぎないと見なしている。熊は約二年間檻の中で育てられ、それから祭儀の時に殺される。これは常に冬の夜に行われる。供犠前日は悲嘆のうちに暮れ、老婆達は熊の檻の前で泣き呻き、お互いに慰め合う。それから真夜中あるいは夜明けになると、一人の雄弁家が熊に向かって長々と述べ立てる。それによって、どんなに熊を大切にし、食べ物を十分に与え、川で水浴びさせ、暖かく快適にしてあげたかなどを思い出させる。「ところで」と雄弁家は続ける。「我々はあなたのために大祭を催すところである。恐れてはいけない。我々はあなたを傷付けるつもりはない。

我々は只あなたを殺して、あなたを愛する森林の神のもとに送り届けるだけである。我々は、あなたが今まで食べた中で最も美味であろう晩餐を提供するつもりである。また我々皆があなたのために涙を流すだろう。あなたを殺すアイヌは一番の名射手である。ここに彼がいるが、彼は泣いてあなたに許しを乞うている。射殺は素早く行われるので、あなたはほとんど何も感じない。お分かりの通り、我々はいつまでもあなたを養うことはできない。あなたには十分なことをして上げた。今度は我々のために、あなたが犠牲になる番である。あなたは神様に、我々のために冬にはたくさんのカワウソや黒貂《てん》、夏にはたくさんのアザラシや魚を送ってくれるようお願いしてくれるでしょう。我々の伝言を忘れないで下さい。我々はあなたを非常に愛しており、また我々の子供達は決してあなたを忘れないでしょう」。老婆達が改めて泣き、男達がこらえるような泣き声を発する参集者全体の感動の中で、熊が最後の食事を終えると、かなりの困難と危険を伴いつつ縛りあげられる。檻から出された熊は、その気性によっては革紐で穏やかに導かれることもあるし、引きずり回されることもあるが、檻のまわりを三回、それから主人の家、最後に雄弁家の家のまわりを巡り歩くことになる。そのすぐ後、よくある類の聖なる削り掛けの棒（イナオ）で装飾した木に繋がれると、再び雄弁家が長々と熊に向かって熱弁を振い、それは時に夜明けまで続くことがある。彼はこう叫ぶ。「忘れずに、覚えておきなさい！　私はあなたの全生涯と、我々があなたのために尽くしたことをあなたに思い出させます。今度はあなたが役目を果たす番です。私があなたにお願いしたことを忘れないで下さい。あなたは神々に、我々に富を与え賜うことを、我々の狩人達が珍しい毛皮やおいしい動物を背負って森から帰って来るように、我々の漁師達が海岸や海でたくさんのアザラシを見つけることができるように、魚の重みで網がはち切れるようにお願いして下さい。我々はあなたにだけお願いするのです。悪霊達は我々を嘲笑し、またいつも意地悪で、敵意を剝き出しにしますが、彼らはあなたには頭が上がりません。我々はあなたに食物を与え、喜ばせ、丈夫にしてやりました。今我々は、あなたがお返しに我々、並びに我々の子供達に富を贈ってくれるようにと、あなたを殺すところです」。この長口舌に対し、熊は益々荒れ狂い興奮し、聞いてはいるがなんら悟得した様子もない。熊は木の周囲をぐるぐる歩き回り、哀しげに吠えるのであったが、それはまさに朝日の光線が最初に風景を照らしだすように、一人の射手が熊の心臓に矢を射るまでのことだった。矢を射るや否や、射手は弓を放り棄て、地上に身を投げうち、老人、女達も同じようにして泣き悲しむ。それから死んだ熊に米や野生のジャガイモの食事を供え、同情の言葉で話しかけ、熊のしたこと苦しんだことに感謝し、頭と足を切り離し、聖なる物として保存する。次に熊の肉と血の饗宴が行われる。昔はこれから女達は外されたが、今では男達と一緒に加わる。血は温かいうちに全員が飲み、肉は煮る。というのも肉を焼くのを禁じる慣習があるからだ。また熊の屍体は戸口から家の中に入れることができないが、樺太のアイヌの家は窓がないので、男が屋根に上り、肉、頭、皮を換気口から下ろす。それから米と野生のジャガイモを頭に供え、煙管、タバコ、マッチを丁寧にその傍らにおく。客達は帰る前に肉を全部食べなければならない慣習になっており、食事に際して塩と胡椒は使うのを禁じられ、また肉は一切犬に与えてはならない。饗宴が終わると、頭は森の奥深くに持ち去られ、山積みになった熊の頭蓋骨の中に棄てられる。これらは過去の同祭儀の、真白く朽ち果てた遺物である(26)。

ギリヤーク人の熊祭　東シベリアのツングース系の一種であるギリヤーク人〔ロシア革命前はギリヤークと呼ばれていたが、現在では彼らの自称に基づいてニヴフと呼ばれる〕(27)は、一年に一回、一月に同じ種類の熊祭を行う。「この熊は村中の最も洗練された配慮の対象であり、彼らの宗教祭儀で主役を演じる(28)」。年老いた雌熊を射殺し、その仔熊を村で育てるが、授乳はしない。熊が十分大きくなると檻から引き出し、村を引き回す。しかし、初めに河岸に連れていく。というのは、これによって各家族は大量の魚を手に入れることができると信じられているからである。それから村中の家々に連れていき、そこで魚、ブランデーなどが熊に供えられる。中には熊に向かって平伏する人もいる。家の中に熊が入って来ると恵みがあるとされている。また、熊が供えられた食物を嗅ぐとこれも恵みがある。しかし人々は絶えず熊をいじめ悩まし、突っつき、くすぐることによって、暴れ噛み付くようにする(29)。こうして家々を回った後、杭につないで矢で射殺する。それから首を切り離し、削り掛けで飾り、御馳走の並んだ卓上におく。ここで人々は熊に詫び、礼拝する。それから肉を焙り、綺麗に彫刻した特別の木製容器に入れて食べる。彼らはアイヌのように肉を生で食べたり、血を飲んだりすることはない。脳味噌と内臓は最後に食べる。削り掛けを付けたままの頭蓋骨は家の近くの木の上に置く。それから人々は歌い、男女共に列をなして熊のように踊る(30)。

L・フォン・シュレンクによるアムールのギリヤーク人の熊祭の記述　こうした熊祭の一つを、ロシアの旅行家L・フォン・シュレンクと彼の仲間が一八五六年一月に、テバクにあるギリヤーク人の村で目撃している。この祭儀についての彼の詳細な報告には、私が今要約した簡単な報告には無いいくつかの特殊な点がある。彼によると、熊はアムールおよびシベリアから最東端のカムチャツカに至る地域に住む全住民の生活に大きな役割を演じているが、とりわけギリヤーク人において最も重要な役割を演じている。アムール渓谷において熊が達する巨大さ、飢えにより高まる獰猛性、また頻繁に出現すること、これらすべてが結び付いて熊はこの地方における最も恐るべき猛獣となっている。従ってギリヤーク人が、生存中も死後も共に、一種の迷信的恐怖の後光を伴った熊への空想に追われ、取り囲まれるのも不思議でない。例えば、もしギリヤーク人が熊と闘って命を落としたら、彼の霊魂はその熊の身体に転生すると考えられている。しかし、熊の肉はギリヤーク人の味覚にはとてもたまらない魅力であって、特に熊が捕まえられてしばらく魚で養われ、肥った時はそうである。ギリヤーク人の説によると、魚は熊の肉に特に素晴しい味を与えてくれるという。しかしこの珍味を無事に享受するためには、一連の長い儀式を行うことが必要とされ、その目的は生きている熊を尊敬するふりをして欺き、また熊の去った霊に敬意を表することによって、死んだ熊の怒りを鎮めることである。この尊敬の現れは熊を捕獲するとすぐ始まる。熊を勝利の凱歌と共に家に連れ帰り、檻の中に入れ、全村民が交代で熊に餌を与える。というのは、熊は一人の男が追いかけ捕獲したかもしれないが、ある意味では村全体のものだからである。熊の肉は共同の饗宴に供されるので、全員が熊を死ぬまで養わなければならない。熊の食物は専ら生魚か干魚、水、そして魚皮粉と魚油とビルベリーの実を混ぜた一種の粥である。熊を檻に入れておく期間はその年齢による。年をとった熊はほんの数ケ月間であり、仔熊は、十分成育するまで入れておく。捕獲した熊に脂肪が厚くたまると祭典の合図であり、これは常に冬で通常十二月であるが、時には一月か二月に行われる。このロシアの旅行家達が見た祭典は随分長い間何日も続き、三頭の熊が殺され食べられた。

村を連れ歩かされる熊　熊は一度ならず行列になって連れ歩かされ、村の各戸に入れられ、尊敬のしるしに、また歓迎すべき客として食物を与えられる。しかし、熊がこの訪問巡りに出かける前、ギリヤーク人は熊のいる所で縄跳びをして遊ぶのだが、これは恐らくL・フォン・シュレンクの信じているように、熊を祭るためであろう。殺される前夜は三頭の熊は月光をたよりに、はるばる凍った河の上まで連れていかれた。その夜は村中誰も寝る者はいない。

熊殺し　翌日、熊を再び険しい岸辺を下りて川に連れていき、村の女達が水を汲み取る氷の穴のまわりを三回まわらせた後、村から程遠からぬ指定の場所に連れていき、矢で射殺する。供犠すなわち殺しの場所は削り掛けで囲まれ、聖所のしるしとなっている。これらの削り掛けの先端からは削り屑がカールして垂れ下がっている。この削り掛けはギリヤーク人にとっては、アイヌ同様、あらゆる宗教的祭儀に付き物のおきまりの象徴である。供犠のために選ばれた二人の若者によって熊が必殺の矢を射られる前に、子供達は、小さいけれども無害とは言い切れない矢を熊に向かって射ることを許される。屍体を解体するとすぐ、頭を付けたままの毛皮を、熊が檻の中に入ってそこから眺めているような工合に、木の檻の中に据え付ける。熊が殺された場所で流した血は、直に雪で覆い、誰も誤って血を踏み付けないようにする。血を踏むのは厳格にタブーとされている。

熊の毛皮の取り扱い　家での熊の歓迎の飾り付け準備が終わると、頭を付けたままの熊の毛皮が戸口からでなく、窓から家の中に入れられ、それから肉が料理される炉の向かい側の一種の足場の上に吊される。熊の毛皮を窓から家の中に入れる祭儀をロシアの旅行家達は実見はしておらず、ただ人伝《ひとづて》に聞いただけである。彼らの聞いたところによると、窓から熊の毛皮を通過させたあと、窓ガラスの代わりとなる薄くて円い魚の皮膚が張り替えられる時、樺皮で作ったヒキガエルの像をその外側にはり付け、一方家の中ではギリヤーク人の衣裳をまとった熊の像を祭壇の上に置くということであった。本祭儀のこの部分の意味は、フォン・シュレンクが推測的に説明したように次の通りであろう。ヒキガエルはギリヤーク人にとって至極評判の悪いものであり、このため彼らは身代わりの山羊のように、崇拝する熊殺しの罪をこのヒキガエルになすり付けようとするのである。このためヒキガエルの像は家から追い出され、自分の悪行の証人として外側の窓に残っていなければならないのである。だが一方熊は家の中に招じられ、名誉ある賓客として遇され、その前に魚や肉が置かれ、ギリヤーク人の衣裳をまとったその偶像は祭壇の上に安置される。

熊肉の取り扱い　ギリヤーク人の間では、熊の肉を煮るのは最年長の老人達だけで、これは彼らの崇高なる特権である。女子供、若者、少年達は一切それに与らない。この仕事は、ゆっくり、慎重に、ある種の荘厳さをもって行われる。このロシアの旅行家達の述べた場合では、まず一番最初に釜を削り屑の分厚い輪で囲み、それから中に雪を一ぱい入れる。というのも熊の肉を煮るのに水を使うことは禁じられているからである。その間に、唐草模様やあらゆる種類の彫刻を贅沢に施した木製の大きい餌入れが、熊のすぐ鼻先に吊される。この木鉢の一面には熊が、他面にはヒキガエルが浮彫りされている。屍体が解体され始めると、それぞれの脚は釜の中に入れられる前に、まるで別れを告げるかのように熊の前の地面に置かれる。また煮た肉は鉄鉤で釜から引き上げられ、熊の前の餌入れに置かれる。これは熊達が一番最初に自分の肉を味わうようにということである。また、脂肪も細かく刻まれるとすぐ熊の前に吊され、後で熊の前の地面にある小さい木製の餌入れに置かれる。一番最後に熊の内臓を切り刻み、小さい容器に入れる。同時に女達は斑色のぼろ切れから巻き布を作り、日没後にこの巻き布を熊のちょうど目の下、鼻の周りに巻き付ける。「これは目から流れる涙を乾かすためである」。両目のすぐ下の巻き布には、それぞれ樺皮で切り出したヒキガエルの像が取り付けてある。この意味は、フォン・シュレンクが推察したように次の通りであろう。自分の心臓、肝臓などの内臓が切り刻まれたので、熊は自分の運命が定まったことが分かり、自分の過酷な運命に対して自然と涙を流すのである。この涙は鼻を伝わって、ヒキガエルの像の上にしたたり落ち、このため哀れにも欺かれた熊はヒキガエルがすべての悪行の張本人だと思うのである。というのは、熊は自分をかくも親切に待遇してくれたギリヤーク人を責めることはできないからである。ギリヤーク人は熊を賓客として家の中に迎え入れなかったことがあるだろうか。熊を客座に据えず、最善を尽くさなかったことがあるだろうか。また熊に知らせその許しを得ずして事に及んだことが今まであっただろうか。最後に、ギリヤーク人の女達は熊の目から流れ鼻に滴り落ちる涙を乾かして、最後の親切心を見せなかったとでも言うのか。従って、熊はこのような親切な人達が自分に危害を加えようなどとは夢にも思わないのであって、これはすべて非道なヒキガエルの悪行だった、となるのである。

熊肉の饗宴　さて以上の説明はともかくとして、哀れな熊の涙を拭き取る儀式が終わるとすぐ、集まったギリヤーク人達は熊の肉を食べることに夢中になる。肉を煮て得られた煮汁は既に飲んでいる。木製椀、大皿、スプーン等の、ギリヤーク人が熊の煮汁や肉を食べるときに使う道具は、特にこの祭儀のためだけにいつも作られ、この時以外は使われない。これらの道具は、熊の彫像および熊や祭儀に関係する他の細工物などで丁寧に飾り付けられ、人々はこれを手離すことに強い迷信的なためらいを持っている。祭典の続いている間は、熊の肉を料理するのに塩は一切用いないが、実際には他の食物に対してもそうである。また肉は一切焙らない。なぜなら熊は肉を焙るときに出るジュージューやパチパチという音を聞いて非常に怒るからである。骨を綺麗にしゃぶると、肉を煮た釜の中に戻す。さて饗宴が終わると、一人の老人が手に樅の木の枝を持って家の戸口に立ち、人々が通るごとにそれで熊の肉、脂肪を食べた人を軽く叩く。これは恐らく崇拝する熊を食べた罰であろう。

女性の踊り　その日の午後、女達が奇妙な踊りをする。一回にただ一人の女が踊るだけで、上半身を奇妙な恰好で曲げ、両手には樅の枝または一種の木製カスタネットを持っている。その間他の女達は家の梁を棍棒で叩いて特殊なリズムの伴奏をする。ロシア人旅行家の一人はこのダンスで、彼が見たカムチャツカの女達の熊踊りを思い出した。

熊の頭骸骨と骨の廃棄　フォン・シュレンクに確証はないのだが、熊の脂肪と肉を食べた後、頭蓋骨を斧で割り、脳味噌を取り出して食べたと彼は信じている。それから骨と頭蓋骨は、村からほど遠からぬ森林のある所に老人達が厳かに運び去る。頭蓋骨を除くすべての骨がそこに埋められる。その後、若木を地上数センチの所で切り倒し、切り株に割れ目を付け、頭蓋骨をその割れ目に押し込む。その場所に草が生え茂ると、頭蓋骨は見えなくなり、これが熊の最後となる。(31)

ギリヤーク人の熊祭に関するL・シュテルンベルク氏の記述　レオ・シュテルンベルク氏による、ギリヤーク人の熊祭に関する別の記述がある。(32)これは本質的には、前述の話と一致するが、その中の若干の項目は特筆されるべきだろう。シュテルンベルク氏によると、祭典は通常死んだ親族を祭るために行われる。最近親者が仔熊を買うか捕まえるかして、供犠に捧げられるようになるまで二、三年間養育する。特定の有名な客人(ナルク・エン)だけが熊の肉に与る特権があり、主人とその氏族員達は肉から出た煮汁を飲むだけである。煮汁は大量に作られてこの祭儀に使われる。賓客(ナルク・エン)は、主人の娘や氏族中の他の女が嫁いでいる氏族に属していなければならない。通常主人の娘婿であるこの賓客の一人が、矢で熊を射殺する役目を任される。殺した熊の皮、頭、肉は戸口からでなく、煙穴から入れる。矢を一ぱい入れた矢筒を頭の下におき、そのそばにはタバコ、砂糖その他の食物をおく。熊の霊魂はこれらの事物の霊魂を一緒に長旅に連れていくと考えられている。熊の肉を料理するには、特殊な容器が準備され、また火は聖なる火打石と鋼鉄の道具で作らなければならず、この道具はその氏族に属し、代々伝えられるが、これはこの厳粛な祭儀以外には決して使わない。集まった人達のために調理されたあらゆる沢山の食物のうち、一部を特別の容器に入れて熊の頭の前におく。そのため「頭に餌をやる」という言い方で呼ばれている。熊を殺した後、雄雌番《つが》いの犬を供犠する。絞殺する前、犬達に食事させると、最も高い山の上にいる神のもとに行き、毛皮が生え変わって、翌年熊の姿で帰って来るように促す。

死んだ熊の霊魂も同じ神の所に去っていく。この神はまた原始林の神でもある。熊の霊魂は自分に供えられた供物を背負い、犬の霊魂およびこの祭儀で異彩を放つ聖なる削り掛けの霊魂を供にして去っていく。

ゴルディ人の熊祭　ギリヤークの隣人であるゴルディ人〔かつてのロシア側からの呼び名で現在はナナイを自称している〕も、はなはだよく似た方法で熊を取り扱う。彼らは熊を狩って殺す。しかし、時には生きている熊を捕まえ、檻の中に入れてよくこれを飼養し、熊を自分達の息子や兄弟と呼ぶ。それから大祭になると檻から熊を出し、大変な配慮をしつつ行進させ、後で殺して食べる。「頭蓋骨、顎骨、耳は木に吊され、悪霊除けとされる。しかし肉は食べ、大いに賞味される。というのはそれを食べる者は皆狩猟に興味を持つようになり、勇敢になると信じているからである(33)」。

オロチ人の熊祭　アムール地方の別のツングース系民族であるオロチ人は、大体同様の熊祭を行う。仔熊を捕まえた者は誰でもそれを檻に入れて三年間養い、三年目の終わりにそれを公開して殺し、友人達とその肉を食べることを必然の義務としている。この祭宴は個人が行うけれども、一般に開放され、オロチ人の村では毎年代わる代わる仔熊を一頭捕えるようにしている。熊を檻から出すと、槍、弓矢で武装した人々にロープを付けて伴われて、すべての小屋に連れていかれる。それぞれの小屋では、熊とそれを連れていく人は何か美味しい飲物や食物を御馳走される。これはその村だけではなく、隣の村のすべての小屋を訪問し終わるまで数日間続く。その数日間は遊戯や大騒ぎに費される。それから熊は木か木柱につながれ、群衆が矢を射て殺す。その後その肉を焙って食べる。トゥンジャ川のオロチ人の間では、女性も熊祭に参加するが、一方ヴィ川のオロチ人の間では女は熊の肉に触ろうともしない(34)。

殺して食べる熊に対してこれらすべての部族が示す尊敬　これらの部族達による捕獲した熊の取り扱いには、信仰とほとんど見分けがつかない特色がある。例えば、生きた熊と死んだ熊の両方に捧げられる祈禱である。熊自身の肉を含む食物の供物が、熊の頭の前におかれる。また漁獲量を確かなものにするため川の氷上に生きている熊を連れていくギリヤーク人の慣習、及び各家族が恵みを受けるよう家ごとに熊を連れていくギリヤーク人の慣習などはちょうど、ヨーロッパで〈五月の木〉あるいは樹霊の代理となる人間を、再生する自然の活き活きとした力を皆の間に拡散するため、春に家から家へと連れ回す慣習と同様である(35)。さらに、熊の血と肉を厳粛に食べること、とりわけ死んだ熊の前に置かれて浄められた椀の中味を分かち合うアイヌの慣習は、聖餐を強く連想させる。そしてこの連想は、この肉を入れる特殊な容器を保存し、この宗教祭儀以外では決して用いられることのない聖なる道具で起こした火で肉を煮る、といったギリヤーク人の慣習によって立証される。事実アイヌの宗教に関する我らが偉大なる権威者ジョン・バチェラー師は、熊に対するアイヌの儀礼的尊敬を率直に信仰として述べている(36)。また彼は、熊は疑いなく彼らの神々の中の一つであると確言している(37)。確かにアイヌは彼らの神に対する名前（カムイ）を自由に熊に当てているようである。しかしバチェラー氏自身が指摘するように[38]、この言葉は様々なニュアンスで使用され、またはなはだ多くの異なった事物に適用されているので、それが熊に適用されているということだけでは、この熊が実際神と見られているかは断言できない。事実樺太のアイヌは熊を神と見なさず、単に神々への使者としていることがはっきり言われており、熊が死ぬ時に託す伝言はこの説を証明している[39]。明らかにギリヤーク人もまた、人々の繁栄を司る山の神に贈り物と供に派遣される使節という考え方で熊を見ている。同時に彼らは熊を人間よりも高位の存在、事実上低位の神として取り扱い、村に熊のいることは、熊を生かし育てている限り、祝福を広めてくれるし、常に人間を待伏せし、品物を盗み、病気や老衰で身体を滅ぼす悪霊の群れを特に防いでくれるとしている。さらに、熊の肉、血、肉汁を共食《きょうしょく》することにより、ギリヤーク人、アイヌ、ゴルディ人は共に熊の強大な力の一部、特にその勇気と強靭さを得るという考えを持っている。従って、彼らがこのような偉大な恩恵者を最高の尊敬と愛情のしるしをもって取り扱うのは不思議でない[40]。

アイヌが籠に入れて育て、後に殺すワシミミズクに示す同様の尊敬

アイヌの熊に対する曖昧な態度は、彼らが他の動物に与える同様な取り扱いと比較すればいくらかはっきりしよう。例えば彼らはワシミミズクを善神とみなしているが、それは鳴き声で災禍の兆しがあると人間に警告を発し、災禍から人間を守ってくれるからである。このためワシミミズクは人間と造物主の間の神なる仲介者として愛され、信頼され、献身的に崇拝されている。ワシミミズクに付されている各種の名前は、その神性と仲介権を共によく象徴している。機会さえあれば、この神なる鳥の一羽が捕獲されて檻で養われ、「愛する神」とか「愛すべき小神」という親しみ深い称号で挨拶される。しかしながらこの愛すべき小神が絞殺され、仲介役の立場で偉大なる神々あるいは造物主自身の所に伝言するため送られる時が来る。次に述べるのは、ワシミミズクが供犠に捧げられるときに向けられる祈禱の形式である。「愛する神よ、我々はあなたを愛するが故に育ててきた。そうして今あなたをあなたの父のもとに送るところです。ここであなたに食物、イナオ、酒、餅を供えます。それをあなたの父に持っていきなさい。父は大いに喜ぶでしょう。父に会ったらこう言って下さい。『私は長い間アイヌと共に暮らして来ました。そこではアイヌの父とアイヌの母が私を育ててくれました。私は今あなたの所に参りました。私は様々な素晴らしい物を持って参りました。私はアイヌの国に住んでいる間に非常に多くの災厄を見てきました。私はある人々が悪魔に取り憑かれ、ある者は野獣に傷付けられ、ある者は崖崩れに遭い、ある者は難破し、また多くの人々が病気に襲われるのを見ました。人々は非常に難儀しています。私の父よ、私の言うことを聞き、急いでアイヌに目を向けてやり、彼らを助けて下さい』。もしあなたがこうしてくれれば、あなたの父は我々を助けてくれるでしょう[41]」。

アイヌが檻で育てて殺す鷲や鷹に示す同様の尊敬

また、アイヌは鷲を檻に入れて育て、神として崇拝し、彼らを凶事から守ってくれるように頼む。しかし彼らはこの鳥を犠牲に供するのであり、そのとき鷲に祈りを捧げてこう言う。「おお尊き神よ。おお、汝神なる鳥よ。どうぞ私の言うことを聞いて下さい。汝はこの世に属していない。というのは汝の故郷は造物主とその黄金の鷲の所にあるからです。されば、私は汝にこのイナオと菓子、その他の貴重な物を進呈いたします。イナオに乗り栄光の天国にある汝の故郷に昇っていきなさい。到着したら、汝の眷属である神々を集めて、この世界を治めてくれたことに対し、我々のためにお礼を言って下さい。汝に懇願しますが、再びやって来て、我々を統治して下さい。おお、我が尊い御方よ、静かにお往きなさい(42)」。さらにまた、アイヌは鷹を崇拝し、檻に入れて育て、犠牲に供する。この鷹を殺す時は、次のような祈禱をこの鳥に述べなければならない。「おお、神なる鷹よ。あなたは秀れた猟師です。どうぞあなたの知恵を私に授けて下さい」。もし捕えた鷹をよく待遇し、今にも殺さんという時にこうして祈れば、狩人を助けてくれることは間違いない(43)。

アイヌが崇拝する動物を殺して得ようとする利益

このように、アイヌは動物を殺すことで様々な点で恵みを得ようとするが、彼はその動物を神聖なものとして取り扱ってもいる。アイヌは動物達が彼らのために天界にいる自分達の眷属や神々に伝言してくれることを期待し、動物の身体の一部を食べたり、あるいはその他の方法により動物達の力を得ようとするのである。また、明らかにアイヌは動物達がこの世に肉体的に復活して来ることを期待しており、その復活によって再び動物を捕まえ殺すことができ、既に彼が殺しから得たすべての利益を再び享受することができるのである。なぜなら信仰する熊や鷲の頭を叩き落とす前に述べる祈禱では、動物達が再びやって来るように招請されており(44)、これは明らかに動物達の未来の再生に対する信仰を示している。この問題について何か疑問ありとすれば、これはバチェラー氏の立証により一掃されるだろう。同氏はこう言っている。アイヌは「狩猟や供犠で殺された鳥や動物の霊は、肉体を具えて再び地上に生き返って来ると確信している。また彼らはさらに、動物達は、人間、特にアイヌの狩人に特別の恩恵を与えるためにこの世に現れると信じている(45)」。バチェラー氏によるとアイヌは、「他の動物が代わりにやって来て同じように取り扱われるということを確信して、動物を殺して食べている」。また動物を犠牲に捧げるときは「祈りの言葉が発されるが、これは彼らが再びやって来て、もう一度饗宴の食物となってくれるようにという願いで、まるでこうして殺され食べられることは動物達にとって名誉であり、また喜びでもあるかのようである。事実これがアイヌの観念なのである(46)」。この最後の観察は、本書の示すように、特に熊の供犠に関するものである。

　このように、現在そして将来的に何度も行われるであろう饗宴の際に、アイヌが自分達の崇拝する獣を殺すことで得られる恩恵の中で、その血と肉を鱈腹食べられるという利益はまったく重要なことではない。またこの喜ばしい見通しは、死んだ獣の霊的不滅と肉体復活への確信に基づいている。似たような信仰は世界各地の多くの野生狩猟民族も共有しており、色々と奇妙な慣習を生むことになった。その中のいくつかを今から述べていこう。

これら部族の熊祭は、恐らく狩人が森で殺すあらゆる野生の熊に行う似たような儀礼の延長に過ぎない

同時に次の事を述べておく必要がある。アイヌ、ギリヤーク人、その他の民族が尊敬と悲嘆の表現の下に、飼い慣らした檻中の熊を殺す厳粛な祭典は、恐らく狩人が森林でたまたま殺したあらゆる野生の熊に行う類似の儀礼の延長・拡大に他ならないということである。実際ギリヤーク人に関して言えば、我々はこれが事実であるとはっきり知らされている。ギリヤーク人の祭儀の意味を理解しようとするならば、「何よりも先に次の事を覚えておかねばならない。すなわち熊祭はたいてい誤解されているように、飼っている熊を殺す時だけに行われるのではなく、ギリヤーク人が狩猟中に熊を殺すことに成功した際はいつも行われる。このような場合の祭礼はずっと小規模なものであることは事実であるが、その要素は同一である。森の中で殺した熊の頭と毛皮を村の中に持って来ると、音楽と厳粛な儀式で勝利の歓迎を受ける。熊の頭は浄められた足場の上に安置され、供物を供えて食べてもらう。これはちょうど飼っている熊を殺した時と同じである。また賓客（ナルク・エン）も集まる。同じように犬もまた犠牲に捧げられ、また熊の骨も、飼っている熊の骨のように同じ場所に、同じ敬意のしるしを払われて保存される。したがって冬の大祭は、どの熊でも殺される時に行われる儀式の延長に過ぎない」とシュテルンベルク氏は言っている(47)。

これら民族の熊に対する行動における明白な矛盾は、一見したほど大きなものではない。

野生の論理

以上のように、これら民族の慣習にはっきり見られる矛盾、すなわち習慣的に狩りをし、殺し、食べる獣に対して敬意を払い、ほとんど神格化する様子は、一見して我々が感じるほど目に余るものではない。彼らがそう振舞うのには理由が、ある非常に現実的な理由があるのだ。というのも野生人は、皮相な観察家が往々にしてそう見がちであるほど、決して非論理的で非現実的ではないからである。野生人は直接自分に関係のある問題を深く考え、それに理由付けする。そうして彼の結論はしばしば我々の結論とは甚だ遠く離れているにしても、野生人が人間存在のいくつかの基本的問題について辛抱強く長く冥想していたことを否定すべきではない。今取り上げている例において、野生人が熊を一般的に人間の必要に全面的に従属する動物として取り扱い、しかも種の中から特定の個体を選び出してほとんど神とまで敬っているとしても、我々は短兵急に野生人を不合理で一貫性のない者として見下すのではなく、我々自身を野生人の観点におき、野生人のように事物を観察し、あまりにも深く我々自身の世界観に沁み込んでいる先入観を捨てなければならない。そうすれば恐らく次のようなことが発見されよう。すなわち野生人の行為が我々にはどんなに馬鹿らしく見えようとも、野生人は通常一連の論理に基づいて行動しており、この論理は彼の限定された経験の事実と一致しているように見えるのである。この事を私は次章に例示しようとするものである。そこで私は、アイヌやその他の北東アジアの民族の間における熊祭の厳粛な儀式は、野生人の素朴な哲学原理に基づいて、彼が殺し食べる獣に対して慣習的に払う尊敬の、特別目立った例に過ぎないことを示すことになるだろう。

第十四章　狩人による野獣の慰霊

野生人は、人間のように肉体が滅んでも生き残る霊魂を動物が持っていると信じている

生命には実際に不死不滅の霊魂が宿っているという説を、野生人は人間に限定せず生命ある万物にまで適用している。このため野生人は文明人よりも寛大で、恐らくはさらに論理的である。文明人は一般に、人間にあるとされるこの不滅性という特権は動物にはないとしている。野生人はそれほど高慢ではない。彼らは一般に、動物は人間と同じように感情や知性に恵まれ、また人間のように肉体が滅んでも生き残る霊魂を有すると信じている。それは肉体から遊離した霊として彷徨うか、あるいは再び動物の姿に生まれ変わることもある。

アメリカ先住民は動物と人間の間に一切明確な区別をしない

例えば、ギアナの先住民はこう言われている。「彼らは我々のように人間とその他の動物、ある動物と他の動物、あるいは人間も含めた動物と非情の物体との間に何ら明確な区別を画していない。反対に先住民にとっては、有情非情に拘らず一切の物体は、形が違うということ以外にははっきり同じ性質を持っているように思われる。世界中のすべての物体は、身体と霊からなる存在であり、身体の形、および身体の形と癖の違いの結果生じる獣じみた力と巧妙さに大小の差がある以外には、何ら他の物体と変わるところがない[1]」。同じように、「チェロキー先住民の神話では、一般的な先住民の部族の神話におけるように、人間と動物の間には何ら本質的差異がない。太古の起源にまで遡る時代には、両者は全く区別がなかったようで、あらゆる動物は同じように生活し、仲良くお互いに助け合って働いていたが、とうとう最後に人間が侵略的になり他の動物の権利を無視したために、彼らの敵意をかきたて、その時昆虫、鳥、魚、爬虫類、四足動物達が力を合わせて人間に対抗するに至ったのである。以後彼らの生活は分離するに至ったが、しかしその相異というのは常に程度の差だけである。動物も人間同様、部族に組織され、同じように首長や役所があり、議会や球戯があり、ウスンヒイの暗い国土には同じく来世がある。人間は今でも最高の力を有し、他の動物を必要に従い狩り殺す。しかしいかなる場合でも、殺した動物の部族には償いをしなければならない。これはちょうど殺人が、先住民の掟に従い、遺族に対する贈り物で『死者の骨を覆う』[2]ことにより、示談になるのとほとんど同じである」とある。北米先住民に対する別の観察者が、同じような印象を次のように書いている。「私は先住民の心の中に存在するらしい、人間と野獣の間の不思議な関連についてしばしばふり返って考えてみた。そうして入念なる観察の結果、これについて多大の事柄を見出した。先住民は自分達を他のすべての動物よりも優れていると考え、またそれを大いに誇りとしている。先住民は森の野獣、空の鳥、水中の魚は全知全能の存在が人間の利用に供されるよう作ったと信じている。にも拘らず、彼らは自分達と他の動物達の違い、並びにその動物達に対して支配力を持ちえたのは、自分達の不滅の霊魂よりもその優れた肉体の力と器用さのお陰だと信じている。先住民は、造物主から意志と感情の力を与えられたすべての存在は、ある意味では自分達を長とする一大社会であるとし、事実それを支配するよう命じられてはいるが、そのすべての存在と自分達の間には密接な親縁関係があるかもしれず、あるいは少なくとも原初の時には存在していたものとしているのである。実際先住民の説によれば、彼らはこれら同等の者の中の長であり、すべての生物種の合法的な相伝君主であり、彼ら自身がその構成要素の全体中の一部でもある。このため先住民の言語では、我々ヨーロッパ人が性称と呼んでいる名詞の語尾変化は男性・女性ではなく、有情・非情で記述される。事実、先住民は樹木や植物をも有情で表現するまでになっている。程度はどうであれ、あらゆる有情の生物は、先住民から見ると一つの大きな全体物であり、先住民自身この全体物から敢えて自身を切り離そうとしたりはしない。先住民は死後自分達の赴くとされている霊界から、他の動物達を除外しない」[3]。中国の学者達でさえ、「人間と動物の間に何ら実質的差異のあることを全く発見できないと率直に認めた」。また彼らは両者の類似点をかなり詳しく述べた[4]。

野生人のある者は動物の身体と人間の身体の区別さえ付かないことがはっきりしている

しかし野生人は、人間と動物が近似しているのは知的・霊的な性質だけであるとはしていない。身体の形の区別さえ時には付いていないようである。ある宣教師に質問された並外れて利口なサン人は、「人間と野獣の違いを何か述べることができなかった――彼は知らなかったのだ。しかしもし水牛が弓矢を持っていたら、人間同様それを射ることができると答えた」[5]。ギリヤーク人の説によると、「動物の形と寸法は単に外観上のことに過ぎない。あらゆる動物は事実上人間と同一存在であり、それどころかギリヤーク人そのものである。しかし動物達は、単なる平凡な人間よりもしばしば優れた理性と力に恵まれている」[6]。ただ単に知的な曖昧さから、野生人は獣を人間と見做しているわけではない。というのも、彼はいつも自分と仲間達を動物視していると言っていいようなのである。ロシア人達が初めてアラスカ諸島の一つに上陸した時、「ロシア人の衣服のボタンのため」、人々は彼らを甲イカであるとした(7)。既述のように、野生人のある者は、腐敗した動物の屍体に湧いた蛆《うじ》を食べて、各種の動物と自分を同一視し、以後は機会あるごとに自分の受け入れた性格通り振舞って、たまたま自分のなった王蛇、ライオン、ジャッカル、あるいはカバのように、のた打ち回ったり、咆哮したり、吠えたり、ブーブー唸ったりする(8)。マブイアグ島で〈サム〉、すなわちヒクイドリをトーテムとする者達は、ヒクイドリが人間あるいは殆ど人間に近い存在と考えている。「〈サム〉は全く親族と同じだ。〈サム〉は同じ家族に属する」というのが、彼らによるヒクイドリとの親類関係の説明である。逆に彼らは自分達自身がヒクイドリである、またはとにかくこの長脚の鳥の特性のいくつかを持っていると主張する。ヒクイドリだという男が戦場で名声を得ようと前進する時、彼は自分の下肢の長さについて満足げによく考えたものだろう。「私の脚は長くて細く、よく走ることができ疲れを知らぬ。私の脚は素早く走り、草に絡まることもない(9)」。オマハ先住民は、人間とその守り神である動物との間には密接な結び付きがあるので、人間はその動物の力・性格・長所・短所を得るものと信じている。例えばもしある男が、先住民の守護霊を決定する思春期の幻想において熊を見たとすれば、彼は戦場で傷付きやすくなる。というのは熊は鈍重かつ不器用な動物で罠にかかりやすいからである。もし彼が鷲を夢見れば、未来を覗きこんで来るべき出来事を予言できるようになる(10)。というのは鷲の視力は鋭く、先を見透すからである。同じように、ブリティッシュ・コロンビアのトンプソン先住民は、自分の守護霊である動物の性質を各人が持っていると想像した。例えば守り神に恐ろしい熊を持っている男は、鳥、コヨーテ、狐などを守護霊にしているだけの男よりはるかに獰猛な戦士であることを示すのである。また彼らは闘いに出る前に、模擬戦を行うならわしがあり、その中で各人は絵具や羽毛で飾り立て、自分の守護霊である動物の性格に応じ、唸ったり叫んだりしてその動物の声を真似た(11)。ブラジル中央部の先住民であるボロロ部族は、自分達はブラジルの森林に棲んでいる豪華な赤い羽毛を持ったオウムであると言い張っている。彼らの霊魂が死ねばこの鳥に移るだけでなく、生存中も彼ら自身実際にオウムと同一であるとし、このためオウムをまるで仲間の部族のように待遇し、鳥籠に入れて保護し、その肉を食べることを拒否し、オウムが死ぬと哀悼する。しかし彼らは羽毛を求めて野鳥を殺す。とはいえ飼い馴らしたオウムを殺すことはなく、自分達の羽付きの仲間であるこの鳥の派手な羽毛で、自らの裸の褐色の身体を飾るため、羽毛を抜き取るのである(12)。

こうして野生人は自分が殺す動物とその動物種の他の成員達を慰め、宥めようとする

　このように、あらゆる生物を事実上人間と同等と見ている野生人にとっては、動物を殺して食べる行為は、動物の知能は人間よりもはるかに劣り、また動物は不滅の霊魂を持っていないとする我々とは、同じ行為であっても著しく異なった様相を呈さざるを得ないのである。このため動物を殺す原初的な狩猟者は、その素朴な哲学原理に基づき、動物の身体を去った霊から、または殺した動物と同種の他のすべての動物から復讐されると信じているのである。この同種の動物達は人間同様、親族関係および血の復讐〔blood feud〕の義務により結合するので、従って自分達の構成員の一人に加えられた危害に憤慨するはずである。このため野生人は、別に無理に殺す必要のない動物、少なくとも彼らの仲間の一人が殺されれば血の復讐をせずにはおかないような、獰猛かつ危険な動物の生命は助けるのが慣例となっている。鰐はこの類の動物である。鰐は熱帯地方だけにしか見られず、そこは通例食物は豊富であり、従って野生人はその固くまずい肉を得ようと鰐を殺す理由は全くないのである[13]。このため野生人のある者には鰐を殺さない慣習があるのであり、殺すのはただ血の復讐の掟に従う時、つまり仲間が鰐に殺された場合の報復に限られるのである。

鰐を殺すことに対し、ダヤク人の抱くためらい

例えば、ボルネオ島のダヤク人は、鰐が先に人を殺さない限り鰐を殺すことはない。「なぜなら彼らはこう言うからである。鰐やその親族が易々と復讐できるのに、どうして攻撃など出来ようか。しかし鰐が人の命を奪うようなことがあれば、復讐が生き残った親族達の聖なる任務となり、彼らは罪人を追う裁判官の気持ちで人食い鰐を捕まえようとする。その時でさえ他の者は尻込みし、自分に関係のない争いに巻き込まれないように断る。人食い鰐は、公正明大なる〈復讐の女神〉に追いかけられているものと考えられている。また鰐が捕まえられると、いつでもその鰐は罪人かあるいは共犯者であるに違いないと人々は確信している」[14]。

ダヤク人が鰐を殺す時の儀礼

ダヤク人が親族を殺した鰐に復讐しようと決心すると、〈パンガレラン〉の助力を乞う。この男の仕事は鰐に呪文をかけて捕まえ、自分の意のままにすることである。この鰐の捕獲者は任務に従事中、数々の奇妙な掟を守らなければならない。彼は誰の所にも行ってはならず、また窓の前を通ることすらいけない。というのは彼は不浄だからである。自分で一切料理してはならず、また火の近くに行くこともできない。果物を食べたいと思っても自分で皮をむいたり剝いだりできず、他の人にやってもらわなければならない。食物を咀嚼することさえできず、嚙まずに飲み込まなければならない。川岸に彼のための小屋が造られ、そこで竹片に描いた鰐の像を用いて、自分の仕事が成功するかどうか占いを行う。凶悪な人食い鰐を捕えるために彼が乗り込む小舟は、黄と赤で色取りしなければならず、中央には数本の槍を尖端を上にして立てておく。それから豚肉、鹿肉、犬の肉またはロバの肉のうち、鉤にどの肉を餌として引っ掛けるかを熟練者である〈パンガレラン〉が籤《くじ》引きで決める。餌を付けた鉤を水中に放り込む時、彼はこう叫ぶ。「上流にいる鰐達よ、下りて来い。下流にいる鰐達よ、上がって来い。砂糖のように甘く、ココナッツのように脂肪のあるおいしい食物を皆にあげよう。綺麗で美しい首飾りをあげよう。それを手に入れたら、お前達の首や身体の中にしまっておきなさい。この食物は非常に〈パフニ〉なのだから」。この〈パフニ〉というのは、それを食べないのは罰当りという意味である。鰐が鉤に食い付くと、鰐の捕獲者はこう怒鳴る。「どこにひっくり返るか自分で場所を選べ。大勢の人達がお前を見物に来ているから。見物人達は喜び有頂天になって来ている。見物人達はお前にナイフ、槍、屍衣をくれるのだ」。もしその鰐が雌であれば「王女」と呼び、雄であれば「王子」と呼ぶ。この鰐を捕える呪《まじな》い師は、通常狡猾なマレー人であるが、実際に人を食べた証拠のある鰐を捕まえるまで仕事を続けなければならない。そうして鰐に食べられた人の死に報いると、水の神を怒らせぬように猫を犠牲として鰐に捧げる。死んだ鰐の頭は川岸の杭につながれ、間もなく曝されて白くなり、背景の森林の縁と対照をなし浮き立ってくる[15]。捕まえた鰐を岸辺に上げている間は、利口なダヤク人は鰐にやさしく言葉をかけ、危害を加えないと言って欺く。しかし、いったん鰐を敏速に捕獲し、四つ足をしっかりと縛ってしまうと、その軽信を嘲笑し、怒りもがく鰐の腹を切り裂いてその罪のしるしである人間の遺骸を探すのである。ある時サラワクのラージャ・ブルック〔英国の探検家ジェームズ・ブルックのこと。ラージャは「王侯」を意味する〕は、ダヤク人の一隊が捕まえた鰐の取り扱い方について議論している場面に偶然出くわした。一方の主張では、鰐はまさに動物達のラージャであり、しかも今、人間のラージャに会わせるため連れて来られたからには、この王である鰐にあらゆる敬意を払うべきであるというものだった。要するに、こうして敬意を表し、お世辞を呈すると鰐は喜び、極めて大人しくなると主張したのである。もう一方は、今回ラージャとラージャが会見していることは十二分に認めるが、しかし慎重に先のことを考えると、反対論者の主張するような先例を作ると危険な結果が生じる恐れがあると指摘した。彼らの言うにはこうであった。もし一度捕まえられた鰐が賞讃され、表敬されるならば、他の鰐達はそれを聞いて誇りと野心で高慢になり、仲間の栄誉にあやかりたいという希望に駆られて、この名誉の神殿に至る最短経路と思われる人食い鰐の生活に入るだろうというのである[16]。

鰐を殺す時スマトラ島のミナンカバウ人の行う儀式

スマトラ島のミナンカバウ人もまた鰐を非常に尊敬している。彼らの有名な法律制定者〈カトエマンゴエンガン〉は、実際に鰐に生まれ変わった。そしてインドラポエラのラージャとその家族を含む彼の子孫は、多少なりとも鰐の遠縁に当たり、例えば旅行に出かける時など様々な面で、鰐達の援助と保護を享受しているのである。この動物に抱く尊敬はまた、鰐を捕まえた時いくつかの地方で行われる祭儀によっても立証されている。その時は一群の女性がある踊りを舞うのだが、これは誰か死んだ時に行う踊りに酷似している。さらにミナンカバウ人は料理鍋は一切川中で洗わない掟になっている。そうすることは鰐に残飯を与えることになり、彼らは当然それを甚だしく恨むことになる。同じ理由で、夕食の皿を洗う時には音を立てないよう注意しなければならない。さもないと鰐はそれを聞いて憤怒する[17]。

マレー人の間における人間と鰐の親縁関係の信仰

シャムのパタニ湾のマレー人の中には、鰐を殺さず、この獰猛な爬虫類の一匹が捕まえられた時にそこに居ようとさえしない一族がいる。こうした寛容さの理由としてこの一族の主張するのは、ベチモールという名前の女がこの一族の親戚だったが、彼女は川で溺死し、やがて鰐に生まれ変わったからということである。生まれ変わった後、彼女はその父親の夢の中に現れ、自分に起こったことを知らせた。そこで父親は川に下りていって、彼女に米と蠟燭を供した。この女が鰐に変わった場所には神祠があり、誰でもそこに供物を供え、〈トウ・スリ・ラム〉に祈ってよいことになっている。というのも彼女は生まれ変わって以後、そう呼ばれているからである。鰐一家の人々は、病気その他の不幸に当たっては彼女の助けを乞う。また彼らは適宜の報酬を受けて他の人々のためにそれを行う。米と蠟燭はいつもの供物である。[18]ジャワ島、スマトラ島、セレベス島、ティモール島、セラム島を含むインド諸島〔原文はIndian Archipelago。インドネシアのことだが、フレイザーの時代にはこの呼び名は定着していなかった〕の多くの島では、人間と鰐の親縁信仰は特殊な形態をとる。この人々は、女はしばしば子供と鰐を同時に生むと想像しており、これが起こると産婆は双子の鰐の方を丁寧に川まで運び、水中に入れる。このような出生のあったとされる家族は、その水陸両生の親族のため常に川の中に食物を投じる。また特に双子の人間の方は、生きている限り決まった時期に自分の鰐の兄弟・姉妹に対する義務を果たすため、川に下りていく。もしこれを怠れば、この自然に反する行為に対して病気や死で返報されるというのが通説である。これら鰐人間の大所帯は定期的に、たくさんの食糧を積み、あらゆる種類の音楽で溢れたボートに乗って出かける。そして鰐が最も多く住んでいる場所を、音楽を奏しながら前へ後ろへ漕ぎ回る。その間人々は交代で歌ったり泣いたりし、各人が鰐の親族に呼びかける。そうして鰐の一匹が水面に鼻を突き出すと、そこで音楽は止み、食物、キンマ、タバコが川の中に投じられる。このような細かい配慮によって、彼らはこの恐ろしい動物に気に入られようとするのである。[19]

アフリカにおいて尊敬される鰐　ヴィクトリア湖のダンバ島付近の鰐は神聖で、いかなることがあっても危害を加えられることはなかった。このため鰐は繁殖し、危険になった。人々は渡し舟に乗る時は、この怪物達に命をとられないよう彼らにお供え物をした。時々人々の一群を岸辺に連れて来て、鰐に犠牲として捧げた。彼らの腕や脚は折ってその場を動き回れないようにし、それから岸辺に一列に並べると、鰐がやって来て水中に引きずり込んだ。この島には鰐に奉献された神殿があり、ここには霊感を受けた霊媒が住んでいて、託宣を行った。霊感の下に、彼は頭を左右に振り、ちょうど鰐のように顎を開いたり閉じたりした。[20]完全な狂乱状態にある彼に憑依した霊は、疑いもなく鰐の霊と考えられた。同じようにウガンダの他の地方では、男達がライオン、豹、蛇の亡霊もしくは霊によって霊感を受け、その高揚した状態で神託を発したが、その取り憑かれた霊の性質に従い、ライオンのように咆哮したり、豹のように唸ったり、あるいは蛇のように這ってのたうち回りながらの神託であった。[21]鰐はアルバート・ニャンザ湖とその支流に数多く生息している。多くの地方に於いて鰐達は極めて危険であるが、この地方のアルール部族は、鰐が人間を引きずりこんだ時にだけ狩りをする。また彼らは鰐の卵を奪い去った者は誰でも、川岸近くを歩く時は用心しなければならないと考えている。というのも鰐は彼を捕えて、その無礼に復讐しようとするからである。[22]一般にセネガンビアのフーラ人は、殺された鰐の親族や友人達の復讐を恐れ、敢えて鰐を殺そうとはしない。しかし、もし呪法師が同意し、死んだ鰐の家族の復讐から人々を守ると言えば、彼らは勇を鼓して鰐を攻撃する[23]。

マダガスカル島における鰐の崇拝

ダヤク人のように、マダガスカル島の先住民は「鰐に殺された友人の復讐以外では」決して鰐を殺すことはない。「彼らは、これら爬虫類の一匹を理不尽に殺すと、〈レクス・タリオニス〉（同害復讐法）の原理に基づき、人間も命を失うことになると信じている」。マダガスカル島のイタシー湖近くに住む人々は、彼らの友人の何人かが死ねば、代わりに同数の鰐を復讐として殺すと告げ、また善良な性質の鰐達とは争う気はないので、道から遠ざかり、人間の生命を奪った悪い鰐だけと戦うと警告する。彼らは毎年鰐にこの宣言をする[24]。マダガスカル島の様々な部族は自分達は鰐の子孫であると信じており、従って彼らは、事実上鰐を人間であり兄弟であると見ている。もし鰐の一匹がうっかり我を忘れて親族である人間の一人を食べるようなことがあれば、部族の首長、不在の場合は部族の慣習に詳しい老人が人々の先頭に立って水辺に赴き、罪を犯した鰐の家族を召喚し、彼を法廷に渡すことを命じる。それから鉤に餌を付け、川か湖に投じる。翌日、罪人の鰐もしくはその家族の一員が岸辺に引き上げられ、厳しい訊問により彼の罪がはっきり分かった後に、死刑を宣告され処刑される。法廷の権利はこのようにして充たされ、法の権威は尊重される。一方で、死んだ鰐は親族のように哀悼され、埋葬される。その遺骸の上には塚が築かれ、石はその頭の場所を示す[25]。事実マダガスカル人は鰐を水の王として、またその水域における至高なる者として迷信的な尊敬をもって見ている。川を渡ろうとする時は彼らは厳かな宣誓をし、水上における鰐の主権を認める約束をする。ある老人の先住民は川に入る前、ほとんど半時間近くも鰐と契約を取り交すことが知られている。その後声を張り上げて鰐に呼びかけると、決して傷付けないので自分にも危害を加えないよう説得する。また自分は鰐の仲間達とは決して争ったことがなく、反対に最高の敬意を表していたことを確信させ、以下のように付け加える。もし自分が気まぐれに鰐を攻撃するようなことがあれば、遅かれ早かれ鰐の復讐を受ける。一方もし鰐が自分を食べるようなことがあれば、自分の親族や民族全員が鰐に対して戦を宣告すると。この演説はまたさらに十五分ほどかかり、その後で演説者は恐れることなく川の中に飛び込む[26]。

スマトラ島で尊敬された虎

また虎はもう一つの危険な動物であって、野生人はその中の一頭を殺すことで残りの虎達の敵意を刺激しないよう、そっとしておこうとする。スマトラ人は自己防衛のためか、あるいは虎が友人か親族を殺した直後以外は、いかなる理由があろうとも虎を捕まえたり傷付けようとはしない。あるヨーロッパ人が虎に罠を仕掛けた時、近所の人達が夜になるとそこに出かけ、罠は自分達が仕掛けたのでもなく、また自分達の承諾を得たものでもないことを虎に説明することが知られている[27]。村に多大の危害を加えた虎を殺す必要がある時は、スマトラ島のミナンカバウ人は、虎を殺す前にその許しを乞うため、虎を生け捕りにする。また日常生活では虎の悪口を言わず、虎を不愉快にさせるようなことは一切しない。例えば、彼らは一年以上も通らない通路は使わない。なぜならこれは、虎がこの道を自分だけのために選び、誰か他の者がそれを使うようなことがあれば不敬のしるしと見なすからである。さらに夜に旅をする人達は、他人の後にくっついて歩いたり、また周りを見回したりするようなことはしない。なぜなら虎が、これを自分に対する恐怖の表れであると考え、このような疑いを持たれることに感情を害するからである。彼らは無帽では旅をしない。というのは、これもまた虎に対して失礼に当たるからである。また松明の燃えている先端の火を叩き落とすようなこともしない。というのは火の粉が飛ぶと虎の輝く目に似ているからで、虎はこれを自分の真似をしていると考えるからである[28]。スマトラ島西岸のマンデリン地方の住民はいくつかの氏族に分かれており、その中の一つは虎の子孫と称している。虎はこの氏族の成員を襲ったり引き裂いたりしないと信じられているが、彼らが虎の親族だからである。この氏族の面々が虎の足跡に出くわすと、尊敬のしるしに三本の小さい棒で囲う。また虎が射殺された時は、氏族の女達が死んだ虎にキンマを供えなければならない[29]。

スマトラとベンガルにおける虎殺しの祭儀

スマトラ島のバッタ人は、復讐以外の動機では滅多に虎を殺さない。彼らは〈目には目を、歯には歯を〉の掟を守っており、すなわち彼らの表現ではこうである。「黄金を負債とする者は黄金で支払わなければならない。呼吸（すなわち生命）を負債としている者は、呼吸で支払わなければならない」。また、ある祭儀を行ってからでなくては虎を狩らない。殺傷能力があると証明された武器のみが虎狩りに使われる。虎を殺すと屍体を村に持って来て、その前に供物を置き、その上で香を焚いて、虎の霊にその肉体を離れて香炉の中に入るように祈る。虎の霊魂がこの要求に応じたと思われるとすぐに、一人の話し手が一般の霊達に虎を殺す理由を説明し、この理由を去った虎の霊魂に伝えてくれるように頼む。それは虎の霊魂が怒って、その結果人々が危害を加えられないようにするためである。それから人々は虎の屍体のまわりでもう踊ることができなくなるまで踊り、その後、虎の皮を剥いで埋める[30]。ベンガル地方のラジャマハル附近の丘陵の住民達は、もし誰かが神の命令なくして虎を殺すようなことがあれば、本人あるいは本人の親族の一人が虎に食べられると信じている。このため彼らは、自分達の近親者の一人が虎にさらわれたのでなければ、虎を殺すことには大反対である。そのようなことが起こった場合、彼らは虎を狩り殺す目的で出かけ、成功すると弓矢を屍体の上に置き、神に呼びかけ、殺された親族の死への復讐に虎を殺したことを宣言する。こうして復讐すると、彼らは同じような挑発行為の起こらない限り、他の虎を狩ることはないと誓う[31]。コーチシナの先住民達は虎を非常に尊敬し、恐ろしい神としている。しかし、彼らは虎に罠を仕掛け、虎を捕まえるためあらゆる手段を尽くす。一度虎が罠にかかると、彼らは苦しみに陥った虎に詫びと慰めの言葉をかける[32]。

北米先住民の尊敬した蛇、特にガラガラヘビ

カロライナの先住民は、蛇に出会えば邪魔しようとせず道の片側を通っていくが、もし蛇を殺すと、代わりに兄弟、友人、親族の誰かがその蛇の親族に殺されると信じているのである。(33)同じように、セミノール先住民はガラガラヘビを殺さないが、それは死んだガラガラヘビの霊魂が自分の近親を煽動して復讐することを恐れるからである。かつてガラガラヘビがセミノール先住民の小屋に現れた時、彼らはあるイギリス人旅行家に蛇を除去してくれるよう懇願した。そのイギリス人が蛇を殺すと、彼らは喜んだが、死んだ蛇の霊を慰めるためその旅行者を引搔こうとした。(34)アイオワ人がウルフ川の河口近くに自分達の村を作り始めて間もなく、一人の若者が村にやって来て、さほど遠からぬ丘にガラガラヘビを見付けたと報告して来た。すぐに一人の呪医がその場に赴き、蛇を見るとわざわざこのために持ってきたタバコその他の物を供えた。彼はまた蛇と長い間話をし、人々の所に帰って来て、蛇と和解できたから無事に旅をすることができると告げた。(35)デラウェア先住民もまたガラガラヘビを非常に尊敬し、自分達の祖父と呼び、いかなることがあっても一匹の蛇さえ殺さなかった。彼らの言うには、ガラガラヘビは彼らを守り、尾を鳴らして彼らに危急を知らせる。またもしガラガラヘビを殺すようなことがあれば、残ったガラガラヘビ達が間もなくそれを聞いて先住民に復讐して噛み付くということだった。(36)ポタワトミ先住民は同じ理由でガラガラヘビを非常に尊敬していて、しばしば敵の接近を警告してくれるためそれに感謝している。しかし尾のガラガラを手に入れようと思う若者は、そのためなら何らためらうことなくガラガラヘビを殺す。しかし彼はその蛇に自分の無作法を丁重に謝し、自分の身体の装飾のためにガラガラを必要としたこと、蛇に対して何ら不敬の念を抱かないことを説明し、善意のしるしにその屍体のそばに一つまみのタバコを置くことをならわしとした。(37)チェロキー先住民はガラガラヘビを蛇族の首長と見なし、このためガラガラヘビを畏敬する。チェロキー先住民は止むを得ない場合の外は、敢えてガラガラヘビを殺す者はほとんどいない。またその時でさえ彼らは一定の方式に従い、自分自身かもしくは祭司の仲介を通じて、蛇の亡霊に許しを懇願することでその罪を償わなければならないのである。もしこの配慮を怠ると、死んだ蛇の近親が仲間の一人を血の復讐に派遣し、この蛇は殺した者を探し出して噛み付いて殺す。蛇の頭を切り離し、それを地中深く埋め、また身体は空洞になった丸太の中に隠すことが絶対に必要である。というのはもし遺体を陽に曝しておくと、他の蛇達が非常に怒って大雨を降らし、すべての川が洪水になって、岸辺を水浸しにしてしまうからである。もしチェロキー先住民が蛇に咬まれた夢を見た時は、本当に咬まれた時と全く同じ治療方法を用いなければならない。というのも彼らは蛇の亡霊に実際に咬まれたものと考えているからで、そのため傷口に適切な治療法を施さないと、恐らくその後数年ならずしてそこが腫れ上がり、潰瘍ができると考えている。(38)かつて一人のイギリス人がガラガラヘビを殺そうとした時、同行のオジブワ先住民の一隊がやめるように願い、その蛇を何とか宥めようとした。具体的には、蛇に向かって代わる代わる祖父と呼びかけ、タバコを吹きかけ、先住民達が留守にしている間家族の面倒を見てくれるよう蛇に願い、また蛇の力でこのイギリス人官吏の心を開かせ、先住民のカヌーにラム酒を満載させるよう懇願したのだった。翌日ヒューロン湖で襲いかかって来た暴風は、辱められたガラガラヘビの怒りのためだと彼らは言い、蛇を宥めるために犠牲として犬を湖中に投じた。(39) グアテマラのケクチ先住民は蛇やサソリを火中に投じないが、それは他の蛇やサソリ達が怒って自分達を罰しないようにである。(40)

蛇を殺す時キジバで行われる祭儀　ヴィクトリア湖西方の中央アフリカに位置するキジバ地方では、もし女が畑で作業中に誤まって鍬《くわ》で蛇を殺すようなことが起これば、彼女は大変に動揺して〈蛇祭司〉の所に飛んでいき、彼に鍬と一緒に二枚の子安貝で作られた連珠と雄牛の皮を渡し、殺された蛇の怒れる霊を宥めてくれるよう頼む。この依頼に当たっては、彼女と恐怖や不安を共にする全村民が付き添い、援助してくれる。そこで祭司は太鼓を叩いて合図し、さらに合図があるまでは村中の女は誰も畑に出て働かないようにする。次に死んだ蛇を雄牛の皮で包み、それを厳粛に埋める。翌日祭司は蛇を殺した者を浄める儀式を行う。彼は、豹かハイエナの内臓と水に溶かした泥土で呪薬を調合し、蛇を殺した女の家から始めて、それで村中の家を全て消毒する。次に畑に赴き、そこには村中の女が自分達の鍬を集めている。この鍬を呪薬の溶液に浸し、それから水滴の飛び散るようそれを振り回す。その瞬間、蛇を殺したために被る危険は回避される。蛇の霊は宥められ、女達はいつも通り畑での作業を始めることができる。(41)

狼を殺す時に北アメリカ先住民やその他の民族の行う祭儀　ブリティッシュ・コロンビアのクワキウトル先住民が狼を殺した時は、屍体を毛布の上に置き、心臓を取り出し、狼殺しに手を貸した人々はそれぞれ四口分を食べなければならない。そしてこう言いながらその死を泣き悲しむ。「おお、我が偉大なる友よ！」。その後毛布で屍体を覆い、埋葬する。狼を殺した弓や鉄砲は不吉とされ、持ち主はそれを棄てる。この先住民は狼を殺すと獲物が不足すると信じている。(42) 中央アラスカのティンネ先住民〔ティンネとは現地語で「人、人間」を意味する〕は狼あるいはクズリを殺した時、その屍体を大いに見せびらかしながら、野営地または村に持ち帰る。人々はそれを見るため、「首長がやって来る」と言いながら外に出る。それから屍体を小屋の中に運びこみ、座った姿勢にして凭《もた》せ掛けておく。呪医がその前にたくさんの御馳走を並べるのだが、そこには村中の各家庭が最上のものを持ち寄る。死んだ動物の飢えが充たされたと思う時、男達は御馳走の残りを食べるが、しかし、女はこのように狼やクズリに供えた物に与ることは許されない。(43) 普通のチェロキー先住民は、もし狼の命を救うことが万が一にもできそうな場合、わざわざ狼は殺さない。というのも彼は殺した狼の親族が必ずその死に復讐してくると信じていて、またそれに使った武器は呪医が洗って祓い清めなければ、将来全く役に立たなくなると信じているからである。しかし、こうした罪への適切な贖罪の儀礼を知っている特定の人々は、罰されずに狼を殺すことができる。そのため家畜や簗《やな》〔原文はfish-trap。日本の簗が木組みなのに対して、チェロキーのfish-trapは石組みであるという違いがある〕を襲撃してくる狼に苦しむ人々から、時々狼殺しのために雇われる。専門の狼狩人は自分が命を奪った獣に祈り、狼殺しの罪を別の村落の人々にかぶせて、他の狼達の復讐をさけようとする。狼狩りに使った銃を浄めるため、銃身を抜き、その中に火で熱した七つの小さいサワーウッドの棒[44]を詰め、それから銃身とその中味を朝まで川の流れに浸しておく。北東シベリアのチュクチ人が狼を殺した時は、祭典を行い、そこでこう叫ぶ。「狼よ、我々を怒るな。お前を殺したのは我々ではない。お前を殺したのはロシア人だ[45]」。古代アテナイでは、狼を殺した者は寄付を集めてそれを埋葬しなければならなかった[46]。

特定の鳥は崇拝された　東部スーダンの地域にあるジェベル・ヌバ山地には、ヨーロッパのクロウタドリに似た黒い鳥の一種がいて、その巣に触ったり雛を取り去ったりすることは禁じられている。なぜなら親鳥がその不法行為への復讐のため嵐を起こし、作物を全滅させると人々が信じているからである[47]。上エジプトのスーダン黒人のある者は大鴉（*Corvus cumbrimus*）を自分達のおじと見なしていて、この黒い親類を殺すほど向う見ずな者全員から、補償金あるいは賠償金を取り立てる。こうして良心の呵責に折り合いを付けると、彼らはこの鳥を厳粛に埋葬する。死骸をまるで近親者を埋葬するように、旗付きの棺台にのせ、「アッラーは神である（ラ・イル・アラー）」〔「アッラー以外に神はなし（*la ilaha illa allah*）」というイスラム教のよく知られた信仰がある〕と叫んで墓場に運ぶ[48]。南米のパレンケ人は、食用に適さない無害の動物を殺さないよう非常に気を付ける。というのも、このような動物に危害を加えると、自分達の子供に病気や死が降りかかると信じているからである[49]。

自分達の殺さなければならない動物達に対する野生人の詫び　しかし、野生人がすべての動物の命を救う余裕はないことは明白である。彼らは動物をある程度食べるか全く食べずに飢えるかのどちらかを選ばなければならず、そして自分が滅びるか動物が滅びるかという問題に直面した場合、自分の迷信的なためらいを克服して動物の命を奪わざるを得ないことになる。同時に彼はその犠牲と近親を慰めるため、出来るだけのことをする。動物を殺す時でさえ、野生人は動物達への尊敬を証明し、動物に死をもたらした自分の役割を謝罪し、時には隠しさえするように努め、遺体は丁重に取り扱うと約束する。このように死から恐怖を取り除くことで、犠牲となった動物達も自分達の運命を甘受するようになり、その仲間達も再びやって来て殺される気になってくれるだろうと野生人は期待するのである。例えばカムチャツカ人の主義として、陸海の動物を殺す時には必ず最初に詫びを入れ、動物達がそれを悪く思わないようにお願いをするのであった。彼らはまた動物に杉の実その他を供え、彼らに犠牲ではなく饗宴の賓客であると思わせるようにした。彼らはこうすることで、同種の他の動物達が用心深くならなくなると信じていた。

カムチャツカ人、オスチャーク人、コリヤーク人、フィン人、サーミ人が殺した熊の慰霊　例えば、カムチャツカ人が熊を殺してその肉で御馳走を食べる時は、主人は熊の頭を仲間達の前に持って来て、草で包み、様々な小物を供えた。それから熊を殺した罪をロシア人にかぶせ、怒りをロシア人にぶちまけるよう熊に言いつけた。さらにまた、他の熊達が恐れを抱かずにやって来るように、どんなに自分がよい待遇を受けたかを知らせるよう頼んだ。アザラシ、アシカ、その他の動物もカムチャツカ人は同じような儀礼的敬畏で取り扱った。さらに彼らは殺した熊の口中に、熊草〔セリ科の多年草。別名ボールドマネー〕に似た植物の小枝を入れるならわしがあった。その後歯を剝き出しにした頭蓋骨に向かって、以下のように勧めた。仲間達の所に心配せず向かい、彼らもやって来て捕えられればこの素晴しい親切なもてなしを受けることができると伝えなさいと[50]。オスチャーク人が熊を狩って殺すと、その頭を切り離し木に吊す。それから円陣を作って集まり、これを神として祭る。次に悲嘆の声を発しながら、屍体に走り寄りこう言う。「誰がお前を殺した。ロシア人だ。誰がお前の首を斬った。ロシア人の斧だ。誰がお前の皮を剝いだ。ロシア人の作ったナイフだ」。彼らはまた飛んでいく矢に力を与えた羽根は見知らぬ鳥の翼からのもので、自分達はただ矢の赴くままにしただけだと説明する。彼らがこうするのはすべて、殺された熊の亡霊が彷徨い歩き、もしこうして慰めないと、まず最初に彼らを襲うと信じているからである[51]。あるいはまた、彼らは殺した熊の皮に干草を詰め、嘲弄し侮辱する歌をうたって熊を殺したことを祝い、唾を吐きかけ足蹴にした後、後足で立たせ、「それからしばらく経って後、守り神にふさわしいあらゆる敬意を表する」[52]。コリヤーク人の一隊が熊や狼を殺した時は、その皮を剝ぎ、中の一人がその皮をかぶる。それから彼らはその皮をかぶった男のまわりを踊って、それを殺した者は彼らでなく、誰か他の者、通常ロシア人だと言う。彼らは狐を殺すと皮を剝ぎ、その体を草で包む。すると狐を仲間達の所に向かわせ、自分が親切に待遇され、古い外套の代わりに新しい外套を貰ったことを知らせるよう命じる[53]。コリヤーク人の祭儀についての詳細な説明は、より最近ある筆者が書いている。それによると、死んだ熊を家に持って来ると、女達が松明を持って踊りながら出迎える。熊の皮は頭を付けたまま剝がされる。女達の中の一人がその皮をかぶって踊り、彼らに対して怒るのではなく親切にしてくれるよう熊に懇願する。同時に彼らは木製の大皿に肉を載せ、「食べなさい、友人よ」と言いながら死んだ熊に供える。やがて、死んだ熊というよりもその霊を、彼の故郷に送り帰すための祭儀が行われる。旅の食糧として、草製の袋に菓子かトナカイの肉を入れて持たせる。熊の皮に草を詰めて、家のまわりを担いで運ぶと、その後熊は昇りゆく太陽に向かって旅立つと考えられている。この祭儀の目的は、人々を殺された熊とその近親の怒りから守り、今後の熊狩り成功を祈るためである[54]。フィン人は殺された熊に向かって、自分達が殺したのでなく、木から落ちたとかあるいは他の原因で死んだのだと説明するのが常だった[55]。さらに、彼らは熊のために葬式を開くのだが、その終わり頃になると今まで熊に払ってきた敬意を詩人が事細かに話し、受けた親切な待遇を他の熊に知らせ、他の熊達もまた彼の例に倣ってやって来て殺されるよう促すのだった[56]。サーミ人が無事熊を殺すことに成功した時は、熊が自分達を傷付けず、熊を殺す際に用いた棍棒や槍を壊さないでくれたことに感謝した。また彼らは殺された熊が仕返しに嵐を起こしたり何かしないよう祈った。それから熊の肉で饗宴が催されるのだった[57]。

北米先住民による殺した熊の慰霊　定期的に殺して食べる熊に対して狩人達が捧げる尊敬は、このようにベーリング海峡からラップランドに至る旧世界の北部地域全体にわたって見られる。これは同じ形で北米にも現れている。アメリカ先住民にとっては、熊狩りは重要な出来事であって、彼らは長期の断食と浄めでこの準備をした。出発する前には、前回の狩りで殺した熊の霊魂への罪滅ぼしの供犠を行い、狩人達に友好的であってくれるよう願う。熊を殺すと、狩人はパイプに火を付け、吸口を熊の唇の間にはさみ、雁首の方を吹いて熊の口に煙を充たす。それから熊に対して、殺されたことを怒らず、また後で狩猟の邪魔をしないように願う。熊の屍体は丸焼にして食べ、一片の肉も残さないようにする。赤と青の色を塗った頭を柱に吊すと、それに雄弁家が話しかけ、死んだ熊を大いに賞めそやす[58]。オタワの熊氏族の男達が熊を殺した時は、その肉で熊に御馳走を作ってやり、こう語りかけた。「お前を殺したからとて私達を恨むな。お前は物分かりがいい。お前は私達の子供が飢えているのを知っている。子供達はお前を愛し、自分達の身体の中にお前を取り入れたいと思っている。首長の子供に食べられるのは名誉ではないか[59]。」ブリティッシュ・コロンビアのヌートカ先住民の間では、熊を殺すと、それを連れて来て、大首長の前に姿勢よく座らせ、模様が施された首長の帽子を頭にかぶせ、毛皮の上には白い綿毛をふりかける。それからその前に食物の盆を据えて、言葉と身振りで食べるように勧める。その後で熊の皮を剝ぎ、肉を煮て食べた[60]。アシニボイン人は熊に祈り、タバコ、帯、その他の高価な物を捧げものとして供える。さらに、彼らは熊を祭って饗宴を開き、熊のお気に入りとなって、無事安泰に暮らすようにする。熊の頭は数日間テント内の快適な場所にしばしば安置され、緋色の布片、首飾り、首輪、色付きの羽毛などで飾られる。それにパイプを供えると、彼らは出会う熊がみな自分達に何の危害も加えることなく殺されてくれるように祈る。というのも自分達の身体に熊の良質な獣脂を塗り、そのおいしい肉で饗宴を開くためである[61]。オジブワ先住民は、犬が熊の肉を食べたりその骨をしゃぶることを許さず、残った部分は全部火中に投じる。彼らはもし熊の肉を汚すと、以後熊狩りは成功しないと考えている[62]。十八世紀のある交易商人は、オジブワ先住民の一隊がたった今殺したばかりの雌熊をいたく可愛いがっていた様子を記述している。彼らはその熊の頭を手に取って、それを撫で、接吻し、その非業の死に何千言もの詫びの言葉を述べた。彼らはその雌熊を自分達の親族そして祖母と呼び、自分達を咎めないようにお願いした。なぜなら実際に熊を殺したのはイギリス人だったからである。頭を身体から切り離して、それに集められる限りの小さな飾り物を付け、小屋の中の足場の上に据え付けた。翌日パイプに火を付け、死んだ熊の鼻孔にタバコの煙を吹き入れ、交易商は熊の命を奪った償いとして、こうしてタバコの煙を吹きかけて敬意を表するように求められた。この熊の肉で饗宴を開く前に、一人の雄弁家が演説をし、悲しいことに彼らの友人である熊を殺さざるを得なかったことを深く悔いた。なぜなら、こうする以外にどのようにして彼らが生きながらえることができるだろう、というわけである[63]。アメリカ北西海岸沖のクイーン・シャーロット諸島〔二〇一〇年にハイダ・グワイに改名〕の先住民のある者は、自分達の殺した獣の霊を慰めるため、一列になった四つの赤い十字を熊、カワウソ、その他の獣の毛皮に記す習慣があった[64]。ブリティッシュ・コロンビアのトンプソン先住民が熊狩りに出かけようとする時は、ときどき熊に向かって言葉をかけ、やって来て撃たれてくれるよう願ったりもした。彼らはこの恐ろしい熊に対して、狩人を怒らず、また狩人と争わず、むしろ狩人を哀れと思って、情けに自分の身体を渡してくれるよう祈った。この恐ろしい熊を狩ろうとする者は、危険な旅に出る前のしばらくの間、身を浄めなければならなかった。熊を殺すと、彼と仲間達は赤と黒が交互に並ぶ縦縞を顔に塗り、熊の歌をうたった。狩人達もまた時々祈り、熊がかくも易々と殺されてくれたことに感謝し、さらに彼の仲間達も同じ運命を分かち合ってくれるよう頼んだ。熊の頭の肉を食べ終わると、頭蓋骨を小さい木の天辺、届く限りの高さの所に結い付け、そのまま残しておいた。それが終わると、前のように顔に赤と黒の筋を交互に塗る。というのは、もしこの儀式を行うことを怠ると、熊が怒り、狩人はもう熊を殺すことができなくなるからである。熊または他のあらゆる大きな獣の頭を木や石の上に置くのは、その動物に対する尊敬のしるしだった[65]。同地方のリルウェットおよびシャスワップ先住民は、熊を殺す時同様の祭儀を行う慣習があった[66]。

アフリカにおける殺した象の慰霊

他の危険な動物達に対しても、定期的にそれらを捕殺する狩人達は似たような敬意を払うことが分かっている。黒人の狩人達が象に槍の雨を浴びせる時は、「我々を殺さないでくれ、偉大なる首領よ。我々を打ち倒したり踏み潰さないでくれ、大首長よ」と大声で叫ぶ[67]。象が死ぬと彼らは弁解をして、その死は単なる事故だったふりをする。彼らは尊敬のしるしとして、象の鼻を非常に厳粛な祭儀と共に埋葬する。この理由は、「象は偉大なる君主であり、彼の鼻は彼の手である」からだと彼らは言う[68]。アマコーサ・カフィール人が象を狩る時は、象に大声で呼びかけて、今まさに行われようとしている殺しへの許しを乞う。そしてその立派な態度には頭が上がらないことを告白し、また数珠玉を手に入れ、必要品を補充するためには、止むを得ずその牙を手に入れる必要があることをはっきり説明する。象を殺すと、その鼻の先と一緒に、かつて象牙と交換して手に入れた品物の若干を地中に埋め、彼らに降りかかる災厄を避けようとする[69]。中央アフリカのワンヤムウェシ人は、狩人が象を殺すと、殺した場所にその脚を埋め、上に石をおく。この埋葬は死んだ象の霊を慰め、今後の狩猟での狩人の成功を確実にするとされている[70]。バガンダ人は象を殺すと、牙から神経を抜き取りそれを埋めるが、埋めた場所に目印を付けるよう気を付ける。というのは死んだ象の亡霊はその神経に取り憑き、もし狩人がその神経を踏むようなことがあれば、象の亡霊は次に彼が象狩りに出かけるとき、彼が象に殺されるように仕向けると考えられているためである[71]。

アフリカにおけるライオンの慰霊

上ナイル地方のラトゥカではライオンを非常に崇拝し、彼らがひどく害をなし危険となった時にだけ殺す。この地方にはいわゆる〈ライオンの首長〉なる者がいたが、彼はあらゆるライオンを自分の支配下においていると宣言し、実際に数頭の馴らしたライオンを自分の家に飼っていた。エジプト政府の出張所近くでライオンが誤って罠に落ちるようなことがあれば、いつもその男が決まって出て来て、この高貴な獣を釈放するよう頼むのがならわしだった。この願いは常に許され、厚板を穴の中に下ろして、中のライオンがこれをよじ上って逃げられるようにした[72]。東アフリカのいくつかの部族の間では、ライオンを殺すと屍体を王の前に持っていき、王は地上にひれ伏して自分の顔をライオンの鼻にこすり付けて敬意を表する[73]。

アフリカにおける殺した豹の慰霊　西アフリカのある地方では、もし黒人が豹を殺すと、彼は早々に縛られ、自分達の仲間の一人を殺した廉で首長の前に連れ出される。その男は、豹は森林の首長であり、従って余所者であると言って自己弁護する。それから彼は放免され、報酬を受ける。しかし殺された豹は首長の帽子を被せられて村に安置され、そこで豹を祭る踊りが夜っぴて行われる[74]。豹はニジェールのイガラ人に大変な尊敬の念を抱かれている。彼らは豹を「父」（アッタ）と呼ぶが、狩猟でその獣を殺すことには反対していない。殺した豹を首都イダに持って来ると、白装束を着せて四人の男達が頭上で支え、歌をうたい、太鼓を叩きながら家々を回る。各戸主は豹の持ち主に子安貝や布を贈り、最後に屍体は砲声が轟く盛大な儀式の中で埋葬される。これらの祭儀をゆるがせにすると、死んだ豹の霊が彼らを罰すると考えられている[75]。トーゴランドのエウェ人の間では、「水牛、豹、野生の黒豚を殺した狩人は、女が死んだ時の葬儀と同じかほとんど似たような葬儀を、九日間アゴメで行った。これは殺した獣の霊魂が彼らに復讐するのを防ぐためである。この慣習は別に不思議とするに当たらない。というのは喪に服するという慣習自体、霊すなわち死者の霊魂に対する恐怖に基づいているからである。先住民達はこれらの危険な動物達の霊魂には、彼らを射った人間を殺す力、あるいは人間を盲目にし魔法にかける力があると考えているので、狩猟の際に狩人は獣と人間を混同することになり、酷い災難を被るのである[76]」。想像上の災禍を避けるためにこれら黒人達によって行われるこうした奇異な儀式は、あるドイツ人宣教師によって記述されている。彼曰く、豹と野生の水牛は邪悪な霊魂により生命を与えられており、この霊魂は生きている動物の身体に取り憑いている間、狩人に危害を加えるだけでなく、動物の死後でさえ、その身体から離れた状態で殺した者に付き纏い、悩まし続ける。そして時には蛇や豹を唆して狩人に噛み付かせたり、時には狩人を盲目にして動物と間違えて人間を射させたり、あるいは家に帰る道を分からなくして、荒野を迷い歩かせ、惨めに野垂れ死にさせてしまうのである。もしこのように盲目になり発狂した男が町に帰って来るようなことがあれば、彼は一生涯追放され、奴隷として売られる。そして家や農地はすっかり壊され、また最近親者達はしばしば保釈保証人として他国人の手に渡される。従って、狩人にとっては事実、豹の亡霊の怒りを買うことは極めて重大な事件であり、かくも怖ろしい悲劇を避けるためあらゆる合理的手段をとるのは全く当然である。このため豹を殺すとすぐに、狩人は急いで町に帰り、前に豹を殺したことのある他の男達にそのことを伝え、この男達は彼に助言をし自分達の経験を教えて彼を助ける。まず最初に彼らはこの男の口中に草の茎を入れて、物を喋らないしるしとする。それから森林の中の豹が死んで横たわっている所に赴き、豹に射殺した理由を伝える。つまり豹が羊を盗み、鶏、豚を取り、人間を殺したからだと告げるのだ。次に太鼓を叩き、人々は町の広場に集まる。その間に死んだ豹は棒に縛り付け、目隠しをし、口は空に向け、厳かに町を担ぎ回り、お偉方の家の前に下ろし、お偉方は英雄とその仲間達に贈り物をしてねぎらう。行列が一回りすると、豹を木に縛り付け、狩人達が殺した男を豹に見えるように赤と白で色取り、ただ豹の斑点だけは身体の左側のみに塗る。同じ色を塗った籠を彼の頭にかぶせ、子安貝の魔法の数珠を手足のまわりに巻き付ける。こうして装うと、この男と豹を殺した他の英雄達は四つん這いになって這い回り、誰かが傍に来ると豹のように吠える。各人左手には弓を持って、罪のない雄鶏や雌鶏を殺す道具とし、また右手でもって動物が獲物を探すように地上を手探りで探し回る。誰も口をきかず、吠えるだけであるが、それを堂々とした態度で行う。この立派な行列の先頭には、頑丈な棍棒と槍でそれぞれ武装した二人の男が行き、殿《しんがり》には第三の男が控えている。この男は真直に立って歩く特権を有している。この恵まれた男は料理人で、その任務は人間・豹達が巡回中に盗み取った鶏を料理することである。実際、彼らは十九日間も、無論その豹である資格において、罰されることもなく、鶏小屋を盗み回る特権がある。午後に豹の屍体は降ろされ、皮を剝ぎ、解体される。旨い所は首長その他のお偉方に送られ、彼らが食べる。残りの肉は一般人達が食べる。毛皮、歯、頭、爪はこれを殺した狩人の物となる。しかし豹を殺した者は、以後十九日間はその特異な扮装を付けていなければならず、温血動物と塩で味付けした食物しか食べることができない。なお胡椒で味付けしたいかなる物も食べてはならない。またどのようなことがあっても魚を食べてはならない。というのも魚は冷血動物だからである。十九日目の終わりに、町の男達全員の参加する大祭でこの行事の幕は下りる。この祭典の特色は豹狩りの演劇的な再現であり、これは大変な興奮状態の中でも細部にわたって演じられる。これらの祭儀がしっかりと行われさえすれば、狩人は豹の亡霊に悩まされる恐れは全くなくなる。[77]

ウガンダにおける殺した水牛や羊の慰霊　バガンダ人は自分達が殺した水牛の亡霊を非常に恐れ、常にこの危険な霊を慰める。いかなることがあっても、彼らは殺した水牛の頭を村の中やバナナ畑の中に持って来ることはしない。そのため彼らは常に頭の肉を野外で食べる。後で彼らは頭蓋骨をそのために建てた小さい小屋の中に安置し、供物として酒を注ぎ、亡霊に今いる所に留まり人に危害を加えないよう祈る。[78] はなはだ奇妙なことに、バガンダ人はまた羊の亡霊も恐れるのであり、もし羊が最後の一撃を加える男を見た時は、取り憑いてその者を殺すと信じている。このため羊を殺そうとする時は、別の男に注意を逸らしてもらい、何も知らない羊の背後から忍び寄ると、斧の柄の一撃で気絶させる。それから意識を回復する前に、器用に咽喉を掻き切る。これで羊の亡霊は欺かれ、羊殺しの所に迷い出てこなくなる。加えて、羊が家の中で死んだとき、主婦は自分の夫に向かって「羊が死んだ」とぶっきらぼうに言ってはならない。さもないと、亡霊はひどく傷付いてきっと彼女を病気にしてしまうだろうし、しまいには殺してしまうかもしれない。彼女はこう言ってこの悲しい事実を婉曲に表現しなければならない。「私はこれこれの羊を自由にしてやることができない」。彼女の夫はその意味が分かるが、しかし羊の亡霊には分からない、いずれにしても亡霊は自分の悲しむべき死に対するこのような細心の言い回しを恨むようなことはない(79)。バガンダ人の女性が誤って鍬で鶏を殺した際、死体を夫の前に運び込んで罪の告白をするかわりに、長く伸びた雑草の中にでも放り投げるようなことがあれば、鶏の亡霊でさえ女に取り憑いて、病気にしてしまうかもしれない(80)。

コリヤーク人の間における死んだ鯨の慰霊

野生人の狩人が喜んで、しかし同時に恐怖と戦慄をもって殺すもう一つの怖るべき動物は鯨である。鯨を殺した後、北東シベリアの沿岸地域に暮らすコリヤーク人は共同祭儀を行う。この祭儀の本質は「次のような観念に基づいている。すなわち殺された鯨は村を訪問にやって来たのである。鯨はしばらくの間滞在し、その間非常な尊敬を受けて待遇される。それから翌年も再び訪問するため海に戻る。鯨は自分に与えられた親切なもてなしを親族達に知らせて、一緒に来るように誘う。コリヤーク人の観念によれば、鯨は他のすべての動物と同様、親戚関係のある個々からなる一部族、というよりむしろ家族であって、コリヤークのように村に住んでいる。彼らは仲間の一頭が殺されると復讐を試みるし、また彼らの受けた親切には感謝の念を抱く(81)」。オホーツク海の湾ではいま大鯨はほとんど見られないので、現在のコリヤーク人は一般に白鯨の祭儀を行う。W・ヨヘルソン氏は一九〇〇年十月、クエル村でこの祭儀の一つを実見した。一頭の白鯨が網にかかったが、海が一部凍っていたので、屍体は海岸を橇《そり》で運ばなければならなかった。鯨が浜に近付くのが見えると、刺繍の施された長いダンス用コートを着た女性の一隊が手に松明を持って、鯨を出迎えて歓待するために出て来た。炉から燃えている松明を持って来るのは、賓客を歓迎する古いコリヤーク人のならわしである。厳密に言うと、鯨を歓迎して家に招く女達は、ダンス用コートを身に纏うと共に顔にはスゲ草の仮面を付け、手には松明と共に供犠用のハンノキの枝を持つのがよい。しかしこの時には女達は仮面は省略していた。彼女達は、頭を振り、肩を動かし、両腕を伸ばして全身をゆすりながら、時にはうずくまり、時には立ち上がり、「おお、お客が来た」と歌いながら踊った。寒くて風があるのにも拘らず、彼女達はあまりに激しく踊ったため汗がしたたり落ち、声が嗄《か》れるまで歌い叫んだ。鯨を載せた橇が岸に到着すると、女性の一人が鯨の頭に呪文を唱え、それからその口の中にハンノキの枝と供犠用の草を差し込んだ。次に彼女達は鯨の頭を頭巾で包んだが、これは明らかに鯨が自分の解体というむごたらしい光景を見るのを防ぐためである。その後、男達が解体し、女達は血を桶に集めた。これまた殺された二頭のアザラシも続く祭儀に加えられた。これら三頭の動物の頭は全部切り離されて、家の屋根の上におかれた。

翌日祭儀が始まった。朝、女達は鯨のために草で旅行鞄を編み、草の仮面を作った。夕方になると、人々は大きな地下室に集まり、煮た白鯨の肉のいくらかを草の鞄の中に入れ、白鯨の木像の前に供えた。そうすることによって、身体を離れた鯨の霊が、このように自分の体の一部で盛大なもてなしを受けることになるのは明らかだった。なぜなら白鯨やアザラシは饗宴で賓客として待遇される存在だからである。そうしたふりを続けるためにも、人々は時間前に賓客を起こすことを恐れて、静かにするか囁き声で話すだけであった。とうとう準備は完了した。新しく炉にくべた薪束は火を燃え上がらせ、少し前まで暗闇に包まれていた広い地下室の煙で煤けた壁は、チラチラとした光で照らされた。そうして長い静寂は、女達の「さあ、親しいお客様がやって来た！」、「何回も訪ねて来てくれ！」、「海に帰る時は、友人達もまた我々を訪ねて来るよう伝えてくれ。お前さん同様うまい食物を準備しておきましょう」、という喜びの叫び声で乱された。この言葉と共に、彼女達は台の上にさもうまそうにおかれたプディングを指さした。次に主人が白鯨の脂の一片を取って、火中に投じこう言った。「我々は汝のためにそれを火で燃やしているのだ！」。それから主人は神棚の所に行き、脂肪の塊を作りの粗い守護神の彫像の前におき、脂をその口に塗った。お偉い方々の食欲をこうして充たした後、人々は白鯨やアザラシの肉などを含む御馳走に取りかかり、食べるのであった。最後に二人の老人がアザラシの肩胛骨を用いて占いを行うことによって、白鯨が海に戻り、自分同様にやって来て捕まえられるよう仲間達に呼び掛けるかどうか知ろうとした。肩胛骨でこれを知るために、燃えている燠《おき》を骨の上に積み重ね、そうしてできた亀裂を丁寧に調べた。誠にうれしいことに占いは吉だった。長く横に伸びた亀裂は、白鯨の霊が間もなく旅立っていく海を示す。四日後、この旅立ちは実際に起きた。それは明るい陽光の輝く冬の朝だった。寒気は鋭く、海岸から沖の方まで一マイル以上が氷の塊で覆われていた。饗宴の行われた大地下室では、炉を一種の祭壇のようなものに変えていた。その上には白鯨とアザラシの頭が安置され、その傍らには、プディングを詰めた草の旅行鞄が置かれていたが、これは動物達が長旅に持っていく物である。炉のそばでは顔に草の仮面を付けた二人の女が跪《ひざまず》き、頭を鞄の上に傾けて呪文を唱えていた。日光が頭上の煙突を通って彼らに降り注いでいたが、広い地下室の隅々には薄暗い微光を投げかける程度だった。女達の付けている仮面は、白鯨の霊から自分達を守るためのものであって、この霊は目に見えず空中を彷徨っていると考えられている。呪文が終わると、女達は膝で立ち上がり仮面を外した。白鯨への捧げものであるプディングを詳しく調べた結果、鯨の霊がそれを快く受け取って海に帰るところだという喜ばしい情報が明らかになった。従って残っている仕事は、ただ彼の帰還を急かすことだけである。このため二人の男が屋根に上がり、煙突から皮紐を下ろし、白鯨とアザラシの頭を食糧を入れた旅行鞄と共に引き上げた。こうして、死んだ動物達の霊魂を大海の故郷に帰す仕事が終わったのである。[82]

鯨、カバ、オンス、猿の慰霊

マダガスカル北方にあるサント・マリー島の住民達が鯨狩りに出る時は、若い鯨を選んで狩り、「その母親に謙虚に許しを乞うと、彼女の子供を殺さざるを得なかった必要性を述べ、狩猟の間は下に潜っていてくれるように頼むが、これはこの有様を見て心を苦しめ、母親として怒り狂うことのないようにするためである」[83]。西アフリカのアジンゴ湖において、アジュンバ人のある狩人が雌のカバを殺した時、首を切り離し、四肢と内臓を取り除いた。それから狩人は裸になって、肋骨の空洞の中に入り、血だまりの中に跪いて全身をカバの血と排泄物で洗い、その間にカバの霊魂に、殺したことで将来母親になる希望を挫いてしまったからといって、自分を恨まないようにと祈った。さらに亡霊に向かって、他のカバ達を唆して、彼のカヌーを頭で突き上げひっくり返して、彼女の死に復讐することのないよう頼んだ[84]。豹に似た動物オンス〔ounce は snow leopard（ユキヒョウ）の別名であり、この動物は中央アジアにしか生息していない。そうなると後の「ブラジル先住民」という語との間に矛盾が生じる。これはフレイザーが参照した書物がアンドレ・テヴェ『普遍宇宙誌』（一五七五年）と非常に古いことに鑑みて、そこに原因があると推測される。〕は、ブラジル先住民にその破壊行為のため甚だ恐れられている。彼らは罠でこの動物を捕まえると、それを殺して村に持ち帰る。そこでは、女達が屍体に様々な色の羽毛を飾って、脚に足輪をはめ、泣きながらこう言う。「私は汝が、己の無知のせいで捕えられ殺されたことを恨んで、私達の子供達に復讐などしないよう強く願う。というのは、お前を欺いたのは私達でなく、お前自身だからである。私達の夫達は罠を仕掛けて、美味しく食べられる動物を捕えただけである。夫達はその罠に汝が引っ掛かるなどとは夢にも思わなかったのだ。従って汝が霊魂になった暁にはお前の仲間達と相談して、私達の子供に復讐することのないようにしてくれ！」[85]。ボリビアのユラカレ先住民は熱帯林で大型類人猿達を殺すと、死体を家に持ち帰り、ヤシの葉の上に一列に並べ、頭がみな同じ方を見るようにし、チチャ〔南米アンデス地方で飲まれる酒〕を振りかけ、「我々はお前を愛する。だから家に連れて来たのだ」と言う。彼らはこの儀礼を行うと、森の中にいる他の猿達を非常に喜ばせると考えている[86]。ギアナの先住民は、森林の中の仮小屋でバクを殺した後、その肉をバブラコット〔南米のインディオが食べ物を炙ったりする際に使う木製の網格子。これが北米に伝わってバーベキューとなった〕で乾かすのだが、そこを去る時には例外なくこのバブラコットを壊す。彼らによるとその理由は、バクがこの道を通るようなことがあれば、仲間の一人が殺された形跡を見付けて、先住民がそこで寝泊まりする次の機会を狙って夜やって来て、その一人を捕まえ復讐のためバブラコットで焼いてしまうからだという[87]。

死んだ鷲の慰霊

ブラックフット先住民は罠で鷲を捕えて殺すと、それを〈鷲の小屋〉と呼ばれる特別な場所へと連れていくが、この小屋は鷲を歓迎するために野営地の外れに作られたものである。ここで先住民は鷲を地面に一列に並べ、棒で鷲の頭を支えると、一片の乾肉をそれぞれの口に押し込む。それは、死んだ鷲の霊が他の鷲達の所に赴き、先住民達がどんなに自分達を良くもてなしてくれたか伝えてもらうためである[88]。同じように、オリノコ地方の先住民の狩人が動物を殺すと、その口を開いて彼らが常に携行している酒を数滴注ぎ、死んだ動物の霊魂が仲間達に自分の受けた歓待を告げ、彼らもまた同じような歓待を期待して早速殺されにやって来るようにする[89]。鷲を殺したチェロキー先住民の狩人は、死んだ鳥の上に立つと、それが自分の部族に復讐しないよう祈り、この惨酷な行為をした者は自分でなくスペイン人だと言う(90)。

蜘蛛の亡霊を欺く

テトン先住民は、旅先で灰色の蜘蛛や黄色い脚の蜘蛛に出遭うとこれを殺す。というのは、そうしないと何か悪いことがふりかかると信じているからである。しかし、自分が殺すことを蜘蛛に悟られないよう非常に気を付ける。なぜならもし蜘蛛にばれたら、その霊魂が他の蜘蛛の所に行って知らせ、そのうちの一匹が必ず仲間を殺した復讐に来るからである。そこで蜘蛛を踏み殺す時は、先住民は「おお祖父なる蜘蛛よ、雷様がお前を殺す」と言う。そこですぐ蜘蛛を踏み殺し、蜘蛛は言われたことを信じる。恐らく彼の霊魂は他の蜘蛛達の所に急いで向かい、雷が自分を殺したと教えるだろう。しかし、このため何も害を加えられることはない。灰色蜘蛛や黄色脚の蜘蛛達が、雷に向かって一体何が出来るというのだろうか(91)。

殺した動物の慰霊祭はその動物の危険度の大小により異なる

しかし、野生人が良い間柄を保とうと思うのは危険な動物だけではない。野生人が野獣に対して払う敬意はある程度、その力と獰猛さに比例していることは事実である。例えば、カンボジアの野生人であるスティエン人は、あらゆる動物は霊魂を持ち、死後うろつき回ると信じているので、それを殺す時は、霊魂がやって来て自分達を苦しめないよう許しを乞う。彼らはまたそれに犠牲を捧げるが、この供犠は動物の大きさと力に比例する。象を殺す時に行う祭儀は大層盛大で、七日間も続く(92)。同じような区別は北米先住民によってもなされている。「熊、水牛、ビーバーは、食物を供給するマニド達(神々)である。熊は恐ろしいが美味である。彼らは熊の祭儀をし、食べさせてくれるよう頼む。しかし彼らは熊がそれを好まないことを知っている。我々はお前を殺すが、お前達は滅びることはない。熊の頭と前足は尊敬の対象である……。他の動物達も同じ理由から同じように取り扱われる……。危険でない動物のマニド達の多くは、しばしば軽蔑されて扱われる――例えば、キスイガメ、イタチ、スカンクなどがそうである(93)」。

恐ろしくない動物でも肉や皮に価値があれば尊敬をもって扱われる

この区別は参考になる。恐れられている動物や食べておいしい動物、あるいはそのどちらも備えている動物は、儀礼的な敬意をもって取り扱われる。恐ろしくもなく、また食べてもうまくない動物は軽蔑される。恐れられかつ食べられる動物に対して払われる尊敬の例は既に述べた。同じような尊敬が、恐れられはしないが、食用になるか毛皮に価値があるかする動物に対しても示されることを立証しなければならない。

殺した黒貂に対する尊敬

シベリアの狩人達が黒貂を捕まえた時は、誰もそれを見ることを許されない。また彼らは善きにつけ悪しきにつけ、捕まえた黒貂について話してしまうと、以後黒貂は捕まらないと考えている。ある狩人は、黒貂は自分達について言われていることなら、モスクワほど遠く離れていても聞こえると信じていたことが知られている。彼の言うには、なぜ現在黒貂狩りが振るわなくなったかというと、幾匹かの生きている黒貂がモスクワに送られたからだという。そこで黒貂達は奇妙な動物として好奇の眼で見られたが、黒貂達はそれに我慢ができなかった。また彼の主張によると、黒貂の捕獲量が減った、重大ではないが別の原因は、世の中が以前よりずっと悪くなったので、今では狩人が捕えた黒貂を共同の蓄えに入れずに、それを時々隠すようになったことにあるという。これもまた、彼の言うには、黒貂の我慢できないことである(94)。あるロシア人の旅行家がたまたま主人が留守中のギリヤーク人の小屋に入っていったところ、殺したばかりの黒貂が壁にかけられているのを見た。彼がそれを眺めるのを見て狼狽したその家の主婦は、急いで黒貂に毛皮の帽子をかぶせ、それから取り外して、樺の皮に包み、見えない所に持っていった。彼が高値で申し込んだにも拘らず、黒貂を買いたいという旅行家の望みは無駄であった。彼らの言うには、他国人である彼が何にも覆われていない死んだ黒貂を見たのは甚だ悪いことだったが、もし黒貂を彼に売り渡すようなことをすれば、将来黒貂を捕獲するに際し、はるかに悪い結果が起こるだろうということだった(95)。

黒貂やビーバーの骨は犬の届かないところに置き、死んだ動物達が怒らないようにする

アラスカの狩人達は、黒貂やビーバーの骨を一年間犬の届かない所にしまっておき、それから丁寧に埋めるが、「ビーバーや黒貂を見守っている霊達が、それらのものが軽蔑されたと考え、このためもう殺されたり罠にかかったりしてくれなくなることを防ぐためである(96)」。ブリティッシュ・コロンビアのシュスワップ先住民は、もしビーバーの骨を河中に投じなければ、ビーバーはもう罠にかからず、またもし犬がビーバーの肉を食べたり骨をしゃぶったりすれば、同じことが起こるものと考えている(97)。貂やビーバーを罠にかけたキャリアー〔「ボートで動き回る人」を意味する先住民語「ダケルDakelh」を翻訳したもの〕先住民は、犬をそれに寄せ付けないように気を付ける。というのは、もし犬がこの動物に触るようなことがあれば、他の貂やビーバーがわざわざ捕まってくれなくなると信じているからである(98)。たまたま一人の老キャリアー先住民と会ったある宣教師が、狩りでどんな獲物があったのかと尋ねたところ、こう答えた。「おお、それを聞かないで下さい。ここにはビーバーがたくさんおります。私はここに来てすぐ自分で一匹捕まえましたが、不運にも犬がそれに触ってしまった。その後は、私が他のビーバーを捕まえることができないのはお分かりでしょう」。宣教師はこう言った。「馬鹿げたことだ。何事もなかったかのように罠をかけなさい、きっとかかりますよ」。その先住民は絶望した調子で答えた。「無駄です。全く無駄だ。あなたはビーバーのやり口が分かってない。犬がビーバーに触っただけでも、他のビーバー達は皆その犬の持ち主を怒り、その先ずっと彼の罠を避け続ける」。宣教師がこれを一笑に付し、説得して彼の信念を取り払おうとしたが無駄だった。その男は罠を捨て、猟を止めると主張した。というのは彼の主張のように、ビーバー達は彼に対して怒りを覚えてしまったからである(99)。あるフランス人旅行者が、ルイジアナの先住民がビーバーやカワウソの骨を犬に与えないのを見て、その訳を聞いた。彼らの言うには、森の中には一人の精霊がいて、このことを他のビーバーやカワウソ達に知らせるという。それから後は、もうこの動物を捕まえることができなくなるということだった[100]。カナダの先住民も同じように、犬にビーバーの骨、少なくとも骨のある部分を齧《かじ》らせないよう気を配る。彼らは大変な苦労をしてこれらの骨を集めて保存し、ビーバーが網にかかると、その骨を河中に投じる。あるイエズス会士が、ビーバーが自分達の骨がどうなったか知っているはずはないと主張したところ、先住民はこう答えた。「あなたはビーバーを捕まえることについて何も知らないくせに、ビーバーのことをよく喋る。ビーバーは完全に死んでしまう前に、霊魂となって自分の肉体を滅ぼした者の小屋へと向かい、自分の骨がどうされているかよく見て覚えておくのです。もし骨を犬に与えていると、そのことを他のビーバー達に知らせ、もう捕まらなくなります。その反対に骨を火の中か河中に投じると、ビーバー達は大いに満足します。そして彼らを捕えた網がとりわけ大喜びするでしょう[101]」。ビーバーを狩る前に、彼らは〈大ビーバー〉に厳かな祈りを上げ、タバコを供える。狩猟が終わると、演説者が死んだビーバー達に葬儀の演説を行う。彼はビーバー達の精神と智慧を褒め称え、以下のように言う。「あなた方に命令し、また法を与えるべくすべてのビーバー戦士の中から選ばれたあの首長達の声を、もはやあなた方が聞くことはあるまい。呪医達が完全に理解するあなた方の言葉も、もはや湖の底で聞かれることはない。あなた方はもう、その残忍な敵であるカワウソと戦うことはない。もう戦うことはない、ビーバー達よ！　しかし、あなた方の毛皮は武器を買うのに役立つ。私達はあなた方の燻製ハムを、私達の子供に持っていく。私達は犬があなた方の骨を食わないようにしよう。あなたの骨は非常に固いのだ[102]」。

アメリカ先住民は鹿、ワピチ、ヘラジカを儀礼的崇敬をもって取り扱う

アメリカ先住民は、ヘラジカ、鹿、ワピチを同様の理由から、同じ儀式ばった尊敬をもって取り扱う。彼らの骨は犬に与えたり火中に投じるようなことはせず、またその脂肪も火に落とすことはしない。というのは死んだ動物の霊魂は、自分達の身体になされたことを見て、それを生きているまたは死んでいる仲間達に知らせるものと信じているからである。このため、もし自分達の肉体が酷く扱われると、この動物達は、この世においても来世においても、捕まろうとはしてくれないのである[103]。ホンジュラスの先住民の家は鹿の骨で埋まっていた。この先住民達はもし骨を棄てると、他の鹿が捕まらないと信じていたのである[104]。パラグアイのチキタノ人の間では、病人が出ると、呪医が鹿の肉や海亀の肉の一部を捨てたことがないかどうかを尋ね、もし病人があると答えると、呪医はこう言う。「お前を殺そうとしているのはそれだ。鹿や海亀の霊魂がお前の悪行に復讐するため、お前の身体の中に入り込んだのだ[105]」。南メキシコのツェルタル人やグアテマラのケクチ人は、自分達の殺した鹿の皮を思い切って剝ぐ前に、鹿の頭を持ち上げ、その目の前で供物としてコーパル〔樹脂が固まったもの。中南米ではお香として用いる〕を焼く。さもないと、ズルタッカ〔Tzultacca〕というある存在が怒って獲物をよこさなくなる[106]。チェロキー人の狩人達は自分達の殺す鹿に許しを乞う。もしこれを怠ると、鹿族の首長で、死ぬことも傷付くことも決してない〈小さき鹿〉が、地上の血痕を辿って猟師を家まで追いかけて来て、彼にリューマチの精霊を置いていく。狩人は時に、家に帰る時、この〈小さき鹿〉が自分を追跡するのを防ぐため、自分の後ろの足跡に火をつけておくことがある(107)。アパッチ人は鹿、プロングホーン、ワピチを狩りに出る前に聖なる洞穴へと向かうのだが、そこで呪医達は自分達の殺そうとする動物の先祖である動物神達に祈り、供犠を行うことで怒りを鎮める習慣があった(108)。ルイジアナの先住民は、自分達の殺さんとしているアメリカバイソンが死んでしまうことをいたく嘆き悲しんだ。同時に二百人以上もの先住民達が、近づきつつあるアメリカバイソンの死に嘘の涙を流している姿が見られたが、その間彼らは厳粛に行進していた。行列の先頭には一人の老人が立ち、旗印として杖の先にハンカチを付けて振っていた。また先頭には一人の女もいて、最近あるフランスの探険家達の荷物から盗んできた大きな釜を背中に負って、誇らしげに気取って歩いていた(109)。ブリティッシュ・コロンビアのトンプソン先住民は、鹿に関して多くの迷信的な信仰を抱き、数多くの迷信的な慣習を守ってもいた。彼らによれば、鹿が殺される際、狩人が上手にきれいに殺したならば、他の鹿達はたいへん喜ぶのだという。鹿肉を無駄にすると鹿達は怒って、以後は狩人に射たれなくなる。もし狩人が荷物が多過ぎて、鹿肉の一部を後に残していかなければならない時は、それを地上に置かず、木の上に吊しておくと他の鹿達も喜ぶ。内臓はまとめて鹿を殺す時に血を流した所におき、数本の樅の木の枝をかぶせておく。血と内臓の上に木の枝をかぶせる時、狩人は鹿に友の死を悲しまないようにと願う。また自分が屍体の一部を残していくのを悪く思わないようにと願う。というのも、狩人はそれを覆うのに最善を尽くしたからである。もし木の枝で覆わないと、鹿は悲しみ怒って、狩猟運を奪ってしまうと彼らは考えた。鹿の頭を後に残していかなければならない時は、彼らは通常、犬や女達に汚されないようそれを木の枝の上に置いた。同じ理由から彼らは殺した鹿の骨を燃やしたが、それは女に触れられたり犬に齧られないようにであった。また、鹿の肉は普通の戸口から家の中に入れることは決してなかった。というのはこの戸口は女達に使われるからである。それは小屋の後ろに作られた穴から運び込まれた。鹿の頭を一家の長、またはそれに次ぐ男性に与える猟師は誰もいなかった。なぜならこういうことをすると、他の鹿達が非常に恥ずかしがって捕まりくくなるからであった。また友人に自分の獲物を知らせる時は、いつも雄鹿を雌鹿、また雌鹿を小鹿、そうして小鹿を野ウサギと呼ぶならわしがあった(110)。これは狩人が自慢しているように鹿に対して見せないためである。ブリティッシュ・コロンビアのリルウェット先住民は、特に鹿やビーバーといった動物の骨を水中に投じて、犬達がその骨を汚したり食べたりして、その動物達を怒らせないようにした。狩人が骨を水中に投じる時は、常に死んだ動物に祈ってこう言う。「御覧なさい！　私はあなたを敬っている。あなたを汚す者は誰もいない。私がもっとあなたを殺すことができるように、私に情けをかけて下さい！　狩りや罠で成功するようにして下さい！」(111)。カナダ先住民は猟期が終わらない限り、ヘラジカの胎児《はらご》を食べようとしない。もし猟期中に食べてしまえば、母親のヘラジカは恥ずかしがって、捕まってくれなくなるからである[112]。

アメリカ先住民はヤマアラシ、海亀、ハツカネズミを儀礼的崇敬をもって取り扱う

フレイザー川下流の先住民はヤマアラシを自分達の兄としている。このため狩人がこの動物の一匹を殺すと、許しを乞い、その肉を翌日まで食べない[113]。スー先住民は海亀に錐や針を突き刺すことはしない。というのは、もしそういうことをすると、海亀がいつか彼らを罰すると確信しているからである[114]。北米先住民のある者は、各種の動物には、彼らを看視し守ってくれる保護者または守り神が付いていると信じていた。かつてある先住民の少女が死んだハツカネズミを拾って来たところ、父親がそれを引ったくって優しく愛撫し、抱きしめた。なぜそうするのか聞かれたところ、父親の言うには、これはハツカネズミの守り神を慰め、自分の娘がそのハツカネズミを食べても危害を加えないようにするためであると言った。そうやって父親はそのハツカネズミを娘に返し、彼女はそれを食べた[115]。

儀礼的崇敬をもって扱われる死んだ狐、海亀、鹿、豚

コリヤーク人が狐を殺した時は、それを家に持って来て火のそばに置き、こう言う。「客人を暖めてあげよう。彼が暖かくなったと感じたら、彼の外套を脱がしてあげよう」。そこで凍った屍体が柔らかくなると、皮を剝いで、長い草の一片で身体を巻く。それから狐の口に魚卵を詰めると、家の女主人が狐の肉を切り裂いて、その裂け口に魚卵や干肉をさらに詰めるのだが、これは裂け口を狐の嚢《ふくろ》と見せかけるためである。このようにして女主人は狐の嚢に食物を詰める。それから屍体を戸外に運び出して、こう言う。「さあ、お前の友人達の所に行って、遠方の家を訪れるのはよいことだと伝えなさい。『私の古い外套の代わりに、彼らは私により暖かく、より毛の長い新しい外套をくれた。私は腹一ぱい食べ、嚢も一杯だ。お前達もまた出かけていって、彼らを訪ねなさい』」[116]。先住民達はこの祭儀を怠ると、狐狩りに失敗すると考えている。トーゴランドのエウェ人の狩人は、特定の種類の羚羊〔*Antilope leucoryx*〕を殺すと、枝で囲いを作り、その中に自分が殺したすべての動物の下顎の骨を置く。それから骨の上にヤシ酒を注ぎ、穀類の粗挽粉を振りかけてこう言う。「汝ら、動物の下顎の骨達よ。汝らは今家に戻って来た。ここには食物があり、飲物がある。だから汝らの仲間達（つまり森林の生きている動物達）もまたここに連れて来るがよい[117]」。インドネシアのティモール・ラウト諸島では、漁師が捕まえたすべての海亀の頭蓋骨が家の下に吊してある。海亀捕りに出かける時は、最後に殺した海亀の頭蓋骨に話しかけ、その顎の間にキンマを突き刺すと、この死んだ海亀の霊に祈ることで、海の中にいる親族がやって来て捕まってくれるようにする[118]。セレベス島中央のポソ地方では、狩人達は自分達の殺した鹿や野豚の下顎の骨を保管し、家の中の火の近くに吊しておく。それから、それに向かってこう言う。「汝らの仲間達にこう呼びかけなさい。お前達の祖父、姪、子供が逃げないようにと」。彼らは、死んだ鹿や豚の霊魂はその下顎の骨の付近を彷徨い、生きている鹿や豚の霊魂を誘い出し、そして狩人の罠にかかると考えている[119]。このように、以上すべての例において、狡猾な野生人は、死んだ動物を囮に使って、生きている動物を死に誘いこむのである。

出し抜かれた駝鳥の亡霊　グラン・チャコのレングア先住民は、駝鳥狩りを好み、この鳥を殺して屍体を村に持ち帰ると、怨みに燃えるその亡霊を出し抜く策を講じる。彼らは、最初の至極当然な死の衝撃が過ぎ去ると、駝鳥の亡霊は冷静になり、自分の身体の後を追うと考えている。この思慮深い結論に基づいて、先住民は鳥の胸から羽毛を抜き取り、それを間隔をおいて道に沿ってばら撒いておく。この一房ごとに亡霊は立ち止まってこう考える。「これは私の身体全体なのか、それとも一部に過ぎないのだろうか」。疑問に思って亡霊は立ち止まり、ついには全部の羽毛について考え尽くし、次から次に羽毛を追いかけて紆余曲折を辿って貴重な時間をさらに無駄に費した頃には、狩人達はもう無事に家に着き、欺かれた亡霊は空しく村のまわりを歩き回るが、臆病すぎて中に入ることはできないという訳である(120)。

イヌイットによるトナカイを支配する霊への慰め　ハドソン湾のイヌイット達は、トナカイはチドリー岬の先端近くにある大きな洞穴の中に住む偉大な精霊に支配されていると信じている。この精霊の姿は巨大な白熊である。この精霊は殺されたり死んだりしたトナカイの霊を獲得・支配し、人々がトナカイを得られるかどうかは彼の善意にかかっている。呪法師はこの偉大なる精霊に執り成して、鹿を飢えたイヌイットに送るよう説き伏せる。呪法師は精霊に以下のように伝えた。鹿の肉がすっかり残さず食べ尽くされるように彼は大いに気を回したし、また昨年の春に雌鹿達が子を生むため彼の所に戻って来た時、一頭の仔鹿も胎児《はらご》も犬に食べられなかったので、人々は精霊を怒らすようなことは一切しなかったと。長い呪文の後に、この呪師は、鹿の保護者が肉体の形をとった鹿の精霊達をイヌイットに与えることを承諾してくれたので、間もなくこの地に沢山の鹿が現れると報じる。彼は人々に鹿を狩り、殺し、精霊の認可を得るように命じるが、これは善良な人々がこうして楽しむのを見て精霊が喜ぶからである。彼は、イヌイットが犬達に胎児《はらご》を食べさせたりしない限りは、死んだトナカイの霊達が再び精霊の保護下に帰って来ることを知っているのである。犬はトナカイの肉を食べることを許されず、またトナカイが豊富に獲れるまでは、その脚の骨を齧ることさえ許されない。これは鹿の守り神が怒って、もう鹿を送ってくれなくなるのを恐れるからである。もし、不幸にして犬が肉を食べるようなことがあれば、犬の尾を切ったり、耳を刈り取ったりして血を流す(121)。

イヌイットによる海獣の儀礼的取り扱い　また、中央イヌイット〔カナダ北部に住むイヌイット〕は海獣、特に鯨、陸アザラシ、並びに普通のアザラシは女神セドナの切断された指から生じたと主張し、従ってイヌイットはこのような動物を殺すごとに詫びなければならないのである。アザラシを小屋に持って来ると、解体されるまで女達は仕事を止めなければならない。陸アザラシ、セイウチ、鯨を捕った後は、人々は三日間休まなければならない。しかしあらゆる種類の仕事が禁じられている訳ではなく、アザラシの皮で作った物は修理できる。しかし新品を作ることは許されない。例えば、より大きな小屋を建てるためにテントの覆いを大きくしてもいいが、新しい覆いを作ることは許されない。新しい鹿皮で物を作ることも厳禁である。結氷が始まり、銛で最初のアザラシが捕獲されるようになってからでなくては、夏に獲った鹿皮は細工してはならない。なおまた、最初のセイウチが捕えられるとすぐ、この仕事は秋が巡ってくるまで再び中止となる。このため、全家庭ができるだけ早く鹿皮細工の作業を終わらせようと熱心になるが、というのもそれが終わるまではセイウチ狩りの季節が始まらないからである。(122) グリーンランド島民はアザラシの頭を割ったり、海に投げたりしないよう非常に気を付け、それを戸口の前に積んでおく。これはアザラシの霊魂が怒って、他のアザラシ達を脅えさせて海岸に近寄らせないようにするのを防ぐためである。(123)

動物達が再生するよう、海獣の膀胱を海に戻す例年の祭儀

ベーリング海峡付近のエスキモーは、アザラシ、セイウチ、鯨といった死んだ海獣の霊魂はその膀胱《ぼうこう》に付いて残り、そのため膀胱を海に帰せば、霊魂が新しい身体に再生し、ために狩人の獲物が増えると信じている。この信仰の下に、猟師達は自分の殺した海獣の膀胱はすべて丁寧に切り取り、保存しておく。また、年一回冬に行われる厳粛な祭儀では、年間通じて殺されたすべての海獣の霊魂を含んでいるこれらの膀胱を、集会所の中で舞踏や食物供犠などで祭り、その後氷上に持っていき、穴の中から海中に投じる。というのも、海獣達の霊魂はその受けた親切な待遇にすっかり上機嫌になり、後でまたアザラシ、セイウチ、鯨に生まれ変わると、その姿で再び狩人達に槍、銛、その他の方法で殺されることを望み、喜んで集まって来ると、素朴なエスキモー達は考えているのである。この毎年の再生の祭典で行われる儀式は念入りなものである。祭典が行われる集会所すなわち踊りの家（カシム、カシギム、あるいはカシギット）は、広い半地下式になっていて、トンネルをくぐって入ると、家の床下の広い円形地下室に入る。この地下室から床の穴を通って集会室に上っていく。木の長椅子が部屋のまわりに並べられ、ランプで照らされている。屋根の開口部は窓と煙突を兼ねている。未婚の男達はいつも集会所で寝ており、他に家はない。この祭典は通常十二月に行われるが、おそく一月になることもある。これは数日間続く。祭儀の時になると、狩人達は集会室に年間に殺したすべてのアザラシ、セイウチ、鯨の膨らませた膀胱を持って来る。これらの膀胱の首の部分を結わえて束ねると、アザラシ狩り用の槍に吊し、それを床上一・八ないし二・四メートルほどの高さの壁上に一列に突き刺しておく。ここでは食物や水を膀胱に供えるというよりは、膀胱の中にいると思われている動物達の霊に供えているのであり、霊達は膀胱を前後に揺することでその供物を受け入れたことを示すのである。しかし、これは本当は薄暗い隅に座っている男が、膀胱につないだ糸を引張っているのである。さらに野生のパースニップの茎を松明にして膀胱を燻るが、この香り高い煙と赤い炎は、膀胱の中でぶらぶら揺れている動物の霊魂を大変喜ばすと信じられている。さらにまた霊魂を楽しませるために、男達がその前で太鼓の音に合わせて奇妙な踊りをする。最初踊り手達はぎくしゃくした身振りで、端から端へゆっくり動いていき、それから両腕を上下に振って斜めに駈けていく。最後に飛んだり跳ねたりするが、常に太鼓の音に合わせる。この踊りはアザラシやセイウチの動作を真似たものだという。ここでもまた霊達は膀胱を前後に振って喜びを示す。祭儀の進行中は、膀胱の中の霊魂を驚かさないよう、集会室では一切大きい物音を立てないようにする。もし誰かが誤って音を立てると、出席している男の全員がケワタガモの声の真似をして一斉に合唱の叫び声を挙げ、動物の霊魂にこの失礼な騒ぎは人々からではなく鳥から起こったのだと思わせるようにする。さらに、祭典の続いている間は、村の中では鉄斧で木を切ることは一切許されず、男達は決して女と接してはならず、また思春期以上の年齢に達した女は一切集会所に吊した膀胱の近くに来てはならない。その理由は、このような女は不浄で、膀胱の中の感じやすい海獣の霊魂を怒らすということである。しかし、成人女性に付きものの不浄に冒されていない未成年の少女は、自由に膀胱のあたりに行くことができる。この祭典の最後の最高潮の場面は、深夜かちょうど日の出の時に行われる。膀胱をくっ付けた槍は、シャーマンが屋根の煙突を通して戸外に持ち出す。全部外に持ち出すと、巨大な野生のパースニップの松明を燃やし、シャーマン長がそれを肩にかついで、できるだけ早く雪上を走り、氷の上に出る。彼の後に、男達全員が海獣の膀胱がブラブラと垂れ下がった槍をそれぞれ担いで、群れをなして歩いて行く。殿《しんがり》では女、子供、老人達が叫び声や悲鳴をあげ、大騒ぎしながら付いていく。暗黒の中に、炬火の凄まじい炎が空中高く立ち上り、雪上に赤い光を投じ、荒々しい興奮と共に走ってゆく狂乱の毛皮に包まれた人々の群を照らしている。わざわざ海氷の中に掘られた穴に到着すると、シャーマンは自分の燃えている炬火をそばの雪中に突き刺し、各人はそこに来ると、自分の持つ膀胱を切り裂き、それを次から次へと氷の下の水中に投じる。これで祭儀は終了する。死んだアザラシ、セイウチ、鯨の霊魂は、今海の深い所で生まれ変わろうとしているところである。そこで全員は満足して村に帰る。セント・マイケルでは、氷の下に膀胱を投じた男達は、帰りにパースニップの茎につけた火を飛び越えていかなければならないが、これは恐らく一種の浄化の儀式であろう。というのは、祭儀でのダンスと食物供犠の後で、シャーマン長がパースニップ茎の炬火を持って集会室と踊り手の間を歩き回るが、これは彼らを浄めて、病気あるいは狩猟の不運のような一切の不吉を防ぐというはっきりした目的を持っているからである。(124)

魚は漁労部族が尊崇した

同じ理由で、生計を主に、あるいは一部のみ漁労に依存している部族は、魚に対してあらゆる敬意をもって、注意深く取り扱う。

ペルーの先住民は自分達の捕る各種の魚を崇拝した

ペルーの先住民は、「鯨をその巨大な体軀の故に崇拝する。沿岸全体に行き渡ったこのありふれた崇拝の他に、各地方の人々は最も豊富に獲れる魚を崇拝した。なぜなら彼ら曰く、上の世界（人々は〈天〉と呼んだ）で作られた最初の魚が、同種の他のすべての魚を生み、またその族を維持するため、これらの魚にたくさんの子供を授けるよう気を配ってくれたからである。こうした理由で、ある地方では鰯を崇拝したが、そこでは他のあらゆる魚よりも多く鰯を獲った。他の地方ではガンギエイを、他の地方では小型の鮫を、他の地方ではその美しさのために金魚を、他の地方ではザリガニを崇拝した。他の地方では大きい神々がいなかったので蟹を崇拝したが、そこに他の魚がいなかったか、あるいは他の魚を捕獲して殺す方法を知らなかったのである。要するに、彼らは自分達に最も有益な魚なら何でも自分達の神としたのである[125]」。

北米先住民は魚に敬意を払う　ブリティッシュ・コロンビアのクワキウトル先住民は、鮭を殺すと、その霊魂は鮭の国に帰ると考えている。このため彼らは鮭の骨や臓物は海中に棄てるよう気を付けるが、これは霊魂が鮭の再生の際にその骨や臓物に再び生命を与えるためである。これに反してもし骨を燃やすと、霊魂は失われ、その鮭が生まれ変わることは全く不可能になる[126]。同じように、カナダのオタワ先住民は、死んだ魚の霊魂は他の魚の身体に入ると信じ、決して魚の骨を焼かないが、これは魚の霊魂を怒らせ、もう網にかからないのを恐れてである[127]。ヒューロン先住民もまた、魚の骨を火中に投じることを避けるが、これは魚の霊魂が他の魚達の所に行って、ヒューロン人は自分達の骨を焼くからもう捕まらないようにとその魚達に警告するからである。さらにまた、ヒューロン人の中には魚に説教して、彼らがやって来て捕まえられるよう説得する男達がいた。うまく説教する者はあちこちから引っ張りだこだった。というのも賢者による熱心な勧めは、魚を網に引き寄せるのに多大の効力があると考えられていたからである。フランス人宣教師サガールが滞在していたヒューロン人の漁村には、魚へ説教する者がいて、はなはだ自分の雄弁を自慢していたが、それは美辞麗句を羅列する調子のものであった。毎晩夕食後に、人々が皆その場に集まり静まり返っているのを見ると、彼は魚に説教した。その主題はヒューロン人は魚の骨を焼かないというものだった。「それからこの主題について異常な情熱をもって述べていくのだが、彼は魚達が勇気をふるって、何も恐れることなくやって来て捕まってくれるよう、説き伏せ、呪文でおびき寄せ、招待し、懇願した。というのも魚達を敬い、その骨を焼かなかった友人達に奉仕するのが、魚達の全責務だからである[128]」。ドイツ領ニューギニア〔現在のパプア・ニューギニア〕のボガジムでは、魚をおびき寄せるのに呪術師を必要とする。彼は浜辺のカヌーの上に装飾した魚籠を傍にして立ち、魚達が四方八方からボガジムにやって来るように命じる[129]。アイヌがメカジキを殺した時は、その魚が捕まえられたことを感謝し、再びやって来るように招待する[130]。ブリティッシュ・コロンビアのヌートカ先住民の間ではかつて、熊の肉を食べた者は誰でも、二ケ月間一切の魚を食べることを固く禁じるという決まりがあった。この禁止理由は、食べた人の健康のためなどでは一切なく、「部族の誰かが熊の肉を食べた後、新鮮な鮭や鱈などを食べると、どんなに遠く離れていてもこの魚達の知るところとなり、大変に気分を害するので、住民の誰の手にも捕まってくれなくなってしまうという迷信的信仰からだった[131]」。

ヨーロッパの漁師のニシンへの畏敬　一五三〇年にヘリゴランド付近の海からニシンが消えたのは、漁師達によると、捕まえたばかりのニシンを苛めてそれから海に放した二人の若者の過ちのせいだった[132]。アン女王時代のマリー湾から同じようにニシンが消えたのは、ある人々によると、漁師達が安息日を守らなかったためだというし、また他の人達によると、喧嘩して血を海中に流したためだという[133]。スコットランドの漁師達は、もしニシンのとれる海岸で喧嘩して血を流すと、その群れはすぐそこを去り、少なくともその季節には帰って来ないと信じている。ハイランド地方西部の漁師達は、ニシンの群れにはそれぞれ引率者がいて、その赴く所に群れはついていくと信じている。この引率者は普通のニシンの倍ほどの大きさがあり、漁師達は〈ニシンの王〉と呼んでいる。偶然これが網にかかることがあると、漁師達は丁寧に海に帰す。というのも彼らは、この王である魚を殺すのはつまらない裏切り行為だと見做しているからである[134]。

魚を捕まえたことに対する魚への償い

デューク・オブ・ヨーク島〔別名アタフ島〕の先住民は、毎年一隻のカヌーを花や羊歯で飾り、それに貝貨を載せるかあるいは載せるふりをして、捕まえて食べた魚達の償いとしてそれを海に浮かべる[135]。メキシコのタラウマラ先住民は、魚を麻痺させて捕まえるため川に毒を流そうとする時は、自分達が命を奪おうとしている魚への償いとして、まず〈魚の王〉に供物をする予防措置を取る。この供物は、斧、帽子、毛布、帯、小袋、特にナイフ、数珠玉などから成り、川の中央に立てられた十字架または水平の横棒に吊される。しかし、最年長と考えられている魚の王は、これらの立派な品物を長く楽しむ訳にはいかない。というのも翌朝、その様々な品物の持ち主は、それらを川から撤去して、本来の世俗的な目的のために用いるからである[136]。特に最初に捕まえた魚を丁重に取り扱うことが必要で、これは他の魚達を宥めるためである。他の魚達の行動は、一番最初に捕まった仲間の魚に与えられた待遇に影響されると考えられている。このためマオリ人は、必ず最初に捕まえた魚を海中に放すが、「この魚が、他の魚達にもやって来て捕まるよう誘い出してくれることを祈る」[137]。バガンダ人は、「最初に捕まえた魚は儀礼的に取り扱う。いくらかの魚を、漁師は〈ムカサ神〉に供える。残りは彼の妻が料理し、彼と妻の二人がそれを食べ、その後彼は妻の上を飛び越える」[138]。

漁期に初めて獲れた魚の儀礼的取り扱い

漁期の初めにとられる配慮はさらに厳重である。鮭の獲れる川では、春に鮭が川を上り始める頃、彼らは大いに崇拝される。これは北米太平洋沿岸の先住民のように、主として鮭を食べている部族によるものである。これら部族のあるものにとって鮭は、ヨーロッパ人にとっての穀物、中国人にとっての米、イヌイットにとってのアザラシのようなものである。豊富な鮭は、テントの中の豊かさ、家庭の団欒における楽しみを意味する。一季節における鮭の不漁は、飢饉、荒廃、村の静寂、炉辺の悲しさを意味する[139]。このためブリティッシュ・コロンビアでは、先住民達は最初の鮭が川を上る時、彼らに会うために出かけるならわしがある。「彼らは鮭に敬意を表し、こう挨拶する。『あなた達鮭、あなた達鮭よ。あなた達は皆首長である。あなた達は皆首長だ』[140]。アラスカのスリンキートまたはトリンギット人の間では、季節初のオヒョウは丁寧に取り扱われ、首長と呼ばれ、彼を祭る儀式が行われ、その後で漁が続けられる。[141]フレイザー川下流の部族の間では、季節初の紅鮭を獲ると、漁師が自分の部族の首長の所に持っていき、首長はそれを自分の妻に渡す。彼女は鮭に向かってこう祈る。「私達を幸福にしようとして、一体誰がお前をここに連れて来たのか。私達はお前の首長がお前をよこしてくれたことに感謝する」。彼女がある一定の方式に従ってその鮭を切って焙ると、全部族が招待される。そして部族の人々を浄化する薬とされる一種の植物の煎汁を飲んで身を浄めた後、その鮭を食べるのだった。しかし男やもめ、未亡人、月経中の女性、若者はこの特別の鮭を食べることはできない。後になって、魚が豊富になり、これらの祭儀が執り行われている時でさえも、そうした人々は生鮭を食べることは許されないが、干魚を食べることは許される。紅鮭は常に丁寧に取り扱わなければならない。その骨は川の中に投じなければならず、その後鮭は生き返って、西方の自分達の首長の所に帰る。これに反し、丁重に取り扱われないと紅鮭は復讐し、迂闊な漁師は不漁に見舞われることになる。[142]ヴァンクーヴァー島のソンギシュやルクンゲン部族の間では、初鮭を捕った時は、子供達は浜に立ってボートの帰って来るのを待たなければならないことになっている。子供達は小さい両腕を伸ばし、その上に鮭を積み重ねるが、頭は常に鮭の泳いでいく方向に向ける。さもないと鮭は川を上るのを止める。そこで子供達は鮭を運んで草の生えた所に置き、鮭の頭は前と同じ方向に向くように気を付ける。鮭のまわりには、四つの平らな石をおき、その上で豚の草〔hog's wort〕という植物（*Peucedanum leiocarpum*, Nutt.）、赤い塗料、フトイが鮭への供物として燃やされる。鮭を焙ると、子供達は皆一つずつ貰い、それを食べさせられるが、食べ残してはならない。しかし、大人達は数日間鮭を食べることを許されない。子供達が食べた鮭の骨は大地に触れてはならない。骨は皿に入れて保存しておき、四日目になると、脚の不自由を装った一人の老婦がそれを大きな籠に集めて、海中に投じる。[143]ブリティッシュ・コロンビアのツィムシアン先住民は、季節初のユーラカン〔乾燥させたものをロウソクとして用いることからキャンドル・フィッシュとも〕を捕った時は一定の祭儀を行う。この魚はニワトコの木で作った道具の上で焼き、またこれを焼く男は旅行服、手袋、マントなどを着用しなければならない。この間先住民達はたくさんのユーラカンが漁場にやって来るように祈る。火を吹き付けてはならず、また魚を食べる時には、吹いて冷したり、一本の骨も折ってはならない。すべての物はきちんと綺麗にしておかなければならず、この魚を獲るのに使った熊手は家の中に隠しておかなければならない。[144]春になり、南から風が穏やかに吹き、鮭がクラマス川を上り始める時、カリフォルニアのカロク先住民は大漁を祈って鮭のために踊る。〈カレヤ〉すなわち神人と呼ばれる先住民の中の一人が山に退き、十日間断食する。彼が帰って来ると、人々は逃げ去る。その間、彼は川に向かい、最初に獲った鮭を持って来て、その一部を食べ、残りを使って蒸し風呂の中で聖火を燃やす。「この踊りの儀式が行われる前、またその後の十日間も、先住民は誰も鮭を獲ろうとしない。たとえ家族が飢えていてもである」。カロク先住民はまた、槍小屋を支える木の棒を川辺で集めると、鮭が獲れなくなると信じている。川辺では鮭がそれを見るかもしれないからである。この木の棒は一番高い山の頂上から持って来なければならない。漁師はまた、翌年も同じ木の棒を仮小屋や魚梁に使うと、漁をしても無駄になってしまう。「というのは、年を取った鮭がそのことを若い鮭に知らせるからである」[145]。コロンビア川の先住民の間では、「鮭が初めて川に現れた時は、この鮭は決して横に切ったり、煮たり、焼いたりしてはならない。また初めに心臓を取り出した後でなければ売ってはならず、一晩中保管しておくこともならない。とはいえ川から獲ったその日に消費し、食べ尽くしてしまわなければならない。これらすべての掟は約十日間守られる」[146]。もし漁期初めに鮭の心臓を余所者が食べると、もう鮭が獲れないと彼らは考えている。このため、彼らは鮭の心臓を自分達で焼いて食べる[147]。五月から六月頃にかけて、アイヌの好物の魚が川に現れる。彼らは精進潔斎を守ってこの魚を獲る準備をし、魚を獲りに出かけた時は、家にいる女達は絶対に沈黙していなければならない。さもないと魚はそれを聞いて姿を消してしまう。最初の魚を獲ると、家に持って来て、戸口からでなく小屋の端の小さい穴から中に入れる。というのも戸口から入れると、「他の魚達がきっとそれを見て姿を消してしまう」からである[148]。このことは、他の野生人達が特定の場合に、獲物を戸口からでなく、窓、煙穴、あるいは後ろにある特別の穴から小屋の中に入れる掟の説明の一助となろう[149]。

野生人のある者は、動物が再生するように殺した動物の骨を保存しておく

ある野生人達にとって、獲物の骨、通常彼らが食べる動物の骨を尊ぶ特別の理由は、この骨を保存しておくと、時が経つにつれて肉が付き、そしてこの動物が再生するという信仰である。従って、骨を完全に残しておくのは狩人の利益になるのは明らかである。骨を棄てることは、将来の獲物が減ってしまうことになるからである。ミネタリー先住民〔ヒダーツァ人とも〕の多くは、「殺して肉を剝いだバイソンの骨は、再び新しい肉を纏い、生命力に満ち、脂肪がのってきて、次の六月には殺すのに適するようになると信じている」[150]。このためアメリカ西部の大草原では、バイソンの頭蓋骨が、再生を待って円形や対称形に積み重ねて並べてあるのが見られる[151]。犬を食べた後、ダコタ先住民は丁寧にその骨を集め、肉を削ぎ落とし、洗って埋葬するが、「言われているように、それはある意味では犬達に、彼らの仲間の一匹を食べるのに際し、彼らに失礼なことはしなかったことを示すものであり、また一面では、犬の骨が生き返って別の犬になるという信仰に基づくものである」[152]。バフィン島とハドソン湾のイヌイットにおいては、少年が初めてアザラシを殺すと、母親が骨を皆集めてそれを海氷の穴に投げる。この骨はアザラシになり、将来少年が捕まえるものと考えているのである[153]。ボリビアのユラカレ先住民は自分達の食べた獣、鳥、魚の骨は皆一生懸命に集め、川に投げ込んだり、森林の奥深くに埋めたり、火中で燃やしたりするが、これは「殺した動物達が怒ることなく、再び殺されに来てくれるように」である[154]。動物を犠牲とする際、サーミ人は決まって骨、目玉、耳、心臓、肺、生殖器（動物が雄の場合）、四肢の肉片を除けておく。それから残りの肉を食べた後、骨とその他の残りを解剖学的な配列に従って棺の中に並べ、いつも通りの儀式で埋葬する。こうすることで、動物を生贄として捧げた神が骨に再び肉を付けてくれ、ヤブメ・アイモ〔Jabme-Aimo〕すなわち地下の死者世界に、この動物を再生させてくれると信じているからである。時には熊を食べた後も、サーミ人はこうしてその骨を埋めて満足したようである[155]。このように、サーミ人は殺した動物が別世界に生まれ変わることを期待していた。この点ではカムチャツカ人に似ており、彼らはあらゆる動物はごく小さな蠅に至るまで、死んでも地下で生き返ると信じていた[156]。一方北米先住民は、この世での動物の再生を求めていた。特にモンゴル民族が行う、犠牲にした動物の皮に詰め物をしたり、枠に嵌めてそれを引き伸ばしたりする慣習は[157]、むしろ現世での再生の信仰を示している。一般に、野生民族が自分達が食べたり犠牲にしたりした動物の骨を損壊することに反対するのは[158]、動物の再生信仰に基づくか、あるいは同種の他の動物達がこれに恐れをなし、また殺された動物の亡霊が怒るのを心配してのことであろう。北米先住民やイヌイットが犬に動物の骨を噛らせないのは[159]、恐らく単に骨を損壊させないための予防というだけであろう。

野生人のある者は、死者の再生を促進、あるいは防ぐため、その骨を保存したり折ったりする

既に見てきたように、野生人のあるものは動物同様に人間の再生を信じている[160]。このような信仰を抱く人々が、骨の本来の所有者が危急の時に助けてくれるようにと、死者の骨を丁寧に扱うのは至極当然のことである。このため、メキシコのグアサクアルコとユルタ地方では、死者再生を信じる先住民達は、死者の骨を籠に入れて木の上に吊しておく。これは死者の霊が再生に際して、地中を掘り進めなくても済むようにと考えているためである[161]。一方、殺した敵を食べる中央オーストラリアのルリチャ部族は、生き返ると甚だ具合が悪いので、自分達の食べた死体の骨、特に頭蓋骨を壊すことで蘇りを防止する[162]。

動物の不滅についての野生人の確信

野生人が、自分達が狩り殺した動物を宥め、繁殖させるために行う前述の慣習を観察すれば、彼らが自分達より下位の動物の不滅を確信していることが生き生きと感じられる。野生人は、獣、鳥、魚は人間同様に霊魂を有し、肉体の滅びた後も存在し、他の身体に生まれ変わると、再び狩人に殺され食べられるということが、議論するまでもない原理であると考えているようである。前述の一連の慣習、すなわち文明人の読者には奇妙にして馬鹿らしく見えがちな慣習は全て、この基本的前提に依拠している。

人間の不滅に関する野生人の信仰は、通常夢に関する素朴な説から推論されたものと考えられている

これらの慣習を考察すると、人間の不滅に関する野生人の信仰への現在の説明が、事実すべてを説明するに足りうるかという疑問が生じて来る。この信仰は通常、夢に関する素朴な説から推論される。野生人は、夢と現実を区別することを知らないと言われている。従って、野生人は死んだ友人の夢を見ると、必然的に死んだ友人達は完全に消滅したのではなく、彼らは通常見えないが、その霊はどこかで、何かの形をとって存在し続けていると結論付ける。こう考えると、野生人やともすると文明人さえもが、死者の状態について形作った観念というものは、素朴なものであろうと洗練されたものであろうと、あるいは厭うべきものであろうと美しいものであろうと、夢に現れた状況を説明するために作られた、精巧な仮説に過ぎないように見える。この堂々たる仮説は、その光輝くあるいは陰鬱な荘厳さにも拘らず、またそのしっかりとした力強さと堅固さにも拘らず、多くの人々の想像に上ることになった。しかしよく調べてみると、それは単なる蜃気楼に過ぎないと判明し、理性の前にはたちまちにして雲散霧消してしまうのである。

しかし、夢に関する説が、動物の不滅についての野生人の信仰を説明できるだろうか

しかし議論を進めるために、この説が人間の不滅に関する広く知れ渡った信仰を十分説明するに足ると認めたにしても、この説によって多くの民族に共通の、人間よりも低位の動物達の不滅に関する信仰も説明可能だと考えるのは、なかなか困難である。野生人は夢の中において、生前の友人達の声や身振りなど、親しみ深い特徴により彼らの姿を認識する。しかし、野生人が同じようにして死んだ獣、鳥、魚を認識すると考えられようか。動物達がそのすべての特徴、すなわち生前の彼らを仲間達と区別しうる微細な個々の差異を伴って、彼の夢の中に現れたとする。その動物達を見て、彼らはこう言うことができるだろうか。例えば、「これは私が昨日槍で殺した虎だ。彼の肉体は死んだ。しかし彼の霊はまだ生きているに違いない」。あるいは、「あれは私が今朝捕って食べた鮭だ。私は確かに鮭の身体は殺したが、彼の霊魂を殺せなかったのは確かだ」。もちろん野生人がある程度このような思考過程を経て、その動物不滅説に到達したことは考えられる。しかしこの想像は、少なくとも人間不滅説の場合よりもずっと不自然で、かつ可能性が少ないように思われる。さらに一方の場合における説明の不十分さを認めるならば、もしかするとその程度は小さいかもしれないが、もう一方の場合においてもそれを認めざるを得ないのである。要するに、夢に関する説は、それ自体では人間や動物の不滅についての広汎な信仰を説明することは困難のようである。夢は恐らくこの信仰を確立するのに与って力があったであろうが、このような信仰をもたらすに足るものだっただろうか。合理的に考えて我々はこれを疑うだろう。

野生人は生命を滅ぼすことのできない力と考えているらしい

従って、我々はこの普遍的にしてかつ深く根ざした信仰について、何かもっと適切な説明を探さざるを得ない。このような説明を求めるにあたっては、多分各人が自分の胸に抱いている生命の感覚のことを考えさえすれば事足りるだろう[163]。既に見てきたように、野生人にとって死は自然の摂理ではなく、死ななければ永久に続くであろう存在を、短く断ち切ってしまう哀しむべき事故、罪である[164]。そして彼自身の感覚から論ずれば、どうやら野生人は生命を一種の不滅の力であると考えていて、生命の一つの形が消失する時は必ず別の形で再現するが、その新しい形は直ちに我々に認識される必要はないのである。換言すれば、野生人の推論はこうである。死は生命の源を滅ぼしもせず、また意識される自我をさえ滅ぼすことはないのであるが、単にその両者を別の姿に変えるだけであり、我々の感覚では通常これを立証できないからといって、決して非現実的なものではないのである。

この観念とエネルギー保存に関する現代科学の観念との類似

このように野生人の思惟を解釈することが正しいとすれば、生命の性質に関する彼らの見解は奇しくも、現代科学のエネルギー保存の法則に似ている。この説によれば、一切の物質のエネルギーは永久に消えることはなく、また減りさえしない。それが減少し、あるいは消滅するように見えている時でも、その一部あるいは全体が他の形に変わるだけのことであって、本来の形のエネルギーは質的には変わっても量的には等しいのである。要するに、科学に従えば、物質世界では永久に失われるものは何もなく、あらゆるものは絶えず変化していく。宇宙のエネルギーの総量は、絶えず変形はしていくが、常に同量である[165]。同じようなエネルギー不滅説は、野生人が暗黙裡に生と死の現象を説明するのに採用しており、野生人がこれを人間への適用に留めず、低位の動物達にまで拡張しているのは十分に論理的である。この点では、野生人は文明人よりもはるかに理性的である。文明人は一般に人間不滅説を頑固に抱いており、動物も不滅の霊魂を持っているという観念を、人間の尊厳に対する侮辱として嘲り、排斥する。また文明人は、自身の固持する死後の生命に対する信仰を確立しようとするとき、その信仰を野生人の似たような信仰に照応させ、それらから人間の不死を直観するのは当然と推論する。しかし文明人はこの照応に立脚するなら、野生人同様、軽蔑すべき下位の動物達にもこの不滅不死の特権を一貫して拡張しなければならないことを銘記すべきである。なぜなら文明人が自己の先入観に適合するように、自説に符合する野生人の信仰部分だけは受け入れ、そうでないのは排除して立証しようというのは明らかに不適切だからである。論理的・科学的見地に立てば、文明人は信じるか信じないかのいずれかを選ぶ運命にあるようである。つまり文明人は人間も動物も共に不滅であるか、それとも両者共にそうでないかのいずれかをとらなければならない。

物語や伝説における肉体の復活

既述のように、多くの野生人は、適切な配慮を屍体に加えるだけで人間や野獣が再生するものと、心を躍らせて待っていた。彼らはまた、同じ古い骨に新しい肉の衣を丁寧に着せれば、再生して再びその役目を果たしてくれるものと考えている。この奇妙な想像は数多くの民話に反映されており、話の中に、動物や人間が骨の一部を食べられたり、壊されたり、失ったりしたため、手足が不自由な状態で再生して来るという話は珍しくない[166]。あるマジャール人の民話では英雄がバラバラに切り刻まれるが、蛇の王がその骨を順序正しくまとめ、水で洗うと英雄は再生する。しかし、彼の肩胛骨は失われたので、蛇の王はそれを黄金と象牙の肩胛骨で補う[167]。マンハルトが述べたように、このような物語は、次から次へと数多の生命を生きてきたと主張したピュタゴラスが、なぜその超自然的主張の証拠としてその黄金の脚を示したと言われたかを説明している[168]。恐らく、ピュタゴラスは彼の再生の一つにおいて、脚が一本折れたか置き忘れたのであり、キルマンセッグ嬢〔トマス・フッドの滑稽詩『キルマンセッグ嬢の高価な脚』(一八四一―四三)で知られる〕のように黄金の脚でそれを取り代えたと説明したのである。同じように、殺されたペロプスが再生した時、デメテルが食べた肩は象牙の肩で補修されたが[169]、この象牙の肩は有史時代に至るまでエリスで公開されていた[170]。バラバラにされたオシリスの四肢の一つが魚に食べられ、イシスが彼の飛び散った四肢を集めた時、失われた部分を木製のそれで取り代えたという話は[171]、恐らく同様の信仰圏に属するものであろう。

一部のアメリカ先住民は腿の腱をきまって切り取って棄てる

野生人の狩人や漁師が守る特定の掟は、一見不可解であるが、恐らくこの再生に関する野生人の信仰によって説明できるだろう。十九世紀初頭のアメリカにおいて、一人の旅行家がある混血のチョクトー先住民から次のような話を聞いた。彼ら先住民には「世に知られていない物語があって、それは天使と格闘するヤコブの話にやや似ている。また純血の先住民は常に縮んだ腱は別にしておく。そのため売却用の鹿肉には決してこの腱が見られない。彼は先住民達がそれをどのように扱っているのか知らなかった。彼の兄と私は後で会ったが、その話によると先住民はそれを珍味として食べるという。しかし私がまたあまり信用のおけない人から聞いた話だと、先住民は古代ユダヤ人のようにそれを避けるという。先住民居留地に十年か十五年くらい住んでいたある紳士の言うには、先住民は必ずこの腱を取ってしまうのに驚いたことが度々あるという。しかし、とうとう理由を聞くことはできなかった[172]」。アメリカ南東部の先住民に詳しいジェームズ・アデアは荒唐無稽な説を立てているが、事実に対しては偏見を抱いていないようであって、こう述べている。「森にいる時、先住民達は殺した鹿の腿肉の下部から、縦に思い切って深く小片を切り取る。先住民達が我々の商館に持って来る夥しい数の鹿の腿肉の中で、小片の切り取られていないものは一つも見た覚えがない……。また私は現在サウスカロライナ州に住み、北部先住民の慣習に詳しいある人格者の紳士から確かに以下のようなことを聞いた。すなわち、北部先住民もまた、自分達の殺した鹿の腿から一片の肉を取り切り、それを棄てるのだという。そうしてそれを食べることは非常に危険極まる不浄と考えられているため、病気や様々の災厄、特に銃をうまく扱えずとんでもない所に射ってしまうといったことを引き起こすという[173]」。

この慣習を説明するために先住民の語った話

ずっと後になってから、アデアの情報提供者の陳述はあるフランス人宣教師の確認するところとなった。彼もまた「曖昧な物語」を出版したが、これにはイギリスの旅行家ホジソンも言及している。ハドソン湾からロッキー山脈まで、そして北は凍れる海〔北極海のことか〕にまで至る、寒々とした大草原地帯や森林を放浪するルーチューやヘアスキン先住民は、慣習により動物の脚の腱を食べることを禁じられている。この慣習を説明するため、彼らは次のような「聖なる話」を述べている。ずっと昔、一人の男がヤマアラシの穴を見付け、後についてその穴を下りていくうちに、暗闇の中で道に迷った。すると「前後を見る彼」と呼ばれる親切な巨人が、大地に穴をあけて彼を助け出してくれた。そこで「火なし家なし」という名前のその男は、その親切な巨人と一緒に住み、巨人は彼のためにヘラジカやビーバーを狩ってくれ、また彼を自分の石英のナイフの鞘の中に入れて連れ歩いた。その巨人がこう言った。「息子よ、覚えておけ、空を自分の頭として使っている者が私に怒っていて、私を殺すことを誓った。もし彼が私を殺せば、私の血で雲が色どられ、恐らくそのため赤くなるだろう」。そうして巨人はその男に巨大なビーバーの歯で作った斧を与え、敵に会うため出かけていった。しかし、氷の下からその男は鈍い低い物音を聞いた。この物音を立てているのは鯨であったが、それは裸で寒かったからだった。男の警告をうけて、巨人は鯨の方に行ったが、この鯨は人間の姿になって、巨人に向かって突進した。それは悪い巨人で、親切な巨人の敵だった。二人は長い間格闘していたが、最後に親切な巨人が叫んだ。「おお、息子よ！　切れ、脚の腱を切れ」。男は腱を切り、悪い巨人は倒れて殺された。これが先住民の脚の腱を食べない理由である。その後、ある日空が突然燃えるような紅に染まったので、「火なし家なし」はもはや親切な巨人がいないことを知って泣いた[174]。

動物の腿の腱を切り出す慣習は、共感呪術の原理に立脚しているようである

この神話はほとんど注目に値せず、動物の腿の腱を切る慣習を真に説明してはいない。人々は普通、神話の人物が特定の場合に特定の方法で行動したからといって、ある慣習を遵守することはない。しかし、反対に人々はなぜ自分達がある慣習を行うのかという説明のために、しばしば神話を作り上げる。従って「火なし家なし」の物語を、先住民が特定の腱を食べることを避ける理由を説明するために捏造した神話として斥けるとき、以下のようなことが示唆される[175]。つまりこの慣習を遵守する本来の理由は、問題の腱は再生に必要なものであり、それを奪われると殺された動物は再生できず、この世でもあの世でも草原や平原に姿を現すことができなくなるという信仰だったということである。既述のように、動物の再生は野生人の信仰の共通箇条であり、サーミ人が再生を願って雄熊の骸骨を埋葬する時は、それと共に生殖器部分も埋めるよう気を付ける。しかし、さらによく調べてみると、鹿の腿の腱を切り取る先住民の慣習は、鹿肉を食べる者が足を引き摺らないようにということ以外の何物でもないようである。チェロキー先住民の間では、「鹿を殺すとき、狩人は常に後ろ脚に切り込みを入れて、飛節の後ろの腱を取り出すようにする。なぜならこの腱は、断ち切ると肉の中に縮み込んでいくからである。そのため不運にも腿の腱を食べた者は、同じように誰もが自分の四肢が縮んでしまうのが分かる」と言われている[176]。このように、その迷信は、動物の肉を食べる者はその動物の性質が移るという類感呪術すなわち模倣呪術の一般原理に立脚しているようである。本原理の適用される多数の例は既に述べた[177]。

狩人のある者は、死んだ獲物の腱を断ち切って、その動物の亡霊を不自由にする

しかし、狩人のある者は、違った目的で獲物の腱を断ち切る。彼らはそれによって、死んだ獣やその亡霊が起き上がって走り去るのを防ごうとする。これはラオスのコーイ人による本慣習に対する理由説明である。彼らは自分達が狩猟中に発する呪文の効力が消滅すると、殺された動物が生き返って逃げると考える。この不運を避けるため、彼らは動物を殺すとすぐその腱を断ち切る[178]。アラスカのエスキモーが狐を殺すと、狐の腱を全て丁寧に切り、亡霊がその屍体を再生させて歩き回らせないようにする[179]。

野生人のある者は、死んだ獲物の目玉をくり抜くが、これは恐らくその動物の亡霊を盲目にするためであろう

しかし、屍体の腱を断ち切ることだけが、用心深い野生人が殺した動物の亡霊を無力にするために取る方法ではない。昔、アイヌが狩りに出て初めて狐を殺すと、その口をすっかり結えてしまった。というのはその亡霊が屍体の口から出ていって、狩人が接近していると仲間達に警告するのを阻止するためである[180]。アムール川のギリヤーク人は殺したアザラシの目玉をくり抜いて、その亡霊が殺した者を知り、その死の復讐としてアザラシ狩りを失敗させないようにした[181]。殺した動物の目玉をくり抜く慣習は原初的な人々の間では珍しくないようであり、それに対し別個の理由付けがされようとも、その真の理由は殺された動物の危険な亡霊を盲目にし、そして殺した人に復讐できないようにするためだったと推論できる。例えば、サモエード人が野生のトナカイを殺した時、まずする仕事の一つは、その目玉を切り抜いてそれを投げ棄てることだったが、「これは今後の豊猟を確保するため」であった。また彼はその目玉を女あるいは成熟した女が踏み付けることのないような場所に埋めるが、これもまた猟運が損なわれないようにである[182]。南東アフリカの部族の間では、狩人は自分達の殺した動物はすべてその右目をくり抜き、空になった眼窩に呪薬を注ぐ[183]。ブリティッシュ・コロンビアのトンプソン先住民の間では、自分の娘がちょうど成熟期に達した時は、父親は一ケ月間狩猟したり罠をかけたりしない。さもないと運に見放されてしまう。さらに罠にかかった最初のライチョウの頭は切り落とし、その目玉をくり抜いて、フレデリック・パーシュの命名した〈ジガデヌス・エレガンス〉の二本の小さな根を一本は眼窩に、もう一本はその口に突き刺し、それが終わったらその鳥の頭を枕の上に吊しておくのが良いとされる。この配慮を怠ると、もうライチョウやその他の小動物を罠で獲ることができなくなる[184]。もし彼の娘が人生の重大な時期に儀礼的不浄を犯してしまったら、間違いなくそれは狩人に感染し、獲物が獲れなくなると考えられている[185]。したがって、ライチョウの目玉をくり抜いて実際に盲目にしてしまうのは、単なる用心から出たもののようである。恐らくは、獰猛にして力強い動物の目玉をくり抜くのは、ある場合には迷信的配慮からではなく、合理的な配慮から出たものであろう。例えば、殺した熊を解体する前に、その熊の目をカムチャツカ人はナイフで突き刺すのだが、そうする理由として、死んだと思っていた熊が時には生き返って、殺そうとした者を殺すからだと彼らは主張した[186]。

殺した動物の舌を切り取る慣習は、しばしばその亡霊が話を告げるのを防ぐためであろう

殺した動物の舌を切り取るのは、野生人の狩人の共通の慣習のようである。前述の慣習との類推で言えば、舌を切り取る行為は、時に以下のようなことの予防策となると推測できる。すなわち、動物の亡霊が自身の悲しい死の運命を同じ種の生きている仲間達に知らせ、彼らが当然驚いて狩人の向かう所から逃げ出すようなことを防ぐのである。例えばオマハ先住民の狩人は、殺したアメリカバイソンの咽喉に開けた切り口から舌を取り出す。こうして取り出した舌は神聖な物で、聖なるテントの中で鍋に入れて煮る場合以外は、一切道具や金物に触れさせてはならない[187]。これは聖なる食物として食される。先住民の熊狩人は、いわゆる熊の小舌（本当の舌の下部にある肉の塊）を切り取り、狩猟の際のお守りにしたり、あるいはそれを焼いてできた割れ目などから、殺された熊の霊魂が先住民達に怒っているか否かなどを占う[188]。民話では、常に英雄が自分の殺した野獣の舌を切り取り、証拠品として保管している。こうした挿話は、この慣習が一般的だったことを示すのに役立つ。なぜなら、民話は原始時代の慣習と信仰を正確に反映しているからである[189]。

持ち主に超人的知識と力を与えるため切り取られた動物の舌

他方で、カワウソや鷲といった特定の動物の舌は切り取って、スリンキート人やハイダ人のシャーマンが、超人的知識や力を得るため首のまわりに巻き付ける[190]。特にカワウソの舌は、シャーマンに「すべての非情の無生物、鳥、獣、その他の生物の言語」の知識を伝えるものとされ、小さい袋に入れて首のまわりに吊す[191]。ガラ人の祭司が動物を犠牲に捧げて占いが吉と出たときは、その舌を切り出し、それに彼の親指を突き刺して、そのまま動物の皮を剝ぐ[192]。場合によっては、ガラ人は雄牛の舌を切り出し、記念物としてそれを自分達の頭にかぶる[193]。ボヘミアでは、狐の舌を臆病者を大胆にする護符として着用する[194]。オルデンブルクとベルギーでは、狐の舌は丹毒の治療に用いる[195]。ボヘミアでは、聖ジョージの祭日前夜に雄蛇の舌を切り取り、人の舌の下におくと雄弁になるとされている[196]。ホメロス時代のギリシア人は、犠牲に捧げた動物の舌を切り取って焼いた[197]。ある話によると、犠牲動物の舌をギリシア人は弁論の神であるヘルメス、あるいはその人間化身である伝令官達に捧げたという[198]。共感呪術の原理に基づき、伝令官達は自分達の声を強め、あるいは雄弁を得るため、この供犠の生贄の舌を食べたものと思われる[199]。

敵に同じような危害を加えるため、生贄の雄牛を切断するベチュアナ人の慣習

殺した動物の舌を切り取る慣習は、時にその亡霊が殺されたことを伝えてしまうのを防ぐためであろうという推論は、ベチュアナ人が戦いの後に行うのを常とする祭儀によりある程度確認されている。これらの祭儀で、彼らは贖罪の生贄（ペコウ）と称する立派な黒い雄牛を犠牲に捧げ、その舌の先端を切り取り、脚の腱の一部および肩の大きな腱の一部と共に、目玉の一つをくり抜くのだが、これらはみな彼らの慣習となっている。そして切断された部位は、後である薬草と一緒に、呪医によって角で出来た容器の中で丁寧に油で炒められる。このように生贄を切断する理由を、一人の先住民が二人のフランス人宣教師にこう説明している。彼曰く、「生贄の舌を切り取って浄めることの動機は、その守り神達に説いて敵が我々の悪口を言わないようにしてもらうことである。また敵の手や脚の腱が、戦いの際いうことをきかないように願うのである。また敵が我々の家畜に物欲しそうな目を向けないように願うのである[200]」。この慣習における生贄の雄牛は、祭儀的に敵と同一に取り扱われているようである。従って、その舌を切り取れば、敵の呪いを防げることは明瞭である。なぜなら、敵に舌がなければどうして呪うことができようか。同じように、雄牛の脚の腱を切ることにより、敵の脚や腕が戦闘中いうことをきかなくなるようにすることができる。また雄牛の目玉をくり抜けば、敵は相手の太ったおいしそうな牛を物欲し気に見ることが一切できなくなることも確実である。このようにあらゆる実際的見地からして、雄牛の体を切断することは、敵の屍体を切断するのと同様の効果を有している。

亡霊を無力にするため、敵やその他危険な人物の死体を切断する

そして敵の屍体の切断は、似たような迷信的動機から野生人によって行われることがある。例えば戦場から帰る時、バガンダ人は一、二の敵の屍体を解体するならわしがあり、その目玉をくり抜き、耳を切り離し、「悪霊が自分達の後をついて来るのを防ぐため」、帰り道の路上に四肢を横たえておく[201]。バガンダ人の戦士達がもしこのやり方で屍体を切断しなければ、被ることになるだろうと恐れる災難の性質に言及はないが、その目的はこう推論できる。すなわち殺した敵の目玉をくり抜き、耳を切り取ることによって、彼らは怒れる亡霊の目と耳を無力化しようとしたのである。また恐らくは、類感呪術の原理に基づいて、自分達の生きている敵を同じように不自由な体にすることを狙ったのであろう。

死体を切断して亡霊を無力にする

オーストラリア先住民のある者は、殺した敵の親指を切断して、亡霊が槍を投げられないようにする[202]。他のオーストラリアの部族は、自分達の死者の親指の爪を焼き捨てて、哀れな亡霊が墓を掻きむしって出てくることのないようにする[203]。ブラジルのトゥピ先住民は捕虜を殺して食べる時に、「親指が弓を射るのに使われるという理由からそれを切り落としてしまう。弓を射る技術について彼らは特に迷信深いのだ。その親指でどのようなことがなされるのか皆目見当が付かないが、親指が残りの部分のように食べられることはないということだけは確実である[204]」。恐らくこの先住民は、オーストラリア先住民のように、こうした切断により捕虜の危険な亡霊を武装解除できると考えたのであろう。誰か悪人が死ぬと、ベーリング海峡のエスキモーはその腕と脚の腱を切るならわしがあった。「これは亡霊がその身体に帰って来て、夜に食屍鬼《グール》のように歩き回るのを防ぐためである[205]」。トラヴァンコールでは、殺人罪で絞首された者の亡霊は特に恐れられる。そこで、亡霊が歩き回って人々を襲ったりできないようにするため、剣で罪人の踵を削り取ったり、梯子からぶら下がった瞬間に腱を断ち切ったりする慣習がある[206]。オマハ先住民には、雷に打たれて死んだ者の亡霊が歩き回らないよう、その足の裏を切り裂くならわしがあった。[207] 北ローデシアのアウェンバ人の間では、殺人者はしばしば犠牲者の死体を凄惨にも切り刻んだ。「これは殺された者の霊魂が復讐するのを防ぐためと言われ、人差指または小指の間接を切断するだけでも、この目的に添うという[208]」。これらの例から示唆されるのは、野生人が殺した敵をさらに切り刻むのは、分別を失った憎悪の怒りから出たものではなく、亡霊が抱く至極当然の恨みから身を守る最善の方法を冷静に考えた結果だということである。屍体を切断することにより、野生人は明らかに亡霊を無力化し、そして自分達を害することができないようにすることを望んでいるのである。いずれにせよ特定の状況下では、野生人のある者は人間や動物の屍体を非常に似たように扱う。すなわち、亡霊が起き上がって歩き回るのを防ぐため、屍体の腱を断ち切るといった具合に。このように原初的な哲学者達の霊界に対する態度は、非常に首尾一貫していて分け隔てのないものである。

第十五章　農民達による有害生物の慰霊

1　穀物の敵

ヨーロッパにおける作物や家畜にはびこる有害生物の慰霊　野生人がその力と獰猛さのために恐れる動物と、恩恵を与えてくれるために尊ぶ動物の他に、尊崇と供犠をもって宥めることが時には必要であるとしている別の種類の生物がいる。これらは作物や家畜にはびこる害虫である。これらの怖ろしい敵を避けるため、農民は多くの迷信的な工夫を凝らすのである。それらのうち、あるものは害虫を滅ぼしたり脅したりしようとするけれども、一方他のものは農産物や家畜を助けるような公平なやり方で害虫を慰撫し、説得することを目的としている。例えば、エーゼル島〔サーレマー島とも〕のエストニア人農民は、穀物にとって大変有害な虫である象虫を大いに畏怖している。彼らはそれに立派な名前を付け、もし子供がそれを殺そうとすれば「殺してはならない。殺せば殺すほど、私達に害をなす」と言う。彼らは象虫を見つけると、殺す代わりに地中に埋める。ある者は象虫を畑の中の石の下において、穀物を供えさえする。こうして象虫は宥められ、あまり害を与えなくなると彼らは考えている(1)。トランシルヴァニアのザクセン人の間では、穀物を雀から守るため、種蒔きを始める時は、最初に一摑みの種を頭越しに後ろに投げて、「それはお前の分だよ、雀達」と言う。作物を羽虫（*Erdflöhe*）の害から守るため、農民は目を閉じて三摑みした燕麦を四方八方に撒き散らす。こうして羽虫に供え物をしたことで、作物の助かることは間違いないと彼らは思っている。トランシルヴァニアにおける作物をすべての鳥、獣、昆虫から防ぐ方法はこうである。蒔き付けが終わった後、農民はもう一回空手で蒔き付けの格好をしながら畑の端から端を歩く。その際にこう言う。「私はこれを動物達のために蒔くのである。私はこれを飛び、這い、歩き、立ち、歌い、跳ねるすべてのもののため、父なる神の御名において蒔くのである云々」[2]。カルパティアのフズール人は、イタチの嚙み付きは有毒で、またこの動物は家畜を荒らすと信じている。しかし、彼らは決してイタチを殺さないように気を付ける。これは殺されたイタチの近親が、その死の復讐として殺害者の家畜に害を加えないようにするためである。彼らは聖マシュー日（旧暦は八月九日、新暦八月二十一日）、あるいは聖キャサリン日（旧暦十一月二十四日、新暦十二月六日）にイタチ祭さえ行う。その月はイタチが家畜に害を加えないよう何も仕事をしない[3]。次に述べるのは、農園を毛虫から守るドイツの方法である。日没後か真夜中に、家の女主人または家族中の誰か他の女が、後ろに箒《ほうき》を引きずりながら農園中を歩き回る。彼女は後ろを見てはならず、こうつぶやき続けなければならない。「今晩は、母なる毛虫よ。あなたは旦那さんと一緒に教会に来ることになるでしょう」。農園の門は翌朝まで開けておくのである[4]。

野生人が有害生物を宥める類似の方法

このようにヨーロッパの農民達が有害生物の怒りを宥めその復讐を避ける試みは、野生人の同じようなやり方に対応している。マタベレ人〔現在ではンデベレ人と呼ばれる〕が畑で毛虫を見付けると、ヒョウタンの中に穀物の穂を入れ、それに毛虫を一ぱい入れ、それを他の村に通じる道路におき、こうして毛虫が他の村に移る気になってくれるよう願う[5]。ドイツ領ニューギニアのヤビム人は、タロイモの畑を荒らす毛虫や昆虫は、死んだ人間の霊魂によって生かされていると想像している。そこで、これらの害虫から作物を守るため、彼らは昆虫達に畑を去って村に行くよう丁寧に頼む。曰く、「汝ら、イナゴ、虫、毛虫達よ。死んだり、首を吊ったり、丸太の下敷になって死んだり、鮫に食べられたりした者達よ。村の中にお入りなさい」[6]。ニアス島の人々にその破壊的なまでの力を恐れられている一種の蟻がいる。通常、彼らは罠やその他の方法でこれを退治しようとする。しかし、米の収穫時にはこの蟻をいつもの名前で呼ぶのを止め、作物の被害を防ぐとされている善霊〈シバイア〉の称号を付す[7]。南ミルザプルでは、イナゴが農作物に大害を与える恐れがある時は、一匹捕まえて、頭を鉛丹で斑点状の模様に彩り、身をかがめて挨拶し、放してやる。こうして丁寧にされると、イナゴはすぐに仲間達と一緒に去ってゆくという訳である[8]。ドイツ領東アフリカのチャガ人の間では、呪術師が畑をイナゴから守るため、一匹を捕まえて、その両脚を縛り、仲間の群れを連れて隣の仲の悪い首長の土地に行くように説得してから放してやる[9]。ドイツ領東アフリカの別の部族ワゴゴ人は、畑を荒らす鳥の一羽を捕まえ、呪薬を塗ると、その鳥がすべての仲間を誘って森の中に消えてくれるように願い、放してやる[10]。

有害生物を扱う際に農民は厳しくし過ぎず甘やかし過ぎず、いい塩梅にその間あたりを狙うことがある

農民は害虫を扱うときに、極めて厳しくする一方で甘やかしもするという具合にその間を狙っていく。すなわち親切にする一方厳しくし、厳格と寛容を調節するのである。古代ギリシアの農業論には、農民が畑をハツカネズミから防ぐ方法として以下のような忠告がある。「紙を一枚取って次のように書きなさい。『ここにいるハツカネズミ達よ、汝らに私はここで厳命する。私に害を与えてはならない、また他のハツカネズミ達がそうすることもまた許されない。私は汝らに向こうの畑を与えよう』（ここであなたはその畑を明示する）。『しかし、もしあなたをここで再び捕まえることがあれば、神々の母の名において、私はあなたを七つに裂いてしまうだろう』。こう書いたら、その紙を日の出前に畑の中の自然のままの石に貼り付け、書いた所が見えるようにしておきなさい[11]」。アルデンヌ地方では、ネズミの害を防ぐには次のような言葉を繰り返すのがよいと言われている。「御言葉は汝らの神と共にあった（*Erat verbum, apud Deum vestrum.*）。雄ネズミ、雌ネズミ達よ、偉大なる神の名において、あなた方が私の家、私の住家の一切から出ていって、かくかくしかじかの場所に行き、そこで暮すようお願いします。意を決して引き返し給え、穢れなき乙女よ。力強く、温厚な、正義の者よ（*Decretis, reversis et desembarassis virgo potens, clemens, justitiae.*）」。それから同じ言葉を紙片に書き、それを巻いて、一枚をネズミ達の通る扉の下に置き、もう一枚はネズミ達の行く道の上に置く。この魔除けは日の出に行わなければならない[12]。数年前に、あるアメリカの農夫がネズミ達に丁寧な手紙を書いて、彼の穀物が不足していること、冬のあいだネズミ達を養うことができなくなったこと、ネズミ達に非常に親切にしてきたこと、彼らの幸せを思えば自分の所を去って、もっと穀物を持っている誰か近所の人の所に行った方がよいだろうということ、などを言い聞かせたと伝えられている。彼はこの手紙をネズミ達が読むように自分の納屋の柱にピンで止めておいた[13]。セレベス島では、ハツカネズミは米の大敵の一つである。したがって、用心深い農民達が畑をハツカネズミから守るための祈禱や呪文がたくさんある。例えば、農夫はこう言いながら畑のまわりを走り回る。「〈剪定者〉というのがあなたの名前だ。私の稲の間を這い回るな。さもないと目と耳が不自由になる。私の稲の間を這い回るな。どうしても這い回らなければならないのなら、他所にいって他の稲の間を這い回れ」。次のような形の言葉も同じように効果がある。「〈剪定者〉があなたの本当の名前である。ハツカネズミはあなたの綽名である。日の沈む方角へ進むと、そこにはあなたの座る石がある。西の方、すなわちジャワ島にはあなたの住居がある」。あるいはまた、「おお長い尾よ、長い尾よ。私の米を食べるな。それは王子の米だ。その畑は立派な人の畑だ[14]」。日本のアイヌは、神が初めてネズミとハツカネズミを〈エルム・コタン〉で作ったと信じているが、この〈エルム・コタン〉とは「ネズミの国」という意味である。実際そこには今でも夥しくネズミやハツカネズミがおり、村の人達はハツカネズミを崇拝し、しばしば献酒し、また削り掛けを供える。この心遣いに感謝したハツカネズミは庭の畑を荒らさず、根や果実を齧ろうとしない。しかし、もし人々がハツカネズミを崇拝せず、あるいは不用意に悪口を言ったりすると、ハツカネズミは怒って畑の農産物を食べてしまう。現在ネズミやハツカネズミが毎年アイヌの畑を荒らし回っているのは、近頃人々が彼らを崇拝するのを怠っているせいである。[15]

時には少数の有害生物が特別に優遇され、一方他のものは情け容赦なく追い回される

所期の目的は、時に不快な害獣種の中から選ばれた一、二匹の個体を特別に優遇し、一方他のもの達は情け容赦もなく追い回すことで達成されると考えられている。東インドのバリ島では、水田を荒らすハツカネズミを大量に捕獲し、屍体を焼くのと同じようにして焼く。しかしその中の二匹は殺されることなく、白いリネンの小さい小包を受けとる。それから人々は神前のように彼らに礼拝し、放してやる。[16]東インド諸島にあるカンゲアン諸島では、ハツカネズミが稲に対してあまりにも有害であると分かると、人々は次のような方法でこれを免かれる。金曜日に、イスラム教寺院でのいつもの礼拝が終わると、祭司によって四組のハツカネズミの結婚が厳かに執り行われる。それから各組を三十センチほどの長さの模型カヌーの中に閉じ込める。これらのカヌーには米やその他の作物を満載し、それから四組のハツカネズミはまるで本当の結婚式のように海岸まで送り届けられる。この行列の通過する所どこでも、人々は力一杯自分達の稲の塊を打ち叩く。海岸に着くと、小さな乗客達を載せたこのカヌーは海上に浮かべられ、波風のままに流されて酷い目に遭う。[17]サラワク州の海ダヤク人、すなわちイバン人の農場が鳥や昆虫に酷く荒らされたときには、彼らはそれぞれの有害生物の見本（一羽の雀、一匹のコオロギなど）を捕まえ、それらを食物を大量に積んだ木の皮の小さな舟に乗せる。そうしてこの憎たらしい客達を乗せた小舟は川を漂っていくという訳である。それでも効果がなければ、ダヤク人は同じ目的を果たすのに際し、もっと効果のあるとされている方法に頼る。彼らは実物大の粘土の鰐を作り、畑の中に据え、食物、米焼酎、布を供え、その前で鶏、豚を犠牲に捧げる。これほど手厚いもてなしに感謝したこの獰猛な鰐は、すぐに作物を食い荒らすあらゆる悪獣どもを貪り食べてしまうのである。[18]ボヘミアのある地方では、農夫は野ハツカネズミや灰色ハツカネズミはためらいなく殺すが、白ハツカネズミだけはいつも殺さない。もし白ハツカネズミを見つけると、丁寧に拾い上げて、窓のところに気持よい寝床を作ってやる。というのも、もしこれが死ぬと家から幸運が去り、灰色ハツカネズミが怖ろしいほど家の中に繁殖するからである。[19]

作物を荒らす昆虫に対する女達の偽の哀悼

アルバニアでは、畑や葡萄畑がイナゴや甲虫で荒らされると、ぼさぼさの髪をした何人かの女達が集まり、何匹かこの虫を捕まえる。そしてそれらを持って葬式行列を作り、泉か川に行き、そこで虫達を溺れさせる。それから女達の一人が「おおイナゴよ、甲虫よ、失意の私達を残して去る者よ」と歌い、この葬送歌を今度は女達全員が合唱して繰り返す。このように数匹のイナゴや甲虫の葬式を行えば、これらの虫は皆死んでしまうと彼らは思っている。[20]シリアでは毛虫が葡萄畑や畑を荒らすと、乙女達を集め、毛虫の一匹を取って来て、娘の一人がその母親となった。それから彼女達は泣き悲しんで、その毛虫を埋葬した。その後、毛虫がみな畑を去るようにと、彼女達は「母親」を毛虫達のいる所に連れていったが、それは彼女を慰めつつ行われた。[21]九月一日にロシアの娘達は「蕪やその他の野菜で小さい棺を作り、その中に蝿やその他の昆虫を入れると、これらを盛大な哀悼の中で埋葬する」[22]。南アフリカでは、黒人の幼い少女達が大勢で畑を歌いながら通ることで毛虫の異常発生がおさまる。少女達は荒らされた作物の間を通って泣き悲しみ、こうして祖霊達の助けと情けを祈願するのである。この哀悼の儀礼は、畑を見渡せる土地にある小地所での踊りで締め括られる[23]。

作物から昆虫を追い払うバロンガ人の祭儀　デラゴア湾〔マプト湾とも〕沿岸には、小さい褐色の甲虫が繁殖し、豆やトウモロコシに大きな被害を与えている。バロンガ人はこれを〈ヌーヌー〉と呼ぶ。十二月か一月、この虫が群がって動き始める頃になると、そこに女達を送り出し、皮に覆われた豆の茎に付いたこの虫を取って集めさせる。これが終わると、双子の少女がこの虫を近所の湖に投げる役目を担わされる。熟年の女一人に付き添われたこの少女は、ヒョウタンの中に入れた虫を持って、誰にも一言も話しかけずに自分の役目を果たしに出かける。彼女の後には女達全員が行列を作って続き、腕、腰、頭を草で覆い、両手には大きい葉を付けたマニオクの枝を持ち、それを彼女達は前後に振って、「〈ヌーヌー〉あっちに行け！　畑から出て行け！　〈ヌーヌー〉あっちに行け！　畑から出て行け！」と歌う。少女は甲虫の入ったヒョウタンを後ろを見ずに水中に投じ、そこで女達が卑猥な歌を喚くが、彼女達はこの時と雨乞い祭の時以外は、決してこういう歌をうたおうとはしない[24]。

有害生物を防ぐ呪いとしての偶像　害虫やその他の有害動物達の感情を傷付けたり、敬意を失することなく彼らを駆除する別の方法は、彼らの像を作ることである。ティアナのアポロニウスは青銅のサソリの像を作り、それを町の真中の小さい柱の下に埋めることによって、アンティオキアからサソリを追い払ったといわれる[25]。さらに、彼は青銅の蝿でコンスタンティノープルから蝿を一掃し、同じく青銅のブユでブユ達を一掃したといわれる[26]。中世紀にウェルギリウスは魔法使いと見なされていて、青銅や銅で作った蝿やバッタの像で、ナポリからこれらの昆虫を追い払ったといわれる。またこの町の水が蛭《ひる》で穢れた時、ウェルギリウスは黄金の蛭を作ることでその被害を食い止めた[27]。フェズのモスクでは、サソリを嘴に咥《くわ》えた鳥の像によって、サソリの害を防ぐ慣習があったと報じられている[28]。あるアラビア人の筆者によると、ある町をイナゴの害から守ったという黄金のイナゴの話がある。また彼は家畜の伝染病を防いだ二頭の真鍮製の雄牛のことを記している[29]。トゥールのグレゴリウスによれば、かつてパリの都にはヤマネと蛇はいなかったが、彼の存命中、下水の清掃中に青銅の蛇と青銅のヤマネが発見され、それらが取り除かれるという事態が起こった。「それからは無数のヤマネと蛇がパリに見られるようになった」と、この善良な司教は付け加えている[30]。ペリシテ人の国土にハツカネズミが蔓延した時、人々はハツカネズミの黄金像を作り、この像を二頭の雌牛が牽く新しい車に載せて国外に送り出した。この行為には本当のハツカネズミも同時に出て行ってほしい、という彼らの願いが込められている[31]。同じように、蛇の群れが砂漠のイスラエル人達を悩ました時、彼らは真鍮の蛇を作って、蛇による被害を食い止める手段としてそれを一本の柱の上に据えた[32]。

2 〈ハツカネズミのアポロン〉と〈狼のアポロン〉

害をなす生物から名を取ったギリシアの神々　ギリシアの神々の何人かは、害虫その他の厄介者から取った称号の下に崇拝され、これらの神々はこれら害虫達を遠ざけたり全滅させたりすると考えられていた。例えば、〈ハツカネズミのアポロン[1]〉、〈イナゴのアポロン[2]〉、〈白カビのアポロン[3]〉などがあり、〈イナゴのヘラクレス〉や〈虫殺しのヘラクレス[4]〉があり、〈狐のディオニュソス〉があり[5]、また〈蠅捕りのゼウス〉すなわち〈蠅除けのゼウス〉などの話がある[6]。もしこれら並びに類似の信仰すべての起源を辿ることができれば、それらの称号が初めは人類の保護者としての高位の神々に付けられたものではなく、ハツカネズミ、イナゴ、カビ等の有害生物自体に付けられたものだと恐らく知れるだろう。そしてその目的は、彼らに世辞を言って宥めて、その有害性を取り除き、崇拝する者達を助けてくれるよう説得することである。ローマ人は農民の敵である白カビを、それ自身のもつ固有名詞の下に崇拝していたことが知られている[7]。

〈ハツカネズミ（スミンテウス）のアポロン〉　古代並びに近代における、作物へのハツカネズミによる被害は甚大なものがあり[8]、概ね正しいとされる伝説によれば、〈ハツカネズミ（スミンテウス）のアポロン〉〔スミンテウスは「ネズミ殺し」を意味するアポロンの称号〕の信仰は彼らを避けるために制定されたものだという[9]。トローアドのアポロンの神殿にある祭壇の傍に立っているハツカネズミの像は[10]、ペリシテ人がハツカネズミの害を防ぐために作った黄金のハツカネズミに比すべきものであろう。また祭壇の下に住む白ハツカネズミには、その聖所で飼い慣らされていたハツカネズミがあてがわれるわけだが[11]、この仮説から言えば、このハツカネズミはボヘミアの農民が、その同胞である灰色ハツカネズミの数を抑えるための最良の方法であるとして、未だに大切にしている白ハツカネズミに比すべきものである[12]。〈ハツカネズミのアポロン〉の東洋における対応物は、インドシナのチャム人が〈ヤン・ティク〉すなわち「黄金のネズミ」と呼ぶ古代の柱、つまり素朴な偶像であり、彼らはそれに対して、ネズミがやたらに増えて畑を荒らす時はいつも供犠を行う[13]。

〈狼のアポロン〉　アポロンに付された別の綽名で、恐らく同じような説明のできるのは〈狼のアポロン〉である[14]。様々な伝説を見ると、この神が狼を全滅させたためにこの称号を受けた様子がよく分かる[15]。事実この役割は「狼殺し」という綽名ではっきり彼に付されている[16]。前述の諸例の類推から論じるに、最初は狼が人間や家畜を襲わないようにするため、巧言令色や供物で宥めた。後代になると、ギリシア人とりわけその中の進歩的な人達がこの素朴な信仰形態を脱して、狼を遠ざける役目を慈悲深い神へと移した。そして最終的に、この神は同様の効果的な役割を、ハツカネズミ、イナゴ、白カビなど他の有害生物に対しても果たしたと考えてよいだろう。この獰猛にして危険な野獣そのものを直接的に宥めていた名残りは、伝説の中に残されている。それは例えば、アテナイにあるリュケイオンすなわち〈狼の住む場所〉の起源や、シキオンにある〈狼のアポロン〉の聖所の起源を説明するために語られた伝説である。かつてアテナイが狼に荒らされた時、アポロンは〈狼の住む場所〉に犠牲を供えることを命じ、この匂いで狼達は完全に参った次第だった[17]。同様に、シキオンで家畜の群れが狼から大きな被害を受けた時、やはりアポロンが牧者達に命じてある樹皮を混ぜた肉を仕掛けさせ、狼達はこの汚染された肉を貪り食って絶滅した[18]。これらの伝説は、恐らく狼達に犠牲を捧げる古代の慣習を歪んだ形で反映したものであろう。換言すれば、狼達の獰猛性を鎮め、その機嫌を取るため、彼らに食物を与えたのである。このような慣習は比較的最近の時代まで、レット人〔主にラトヴィアに居住〕の間に遍く浸透していたことが知られている。十二月、クリスマス頃、狼達が家畜の群れを襲わないようにするため、人々は十字路で奇妙な偶像祭儀を行い、狼達のために山羊を犠牲にした。人々はこの供犠を終えた後、その年いっぱいは、たとえ狼の群れが家畜群の中を突き抜けることがあっても、一匹の家畜も狼に食べられることはないと自慢するのが常だった。レット人は十七世紀に至るまでこの種の供犠を秘密裡に行っていたことが報じられている[19]。そして、古代ギリシアにおける農民生活のことをもっとよく知ったならば、冬の日、アリストテレスがアテナイのリュケイオンすなわち〈狼の住む場所〉で自分の哲学を説明している一方で、アッティカの農民が、パルネス山あるいはペンテリカス山の雪深い谷間にある羊小屋のまわりで一晩中吼え回っている狼達に、身の引き締まるほど寒い空気のなか、相も変わらず供物を運んでいたことが分かるかもしれない。

第十六章　人間霊魂の動物への転生

多くの野生人が特定の動物を殺さないのは、死者の霊魂が彼らに宿っていると信じているからである。アメリカ先住民の間におけるこの信仰の例

多くの野生人がある種の動物を崇拝し殺さない理由は、自分達の死んだ近親の霊魂がこれらの動物に宿ると信じているからである。例えば、カイエンヌ〔フランス領ギアナの首都〕の先住民は特定の大きい魚を食べるのを拒否するが、この理由は彼らの親族の誰かの霊魂がこの魚の中に入っているかもしれないので、この魚を食べればその霊魂を食べることになるからだと言っている(1)。オリノコのピアロア先住民は、バクは自分達の祖先であって、死者の霊魂はこの動物の中に移ると信じている。このため彼らは決してバクを狩らず、またその肉を食べようとしない。バクはまた自由気ままに彼らの作物を荒らすが、彼らはそれを見張ろうともせず、脅して追い払おうともしない(2)。彼らが生まれ変わると信じているのは特にジャガーである。このため彼らはジャガーが何か悪いことをして当然の罰を受ける以外は、それを狩ることを拒否する(3)。キゾ先住民もまた霊魂転生を信じている。一人の老人がイタリアの旅行家オスキュラティにこう語った。霊魂は人間の身体から動物の中に入っていく呼吸であり、動物が死ぬと他の身体に宿を替える(4)。パラグアイのカイングア先住民は、この地上を離れることのできない死者の霊魂は、動物の形に生まれ変わると考えている。そういった理由で彼らの多くは飼豚の肉を食べるのを拒否するが、それは彼らが「豚は人間だった」と言うからである(5)。かつて一人のスペイン人がペルーのピロ先住民を二人連れて狩猟に出かけた時、一軒の無人の家を通り過ぎたが、その中に一頭の立派なジャガーのいるのが見えた。先住民達はスペイン人をそこから引き離したが、彼がなぜこのジャガーを襲わないのか聞いたところ、彼らはこう言った。「あれは私達の妹だった。彼女は最後の雨の時に死んだ。私達は小屋を捨てたが、二晩目に彼女は戻って来た。彼女は美しいジャガーになっていた」[6]。同様にある宣教師は、ボリビアのチリグアノ先住民は、霊魂転生に関してある観念を持っているに違いないと述べている。というのもある日、娘を隣の村に残して来た部族のある女と彼が話していると、彼女は一匹の狐が近くを通るのを見て、驚いてこう叫んだのである。「あれは死んでしまった私の娘の霊魂ではないでしょうか」[7]。ポパヤン地方のコロンビア先住民は、自分達の森林の鹿を殺そうとせず、また鹿を非常に敬っているので、自分達の面前であえて鹿肉を食べる者がいれば、恐怖と憤りをもってこれを見る。彼らの言うには、善良な生活を送った者の霊魂は鹿の中にいるという[8]。同様に、カリフォルニア先住民は以前は大きい獲物の肉を食べるのを拒んだ。この理由として彼らは、すべて大動物の身体は死んだ男女の祖先達の霊魂を持っているからだと主張した。しかしスペイン人宣教師達に養われていた先住民は、牛肉の形で食糧の配給を受けていたので、牛に関してはその良心の咎めを克服せざるを得なかった。かつて一人の混血児が信心深い人々をからかって楽しもうと思い、彼らのために熊肉を料理し、それが牛肉であると伝えた。彼らは喜んで食べたが、からかわれていたことが分かると、嘔気を催し、この不快な肉を吐き出してしまった。ヨーロッパの影響を受けた仲間達にこの野生の部族達が浴びせる非難は、「やつらは鹿肉を食べた！」だった[9]。カリフォルニア先住民は雌の年を取ったグリズリーは殺さないことで知られているが、それはこの熊が死んだ祖母の霊魂を持っていると考えていたからで、祖母の皺の寄った顔付きは、この熊の皺の寄った顔にどこか似ていたのであった[10]。

アフリカにおける人間霊魂の動物への転生の信仰

ギニア北部の黒人達も、人間霊魂の動物身体への転生を固く信じている。この沿岸各地では、各種の動物が聖なる存在と見做されているが、それはこれらの動物が死者の霊魂により生かされていると考えられているからである。このためフィッシュタウン近くでは猿、ウィダー〔ベナンにあるブードゥー教の聖地〕では蛇、ディクスコーブ付近では鰐が崇拝されている[11]。西アフリカのコートジボワールのテンドゥの潟湖には、通りぬけ不可能な灌木に覆われたある聖なる小島があって、そこには誰も先住民は足を踏み入れようとしない。ここにはただ無数の巨大なコウモリが棲んでいるだけで、これは夕方になると何十万と群れを成して島を離れ、この潟湖に流れ込むタノ川に向かって飛んでいく。先住民の言うには、このコウモリは死者の霊魂であって、日中はこの聖なる島に退き、毎晩〈タノ〉の住居に出かけなければならないことになっており、この〈タノ〉というのは同名の川のそばに住む、偉大にして善なるフェティシュ神である。この島を舟で通り過ぎる際は、黒人達はそれに顔を向けず、そむけていく。あるヨーロッパ人がこの潟湖を横断する際、一匹のコウモリを射落とそうとしたところ、同乗した黒人達は止めるよう懇願した。これは彼らの近親者の一人の霊魂が殺される恐れがあったからである[12]。南アフリカのモパネでは昔からライオンは増えるにまかせているが、これは彼ら先住民の首長達の霊魂がライオンに入ったと信じ、決してこれを殺そうとしないからである。反対に、彼らはライオンに会ったときはいつも、両手を叩くという普段のやり方で敬意を表する。したがって、この地方にはライオンがあまりにはびこっているので、人々は野原で行き暮れると安全のためしばしば樹上で眠る[13]。同じように、ザンベジ川とシーレ川の間の三角州に住むマカンガ人は、ライオンを殺すことを避けているが、これは死んだ首長の霊がライオンに入っていると信じているからである[14]。アマンブエ人は、一般に自分達の首長が死ぬとライオンになると想像している[15]。中央アフリカのアンコールのバヒマ人もまた、彼らの死んだ王達はライオンに変わると想像している。首長達の屍体はエンサンジという森に運び、そこに盛装のまま数日間横たえておく。最後の日にその身体は破裂して、ライオンの仔を生み出すが、それに死んだ王の霊が入っていると考えられている。祭司達は仔ライオンが大きくなるまで養い、その後放してやって、他のライオン達と森を歩き回ることが許される。ライオンに餌をやって世話し、有事のときには死んだ王達と交信するのは祭司達の任務である。このため祭司達は常に森の中の神殿に住み、そこで彼らはライオンのための家畜の供物を頻繁に受けとる。この森ではライオンは聖なる存在であり殺してはならないが、この国の他の地方では、ライオンを殺しても特に罰されるということはない。同じように、バヒマ人は王の妻が死ぬと豹になると考えている。この生まれ変わりは、同じ聖なる森のある地帯で、同じように屍体が破裂することで生じる。そこでは祭司達が毎日肉の供物で豹を養い、その役目は相続制である。さらに、バヒマ人は死んだ王子や王女の霊は蛇に生まれ変わると信じており、この蛇は同じ森の別の地帯で彼らの屍体から飛び出すという。森の中には神殿があり、そこで祭司達が聖なる蛇を養い守っている。小さい蛇が王子の屍体から飛び出すと、独り立ちできるまで乳で養う[16]。東アフリカのマサイ人の中のエル・キボロン氏族は、氏族中の既婚男性が埋葬されると、その骨は蛇になると想像している。このためエル・キボロンは他のマサイ人のようには、蛇を殺さない。反対に彼らは、村落《クラール》の中に蛇が出るのを喜び、蛇達のために地上に乳の皿と蜂蜜をおく。蛇は決して氏族構成員を咬まないという[17]。コンゴ地方のアバブやその他の部族は、死ぬと自分達の霊魂は、カバ、豹、ゴリラ、ガゼルのような様々な動物の身体に転生すると信じている。そのため来世に移り住むことになる特定の種類の動物の肉は決して食べない[18]。ポルトガル領のザンベジ地方のカフィール人のある者達は、人間霊魂の動物身体への転生を信じていて、死んだ人が転生した動物の種類を、その人が生前何に似ていたかで判断する。例えば、出っ歯の大きく逞しい男は象になる。長い顎鬚を持った強い男はライオンになる。大きい口と厚い唇の醜い男はハイエナになる、などである。死者の霊が宿るとされている動物は、神聖にして不死身なものとして取り扱われる。黒人達が非常に慕っていたドナ・マリアというポルトガルの貴婦人が世を去った時、たまたま一頭のハイエナが夜ごと村に何度も現れて、豚や仔山羊をさらっていった。貴婦人の元の奴隷達は、このハイエナに少しも害を加えようとせずこう言った。「それは私達の善き女主人ドナ・マリアである。彼女は空腹で、食物を探しに自分の家にやって来たのだ[19]」。

マダガスカル島における人間霊魂が動物へ転生する信仰

死者の霊魂が動物の身体に移っていくという信仰は、マダガスカル島の部族の間に広く流布しているようである。したがって例えば、ベツィレウ人の霊魂は死後、王蛇《ボア》、鰐、ウナギなどにそれぞれ生前の位階によって生まれ変わると考えられている。死後王蛇に生まれ変わる特権を有するのは貴族、あるいはいずれにせよ最高位の人々である。生まれ変わりを容易にするため、死んだ貴族の屍体をその家の真中の柱に括《くく》り付け、腐敗した屍体から湧き出るものを銀の盆に集める。この腐敗した液汁に生じる虫の中で最大のものが死んだ貴族の霊魂を含み、時が経つと王蛇になると信じられている。従ってこれらの巨大な蛇はベツィレウ人は聖なるものと見なし、誰もこの蛇を一匹たりとも殺そうとしない。人々は膝行しながら蛇の前に進み、本当の生きている貴族に対するように拝礼する。王蛇が以前人間の姿で住んでいた村を、畏れ多くも訪問して下さった日は大変幸せな日である。王蛇は死んだ貴族の家族から大歓迎を受ける。家族達はこの蛇を出迎えるために外に出て、蛇がその上を這い回るための絹布を広げ、大広場に連れていくと、犠牲の雄牛の血を心ゆくまで飲ませる。身分のある平民の霊魂は鰐に生まれ変わり、しかもその姿でなお自分の旧主に仕える。彼らの奉仕は中でも、旧主に人間から王蛇に生まれ変わるべき時が近付いて来たことを知らせることにある。最後に最下層の人間は死ぬとウナギになり、この生まれ変わりをできるだけ容易にするため、屍体から内臓を取り出し、聖なる湖に投じるのがならわしである。一番初めにこの内臓を食べたウナギが死者の霊魂の住家となる。ベツィレウ人は誰もこのウナギを食べようとしない[20]。さらに、マダガスカル島極東の部族であるアンタンカラナ人は、死んだ首長の霊は鰐に移り、一方平民の霊魂は他の動物に生まれ変わると信じている[21]。さらにマダガスカル島南東のタナラ人は、死者の霊魂はサソリや昆虫のような特定の動物に移ると想像しており、このため彼らはそれを殺したり食べたりせず、またこれらの動物も同じように自分達に害を加えようとはしないと信じている[22]。

アッサム州、ビルマ、コーチシナにおける、人間霊魂が動物へ転生する信仰

アッサム州〔インド北東部〕のナガ人のある者は、死者の霊は地下世界で輪廻を経た後、蝶や家蠅になって地上に生まれ変わるが、一旦その姿となると次は永遠の死が待っているのみと主張している。このため、これらの小さい蠅が生きている人の酒盃にとまることがあっても、人々は自分達の祖先の誰かを殺すことを恐れて殺さない[23]。同じような理由で、ナガ系部族の一つであるアンガミ人はある種の蝶を傷付けないよう気を付ける[24]。上ビルマの大村落アン・テンにある、荒廃した橋の上流にある川の一地点には魚が群がっているが、これらの魚を人々は神聖なものとしている。というのも、彼らは死者が魚の形で再び生まれ変わると考えているからである。昔は、この魚を殺した者は死刑に処された。かつて一人のシャン人が魚釣りをして何匹か死んだ魚を手に入れたところ、直ちに連行され殺された[25]。東コーチシナ〔コーチシナはフランス統治時代のヴェトナム南部の呼称〕のコンメニイの人々はヒキガエル

を食べようとしないが、これは大昔に彼らの首長達の一人の霊魂が、死んでヒキガエルに移ったからである。この首長はヒキガエルの姿で自分の息子の夢に現れ、自分の生まれ変わりを知らせ、死んだ親に豚、鶏、酒を供物として捧げることを命じ、もしこの命に服すれば、稲が豊作になることを確約した。忠実な息子は父親の命令に従った。するとヒキガエルは水田に現れて稲の生長を見守り、収穫量は凄まじいものになった。二代続いて供犠は約束通り行われ、ヒキガエルは蒔き付け時には現れ、穀倉は満杯となった。しかし後代、人々はヒキガエルに供物を捧げることを怠り、このため罰を受けて作物は不作となり、その結果飢饉となった[26]。インドシナのチャム人のある者は、死者の霊魂は蛇、鰐などの特定の動物の身体に移り住むと信じており、この動物の種類は家族により異なる。死者の霊が宿ると最も一般的に考えられている動物は齧歯類で、この地方に沢山いる木登りする機敏な動物、例えばリスである。ある人々によると、これらの小動物は、特に死産児や小さい時に死んだ子供達の住家になるのだという。この小さい子供達の霊魂は、悲しみに沈む両親の夢の中に現れてこう言う。「私はリスの身体に住んでいます。次のようにして私を祀って下さい。花、ココナッツ、お椀一杯分の焼米を私に供えて下さい」。両親はこの敬虔な仕事を果たし、子供達の霊に敬意を表する。また病気の際にはこれらの霊の不機嫌が原因だとし、病気平癒を霊に祈る。そして自分達が死ぬ時は、子孫に家族の一員としてしかじかの霊を慰めるよう託していく[27]。

フィリピン、サンドウィッチ諸島、パラオ諸島における人間霊魂が動物へ転生する信仰

フィリピンのカブガタンのイゴロト人は、川にいるウナギを自分達の祖先の霊魂と見ている。このため彼らはウナギを捕まえて食べる代わりに、ウナギが池の中の鯉のように馴れるまで飼養する[28]。サンドイッチ諸島では、様々な人々が、鶏、トカゲ、フクロウ、ネズミなど広汎な種類の動物を崇拝していた。鮫を崇拝している人がたまたま死産児を持つと、その死児の霊魂を鮫の身体に宿らせようとした。このため彼は死児をタロイモの根、若干のカバ〔同名の木から作られた向精神薬〕、サトウキビの一片と共に敷物の上におき、祈禱を上げ、それからこれらすべてを海中に投じた。この供物のお陰で、子供の霊魂の鮫の身体への転生が成功し、今後鮫に襲われるようなことがあった場合でも、この家族の全員を鮫が助けてくれると信じていたのである。鮫に奉献された神殿内には祭司達がいて、彼らは朝晩鮫の像に祈禱を上げ、水と塩で像の身体を擦るのだが、乾くにつれてその像は鱗で覆われたような姿になった。またこの祭司達は赤い着物を着て、甲高い叫び声を発し、聖所の垣を飛び越えて、信じやすい島民達に以下のように説いて聞かせた。すなわち、子供達が海に投げ込まれて鮫に変身した正にその瞬間を、自分達ははっきり見たと。この啓示を聞いて喜んだ両親達は小豚、ココナッツ、カバなどをたくさん祭司達に供えたという次第である[29]。パラオ島民達は、自分達の祖先の霊魂は特定の種類の動物に住んでいると信じており、そのためこれらの動物を神聖視し、傷付けようとしない。このためにある者は蛇を殺さないし、ある者は鳩を殺さないといった具合である。しかし、自分の隣人達が聖なる動物としているものは、皆遠慮なくいつでも殺して食べてしまう。[30]

スマトラ島における人間霊魂の虎への転生

既述のようにスマトラ島のバッタ人は滅多に虎を殺さず、また虎の亡霊を鎮めるための念入りな祭儀を行わずに殺すことは決してない。虎をこのように崇拝する理由は、死者の霊魂はしばしば虎に生まれ変わるため、虎を殺す時、それによって自分の親族を殺していないかどうかは全く分からないからである。もし虎のトーテム氏族の者が、殺された虎の屍体が村に運ばれて来たとき偶然居合わせるようなことがあれば、彼らは虎の口にキンマを押し込んで、特別の敬意を表すに違いない。祭司は死んだ虎に飲物と食物を供えると、彼を祖父と呼び、怒ったり驚いたりしないように祈り、神々に虎を殺した理由を説明する。[31]

ボルネオ島における人間霊魂の動物への転生

ボルネオ島のカヤン人は、人間の霊魂が死に際して肉体から去る時には、動物か鳥の姿をとると考えている。例えば、もし鹿がある男の墓の近くで若葉を食べていると、彼の親族は恐らく彼の霊魂は鹿の姿になったものと結論し、死者を怒らせないよう家族全員が鹿の肉を食べなくなるであろう。[32] ボルネオ島の別の部族であるカリマンタン人の大部分は、自由に鹿を殺して食べるが、その慣習には例外がある。「このように、メラナウ人の首長である〈ダモン〉は、メラナウ人全員と共に、鹿（*Cervulus muntjac*）を殺したり食べたりすることはない。しかし彼の言うところによると、一人の先祖がこの種の鹿になり、それからというものは、先祖が化身した鹿とその他の鹿の区別ができないので、この種の鹿は一切殺さないようにするというのである。メラナウ人の一人が料理鍋をあるマレー人に貸したところ、鹿の肉を料理するのに使ったので、再び使うのをやめたという実例がある。メラナウ人は近年イスラム教に転向したけれども、この迷信は今でも強く残っている。……ミリ〔ボルネオ島サラワク州の都市〕の人々は、これもやはりイスラム教徒のメラナウ人であるのだが、大鹿（*Cervus equinus*）と親縁であると主張し、また彼らのある者は小鹿にも親縁関係があるといっている。現在この民族はあらゆる種類の鹿が豊富に棲んでいる地方に住み、また墓の周囲の密林にいつも開拓地を作る。このような開拓地には草が早く生長し、そのためこの場所は鹿にとって魅力的な牧草地となる。鹿がこの墓の付近に頻繁に見られることから、死んだ親族が鹿になったり、あるいは何か他の方法で鹿と密接な関係になったという信仰を人々が抱くようになるのは、ありえないことではないように思える。メラナウ人の別グループであるバコン人は、熊猫（*Artictis*）や各種のジャコウネコ（*Paradoxurus*）について同じような信仰を持っており、この信仰の由来は、彼らが墓場に行くとこれらの獣が墓から出て来るのをしばしば見かけるからだということを、彼らも認めている。これらの墓は地上から僅か数十センチだけ高い所に置かれた大雑把な作りの木棺で、恐らくこれらの肉食動物はまず始めに屍体を食べるために棺に入り、それからそこを棲家として使うのであろう」[33]。ボルネオ島の海ダヤク人の間でもまた、輪廻転生の思想が知られている。彼らの一人は蛇を極めて親切に扱ったものだが、彼によれば、祖父の霊が蛇に宿ったと夢の中で啓示を受けたからだという[34]。

ニューギニアにおける人間霊魂の動物への転生

ニューギニア北部沿岸のパプア人のある者もまた霊魂の転生を信じている。彼らは、死ぬと人間の霊魂はしばしばヒクイドリ、魚、豚などのような動物に移ると主張し、死者の霊が宿ったとされる種類の動物を食べることは避ける[35]。例えば、オランダ領ニューギニアのマスルには、自分達の祖先の霊がヒクイドリに移ったと信じている部族がおり、このため彼らはヒクイドリの肉は食べない[36]。ドイツ領ニューギニアのブブイ川河口の村落シンバンには、鰐を殺さない一家がいるが、これは単に鰐の復讐を恐れるだけではなく、鰐を自分達の近親と考え、彼ら自身死ねば鰐になると思っているからである。ある年老いた鰐を彼らは自分達一家の長として認めており、この鰐はどこでも「老ブトン」[37]として有名で、シンバンのある女から生まれたといわれている。彼らは、畑で働いていて家が空屋となっている時、自分達の祖先が川から出て来て、家の屋根の下の不思議な唸り板〔bullroarers〕を保管している所に行くと考えている。この唸り板は若者達の入会祭儀の時にブンブンと音を鳴らすものである。しかし人々が畑から帰ると、家は元通り誰もおらず静かである。先祖達の霊は再び川に飛び込んだのである。もし鰐が誰かを連れ去ると、先住民達はこの冷酷な獣は自分達の鰐親族のうちの一匹ではなく、他所者の鰐に違いないと確信を持つ。というのも彼らの鰐親族は決してそういうことをする筈はないからである。また、もしヤビムに住む隣人達が鰐を殺すような無情なことをすれば、ブブイの人達はこの乱暴に抗議して賠償を請求する。ヤビム人のある者は死後、自分達の霊魂はある神話上の洞穴を彷徨う豚になると公言しており、このため死者の親族は、本物の野生の豚を槍で殺したり食べたりすることを拒否する。もしこれらの野獣が畑に侵入してそこを荒らせば、その死者の近親者はココナッツやその他の高価な品物を供えて彼らを鎮めようとする[38]。同じように、ドイツ領ニューギニア沖のタマラ島では、人々は豚を食べない。それは彼らが死者の霊魂は豚の身体に転生すると確信しているからである[39]。ドイツ領ニューギニアのフィンチ港の奥地にある、険しく鬱蒼とした樹木に覆われた山々に住むカイ人は、ある荒涼とした峡谷の薄暗い深所に、クスクスやその他の動物の姿をした死者の霊魂が彷徨っていると考えている。土地の所有主以外はこの暗い怖ろしい谷で獲物を殺す権利を持っておらず、所有主さえも、この場所で殺す動物の霊魂はすべて慰霊しなければならない。この慰霊のため、彼は屍体の上に供物を並べ、それらを気分を害してしまった霊に向かって捧げると、このように言う。「供物を受け取り、どうかこの動物を残していって下さい。私達がこれを食べてもいいように」。その動物の霊魂が、供物の霊魂を抽《ひ》き出して持ち去ることができるよう、時間をかけて放置した後は、狩人はその屍体を自由に解体し食べることができる。数年前、大雨のためこの荒れ果てた山地に地滑りがあって、一軒の家が家族もろとも埋まってしまった。その際に近所の人達の話は一致して、この災厄の原因は、死んだ人達がこの地に棲んでいた王蛇を殺したにも拘らず、その霊魂を慰霊しなかった過ちにあるとした[40]。

ソロモン諸島における人間霊魂の動物への転生

ソロモン諸島では、死に瀕した人は家族達を傍に呼び寄せ、自分が移っていこうとする特定の動物、鳥や蝶の名前を告げるならわしがあった。以後家族はその動物を神聖視して、殺したり傷付けたりすることはなかった。この動物と出会うことがあれば、それが鳥だろうと蝶だろうと、「あれはパパだ」と言ってココナッツを供えるのだった[41]。この諸島では、鮫はしばしば亡霊と思われているが、それは死んでいく人達が人間の体を捨て去るに際し、自分は鮫になるつもりだということを頻りに口にするからである。それ以後、もし大きさや色に特徴のある鮫が、特定の浜や岩礁を彷徨っているのを見ると、それは誰かの亡霊であるとし、死者の名前がそれに付けられる。例えば、ウラワでは一匹の恐ろしい人食鮫に死者の名前が付けられ、ネズミイルカの歯を供えて機嫌を取った。サアではある食物、例えば特定の木からとったココナッツを、このような亡霊となった鮫の食物としてとっておいた。しかし、死後鮫になることがはっきり分かっている人は、聖なる場所で鮫料理を食べることが許されている。他の男達も時にはこの仲間に加わって、鮫の亡霊の声を真似て、「私にその食物を食べさせてくれ」ということがある。もしそのような人が本当に超自然的な力を持っているとすれば、間もなく彼は鮫の亡霊となるであろう。しかし失敗することは目に見えている。そんなに古いことではないが、サボで、ある男がいつも餌を与え、生贄を捧げていた鮫がいた。彼は食物を持ってその鮫の所に泳いで行き、名前を呼ぶと、鮫は傍に寄って来た。もちろんそれは普通の鮫でなく、亡霊であって、そのことは彼の祖先から代々伝えられて来たことだった。鰐もまた、死んだソロモン島民達の霊魂を宿している。フロリダ島〔ンゲラスレ島とも〕に伝わる話には、一匹の鰐が海から上がって来ると、その鰐に宿る亡霊がかつて住んでいた村で、まるで自分の家のように寛いだというものがある。この鰐はその死者の名前で通り、そこには特にこの鰐と関係の深い男がいて、鰐の持ち主と言われていたが、鰐はその村の誰とでも仲良しで、子供を背中に乗せさえもした。しかし、この出来事が起こった村はまだ分かっていない[42]。同島では、何か不思議なことがあると、亡霊の出た証拠とされ、その場所は神聖視される。例えば、ある男が何本かのココヤシとアーモンドを藪の中に植えたが、間もなく死んでしまった。彼の死後、木の間に白いクスクスの姿をした大きな珍しいものが現れた。そのためこの動物は、この木を植えた死者の亡霊であるとされ、彼の名前で通った。この場所は神聖視され、誰もこの木の果実を集める者はいなかったが、とうとうキリスト教を信奉する二人の若者が大胆にもこの聖所を犯し、アーモンドやココヤシを我物とした[43]。しかしソロモン島民にとって公然の事実である霊魂転生の対象は、動物界だけに限られると考えてはならない。もし自分にその性質があるのならば、死後植物になるのも自由である。ウラワ島にミッション・スクールが建てられた時、驚いたことに先住民達がバナナを食べようとせず、またバナナの木を植えることを止めていたことが分かった。質問の結果この制限の理由が分かったが、それは最近のことでよく記憶されていた。ある大変な権力者がそれほど遠くない昔に死んで、彼の死後バナナを食べることを禁じた。というのも、自分はバナナに生まれ変わるだろうと言ったのである。年老いた先住民達は、まだ彼の名前を覚えていてこう言う。「我々は何某を食べることができない(44)」。

古代インドにおける人間霊魂が動物へ転生するという教え

人間霊魂が他の人間あるいは動物へ化身するという教えは、このように数多の野生民族の信仰教条として認められるところであって、思想史学者にとってはなはだ興味深い問題である。というのもこの教えは、様々な文明民族の間において、特に古代インドとギリシアにおいて、思想家、教師、または法律家により、単なる哲学理論としてだけでなく、道徳の教えを守らせる手段として、程度の差はあれど公然と採用され、利用されて来たからである。例えば、極めて有名な古代インドのマヌ法典では、悪人に科された来世における刑罰はいささかも訂正の余地がない精確さで記述されており、どの程度成り下がって生まれ変わるかは、その違反者の道徳的罪悪の程度に正比例している。例えば、自分の教師を非難するような向こう見ずなことをした者は、たとえその非難が正当なものであっても、その無鉄砲な者は来世にはロバになる。しかし、もし自分の教師を誤って貶したのであれば、その者は犬となる。さらに自分の教師の世話になって生活するようなとんでもない不心得者は虫になる(45)。不貞な妻は来世はジャッカルになる(46)。供犠費用として受け取った金を着服するバラモンは以後百年間はハゲタカか烏になる(47)。残酷なことを好む人間は肉食動物に生まれ変わり、禁じられた食物を食べる人間は虫に生まれ変わる。盗人に関しては、その運命は苛酷なもので、盗んだ品物の価値に従ってより苛酷なものとなる。宝石を盗む者は金細工人になり、穀物を盗む者はネズミになり、蜂蜜を盗む者は蜂になり、澄ましバターを盗む者はマングースになる。絹を盗んだ者は罰としてヤマウズラになり、リネンを盗んだ者は蛙になり、野菜を盗んだ者は孔雀になり、料理した食物を盗む者はヤマアラシに、まだ料理してない食物を盗む者はハリネズミに、糖蜜を盗む者は大コウモリになる。このように道徳的堕落の様々な程度に応じて、動物世界のあらゆる階級が適用される訳である(48)。

仏教における転生の教義

自らの宗教的というよりむしろ哲学的体系に転生の教えを取り入れて、これを極端に拡大したブッダその人は、伝説によると、至尊の地位に達するまで様々な種類の数多くの動物転生を経て来たといわれる。例えば彼は一回野ウサギに、一回犬に、二回豚に、二回蛙に、四回蛇に、六回シギに、十回ライオンに、十一回鹿に、十八回猿になったと報告されている。また一回は悪魔の踊り子、二回は盗賊、八十三回は苦行者などであった等々は言うまでもない(49)。

古代ギリシアにおいてピュタゴラスやエンペドクレスの説いた霊魂転生の教義

古代ギリシアにおいてもまた、霊魂転生の教義は初期の哲学者ピュタゴラスとエンペドクレスに支持され、伝説を信じるとすれば、二人共この教義を支持して自分達自身の経験を以って訴えた。古代の筆者によれば、ピュタゴラスは自分の前生の一つとしてトロイアのエウポルボスだったと自認しており、この証拠としてミュケナイにあるトロイアの戦利品からエウポルボスの楯を識別した[50]。彼は人間の霊魂は動物あるいは植物にさえ転生できると主張していたようである[51]。彼が自分の弟子達に動物を殺すことも食べることも、また豆やゼニアオイのような特定の野菜を食べることも厳禁した理由の一つは、少なくともこのような転生の可能性にあったと考えることができる[52]。確かに後代この主義はエンペドクレスによって遵守され、またこの教訓は彼により繰り返し教え込まれたのであって、彼は先達ピュタゴラスの遺説をも凌駕して、自分自身前世においては、少年、少女、叢林、鳥、魚だったと主張したのである[53]。このため彼は動物を殺して食べる慣習を犯罪として非難したのであるが、これは彼によると、人間は動物を殺して食べる時に、自分達の死んだ近親の一人を殺して食べているかもしれず、それは彼の父であり、母であり、あるいは彼の息子か娘であったかもしれないということを、決して知ることはできないからである[54]。このように、エンペドクレスは転生の教義から論理的に野生人同様の実践的結論を引き出したが、例えば野生人は、自分の死んだ近親の霊魂が鰐や豚に化身していると信じているため、鰐や豚を殺して食べることを避けるのである。この問題に関する野生人と哲学者の唯一の重要な相異点は次の通りである。すなわち野生人は自分と親族である可能性があるという理由で、一つの特定種類の動物だけを敬い殺さないのに対し、哲学者は自己自身の経験に立脚して一切の動物を殺すことを避けるのである。彼によれば、自分の死んだ親族の霊はあらゆる種類の動物に潜んでいるかもしれないからである。このため、転生信仰が野生人の食事にごく僅かの制限を課するに止まり、従って唯一つの動物を除いてはあらゆる種類の動物の肉を自由に食べることができるのに反し、エンペドクレスの信条は論理的に全く肉食はできないことになり、野菜だけで暮らさざるを得ないこととなる。事実、もし彼が厳格に論理的であれば、野菜を摂ることも拒否せざるを得ず、飢えて死んでしまうことになる。彼の説によれば、動物同様に野菜も死者の霊魂を宿し得るからである[55]。しかし、彼は賢人らしく、生命のために論理を犠牲とし、弟子達に豆や月桂樹のようなごく僅かの野菜を摂取することを禁じるだけで満足し[56]、一方その他のすべての野菜は自由に摂ることを許したのである。

ピュタゴラスとエンペドクレスの用いた霊魂転生の教義は、主として特定の倫理教訓を教え込むことだった

ピュタゴラスの伝説的歴史と、エンペドクレスの酷く損壊した著作から本当の説を集め得る限りにおいては、両者は共にブッダと多大に共通性を持っていた。すなわち来世における至福の永遠、あるいはとにかく心を乱されない平穏な永遠を得る唯一の方法として、現世において無邪気で純粋でかつ苦行的でさえある生活を送る必要性を、自分達の門人の心に植え付けるため、古い野生人の霊魂転生の教えを口実として利用したようである[57]。

エンペドクレスの厭世主義はギリシア人一般の人生観と異なっている。仏教との類似性

少なくともこれはエンペドクレスについては確かなことであり、彼の見解はその哲学的著作の断片を通じて比較的よく我々に知られている。これらの断片は本当に彼のものであることは疑問の余地がないようであるが、これをまとめて見るとエンペドクレスの心理学は野生の思考と神秘主義の奇妙な混淆だった。彼はあらゆる種類の肉体への人間霊魂の化身を、罪に対する罰、堕落、天国からの転落、神からの追放、祝福の世界から悲哀の世界への流刑と見なした[58]。彼は現世を大洞穴[59]、楽しみのない国として描き、そこでは人々は暗黒の中をさまよい、人殺しや復讐鬼、残忍な悪魔の群れ、病と衰滅の餌食となる[60]。彼は人間の一生を哀れで惨めな存在として、同情と軽蔑をもって語っている。それは争いや嘆きの原因となり、一連の生まれ変わりを通じて重ねた罪に対する罰として、その人生は長期化される。最後には、徳の力によって再び予言者、詩人、医者、王子に生まれ変わり、そしてついに神々と一体化すると、以後は苦しみや悲しみから解脱して、不滅にして不朽の、神々しい生活を送るようになる[61]。人間の運命についてのこの見解、現世に向けられたこの烈しい軽蔑、祝福に満ちた永遠へのこの陶酔的な熱望、来世における徳の報いは、現世の生活に対するギリシア人一般の態度である陽気なのどかさ、穏やかな合理主義とは甚だしくかけ離れている[62]。人類から切り離すことのできない諸々の苦しみについての彼の絶対的確信、肉体の重荷すなわち彼の言う所の「肉の外衣[63]」を脱ぎ棄てようという熱望、下等動物達に対する優しさとそれへの強い親近感において、エンペドクレスはブッダに似ている。とはいえブッダの思考全体の特色は、より深遠な憂愁の影を帯びたもので、その未来観はより悲観的である。しかしいくつかの点でこの二人はあまりにも酷似しているので、エンペドクレスに対する仏教の直接の影響を考えたくもなるであろう。ただこの二人の偉大な思想家の生没年を考えれば、確認される限りにおいては、この推測はありえないものであるようだ[64]。

　しかし、倫理面においてエンペドクレスの教義が仏教から深い影を取り払ったものと述べて差支えないとしても、科学面においては奇しくも、我々の時代並びに父親の時代のヨーロッパ人の精神を深く動かした、いくつかの推測に先んじているのである。

エンペドクレスの物理的推測とハーバート・スペンサーのそれとの類比

エンペドクレスはその野生的心理学と宗教的神秘主義に、包括的にして壮大な物質宇宙論をさらに付け加えたが、それはハーバート・スペンサーのそれに非常に類似している。スペンサーがその理論体系の基礎とした科学的なエネルギー保存説、すなわち彼のいわゆる勢力持続説〔persistence of force〕は、エンペドクレスの物質不滅説すなわち不壊説と好一対である。彼によると、物質の総量は決して増えも減りもせず常に一定である[65]。従って物質界におけるあらゆる変化は、エンペドクレスによると、物質の合成と分解、身体の合成と分解に帰着し、これは引力と斥力という二つの相反する力によりもたらされるもので、彼はこれを神秘的な言葉で愛と憎悪と呼んでいる。そうして、すべての個々の事物が引力により包括され、斥力により分解され、個々の集中統一状態が絶えず分解離散状態に変化するように、物質宇宙界もまた全体として同様である。物質宇宙界もまた、交互に優勢になる引力と斥力にしたがって、交互に収縮し拡張する。すなわちエンペドクレスの説は次の通りである。長い長い、恐らくは計りしれないほどの長い期間、引力が斥力にまさり、次には同じように長い期間斥力が引力にまさり、といった具合にそれぞれの支配的な期間は続いていく。この交代は、優勢な方の力が消費され、その活動がまず停止し、それから反対の力が逆戻りすることで起こる。そのため物質宇宙界は、交互に収縮と拡張を繰り返す周期的でリズミカルな運動をするが、これは二つの極の力がはっきりとお互いにバランスを保ち、万物が一時停止して平衡状態になる瞬間を除いて決して止まることはない。しかしながら、結果的に宇宙振子〔the cosmic pendulum〕の逆向きの運動によって、以前の凝固か分散のいずれかの状態に戻ることになる。このように、吸引と反発の力の下に、物質は絶えずあちこちと振動している。収縮期の終わりには、物質は固い球にまとまる。拡張期の終わりには、物質は、現代ではガス状態と呼ばれている希薄状態となって空間全体に散らばっていく。全体としての宇宙のこの巨大な変動は、永遠の昔から永遠の未来に亘って続くのである[66]。

ハーバート・スペンサーの物質の集中と分散の交互期間説

このように紀元前五世紀にエンペドクレスにより公式化された壮大な理論は、十九世紀においてハーバート・スペンサーによりそれとは別個に発表されたのである。このギリシアの先達のように近代イギリスの哲学者は、交互に優勢になる引力と斥力に従い、物質宇宙は集中と分散、進化と分解の交互期間を経ていくと主張した。その総体的結論をまとめる文は、ほとんどそのままエンペドクレスの結論として述べてもよい程である。比較のためにその一文を出してみよう。それは次の通りである――

「こうして我々は次の結論に達する。目に見える宇宙の集合体に示されるような事物の全行程は、最小の集合体に示されるような全行程に相似である。

「運動は物質同様に量で規定されていて、運動の及ぼす物質の配置変化は、物質がどの方向に運ばれるにしても極限に達すれば、運動は不滅であるから必然的にすぐさま逆方向へ物質を配置し直すようだ。明らかに、既に述べた普遍的に共存する引力と斥力は、全宇宙のあらゆる微細な変化においてリズムを必要とするが、さらにまたそれらの諸変化の総体においてもリズムを必要とする――引力が優勢な途方もない期間が生じれば宇宙は収縮し、それから斥力が優勢な途方もない期間が生じれば宇宙は膨張する――そして進化と分解の時期が交互に来る。従って現在進行中の進化と同様の連続する進化が過去にあったこと、また未来においてもこのような進化が別に相次いで起こるであろうことが示唆される――この原理は永遠不変であるが、しかしその結果が不変であることは決してない[67]」。

進化か分解か

物理科学に関する最新の研究は、宇宙の性質についてのこの総体的見解を葬り去るよりはむしろ明らかにこれを是認している傾向がある。なぜなら物質構造が本質的には電気であるという現代物理学者の説が正しいとすれば、エンペドクレスとスペンサーが主張した引力と斥力という相反する力は、結局陽電気と陰電気になるからである。一方において現在元素であるもの、特にウラニウムとラジウムにおいて、また恐らくはすべての元素において起こっていることが知られている原子分裂は次のような疑問を提示する。すなわち宇宙は実際スペンサーが考えたように統合と進化の過程にあるのだろうか、それとも分散と分解の過程にあるのだろうかと。あるいはまた、有機世界の明白な進化は、同時に無機世界の分解を伴っているのではないかということである。だとすれば宇宙の構造は一種のペネロペの織物のようなもので、偉大な職人が同時に織っては解いているようなものである(68)。未来への展望を惑わすこのような重大な疑問を抱くと、エンペドクレスははっきりと次のような問題を未解決のまま残していった点において、ハーバート・スペンサーよりも賢明であったと言えるかもしれない。すなわち人間が今まで観察して来た限り、引力と斥力の一体どちらが優勢だったのか、またその結果全体としての物質が集中しているのか分散しているのか、すべての事物がより複雑かつ集中した形に漸次まとまりつつあるのか、それともすべての事物は漸次分解を重ね、ますます形が単純なものになっていき、拡散状態の始原の元素にまで戻り、衰弱しつつあるのかという問題である。

ダーウィンの先駆者たるエンペドクレス

エンペドクレスがその物理的宇宙の構成と歴史についての見解においてある程度スペンサーの説を予見したように、その生物進化についての見解においてもまた、彼はある程度ダーウィンの説を予見した。というのも彼は、現在の動物種は無機物から巨大動物という中間形態を経て進化したものであって、これらの巨大動物のうち生存に適さないものは生存競争において段々に敗退し、絶滅していったと主張したからである(69)。エンペドクレス自身が、進化論と共に適者生存の原理をはっきり明言したかどうかは確言できない。しかし、いずれにしてもアリストテレスが初めて適者生存の原理を述べた後、それを過去における巨大動物の絶滅というエンペドクレスのその説に言及することで例証し、あたかもエンペドクレスのその説が、適者生存の原理を暗に意味しているのを理解していたかのようであることは重要である(70)。

神のふりをする人としてのエンペドクレス

遠大にして充実した思想に考えを巡らすような、闊達な精神の持ち主であるエンペドクレスが、同時代の人々に予言者あるいは神のふりさえしなければならなかったことは、人間性の奇妙な複雑さと表面上の矛盾の顕著な例である。彼は予言者あるいは神として、生まれ故郷の町を、花輪やリボンで飾られ、彼に媚びへつらう男女の群れを従えて行進した。この男女達はエンペドクレスを崇拝し、彼がもっとよい方法を啓示してくれるよう、また神託を告げ、病気を治してくれるよう祈ったのである(71)。エンペドクレスの性格の中には、もう一人の科学の先駆者パラケルススのように、天才学者のすぐれた性質の他に、虚飾と法螺吹きも混じっていたようである。しかし、彼の性格に見られる山師の活力は、恐らく当時の群衆に気に入られてその耳目を集めた点において、邪魔にならずかえってためになったのである。群衆はいつでも、鳴物入りで商品を宣伝する詐欺師に追随していくものである。賢人の賞讃と愚者の追従をかくも多くかち得ていながら、神とまではいかないにしても、エンペドクレスが新しい宗教の創始者にならなかったのは全く不思議である。確かに、他の人間神達はこのシチリアの哲学者よりはるかに劣る知識を商品にして商売を始め繁昌した。恐らくエンペドクレスは自分の主張に絶対的確信が持てなかったようであるが、この確信がなければ人間の軽信に付けこむことは永久に困難かつ不可能のようである。他人を欺くことに成功するためには、自分自身を欺くことが絶対必要ではないにしても望ましいことであるが、このシチリアの賢人は恐らくあまりに利口な人であって、神の身分になってのうのうと安んじていることはできなかったのであろう。

プラトンにおける霊魂転生説

エンペドクレスが磨き上げ、自分の弟子達に哲学教義として伝えた古い野生人の霊魂転生説は、後になって全面的ではないにせよ、非常に異なるタイプの別のギリシアの哲学者〔プラトン〕に受け入れられた。彼はいまだに他の誰も成し得ていない水準で、抽象的思惟の最高の能力を最も精妙な文学的才能と結び付けたのである。しかし、プラトンは二人の先輩のようにこの教義を野生人から借用したにせよ、その本来の素朴な形式から引き離し、因果応報という教化的な倫理体系の中にあてはめたのである。というのは彼の主張によると、死後の人間霊魂の動物身体への転生は、生前人間達が左右されていた弱さや溺れていた悪徳などにより霊魂が負うことになる罰や堕落であり、罪を犯した霊魂の転生する動物の種類は、その霊魂の弱さや罪の程度および性質に相応しているというからである。例えば大食家、飲んだくれ、放蕩者の霊魂はロバの身体に移り、盗賊や暴君の霊魂は狼や鷹に生まれ変わり、哲学を知らない真面目な沈黙家は蜜蜂や蟻に生まれ変わり、へボ詩人は死ぬと白鳥かナイチンゲールになり、下手な道化は猿になる。最高の徳を厳格に守り、抽象的真理にひたすら奉身することだけが、このような堕落した霊魂を人間の尊厳に引き戻すことができるのであって、最後には神々の仲間にまで引き上げられるのである[72]。これらの見解が打ち出されている文章は神話的な色彩を帯び、またプラトンの全著作がそうであるように、戯曲形式で表現され、他人の口を借りてはいるが、これらは哲学者自身の本当の説を表していることは疑いの余地がほとんどない[73]。このように、道徳というゆったりした襞《ひだ》つきの衣とアッティカの雄弁という宝石の輝きの下に隠された古い野生人の霊魂転生説が、偉大なギリシアの思想家の哲学体系の中に出て来るのを見るのは興味深くまた教訓的である。同様に最高および最低の知識人達がこの深遠な問題に提示した解答も興味深いものがあるが、この問題はあらゆる時代において好奇心の対象となったものの、いまだに人類至妙の知をもってしても解き得ないものである[74]。

第十七章　動物聖餐の類型

1　エジプト人とアイヌの聖餐類型

アイヌやギリヤーク人の熊に対する不分明な態度が明らかにされる　今や我々はアイヌとギリヤーク人の熊に対する不分明な態度が理解できる立場にあるかもしれない。我々が人類とそれ以下の動物の間に画している明確な境界線は、野生人には存在していないことが示されている。野生人にとって他の動物の多くは、単にその肉体の力だけではなくその知力においても、自分と同等かあるいはより優れているとさえ見えるのである。そして自ら選んだことにせよ不可避であったにせよ、動物の生命を奪ってしまった場合は自分自身の安全のために、単に生きている動物だけでなく、その死んだ霊や同種の他のすべての動物達をもできるだけ怒らせないような方法を講じなければならないと考える。これらの動物は、ちょうど野生人が部族の者に加えられた迫害や侮辱に対して復讐するのと同じように、自分達と同種の動物に加えられた侮辱に憤るのである。既に見たように、野生人が自分の犠牲にした動物に加えた悪行を償おうとする際に取られる多くの措置のうちの一つは、その種の中から選ばれた二、三の個体に手厚く敬意を示すことである。このような行為によって、彼は自分の捕えた動物種の残りすべてを、罰を受けることなく絶滅させる権利を得ると見なされるらしいのである。この原則は恐らく、一見謎めいていてまた矛盾して見えるアイヌの熊に対する態度を説明するものであろう。熊の肉と毛皮は、定期的に彼らに食糧と衣服を提供してくれる。しかし熊は利口で強大な動物であるから、大勢の仲間が殺されたことで熊族が被った損害に対し、何か喜びを与えるか、償いをすることが必要となる。この喜びあるいは償いは、仔熊を養い、生きている限りは敬々しく取り扱い、限りない悲しみと愛着をもって殺すことで成し遂げられる。それで他の熊達は宥められ、仲間が殺されたからといって、恨んで殺した者を襲ったり、その地方を荒し回ったりしないのである。こんなことをされれば、アイヌの生活手段の一つが絶たれてしまうことになる。

動物崇拝の二類型　従って原初的な動物崇拝には二つの類型があり、それらはある点では互いに正反対の関係である。一方においては、動物を崇拝し、従って殺しもせず食べもしない。他方においては、動物を殺して食べるならわしになっているが故に崇拝するのである。この二つの崇拝形態において、野生人は動物を敬うことで、積極的ないし消極的な恩恵を受けることを望んでいる。前者の崇拝で受ける恩恵というのは、動物が人間に与えてくれる保護、忠告、手助けという積極的形式のもの、ないしはその動物が人間に加える危害から免かれたいという消極的形式のものである。後者の崇拝では恩恵は動物の肉や毛皮という物質的形式をとる。この二つの崇拝形式はある程度正反対である。一方においては、動物を敬うから食べない。もう一方では動物を食べるから敬うのである。しかしこの両者の形式が同じ人間によって実践されていることは、北米先住民の場合に見られる通りである。彼らは明らかに自分達のトーテム動物を敬い殺さない反面[1]、生活の糧となる動物や魚もまた敬っている。オーストラリア先住民は知られる限り最も原初的形態のトーテム信仰を有している。しかし私の知る限りでは、北米先住民のように、自分達が殺して食べる動物達を宥め敬うという明確な証拠がない。オーストラリア先住民が獲物を豊富に得るため採用している手段は、主として宥和でなく共感呪術に基づいているようであって[2]、北米先住民もまた同じ目的のためこの原理を採用している[3]。従って、オーストラリア先住民は間違いなくアメリカ先住民よりも人類進化のずっと素朴で初期の段階にある以上、狩猟者達が豊猟確保の方法として獲物を崇拝することを考えつく前に、彼らは共感呪術により同じ目的を達成しようとしたようである。これはまた次のことを示している――このように信ずべき立派な理由があるのであるが――共感呪術は人間が自然の働きを自分の必要に一致させるように努めた最も初期の方法の一つである。

動物聖餐のエジプト型とアイヌ型の二類型　動物崇拝のまったく異なる二つの類型に対応して、動物神を殺す慣習にもまったく異なる二つの類型がある。一方においては、崇拝する動物は普段から殺さないならわしであるが、稀に厳密な儀礼時などに殺し、時には食べたりする。この慣習の例は既に述べた通りで、またその説明も行った。他方においては、崇拝する動物も普段から殺すならわしであるが、この動物を一匹でも殺した者はその神を殺すことになり、その場で謝罪し、犠牲を捧げて許しを乞わなければならない。特にその動物が強大で危険な時はそうである。またこの変わらぬ日々の謝罪に加えて、特別に年一回の贖罪をし、その時にはその種から選ばれた一体の動物が、多大な尊敬と忠誠の念をもって殺される。明らかにこの二つの聖餐の殺しは――区別するためにいうなれば、エジプト型とアイヌ型は――観察者によって混同されがちである。また、個々の例がどの型に属するかを言う前に、聖餐で殺される動物が部族により通常は殺さない種に属するのか、それとも殺される種に属するのかどうかを確かめる必要がある。前者はエジプト型に属し、後者はアイヌ型に属する。

遊牧民族の間における動物聖餐の例

遊牧民族の慣習は、聖餐の両類型の例を提示しているようである。ある博学な民族学者はこう述べている。「遊牧民族は、しばしば自分達の家畜を他所者に売る必要に迫られるが、この他所者はその骨を乱暴に取り扱う恐れがある。そこで彼らはこのような冒瀆行為の招来する危険を避けるため、家畜の中の一頭を崇拝対象として神聖視し、閉め切った家の中で一家だけがそれを聖餐として食べ、後でその骨を最大級の祭儀的畏敬を以って処理する。厳密に言うと、これは各家畜に対して行わなければならないのであるが、しかし代表的家畜にきちんと行えば、全体の家畜に行われたことになる。このような家族の聖餐は様々な民族に見られるが、特にカフカス人の間に見られる。」

アブハズ人とカルムク人の間におけるアイヌ型すなわち贖罪型の動物聖餐

「アブハズ人の間では、羊飼いが春に腰に帯を締め、手に杖を持って、同じ釜の飯を食べる時は、これは聖餐でありかつ相互援助の誓いと見なされている。すべての誓いの中で最も強力なものは、神なる動物を食べる際のそれである。というのは、偽誓者は自分が身体に取り入れて同化した神の怒りをどうしても免かれることができないからである(4)」。この種の聖餐はアイヌ型、すなわち贖罪型である。なぜなら、これは起こりうる個々の動物への虐待に対し、その種全体に償いをすることを意味しているからである。羊肉を主食とするカルムク人は、羊に対して原理は同じだが細部が異なる贖罪を行う。富裕なカルムク人は、白い雄羊を「天の雄羊」あるいは「霊なる雄羊」という称号で神聖視する慣習がある。この雄羊は決して剪毛せず、また売ることもしない。しかしそれが老齢になって、持ち主が新しい雄羊を聖別したいと願った時は、老羊を殺し、近隣の人達を招待して食べてしまわなければならない。このめでたい日は一般的に羊達の肥える秋で、呪法師はこれに乳を振りかけたあとで殺す。その肉は食べ、骨は一部の脂肪と共に芝土の祭壇の上で燃やし、皮は頭と足を付けたまま吊す(5)。

トダ人やマディ人の間におけるエジプト型の動物聖餐

エジプト型の聖餐の例は、水牛の乳を主食としている南インドの遊牧民族トダ人に見られる。彼らの間では「水牛はある程度神聖視され」、そして「人々は非常に親切に、崇拝に近い程に取り扱う(6)」。彼らは決して雄の水牛を食べず、また一般に雌の肉も食べることを避ける。しかし後者では唯一つの例外がある。一年に一回、村中の成年男子全員が非常に若い雄の仔牛――生後一ケ月に満たないように見える――を殺して食べる祭儀に参加する。この仔牛を村の森の奥深くに連れて行き、そこでトダ人の神聖視する木（*tude* すなわちコルク樹〔*Millingtonia*〕）で作った棍棒で殺す。木片を摩擦して聖火を起こし、仔牛の肉を特定の木の残り火で焙り、男だけが食べ、女達はこの集まりから除かれる。トダ人が水牛の肉を食べるのはこの時だけである(7)。中央アフリカのマディ人またはモル人は農業も行っているが、主たる財産は家畜であり、特定の厳粛な祭儀には仔羊を聖餐として殺すようである。フェルキン博士はこの慣習を次のように記述している。「私の信ずるには、一年に一回、決まった時期に特筆すべき慣習が行われるようである。私はこれに付せられた正確な意味を知ることができない。しかし、これは人々の心を安心させることにあるようだ。というのはその前には人々は大変な悲しみを明らかに示し、祭儀が無事に終わると非常に喜ぶようであるからだ。次に述べるのはその様子である。あらゆる年齢の大群衆が集まり、道路（実際は狭い小道）のほとりに築かれた石囲いのまわりに座り込む。選りすぐった一頭の仔羊を一人の少年が連れて来て、群衆のまわりを四回引き回す。通り過ぎる時、人々はその毛を少し摘み取り、髪にはさんだり、身体のどこかに付けたりする。それから仔羊を石の所に連れていき、そこで一種の祭司職に属する一人の男がこれを殺し、血の一部を採ると、それを四度人々に振りかける。それからその血を各人に塗る。子供には肋骨下端の上に小さい血の輪を書き、女や少女達には胸の上に印を付け、男達には両肩に付ける。それから彼は祭儀の説明を始め、人々に羊を親切にするよう忠告する……。この演説は時には非常に長くなるが、これが終わると、人々は立ち上がって各人一枚の葉を石の囲いの上や傍におき、大満足の態で立ち去る。仔羊の頭蓋骨は石の近くの木に吊し、肉は貧乏人達が食べる。この祭儀は別の時期には小規模に行われる。もし一家が病気や死別などで大変な不幸に会うと、友人や近所の人達がやって来て仔羊を殺す。こうするとそれ以上不幸は起こらないとされている。同様の慣習は旅に出た友人の死や、さらにまた甚だ長い間留守にしていた息子が家に帰って来た時のようなめでたい時にも行われる」[8]。例年の仔羊殺しにおいて人々がこのように示す悲しみは、明らかに殺された仔羊が聖なる、あるいは神なる動物であることを示すものである。崇拝者達はその死を哀悼するのであり[9]、これはちょうどカリフォルニア先住民が聖なるハゲタカの死を哀悼し、エジプト人がテーベの雄羊の死を哀悼するのと同じである。それぞれの崇拝者達に仔羊の血を塗ることは、神なるものと交流する一つの形式である[10]。神の生命のこもった物が、血を飲んだり肉を食べたりして身体の中に取り入れられる代わりに、身体の外部に塗られるという訳である。

2　神である動物との行進

神である動物を戸毎に連れ回すことによる交わりの形式

皆がその神聖な力の一部に与れるように、神なる動物を戸毎に連れ回すという交わりの形式は、熊を殺す前に村中を連れ回すギリヤーク人の慣習に例示されている[1]。

蛇部族の一員が戸毎に持ち歩く蛇の像

聖蛇との似たような交わりの形式は、パンジャーブ地方の蛇部族により行われている。一年に一回、九月に、この蛇は九日間だけ階級や宗教を問わずすべての人に崇拝される。八月の終わりに、ミラサン人の中でも特に蛇部族の者は、練り粉で蛇を作り、黒と赤に塗り、箕《み》の上におく。この箕を村中に持ち回り、各戸に入ってこう言う。

「神は内！
鬼は外！
神（グッガ）の言葉よ栄えあれ！」

それから蛇と一緒に籠を出してこう言う。

「パン少し、
バター少し、頂戴な。
蛇さんのいうこと聞けば、
御一家御繁昌！」

厳密に言うと、パンとバターを与えなければならないが、滅多に与えることはない。しかし各戸で何かを、通常一摑みの練り粉か穀物を施与する。新しい花嫁がいるかまたは花嫁がかつていた家、あるいは息子の生まれた家では、一と四分の一ルピーか若干の布を施与するならわしがある。時には蛇を運ぶ者達はこう歌う。

「蛇さんに布を一枚お与えなさい。
蛇さんは立派な花嫁を送り届けますよ！」

こうして各戸を訪問し終わると、練り粉の蛇を埋めてその上に小さい墓を立てる。九月の九日間、ここに女達がやって来て拝む。彼女達は盥《たらい》に凝乳を入れて持参し、その少量を蛇の墓に供えると大地に跪き、額《ぬか》づいて拝む。それから家に帰り、残りの凝乳を子供達に分ける。ここにおける練り粉の蛇は、明らかに本当の蛇の代用品である。事実、蛇の多い地方では、この礼拝は練り粉の蛇の墓でなく、蛇の棲んでいるのが分かっている密林中で行われる。すべての人々の行うこの例年の礼拝の他に、蛇部族の人々は新月の後に毎朝同じように礼拝する。蛇部族はパンジャーブ地方では珍しくない。その構成員は蛇を殺さず、また蛇に咬まれても害を受けないと言っている。彼らは死んだ蛇を見付けると、それに布をかぶせて作法通りの葬儀をする。[2]

ヨーロッパの「ミソサザイ狩り」　このインドの蛇信仰に酷似している祭儀が最近まで残っていたが、それは甚だ原初的な異教時代にまで間違いなく遡るものである。最もよく知られているのは「ミソサザイ狩り」である。

俗信におけるミソサザイの聖なる性格　数多くのヨーロッパ民族——古代ギリシア人、ローマ人、現代イタリア人、スペイン人、フランス人、ドイツ人、オランダ人、デンマーク人、スウェーデン人、イングランド人、ウェールズ人——により、ミソサザイは〈王〉、〈小王〉、〈鳥の王〉、〈生垣の王〉などと称され[3]、殺すと極めて不吉な鳥の一つと考えられている。イギリスでは、ミソサザイを殺したりその巣を荒らしたりする者があれば、その者は必ず年内に骨を折るか、何か恐ろしい災難に会うと考えられている[4]。時には雌牛が血の乳を出すと信じられている[5]。スコットランドでは、ミソサザイは「聖母の雌鶏」〔原文はThe Lady of Heaven's henであり、これは明らかに聖母マリアをもじったもの〕と呼ばれ、少年達はこう言う。

「ちちんぷいぷい　十よりもっと
なんて頑固な　聖母の雌鶏。」(6)

ブルターニュのサン・ドナンでは、もし子供が巣の中のミソサザイの雛に触ると、〈聖ローレンスの火〉すなわち顔や足などの吹出物で苦しむと信じられている。(7) フランスの他の地方では、もしミソサザイを殺したりその巣を荒らしたりすると、家に雷が落ちたり、触った指が萎びて落ちたり、少なくとも体が不自由になったり、家畜が脚に怪我をしたりすると考えられている。(8)

マン島におけるミソサザイ狩り　そのような信仰にも拘らず、例年ミソサザイを殺す慣習は、この国とフランスの双方で広く行われていた。マン島では、十八世紀までこの慣習がクリスマス・イヴ、というよりはクリスマスの朝に行われていた。十二月二十四日の夕方にかけて召使達は皆休みをとる。彼女達はブラブラしている。祈禱が終わると彼女達はミソサザイ狩りに出かけ、一晩中寝ないで、真夜中にすべての教会が鐘を鳴らすまでブラブラしている。その一羽を見付けると殺して、羽根を拡げたまま長い棒の先端にそれを結い付ける。こうして彼女達は行列をなして、次のような詩をうたいながらそれを家から家へと担ぎ廻る。――

「わたしらロビン・ザ・ボビンのためにミソサザイ捕えた。
わたしら器を持ったジャックのためにミソサザイ捕えた。
わたしらロビン・ザ・ボビンのためにミソサザイ捕えた。
わたしらみんなのためにミソサザイ捕えた。」

彼女達が各戸をめぐり、できる限りのお金を集めると、ミソサザイを棺台の上に横たえ、行列になって教区の教会の庭に運び、そこに墓を作って埋葬した。「それは極めて荘重な空気のなか行われ、彼らはマン島の言葉で弔いの鐘と呼ばれる葬送歌を彼女に誦す。その後でクリスマスが始まる」。この埋葬が終わると、外にいる仲間達が円陣を作り、音楽に合わせて踊った。十九世紀半ば頃、ミソサザイの埋葬は、マン島では聖ステファノの日（十二月二十六日）に行われた。少年達は、直角に交差し常緑樹の葉やリボンで飾られた二つの輪の中心に脚から吊したミソサザイを持って各戸を回った。少年達はミソサザイを煮て食べるという内容のバラッドをうたった。それが終わって小銭を貰うと、少年達は代わりにミソサザイの羽毛を与える。そのためその日が終わる前に、ミソサザイはほとんど丸裸で吊されることも多々ある。それからミソサザイを埋葬する。とはいえもう教会の庭に埋めるようなことはなく、海岸などどこか人気のない所に埋めてしまう。彼らが分け与えた羽毛は敬虔な配慮をもって保管され、それぞれの羽毛は一年間難破を防ぐ効果があると信じられた。そのためそれを一つも持っていない漁師は、とんでもない向こう見ずだと考えられたのだった。(9) 二十世紀の現在でさえ、少なくとも名ばかりにすぎないが、この慣習は聖ステファノの日にマン島の至る所で普通に行われている。(10)

アイルランドやイングランドにおけるミソサザイ狩り　十八世紀のある筆者はこう書いている。アイルランドでは、ミソサザイは「今でもまだ農民達がクリスマスの日に捕まえて殺すのであり、翌日（聖ステファノの日）に、直角に交叉させた二つの輪の中心に脚から吊して練り歩く。各村では男と女と子供が行列をなしてアイルランドの輪唱歌をうたい、それによってミソサザイにあらゆる鳥の王であることを示す」[11]。現在に至るまで、「ミソサザイ狩り」はレンスター地方やコノート地方で行われている。クリスマスまたは聖ステファノの日に、少年達はミソサザイを狩って殺し、箒の柄の先端に付けた沢山のヒイラギと蔦の真中にそれを結び付ける。そして聖ステファノの日にそれを持って、次のように歌いながら各戸を回り歩く。

「ミソサザイ、ミソサザイ、あらゆる鳥の王、
聖ステファノの日に、ハリエニシダに捕まった。
ミソサザイは小さいけれど、ミソサザイ御一家は大きいよ。
善いお内儀さんよ、どうか私達に御褒美を下さいな。」

少年達はお金か食物（パン、バター、卵など）を貰い、それで晩に御馳走を食べる[12]。エセックスではクリスマスに同じような慣習が行われ、少年達のうたう歌はアイルランドの歌とほとんど同じである[13]。ペンブルックシャーでは公現節に、王と呼ばれるミソサザイを、様々な色付きリボンのぶら下がった輪に覆われた、ガラス窓付きの箱に入れて運び回るならわしがある。それを戸毎に運び回る男や少年達は歌をうたい、その一つには一家の喜び、健康、愛、平和を祈る歌がある[14]。

フランスのミソサザイ狩り　十九世紀前半には、同じような慣習がまだ、フランス南部各地で行われていた。例えばカルカソンヌでは、毎年十二月の初めの日曜日、サン・ジャン通りの若者達は棍棒で武装して町を出ると、それで藪を叩いてミソサザイを探すならわしがあった。最初にミソサザイを叩き落とした者が王とされた。それから彼らは王を先頭に行列をなして町に帰ったが、その際に王は棒にミソサザイを結い付けて運ぶ。その年の最後の日の前夜には、ミソサザイ狩りをした王と若者全員は松明を照らし、太鼓叩きや横笛吹きを先頭に街を練り歩いた。各戸の扉の前に来ると立ち止まり、扉の上に来年の年号と共に「王万歳！」とチョークで書いた。公現節の朝には、王は再び冠をかぶり、青いマントを羽織り、王笏を持って盛大な行進を行う。王の前には棒の先に結い付けられたミソサザイが運ばれ、棒は青々としたオリーヴ、オーク、時にはオークの上に生える宿り木などの輪で飾られる。王はサン・ヴァンサンの教区教会で、部下や護衛兵に囲まれて大ミサを聞いた後、大司教、市長、行政官、その他の有力者を訪問し、大饗宴の費用を集める。この大饗宴は夕方に開かれ、ダンスで終わる[15]。アントレーグでは、男や少年達がクリスマス・イヴにミソサザイ狩りをするならわしがあった。彼らはミソサザイを一羽生きたまま捕まえると、司祭の所に持っていき、司祭は真夜中のミサの後、教会内に放つ。ミラボウでは牧師がミソサザイを祝福した。もし男達がミソサザイを捕えるの

に失敗し、女達が成功すると、女達は男達をからかい、馬鹿にする権利がある。さらに男達を捕まえて、その顔に泥や煤を塗って真っ黒くしても一向に差支えない[16]。マルセイユ付近のラ・シオタでは、毎年十二月の終わりに剣やピストルで武装した大勢の男達がミソサザイ狩りをするならわしがあった。ミソサザイを捕まえると、棒の真中に吊し、それを二人の男が、まるで重荷を担ぐかのようにして運んだ。そして人々は町を練り歩き、ミソサザイは大きな天秤で重さを計られ、それから一行は卓の前に腰を下ろし、御馳走騒ぎという次第だった[17]。

聖なる動物の宗教的行列

この「ミソサザイ狩り」の慣習と、我々の考察した慣習のあるもの、特にギリヤーク人の熊の行列やインドの蛇の行列の慣習は非常に類似しており、これらはすべて同一思想圏内に属することは間違いないようである。信仰される動物は年に一回、とりわけ荘厳さをもって殺される。屠る前か直後に、死んだ神もしくは死んでゆく神が発散する神力の一部を崇拝者全員が受けられるように、その動物は各戸を連れ回される。この種の宗教的行進は、民俗慣習に残存している数多の遺風から判断すると、有史以前のヨーロッパ民族の祭儀で大きい役割を占めていたに違いない。

スコットランドのハイランド地方における雌牛の皮をかぶった男を叩く祭儀

よく保存された実例は次に述べるもので、これはスコットランドのハイランド地方とセント・キルダで少なくとも十八世紀後半まで続いたものである[18]。サミュエル・ジョンソン博士はコル島でのことを記述している。これについての別の記述は次の通りである。「元日前夜は、牛飼いや若者達が集まる慣例になっており、彼らの一人に雌牛の皮をかぶせる。残りの人達は棒を用意し、その先には生皮の一片を結い付ける。皮をかぶった人は住家のまわりを、太陽の運行通り（*deiseil*）三回走り回る。他の人達は皮を棒で叩き、こう叫びながら追い駆ける［以下ゲール語］『ますます騒ぎ立てよう。皮を叩こう』。それから若者達は家々の戸口を回り、その中の一人が、この目的のために作られた韻文をくり返す。許しを得ると中の一人が敷居の中で「汝に祝福あれ」（*beannachad-thurlair*）と声に出すが、これはこの一家に祝福を授けるふりをするための言葉である［以下ゲール語］。『神よ、この家に、またこの家に属するあらゆるもの、家畜、石、材木に祝福を与え給え！　肉、寝床、衣服を豊かに、そして人々の健康が永久に満ち足りたものになりますように！』それから各人は棒の先に結い付けた皮の僅かな一片を火の中で燃やす。これを家人全員およびその家の家畜の鼻先に塗り付ける。こうすると翌年、その家に病気やその他の不幸が降りかからないようになると信じられている。この祭儀を総称して〈カルイン〉というが、これは皮を叩いたりする大騒ぎから出た名前である。これがセント・キルダの住民達の間における迷信の主な名残りである[19]」。

スコットランドのハイランド地方の慣習の別の説明

ずっと近代になってからのある筆者は、古いスコットランドのハイランド地方の慣習を次のように述べている。一年の最後の日の晩、すなわちスコットランドでいう〈ホグマネイ〉にかけて、「男達が集まり、少年達は叫んだり笑ったりして走り回り、シニー〔ホッケーの簡易版のような球技〕に興じ、「雪豚」（*mucan sneachda*）すなわち大きい雪球を転がす。〈マート〉すなわち冬雌牛（*seiche a mhairt gheamhraidh*）の皮を一人の男の頭のまわりに巻き付けると、彼は急いで逃げ出すが、残りの者達に追いかけられ、その皮を強く打ち叩かれる。その際しなやかな小枝で叩くと太鼓のような音を出す。この騒々しい行列は、太陽の運行に沿って（*dei-seal*）（すなわち家を右手にしたまま）村の各戸を三回ほど巡る。その際に壁を叩き、戸口の所に来るとこう叫ぶ。

「黄色い皮袋の〈カルイン〉の日だ、
（壁に掛けた）その皮を叩け。
墓場の婆さん、
隅ッコの婆さん、
火のそばにいる別の婆さん
二つのお目々にトンガリ棒を突き刺した、
お腹にもトンガリ棒を突き刺した
私を入れてくれ、ここを開けてくれ。」

「この要求に応じるまで、侵入者の面々は、〈ラン・カルイン〉（すなわちクリスマス詩）という詩を繰り返さねばならないが、一人入れようとして戸を開けるとそれを待ち受けていたように、数人の者が押し入り、結局全員が入りこんでしまうことになる。入って来ると、各人は燕麦パン、チーズ、肉、少量のウィスキーなどの軽い食事を供される。引率者はその家の戸主に、その夜の無言劇には欠くことのできない付属品である〈カスィン・ウフド〉（*Caisein-uchd*）を与える。これはシニーで使う棒の先端を包みこむ一切れの羊の胸肉である。それから〈カスィン・ウフド〉は火中（*teallach*）で焦がされ、家族のまわりを三度右回りに（*deiseal*）回され、全員の鼻先に突き付けられる。この儀式が終わるまでは一滴の飲物も与えられない。〈カスィン・ウフド〉はまた鹿、羊、山羊の胸肉の一切れや尾からも作られ、数多くある中から一つが選び出される」[20]。この祭儀や、人々の歌う韻文に関して似たような説明をしている別の著者によれば、焼き焦がした羊の皮を家人の鼻先に突き付ける目的は、魔法や伝染病にかからないようにということである[21]。この説明は明らかに正しくて、ヨーロッパの農民の心に魔術信仰が恐ろしい程頑固に残っていることを思いださせる。恐らく、昔は男にかぶせた雌牛の皮片を焼き焦がして、人々の鼻先に突き付けたものであろう。それはちょうど、マン島で各戸にミソサザイの羽毛が配られたのと同じようなものである。同様に、既述のごとく、コンド人が神として殺した人間の犠牲者は、各戸に連れ回され、各人はその神なる身体の遺物を入手しようと努めた[22]。このような慣習は、例の神との交わりの別の形式に過ぎないのであって、本来は神の身体を食べ、その血を飲むことによって完全に達成されるものなのである。

3　〈鋤の月曜日〉の祭儀

動物に扮した男達の行進。そこでは動物は穀物霊を表現しているようである

「ミソサザイ狩り」や雌牛の皮をまとった男の行列において、問題の諸慣習が農耕に関係があるという証拠は何もない。

これらの慣習は、一見した限りでは、動物が穀物霊の化身であるから神として単に崇拝されたということではなく、動物そのものが神であるから崇拝されたという、農業発明以前の時代に遡るものかもしれない。そしてギリヤーク人の熊の行進とインドの蛇の行進との類似から、対応するヨーロッパの慣習もまたこの非常に古い時代のものであると知れる。他方で特定のヨーロッパの動物の行進、すなわち動物に扮した人間の行進があり、これは恐らくその由来が純粋に農耕にあるのであろう。換言すれば、この行進における動物は最初から、動物の姿で想像された穀物霊の化身以外の何者でもなかったのだろう。このように演劇的でまた同時に宗教的な祭儀の諸例は、W・マンハルトが蒐集しており、彼はこれらをこう概論している。「収穫する畑や脱穀場だけでなく、これとはまた全く別に人々は穀物の霊を演劇的に表現することを好み、特に春と冬至における荘重な行進において表現することを好んだ。それによって人々は恵み深い夏の力が、不毛となった自然界に帰って来る様子を描こうとしたのである」[1]。

ボヘミアにおける〈懺悔の三が日の熊〉

例えば、ボヘミアの農村地方では、謝肉祭最後の日に若者達が行列を作って各戸を回り、心付けを集めるのが昔からのならわしである。普通一人の男あるいは少年を頭から足までエンドウ豆の殻で包み、藁縄で縛る。こうして装うと、〈懺悔の三が日の熊〉あるいは〈謝肉祭熊〉(*Fastnachtsbär*) の名前で通り、音楽や歌の伴奏付きで戸毎に連れ回される。各戸で彼は少女、女中、または主婦その人と踊り、家長、その夫人、そして娘達の健康を祝して乾杯する。夫人はこの無言の役者に食物を振舞い、主人は箱の中にお金を入れる。彼らは村中を回ると、居酒屋に赴く。そしてそこにはまた、農夫達がみな妻を連れてやって来る。「というのも〈懺悔の三が日〉、特にその〈懺悔火曜日〉には、亜麻、野菜、穀物をよく育てるために、誰も彼も踊らなければならないからである。しかも一生懸命踊れば踊るほど、人々がその努力の報いとして期待する祝福は大きくなる」。リトムニェジツェ地方では、〈懺悔の三が日の熊〉は藁で包まれる他、時には熊の格好を強調するため熊の仮面をかぶることがある。チェコ人の村々では、主婦達がこの熊からエンドウ豆の殻や藁を抜き取り、それをガチョウの巣に入れる。というのもそれを入れるお陰で、ガチョウがより卵を生み、雛を孵《かえ》すことになると信じているからである。同様の目的で、ジャテツ地方では、女達が〈懺悔の三が日の熊〉の藁を雌鶏の巣の中に入れておく[2]。これらの慣習中において、穀物をよく生育させるという明白な目的をもった踊り[3]、およびガチョウや雌鶏にもっと卵を生ませるための藁の利用は、この熊が動物と植物双方の繁殖の霊を表すと考えられていることを十分に証明している。さらに無言の役者が女や少女達と踊ることは特に、彼らが扮している霊の繁殖力を彼女達に伝える目的のものであることを合理的に推論できる。[4]

〈燕麦の山羊〉、〈エンドウ豆の熊〉等

ボヘミアのある地方では、この〈懺悔の三が日〉の行進における藁に包まれた男は、熊でなく〈燕麦の山羊〉と呼ばれ、この名前にふさわしく頭に角を付けている。[5]以上の異なる名称と扮装は、ある地方では穀物霊が熊と考えられ、他の地方では山羊と考えられていることを示す。山羊としての穀物霊という発想についての数多くの例は、既に引用した通りである。[6]熊としての穀物霊という発想はそれほど一般的でないようである。プロイセン領リトアニアのグニエフコボ付近では、この二つの発想が結合している。というのも公現節には、熊を表すエンドウ豆の殻に包まれた男と、山羊を表す燕麦の藁に包まれたもう一人の男が、一緒に村を歩き回るからである。彼らはこの二つの動物の真似をして踊り、これで各戸から贈り物を受ける。[7]シュタイアーマルク州のマールブルクでは穀物の霊は時には狼、時には熊である。脱穀のとき最後に打ち付ける者は〈狼〉と呼ばれる。他の者達は皆納屋から飛び出して、〈狼〉が出て来るまで待っている。そこで全員が彼に飛びかかり、藁で包んで狼に似せると、それから村を連れ回す。この男は〈クリスマスまでの狼〉という名前で通り、クリスマスには山羊の皮をかぶり、さらにロープの端に縛られて、〈エンドウ豆の熊〉という名前で家々を連れ回される。[8]この慣習では、山羊の皮をかぶった役者の扮装によって、彼は山羊の化身と見られているようである。そのため人々は、穀物霊の本当の化身が、山羊、熊、狼のどれなのか迷っているのが実情である。

スウェーデンの〈ユールの山羊〉

スカンディナビアでは、クリスマス（*Julbuck*）に山羊の姿で現れる穀物の霊という考えは一般的のようである。例えば、バーグスラグシャラド（スウェーデン）では、クリスマスに男を藁ですっかり包み、頭に山羊の角を付けて連れ回す慣習がある。この男は〈ユールの山羊〉の化身である。[9]スウェーデンのいくつかの地方における小クリスマスの演劇にはお決まりの特徴があり、それは〈ユールの山羊〉を殺すが、また生き返る真似をすることである。皮で作った覆いをかぶり、恐ろしく巨大な一双の角を付けた役者が、二人の男に連れられて部屋の中に入り、この二人はこの役者を殺すふりをし、その間彼らは赤、青、白、黄などの様々な色の外套についての歌をうたい、その外套を次から次へとこの役者に投げ付ける。歌の終わりに、〈ユールの山羊〉は死んだふりをした後、飛び起きて、見物人達の喝采の中を跳ね回る。[10]ウィルスタッドでは、クリスマス・イヴの夕食後、人々が亜麻の豊作を祈って「天使の踊り」を踊っている間、〈ユールの藁〉である小麦もしくはライ麦の長い茎で山羊の形を作り、それを「〈ユールの山羊〉を捕まえろ！」と叫んで踊り手達の中に投げ込む。ダーラナ地方の慣習も、ここでは藁製の動物が〈ユールの雄羊〉の名前で通っているという以外は同じである。[11]以上の慣習では、〈ユールの山羊〉または〈ユールの雄羊〉と穀物霊の同一性は間違いない。この主張を裏付けるかのように、デンマークやスウェーデンではクリスマスに山羊、雄羊、猪などの形をした、良質な燕麦の菓子を作るのがならわしである。これらは〈ユールの山羊〉、〈ユールの雄羊〉、〈ユールの猪〉と呼ばれる。これらはしばしば、収穫時に最後の穀物束から作るもので、蒔き付け時まで保存しておき、その時に一部は種子に混ぜ、また一部は豊作を祈って人間や耕牛などが食べる[12]。山羊、雄羊、猪であるを問わず、動物と穀物霊の同一性をこれ以上に生き生きと表現している例は他にないようである。というのも、収穫時における最後の穀物は決まって穀物霊を宿すとされ、従ってこの穀物霊を捕まえ、冬の間ずっと動物の姿で保存する。そして春になると、種子を畑に蒔く前に、生育力を促進するために種子にそれを混ぜるのである。去勢した雄羊や猪と考えられた穀物霊の例は、本書〔第五部上〕の前の方で既に述べた[13]。〈ユールの山羊〉を殺すふりをし、それを生き返らせるのは、恐らく春に穀物霊を必ず再生させるための魔術的な儀礼に起源をもつだろう。

ウィトルジーの〈藁の熊〉

イングランドでは、前述した慣習の中のあるものに似たようなことが、今でも〈鋤の月曜日〉の後の火曜日にケンブリッジシャーのウィトルジーで行われている。これは私が、シェフィールド大学のG・C・ムーア・スミス教授の親切な手紙で知ったものである。同氏はこう書いている。「私が昨日ウィトルジーに赴いた時、二人ではないにしても、一人の『藁の熊』に街で出会う機会に恵まれた。私はこの祭日にウィトルジーに出かけたことは四十年近くなかったので、この慣習はもう絶えてしまったのかと心配していた。私の少年時代には、〈藁の熊〉はスッポリと藁に包まれた男で、もう一人の男が綱で連れ歩き、人々の家の前で踊らせ、代わりにお金を貰った。これは常に〈鋤《すき》の月曜日〉の後の火曜日に行われた。昨日の〈藁の熊〉は少年だったが、踊っている姿は見なかった。その他は何も変わりはなかった[14]」。

イングランドにおける〈鋤の月曜日〉の祭儀

このイングランドの慣習と前述したヨーロッパ大陸の同じような慣習の比較から、こうして各戸を連れ回される〈藁の熊〉は、村内の各家庭に祝福を与える穀物霊を表現したものであるという推測がなされる。この解釈は、この祭儀が行われる日付によって強く立証されている。というのは、この日は〈鋤の月曜日〉の後の日であるからで、古い時代の〈鋤の月曜日〉の民衆祭儀が農耕と直接関連のあったことは、ほとんど疑う余地がないからである。〈鋤の月曜日〉は公現節後の一月の最初の月曜日である。その日は、イングランド各地では、屈強な田舎の若者達がにぎやかに飾り立てた鋤を戸毎に村から村へと引き回し、寄付を集めて、それで後で居酒屋で下品なドンチャン騒ぎを開くならわしがあった。鋤を引く男達は〈耕牛〉と呼ばれ、上衣の上にシャツを着て、リボンの束をこれ見よがしに帽子や身体に付けていた。彼らの中には〈ベッシー〉と呼ばれる、飾り立てた一人の老婆に扮した男が常にいた。外衣の下の背中のあたりに、この男はかつて雄牛の尾を付けていたが、この付属物は後に廃れてしまった。彼は飛んだり、踊ったり跳ねたりして、見物人達に寄付金を乞いながら献金箱を持ち歩いた。一団のあるものはそのリボンの他に、「帽子に小さい小麦の穂を付けていたが、彼らがダンスと呼んでいるぎこちない跳躍で、間もなく振り落とされてしまった。もし冬の寒さが厳しいならば、時にはこの行列に殻竿を持った脱穀人、鎌を持った刈り手達、長い鞭を持った御者達が参加することがあり、彼らはそれぞれの道具を絶えず叩き鳴らすので騒ぎは益々大きくなる。おまけに鍛冶屋や粉挽き人達さえ加わる。というのも、鍛冶屋は鋤の刃を鋭くし、粉挽き人達は穀物を挽くからであった。また〈ベッシー〉は献金箱をガタガタさせて、あまりに高く踊りはねるので、毛糸の靴下やビロードの尻が丸見えになる。雪解けの際はまた、外衣の裾をからげてチョッキの下に押し込み、帽子を頭から振り落とし、頬髯を隠すはずであった長い巻き毛をかき乱すことも珍しくない」。時にはこの無言の役者達の中に道化師が一人いて、後ろに尾を垂らした仔牛の皮を被り、膨らませた膀胱を結び付けた杖を巧みに使い、それを仲間の連中の頭や肩に乱暴に打ち当てる。別の役者はふつう狐の皮を頭巾のようにかぶり、背中の方に尾をぶらさげている。もし献金箱に寄付するのを断わるようなけちん坊がいれば、〈耕牛〉達は協力して、その家の戸口の前の地面を掘り返す(15)。

〈鋤の月曜日〉におけるダンスの目的は、恐らく作物の生長を期してである

前述の奇妙な祭儀の意味を知る手がかりは、恐らく帽子に小麦の穂を付けた男達のダンス、というよりむしろ跳躍であろう。一年のうちほぼ同じ頃、ヨーロッパ大陸では、農民達が作物を生育させるという明白な目的をもって、どれだけ頻繁に踊ったり跳んだりしたかを思い出せば、〈鋤の月曜日〉の踊り手達の目的も同じであったと、ある程度の見込みをもって推論できよう。想像するに本来の考え方は、作物が踊り手達の飛び上がるほど高く伸びるようにということだったろう。もしそうだとすれば、この祭儀で通常田舎者達が、中でも〈ベッシー〉が見せつける軽快な跳舞は不思議なことではない。地上高く飛び上がれば飛び上がるほど、作物が伸びるという信仰ほど、人々を奮い立たせる強烈な刺激は他になかろう。要するに、恐らくこの祭儀全体が豊作を確保することを目的とした呪術祭儀だったのだろう。この祭儀を支えている原理は、例の類感呪術すなわち模倣呪術の原理である。耕作の作業と作物の生長を真似ることで、役者達は間もなく行われる本当の耕作の成功を確実なものにすることを望んだのであった。

穀物霊の化身である〈藁の熊〉

もしこれが〈鋤の月曜日〉の祭儀の本当の意味だったとすれば、〈鋤の月曜日〉の次の日にケンブリッジシャーのウィトルジーに現れる〈藁の熊〉は、実際のところ穀物霊を表すものだとより大胆に推測できよう。作物の生長促進のため呪術祭儀が行われた直後の日に、この有難い動物が各戸に姿を見せるほどふさわしいことはない。

〈鋤の月曜日〉の祭儀はトラキアの謝肉祭の最後に行われる祭儀に似ている

イングランドで〈鋤の月曜日〉に行われた祭儀のこの解釈は、毎年トラキアにおける謝肉祭の最後に行われた極めて類似の祭儀についての私の説明と、甚だよく符合している(16)。耕作の模倣は恐らく両者の場合同じ目的で行われるもので、この目的が何であるかは、その蒔き付けの作業と豊作祈願の祈禱から確実に推論できよう。この二つはトラキアの祭儀に付きもので、その説明となっているのだ。

トラキアのブルガリア人農民達により同時期に行われた同様の祭儀

〈鋤の月曜日〉の祭儀と同類でそれに酷似している祭儀は、トラキアのギリシア人の村だけに限られず、またその地方のブルガリア人によっても同時に、すなわち謝肉祭の最後の週の月曜日に行われていることは注目に値する。例えば、アドリアノープル地方のマルコ・ティルノブスコでは、その日は無言の役者達の行列が街を通っていく。この行列の主役達は、〈クケル〉並びに〈クケリカ〉という名前である。〈クケル〉は山羊の皮を被った男である。彼の顔は煤で真黒に塗られ、頭の上には総皮製の毛足の長い帽子をかぶっている。帯に鈴を吊して鳴らし、手には棍棒を持つ。〈クケリカ〉は時には〈ババ〉、すなわち「老婆」の名前で通り、これは顔を真黒にしてスカート状の服を穿いた男である。行列の他の人物達は、娘の服装をした若者達、男の服装をして仮面を付けた娘達である。熊は、熊の皮を着せた犬で表現される。王、裁判官、その他の役人は他の役者達が演じる。彼らは模擬法廷を開き、有罪とされた者は杖刑を受ける。仮面を付けた者の一部は棍棒を持つ。捕えた者はすべて打ち叩き、寄付金を徴収するのが彼らの任務である。〈クケル〉と〈クケリカ〉の演技と振舞いは不作法で淫猥である。〈クケル〉に向けられる歌や叫び声もまた、甚だ嘲笑的である。夕方頃にかけて、仲間達の中の二人が鋤に頸木で繋がれ、〈クケル〉が数畝《うね》を耕し、そこに種子を蒔く。日没後クケルは扮装を解き、謝礼金を貰い、仲間達と大酒を飲んで楽しむ。人々は〈クケル〉の役割を演じる者は大罪を犯すと信じており、祭司達はこの慣習を廃止しようと努力しているが無駄である。ローゼングラド地方のクリアの村では、この慣習は概して同じようなものであるが、いくつかの目立った相異がある。役者達の集めた金はワインを買うのに使われ、この酒は晩の饗宴で村中の人々に振舞われる。この饗宴では、昔の硬貨を入れて焼いた菓子を〈クケル〉が持って来て、これを細分し、出席者全員に分配する。もし硬貨の入った一片が農民の手に入ると、その年の作物は豊作になる。しかし牧夫に当たると家畜が増える。最後に〈クケル〉は地面のほんの一部を耕し、「その時、身体を左右に曲げ、穀粒の重みでたわむ穂の様子を象徴的に示す」。他の者達は硬貨を当てた男を捕えると、脚を縛って、たった今耕した土地の上を引き摺っていく[17]。

この祭儀の目的は、明らかに大地を肥やすためである

以上の祭儀が豊作増進の目的を有することは間違いない。耕夫が穀物の穂の重みでたわむ様を真似るのは、素朴な類感呪術すなわち模倣呪術の例であり、また中に硬貨の入っている菓子の一片を当てた男がもたらす吉兆というのは、この祭儀が作物と共に家畜を繁殖させることを目的としていることを示している。同じ厳粛な目的が、主たる役者達の一見でたらめな振舞いの背後に、またこの祭儀に付きものとなっている歌や言葉の淫猥さの背後にもあることはまず疑いない。また甚だ幸運にも菓子の中の硬貨を手に入れた男を、新たに耕したばかりの畝の上を引き摺る理由も判ずるに難しくない。彼は恐らく穀物の霊の化身と見なされているのであって、このために起こしたばかりの地面にその身体を接触させて、畑の豊穣を祈るのである。

ブルガリアでは謝肉祭に同じような慣習が行われる

謝肉祭における同様の慣習は、トラキアにおけるブルガリア農民だけでなく、ブルガリア自体でもまた各地で行われている。この国では、仮装行列の主役は〈ババ〉すなわち〈老婆〉か〈老母〉である。この役割は女の服装をした男が演じ、彼女、というより彼は仮面を付ける。しかし、多くの村々では彼女は紡錘《つむ》を手にして糸を紡ぐ。〈クケル〉と〈クケリカ〉も出て来るが、彼らは〈老婆〉の脇役である。彼らの扮装は村によって違う。普通は皮をまとい、ライムの木の樹皮でできた帯を締め、それに五、六個の鈴を吊している。背中にはボロで作った瘤を背負っている。しかし彼らの扮装の主な特色は仮面で、これは動物や人間の頭を幻想的に組み合わせたもので、角のある人間の頭、あるいは鳥、雄羊、雄牛の頭などである。この仮面を作るのは大変である。〈チーズの月曜日〉（謝肉祭最後の週の月曜日）の朝早く、仮面を付けた役者達は寄付金集めに村を歩き回る。昼にかけて彼らは行列を作って各戸を回る。各戸で円舞を演じ、その間老婆は糸を紡ぐ。戸主がうまくこの〈老婆〉を隠しとおせば、その家に祝福と繁栄がもたらされると信じられている。しかし他の役者達がこの〈老婆〉を勇敢に守って、一つの家庭が〈老婆〉の利益を独占するのを防ぐ。踊りの後、役者達はお金、卵、挽き割りの穀物などの贈り物を受ける。夕方にかけて村の広場で円舞が行われ、そこで〈老婆〉が〈クケル〉と〈クケリカ〉を頸木で鋤につなぐと、それで地面の一部を耕して、穀物を蒔く。翌日役者達が集まり、集めた贈り物を売り、その代金で〈老婆〉の家で饗宴を開く。もし外の村から役者達が入って来ると、その村から外の村に豊作が移っていってしまうと信じられている。このため村人達はどんなことがあっても外の村の役者達は入れまいとする。一般に村人達は、この仮装行列は村の幸福と豊穣を増進するために行われると信じている(18)。

これらすべての場合において、儀礼的な耕作と種蒔きは恐らく豊作祈願の呪術である

従って、これらのブルガリアの祭儀が行われる目的に関して、我々は単なる推測を続けるわけにはいかない。つまりその目的ははっきりと認められるのであり、それは同じ時期にトラキアで、そしてイングランドで、〈鋤の月曜日〉に行われる同様の祭儀から推測した目的と違いはないのである。これらすべての場合において、耕作および種蒔きの儀式の真の目的は、それによって、類感呪術すなわち模倣呪術の原理に基づき、その土地全体の豊作を確保することにあると考えるのはもっともである。さらに我々は一歩進んで、さらに次のように言うことができよう。耕作を指示し、種子を蒔き、かつ彼女を上手く独占できた家には祝福がもたらされると信じられている、かのブルガリアの〈老婆〉は、〈穀物の母〉デメテルの粗野な原型であると。というのもデメテルは〈老婆〉の姿をして、エレウシスの王ケレオスの家に祝福をもたらし、荒れ果てたエレウシスの畑に再び豊穣をもたらしたのである。また、鋤を引く男女の役者は、プルトンとペルセポネの原型ではなかろうか。そうだとすれば、ギリシアの神々はすっかり死に絶えてしまったわけではないのである。彼らは今でも農民の小屋にその身を隠しているのであって、一年のうちでも農民が最も助けを必要とする正にその瞬間に、陽光降り注ぐ祭日の中に出現し、その姿を見つめる農民の観衆の中を、素朴ではあるが表情豊かな壮麗さをもって練り歩くのである。

このような祭儀がはるか古代にまで遡ることは疑いない

それはともかくとして、これらの祭儀は、ヨーロッパの反対側の端で今なお農民が行っており、疑いなく農耕の歴史の極めて初期の時代に遡るものである。これは恐らくキリスト教よりもはるかに古いものであり、ギリシアの宗教の高度に発達した形式よりさえ古いものであろう。このギリシア宗教は、古代ローマ・ギリシアの著者や美術家達のお陰で我々に馴染み深いものとはなっているとはいえ、はなはだ長い世紀にわたって既に過去のものとなっているものである。そして神話、祭儀、芸術のうちに華やかに開花した宗教意識が儚く消えて行く一方、その民衆精神の諸原理に深く根を下ろした、より素朴な形態というものは比較的安定していて恒久的である。この諸原理は、あらゆる天才の素晴らしいが移ろいやすい創造物よりも、ずっと長続きしそうである。現在人々の尊敬を受け、驚異の念をもって見られている精妙な神学体系、荘厳な祭儀、堂々とした寺院は、「輝き失せしオリュンポスのあらゆる神々の位階」〔キーツの詩「プシュケに捧げるオード」より〕のように、それ自体消え去るべき運命にあるのかもしれない。そして素朴なる民衆は、無名にして不朽の祖先達の素朴な信仰をなお信じ続け、魔女、妖精、亡霊、妖怪を信じ、また古い呪文を念じ、古い呪術をなお行っているかもしれない。そのような時代が来れば、アヤソフィアの尖塔のムアッジンも、信者達に祈禱の時を報じることを止めているだろうし、また信者達もノートルダム寺院の長く伸びた通路や、サン・ピエトロ大聖堂の円天井の下にもう集まろうとしないであろう。

註　ガロ人における米の収穫時の馬の祭儀

ガロ人の収穫祭における馬の像　アッサム州の農耕部族ガロ人の間では、米の収穫が終わると祭典が行われ、その際目立つのは馬の像である。この祭儀の目的は述べられていないが、恐らく翌年の豊作祈願のためであろう。そうだとすれば、ガロ人の馬の像はW・マンハルトが説明するローマ人の〈十月の馬〉に類似したものであろう。比較のためガロ人の祭儀についてのA・プレイフェア少佐の話を付け加えておくのが良いかもしれない。(1)

プレイフェア少佐による祭典の描写　「収穫した米が十分に集められると、その年の大供犠かつ祭典である〈ワンガラ〉すなわち〈グレワタ〉が行われる。これは年間最大の祭典で、はなはだ盛大な宗教供犠と結び付いている。この祭典には、ドアル人と平原ガロ人の一部を除いた部族の、あらゆる階層の者が参加する。祭典費用は主に村の〈ノクマ〉〔首長〕が持ち、彼は客用の豚とたくさんの酒を提供する。北部および北東部の丘陵地帯のアカウェ人やチサク人に見られるその祭典の奇妙な特色は、〈グレ〉すなわち『馬』の像である。これは胴がプランテンの茎から、頭と脚が竹から出来た馬である。この馬の像を〈ノクマ〉の家の床の上におき、集まった客達はそのまわりで一晩中歌って踊り、時に休養する。翌朝早く、この馬を最寄の川に持ち出し、水中に浮かばせて流れの赴くままに任す。必要な道具一式を所有している者がつくる〈グレ〉は、藁から作られ、布で覆われた、巨大な馬の頭の形をしたものとなる。私はかつてロンロンの村でそれを見たが、使用時は真鍮の円盤を顔の両側に飾っていた。目と耳も同じ真鍮で作り、耳の間には一対の山羊の角を付けていた。頭にはブティヤ人の行商人が売り歩くような青銅の鈴をたくさん付けていた。この持ち主である〈ラスカル〉はどこからこれらが来たのか知らなかったが、自分の妻の母から伝えられたもので、何代もの古くからのものであるということだった。

馬の頭の仮面を付けた男の踊り

「この〈グレ〉の像を用いる方法は次の通りである。頭を棒の上にのせ、それを一人の男が、馬の頭がちょうど自分の胸のあたりまでの高さになるように持つ。二本の紐を肩からかけて手が重みで疲れないようにする。それから『馬』の身体が、その男の身体のまわりに茎と布片で作られる。尾として、ヤクの尾を男の髪に結い付けるが、時には結び付ける代わりにだらりと吊り下げておくこともある。演者はこうして飾り立てられると、いつもの音楽に合わせて摺り足のステップで踊りを始める。彼の前では祭司が踊り、祭司は自分のもとに馬を招き寄せる無言劇を演じる。〈ノクマ〉〔首長〕の残りの客達は馬の後ろに行列を作り、その後について踊る。最初の男が疲れると他の者が代わり、ダンスは正に徹夜で行われる。この演劇の愉快な場面は、〈グレ〉に卵を投げ付けるところである。私が見た〈グレ〉の角には未だ殻の破片がくっ付いていた。

「厳密にいうと、この祭典は三日二晩続けなければならない。これが終わると〈グレ〉は川に持っていき、身体は水中に投じ、頭は翌年のため保存しておく。馬の身体の流れ去るのを見に来る人々は川辺に米と食物を持参し、これで祭儀は終わる。

「ワンゲラでは小麦粉を水と混ぜ、集まった人達がこの中に手を浸し、家の柱や壁、また客達の背中に白い手形を付けるのがきまりである」。

米の収穫時における馬の像は恐らく稲の霊を表している

米の収穫時にこうして像となり川の中に投じられ、一方翌年のために頭は保存しておくというこの馬は、稲の霊を表しているのでなかろうか。そうだとすれば、頭に卵を投げ付けるのは豊作祈願の呪いで、それを水中に投じるのは雨乞いの呪術でなかろうか。また同じ考え方に立てば、この馬の頭はローマの〈十月の馬〉と共にフィガリアの〈馬頭のデメテル〉に比せられるべきものであろう[2]。〈十月の馬〉は壁に釘付けにされ、恐らく翌年十月まで保存されていたようである。もしフィガリアの〈馬頭のデメテル〉の祭儀についてもっと知ることができたら、その中には馬の頭を被って女神自身を表現した男あるいは女による踊りがあったと分かっただろう。これは私の言うことが正しいとすれば、ガロ人の収穫祭で馬に扮して踊った男が、蓄えられた稲束の間で踊りながら稲の霊を表現しているのとちょうど同じである。この推論はある程度、アルカディアのリコスラにある、二人の女神の聖所の中の、デメテルやペルセポネの巨大な像をかつて飾った、素晴らしい大理石の衣服に残されたものから立証される。というのもその衣服の上には、踊ったり楽器を奏したりしている半人半獣の像の行列が彫刻されているからである。その像の身体は女性であるが、頭、手、足は動物のそれなのである。像の頭は馬、豚、猫、野ウサギなどであり、明らかにロバのものもある[3]。これらの踊っている像は、実際にデメテルとペルセポネの祭儀において仮面の男女が演じた儀礼的なダンスを象ったもので、この男女が動物の特徴でもって女神を具現していると考えるのは道理に叶ったことである。

原註

第九章　動物としての古代植物神

1　山羊と雄牛のディオニュソス

（1）本書第六巻三一頁以降参照。

（2）Herodotus, ii. 46; L. Preller, *Griechische Mythologie*, 4 i.（Berlin, 1894）, pp. 745 *sq.*; K. Wernicke, in W. H. Roscher's *Lexikon der griech. und röm. Mythologie*, iii. 1407 *sqq.*

（3）L. Preller, *Griechische Mythologie*, 3 i. 600; W. Mannhardt, *Antike Wald-und Feldkulte*, p. 138.

（4）W. Mannhardt, *op. cit.* p. 139.

（5）Julius Pollux, iv. 118.

（6）W. Mannhardt, *op. cit.* pp. 142 *sq.*

（7）Ovid, *Fasti*, ii. 361, iii. 312, v 101; *id.*, Heroides, iv. 49.

（8）Macrobius, *Sat.* i. 22. 3.

（9）Homer, *Hymn to Aphrodite*, 262 *sqq.*

（10）Pliny, *Nat. Hist.* xii. 3; Ovid, *Metam.* vi. 392; *id.*, *Fasti*, iii. 303, 309; Gloss. Isid. Mart. Cap. ii. 167, cited by W. Mannhardt, *Antike Wald-und Feldkulte*, p. 113.

（11）Pliny, *Nat. Hist.* xii. 3; Martianus Capella, ii. 167; Augustine, *De civitate Dei*, xv. 23; Aurelius Victor, *Origo gentis Romanae*, iv. 6.

（12）Servius on Virgil, *Ecl.* vi. 14; Ovid, *Metam.* vi. 392 *sq.*; Martianus Capella, ii. 167.

（13）W. Mannhardt, *Baumkultus*, pp. 138 *sq.*; *id.*, *Antike Wald-und Feldkulte*, p. 145.

（14）Servius on Virgil, *Georg.* i. 10.

（15）本書第六巻一八五頁以降参照。

（16）*Antike Wald-und Feldkulte*, ch. iii. pp. 113-211. 本書には、マンハルト説についての私の以前の解釈、つまり古代の半分山羊の形をした植物霊が従来通りの立場にあるという解釈をそのまま載せたが、これには多少のためらいもある。というのも、そのために引用された例証は本件を確信をもって語るには不十分のように思われるからである。パンはW・H・ロッシャーやL・R・ファーネルの考えるように、牧人の神、特に山羊を表象した半人半獣神に過ぎないのかも知れない。以下参照。W. H. Roscher's *Lexikon der griech. und röm. Mythologie*, iii. 1405 *sq.*; L. R. Farnell, *The Cults of the Greek States*, v.（Oxford, 1909）pp. 431 *sqq.* また、サテュロスとシレノスは山羊よりも馬に近いようである。以下参照。W. H. Roscher's *Lexikon der griech. und röm. Mythologie*, iv. 444 *sqq.*

（17）本書第六巻一五五頁以降参照。

（18）本書第六巻三二頁以降参照。

（19）本書第六巻三一頁以降参照。

（20）本書第六巻一八九頁以降参照。

（21）A. Lang, *Myth, Ritual, and Religion*, 2 ii. 252.

（22）なお、以下参照のこと。*Totemism and Exogamy*, iv. 12 *sqq.*

（23）Pausanias, i. 24. 4; *id.*, i. 28. 10; Porphyry, *De abstinentia*, ii. 29 *sq.*; Aelian, *Var. Hist.* viii. 3; Scholia on Aristophanes, *Peace*, 419, and *Clouds*, 985; Hesychius, Suidas, and *Etymologicum Magnum*, *s.v.* βούφονια; Suidas, *s.v.* θαύλων; Im. Bekker's *Anecdota Graeca*（Berlin, 1814-1821）, p. 238, *s.v.* Διιπόλιον. この供犠の日時（スキロポリオン月の第一四日）はアリストパネスの註釈者と*Etymologicum Magnum*に記されたものである。またこの日時はW・マンハルトによると（*Mythologische Forschungen*, p. 68）、アッティカの脱穀終了と共通する。斧とナイフの双方に対する裁判を記している著者はいない。パウサニアスは斧の裁判を述べており、ポルピュリオスとアイリアノスはナイフの裁

判を述べている。しかし、ポルピュリオスの記述から、殺し合いは、一人は斧を用い一人はナイフを持つ二人により行われ、前者は後者に罪をかぶせたことがはっきりしている。恐らくナイフだけが有罪となったのだろう。王（これが誰であるかは本書第一巻五六頁以降参照）がすべての無生物の裁判を司ったことはアリストテレス（*Constitution of Athens*, 57）とユリウス・ポルクス（viii. 90, なお、以下も参照のこと。viii. 120）により記されている。

（24）ブポニアという名の真の意味はW・ロバートソン・スミスによってはじめて理解された。*Religion of the Semites*,^{2} pp. 304 *sqq*. 参照。コス島でもゼウス・ポリエウスに供犠する雄牛が特別に選ばれた。Dittenberger, *Sylloge Inscriptionum Graecarum*,^{2} No. 616. 参照。Ch. Michel, *Recueil d'Inscriptions Grecques*, No. 716; H. Collitz und F. Bechtel, *Sammlung der griechischen Dialekt-Inschriften*, iii. pp. 357 *sqq*., No. 3636; J. de Prott et L. Ziehen, *Leges Graecorum Sacrae e Titulis collectae, Fasciculus* i.（Leipsic, 1896）pp. 19 *sqq*., No. 5; M. P. Nilsson, *Griechische Feste*（Leipsic, 1906）, pp. 17-21. ブポニオン月はアッティカのボエドロミオン月（九月）に相当する。これはデロス島とティノス島の暦に見られる。E. Bischoff, "De fastis Graecorum antiquioribus," in *Leipziger Studien für classische Philologie*, vii.（Leipsic, 1884）p. 414 参照。

（25）Varro, *De re rustica*, ii. 5. 4. なお、以下参照のこと。Columella, *De re rustica*, vi. praef. §7. しかし、恐らくヴァロの記述は、ブポニアの祭儀とそれを説明するために語られた伝説から単純に引き出した推論に過ぎないだろう。

（26）W. Mannhardt, *Baumkultus*, p. 409.

（27）本書第四巻一三九頁参照。

（28）Dittenberger, *Sylloge Inscriptionum Graecarum*^{2}（Leipsic, 1898-1901）, vol. ii. pp. 246-248, No. 553. マグネシアのアルテミシオン月とアッティカのタルゲリオン月（五月）との同一については、Dittenberger, *op. cit*. ii. p. 242, No. 552 note^4 参照。マグネシアでは播種がクロノスの月と呼ばれたクロニオン月に行われたということは興味深い。古代人は決まってこの神をイタリアの播種の神サトゥルヌスと同一視した。しかし、サモスやペリントス、パトモスでは、クロニオン月はアッティカのスキロポリオン月に相当するようである。これは六、七月で、暑く雨のないギリシアの夏は決して播種の季節ではない。以下参照。E. Bischoff, "De fastis Graecorum antiquioribus," in *Leipziger Studien für classische Philologie*, vii.（1884）p. 400; Dittenberger, *Sylloge Inscriptionum Graecarum*,^{2} No. 645 note^{14}, vol. ii. p. 449.

（29）マグネシアにおける雄牛供犠をここでこのように説明する上において、私はM・P・ニルソン教授の優れた解釈 *Griechische Feste*（Leipsic, 1906）, pp. 23-27 に従うものである。

（30）本書第六巻四三頁以降、五七頁以降参照。

（31）H. Hecquard, *Reise an die Küste und in das Innere von West-Afrika*（Leipsic, 1854）, pp. 41-43.

（32）本書第六巻一六三頁参照。

（33）本書第六巻一七七頁、一七九頁参照。

（34）Franz Cumont, *Textes et Monuments figurés relatifs aux Mystères de Mithra*（Brussels, 1896-1890）, ii. figures 18, 19, 20, 59（p. 228. 傷から穀物の精霊が出ている）67, 70, 78, 87, 105, 143, 168, 215, また図版 v. and vi.

（35）China Review, i.（July 1872 to June 1873, Hongkong）, pp. 62, 154, 162, 203 *sq*.; Rev. J. Doolittle, *Social Life of the Chinese*, ed. Paxton Hood（London, 1868）, pp. 375 *sq*.; Rev. J. H. Gray, China（London, 1878）, ii. 115 *sq*.

（36）*Ostasiatischer Lloyd*, March 14, 1890, quoted by J. D. E. Schmeltz, "Das Pflugfest in China," *Internationales Archiv für Ethnographie*, xi.（1898）p. 79. この話とS・W・ウィリアムズ（*The Middle Kingdom* [New York and London, 1848, ii. 109]）の話は実質的に一致する。*Ostasiatischer Lloyd* によると、多くの地方において春の守護神はこうした祭典では緑色の装束を身に着けた罪なき少年に代表される。片足に靴を履き片足は裸足で歩く慣習については、本書第三巻二〇三―二〇五頁参照。

（37）R. F. Johnston, *Lion and Dragon in Northern China*（London, 1910）, pp. 180-182.

(38) Ed. Chavannes, *Le Tai Chan, Essai de Monographie d'un Culte Chinois* (Paris, 1910), p. 500 (Annales du Musée Guimet, *Bibliothèque d'Études*, vol. xxi.).

(39) 本書第四巻一五七頁以降、一六二頁以降参照。

(40) J. L. Dutreuil de Rhins, *Mission Scientifique dans la Haute Asie*, 1890-1895, i. (Paris, 1897) pp. 95 *sq*. の筆者はカシュガルで見た祭儀を記述した後、こう付け加えている。「恐らく初めはこの雄牛は生きた雄牛で、これを供犠し、皆で肉を分配したものだろう。現在は大司祭役の官吏がたくさんの厚紙製の雄牛を作らせて、それを名士達に送る。こうすれば彼らが実際に供犠に参加したことになるのであって、単なる象徴以上の意味がある。雄牛に長い距離を歩かせるのは、聖なる獣が通過することにより浄められる場所ができるだけ広範囲に及ぶように、また少なくともその注目と善意によってできるだけ多くの人が供犠に参加できるように、という意図からである。朝、ごく早い時間に始まる行列は東へと向かって行く。つまり、冬が過ぎ去り、最初の春の太陽が現れようという場所へ向かうのであり、この祭儀は太陽の神性にめでたくあやかろうと企図されたものである。ことさらに言うまでもなく、この中国の祭典からはヨーロッパの謝肉祭が類推できる。謝肉祭では同じ季節に太った雄牛を引き回す。どちらの祭典も、古代の自然崇拝における同じ考え方にその起源がもとめられよう」。

(41) Colonel E. Diguet, *Les Annamites, Société, Coutumes, Religions* (Paris, 1906), pp. 250-253.

(42) 本書第六巻四五頁以降、及び本書二九頁以降参照。

(43) Du Halde, *The Ceneral History of China*, Third Edition (London, 1741), ii. 120-122; Huc, *L'Empire Chinois*[5] (Paris, 1879), ii. 338-343; Rev. J. H. Gray, *China* (London, 1878), ii. 116-118. また、*The Sacred Books of China*, translated by James Legge, Part iii., The LI KI〔礼記・月令〕(*Sacred Books of the East*, vol. xxvii., Oxford, 1885), pp. 254 *sq*. 比較のこと。「この月（春の最初の月）、第一日に天子〔皇帝〕が神〔上帝〕に豊作を祈願する。やがて、太陽と月が結合する最初の日が選ばれ、天子は鋤の柄と刃を置いた車に乗る。この柄と刃は参乗する武士〔保介〕と馭者〔御〕の間に置かれる。天子はこうして、三公、九卿、諸侯、大夫を指揮して、全員が自分で神の畑〔帝籍〕を耕すのである。天子は三度、三公は五度、卿と諸侯は九度、それぞれ鋤を推す。帰還すると、天子は大部屋で手に盃を持ち、他の全員が天子と大夫に侍する中、〈この慰労の盃を干せ〉とのたまう。この月には天の気が降下し、地の気が上昇して、天地が和同する。あらゆる植物が芽を出し成長する」。ここでは春、太陽と月の結合する日を選ぶということに意味がある。このような結合は日月の結婚と見なされ、豊穣の促進を意図した祭儀を行うのに適した時季なのである。本書第四巻五九頁参照。

(44) 本書第六巻六二頁、八一頁以降参照。〔訳者註：原著では See above の後の vol. i. が脱落しているが、内容的に第六巻の各頁に対応している。以下註45、46も同じ〕

(45) 本書第六巻七三頁参照。

(46) 本書第六巻七三頁、八一頁以降、及び本書第二巻七六頁以降参照。

(47) ヨーロッパの慣習については本書二五頁参照。

2 豚や馬としてのデメテル

(1) 本書第六巻一九五頁以降参照。

(2) Scholiast on Aristophanes, *Acharn.* 747.

(3) J. Overbeck, *Griechische Kunstmythologie*, Besonderer Theil, ii. (Leipsic, 1873-1878), p. 493; Müller-Wieseler, *Denkmäler der alten Kunst*, ii. pl. viii. 94.

(4) Hyginus, *Fab.* 277; Cornutus, *Theologiae Graecae Compendium*, 28; Macrobius, *Saturn.* i. 12. 23; Scholiast on Aristophanes, *Acharn.* 747; *id.*, on *Frogs*, 338; *id.*, on *Peace*, 374; Servius on Virgil, *Georg.* ii. 380; Aelian, *Nat. Anim.* x. 16.

(5) 本書第六巻三五頁以降参照。

(6) テスモポリアについては以下参照。*Encyclopaedia Britannica*, Ninth Edition, vol. xxiii. 295 *sq*. の中の私の論文 "Thesmophoria"; August Mommsen,

Feste der Stadt Athen im Altertum（Leipsic, 1898), pp. 308 *sqq*.; Miss J. E. Harisson, *Prolegomena to the Study of Greek Religion*[2]（Cambridge, 1908), pp. 120 *sqq*.; M. P. Nilsson, *Griechische Feste*（Leipsic, 1906), pp. 313 *sqq*.; L. R. Farnell, *The Cults of the Greek States*, iii.（Oxford, 1907）pp. 75 *sqq*. テーベとデロスでは、テスモポリア祭は夏、メタゲイトニオン月（八月）に行われた。以下参照。Xenophon, *Hellenica*, v. 2. 29; M. P. Nilsson, *Griechische Feste*, pp. 316 *sq*.

（7）Lexicon, *s.v.* στήνιαにおいて、フォティウスはデメテルの地下世界からの上昇を語っている。また、アレクサンドリアのクレメンスは、デメテルとペルセポネが二人とも地の割れ目に飲み込まれたと言っている（*Protrept*. ii. 17)。本来はデメテルとペルセポネが同一であったことは銘記すべきである。

（8）Plutarch, *Isis et Osiris*, 69; Photius, *Lexicon*, *s.v.* στήνια.

（9）E. Rohde, "Unedirte Luciansscholien, die attischen Thesmophorien und Haloen betreffend," *Rheinisches Museum*, N.F., xxv.（1870）p. 548; *Scholia in Lucianum*, ed. H. Rabe（Leipsic, 1906), pp. 275 *sq*. 古典時代の著者らによる二つの文章（Clement of Alexandria, *Protrept*. ii. 17, and Pausanias, ix. 8. 1）は、ルキアノスの注釈者により述べられている祭儀に言及している。またこの注釈の発見以前に、この文は Chr. A. Lobeck（*Aglaophamus*, pp. 827 *sqq*.）により正確に解釈されている。

（10）注釈者はこれらを「メガラ」とか「アデュタ」と呼んでいる。「メガラ」という名は「洞穴」あるいは「地下の割れ目」を意味するフェニキア語や、ヘブライ語מערהから派生したと考えられる。F. C. Movers, *Die Phoenizier*（Bonn, 1841), i. 220. 参照。ギリシア語の用法では、「メガラ」は正しくは神々にとっての聖なる地下室あるいは割れ目であった。以下参照。Hesychius, quoted by Movers, *l.c.*（この文は M. Schmidt による Hesychius 縮約版には出ていない); Porphyry, *De antro nympharum*, 6; and my note on Pausanias, ii. 2. 1.

（11）我々は Pausanias, ix. 8. 1 からこのことを推論する。しかしその文章は不完全で明らかに原文が損なわれている。ἐν Δωδώνῃ（ドドナ。エピロスにおけるもっとも古いゼウスの神託の座）は、ロベックはἀναδῦναι あるいはἀν αδοθῆαι（川の枯れるところ）と読むべきことを提案している（Lobeck: *Aglaophamus*, pp. 829 *sq*.）。ティソレアにおける春と秋のイシスの祭典では、ガチョウと山羊が「アデュトン」〔聖域の最深部〕の中に投げ込まれて次の祭典まで放置され、後に死骸は移されて神殿から少し離れた指定の場所に埋められた。Pausanias, x. 32. 14 参照。この類似はテスモポリアにおいて洞穴に投げ込まれた豚が次の祭典までそこに放置されていたことを裏付けている。

（12）Aelian, *De natura animalium*, xi. 16; Propertius, v. 8. 3-14. 蛇を養うことは、紀元前六四年頃のローマの硬貨に現れている。その硬貨の表面にはユーノー・カプロティナの頭が見られる。E. Babelon, *Monnaies de la République Romaine*（Paris, 1886), ii. 402 参照。ギリシア芸術の一般的な形式においては、女性が蛇に皿から食物を与えている。*Adonis, Attis, Osiris*, Seccnd Edition, p. 75 参照。

（13）*Scholia in Lucianum*, ed. H. Rabe, pp. 275 *sq*.

（14）Ovid, *Fasti*, iv. 461-466,「詩人は物語を都合よく省略するものだ」とゴットリープ・エルトマン・ギーリッヒは述べている。これは注釈者としての知恵である。

（15）Pausanias, i. 14. 3.

（16）Scholiast on Aristophanes, *Frogs*, 338.

（17）本書第六巻一八七頁参照。

（18）本書第六巻一九〇頁参照。

（19）本書第六巻一八三頁参照。

（20）本書第六巻一九七頁参照。

（21）本書第六巻一九七頁以降参照。

（22）Clement of Alexandria, *Protrept*. ii. 17. ロベックは μεγαρίζοντες χοίρους ἐκβάλλουσι（子豚を捨てて供犠した〈メガリゾンテス：メガラする＝メガラに供犠する〉）という文をμεγάροις ζῶντας χοίρους ἐμβάλλουσι（子豚を生きたままメガラに投げ入れた）と読んだと思われる（Aglaophamus, p. 831)。彼によ

るパウサニアスの読みの修正については本書二一八頁註（11）参照。

（23）デメテル信仰の古い中心地クレタ島では（本書第六巻九四頁参照）、豚は極めて神聖なものとされ食べられなかった（Athenaeus, ix. 18, pp. 375 F-376 A）という事実にも注意してよい。これはテスモポリアの例と同様、聖餐として食べられた可能性を排除するものではないと思われる。

（24）Pausanias, viii. 42.

（25）本書第六巻一九二頁以降参照。

（26）Pausanias, viii. 25 and 42. アルカディアにおける「女神」（つまりペルセポネ）の聖所では、雌牛や羊の頭の、布をかぶった女性を表した数多くのテラコッタ像が発見されている。これらは恐らく奉納されたデメテルやペルセポネの像であったろう。この聖所の祭儀では像の奉納が定められていたからである（Dittenberger, *Sylloge Inscriptionum Graecarum*,^{2} No. 939, vol. ii. pp. 803 *sq.*）。以下参照。P. Perdrizet, "Terres-cuites de Lycosoura, et mythologie arcadienne," *Bulletin de Correspondance Hellénique*, xxiii. (1899) p. 635; M. P. Nilsson, *Griechische Feste* (Leipsic, 1906), pp. 347 *sq.* ピガレイアのデメテルについては、W. Mannhardt, *Mythologische Forschungen*, pp. 244 *sqq.* 参照。ある夏の午後、浅い洞穴の入口に座り、緑に覆われた渓谷の山腹に陽光がちらつくのを眺めながら川のせせらぎを聞いた、そのときの様子を私は今でもよく覚えている。

3　アッティス、アドニスと豚

（1）*Adonis, Attis, Osiris*, Second Edition, p. 221. 古代の東方、特にセム人の宗教における豚の地位についてはF. C. Movers, *Die Phoenizier*, i. (Bonn, 1841), pp. 218 *sqq.* 参照。

（2）*Adonis, Attis, Osiris*, Second Edition, p. 220.

（3）Demosthenes, *De corona*, p. 313.

（4）私の亡き友、ケンブリッジ大ペンブルック・コレッジのR・A・ニールとの対談中にこの点は示唆された。

（5）以下参照。*Adonis, Attis, Osiris*, Second Edition, p. 8. 上記にAthenaeus, ii. 80, p. 69 Bを加えること; Cornutus, *Theologiae Graecae Compendium*, 28; Plutarch, *Quaest. Conviv.* iv. 5. 3, § 8; Aristides, *Apologia*, 11, p. 107, ed. J. Rendel Harris (Cambridge, 1891); Joannes Lydus, *De mensibus*, iv. 44; Propertius, iii. 4 (5). 53 *sq.*, ed. F. A. Paley; Lactantius, *Divin. Instit.* i. 17; Augustine, *De civitate Dei*, vi. 7; Firmicus Maternus, *De errore profanarum religionum*, 9; Macrobius, *Saturnal.* i. 21. 4. さらにW. W. Graf Baudissin, *Adonis und Esmun* (Leipsic, 1911), pp. 142 *sqq.*

（6）*Adonis, Attis, Osiris*, Second Edition, p. 186 参照。

（7）W. Cureton, *Spicilegium Syriacum* (London, 1855), p. 44.

（8）Lucian, *De dea Syria*, 54.

（9）ハランの異教徒は年に一度豚を供犠してその肉を食べた（En-Nedim, in D. Chwolsohn's *Die Ssabier und der Ssabismus*, St. Petersburg, 1856, ii. 42）。私の友人W・ロバートソン・スミスは、キプロス島で毎年四月二日に供犠された猪（Joannes Lydus, *De mensibus*, iv. 45）は、アドニス自身を表現したものと推論した。同氏の *Religion of the Semites*,^{2} pp. 290 *sq.*, 411 参照。

（10）Plutarch, *Quaest. Conviv.* iv. 5.

（11）Isaiah lxv. 3, lxvi. 3, 17. なお、以下参照のこと。R. H. Kennett, *The Composition of the Book of Isaiah in the Light of Histor and Archaeology* (London, 1910) p. 61.・

4　オシリスと豚、雄牛

（1）Herodotus, ii. 47; Plutarch, *Isis et Osiris*, 8; Aelian, *Nat. Anim.* x. 16. エジプトの祭司は豚の肉を差し控えた、とだけヨセフスは述べている（*Contra Apionem*, ii. 13）。

（2）Herodotus, *l.c.*

（3）Plutarch and Aelian, *ll. cc.*

（4）Herodotus, *l.c.* ケルソネソスのカスタボスには〔女神〕ヘミテアの聖域があったが、豚に触れたり食べたりした者はそこに近付くことができなかった（Diodorus Siculus, v. 62. 5）。

（5）Herodotus, ii. 47 *sq.*; Aelian and Plutarch, *ll. cc.* ヘロドトスは月に対する供犠とオシリスに対する供犠を区別している。彼によれば、月に対する供犠には、豚の尾の先端を脾臓や大網膜と共に脂を塗って焼いた。残りの肉は食べた。祭典の日の夜（前夜ではない。本文に関するH・スタインの註釈参照）にオシリスへの供犠が行われた。各人は自分の戸口の前で豚を殺し、豚を買った相手の豚飼いに与えて持って行かせた。

（6）J. G. F. Riedel, *De sluik-en kroesharige rassen tusschen Selebes en Papua*（The Hague, 1886）, pp. 432, 452.

（7）Rev. J. Owen Dorsey, "Omaha Sociology", *Third Annual Report of the Bureau of Ethnology*（Washington, 1884）, p. 225; Miss A. C. Fletcher and F. la Flesche, "The Omaha Tribe," *Twenty-seventh Annual Report of the Bureau of American Ethnology*（Washington, 1911）, p. 144. 後代の著述家によると、オマハ人の間では、氏族のタブーに背くと、違反者は身体に吹出物や白斑を生じたり、あるいは髪が白くなったりという罰を受ける。

（8）Rev. J. Owen Dorsey, *op. cit.* p. 231.

（9）J. Crevaux, *Voyages dans l'Amérique du Sud*（Paris, 1883）, p. 59.

（10）Plutarch, *De superstitione*, 10; Porphyry, *De abstinentia*, iv. 15. シリア人の間における魚の聖性については、さらに以下参照。Ovid, *Fasti*, ii. 473 *sq.*; Diodorus Siculus, ii. 4.

（11）R. Sutherland Rattray, *Some Folklore Stories and Songs in Chinyanja*（London, 1907）, pp. 174 *sq.*

（12）Rev. H. Cole, "Notes on the Wagogo of German East Africa," *Journal of the Anthropological Institute*, xxxii.（1902）p. 307, なお、以下も参照のこと。p. 317.

（13）E. Nigmann, *Die Wahehe*（Berlin, 1908）, p. 42.

（14）J. Kohler, "Das Banturecht in Ostafrika," *Zeitschrift für vergleichende Ruchtswissenschaft*, xv.（1902）pp. 2, 3.

（15）C. W. Hobley, "Anthropological Studies in Kavirondo and Nandi," *Journal of the Anthropological Institute*, xxxiii.（1903）p. 347.

（16）*Central Provinces, Ethnographic Survey*, II. *Draft Articles on Uriya Castes*（Allahabad, 1907）, p. 16.

（17）C. Creighton, *s. v.* "Leprosy," *Encyclopaedia Biblica*, iii. col. 2766.

（18）2 Kings v. 27; 2 Chronicles xxvi. 16-21.

（19）Leviticus xvi. 23 *sq.*

（20）Porphyry, *De abstinentia*, ii. 44. これとユダヤ人の例については、私の友人W・ロバートソン・スミスに負うものである。同氏の *Religion of the Semites*,[2] pp. 351, 426, 450 *sq.* も参照のこと。

（21）Central Provinces, *Ethnographic Survey*, VII. Draft Articles on Forest Tribes（Allahabad, 1911）, p. 97.

（22）*Central Provinces, Ethnographic Survey*, I. *Draft Articles on Hindustani Castes*（Allahabad, 1907）, p. 32.

（23）本書第三巻一〇三頁以降参照。

（24）本書第三巻一〇四—一〇五頁参照。

（25）E. Casalis, *The Basutos*（London, 1861）, p. 211; D. Livingstone, *Missionary Travels and Researches in South Africa*（London, 1857）, p. 255; John Mackenzie, *Ten Years north of the Orange River*（Edinburgh, 1871）, p. 135 note. さらに、*Totemism and Exogamy*, ii. 372. 参照。

（26）J. Mackenzie, *l.c.*

（27）Rev. J. Owen Dorsey, "Omaha Sociology," *Third Annual Report of the Bureau of Ethnology*（Washington, 1884）, p. 225.

（28）*Ibid.* p. 275.

（29）G. Turner, *Samoa*（London, 1884）, p. 76.

（30）*Ibid*. p. 70.
（31）Captain C. Eckford Luard, in *Census of India*, 1901, vol. xix. *Central India*, Part i.（Lucknow, 1902）pp. 299 *sq*.; also *Census of India*, 1901, vol. i. *Ethnographic Appendices*（Calcutta, 1903）, p. 163.
（32）Diogenes Laetius, *Vitae Philosophorum*, viii. 8.
（33）Aelian, *Nat. Anim*. x. 16. この物語はプリニウスにより繰り返されている。*Nat. Hist*. xviii. 168.
（34）E. Lefébure, *Le Mythe Osirien*, Première Partie, *Les yeux d'Horus*（Paris, 1874）, p. 44; *The Book of the Dead*, English translation by E. A. Wallis Budge（London, 1901）, ii. 336 *sq*., chapter cxii.; E. A. Wallis Budge, *The Gods of the Egyptians*（London, 1904）, i. 496 *sq*.; *id*., *Osiris and the Egyptian Resurrection*（London and New York, 1911）, i. 62 *sq*.
（35）Plutarch, *Isis et Osiris*, 8. E・ルフェビュール（*op. cit*. p. 46）はこの物語において猪がテュポン自身であることを認めている。
（36）この重要な原則はW・ロバートソン・スミスにより初めて認められた。彼の論文 "Sacrifice," *Encyclopaedia Britannica*, Ninth Edition, xxi. 137 *sq*. 参照。彼の *Religion of the Semites*,[2] pp. 373, 410 *sq*. も参照のこと。
（37）Plutarch, *Isis et Osiris*, 31.
（38）H. B. Tristram, *The Natural History of the Bible*, Ninth Edition（London, 1898）, pp. 54 *sq*.
（39）Rev. J. Shooter, *The Kafirs of Natal and the Zulu Country*（London, 1857）, pp. 18-20.
（40）Miss A. Werner, *The Natives of British Central Africa*（London, 1906）, pp. 182 *sq*.
（41）E. Modigliano, *Un Viaggio a Nias*（Milan, 1890）, pp. 524 *sq*., 601.
（42）A. E. Jenks, *The Bontoc Igorot*（Manilla, 1905）, pp. 100, 102.
（43）A. Bastian, "Beiträge zur Kenntniss der Gebirgs-stämme in Kambodia," *Zeitschrift der Gesellschaft für Erdkunde zu Berlin*, i.（1866）p. 44.
（44）G. Snouck Hurgronje, *Het Gajōland en zijne Bewoners*（Batavia, 1903）, p. 348.
（45）Ch. Keysser, "Aus dem Leben der Kaileute," in R. Neuhauss, *Deutsch Neu-Guinea*（Berlin, 1911）, p. 125.
（46）E. Lefébure, *Le Mythe Osirien*, Première Partie, *Les yeux d'Horus*（Paris, 1874）, pp. 48 *sq*.
（47）本書第六巻一七二頁以降。*Adonis, Attis, Osiris*, Second Edition, pp. 331, 338.
（48）Plutarch, *Isis et Osiris*, 33, 73; Diodorus Siculus, i. 88.
（49）Plutarch, *Isis et Osiris*, 31; Diodorus Siculus, i. 88. なお、以下参照のこと。Herodotus, ii. 38.
（50）Plutarch, *Isis et Osiris*, 20, 29, 33, 43; Strabo, xvii. 1. 31; Diodorus Siculus, i. 21, 85; Duncker, *Geschichte des Alterthums*, 5 i. 55 *sqq*. アピスとムネウィスについてはさらに以下参照。Herodotus, ii. 153, with A. Wiedemann's comment, iii. 27 *sq*.; Ammianus Marcellinus, xxii. 14. 7; Pliny, *Nat. Hist*. viii. 184 *sqq*.; Solinus, xxxii. 17-21; Cicero, *De natura deorum*, 29; Augustine, *De civitate Dei*, xviii. 5; Aelian, *Nat. Anim*. xi. 10 *sq*.; Plutarch, *Quaest. Conviv*. viii. 1. 3; *id*., *Isis et Osiris*, 5, 35; Eusebius, *Praeparatio Evangelii*, iii. 13. 1 *sq*.; Pausanias, i. 18. 4, vii. 22. 3 *sq*.; W. Dittenberger, *Orientis Graeci Inscriptiones Selectae*（Leipsic, 1903-1905）, Nos. 56, 90（vol. i. pp. 98, 106, 159）. アピスとムネウィスはともに黒い雄牛だったが、アピスは特有の白斑があった。A. Wiedemann, *Die Religion der alten Aegypter*（Münster i. W., 1890）, pp. 95, 99-101. アピスが死んだ時、信者は喪に服し、水だけを飲み、野菜だけを食べて精進するならわしで、これは埋葬まで七十日間続いた。A. Erman, *Die ägyptische Religion*（Berlin, 1905）, pp. 170 *sq*.
（51）Diodorus Siculus, i. 21.
（52）牧民の家畜に対する宗教的畏敬と、遊放社会の段階からアピスとイシス＝ハトル信仰が生まれたらしいことについては、W. Robertson Smith,

Religion of the Semites,[2] pp. 296 *sqq*.参照。

（53）Herodotus, ii. 41.

（54）Herodotus, ii. 41, with A. Wiedemann's commentary; Plutarch, *Isis et Osiris*, 19; E. A. Wallis Budge, *Osiris and the Egyptian Resurrection*（London and New York, 1911）, i. 8. ヴィーデマン教授はそのヘロドトスの文に関する註釈においてこう述べている（p. 188）。「〈イシスの雌牛〉のエジプト名は〈ヘス・ト〉であり、これは聖獣の名がイシス神の名と一致する希少な例の一つである」。

（55）Pliny, *Nat. Hist*. viii. 184; Solinus, xxxii. 18; Ammianus Marcellinus, xxii. 14. 7. この雄牛が溺死させられた泉や井戸は、恐らくその飲み水を採った所であっただろう。牛はナイル川の水は飲まなかった（Plutarch, *Isis et Osiris*, 5）。

（56）Plutarch, *Isis et Osiris*, 56.

（57）G. Maspero, *Histoire ancienne*[4]（Paris, 1886）, p. 31. なお、以下参照のこと。Duncker, *Geschichte des Alterthums*,[5] i. 56. 二十五年の期間は天文学的考察により決められたと推察される。この期間は月の満ち欠けとエジプト年の日と合致する期間である。以下参照。L. Ideler, *Handbuch der mathematischen und technischen Chronologie*（Berlin, 1825-1826）, i. 182 *sq*.; F. K. Ginzel, *Handbuch der mathematischen und technischen Chronologie*, i.（Leipsic, 1906）, pp. 180 *sq*.

（58）G. Schweinfurth, *The Heart of Africa*, Third Edition（London, 1878）, i. 59 *sq*.

（59）E. de Pruyssenaere, *Reisen und Forschungen im Gebiete des Weissen und Blauen Nil*（Gothan, 1877）, pp. 22 *sq*.（Petermann's Mittheilungen, Ergänzungsheft, No. 50）.

（60）Ernst Marno, *Reisen im Gobiete des Blauen und Weissen Nil*（Vienna, 1874）, p. 343.「ニェレディット」という名前は「非常に偉大で強大な」という意味であると筆者は説明している。これは恐らく「ニャリッチ」と同義語であろう。C・G・セリグマン博士はディンカ人の大神「デンディット」と同義語であるとしている。セリグマン博士によると、「ニャリッチ」は「上」を意味する方位語で、直訳すると「上方に」である。C. G. Seligmann, *s. v.* "Dinka," in *Encyclopaedia of Religion and Ethics*, edited by J. Hastings, D. D., vol. iv.（Edinburgh, 1911）, p. 707. 参照。マダガスカル島のアンパシメネのサカラヴァ人は、ノジベ島の聖なる囲いに飼われている黒い雄牛を崇拝すると言われている。この聖牛が死んだ時には、他の牛をその代わりとする。A. van Gennep, *Tabou et Totémismeà Madagascar*（Paris, 1904）, pp. 247 *sq*., quoting J. Carol, *Chez les Hova*（Paris, 1898）, pp. 418 *sq*. しかし、私の知る限りでは、サカラヴァ人は遊牧が本業でも専業でもない。雄牛崇拝の例としては、これは厳密には本書に示される部類に属するものではない。

5　ウィルビウスと馬

（1）本書第一巻四二頁以降参照。

（2）本書第六巻一九二―一九四頁参照。

（3）Athenaeus, xiii. 51, p. 587 A; Pliny, *Nat. Hist*. viii. 204. なお、以下参照のこと。W. Robertson Smith, in *Encyclopaedia Britannica*, Ninth Edition, article "Sacrifice," vol. xxi. p. 135.

（4）Varro, *De agri cultura*, i. 2. 19 *sq*.「さらに、一度だけ（semel）必要な犠牲として以外には、それらはアテナに駆り立てられることはなかった」。ここでの semel という語をヴァロは「年に一度」という意味で使っていると思われる。

（5）この推論は、私が当初この本を書いた時に見落としていた事実によって、覆されないまでもかなりの程度その説得力を弱められるであろう。山羊はアルテミス・ブラウロニア神に、「ブラウロニア」と呼ばれるその祭典で供犠されたのである（Hesychius, *s. v.* Βραυρωνίοις; なお、以下も参照のこと。Im. Bekker's *Anecdota Graeca*, p. 445, lines 6 *sqq*.）。アルテミス・ブラウロニアはアテナイのアクロポリスに聖所を持っていたので（Pausanias, i. 23. 7）、アクロポリスで山羊は年に一度、アテナではなくアルテミスに供犠されたと考えることもできる（Note to Second Edition of *The Golden Bough*.）。

（6）Herodotus, ii. 42.

（7）ウィルビウスと同一視されたヒッポリュトスが、彼を死から救ってくれたアイスクラピウスに馬を奉献したと言われることには注意してよい（Pausanias, ii. 27. 4）。

（8）Festus, ed. C. O. Müller, pp. 178, 179, 220; Plutarch, *Quaestiones Romanae*, 97; Polybius, xii. 4 B. この供犠は Julian, *Orat*. v. p. 176 D（p. 228 ed. F. C. Hertlein）により説明されている。これはW・マンハルトの価値ある論文の主題で、その結論は私が本書に集約している。W. Mannhardt, *Mythologische Forschungen*（Strasburg, 1884）, pp. 156-201.

（9）Ovid, *Fasti*, iv. 731 *sqq*., なお、以下も参照のこと。629 *sqq*.; Propertius, v. 1. 19 *sq*.

（10）カルパティアのフズール人は馬の頭に特別な価値を置いている。彼らは馬の頭を柱に固定して畑の中に立てると、キャベツを芋虫から守ってくれると考えている。R. F. Kaindl, *Die Huzulen*（Wienna, 1894）, p. 102. 参照。稲の収穫の終わりにアッサムのガロ人は祭典を行う。その中で馬の像が重要な役割を演じる。祭典が終わると、馬の体は川の流れに投じられるが、頭は翌年のため保存される。本書末の註参照。

（11）本書二四頁以降参照。

（12）本書第六巻一七七、一七九頁参照。

（13）本書第六巻一〇〇、一〇八、一〇九、一一〇、一一一以降、一九七頁参照。

（14）Livy, ii. 5.

（15）Festus, ed. C. O. Müller, pp. 130, 131.

（16）Dittenberger, *Sylloge Inscriptionum Graecarum*,[2] No. 560（vol. ii. pp. 259-261）; Ch. Michel, *Recueil d'Inscriptions Grecques*（Brussels, 1900）, No. 434, pp. 323 *sq*.; P. Cauer, *Delectus Inscriptionum Graecarum propter dialectum memorabilium*[2]（Leipsic, 1883）, No. 177, pp. 117 *sq*. 太陽の娘であるアレクトロナあるいはアレクトリョナについては、Diodorus Siculus, v. 65. 5. 参照。

（17）Festus, *s. v.* "October equus," p. 181 ed. C. O. Müller. 本書第一巻二一四頁参照。

（18）G. Zündel, "Land und Volk der Eweer auf der Sclavenküste in Westafrika," *Zeitschrift für Erdkunde zu Berlin*, xii.（1877）pp. 415 *sq*.

（19）Rev. W. Ellis, *History of Madagascar*（London, preface dated 1838）, i. 402 *sq*.

（20）Dittenberger, *Sylloge Inscriptionum Graecarum*,[2] No. 939（vol. ii. p. 803）.

（21）Pausanias, viii. 37, 7.

第十章　神を食べること

1　初収穫物の聖餐

（1）W. Mannhardt, *Mythologische Forschungen*（Strasburg, 1884）, p. 179.

（2）W. Mannhardt, *Der Baumkultus der Germanen und ihrer Nachbarstämme*（Berlin, 1875）, p. 205. パン男は新穀では作らないと言われている。しかし、恐らく実際には作っている、あるいはかつては作っていたと思われる。

（3）M. Praetorius, *Deliciae Prussicae oder Preussische Schaubuhne, im wörtlichen Auszüge aus dem Manuscript herausgegeben* von Dr. William Pierson（Berlin, 1871）, pp. 60-64; W. Mannhardt, *Antike Wald-und Feldkulte*（Berlin, 1877）, pp. 249 *sqq*. 本書のこの記事の著者マテウス・プレトリウスは十七世紀後半にニーブツェンの村で占いリトアニアの風俗慣習を集めて詳しく書いた。彼はプロテスタントの牧師であった。長い年月を要して一六九八年頃に書き終えたと見られるこの著作は手稿として現存するが、完全な形ではつい

に刊行されなかった。W・ピアソン博士による抜粋が出ただけである。プレトリウスは一六三五年頃メメルで生まれ、一七〇七年に亡くなった。晩年、カトリックに改宗したため多大な非難を浴びた。

（4） A. Bezzenberger, *Litauische Forschungen*（Göttingen, 1882）, p. 89.

（5） Simon Grunau, *Preussischer Chronik*, herausgegeben von Dr. M. Perlbach, i.（Leipsic, 1876）p. 91.

（6） J. B. Holzmayer, "Osiliana," *Verhandlungen der gelehrten Estnischen Gesellschaft zu Dorpat*, vii. Heft 2（Dorpat, 1872）, p. 108.

（7） 精霊に対する護符としての鉄については、本書第三巻一六〇頁以降参照。

（8） *Folk-lore Journal*, vii.（1889）p. 54.

（9） ケント州チズルハーストのJ・J・C・ヤーバラ師の教示による。*Folk-lore Journal*, vii.（1889）p. 50. 参照。

（10） Von Haxthausen, *Studien über die innern Zustände, das Volksleben und insbesondere die ländliche Einrichtungen Russlands*, i. 448 *sq*.

（11） J. G. Georgi, *Beschreibung aller Nationen des Russischen Reichs*（St. Petersburg, 1776）, p. 37.

（12） Rev. J. Batchelor, *The Ainu and their Folk-lore*（London, 1901）, pp. 204, 206.

（13） "Native Stories from Santa Cruz and Reef Islands," translated by the Rev. W. O'Ferrall, *Journal of the Anthropological Institute*, xxxiv.（1904）p. 230.

（14） Glaumont, "La culture de l'igname et du taro en Nouvelle-Calédonie," *L'Anthropologie*, viii（1897）pp. 43-45.

（15） G. A. Wilken, "Bijdragen tot de kennis der Alfoeren van het eiland Boeroe," p. 26（*Verhandelingen van het Bataviaasch Genootschap van Kunsten en Wetenschappen* vol. xxxviii., Batavia, 1875）.

（16） P. N. Wilken, "Bijdragen tot de kennis van de zeden en gewoonten der Alfoeren in de Minahassa," *Mededeelingen van wege het Nederlandsche Zendelinggenootschap*, vii.（1863）p. 127.

（17） N. P. Wilken en J. A. Schwarz, "Allerlei over het land en volk van Bolaang Mongondou," *Mededeelingen van wege het Nederlandsche Zendelinggenootschap*, xi.（1867）pp. 369 sq.

（18） J. Boot, "Korte schets der noordkust van Ceram," *Tijdschrift van het Nederlandsch Aardrijkskundig Genootschap*, Tweede Serie, x.（1893）pp. 671 *sq*.

（19） 本書第六巻一二七頁以降参照。

（20） A. W. Nieuwenhuis, *In Centraal Borneo*（Leyden, 1900）, i. 156; *id*., *Quer durch Borneo*（Leyden, 1904-1907）, i. 117 *sq*. 原文の後半における「ist jeder」は「isst jeder」〔「誰もが食べる」意〕の誤植である。オランダ語の原文は「eet ieder」である。

（21） H. Harkness, *Description of a Singular Aboriginal Race inhabiting the Summit of the Neilgherry Hills*（London, 1832）, pp. 56 *sq*.

（22） Ch. E. Gover, *The Folk-songs of Southern India*（London, 1872）, pp. 105 *sqq*.; "Coorg Folklore," *Folk-lore* Journal, vii.（1889）pp. 302 *sqq*.

（23） Gover, "The Pongol Festival in Southern India," *Journal of the Royal Asiatic Society*, N.S., v.（1871）pp. 91 *sqq*.

（24） 私の友人W・クルック氏の送ってくれた手紙から。

（25） Major J. Biddulph, *Tribes of the Hindoo Koosh*（Calcutta, 1880）, p. 103.

（26） E. Aymonier, "Les Tchames et leurs religions," *Revue de l'histoire des Religions*, xxiv.（1891）pp. 272-274.

（27） S. Crowther and J. C. Taylor, *The Gospel on the Banks of the Niger*（London, 1859）, pp. 287 *sq*. テイラー氏の話は次の文献にも見える。*West African Countries and Peoples*, by J. Africanus B. Horton（London, 1868）, pp. 180 *sq*.

（28） J. Spieth, *Die Ewe-Stämme*（Berlin, 1906）, pp. 304-310, 340; なお、以下も参照のこと。*id*. p. 435, 480, 768.「大地の神々の奴隷」は、大地の神々の中の最大神アグバシアに捧げた祈りによって女性が生んだ子供である。このような子供が生まれるとアグバシアの奴隷と見なされ、母親はその子を神の奉仕に出す。これはちょうどハンナがサムエルを主に捧げたのと似たような状況である（1 Samuel i.）。もしその子が女の子なら、祭司の息子と結婚する。もし男の子なら、母が女の子を生んでそれを代わりに出すまで祭司に仕える。J. Spieth, *op. cit.* pp. 448-450. 参照。これらのすべての場合において、本来の思想は恐らく次のようなものだろう。その子は女が神と通じて生まれたのであって、言葉の意味通り、父に属するように神に属するのである。

（29）T. E. Bowdich, *Mission from Cape Coast Castle to Ashantee*, New Edition（London, 1873）, pp. 226-229.

（30）A. B. Ellis, *The Tshi-speaking Peoples of the Gold Coast*（London, 1887）, pp. 229 *sq.*

（31）J. C. Reichenbach, "Etude sur le royaume d'Assinie," *Bulletin de la Société de Géographie*（Paris）, vii.ème Série, xi.（1890）p. 349.

（32）Ramseyer and Kühne, *Four Years in Ashantee*（London, 1875）, pp. 147-151; E. Perregaux, *Chez les Achanti*（Neuchatel, 1906）, pp. 158-160.

（33）H. Ling Roth, *Great Benin*（Halifax, England, 1903）, pp. 76 *sq.*

（34）A. C. Hollis, *The Nandi*（Oxford, 1909）, pp. 46 *sq.*

（35）Rev J. Roscoe, *The Baganda*（London, 1911）, p. 428.

（36）F. Speckmann, *Die Hermannsburger Mission in Afrika*（Hermannsburg, 1876）, pp. 150 *sq.*

（37）L. Grout, *Zulu-land*（Philadelphia, N.D.）, p. 161.

（38）（South African）*Folk-lore Journal*, i.（1879）p. 135; Rev. H. Callaway, *Religious System of the Amazulu*, Part iii. p. 389 note.

（39）Rev. J. Macdonald, *Light in Africa*, Second Edition（London, 1890）, pp. 216 *sq.* 夫妻である二本の火起こし棒の概念については、本書第二巻一三五頁以降参照。

（40）J. Shooter, *The Kafirs of Natal*（London, 1857）, p. 27; N. Isaacs, *Travels and Adventures in Eastern Africa*（London, 1836）, ii. 293; Dudley Kidd, *The Essential Kafir*（London, 1904）, pp. 270, 271.

（41）J. Macdonald, *op. cit.* p. 189.

（42）Rev. J. Macdonald, *Religion and Myth*（London, 1893）, pp. 136-138. これはJ・サットンの書いた覚書の手稿から。マクドナルド師はこの慣習について以下の著作でより簡潔にまとめている。*Light in Africa*, Second Edition（London, 1890）, p. 189.

（43）N. Isaacs, *Travels and Adventures in Eastern Africa*（London, 1836）, ii. 292.

（44）A. Delegorgue, *Voyage dans l'Afrique Australe*（Paris, 1847）, ii. 237.

（45）本書第六巻一六〇頁参照。

（46）本書第四巻三九頁以降参照。ズールー人の新穀祭については、また以下参照。T. Arbousset et F. Daumas, *Voyage d'Exploration au Nord-Est de la Colonie du Cap de Bonne Espérance*（Paris, 1843）, pp. 308 *sq.*; G. Fritsch, *Die Eingeborenen Süd-Afrikas*（Breslau, 1872）, p. 143. フリッチはこう述べている。群衆の前でグロテスクな踊りを行った後、王はヒョウタンを地上に打ちつけて新穀を食べてもよいという正式な許可を与える。ヒョウタンを打ち壊すというこの儀式は次の文献にも記されている。J. Shooter（*Kafirs of Natal*, p. 27）, L. Grout（*Zulu-land*, p. 162）, and Mr. Dudley Kidd（*The Essential Kafir*, p. 271）この最後の筆者によれば、このヒョウタンにはさまざまな新穀の茹でたものを詰め、王はそれを人々に振り撒くのだが、口に含んでしきりに吐きかけるのである。グラウト氏によれば（*l.c.*）、この祭儀では雄牛を殺し、王と人民がその胆汁を飲む。雄牛を殺すには戦士達が素手で行わなければならない。この雄牛の肉は少年達に与えて好きなだけ食べさせ、残りは焼却する。男達は食べない。L. Grout, *op. cit.* p. 161 参照。シューターによると、雄牛は二頭殺し、最初のは黒で二番目は別の色である。黒牛の肉を食べる少年は翌朝まで飲み物を摂らない。さもないと王は戦いに負けるか、何らかの個人的不幸に見舞われる。Shooter, *op. cit.* pp. 26 *sq.* 参照。別の話によると、特別の部隊に属する戦士達が素手で行う雄牛の供犠は新穀祭の数週間前に行われ、「雄牛の力が王に入り、それによって彼の健康と活力が延長されると想像されている」。D. Leslie, *Among the Zulus and Amatongas*[2]（Edinburgh, 1875）, p. 91. 参照。カフィール人の新穀祭の概観については、Dudley Kidd, *The Essential*

Kafir（London, 1904）, pp. 270-272 参照。

（47）Rev. W. C. Willoughby, "Notes on the Totemism of the Becwana," *Journal of the Anthropological Institute*, xxxv.（1905）pp. 311-313. いくつかのバントゥ系部族の間で、夫妻の同衾が各種の厳粛な機会に宗教的・呪術的儀式として強制されていることは注目に値する。例えば息子や娘の死後、子供の割礼、娘の初潮、新築祝い、新しい集落作りなどにおいてである。類例については以下参照。C. W. Hobley, *Ethnology of A-Kamba and other East African Tribes*（Cambridge, 1910）, pp. 58, 59, 60, 65, 67, 69, 74; H. A. Junod, "Les Conceptions physiologiques des Bantou Sud-Africains et leurs tabous," *Revue d'Ethnographie et de Sociologie*, i.（1910）p. 148; Rev. J. Roscoe, *The Baganda*（London, 1911）, pp. 48, 144, 357, 363, 378, 428, etc.; *id.*, "Further Notes on the Manners and Customs of the Baganda," *Journal of the Anthropological Institute*, xxxii.（1902）pp. 59, 61. バガンダ人の間では、女をまたいだり飛び越したりする行為は、彼女と一緒に寝ることと同一視され、それに代わる儀礼として認められている（J. Roscoe, *The Baganda*, p. 357 note）。こうした同衾儀礼の底にある観念については全く明確でない。

（48）Ch. Croonenberghs, S.J., "La fete de la Grande Danse dans le haut Zambeze," *Les Missions Catholiques*, xiv.（1882）pp. 230-234; L. Decle, *Three Years in Savage Africa*（London, 1898）, pp. 157 *sq.* これら二つの記事は相互に補完する。本文では両者の特徴を結び合わせた。

（49）H. Tönjes, *Ovamboland, Land, Leute, Mission*（Berlin, 1911）, pp. 200 *sq.*

（50）V. Frič and P. Radin, "Contributions to the Study of the Bororo Indians," *Journal of the Anthropological Institute*, xxxvi.（1906）p. 392.

（51）この祭儀は以下にそれぞれ述べられている。James Adair, *History of the American Indians*（London, 1775）, pp. 96-111; W. Bartram, *Travels through North and South Carolina, Georgia, East and West Florida*（London, 1792）, pp. 507 *sq.*; A. Hodgson, *Letters from North America*（London, 1824）, i. 131 *sq.*; B. Hawkins, "Sketch of the Creek Country," in Collections of the Georgia Historical Society, iii.（Savannah, 1848）pp. 75-78; A. A. M 'Gillivray, in H. R. Schoolcraft's *Indian Tribes of the United States*（Philadelphia, 1853-1856）, v. 267 *sq.*; F. G. Speck, *Ethnology of the Yuchi Indians*（Philadelphia, 1909）, pp. 112-131. 最も詳しい記述はアデアとスペックの著作にある。本文では主としてアデアに拠った。信頼できるテキストとしてはこれが最も古い。同様の祭儀はチェロキー先住民にも行われている。以下参照。the description（from an unpublished MS. of J. H. Payne, author of *Home, Sweet Home*）in "Observations on the Creek and Cherokee Indians, by William Bartram, 1789, with prefatory and supplementary notes by E. G. Squier," *Transactions of the American Ethnological Society*, vol. iii. Part i.（1853）p. 75. アラバマの先住民もまた、七月の収穫時に人祭を行った。彼らはその日は断食し、新しい火を起こし、身体を浄め、新果を彼らの「マニトー」に供えた。この祭儀は宗教的踊りで終わった。Bossu, *Nouveaux Voyages aux Indes occidentales*（Paris, 1768）, ii. 54. このアラバマの先住民は恐らくクリーク人かチェロキー人だったろう。

（52）W. Bartram, *Travels*, p. 507.

（53）J・H・ペインによれば、チェロキー人の間でもまた緑の枝の亭《あずまや》が聖域の中に作られた。「よく繁茂した日除けの木を根元近くで伐採し、それを聖域のちょうど中央に立てた。そこから各人が緑の枝を取った。」

（54）一方、既述のとおり、人々が新しい家庭用品を準備したことをアデアとバートラムも報告している。

（55）B. Hawkins, "Sketch," etc., p. 76.

（56）F. G. Speck, *Ethnology of the Yuchi Indians*（Philadelphia, 1909）, pp. 86-89. 105-107, 112-131.

（57）Th. Waitz, *Anthropologie der Naturvölker*, iii.（Leipsic, 1862）p. 42; A. S. Gatschet, *A Migration Legend of the Creek Indians*, i.（Philadelphia, 1884）pp. 66 *sqq.*; *Totemism and Exogamy*, iii. 167.

（58）C. MacCauley, "Seminole Indians of Florida," *Fifth Annual Report of the Bureau of Ethnology*（Washington, 1887）, pp. 522 *sq.*

（59）つまりこれはこの国の大首長である。ナチェズ人の首長達は皆「太陽」と呼ばれ、大首長すなわち〈偉大な太陽〉と繋がっていた。大首長は胸に太陽の像を付け、太陽から降って来たと称していた。Bossu, *Nouveaux Voyages aux Indes occidentales*（Paris, 1768）, i. 42.

（60）Le Page Du Pratz, *History of Louisiana, or of the western parts of Virginia and Carolina*, translated from the French, New Edition（London, 1774）, pp. 338-341. なお以下も参照。J. R. Swanton, *Indian Tribes of the Lower Mississippi Valley*（Washington, 1911）, pp. 110 *sqq*. 後者にはデュ・プラッツが書いたフランス語原文が完訳されている。そのスワントン氏の訳を見ると、私が本文に引用したデュ・プラッツの英語版〔前者〕はかなり省略されたものだったようである。ナチェズ人の新穀祭については、また以下参照。*Lettres édifiantes et curieuses, Nouvelle Édition*, vii.（Paris, 1781）p. 19; Charlevoix, *Histoire de la Nouvelle France*（Paris, 1744）, vi. 183; De Tonti, "Relation de la Louisiane et du Mississippi," *Recueil de Voyages au Nord*, v.（Amsterdam, 1734）p. 122; Le Petit, "Relation des Natchez," *ibid*. ix. 13 *sq*.（reprint of the account in the *Lettres édifiantes* cited above）; Bossu, *Nouveaux Voyages aux Indes occidentales*（Paris, 1768）, i. 43. シャルルボア、ル・プティ、及びボッシュによると、この祭典は七月に行われた。この慣習についてのシャトーブリアンによる記事については、本書九四頁以降参照。

（61）C. Hill-Tout, *The Far West, the Home of the Salish and Déné*（London, 1907）, pp. 168-170.

（62）J. Teit, *The Thompson Indians of British Columbia*, p. 349（*The Jesup North Pacific Expedition, Memoir of the American Museum of Natural History*, April, 1900）.

（63）本書四七頁参照。

（64）本書四六、四八、五五、五六、五八、六四頁参照。

（65）本書五一、五二、五四、五七、五八、六〇頁参照。

（66）Joseph Thomson, *Through Masai Land*（London, 1885）, p. 430; P. Reichard, *Deutsch-Ostafrika*（Leipsic, 1892）, p. 288; O. Baumann, *Durch Massailand zur Nilquelle*（Berlin, 1894）, p. 162; M. Merker, *Die Masai*（Berlin, 1904）, p. 33; M. Weiss, *Die Völkerstämme im Norden Deutsch-Ostafrikas*（Berlin, 1910）, p. 380. しかしながら、このタブーの底に横たわる動機は、乳の出どころである雌牛を共感呪術によって害することを恐れてのようである。以下の私の論文を参照。"Folk-lore in the Old Testament," in *Anthropological Essays presented to E. B. Tylor*（Oxford, 1907）, pp. 164 *sq*. ライヒャルトによれば、戦士は蜂蜜を肉や乳と共に食べてもよい。トムソンは蜂蜜には言及せず、下剤についてのみ述べている。ライヒャルトによれば、肉と乳を交互に食べる期間は十二日から十五日間と様々である。従って、この二つは太陰月に対応する完全な周期を成し、恐らくこれとの関係で食事が定められたのであろう。

（67）M. W. H. Beech, *The Suk, their Language and Folklore*（Oxford, 1911）, p. 9. 両者の場合における動機は、マサイにおけるのと同様、恐らくは家畜を損なう恐れ、特に雌牛の乳が涸れることを恐れてのことだろう。これはスク人の守る同じ種類の別のタブーにより確認される。例えば、ある種の豚の肉を食べるとその人の家畜が乳を出さなくなる、また富裕な人が魚を食べると雌牛が乳を出さなくなると彼らは考えている。M. W. H. Beech, *op. cit*. p. 10 参照。

（68）O. Baumann, *Durch Massailand zur Nilquelle*（Berlin, 1894）, p. 171.

（69）Fr. Boas, "The Central Eskimo," *Sixth Annual Report of the Bureau of Ethnology*（Washington, 1888）, p. 595; *id*., "The Eskimo of Baffin Land and Hudson Bay," *Bulletin of the American Museum of Natural History*, vol. xv. part i.（New York, 1901）pp. 122-124. 詳細は本書第三巻一四五頁以降参照。

（70）Rev. R. H. Codrington, *The Melanesians*（Oxford, 1891）, p. 134.

（71）Pausanias, v. 13. 3. パウサニアスは明確には述べていないが、テレポスに供犠した人は犠牲を食べたと思われる。

（72）Dittenberger, *Sylloge Inscriptionum Graecarum*,[2] No. 576（vol. ii. p. 267）; Ch. Michel, *Recueil d'Inscriptions Grecques*, No. 723, p. 622. さらに、家畜を失った者はその聖所に四十日間入ることができなかった。これを見ると、死の穢

れは明らかに食物の穢れよりもひどいもので、穢れの期間もより永く続くとされたと考えられる。

(73) Diodorus Siculus, v. 62. 5.

(74) 本書四六頁以降、四八頁、五一頁以降、五四、五九頁参照。

(75) 本書八〇頁以降参照。

2 アステカ人の間において神を食べるということ

(1) J. de Acosta, *Natural and Moral History of the Indies*, bk. v. ch. 24, vol. ii. pp. 356-360 (Hakluyt Society, London, 1880). アコスタは特に言及なしに引用しているが、その典拠は十六世紀半ば頃の匿名の著者によるもので、スペイン語原稿が一八五五年にメキシコのフランシスコ派修道院の図書館で発見された。そのフランス語訳が出版されている。Manuscrit Ramirez, *Histoire de l'Origine des Indiens qui habitent la Nouvelle-Espagne selon leurs traditions*, publié par D. Charnay (Paris, 1903), pp. 149-154. アコスタの記述は以下に採用されている。A. de Herrera (*General History of the vast Continent and Islands of America*, translated by Capt. John Stevens (London, 1725-1726), iii. 213-215)。

(2) The Satapatha-Brâhmana, translated by J. Eggeling, Part i. (Oxford, 1882) p. 51 (*Sacred Books of the East*, vol. xii.).

(3) *Op. cit.* pp. 51 *sq.*, with the translator's note.

(4) 本書五九頁以降参照。

(5) 本書二二五頁註(46)参照。

(6) H. H. Bancroft, *Native Races of the Pacific States* (London, 1875-1876), iii. 297-300 (after Torquemada); F. S. Clavigero, *History of Mexico*, translated by Ch. Cullen (London, 1807), i. 309 *sqq.*; B. de Sahagun, *Histoire gémérale des choses de la Nouvelle-Espagne*, traduite et annotée par D. Jourdanet et R. Siméon (Paris, 1880), pp. 203 *sq.*; J. G. Müller, *Geschichte der amerikanischen Urreligionen* (Bâle, 1867), p. 605; Brasseur de Bourbourg, *Histoire des Nations civilisées du Mexique et de l'Amérique Centrale* (Paris, 1857-1859), iii. 531-534.

(7) F. S. Clavigero, *op. cit.* i. 311; B. de Sahagun, *op. cit.* pp. 74, 156 *sq.*; J. G. Müller, *op. cit.* p. 606; H. H. Bancroft, *op. cit.* iii. 316; Brasseur de Bourbourg, *op. cit.* iii. 535. この祭典は第十六月(十二月二三日から一月十一日に相当)の最後の日に行われた。別の祭典でメキシコ人は練り物で骨に似たものを作り、それを神の骨として聖餐式で食べた。Sahagun, *op. cit.* p. 33.

(8) Brasseur de Bourbourg, *op. cit.* iii. 539.

(9) G. F. de Oviedo, *Histoire du Nicaragua* (Paris, 1840), p. 219. オビエドの記事はA・デ・エレーラも引用している(*General History of the vast Continent and Islands of America*, translated by Capt. John Stevens, iii. 301)。

(10) J. de Torquemada, *Monarquia Indiana*, lib. x. cap. 14, vol. ii pp. 259 *sqq.* (Madrid, 1723); Brasseur de Bourbourg, *op. cit.* iii. 510-512.

(11) C. Lumholtz, *Unknown Mexico* (London, 1903), ii. 166-171. ルムホルツ氏が一八九八年にこの神殿を再訪した時にはこの像はなくなっていた。恐らく他のものに代えられていたのだろう。浄めの儀式としての塩断ち、女断ちの慣習は、野生人に共通のものである。本書六〇頁(ユーチ先住民の例)及びTotemism and Exogamy, iv. 224 sqq. 参照。

(12) E. Thurston, *Castes and Tribes of Southern India* (Madras, 1909), iv. 357 *sq.*

(13) Graf Paul von Hoensbroech, *14 Jahre Jesuit* (Leipsic, 1909-1910), i. 25 *sq.* この慣習は一九〇三年七月二十九日の宗教裁判の教令により正式に認可された。

3 アリキアにおける数多くのマニアエ

(1) 本書第一巻四三頁以降参照。

(2) Festus, ed. C. O. Müller, pp. 128, 129, 145. しかし、最後の文の読み方ははっきりしない(*"et Ariciae genus panni fieri; quod manici † appelletur"*「そしてアリキアではパンが作られ、それらは*manici*と呼ばれた」)。

（3）Varro, *De lingua latina*, ix. 61; Arnobius, *Adversus nationes*, iii. 41; Macrobius, *Saturn.* i. 7. 35; Festus, p. 128, ed. C. O. Müller. フェストゥスはラルウァエの母または祖母と言い、他の著者はラレースの母と言っている。

（4）Macrobius, *l. c.*; Festus, pp. 121, 239, ed. C. O. Müller. 奴隷のために吊された像はマニアエでなくピラエと呼ばれた。ピラエはまた闘技場で雄牛に突かせるために投げ入れる藁人形に付された名前であった。Martial, *Epigr.* ii. 43. 5 *sq.*; Asconius, *In Cornel.* p. 55, ed. Kiessling and Schoell.

（5）古代人は少なくとも動物自体の代用として生パンやその他の物で作った像を供犠する慣習に親しんでいた。犠牲の動物が容易に得られない時は、パンか蠟で作った像を供えても差支えないと容認されていた。Servius on Virgil, *Aen.* ii. 116; なお、以下も参照のこと。Pausanias, x. 18. 5. 本当の動物を供犠することのできない貧しい人々は、そうした生パンの像を供えた（Suidas, *s.v.* βοῦς ἕβδομος; 以下と比較のこと。Hesychius, *s.vv.* βοῦς, ἕβδομος βοῦς）。このためパン屋は神々に供犠されるすべての動物をかたどったパンを作ることを通常の営業品目としていた（Chr. A. Lobeck, *Aglaophamus*, p. 1079. Proculus の引用を修正）。キュジコスがミトリダテス〔王の軍勢〕に包囲され、人々がペルセポネの祭儀に供犠する黒い雌牛を得ることができなかった時、生パンで雌牛を作って祭壇においた（Plutarch, *Lucullus*, 10）。ヘラクレスに対するボイオティアの供犠では、正式の犠牲である未去勢の雄羊の代わりにリンゴを供えるのが決まりであったが、それには足を表す四つの木片と角を表す二つの木片を突き差した（Julius Pollux, i. 30 *sq.*）。アテナイ人はかつて雄牛の代わりに同じような品をヘラクレスに供えたと言われる（Zenobius, *Cent.* v. 22）。また、ロクリア人は犠牲にする雄牛が入手できない時、イチジクと木の枝を用いて雄牛像を作り、それを代わりに供えた（Zenobius, *Cent.* v. 5）。アテナイのディアシア祭では動物の形のパンを供犠した（Schol. on Thucydides, i. 126, p. 36, ed. Didot）。貧乏なエジプト人が豚の代わりに生パンを供えたことは既に述べた（本書二一頁）。ロシアのチェレミス人は、実物の馬の代わりにしばしば馬の形のパンを供える。P. v. Stenin, "Ein neuer Beitrag zur Ethnographie der Tscheremissen," *Globus*, lviii.（1890）pp. 203 *sq.* 同じように、ある北米先住民は、病気の少女の回復に二十頭のオオカモシカの供犠が必要であると夢のお告げがあったが、オオカモシカが手に入らなかったので、少女の両親は二十個のパンを代わりに供犠することを許された。*Relations des Jésuites*, 1636, p. 11（Canadian reprint, Quebec, 1858）。

（6）本書第一巻六三頁以降参照。

（7）L. A. Waddell, *The Buddhism of Tibet*（London, 1895）, pp. 484-486.

（8）W. Ellis, *Polynesian Researches*, Second Edition（London, 1832-1836）, i. 402.

（9）M. J. van Baarda, "Fabelen, Verhalen en Overleveringen der Galelareezen," *Bijdragen tot de Taal-Landen Volkenkunde van Nederlandsch-Indië*, xlv.（1895）p. 539.

（10）Rev. R. H. Codrington, *The Melanesians*（Oxford, 1891）, p. 275.

（11）J. Kubary, "Die Religion der Pelauer," in A. Bastian's *Allerlei aus Volks-und Menschenkunde*（Berlin, 1888）, i. 9.

（12）W. M. Donselaar, "Aanteekeningen over het eiland Saleijer," *Mededeelingen van wege het Nederlandsche Zendelinggenootschap*, i.（1857）p. 290.

（13）Le Comte C. N. de Cardi, "Juju laws and customs in the Niger Delta," *Journal of the Anthropological Institute*, xxix.（1899）p. 58.

（14）A. B. Ellis, *The Yoruba-speaking Peoples of the Slave Coast*（London, 1894）, p. 80.

（15）Miss Mary H. Kingsley, *Travels in West Africa*（London, 1897）, p. 473.

（16）S. Crowther and J. C. Taylor, *The Gospel on the Banks of the Niger*（London, 1859）, pp. 250 *sq.*

（17）J. Macdonald, "East Central African Customs," *Journal of the Anthropological Institute*, xxii.（1893）pp. 114 *sq.*; *id.*, *Myth and Religion*（London, 1893）, pp. 155 *sq.*（from MS. notes of Dr. Elmslie）.

（18）B. Schwarz, *Kamerun*（Leipsic, 1886）, pp. 256 *sq.*; E. Reclus, *Nouvelle*

Géographie Universelle, xiii. 68 *sq.*

(19) J. Fraser, "The Aborigines of New South Wales," *Journal and Proceedings of the Royal Society of New South Wales*, xvi. (1882) p. 229; A. W. Howitt, *Native Tribes of South-East Australia* (London, 1904), p. 467.

(20) 私はこれをバートン・ブラウン博士（かつてローマ市ヴェンティ・セテンブリ通り三番地に居住）から教わった。彼はしばらくナガ人の間に住んでいた。

(21) Strabo, xvii. 1. 23, p. 803; Plutarch, *Isis et Osiris*, 18.

(22) *Panjab Notes and Queries*, ii. p. 39, § 240 (December 1884).

(23) 病人の代理としてのこの像の使用に関するいくつかの例はすでに述べた。本書第三巻六三頁以降参照。

(24) N. Graafland, *De Minahassa*, (Rotterdam, 1869), i. 326.

(25) P. J. Veth, *Borneo's Wester Afdeeling* (Zaltbommel, 1854-56), ii. 309.

(26) F. Grabowsky, "Ueber verschiedene weniger bekannte Opfer bei den Oloh Ngadju in Borneo," *Internationales Archiv für Ethnographie*, i. (1888) pp. 132 *sq.*

(27) E. L. M. Kühr, "Schetsen uit Borneo's Westerafdeeling," *Bijdrogen tot de Taal-Land-en Volkenkunde van Nederlandsch-Indië*, xlvii. (1897) pp. 60 *sq.* これら同じダヤク人が病気を治す呪術の別の方法については、本書第三巻五八頁以降参照。

(28) J. G. F. Riedel, *De sluik-en kroesharige rassen tusschen Selebes en Papua* (The Hague, 1886), p. 465.

(29) H. Ling Roth, "Low's Natives of Borneo," *Journal of the Anthropological Institute*, xxi. (1892) p. 117.

(30) B. Hagen, "Beiträge zur Kenntniss der Battareligion," *Tijdschrift voor Indische Taal-Land- en Volkenkunde*, xxviii. (1883) p. 531.

(31) M. Joustra, "Het leven, de zeden en gewoonten der Bataks," *Mededeelingen van wege het Nederlandsche Zendelinggenootschap*, xlvi. (1902) pp. 413 *sq.*

(32) N. Annandale and H. C. Robinson, "Some Preliminary Results of an Expedition to the Malay Peninsula," *Journal of the Anthropological Institute*, xxxii. (1902) p. 416.

(33) Fr. Kramer, "Der Götzendienst der Niasser," *Tijdschrift voor Indische Taal-Land-en Volkenkunde*, xxxiii. (1890) p. 489.

(34) A. Bastian, *Die Völkerstämme am Brahmaputra* (Berlin, 1883), p. 73.

(35) Sarat Chandra Das, *Journey to Lhasa and Central Tibet* (London, 1902), p. 134.

(36) Shway Yoe, *The Burman* (London, 1882), ii. 138.

(37) Pallegoix, *Description du Royaume Thai ou Siam* (Paris, 1854), ii. 48 *sq.* なお、以下参照のこと。A. Bastian, *Die Völker des östlichen Asien* (Leipsic and Jena, 1866-1871), iii. 293, 486; E. Young, *The Kingdom of the Yellow Robe* (Westminster, 1898), p. 121.

(38) J. Moura, *Le Royaume du Cambodge* (Paris, 1883), i. 176.

(39) A. Woldt, "Die Kultus-Gegenstände der Golden und Giljaken," *Internationales Archiv für Ethnographie*, i. (1888) pp. 102 *sq.*

(40) J. J. M. de Groot, *The Religious System of China*, vi. (Leyden, 1910) pp. 1103 *sq.*; この像すなわち「人間の代用品」の描写については、*id.*, vol. v. (Leyden, 1907) p. 920 参照。僧や牧師の剃髪は、本来同じように頭の天辺から悪霊を追い出すことを意図したのではあるまいか。

(41) T. Watters, "Some Corean Customs and Notions," *Folk-lore*, vi. (1895) pp. 82 *sq.*

(42) N. V. Seidlitz, "Die Abchasen," *Globus*, lxvi. (1894) p. 54.

(43) J. Spieth, *Die Ewe-Stämme* (Berlin, 1906), pp. 502-506, 512, 513, 838, 848, 910. 天に数多くの霊の母がいるか、それともただ一人の霊の母がいるかということは、エウェ人の神学に関する論点である。ある者は、人間の数だけ霊の母がいると言い、またある者はこれを疑って、ただ一人の霊の母だけがおり、彼女は神（マウ）の妻で、男女問わず天に住むすべての霊を生んだと言っている。

(44) G. Binetsch, "Beantwortung mehrerer Fragen über unser Ewe-Volk und seine Anschauungen," *Zeitschrift für Ethnologie*, xxxviii.（1906） p. 37.
(45) *The Illustrated Missionary News*, April 1st, 1891, pp. 59 *sq*.
(46) この慣習については、以下参照。Varro, *De lingua latina*, v. 45; Ovid, *Fasti*, v. 621 *sqq*.; Dionysius Halicarnasensis, *Antiquit. Roman*. i. 38; Plutarch, *Quaestiones Romanae*, 32 and 86. 提出された各種の解釈については、以下参照。L. Preller, *Römische Mythologie*,[3] ii. 134 *sqq*.; W. Mannhardt, *Antike Wald-und Feldkulte*, pp. 265 *sqq*.; *Journal of Philology*, xiv.（1885） p. 156 note; R. von Ihering, *Vorgeschichte der Indoeuropäer*, pp. 430-434; W. Warde Fowler, *The Roman Festivals of the Period of the Republic*（London, 1899）, pp. 111 *sqq*.; *id*., *The Religious Experience of the Roman People*（London, 1911）, pp. 54 *sq*., 321 *sqq*.; G. Wissowa, *Gesammelte Abhandlungen zur römischen Religions-und Stadtgeschichte*（Munich, 1904）, pp. 211-229. この祭儀は五月十五日に行われた。
(47) *The Golden Bough*, Second Edition, iii. 107.
(48) Plutarch, *Quaest*. Roman. 86.

第十一章　新穀の供犠

(1) 本書第六巻一五五頁以降参照。
(2) H. Tönjes, *Ovambaland, Land, Leute, Mission*（Berlin, 1911）, p. 195.
(3) Rev E. Casalis, *The Basutos*（London, 1861）, pp. 251 *sq*.
(4) *Ibid*, pp. 252 *sq*.
(5) セイロン南部地方では、「脱穀人は穀物を袋に詰める際あたかも神殿内にいるように振舞う」。C. J. R. Le Mesurier, "Customs and Superstitions connected with the Cultivation of Rice in the Southern Province of Ceylon," *Journal of the Royal Asiatic Society*, N. S. xvii.（1885）, p. 371.
(6) L. Decle, *Three Years in Savage Africa*（London, 1898）, p. 173.
(7) G. McCall Theal, *Records of South-Eastern Africa*, vii.（1901） p. 397.
(8) "Der Muata Cazembe und die Völkerstämme der Maravis, Chevas, Muembas, Lundas und andere von Süd-Afrika," *Zeitschrift für allgemeine Erdkunde*（Berlin）, vi.（1856） pp. 272, 273.
(9) Rev. A. Hetherwick, "Some Animistic Beliefs among the Yaos of British Central Africa," *Journal of the Anthropological Institute*, xxxii.（1902） pp. 94 *sq*.
(10) Rev. A. Hetherwick, *op. cit*. pp. 91-94.
(11) Dr. J. A. Chisholm, "Notes on the Manners and Customs of the Winamwanga and Wiwa," *Journal of the Africa Society*, vol. ix. No. 36（July 1910）, pp. 366 *sq*. ウィナムワンガ人の間では、マラヴェ人の間におけると同様、人間の霊魂あるいは精霊は「ムジム」と呼ばれる（*op. cit*. p. 363）。
(12) C. Gouldsbury and H. Sheane, *The Great Plateau of Northern Rhodesia*（London, 1911）, pp. 294 *sq*.
(13) C. W. Hobley, Ethnology of A-Kamba and other East African Tribes（Cambridge, 1910）, pp. 66, 85 *sq*.
(14) Rev. J. Roscoe, *The Baganda*（London, 1911）, p. 428.
(15) *Annales de la Propagation de la Foi*, lx.（1888） p. 57. この話はカトリックの某牧師の手紙から抜粋した。彼自身ディンカ人であるが、神の名は「デン・ディト」で、「大雨」の意であるとのこと。この名の形も意味も、C・G・セリグマン博士の独自の研究結果にほぼ一致する。博士によると、ディンカ人の神の名は「デンディット」、つまり「大雨」で、雨に当たる語は「デン」である。Dr. C. G. Seligmann, in Dr. J. Hastings' *Encyclopaedia of Religion and Ethics, s. v*. "Dinka," vol. iv.（Edinburgh, 1911） p. 707 参照。
(16) "Coutumes étranges des indigènes du Djebel-Nouba（Afrique centrale）, notes communiquées par les missionnaires de Vérone," *Les Missions Catholiques*,

xiv.（1882）p. 459. ヌバ人とその大司祭については、さらに Stanislas Carceri, "Djebel-Nouba," *Les Missions Catholiques*, xv.（1883）pp. 448-452. 参照。

（17）A. F. Mockler-Ferryman, *Up the Niger*（London, 1892）, pp. 141 *sq*.

（18）Ch. Partridge, *Cross River Natives*（London, 1905）, pp. 266 *sq*.

（19）J. Spieth, *Die Ewe-Stämme*（Berlin, 1906）, pp. 795 *sq*.

（20）J. Spieth, *op. cit*. p. 344. 女神マウ・ソザについては、*ibid*. pp. 424 *sq*. 参照。

（21）H. Klose, *Togo unter deutscher Flagge*（Berlin, 1899）, p. 504.

（22）L. Conradt, "Das Hinterland der deutschen Kolonie Togo," *Petermanns Mittheilungen*. xlii.（1896）p. 18.

（23）G. A. Shaw, "The Betsileo," *Antananarivo Annual and Madagascar Magazine*, Reprint of the First Four Numbers（Antananarivo, 1885）, p. 346.

（24）J. Cameron, "On the Early Inhabitants of Madagascar," *Antananarivo Annual and Madagascar Magazine*, Reprint of the First Four Numbers（Antananarivo, 1885）, p. 263.

（25）A. Bastian, *Die Völker des östlichen Asien*, ii.（Leipsic, 1866）, p. 105.

（26）A. van Gennep, *Tobou et Totémisme à Madagascar*（Paris, 1904）, p. 97.

（27）E. T. Dalton, *Descriptive Ethnology of Bengal*（Calcutta, 1872）, p. 91.

（28）Major A. Playfair, *The Garos*（London, 1909）, p. 94.

（29）E. T. Dalton, *op. cit*. p. 198;（Sir）H. H. Risley, *Tribes and Castes of Bengal, Ethnographic Glossary*（Calcutta, 1891-1892）, ii. 104.

（30）Rev. P. Dehon, S. J., *Religion and Customs of the Uraons*（Calcutta, 1906）, p. 137（*Memoirs of the Asiatic Society of Bengal*, vol. i. No. 9）.

（31）*North Indian Notes and Qmeries*, i. 57, No. 428, quoting Moorcroft and Trebeck, *Travels in the Himalayan Provinces*, i. 317 *sq*.

（32）E. T. Atkinson, *The Himalayan Districts of the North-Western Provinces of India*, ii.（Allahabad, 1884）p. 825. ブーミヤについては、さらに W. Crooke, *Popular Religion and Folk-lore of Northern India*（Westminster, 1896）, i. 105-107 参照。その中で彼は次のように述べている（pp. 106 *sq*.）、「土地の神であるこのブーミヤ信仰と聖なる死者信仰との間の密接な関係を説明するには、いくつかの地方ではブーミヤの神殿がジャセラと同一視されていることに注目すべきである。このジャセラというのは、村や部族の共通の祖先を祭る墳墓である」。

（33）Thomas Shaw, "The Inhabitants of the Hills near Rajamahall," *Asiatic Researches*, iv.（London, 1807）pp. 56 *sq*.

（34）*Panjab Notes and Queries*, i. p. 60, § 502（February 1884）.

（35）*Central Provinces, Ethnographic Survey*, iii. *Draft Articles on Forest Tribes*（Allahabad, 1907）p. 45.

（36）*op. cit*. iii. 73.

（37）*op. cit*. v.（Allahabad, 1911）p. 66.

（38）*op. cit*. vii.（Allahabad, 1911）p. 102.

（39）この慣習は奇妙なことに古代イタリアのそれとは逆である。古代イタリアのほとんどの地方では、女性が紡錘を回しながら道を歩くことは法律で禁じられていた。その行為は作物を害すると考えられていたからである（Pliny, *Nat. Hist*. xxviii. 28）。インドの慣習の目的は畑の悪霊を追い払うことであろう。これはW・クルック氏が示唆している（*Popular Religion and Folk-lore of Northern India*, ii. 305,「こうして聖なる輪を作ることで作物に邪悪なものの影響が及ばないようにする」）本書第1巻九五頁以降も参照のこと。

（40）D. C. J. Ibbetson, *Outlines of Panjab Ethnography*（Calcutta, 1883）, p. 119.

（41）*The Satapatha Brâhmana*, translated by Julius Eggeling, Part i.（Oxford, 1882）, pp. 369-373（*Sacred Books of the East*, vol. xii.）.

（42）（Sir）J. G. Scott and J. P. Hardiman, *Gazetteer of Upper Burma and the Shan States*, Part i. vol. i.（Rangoon, 1900）, pp. 425 *sq*.

（43）Rev. G. Whitehead, "Notes on the Chins of Burma," *Indian Antiquary*, xxxvi.（1907）p. 207.

（44）A. Bourlet, "Les Thay," *Anthropos*, ii.（1907）pp. 627-629.

(45) Ch. Dallet, *Histoire de l'Eglise de Corée* (Paris, 1874), i. p.xxiv.
(46) Fr. Junghuhn, *Die Battaländer auf Sumatra* (Berlin, 1847), ii. 312.
(47) Spenser St. John, *Life in the Forests of the Far East*[2] (London, 1863), i. 191.
(48) B. F. Matthes, *Beknopt Verslag mijner reizen in de Binnenlanden van Celebes, in de jaren 1857 en 1861*, p. 5 (Verzameling van Berigten betreflende de Bijbelverspreiding, Nos. 96-99).
(49) N. Graafland, *De Minahassa* (Rotterdam, 1869), i. 165.
(50) J. G. F. Riedel, *De sluik-en kroesharige rassen tusschen Selebes en Papua* (The Hague, 1886), p. 107.
(51) Riedel, *op. cit.* pp. 281, 296 *sq.*
(52) Fr. Valentyn, *Oud en nieuw Oost-Indiën* (Dordrecht and Amsterdam, 1724-1726), iii. 10.
(53) C. M. Pleyte, "Ethnographische Beschrijving der Kei-Eilanden," *Tijdschrift van het Nederlandsch Aardrijkskundig Genootschap*, Tweede Serie, x. (1893) p. 801.
(54) Fr. Kramer, "Der Götzendienst der Niasser," *Tijdschrift voor Indische Taal-Land-en Volkenkunde*, xxxiii. (1890) p. 482.
(55) C. Semper, *Die Philippinen und ihre Bewohner* (Würzburg, 1869), p. 56.
(56) F. Blumentritt, "Das Stromgebiet des Rio Grande de Mindano," *Petermanns Mittheilungen*, xxxvii. (1891) p. 111.
(57) Stefan Lehner, "Bukaua," in R. Neuhauss's *Deutsch Neu-Guinea*, iii. (Berlin, 1911) pp. 434-436.
(58) Rev. Lorimer Fison, "The Nanga, or Sacred Stone Enclosure, of Wainimala, Fiji," *Journal of the Anthropological Institute*, xiv. (1885) p. 27.
(59) J. E. Erskine, *Journal of a Cruise among the Islands of the Western Pacific* (London, 1853), p. 252.
(60) G. Turner, *Samoa* (London, 1884), pp. 318 *sq.*
(61) Rev. R. H. Codrington, *The Melanesians* (Oxford, 1891), pp. 132 *sq.*
(62) C. M. Woodford, *A Naturalist among the Head-hunters, being an Account of Three Visits to the Solomon Islands* (London, 1890), pp. 26-28.
(63) Rev. R. H. Codrington, *The Melanesians*, p. 138.
(64) Horatio Hale, *United States Exploring Expedition, Ethnography and Philology* (Philadelphia, 1846), p. 97.
(65) 「マライ」とは、「一画の土地のこと。通常は大きな家か首長の墓の前に定められ、主として公共の祭儀が営まれる」(W. Mariner, *Tonga Islands, Vocabulary*).
(66) 「マタプール」は「首長や貴族の次の位」である (*ibid.*)。
(67) W. Mariner, *Account of the Natives of the Tonga Islands*, Second Edition (London, 1818), ii. 78, 196-203. 神なる首長トーイトンガについては、本書第三巻三八頁参照。
(68) Ch. Wilkes, *Narrative of the United States Exploring Expedition*, New Edition (New York, 1851), ii. 133.
(69) G. Turner, *Samoa*, pp. 70 *sq.*
(70) W. Ellis, *Polynesian Researches*, Second Edition (London, 1832-1836), i. 350.
(71) D. Tyerman and G. Bennet, *Journal of Voyages and Travels* (London, 1831), i. 284.
(72) Geiseler, *Die Oster-Insel* (Berlin, 1883), p. 31.
(73) E. Tregear, "The Maoris of New Zealand," *Journal of the Anthropological Institute*, xix. (1890) p. 110; R. Taylor, *Te Ika A Maui, or New Zealand and its Inhabitants*, Second Edition (London, 1870), pp. 165 *sq.*; *Old New Zealand*, by a Pakeha Maori (London, 1884), pp. 103 *sq.*
(74) Chr. Hartknoch, *Alt und neues Preussen* (Frankfort and Leipsic, 1684), p. 161.; *id.*, *Dissertationes historicae de varis rebus Prussicis*, p. 163 (appended to his edition of P. de Dusburg's *Chronicon Prussiae*, Frankfort and Leipsic, 1679). なお、以下参照のこと。W. Mannhardt, *Die Korndämonen* (Berlin, 1868), p. 27.

（75）本書第六巻五一頁以降参照。
（76）Plutarch, *Thesecus*, 6.
（77）Hyginus, *Fabulae*, 130.
（78）Festus, *s. v.* "Sacrima," p. 319, ed. C. O. Müller; Pliny, *Nat. Hist.* xviii. 8.
（79）Varro, *De lingua Latina*, vi. 16, ed. C. O. Müller.
（80）James Teit, *The Thompson Indians of British Columbia*, p. 345（*The Jesup North Pacific Expedition, Memoir of the American Museum of Natural History*, April, 1900）.
（81）C. Hill Tout, "Report on the Ethnology of the Okanaken of British Columbia," *Journal of the R. Anthropological Institute*, xii.（1911）p. 132.
（82）Brasseur de Bourbourg, *Histoire des Nations civilisées du Mexique et de l'Amérique-Centrale*（Paris, 1857-1859）, ii. 566.
（83）*Annales de l'Association de la Propagation de la Foi*. i.（Paris and Lyons, 1826）p. 386.
（84）本書六一頁以降参照。
（85）Chateaubriand, *Voyage en Amérique*, pp. 130-136（Michel Lévy, Paris, 1870）.

第十二章　肉食に関する類感呪術

（1）本書第四巻一三三頁以降参照。
（2）James Adair, *History of the American Indians*（London, 1775）, p. 133.
（3）Alfred Simson, *Travels in the Wilds of Ecuador*（London, 1887）, p. 168; *id*., in *Journal of the Anthropological Institute*, vii.（1878）p. 503.
（4）A. Thevet, *Les Singularitez de la France Antarctique, autrement nommée Amerique*（Antwerp, 1558）, p. 55; *id*., *La Cosmographie Universelle*（Paris, 1575）, ii. pp. 929, [963], 940[974]; J. Lerius, *Historia Navigationis in Brasiliam, quae et America dicitur*（1586）, pp. 126 *sq*.
（5）Rochefort, *Histoire Naturelle et Morale des Iles Antilles*, Seconde Edition（Rotterdam, 1665）, p. 465.
（6）C. Cuny, "De Libreville an Cameroun," *Bulletin de la Société de Géographie*（Paris）, vii. Série, xvii.（1896）p. 342.
（7）R. Southey, *History of Brazil*, ii.（London, 1817）p. 373; *id*., iii.（London, 1819）p. 164.
（8）P. Lozano, *Descripcion Chorographica del Gran Chaco*（Cordova, 1733）, p. 90.
（9）M. Dobrizhoffer, *Historia de Abiponibus*（Vienna, 1784）, i. 289 *sq*.
（10）J. Teit, *The Thompson Indians of British Columbia*, p. 348（*The Jesup North Pacific Expedition, Memoir of the American Museum of Natural History*, April, 1900）.
（11）W. H. I. Bleek and C. L. Lloyd, *Specimens of Bushman Folklore*（London, 1911）, pp. 271-275.
（12）A. Bertrand, *The Kingdom of the Barotsi, Upper Zambezia*（London, 1899）. ここはフランス人宣教師クワヤール氏の描写をそのまま引いた。
（13）Theophilus Hahn, *Tsuni-IIGoam, the Supreme Being of the Khoi-Khoi*（London, 1881）, p. 106.
（14）W. H. I. Bleek and L. C. Lloyd, *Specimens of Bushman Folklore*（London, 1911）, p. 373.
（15）Rev. H. Cole, "Notes on the Wagogo of German East Africa," *Journal of the Anthropological Institute*, xxxii.（1902）p. 318.
（16）Sir Harry Johnston, *The Uganda Protectorate*, Second Edition（London, 1904）, ii. 787.
（17）Rev. J. Macdonald, *Light in Africa*, Second Edition（London, 1890）, p. 174;

id., in *Journal of the Anthropological Institute*, xix.（1890）p. 282.

（18）Rev. H. Callaway, *Religious System of the Amazulu*, p. 438, note 16.

（19）O. Baumann, *Usambara und seine Nachbargebiete*（Berlin, 1891）, p. 128.

（20）Sir H. H. Johnston, *British Central Africa*（London, 1897）, p. 438; J. Buchanan, *The Shire Highlands*, p. 138.

（21）M. W. H. Beech, *The Suk, their Language and Folklore*（Oxford, 1911）, p. 11.

（22）J. Shooter, *The Kafirs of Natal and the Zulu Country*（London, 1857）, p. 399.

（23）A. B. Ellis, *The Ewe-speaking Peoples of the Slave Coast of West Africa*（London, 1890）, p. 99.

（24）M. Merker, *Rechtsverhältnisse und Sitten der Wadschagga*（Gotha, 1902）, p. 38（Petermanns Mitteilungen, Ergänzungsheft, No. 138）.

（25）Rev. H. Callaway, *Hursery Tales, Traditions, and Histories of the Zulus*（Natal and London, 1868）, p. 175 note.

（26）Ovid, *Metam.* vii. 271 *sqq.* 鹿と鴉が長生きすると想像されていたことについては、L. Stephani, in *Compte Rendu de la Commission Archéologique*（St. Petersburg）, 1863, pp. 140 sq., and my note on Pausanias, viii. 10. 10. についての注記参照。

（27）Pliny, *Nat. Hist.* viii. 119.

（28）Porphyry, *De Abstinentia*, ii. 48：「予知能力を持つ動物の魂を自分の中に取り込みたいと望む者は、それら動物の最も重要な部分を飲み込めばよい。たとえば烏の、メクラネズミの、鷹の、それぞれの心臓である。そうすればそれらの魂を持つことができ、それらは神のごとく予言を与えてくれる。飲み込んだ部分と一緒に魂も入って来るのだ」。プリニウスもまた占術を体得する方法として生きたモグラの動悸を打つ心臓を食べる慣習を述べている（*Nat. Hist.* xxx. 19）。

（29）Spenser St. John, *Life in the Forests of the Far East*, Second Edition（London, 1863）, i. 186, 206.

（30）W. H. Furness, *Home-life of Borneo Head-hunters*（Philadelphia, 1902）, p. 71; なお、以下も参照のこと。*id.*, pp. 166 *sq.*

（31）Rev. J. Batchelor, *The Ainu and their Folk-lore*（London, 1901）, pp. 511-513.

（32）Rev. J. Batchelor, *op. cit.* p. 337.

（33）W. Crooke, *Popular Religion and Folk-lore of Northern India*（Westminster, 1896）, i. 279.

（34）Bossu, *Nouveaux Voyages aux Indes occidentales*（Paris, 1768）, i. 112.

（35）H. R. Schoolcraft, *Indian Tribes of the United States*, ii.（Philadelphia, 1853）pp. 79 *sq.*

（36）J. G. F. Riedel, *De sluik- en kroesharige rassen tusschen Selebes en Papua*（The Hague, 1886）, pp. 10, 262.

（37）James Chalmers, *Pioneering in New Guinea*（London, 1887）, p. 166.

（38）*Journal of the Anthropological Institute*, xxiv.（1895）p. 179.

（39）E. T. Dalton, *Descriptive Ethnology of Bengal*（Calcutta, 1872）, p. 33.

（40）*Proceedings of the Royal Geographical Society*, N.S., viii.（1886）p. 307.

（41）J. Henderson, "The Medicine and Medical Practice of the Chinese," *Journal of the North China Branch of the Royal Asiatic Society*, New Series, i.（Shanghai, 1865）pp. 35 *sq.* なお、以下参照のこと。Mrs. Bishop, *Korea and her Neighbours*（London, 1898）, i. 79.

（42）Mrs. S. S. Allison, "Account of the Similkameen Indians of British Columbia," *Journal of the Anthropological Institute*, xxi.（1892）p. 313.

（43）P. E. Müller on Saxo Grammaticus, *Historia Danica*（Copenhagen, 1839-1858）, vol. ii. p. 60.

（44）*Die Edda*, übersetzt von K. Simrock[8]（Stuttgart, 1882）, pp. 180, 309.

（45）Pliny, *Hist. Natur.* x. 137, xxix. 72.

（46）Philostratus, *Vita Apollonii*, i. 20, iii. 9.

（47）Saxo Grammaticus, *Historia Danica*, ed. P. E. Müller（Copenhagen, 1839-1858）, i. 193 *sq.*

(48) P. E. Müller, note in his edition of Saxo Grammaticus, vol. ii. p. 146.

(49) A. Wuttke, *Der deutsche Volksaberglaube*[2] (Berlin, 1869), p. 110, § 153; J. V. Grohmann, *Aberglauben und Gebräuche aus Böhmen und Mähren* (Prague and Leipsic, 1864), p. 230, § 1658.

(50) Grimm, *Kinder-und Hausmärchen*, No. 17; *id.*, *Deutsche Sagen*[2] (Berlin, 1865-1866), No. 132 (vol. i. pp. 174-176); A. Kuhn und W. Schwartz, *Norddeutsche Sagen, Märchen und Gebräuche* (Leipsic, 1848), p. 154; A. Waldau, *Böhmisches Märchenbuch* (Prague, 1860), pp. 13 *sqq.*; Von Alpenburg, *Mythen und Sagen Tirols* (Zurich, 1857), pp. 302 *sqq.*; W. von Schulenburg, *Wendische Volkssagen und Gebräuche aus dem Spreewald* (Leipsic, 1880), p. 96; P. Sébillot, *Traditions et Superstitions de la Haute-Bretagne* (Paris, 1882), ii. 224; W. Grant Stewart, *The Popular Superstitions and Festive Amusements of the Highlanders of Scotland*, New Edition (London, 1851), pp. 53, 56; J. F. Campbell, *Popular Tales of the West Highlands*, New Edition (Paisley and London, 1890), No. 47, vol. ii. pp. 377 *sqq.*; E. Prym und A. Socin, *Syrische Sagen und Maerchen* (Göttingen, 1881), pp. 150 *sq*. 人間が動物の言葉を理解する力を得ることに関連しての蛇については、さらに以下参照。私の論文 "The Language of Animals," *The Archaeological Review*, i. (1888) pp. 166 *sqq*. 時に蛇は、不意に予言者の耳を舐めて動物の言語を知る力を与えると考えられていた。以下参照。Apollodorus, *Bibliotheca*, i. 9. 11 *sq.*; Porphyry, *De abstinentia*, iii. 4.

(51) A. Leared, *Morocco and the Moors* (London, 1876), p. 281.

(52) M. Quedenfelt, "Aberglaube und halb-religiöse Bruderschaft bei den Marokkanern," *Verhandlungen der Berliner Gesellschaft für Anthropologie, Ethnologie und Urgeschichte*, 1886, p. 682 (bound up with the *Zeitschrift für Ethnologie*, xviii. 1886).

(53) H. Vambery, *Das Türkenvolk* (Leipsic, 1885), p. 218.

(54) Charlevoix, *Histoire de la Nouvelle France* (Paris, 1744), vi. 8.

(55) P. J. Veth, "De leer der Signatuur," *Internationales Archiv Für Ethnographie*, vii. (1894) pp. 140 *sq*.

(56) R. W. Felkin, "Notes on the For Tribe of Central Africa," *Proceedings of the Royal Society of Edinburgh*, xiii. (1884-1886) p. 218.

(57) Rev. J. Macdonald, "Manners, Customs, etc., of the South African Tribes," *Journal of the Anthropological Institute*, xx. (1891) p. 116; *id.*, *Light in Africa* (London, 1890), p. 212. なお、以下参照のこと。Rev. E. Casalis, *The Basutos* (London, 1861), pp. 257 *sq.*; Dudley Kidd, *The Essential Kafir* (London, 1904), p. 309.

(58) Rev. J. Macdonald, in *Journal of the Anthropological Institute*, xx. (1891) p. 138; *id.*, *Light in Africa*, p. 220.

(59) H. Schinz, *Deutsch Südwest-Afrika* (Oldenburg and Leipsic, preface dated 1891), p. 320.

(60) J. Macdonald, "East Central African Customs," *Journal of the Anthropological Institute*, xxii. (1893) p. 111. なお、以下参照のこと。J. Buchanan, *The Shire Highlands*, p. 138; Sir H. H. Johnston, *British Central Africa* (London, 1897), p. 438.

(61) A. C. Hollis, *The Nandi* (Oxford, 1909), p. 27.

(62) Rev. H. Cole, "Notes on the Wagogo of German East Africa," *Journal of the Anthropological Institute*, xxxii. (1902) p. 318.

(63) Rev. J. L. Wilson, *Western Africa* (London, 1856), pp. 167 *sq*.

(64) A. B. Ellis, *The Ewe-speaking Peoples of the Slave Coast* (London, 1890), pp. 99 *sq*.

(65) A. B. Ellis, *The Yoruba-speaking Peoples of the Slave Coast* (London, 1894), p. 69.

(66) A. Caulin, *Historia Coro-graphica natural y evangelica dela Nueva Andalucia* (1779), p. 98.

(67) A. de Herrera, *General History of the vast Continent and Islands of America*, translated by Capt. J. Stevens (London, 1725-1726), vi. 187.

(68) F. de Castelnau, *Expédition dans les parties centrales de l'Amérique du Sud* (Paris, 1850-1851), iv. 382.

(69) James Adair, *History of the American Indians* (London, 1775), p. 135.

(70) Rev. J. Roscoe, "Notes on the Manners and Customs of the Baganda," *Journal of the Anthropological Institute*, xxxi. (1901) pp. 129 *sq*.; *id*., "Further Notes on the Manners and Customs of the Baganda," *Journal of the Anthropological Instilute*, xxxii. (1902) p. 45.

(71) E. W. Nelson, "The Eskimo about Bering Strait," *Eighteenth Annual Report of the Bureau of American Ethnology*, Part i. (Washington, 1899) p. 328.

(72) E. Clement, "Ethnographical Notes on the Western Australian Aborigines," *Internationales Archiv für Ethnographie*, xvi. (1904) p. 8.

(73) O. Opigez, "Apercu général sur la Nouvelle-Calédonie," *Bulletin de la Sociétéde Géographie* (Paris), vii. Série, vii. (1886) p. 433.

(74) A. W. Howitt, *Native Tribes of South-East Australia* (London, 1904), p. 753.

(75) A. W. Howitt, *op. cit*. p. 752.

(76) S. Gason, in *Journal of the Anthropological Institute*, xxiv. (1895) p. 172.

(77) Rev. W. Ridley, Kamilaroi (Syd ney, 1875), p. 160.

(78) *Annales de la Propagation de la Foi*, xi. (Lyons, 1838-1839) p. 258.

(79) J. Henderson, "The Medicine and Medical Practice of the Chinese," *Journal of the North China Branch of the Royal Asiatic Society*, New Series, i. (Shanghai, 1865) pp. 35 *sq*.

(80) A. C. Kruyt, "Het koppensnellen der Toradja's van Midden-Celebes, en zijne Beteekenis," *Verslagen en Mededeelingen der koninklijke Akademie van Wetenschappen*, Afdeeling Letterkunde, Vierde Reeks, iii. (Amsterdam, 1899) p. 201.

(81) N. Adriani en A. C. Kruijt, "Van Posso naar Mori," *Mededeelingen van wege het Nederlandsche Zendelinggenootschap*, xliv. (1900) p. 162.

(82) F. Blumentritt, "Der Ahnencultus und die religiösen Anschauungen der Malaien des Philippinen-Archipels," *Mittheilungen der Wiener Geograph*. Gesellschaft, 1882, p. 154; *id*., *Versuch einer Ethnographie der Philippinen* (Gotha, 1882), p. 32 (Petermann's *Mittheilungen, Ergänzungsheft*, No. 67).

(83) Ch. Keysser, "Aus dem Leben der Kaileute," in R. Neuhauss's *Deutsch Neu-Guinea*, iii. (Berlin, 1911) p. 131.

(84) L. Magyar, *Reisen in Süd-Afrika in den Jahren 1849-1857* (Buda-Pesth and Leipsic, 1859), pp. 273-276.

(85) Rev. J. Shooter, *The Kafirs of Natal* (London, 1857), p. 216.

(86) Rev. H. Callaway, *Nursery Tales, Traditions and Histories of the Zulus* (Natal and London, 1868), p. 163 note.

(87) A. C. Haddon, "The Ethnography of the Western Tribe of Torres Straits," *Journal of the Anthropological Institute*, xix. (1890) p. 414, なお、以下も参照のこと。p. 312; *Reports of the Cambridge Anthropological Expedition to Torres Straits*, v. (Cambridge, 1904) p. 301.

(88) A. C. Haddon, *op. cit*. p. 420; *Reports of the Cambridge Anthropological Expedition to Torres Straits*, v. (Cambridge, 1904) pp. 301 *sq*.

(89) S. J. Hickson, *A Naturalist in North Celebes* (London, 1889), p. 216.

(90) R. Taylor, *Te Ika a Maui, or New Zealand and its Inhabitants*, Second Edition (London, 1870), p. 352. なお、以下参照のこと。*ibid*. p. 173; W. Ellis, *Polynesian Researches*, Second Edition (London, 1831-1836), i. 358; J. Dumont D'Urville, *Voyage autour du Monde et à la recherche de la Pérouse sur la corvette Astrolabe* (Paris, 1832-1833), ii. 547; E. Tregear, "The Maoris of New Zealand," *Journal of the Anthropological Institute*, xix. (1890) p. 108.

(91) A. C. Kruyt, "Het koppensnellen der Toradja's van Midden-Celebes, en zijne Beteekenis," *Verslagen en Mededeelingen der koninklijke Akademie van Wetenschappen*, Afdeeling Letterkunde, Vierde Reeks, iii. (Amsterdam, 1899) p. 166.

(92) *The Spectator*, No. 316, March 3, 1712; Gibbon, *Decline and Fall*, ch. lxvii.

(93) Ph. Paulitschke, *Ethnographie Nordost-Afrikas : die geistige Cultur der Danâkil, Galla und Somâl* (Berlin, 1896), p. 56.

（94）血盟の例については、H. C. Trumbull, *The Blood Covenant*（London, 1887）. 参照。この慣習は特にアフリカで一般的である。

（95）Rev. J. H. Bernau, *Missionary Labours in British Guiana*（London, 1847）, pp. 57 *sq*.; R. Schomburgk, *Reisen in Britisch-Guiana*（Leipsic, 1847-1848）, ii. 497.

（96）A. C. Hollis, *The Nandi*（Oxford, 1909）, p. 27.

（97）A. G. Leonard, *The Lower Niger and its Tribes*（London, 1906）, pp. 180, 181 *sq*.

（98）Mrs. Leslie Milne, *Shans at Home*（London, 1910）, p. 192.

（99）北東インドのクキ人は、人間と同じく動物の亡霊も、もし「アイ」と呼ばれる祭儀を行わなければ、殺人者に付きまとって狂人にしてしまうと信じている。例えば虎を殺した男は、女の装束を身にまとい、虎の口の中に火打石を入れ、卵を食べて、虎に向かって話しかけ、虎の頭を剣で三度切り付ける。この儀礼の間、主演の者はずっと厳粛さを保たなければならない。うっかり笑うようなことがあれば、「ヤマアラシが笑った」と言う。こういう場合に備えて腕に抱えている本物のヤマアラシのせいにするのである。Lieut. -Colonel J. Shakespeare, "The Kuki-Lushai Clans," *Journal of the Royal Anthropological Institute*, xxxix.（1909）pp. 380 *sq*.

（100）J. Dumont D'Urville, *Voyage autour du Monde et à la recherche de la Pérouse*（Paris, 1832-1833）, iii. 305.

（101）Vincenzo Dorsa, *La Tradizione greco-latina negli usi e nelle credenze popolari della Calabria Citeriore*（Cosenza, 1884）, p. 138.

（102）F. de Castelnau, *Expédition dans les parties centrales de l'Amérique du Sud*（Paris, 1850-1851）, iv. 382.

（103）この証拠のいくつかは私が既に *Psyche's Task*, pp. 56-58 に引用した。

（104）A. R. Wallace, *Travels on the Amazon and Rio Negro*, Second Edition（London, 1889）, ch. xvii. pp. 346 *sq*.

（105）R. Southey, *History of Brazil*, iii.（London, 1819）p. 722.

（106）R. Southey, *op. cit*. iii. 204.

（107）A. de Herrera, *The General History of the Vast Continent and Islands of America*, translated by Capt. John Stevens（London, 1725-1726）, iv 45.

（108）A. Reich und F. Stegelmann, "Bei den Indianern des Urubamba und des Envira," *Globus*, lxxxiii.（1903）p. 137. アメリカ先住民の行う同様の慣習については、さらに以下参照。De la Borde, *Relation de l'Origine, Moeurs, Coustumes, Religion, Guerres et Voyages des Caraibes Sauvages*, p 37（forming part of the *Recueil de divers Voyages faits en Afrique et en l'Amerique* Paris, 1684）; J. F. Lafitau, *Moeurs des Sauvages Ameriquains*（Paris, 1724）, ii. 444-446; A. N. Cabeca de Vaca, *Relation et Naufrages*（Paris, 1837）, p. 109（in Ternaux Compans' *Voyages, Relations et Mémoires originaux pour servir à l'Histoire de la Découverte de l'Amérique*）; R. Southey, *History of Brazil*, i.（Second Edition, London, 1822）, Supplemental Notes, p. xxxvi.; F. de Castelnau, *Expédition dans les parties centrales de l'Amérique du Sud*（Paris, 1850-1851）, iv. 380; J. G. Müller *Geschichte der amerikanischen Urreligionen*（Bâle, 1867）, pp. 289 *sq*.; H. A. Coudreau, *La France Équinoxiale*（Paris, 1887）, ii. 173; Theodor Koch, "Die Anthropophagie der südamerikanischen Indianer," *Internationales Archiv für Ethnographie*, xii.（1899）pp. 78-110; Th. Koch-Grünberg, *Zwei Jahre unter den Indianern*（Berlin, 1909-1910）, ii. 152. ギアナの先住民のある者は、死者の骨を混ぜた水で四肢をこすった。A. Biet, *Voyage de la France Equinoxiale en l'Isle de Cayenne*（Paris, 1664）, p. 392.

（109）Aulus Gellius, *Noctes Atticae*, x. 18; Valerius Maximus, iv. 6. 5.

（110）C. Gouldsbury and H. Sheane, *The Great Plateau of Northern Rhodesia*（London, 1911）, p. 55.

（111）本書一〇四頁以降参照。

（112）Rev. E. Casalis, *The Basutos*,（London, 1861）, pp. 256 *sq*.

（113）E. Holub, *Sieben Jahre in Süd Afrika*（Vienna, 1881）, ii. 361

（114）本書一〇一頁参照。

（115）J. Macdonald, "Manners, Customs, etc., of South African Tribes," *Journal of* the Anthropological Institute*, xx.（1891）p. 133. ベチュアナ人の一部族バロロング人はこの種の慣習を守っている。W. Joest, "Bei den Barolong," *Das Ausland*, 16th June 1884, p. 464. 参照。

（116）Col. Maclean, *A Compendium of Kafir Laws and Customs*（Cape Town, 1866）, p. 82.

（117）Father Porte, "Les reminiscences d'un missionnaire du Basutoland," *Les Missions Catholiques*, xxviii.（1896）p. 149.

（118）Dudley Kidd, *Savage Childhood*（London, 1906）, p. 70, なお、以下も参照のこと。p. 43.

（119）Lieut. H. Pope-Hennessy, "Notes on the Jukos and other Tribes of the Middle Benue," *Anthropological Reviews and Miscellanea*, p.（30）; appended to *Journal of the Anthropological Institute*, xxx.（1900）.

（120）Rev. H. Callaway, *Religious System of the Amazula*, pp. 380-382.

（121）Col. Maclean, *A Compendium of Kafir Laws and Custms*（Cape Town, 1866）, pp. 83 *sq*.

（122）Du Tertre, *Histoire generale des Isles de S. Christophe, de la Guadeloupe, de la Martinique et autres dans l'Amerique*（Paris, 1654）, pp. 417 *sq*.; *id*., *Histoire generale des Antilles*（Paris, 1667-1671）, ii. 377; Rochefort, *Histoire Naturelle et Morale des Iles Antilles*[2]（Rotterdam, 1665）, p. 556.

（123）R. Brough Smith, *Aborigines of Victoria*（Melbourne and London, 1878）, i. p. xxix., ii. 313; A. W. Howitt, *Native Tribes of South-East Australia*（London, 1904）, pp. 367 *sqq*.

（124）Rev. W. Ridley, *Kamilaroi*（Sydney, 1875）, p. 160.

（125）A. W. Howitt, *Native Tribes of South-East Australia*（London, 1904）, pp. 467, 468.

（126）J. Chalmers and W. W. Gill, *Work and Adventure in New Guinea*（London, 1885）, pp. 130, 265, 308; J. G. F. Riedel, *De sluik- en kroesharige rassen tusschen Selebes en Papua*（The Hague, 1886）, p. 308; Rev. J. Sibree, *The Great African Island*（London, 1880）, p. 241. その他の、あるいは同じ民族が、しばしば近親者の腐敗した屍体の汁液を飲むのは、疑いなく同じ理由による。以下参照。*Reports of the Cambridge Anthropological Expedition to Torres Straits*, vi.（Cambridge, 1906）p. 159; J. Chalmers and W. Gill, *op. cit*. pp. 27, 265; Ch. Wilkes, *Narrative of the United States Exploring Expedition*, New Edition（New York, 1851）, ii. 139; J. G. F. Riedel, *op. cit*. p. 267; A. Bastian, *Indonesien*, ii.（Berlin, 1885）p. 95; *id*., *Die Völker des Ostlichen Asien*, v.（Jena, 1869）p. 91; P. J. Veth, *Borneo's Westerafdeeling*（Zaltbommel, 1854-1856）, ii. 270; J. Jacobs, *Eenigen Tijd onder de Baliers*（Batavia, 1883）, p. 53.

（127）Rev. J. L. Wilson, *Western Africa*（London, 1856）, p. 394.

（128）Mgr. Le Roy, "Les Pygmées," *Les Missions Catholiques*, xxix.（1897）p. 210.

（129）"Mourning for the Dead among the Digger Indians," *Journal of the Anthropological Institute*, iii.（1874）p. 530.

（130）E. H. Man, *Aboriginal Inhabitants of the Andaman Islands*, p. 66.

（131）Jerome Becker, *La Vie en Afrique*（Paris and Brussels, 1887）, ii. 366.

（132）Th. Koch-Grünberg, *Zwei Jahre unter den Indianern*（Berlin, 1909-1910）, ii. 153.

（133）T. Arbousset et F. Daumas, *Voyage d'Exploration au Nord-est de la Colonie du Cap de Bonne-Espérance*（Paris, 1842）, pp. 349 *sq*.

（134）Spencer and Gillen, *Native Tribes of Central Australia*（London, 1899）, pp. 204 *sq*. 他のトーテム氏族の男達もまた、これらの「インティチウマ」の祭儀において自分のトーテムを聖餐として食べる（Spencer and Gillen, *op. cit*. pp. 202-206）。インティチウマの祭儀については、本書第一巻八〇頁以降参照。別の中央オーストラリア先住民の外用法として、少年のふくらはぎをイヌワシの脚の骨で叩くという慣習がある。これによりその骨から少年の脚に力が伝えられると思われている。以下参照。Spencer and Gillen, *op. cit*. p. 472; *Report on the Work of the Horn Scientific Expedition to Central Australia*, Part iv.

(London and Melbourne, 1896), p. 180.
(135) Manuscrit Ramirez, *Histoire de l'Origine des Indiens qui habitent la Nouvelle Espagne selon leurs traditions*, publié par D. Charnay (Paris, 1903), pp. 171-173; J. de Acosta, *Natural and Moral History of the Indies* (Hakluyt Society, London, 1880), ii. 364-367; E. Seler, *Altmexikanische Studien*, ii. (Berlin, 1899), pp. 43 *sq*. (*Veröffentlichungen aus dem königlichen Museum für Völkerkunde*).
(136) Dudley Kidd, *Savage Childhood* (London, 1906), pp. 12 *sq*.
(137) Dudley Kidd, *op. cit.* pp. 20 sq.
(138) 神を食べる慣習については、また以下参照。Felix Liebrecht, "Der aufgegessene Gott," *Zur Volkskunde* (Heilbronn, 1879), pp. 436-439; また特に W. R. Smith, article "Sacrifice," *Encyclopaedia Britannica*, Ninth Edition, vol. xxi. pp. 137 *sq*. 神の血としてのワインについては、本書第三巻一六八頁以降参照。
(139) Cicero, *De natura deorum*, iii. 16. 41.

第十三章　神である動物を殺すこと

1　神であるノスリを殺すこと

(1) これはカリフォルニア半島のことではない。そこは岩と砂だらけで、乾燥した樹木のない荒野である。
(2) Father Geronimo Boscana, "Chinigchinich; a historical account of the origin, customs, and traditions of the Indians at the missionary establishment of St. Juan Capistrano, Alta California," および Alfred Robinson's *Life in California* (New York, 1846), pp. 291 *sq*.; H. H. Bancroft, *Native Races of the Pacific States*. iii. 168. サン・フアン・カピストラーノの宣教本部は R. H. Dana (*Two Years before the Mast*, chaps. xviii. and xxiv.) に記載されている。宣教についての詳しい記述は以下に述べられている。G. H. von Langsdorf (*Reise um die Welt*, Frankfort, 1812, ii. pp. 134 *sqq*.), Duflos de Mofras ("Fragment d'un Voyage en Californie," *Bulletin de la Société de Géographie* (Paris), ii. Série, xix. (1843) pp. 9-13), and by a writer (H. H.) in *The Century Magazine*, May, 1883, pp. 2-18. しかし、スペイン人宣教師などのきびしい教義については別の旅行者達が注目している。先住民達は日中はスペイン人の主人のために畑で働き、一日に二、三回ほど彼らには理解できない言語の礼拝を聞くために教会に連れていかれ、夜には窓も寝台もない仮小屋に何のたのしみもなく閉じ込められた。牧師達が新しい改宗者、すなわち新しい奴隷を捕まえようとする時は軍隊の助けを乞うた。彼らは夜先住民の部落を襲い、逃げようとする彼らを投げ縄で捕まえ、馬の尾で引きずって来て宣教師の奴隷とした。以下参照。O. von Kotzebue, *Reise um die Welt* (Weimar, 1830), ii. 42 *sqq*.; F. W. Beechey, *Narrative of a Voyage to the Pacific and Beering's Strait* (London, 1831), ii. chap. i.; A. Schabelski, "Voyage aux colonies russes de l'Amérique," *Bulletin de la Société de Géographie* (Paris), ii. Série, iv. (1835) pp. 216-218. ある詩人は、これらの善良な牧者達〔牧師〕が迷える仔羊〔先住民〕を霊的囲い〔教会〕に牧人の杖〔投げ縄〕で連れて来たことを散文的に正確に述べている。

「六頭の馬が平原を飛び跳ねる。
六人の竜騎兵が散開隊型をとって突進する。
頭上で投げ縄がクルクルと円を描き、
人々の目には信仰の光が輝く。
彼らは集落を襲い　すぐさま六人を投げ縄で捕え、
四人を改宗させた」(Bret Harte, *Friar Pedro's Ride*.)

The Angelus, heard at the Mission Dolores, 1868. と銘された詩文の冒頭にはこうある。

「過去の鐘の音、その久しく忘れ去られた音楽は
依然として平原に鳴り響く……」

この詩は、遠い過去のものとなったこれら昔のスペイン人宣教師達の詩的一面を、この詩人が理解していたことを示している。

（3）G. Turner, *Samoa*（London, 1884）, p. 21. なお、以下参照のこと。*id.*, pp. 26, 61.

2 神である雄羊を殺すこと

（1）Herodotus, ii. 42. この慣習は既に本書四一頁で説明されている。

（2）Ed. Meyer, *Geschichte des Alterthums*,[2] i. 2（Stuttgart and Berlin, 1909）, p. 73 § 180. なお、以下参照のこと。Sir J. G. Wilkinson, *Manners and Customs of the Ancient Egyptians*（London, 1878）, iii. 1 *sqq.*

（3）本書三七頁参照。

（4）本書一一三頁、第六巻一八七―一八八頁参照。

（5）カムチャツカのイタルメン人は漁期の終わりに、草で狼の像を作るならわしがあった。この像は一年間丁寧に保存されたが、彼らはこの像が自分達の娘と結婚し、双生児が生まれないようにしてくれると信じていた。というのは双生児は大変な不幸と見做されていたからである。G. W. Steller, *Beschreibung von dem Lande Kamtschatka*（Frankfort and Leipsic, 1774）, pp. 327 *sq.* 参照。Chr. Hartknoch（*Dissertat. histor. de variis rebus Prussicis*, p. 163; *Altund neues Preussen*, Frankfort and Leipsic, 1684, p. 161）によると、古代プロイセンの神であるクルコの像は毎年更新されたという。しかし、W. Mannhardt, *Die Korndämonen*（Berlin, 1868）, p. 27 も参照。

（6）本書第二巻五五頁以降を参照。

3 神である蛇を殺すこと

（1）T. J. Hutchinson, *Impressions of Western Africa*（London, 1858）, pp. 196 *sq.* 筆者は蛇を毎年殺すとははっきり述べていないが、彼の述べていることはそれを暗示している。

（2）Dr. Tautain, "Notes sur les croyances et pratiques religieuses des Banmanas," *Revue d'Ethnographie*, iii.（1885）p. 397. なお、以下参照のこと。*Totemism and Exogamy*, ii. 543 *sq.*

（3）Varro in Priscian, x. 32, vol. i. p. 524, ed. Keil; Pliny, *Nat. Hist.* vii. 14. プリニウスの記述はヴァロにより訂正されるべきである。

4 神である亀を殺すこと

（1）私が『金枝篇』初版を書いた時、この三つの例についてこう述べた。「殺された動物はおそらくトーテムであるか、あるいはかつてそうであったかもしれない」。しかし昔と違い、これは今では私には可能性の低いことのように思える。特にカリフォルニアの慣習に関して言えば、現在アメリカ合衆国に属する地域において、ロッキー山脈西部に至るどの部族においても、トーテミズムが行われたという十分な証拠は何もないようである。以下参照。H. Hale, *United States Exploring Expedition, Ethnography and Philology*（Philadelphia, 1846）, p. 199; George Gibbs, in *Contributions to North American Ethnology*（Washington, 1877）, i. 184; S. Powers, *Tribes of California*（Washington, 1877）, p. 5; A. S. Gatschet, *The Klamath Indians of South-western Oregon*（Washington, 1890）, vol. i. p. cvi.「カリフォルニア州とオレゴン州は彼らの氏族やフラトリアを一切持ったことがなかったようである」（一八八八年十一月五日付A・S・ガチェットの筆者宛書簡）。本論に引用した甚だ疑わしい例以外は、トーテミズムがフェルナンド・ポー島に存在するという証拠を私は何も知らない。

（2）Frank H. Cushing, "My Adventures in Zuñi," *The Century Illustrated Monthly Magazine*, May 1883, pp. 45 *sq.*

（3）事実カッシング氏は、ズニ人の祖先は転生を信じただろうことを認める一方で、こうも言っている。「しかし来世に関する彼らの信仰は、今日では観念論的なものである」。とはいえ、この文献における表現からすると、亀への転生はズニ人の生きた信仰箇条であることは疑いの余地がない。

（4）H. R. Schoolcraft, *Indian Tribes of the United States*（Philadelphia, 1853-1856）, iv. 86. モキ先住民のトーテム氏族については J. G. Bourke, *Snake-Dance of the Moquis of Arizona*（London, 1884）, pp. 116 *sq*., 334 *sqq*.

（5）この資料は前記注に記された著作の筆者であるアメリカ軍第三騎兵隊の故J・G・バーク大佐の好意に負っている。手紙の中でバーク大佐はズニ人の十四のトーテム氏族の一覧表を記しているが、この手紙は彼がズニの統治者ペドロ・ディノ（?）から一八八一年五月二十日に受け取ったものである。

（6）しかしカッシング氏が、祭儀を行った人々が自分達のトーテムとして亀を持っていたか否かを述べることを、自身の記述から省略している点は注目すべきである。もしトーテムを持っていなかったら、この祭儀はトーテミズムとは何ら関係がないことになる。

（7）以下参照のこと。*Adonis, Attis, Osiris*, Second Edition, pp. 301-318.

（8）Mrs, Matilda Coxe Stevenson, "The Zuñi Indians," *Twenty-Third Annual Report of the Bureau of American Ethnology*（Washington, 1904）, pp. 148-162.

5　神である熊を殺すこと

（1）B. Scheube, "Der Baerencultus und die Baerenfeste der Ainos," *Mittheilungen der deutschen Gesellschaft b. S. und S. Ostasiens*（Yokohama）, Heft xxii. p. 45.

（2）アイヌは考えられるほとんどすべての事物に神を認めていて、カムイという言葉は「色々な意味合いを持ち、他の言葉の前後に用いられたり、また適用される事物により意味が変わってくる」と言われている。「カムイという言葉が善い事物に適用されると、有益、恩恵、あるいは高貴、神聖といった性質を表す。悪神と思われるものに適用されると、それは極めて恐ろしい畏怖すべきものを示す。悪魔、爬虫類、疫病などに適用されると、極めて憎悪すべき厭わしき、近寄るべからざるものを示す。魚類や鳥類といった生物の接頭辞として使われると、それは最も偉大なるものあるいは最も獰猛なるもの、あるいは最も有益な食物または衣料を表す。人に適用されると時には善性の表現となるが、しかし単なる尊敬、崇敬の称号である場合が多い」。以下参照。Rev. J. Batchelor, *The Ainu of Japan*（London, 1892）, pp. 245-251; *id*., *The Ainu and their Folk-lore*（London, 1901）, pp. 581 *sq*. こうしてアイヌのカムイは、ダコタ人のワカン［*wakan*］に近い意味を持つようである。それに関しては本書第三巻三一一頁第五章註（1）参照。

（3）W. Martin Wood, "The Hairy Men of Yesso," *Transactions of the Ethnological Society of London*, N.S., iv.（1866）p. 36.

（4）J. J. Rein, *Japan*（Leipsic, 1881-1886）, i. 446.

（5）H. von Siebold, *Ethnologische Studien über die Aino auf der Insel Yesso*（Berlin, 1881）, p. 26.

（6）Miss Isabella L. Bird, *Unbeaten Tracks in Japan*（new edition, 1885）, p. 275.

（7）W. Martin Wood, *l.c*.

（8）Rev. J. Batchelor, *The Ainu and their Folk-lore*, p. 471.

（9）Miss I. L. Bird, *op. cit*. p. 269.

（10）B. Scheube, *Die Ainos*, p. 4（reprinted from *Mittheilungen d. deutsch. Gesell. b. S. und S. Ostasiens*, Yokohama）.

（11）B. Scheube, "Baerencultus," etc., p. 45; W. Joest, in *Verhandlungen der Berliner Gesellschaft für Anthropologie*, Ethnologie und Urgeschichte, 1882, p. 188.

（12）W. Martin Wood, *l.c*.

（13）Rev. J. Batchelor, *The Ainu and their Folk-lore*（London, 1901）, pp. 476 *sq*. イナオについては後出註（24）参照。

（14）Miss I. L. Bird, *op. cit*. p. 277.

（15）B. Scheube, *Die Ainos*, p. 15; H. von Siebold, *op. cit*. p. 26; W Martin Wood, *l.c*.; J. J. Rein, *Japan*, i. 447; Von Brandt, "The Ainos and Japanese," *Journal of the Anthropological Institute*, iii.（1874）p. 134; Miss Bird, *op. cit*. pp. 275, 276; Rev.

J. Batchelor, *The Ainu and their Folk-lore*, pp. 495 *sq.*

（16）B. Scheube, *Die Ainos*, pp. 15, 16; Von Brandt, *l.c.*; Rev. J. Batchelor, *The Ainu and their Folk-lore*, pp. 352-354, 504 *sq.*

（17）B. Scheube, *Die Ainos*, p. 16.

（18）Rev. J. Batchelor, *The Ainu and their Folk-lore*, pp. 8-10. E. Reclus（*Nouvelle Géographie Universelle*, vii. 755）は或る（日本の？）伝説を記しているが、これによればアイヌが多毛なのは、彼らの最初の祖先が熊に授乳されたためである。しかし他の証拠がないので、これはトーテミズムがあったことの証明とはならない。

（19）B. Scheube, "Der Baerencultus und die Baerenfeste der Ainos," p. 45; Rev. J. Batchelor, *The Ainu and their Folk-lore*, pp. 483-485. バチェラー氏はかつてアイヌの女性が仔熊に授乳することを疑い、否定した（*The Ainu of Japan*, p. 173）。しかしそれから、彼は女達がそれをする様子を何度も見ることになった。かつて彼が説教をしている間に、出席している若い女達全員の間を仔熊が回され、各人が順番に乳を飲ませた。

（20）J. J. Rein, *Japan*（Leipsic, 1881-1886）, i. 447.

（21）B. Scheube, "Der Baerencultus und die Baerenfeste der Ainos," p. 45; Rev. J. Batchelor, *The Ainu and their Folk-lore*, pp. 485 *sq.*

（22）Rev. J. Batchelor, *The Ainu and their Folk-lore*, pp. 486-496. 熊を殺すことはI・L・バード女史（*Unbeaten Tracks in Japan*, New Edition, 1885, pp. 276 *sq.*）がやや違った見解を述べている。しかし彼女はこの祭儀を目撃していない。彼女によると、噴火湾に位置する有珠では、熊が殺される時アイヌは次のように叫ぶ。「我々はお前を殺す。おお、熊よ！　間もなくアイヌの所に戻って来い」。実に尊敬すべき権威者であるシーボルト博士によると、死んだ熊にしばしば熊自身の心臓が供えられた。これは熊がまだ生きているということを、熊自身に納得させるためだという（*Ethnologische Studien über die Aino auf der Insel Yesso*, p. 26）。しかし、ショイベ博士はこれを否定し、心臓は食べられたと言っている（"Baerenculus," p. 50 note）。この慣習は地域により異なるだろう。

（23）B. Scheube, "Der Baerencultus und die Baerenfeste der Ainos," *Mittheilungen der deutschen Gesellschaft b. S. und S. Ostasiens*（Yokohama）, Heft xxii. pp. 46 *sqq.*

（24）B. Scheube, "Baerenculus," etc., p. 46; *id.*, *Die Ainos*, p. 15; Miss I. L. Bird, *op. cit.* pp. 273 *sq.* アイヌの小屋で極めて目に立つこれらの削り掛け（イナオ）については、Rev. J. Batchelor, *The Ainu and their Folk-lore*, pp. 89-95. 参照。彼はこう述べている（p. 92）。「私は、アイヌはイナオを崇拝するのではなく、ただ神々に対する供物としてそれを作り、神々に対する敬意を示するしとしてそれを据え付けるということを、講演においてもまた著作においてもしばしば主張してきた。今私の言わなければならないのは、これは真実だが、部分的にはということである。というのも、普通かあまり大切でないイナオは崇拝されない一方、崇拝されるイナオもいくらか存在するからである。崇拝されないイナオはほとんど常に純粋で単純な供物か護符と見なされ、一方、崇拝されるイナオは高位の神々に派遣された使者とみなされる」。総括するに、バチェラー氏はイナオを様々な力の度合いをもったフェティシュとして描写しようとした。さらに以下参照。P. Labbé, *Un bagne Russe, l'Isle de Sakhaline*（Paris, 1903）, pp. 194 *sq.* 彼はこれらの削り掛けの使用法を、ローマン・カトリックの聖なる蝋燭の使用法に比している。ボルネオ島の樟脳採取には多くの迷信がある。とりわけ採取者が多くの樟脳の出る木を見付けた時は、「自分達の小屋の近くに一本の棒を立てるが、この棒の外皮は削ぎ落とされて、カールした削り屑や房になって側面と天辺から垂れ下がっている」（W. H. Furness, *Home-life of Borneo Head-hunters*, Philadelphia, 1902, p. 168）。何人かの古代の権威者によると、古代イタリア人は削り掛けの棒を神として、あるいは神の像として崇拝したという。しかしこの記述は「デルブラム（神殿）」という言葉を説明するための語源的推論に過ぎないようである。以下参照。Festus, *s.v.* "Delubrum," p. 73, ed. C. O. Müller; Servius on Virgil, *Aen.* ii. 225.

(25)「蝦夷記〔Ieso-Ki〕には蝦夷島の描写がなされているが、シャクシャイン〔Samsay-in〕の反乱に関する説明も付記されている。これらは通訳の金衛門〔Kannemon〕によって書かれたもので」Malte-Brun's *Annales des Voyages*, xxiv.(Paris, 1814) p. 154 に記載.

(26) P. Labbé, *Un Bagne Russe, l'Isle de Sakhaline*(Paris, 1903), pp. 227, 232-258. 樺太のギリヤーク人も同じように熊を育て、犠牲に捧げる。しかし、その祭儀はずっと単純で、またアイヌほど熊を崇拝していない。P. Labbé, *op. cit.* pp. 261-267.

(27) 彼らはアムール川下流の岸と北樺太に住んでいる。E. G. Ravenstein, *The Russians on the Amur*(London, 1861), p. 389.

(28) "Notes on the River Amur and the Adjacent Districts," translated from the Russian, *Journal of the Royal Geographical Society*, xxviii.(1858) p. 396.

(29) 蛙の首を刎ねる前に、蛙を苦しめる慣習と比較のこと。本書第二巻六六頁参照。日本では女呪術師が地中に犬を埋め、苦しめて、それから首を切り離し、箱の中に入れて呪術に用いる。以下参照。A. Bastian, *Die Culturländer des alten Amerika*(Berlin, 1878), i. 475 note. 彼は「どのようにして東インド諸島の守護霊は怒り狂うか」について付け加えている。彼は多分バタ・パン将軍〔Batta *Pang-hulu-balang*〕に言及しているようである。以下参照。H. von Rosenberg, *Der Malayische Archipel*(Leipsic, 1878), pp. 59 *sq.*; W.Ködding, "Die Batakschen Götter," *Allgemeine Missions-Zeitschrift*. xii.(1885) pp. 478 *sq.*; J. B. Neumann, "Het Pane-en Bila-stroomgebied op het eiland Sumatra," in *Tijdschrift van het Nederlandsch Aardrijkskundig Genootschap*, Tweede Serie, dl. iii.(1886) Afdeeling. meer uitgebreide artikelen, No. 2, p. 306; Van Dijk, in *Tijdschrift voor Indische Taal- Land- en Volkenkunde*, xxxviii.(1895) pp. 307 *sq.*

(30) W. Joest, in B. Scheube, *Die Ainos*, p. 17; J. Deniker, "Les Ghiliaks d'après les derniers renseignements," *Revue d'Ethnographie*, ii.(1883) pp. 307 *sq.*(シーラント氏に拠る); *Internationales Archiv für Ethnologie*, i.(1888) p. 102(ヤコブソン大佐に拠る); *Archiv für Anthropologie*, xxvi.(1900) p. 796(セラントまたはシーラント博士による、あるロシア人が書いたギリヤーク人に関する著作の抜粋)。「熊のように踊る」(「熊のように、男女両性の輪舞を踊る〔*tanzen beide Geschlechter Reigentänze, wie Bären*〕」, Joest, *l.c.*)とは正確にはどういう意味かは出ていない。

(31) L. von Schrenck, *Reisen und Forschungen im Amur-lande*(St. Petersburg, 1891), iii. 696-731.

(32) L. Sternberg, "Die Religion der Giljaken," *Archiv für Religionswissen schaft*, viii.(1905) pp. 260-274.

(33) E. G. Ravenstein, *The Russians on the Amur*(London, 1861), pp. 379 *sq.*; T. W. Atkinson, *Travels in the Regions of the Upper and Lower Amoor*(London, 1860), pp. 482 *sq.*

(34) E. H. Fraser, "The Fish-skin Tartars," *Journal of the China Branch of the Royal Asiatic Society for the year 1891-1892*, New Series, xxvi. 36-39. L・フォン・シュレンクは一八五五年オルチャ人の間で実見した熊祭を述べている(*Reisen und Forschungen im Amur-lande*, iii. 723-728)。オルチャ人は多分オロチ人と同一であろう。

(35) 本書第二巻四九頁以降参照。

(36) Rev. J. Batchelor, *The Ainu and their Folk-lore*, pp. 492, 493, 495, 496.

(37) *Op. cit.* p. 482. バチェラー氏は「トーテム神」と言っている。

(38) *Op. cit.* pp. 580 *sqq.*

(39) 本書一二三頁以降参照。

(40) このギリヤーク人の熊に対する態度や、祭儀を行う理由についての話はレオ・シュテルンベルク師によるものである。彼の論文 "Die Religion der Giljaken," *Archiv für Religionswissenschaft*, viii.(1905) pp. 273 *sq.* 456-458 参照。彼は熊を低位の神と述べている(「たとえ低位の神であるとしても、それ自体が一応は神である〔*Er selbst ist ja eine Gottheit, wenn auch eine kleine*〕」)。シュテルンベルク氏とバチェラー氏は、二人とも本問題の権威者であるが、祭典における熊殺しは神に対する供犠であることを否定している点で一致している。以下参照。L. Sternberg, *op. cit.* p. 457; Rev. J. Batchelor, *The Ainu and their Folk-lore*, p. 482. 人間の生命を脅かす悪霊についてのギリヤーク人の信仰についてはL. Sternberg, *op. cit.* pp. 460 *sqq.* 参照。

（41）Rev. J. Batchelor, *The Ainu and their Folk-lore*, pp. 410-415.

（42）Rev. J. Batchelor, *op. cit.* pp. 432 *sq.*

（43）Rev. J. Batchelor, *op. cit.* p. 438.

（44）本書二二〇、二二七頁参照。

（45）Rev. J. Batchelor, *The Ainu and their Folk-lore*, p. 479.

（46）Rev. J. Batchelor, *op. cit.* pp. 481, 482.

（47）L. Sternberg, "Die Religion der Giljaken," *Archiv für Religionswissenschaft*, viii.（1905）p. 272.

第十四章　狩人による野獣の慰霊

（1）E. F. im Thurn, *Among the Indians of Guiana*（London, 1883）, p.350.

（2）J. Money, "Myths of the Cherokee," *Nineteenth Annual Report of the Bureau of American Ethnology*, Part i.（Washington, 1900）p.261.

（3）Rev. John Heckewelder, "An Account of the History, Manners, and Customs of the Indian Nations who once inhabited Pennsylvania and the neighbouring States," *Transactions of the Historical and Literary Committee of the American Philosophical Society*, vol. i.（Philadelphia, 1819）pp.247 *sq.*

（4）J. J. M. de Groot, *The Religious System of China*, iv.（Leyden, 1901）pp.157 *sq.*

（5）John Campbell, *Travels in South Africa, being a Narrative of a Second Journey in the Interior of that Country*（London, 1822）, ii. 34.

（6）L. Sternberg, "Die Religion der Giljaken," *Archiv für Religionswissenschaft*, viii.（1905）p.248.

（7）I. Petroff, *Report on the Population, Industries, and Resources of Alaska*, p. 145.

（8）本書九八頁参照。

（9）A. C. Haddon, "The Ethnography of the Western Tribe of Torres Straits," *Journal of the Anthropological Institute*, xix.（1890）p. 393; *id.*, *Head-hunters*（London, 1901）, p.133; *Reports of the Cambridge Anthropological Expedition to Torres Straits*, v.（Cambridge, 1904）p.166.

（10）Miss Alice C. Fletcher, *The Import of the Totem, a Study from the Omaha Tribe*, p.6 一八九七年アメリカ科学振興協会においての発表論文。

（11）James Teit, "The Thompson Indians of British Columbia," p.356（*The Jesup North Pacific Expedition. Memoir of the American Museum of Natural History*, April 1900）.

（12）K. von den Steinen, *Unter den Naturvölkern Zentral-Brasiliens*（Berlin, 1894）, pp.352 *sq.*, 512. 中央ブラジルのカンビオ先住民は、同種の鳥を捕まえて来て養い、その素晴しい羽毛を用いて約一・八メートルの高さの巨大な頭飾りあるいは仮面を作るが、それはある神秘的な踊りの時に踊り手がかぶった。この仮面は各村の特別の小屋に格納され、女がこれを見ると殺された。F. de Castelnau, *Expédition dans les parties centrales de l'Amérique du Sud*（Paris, 1850-1851）, i. 436 *sq.*, 440, 449-451.

（13）しかし、多くの野生人は肉を得るため鰐を殺し、ある者はそれを美味とさえ考えている。以下参照。H. von Wissmann, *My Second Journey through Equatorial Africa, from the Congo to the Zambesi*（London, 1891）, p.298; Ch. Partridge, *Cross River Natives*（London, 1905）, p.149; A. F. Mocler-Ferryman, *Up the Niger*（London, 1892）, p.222; Captain G. Burrows, *The Land of the Pigmies*（London, 1898）, p.247; R. E. Dennett, "Bavili Notes," *Folklore*, xvi.（1905）p. 399; J. Halkin, *Quelques Peuplades du district de l'Uelé*, I. *Les Ababua*（Liége,

1907), p.33; H. Reynolds, "Notes on the Azandé Tribe of the Congo," *Journal of the African Society*, No. xi.（April, 1904）p. 242; Brard, "Der Victoria-Nyansa," *Petermann's Mittheilungen*, xliii.（1897）p.78; A. van Gennep, *Tabou et Totémisme à Madagascar*（Paris, 1904）, p.209; G. Kurze, "Sitten und Gebräuche der Lengua-Indianer," *Mitteilungen der Geographischen Gesellschaft zu Jena*, xxiii.（1905）p. 30; W. Barbrooke Grubb, *An unknown People in an unknown Land*（London, 1911）, pp.82 *sq.*; *Census of India, 1901*, vol. xxvi., Travancore（Trivandrum, 1903）, p.353; Max Krieger, *Neu-Guinea*（Berlin, N. D.）, p.163; Spencer and Gillen, *Northern Tribes of Central Australia*（London, 1904）, p.770; W. E. Roth, *Ethnological Studies among the North West-Central Queensland Aborigines*（Brisbane and London, 1897）, p.94; N. W. Thomas, Natives of Australia（London, 1906）, p.106. 古代には、エジプト人のある者は鰐を崇拝したが、ある者は殺して食べた。以下参照。Herodotus, ii. 69; Plutarch, *Isis et Osiris*, 50; Aelian, *De natura animalium*, x. 21.

（14）Rev. J. Perham, "Sea Dyak Religion," *Journal of the Straits Branch of the Royal Asiatic Society*, No. 10（Singapore, 1883）, p.221. なお、以下参照のこと。C. Hupe, "Korte verhandeling over de godsdienst zeden, enz. der Dajakkers," *Tijdschrift voor Neêrlands Indië*, 1846, dl. iii. 160; S. Müller, *Reizen en onderzoekingen in den Indischen Archipel*（Amsterdam, 1857）, i. 238; M. T. H. Perelaer, *Ethnographische Beschrijving der Dajaks*（Zalt-Bommel, 1870）, p.7.

（15）F. Grabowsky, "Die Theogonie der Dajaken auf Borneo," *Internationales Archiv für Ethnographie*, v.（1892）pp.119 *sq.*

（16）H. Ling Roth, *The Natives of Sarawak and British North Borneo*（London, 1896）, i. 447 *sq.* なお、以下参照のこと。E. H. Gomes, *Seventeen years among the Sea Dyaks of Borneo*（London, 1911）, pp.56-60. 同様に、サラワクの三部族であるクニャー人、カヤン人、イバン人は、自分達の仲間の一人が殺された時の復讐以外には鰐を殺さない。以下も参照のこと。C. Hose and W. MacDougall, "The Relations between Men and Animals in Sarawak," *Journal of the Anthropological Institute*, xxxi.（1901）pp.186, 190, 199, また以下と比較のこと。*Ib.* pp.193 *sq.*

（17）J. L. van der Toorn, "Het animisme bij den Minangkabauer der Padangsche Bovenlanden," *Bijdragen tot de Taal- Land- en Volkenkunde van Nederlandsch-Indië*, xxxix.（1890）pp.75 *sq.*

（18）Nelson Annandale, "Primitive Beliefs and Customs of the Patani Fishermen," *Fasciculi Malayenses, Anthropology*, i.（April, 1903）pp.76-78.

（19）*Voyages of Captain James Cook round the World*（London, 1809）, ii. 316-319.

（20）Rev. J. Roscoe, *The Baganda*（London, 1911）, p.336.

（21）Rev. J. Roscoe, *op. cit.* pp.318, 322, 335.

（22）Fr. Stuhlmann, *Mit Emin Pascha ins Herz von Afrika*（Berlin, 1894）, pp.510 *sq.*

（23）A. Raffenel, *Voyage dans l'Afrique occidentale*（Paris, 1846）, pp.84 *sq.*

（24）J. Sibree, *The Great African Island*（London, 1880）, p.269.

（25）Father Abinal, "Croyances fabuleuses des Malgaces," *Les Missions Catholiques*, xii.（1880）p.527; A. van Gennep, *Tabou et Totémisme à Madagascar*（Paris, 1904）, pp.283 *sq.*

（26）W. Ellis, *History of Madagascar*（London, N. D.）, i. 57 *sq.*

（27）W. Marsden, *History of Sumatra*（London, 1811）, p.292.

（28）J. L. van der Toorn, "Het animisme bij den Minangkabauer der Padangsche Bovenlanden," *Bijdragen tot de Taal- Land- en Volkenkunde van Nederlandsch Indië*, xxxix.（1890）pp.74, 75 *sq.*

（29）H. Ris, "De onderafdeeling Mandailing Oeloe en Pahantan en hare Bevolking," *Bijdragen tot de Taal- Land- en Volkenkunde van Nederlandsch Indië*, xlvi.（1896）pp.472 *sq.*

（30）G. G. Batten, *Glimpses of the Eastern Archipelago*（Singapore 1894）, p.86.

（31）Th. Shaw, "On the Inhabitants of the Hills near Rajamahall," *Asiatic*

Researches, Fourth Edition, iv.（London, 1807）p.37.

(32) *Annales de l'Association de la Propagation de la Foi*, v.（1831）pp.363 *sq*.

(33) J. Bricknell, *The Natural History of North Carolina*（Dublin, 1737）, p.368.

(34) W. Bartram, *Travels through North and South Carolina, Georgia, East and West Florida*, etc.（London, 1792）pp.258-261.

(35) H. R. Schoolcraft, *Indian Tribes of the United States*（Philadelphia, 1853-1856）, iii. 273.

(36) Rev. John Heckewelder, "An Account of the History, Manners, and Customs of the Indian Nations who once inhabited Pennsylvania and the neighbouring States," *Transactions of the Historical and Literary Committee of the American Philosophical Society*, i.（Philadelphia, 1819）p.245.

(37) W. Keating, *Narrative of an Expedition to the Source of St. Peter's River*（London, 1825）, i. 127.

(38) J. Mooney, "Myths of the Cherokee," *Nineteenth Annual Report of the Bureau of American Ethnology*, Part i.（Washington, 1900）pp.294-296. なお、以下参照のこと。*id*., pp.456-458; J. Adair, *History of the American Indians*（London, 1775）, pp.237 *sq*.

(39) Henry, *Travels*, pp.176-179, quoted by J. Mooney, *op. cit*. pp.457 *sq*.

(40) C. Sapper, "Die Gebräuche und religiösen Anschauungen der Kekchi-Indianer," *Internationales Archiv für Ethnographie*, viii.（1895）p.204.

(41) H. Rehse, *Kiziba, Land und Leute*（Stuttgart, 1910）, pp.130 *sq*.

(42) Fr. Boas, in *Eleventh Report on the North-Western Tribes of Canada*, pp.9 *sq*.（separate reprint from the *Report of the British Association for 1896*）.

(43) Rev. J. Jetté, "On the Medicine men of the Ten'a," *Journal of the Royal Anthropological Institute*, xxxvii（1907）p.158.

(44) J. Mooney, "Myths of the Cherokee," *Nineteenth Annual Report of the Bureau of American Ethnology*, Part i.（Washington, 1900）p.265.

(45) T. de Pauly, *Description Ethnographique des Peuples de la Russie*（St. Petersburg, 1862）, *Peuples de la Siberie Orientale*, p.7.

(46) Scholiast on Apollonius Rhodius, *Argonaut*. 124.

(47) "Coutumes étranges des indigènes du Djebel-Nouba," *Les Missions Catholiques*, xiv.（1882）p.458.

(48) C. B. Klunzinger, *Upper Egypt*（London, 1878）, pp.402 *sq*.

(49) Caulin, *Historia Coro-graphica natural y evangelica dela Nueva Andalucia*, p. 96;「無害で食用に適さない動物ならどれでもあまり殺そうとはしない」（"*Reusan mucho matar qualquier animal no comestibile que no sea nocibo*," etc.）ここに出てくる *reusan* とは *recusan* の誤植と思われる。

(50) G. W. Steller, *Beschreibung von dem Lande Kamtschatka*（Frankfort and Leipsic, 1774）, pp.85, 280, 331.

(51) *Voyages au Nord*（Amsterdam, 1727）, viii. 41, 416; P. S. Pallas, *Reise durch verschiedene Provinzen des russischen Reichs*（St. Petersburg, 1771-1776）, iii. 64; J. G. Georgi, *Beschreibung aller Nationen des russischen Reichs*（St. Petersburg, 1776）, p.83.

(52) A. Erman, *Travels in Siberia*（London, 1848）, ii. 43. 白熊を殺してその肉を食べるサモエード人の白熊崇拝については、*ibid*. pp.54 *sq*.

(53) A. Bastian, *Der Mensch in der Geschichte*（Leipsic, 1860）, iii. 26.

(54) W. Jochelson, *The koryak*（Leyden and New York, 1908）, pp.88 *sq*.（*The Jesup North Pacific Expedition*, vol. vi., *Memoir of the American Ruseum of Natural History*）.

(55) Max Buch, *Die Wotjäken*（Stuttgart, 1882）, p.139.

(56) A. Featherman, Social History of the Races of Mankind, Fourth Division, Dravido-Turanians, etc.（London, 1891）p.422.

(57) J. Scheffer, *Lapponia*（Frankfort, 1673）, pp.233 *sq*. サーミ人は「今でも熊を狩るには念入りな祭儀を行う。彼らは熊の死体に祈り、歌い、それを食べる前に数日間崇拝する」（E. Rae, *The White Sea Peninsula*［London, 1881］, p. 276）。

（58）Charlevoix, *Histoire de la Nouvelle France*（Paris, 1744）, v. 173 *sq.*; Chateaubriand, *Voyage en Amérique*, pp.172-181（Paris, Michel Lévy, 1870）.

（59）*Lettres édifiantes et curieuses*, Nouvelle Édition, vi.（Paris, 1781）p.171. L・H・モーガンはオタワのトーテム氏族の名前は得られなかったと述べている（*Ancient Society*, London, 1877, p.167）。*Lettres édifiantes*, vi. 168-171 によれば、彼は野ウサギ、鯉、熊氏族の名前を知っていたようである。なおこれに、私が *The Academy*, 27th September 1884, p.203 で引用されている *The Canadian Journal*（Toronto）for March 1858 からの抜粋で知った、カモメ氏族を加えることができよう。

（60）*A Narrative of the Adventures and Sufferings of John R. Jewitt*, p.117（Middletown, 1820）, p.133（Edinburgh, 1824）.

（61）De Smet, *Western Missions and Missionaries*（New York, 1863）, p.139.

（62）A. P. Reid, "Religious Belief of the Ojibois Indians," *Journal of the Anthropological Institute*, iii.（1874）p.111.

（63）Henry's *Travels*, pp.143-145, quoted by J. Mooney, "Myths of the Cherokee," *Nineteenth Annual Report of the Bureau of American Ethnology*, Part i.（Washington, 1900）, pp.446 *sq.*

（64）A Mackenzie, "Descriptive notes on certain implements, weapons, etc., from Graham Island, Queen Charlotte Islands, B. C.," *Transactions of the Royal Society of Canada*, ix.（1891）section ii. p.58.

（65）James Teit, *The Thompson Indians of British Columbia*, p.347（*The Jesup North Pacific Expedition, Memoir of the American Museum of Natural History*, April 1900）。トンプソン先住民はかつてクトー［仏語 Couteau］すなわちナイフ先住民として知られていた。

（66）J. Teit, *The Lillooet Indians*（Leyden and New York, 1906）, p.279（*The Jesup North Pacific Expedition, Memoir of the American Museum of Natural History*）; *id.*, *The Shuswap*（Leyden and New York, 1909）, pp.602 *sq.*（*The Jesup North Pacific Expedition*）.

（67）Stephen Kay, *Travels and Researches in Caffraria*（London, 1833）, p.138.

（68）L. Alberti, *De Kaffers aan de Zuidkust van Afrika*（Amsterdam, 1810）, p.95. アルベルティの情報は H. Lichtenste（*Reisen im südlichen Afrika*, Berlin, 1811-1812, i. 412）と Cowper Rose（*Four Years in Southern Africa*, London, 1829, p. 155）に繰り返されている。象の鼻の埋葬は Kay, *l. c.* も記している。

（69）J. Shooter, *The Kafirs of Natal*（London, 1857）, p.215.

（70）Fr. Stuhlmann, *Mit Emin Pascha ins Herz von Afrika*（Berlin, 1894）, p.87.

（71）Rev. J. Roscoe, *The Baganda*（London, 1911）, p.447.

（72）Fr. Stuhlmann, *Mit Emin Pascha ins Herz von Afrika*（Berlin, 1894）, p.785.

（73）J. Becker, *La Vie en Afrique*（Paris and Brussels, 1887）, ii. 298 *sq.*, 305.

（74）A. Bastian, *Die deutsche Expedition an der Loango-Küste*（Jena, 1874-1875）, ii. 243.

（75）A. F. Mockler-Ferryman, *Up the Niger*（London, 1892）, p.309.

（76）Lieut. Herold, "Bericht betreffend religiöse Anschauungen und Gebräuche der deuschen Ewe-Neger," *Mitheilungen von Forschungsreisenden und Gelehrten aus den deutschen Schutzgebieten*, v. Heft 4（Berlin, 1892）, p.156.

（77）H. Spieth, "Jagdgebräuche in Avatime," *Mitteilungen der geographischen Gesellschaft zu Jena*, ix.（1890）pp.18-20. なお、以下参照のこと。H. Klose, *Togo unter deutscher Flagge*（Berlin, 1899）, pp.145-147. 野生の水牛を殺した後に行う祭儀もこれと大同小異である。

（78）Rev. J. Roscoe, "Futher Notes on the Manners and Customs of the Baganda," *Journal of the Anthropological Institute*, xxxii.（1902）p.54; *id.*, *The Baganda*（London, 1911）, pp.289, 448.

（79）Rev. J. Roscoe, *The Baganda*（London, 1911）, pp.288 *sq.* バガンダ人が羊について抱くもう一つの奇妙な観念は、羊は家畜を丈夫にし、雷に打たれるのを防ぐということである。このため羊は一種の雷の指揮者〔lightning-conductor〕として役立ち、しばしば雌牛と一緒に移動する。J. Roscoe, *op. cit.* p.421 参照。

（80）Rev. J. Roscoe, *op. cit.* pp.423 *sq.*「もしある人の犬が家の中で死ぬと、妻はそれに触れようとしない。というのはその亡霊を怖れるからである。妻は夫を呼んで犬を持っていってもらう」（*op. cit.* p.425）。

（81）W. Jochelson, *The Koryak*（Leyden and New York, 1908）, p.66（*The Jesup North Pacific Expedition, vol. vi., Memoir of the American Museum of Natural History*）.

（82）W. Jochelson, *The Koryak*（Leyden and New York, 1908）, pp.66-76（*The Jesup North Pacific Expedition*, vol. vi., *Memoir of the American Museum of Natural History*）.

（83）Captain W. F. W. Owen, *Narrative of Voyages to explore the Shores of Africa, Arabia, and Madagascar*（London, 1833）, i. 170.

（84）Rev. R. H. Nassau, *Fetichism in West Africa*（London, 1904）, p.204.

（85）A. Thevet, *La Cosmographie Universelle*（Paris, 1575）, ii. 936[970] *sq.*

（86）A. d'Orbigny, *Voyage dans l'Amérique Méridionale*, iii.（Paris and Strasburg, 1844）p.202.

（87）E. F. im Thurn, *Among the Indians of Guiana*（London, 1883）, p.352.

（88）G. B. Grinnell, *Blackfoot Lodge Tales*（London, 1893）, p.240.

（89）A. Caulin, *Historia Coro-graphica natural y evangelica dela Nueva Andalucia Guayana y Vertientes del Rio Orinoco*（1779）, p.97.

（90）J. Monney, "Myths of the Cherokee," *Nineteenth Annual Report of the Bureau of American Ethnology*, Part i.（Washington, 1900）p.282.

（91）J. Owen Dorsey, "Teton Folklore Notes," *Journal of American Folklore*, ii.（1889）p. 134; *id.*, "A Study of Siouan Cults," *Eleventh Annual Report of the Bureau of Ethnology*（Washington, 1894）, p.479.

（92）H. Mouhot, *Travels in the Central Parts of Indo-China*（London, 1864）, i. 252; J. Moura, *Le Royaume du Cambodge*（Paris, 1883）, i. 422.

（93）H. R. Schoolcraft, *Indian Tribes of the United States*（Philadelphia, 1853-1856）, v. 420.

（94）J. G. Gmelin, *Reise durch Sibirien*（Göttingen, 1751-1752）, ii. 278.

（95）L. von Schrenck, *Reisen und Forschungen im Amur-lande*, iii. 564.

（96）W. Dall, *Alaska and its Resources*（London, 1870）, p.89; *id.*, in *The Yukon Territory*（London, 1898）, p.89.

（97）Fr. Boas, in *Sixth Report on the North-Western Tribes of Canada*, p. 92（separate reprint from the *Report of the British Association for 1890*）.

（98）A. G. Morice, "Notes, archæological, industrial, and sociological, on the Western Dénés," *Transactions of the Canadian Institute*, iv.（1892-93）p.108.

（99）A. G. Morice, *Au pays de l'Ours Noir, chez les sauvages de la Colombie Britannique*（Paris and Lyons, 1897）, p.71.

（100）L. Hennepin, *Description de la Louisiane*（Paris, 1683）, pp.97 *sq.*

（101）*Relations des Jésuites*, 1634, p.24（Canadian reprint, Quebec, 1858）. 先住民は網を生物と考えており、これは考え、感情を持っているだけでなく、物を食べ、話をし、妻を娶る。以下参照。F. Gabriel Sagard, *Le Grand Voyage du Pays des Hurons*, p.256（pp.178 *sq.* of the reprint, Librairie Tross, Paris, 1865）; S. Hearne, *Journey to the Northern Ocean*（London, 1795）, pp.329 *sq.*; *Relations des Jésuites*, 1636, p.109; *ibid.* 1639, p.95; Charlevoix, *Histoire de la Nouvelle France*（Paris, 1744）, v. 225; Chateaubriand, *Voyage en Amérique*, pp.140 *sqq.* ヘブライ人は自分達の網に捧げものをし、香を焚いた（Habakkuk i. 16）。アンナンの山村のある所では、偉大な狩人である人々は、新年祭になると自分達の網に、鶏、米、香、金紙を供物として捧げた。Le R. P. Cadière, "Coutumes populaires de la vallée du Nguôn-So'n" *Bulletin de l'École Francaise d'Extrême-Orient*, ii.（Hanoi, 1902）p.381. 網に少ししかあるいは何もかからないと、エウェ人は網が空腹に違いないと考える。そこで彼らは祭司の助けを乞うが、彼は通常、ヤシ油で濡らしたトウモロコシ粉と魚を網の目にふりかけて、網の飢えを充たす。G. Härtter, "Der Fischfang im Evheland," *Zeitschrift für Ethnologie*, xxxviii.（1906）p.55.参照。

（102）Chateaubriand, *Voyage en Amérique*, pp.175, 178（Paris, Michel Lévy Frères,

1870)。彼らはビーバーの血を地上に零さないようにする、さもないと猟運が失われる（*Relations des Jésuites*, 1633, p.21)。王の血を地上に零すことを許さない掟と比較のこと。本書第三巻一六五頁以降参照。

（103）L. Hennepin, *Nouveau voyage d'un pais plus grand que l'Europe*（Utrecht, 1608), pp.141 *sq.*; *Relationsdes Jésuites*, 1636, p.109; F. Gabriel Sagard, *Le Grand Voyage du Pays des Hurons*, p.255（p.178 of the reprint, Libraire Tross, Paris, 1865). 必ずそうだという訳ではないが、カナダの先住民は狩猟で捕まえた鹿はすべて殺す習慣があったが、これは逃げた鹿が仲間達に警告しないようにするためだった。

（104）A. de Herrera, *General History of the vast Continent and Islands of America*, translated by Capt. John Stevens（London, 1725-1726), iv. 142.

（105）*Lettres édifiantes et curieuses*, Nouvelle Édition, viii.（Paris, 1781）p.339.

（106）C. Sapper, "Die Gebräuche und religiösen Anschauungen der Kekchl-Indianer," *Internationales Archiv für Ethnographie*, viii.（1895), pp.195 *sq.*

（107）J. Mooney, "Cherokee Theory and Practice of Medicine," *American Journal of Folk-lore*, iii.（1890）pp.45 *sq.*; *id.*, "Sacred Formulas of the Cherokees," *Seventh Annual Report of the Bureau of Ethnology*（Washington, 1891), pp.320 *sq.*, 347; *id.*, "Myths of the Cherokee," *Nineteenth Annual Report of the Bureau of American Ethnology*, Part i.（Washington, 1900）pp.263 *sq.*

（108）J. G. Bourke, "Religion of the Apache Indians," *Folk-lore*, ii.（1891）p.438.

（109）L. Hennepin, *Description de la Louisiane*（Paris, 1683), pp.80 *sq.*

（110）James Teit, *The Thompson Indians of British Columbia*, pp.346 *sq.*（*The Jesup North Pacific Expedition, Memoir of the American Museum of Natural History*, April 1900).

（111）James Teit, *The Lillooet Indians*（Leyden and New York, 1906), pp.281 *sq.*（*The Jesup North Pacific Expedition, Memoir of the American Museum of Natural History*).

（112）*Relations des Jésuites*, 1634, p.26（Canadian reprint, Quebec, 1858).

（113）Fr. Boas, in "Ninth Report on the North-Western Tribes of Canada," *Report of the British Association for 1894*, pp.459 *sq.*

（114）H. R. Schoolcraft, *Indian Tribes of the United States*（Philadelphia, 1853-1856), iii. 230.

（115）Charlevoix, *Histoire de la Nouvelle France*（Paris, 1744), v. 443.

（116）W. Bogaras, *The Chuckchee*（Leyden and New York, 1904-1909), p.409（*The Jesup North Pacific Expedition*, vol. vii., *Memoir of the American Museum of Natural History*).

（117）J. Spieth, *Die Ewe-Stämme*（Berlin, 1906), pp.389 *sq.*

（118）J. A. Jacobsen, *Reisen in die Inselwelt des Banda-Meeres*（Berlin, 1896), p. 234.

（119）A. C. Kruijt, "Een en ander aangande het geestelijk en maatschappelijkleven van den Poso-Alfoer," *Mededeelingen van wage het Nederlandsche Zendelinggenootschap*, xli.（1897）pp.4 *sq.*

（120）W. Barbrooke Grubb, *An Unknown People in an Unknown Land*（London, 1911), pp.125 *sq.*

（121）L. M. Turner, "Ethnology of the Ungava District, Hudson Bay Territory," *Eleventh Annual Report of the Bureau of Ethnology*（Washington, 1894), pp.200 *sq.*

（122）Fr. Boas, "The Central Eskimo," *Sixth Annual Report of the Bureau of Ethnology*（Washington, 1888), p. 595; *id.*, "The Eskimo of Baffin Land and Hudson Bay," *Bulletin of the American Museum of Natural History*, xv.（1901）pp. 119 *sqq.* これらのイヌイットが海棲動物と陸棲動物との間に存在すると考えている対立は、本書六五頁参照。また海獣を殺した後これらイヌイット（エスキモー）に観察される禁忌については、本書第三巻一四四頁以降参照。

（123）D. Crantz, *History of Greenland*（London, 1767), i. 216.

（124）E. W. Nelson, "The Eskimo about Bering Strait," *Eighteenth Annual Report of the Bureau of American Ethnology*, Part i.（Washington, 1899), pp.379-393, 437. なお、以下参照のこと。A. Woldt, *Captain Jacobsen's Reise an der Nordwest-*

küste Americas 1881-1883（Leipsic, 1884）, pp.289-291. この本の中では、祭儀は主としてE・W・ネルソン氏が一八七九年十二月にヴァンクーヴァー岬付近のクシュナックで見たものと述べられている。予想されるように、その祭儀は各地により若干異なる。

(125) Garcilasso de la Vega, *Royal Commentaries of the Yncas*, translated by C. R. Markham, First Part, bk. i. ch. 10, vol. i. pp.49 *sq.*（Hakluyt Society, London, 1869-1871）. なお、以下参照のこと。*id.*, vol. ii. p.148.

(126) Fr. Boas, in *Sixth Report on the North-Western Tribes of Canada*, pp.61 *sq.*（Separate reprint from the *Report of the British Association for 1890*）; *id.*, *Kwakiutl Texts*, ii. pp.303 *sq.*, 305 *sq.*, 307, 317（*Jesup North Pacific Expedition, Memoir of the American Museum of Natural History*, December, 1902）.

(127) *Relations des Jésuites*, 1667, p.12（Canadian reprint, Quebec, 1858）.

(128) F. Gabriel Sagard, *Le Grand Voyage du Pays des Hurons*, pp.255 *sqq.*（pp. 178 *sqq.* of the reprint, Libraire Tross, Paris, 1865）.

(129) B. Hagen, *Unter den Papuas*（Wiesbaden, 1899）, p.270.

(130) Rev. J. Batchelor, *The Ainu and their Folk-lore*（London, 1901）, pp.529 *sq.*

(131) *A Narrative of the Adventures and Sufferings of John R. Jewitt*（Middletown, 1820）, p.116.

(132) M. J. Schleiden, *Das Salz*（Leipsic, 1875）, p.47. この話は私の亡くなった友人W・ロバートソン・スミス氏に負う。

(133) Hugh Miller, *Scenes and Legends of the North of Scotland*, ch. xvii. pp.256 *sq.*（Edingurgh, 1889）.

(134) M. Martin, "Description of the Western Islands of Scotland," in *Pinkerton's Voyages and Travels*, iii.（London, 1809）p.620.

(135) W. Powell, *Wanderings in a Wild Country*（London, 1883）, pp.66 *sq.*

(136) C. Lumholtz, *Unknown Mexico*（London, 1903）, i. 403.

(137) R. Taylor, *Te Ika a Maui, or New Zealand and its Inhabitants*, Second Edition（London, 1870）, p.200; A. S. Thomson, *The Story of New Zealand*（London, 1859）, i. 202; E. Tregear, "The Maoris of New Zealand," *Journal of the Anthropological Institute*, xix.（1890）p.109.

(138) Rev. J. Roscoe, *The Baganda*（London, 1911）, p.395.

(139) A. G. Morice, *Au pays de l'Ours Noir*（Paris and Lyons, 1897）, p.28.

(140) Sir John Lubbock, *Origin of Civilisation*[4]（London, 1882）, p.277, quoting Metlahkatlah, p.96.

(141) W. Dall, *Alaska and its Resources*（London, 1870）, p.413.

(142) Fr. Boas, in "Ninth Report on the North-Western Tribes of Canada," *Report of the British Association for 1894*, p.461. なお、以下参照のこと。J. Teit, *The Lillooet Indians*（Leyden and New York, 1906）, pp.280 *sq.*（*The Jesup North Pacific Expedition, Memoir of the American Museum of Natural History*）; C. Hill Tout, in *Journal of the Anthropological Institute*, xxxv.（1905）p.140; *id.*, *The Far West, the Home of the Salish and Déné*（London, 1907）, pp.170-172.

(143) Fr. Boas, in *Sixth Report on the North-Western Tribes of Canada*, pp.16 *sq.*（separate reprint from the *Report of the British Association for 1890*）.

(144) *Id.*, in *Fifth Report on the North Western Tribes of Canada*, p.51（separate reprint from the *Report of the British Association for 1889*）.

(145) Stephen Powers, *Tribes of California*（Washington, 1877）, pp.31 *sq.*

(146) Alex. Ross, *Adventures of the First Settlers on the Oregon or Columbia River*（London, 1849）, p.97.

(147) Ch. Wilkes, *Narrative of the United States Exploring Expedition*, New Edition（New York, 1851）, iv. 324, v. 119. それにはこう述べてある。「犬には決して鮭の心臓を食べさせてはならない。これを防ぐため、彼らはそれを売る前に鮭の心臓を切り取っておく」。

(148) H. C. St. John, "The Ainos," *Journal of the Anthropological Institute*, ii.（1873）p.253; *id.*, *Notes and Sketches from the Wild Coasts of Nippon*, pp.27 *sq.* 同じように、アイヌは、熊その他の獲物の肉を戸口からでなく、窓や煙穴から家の中に入れる掟となっている。以下参照。Rev. J. Batchelor, *The Ainu and*

their Folk-lore（London, 1901）, p.123; P. Labbé, *Un Bagne Russe*（Paris, 1903）, pp.255 *sq*.

（149）*Archiv für Anthropologie*, xxvi.（1900）p.796（アムールのギリヤークについて）; J. Scheffer, *Lapponia*（Frankfort, 1673）, pp.242 *sq*.; C. Leemius, *De Lapponibus Finmarchiae eorumque lingua, vita, et religione pristina commentatio*（Copenhagen, 1767）, p.503; *Revue d'Ethnographie*, ii.（1883）pp.308 *sq*.; *Journal of the Anthropological Institute*, vii.（1878）p. 207; Fr. Boas, "The Central Eskimo," in *Sixth Annual Report of the Bureau of Ethnology*（Washington, 1888）, p. 595; *id*., "The Eskimo of Baffin Land and Hudson Bay," *Bulletin of the American Museum of Natural History*, xv.（1901）p.148; A. G. Morice, in *Transactions of the Canadian Institute*, iv.（1892-93）p.108.

（150）E. James, *Expedition from Pittsburgh to the Rocky Mountains*（London, 1823）, i. 257.

（151）D. G. Brinton, *Myths of New World*[2]（New York, 1876）, p. 278.

（152）W. H. Keating, *Expedition to the Source of St. Peter's River*（London, 1825）, i. 452.

（153）Fr. Boas, "The Eskimo of Baffin Land and Hudson Bay," *Bulletin of the American Museum of Natural History*, xv.（1901）p. 161.

（154）A. d'Orbigny, *Voyage dans l'Amérique Méridionale*, iii.（Paris and Strasburg, 1844）p. 201. しかしながらこの場合、動物再生の信仰ははっきり確認されておらず、また骨を焼く慣習はこの信仰と矛盾しているようである。

（155）E. J. Jessen, *De Finnorum Lapponumque Norwegicorum religione pagana tractatus singularis*, pp. 46 *sq*., 52 *sq*., 65（関連書として C. Leem's *De Lapponibus Finmarchiae eorumque lingua, vita et religione pristina commentatio*, Copenhagen, 1767）. なお、以下参照のこと。Leem's work, pp. 418-420, 428 *sq*.; J. Acerbi, Travels through Sweden, *Finnland, and Lapland*（London, 1802）, ii. 302.

（156）G. W. Steller, *Beschreibung von dem Lande Kamtschatka*（Frankfort and Leipsic, 1774）, p. 269; S. Krascheninnikow, *Beschreibung des Landes Kamtschatka*（Lemgo, 1766）, p. 246.

（157）以下参照のこと。A. Erman, referred to above, p. 223; J. G. Gmelin, *Reise durch Sibirien*（Göttingen, 1751-1752）, i. 274, ii. 182 *sq*., 214; H. Vambery, *Das Türkenvolk*（Leipsic, 1885）, pp. 118 *sq*. ペルーのコンチュコスの聖なる動物である狐を殺すと、皮に詰め物をして安置した（A. Bastian, *Die Culturländer des alten Amerika*, i. 443）. なお、以下と比較のこと。the *bouphonia*, above, pp. 4 *sqq*.

（158）イロクォイ先住民は、例年の白犬供犠に当たっては、血を流したりその骨を折ったりしないように気を付けながら首をしめる。この犬は後で焼やした（L. H. Morgan, *League of the Iroquois*, Rochester, 1851, p. 210）。オーストラリア黒人のある者は、土地の熊を殺す際、その骨を折らないことが掟となっている。この熊はかつて川の水をすべて盗んだことがあり、もし熊の骨を折ったり、焙る前に皮を剝いだりすると、再び盗みをするということである（R. Brough Smyth, *Aborigines of Victoria*, i. 447 *sqq*.）。クイーンズランドの原住民のある者は、ジュゴンの骨や頭蓋骨は山積みにして片付けておくか、保存しておくかしないと、もう獲れなくなると信じている（W. E Roth, *North Queensland Ethnography*, Bulletin No. 5, Brisbane, 1903, p. 27）。カルピーニが訪ねたタタール人は食べるために動物を殺した時、その骨を折らずに火で燃やした（Carpini, *Historia Mongalorum* [Paris, 1838], cap. iii. § i. 2, p. 620）。北米先住民は自分達の食べる動物の骨を折ってはならない（Charlevoix, *Histoire de la Nouvelle France*, vi. 72）。先住民の戦士達が家を出た後の戦闘の宴では、動物をまるごと料理し、すっかり食べてしまわなければならない。骨は一切折ってはならない。肉を剝ぎ取った後、骨は木に吊された（*Narrative of the Captivity and Adventures of John Tanner*, London, 1830, p. 287）。聖オラフの日（七月二十九日）には、フィンランドのカレル人はナイフを使わずに仔羊を殺し、丸焼きにする。その骨は一切折ってはならない。仔羊は春から剪毛しない。肉の一部は家神のために室の隅に置き、他の部分は畑に、そして翌年〈五月の木〉として使うことになっている樺の木の傍にも置く（W. Mannhardt, *Antike Wald- und Feldkulte*, pp. 160 *sq*., note)。イヌイットのある者は、鹿の皮を剝ぐ時、一本の骨も折らないように注意する。またセイウチ狩りの間は鹿の骨を折ることはない（Fr. Boas, “The Central Eskimo,” *Sixth Annual Report of the Bureau of Ethnology*（Washington, 1888）, pp. 595 *sq*.）。アラスカのバロー岬のイヌイット（エスキモー）は、自分達の捕ったアザラシの骨は折らずに丁寧に保存しておいて、陸から遠く離れた氷の割れ目に置くか、氷の穴から落とすなどして海に帰す。それにより彼らは、アザラシ猟で豊漁が約束されると考えている（*Report of the International Expedition to Point Barrow, Alaska*［Washington, 1885］, p. 40）。この最後の慣習の考え方は、恐らく骨に再び肉が付いてアザラシが再生するということであろう。中米のモスキート先住民は、鹿の骨と卵の殻を丁寧に保存するが、これは鹿や鶏が死んだり消えたりしないようにである（H. H. Bancroft, *Native Races of the Pacific States*, i. 741）。現在シリアでは、少年が七歳になると犠牲を捧げ、その生贄の骨を折ることはない。「というのも、もし万一生贄の骨が折れてしまったら、子供の骨もまた折れてしまうのを怖れるからである」（S. I. Curtiss, *Primitive Semitic Religion To-day*, Chicago, etc., 1902, p. 178）。この最後のものは、古い慣習の後代による誤読であろう。犠牲にする動物の骨を折ることを禁じる西アフリカの例については、J. Spieth, *Die Ewe-Stämme*（Berlin, 1906）, pp. 458, 466, 480, 527, 712, 796, 824参照。南オーストラリア州のナリニエリ人においては、動物を解体する時、見物人達が骨を折るごとに飛び上がって悲鳴を上げるならわしがあったが、もしそうしないと自分達の身体の骨が腐ってしまうと考えていた（A. W. Howitt, *Native Tribes of South-East Australia*, p. 763）。

(159) *Relations des Jésuites*, 1634, p.25（Canadian reprint, Quebec, 1858）; A. Mackenzie, *Voyages through the Continent of America*（London, 1801）, p. civ.; J. Dunn, *History of the Oregon Territory*（London, 1844）, p. 99; F. Whymper, in *Journal of the Royal Geographical Society*, xxxviii.（1868）p. 228; *id*., in *Transactions of the Ethnological Society*, N.S., vii.（1869）p. 174; A. P. Reid, “Religious Belief of the Ojibois Indians,” *Journal of the Anthropological Institute*, iii.（1874）p. 111; Fr. Boas, “The Central Eskimo,” *Sixth Annual Report of the Bureau of Ethnology*（Washington, 1888）, p. 596; *id*., “The Eskimo of Baffin Land and Hudson Bay,” *Bulletin of the American Museum of Natural History*, xv.（1901）p. 123; E. W. Nelson, “The Eskimo about Bering Strait,” *Eighteenth Annual Report of the Bureau of American Ethnology*, Part i.（Washington, 1899）pp. 438 *sq*. より多くの例については本書一四五頁、一五三頁以降、一五五頁以降、一五七頁参照。コスタリカの先住民は食後、骨を全て丁寧に集め、それを燃やすか、犬の届かない所に置く。W. M. Gabb, *On the Indian Tribes and Languages of Costa Rica*（一八七五年八月二十日のアメリカ哲学協会における発表）p. 520（Philadelphia, 1875）。犬に取られないよう骨を燃やす慣習は、必ずしも本書で提示された見解を否定するものではない。これは骨を霊界に移す方法であろう。オーストラリアの先住民は自分達の食べる動物の骨を燃やす。しかしこの理由は違う。彼らは、もし敵がこの骨を入手して呪文をかけ、それを燃やすと、その動物を食べた人を死に至らしめると考えている（*Native Tribes of South Australia*, Adelaide, 1879, pp. 24, 196）。

(160) 本書第三巻一八六頁以降参照。

(161) A. de Herrera, *General History of the vast Continent and Islands of America*, translated by Capt. John Stevens（London, 1725-1726）, iv. 126.

(162) Baldwin Spencer and F. J. Gillen, *Native Tribes of Central Australia*（London, 1899）, p. 475.

(163) この示唆は私の友人G・F・スタウト教授との会話中のヒントによるものである。

(164) 本書第四巻一九頁参照。

(165) エネルギー保存の法則はバルフォア・スチュワートが、その著書 *The Conservation of Energy*, Fourth Edition（London, 1877）にはっきり述べ、例証している。著者は、生命は物理的・化学的な力とは異なる、独立したエネルギー形式であるという見解には与していない。彼は生物を単に非常に精巧に組み立てられた機械と見なしていて、その中では自然力が不安定平衡の状態にある。誤解をさけるために付け加えておくが、私は野生人が暗に採用しているらしい生命の理論に、賛成も反対もしようとは思わない。私の目的は、この深遠な問題に対する野生人の精神的態度を正しいとか正しくないとか言うのでなく、単に説明することにある。

(166) W. Mannhardt, *Germanische Mythen*（Berlin, 1858), pp. 57-74; *id.*, *Baumkultus*, p. 116; C. L. Rochholz, *Deutscher Glaube und Brauch*（Berlin, 1867), i. 219 sqq.; J. Curtin, *Myths and Folk-lore of Ireland*（London, N.D.), pp. 45 *sq.*; E. Cosquin, *Contes populaires de Lorraine*（Paris, N.D.), ii. 25; E. S. Hartland, "The Physicians of Myddfai," *Archaeological Review*, i.（1888）pp. 30 *sq.* 民話では、原初的な慣習と同様、血はしばしば地上に落ちてはならないものとされた。以下参照のこと。E. Cosquin, *l.c.*

(167) W. Mannhardt, *Germanische Mythen*, p. 66.

(168) Jamblichus, *Vita Pythag.* 92, 135, 140; Porphyry, *Vita Pythag.* 28.

(169) Pindar, *Olymp.* i. 37 *sqq.*, 註釈付き。

(170) Pliny, *Nat. Hist.* xxviii. 34.

(171) Plutarch, *Isis et Osiris*, 18. これは敬神家ヘロドトス（ii. 48）が隠し、敬神家プルタルコスが漏らした聖話の一つである。

(172) Adam Hodgson, *Letters from North America*（London, 1824), i. 244.

(173) J. Adair, *History of the American Indians*（London, 1775), pp. 137 *sq.* この著者は、イスラエルの失われた十支族を発見するために奇妙ではあるがそれほど珍しくない情熱を傾け、行方不明のこのイスラエル人達がアメリカ先住民の褐色の皮膚と髯のない顔に変装していたことを探し当てたと考えた。

(174) É. Petitot, *Monographie des Dènè-Dindjie*（Paris, 1876), pp. 77, 81 *sq.*; *id.*, *Traditions indiennes du Canada Nord-ouest*（Paris, 1886), pp. 132 *sqq.* なお、以下参照のこと。pp. 41, 76, 213, 264. この物語は、別のフランス人宣教師がこの慣習とは一切関係なく、もっと簡単な形で述べている。*Annales de la Propagation de la Foi*, xxiv.（1852）pp. 336 *sq.* 中の Mgr. Tache の書簡を参照のこと。

(175) この提示の始めの部分は、私の友人W・ロバートソン・スミスに負う。同氏の *Lectures on the Religion of the Semites*²（London, 1894), p. 380, note 1. 参照。アビシニアのユダヤ教徒の一派ファレシャ人〔The Faleshas〕は、食用の動物を殺した後、「周囲の肉と共に腿から丁寧に血管を取り除く」Halévy, "Travels in Abyssinia," in *Publications of the Society of Hebrew Literature*, Second Series, vol. ii. p. 220. カフィール人の男達は腿の腱を食べない。「これは丁寧に切り取って村の少年の長に送り、彼は仲間の少年達と共にそれを自分達の権利としている」。Col. Maclean, *Kafir Laws and Customs*（Cape Town, 1866), p. 151. 自分達の由来を誇るガラ人は上腕二頭筋の肉を食べない。この慣習の理由は矛盾しており、かつ不十分である。以下参照。Ph. Paulitschke, *Ethnographie Nordost-Afrikas : die materielle Cultur der Danâkil, Galla und Somâl*（Berlin, 1893), p. 154. サン人が野ウサギを殺した時は、腿の腱を切り出し、それを食べようとしない。その理由として彼らが主張するのは、野ウサギはかつて人間だったが、この特別の腱は今でも人間の肉であるということである。W. H. I. Bleek and L. C. Lloyd, *Specimens of Bushman Folklore*（London, 1911), pp. xxxix., 60 *sq.*, 63.

(176) J. Mooney, "Sacred Formulas of the Cherokees," *Seventh Annual Report of the Bureau of Ethnology*（Washington, 1891), p. 323. なお、以下参照のこと。*id.*, "Myths of the Cherokee," *Nineteenth Annual Report of the Bureau of American Ethnology*, Part i.（Washington, 1900）pp. 267, 447. この文の最後に著者は Buttrick, *Antiquities*, p. 12 の次のような箇所を引用している。「先住民達は腿のある種の腱を決して食べなかった……ある者の言うには、腱を食べると走ろうとする時に痙攣を起こす。かつてある女がその腱で痙攣を起こしたため、誰もそれを食べてはならないという」。

(177) 本書九六頁以降参照。

(178) É. Aymonier, *Notes sur le Laos*（Saigon, 1885), p. 23.

(179) E. W. Nelson, "The Eskimo about Bering Strait," *Eighteenth Annual Report of the Bureau of American Ethnology*, Part i.（Washington, 1899）p. 423.

(180) Rev. J. Batchelor, *The Ainu and their Folk-lore* (London, 1901), p. 504.
(181) L. von Schrenck, *Reisen und Forschungen im Amur-Lande*, iii. 546.
(182) P. S. Pallas, *Reise durch verschiedene Provinzen des Russischen Reichs* (St. Petersburg, 1771-1776), iii. 70.
(183) Rev. J. Macdonald, *Light in Africa*, Second Edition (London, 1890), p. 171.
(184) J. Teit, *The Thompson Indians of British Columbia*, p. 317 (*The Jesup North Pacific Expedition, Memoir of the American Museum of Natural History*, April 1900).
(185) 同じように、ベーリング海峡のエスキモーの間では、成熟期の少女は不浄とされている。「この時期にはある特殊な雰囲気が彼女を囲んでいると想像されており、もし若者がこれに触るほど近寄ると、彼が狩ろうとする全ての動物から見えるようになってしまい、このため狩猟運が失われてしまう。」E. W. Nelson, "The Eskimo about Bering Strait," *Eighteenth Annual Report of the Bureau of American Ethnology*, Part i. (Washington, 1899) p. 291.
(186) P. Dobell, *Travels in Kamtchatka and Siberia* (London, 1830), i. 19.
(187) Rev. J. Owen Dorsey, "Omaha Sociology," *Third Report of the Bureau of Ethnology* (Washington, 1884), pp. 289 *sq*.
(188) J. G. Kohl, *Kitschi-Gami* (Bremen, 1859), ii. 251 *sq*.; Charlevoix, *Histoire de la Nouvelle France*, v. 173; Chateaubriand, *Voyage en Amérique*, pp. 179 *sq*., 184.
(189) 民話の中におけるこうした挿話の例として、以下を参照のこと。J. F. Bladé, *Contes populaires recueillis en Agenais* (Paris, 1874), pp. 12, 14; G. W. Dasent, *Popular Tales from the Norse* (Edinburgh, 1859), pp. 133 *sq*. ("Shortshanks"); Aug. Schleicher, *Litauische Märchen* (Weimar, 1857), p. 58; Sepp, *Altbayerischer Sagenschatz* (Munich, 1876), p. 114; R. Köhler, on L. Gonzenbach's *Sicilianische Märchen* (Leipsie, 1870), ii. 230; Apollodorus, *Bibliotheca*, iii. 13. 3; Schol. on Apollonius Rhodius, *Argonaut*. i. 517; W. Mannhardt, *Antike Wald- und Feldkulte*, p. 53; J. C. Poestion, *Lappländische Märchen* (Vienna, 1886), pp. 231 *sq*.; A. F. Chamberlain, in *Eighth Report on the North-Western Tribes of Canada*, p. 35 (separate reprint from the *Report of the British Association for 1892*); I. V. Zingerle, *Kinder und Hausmärchen aus Tirol*[2] (Gera, 1870), No. 25, p. 127; A. Kuhn und W. Schwartz, *Norddeutsche Sagen, Märchen und Gebräuche* (Leipsic, 1848), p. 342; S. Grundtvig, *Dänische Volksmärchen*, übersetzt von W. Leo (Leipsic, 1878), p. 289; A. Leskien und K. Brugmann, *Litauische Volkslieder und Märchen* (Strasburg, 1882), pp. 405 *sq*., 409 *sq*.; A. und A. Schott, *Walachische Maerchen* (Stuttgart and Tübingen), No. 10, p. 142; Chr Schneller, *Märchen und Sagen aus Wälschtirol* (Innsbruck, 1867), No. 39, pp. 116 *sq*.; G. Basile, *Pentamerone*, übertragen von F. Liebrecht (Breslau, 1846), i. 99; P. Sébillot, *Contes Populaires de la Haute-Bretagne* (Paris, 1885), No. 11, p. 80; E. Cosquin, *Contes Populaires de Lorraine* (Paris, N. D.), i. p. 61; J. Haltrich, *Deutsche Volksmärchen aus dem Sachsenlande in Siebenbürgen*[4] (Vienna and Hermannstadt, 1885), No. 24, pp. 104 *sqq*.; Grimm, *Household Tales*, No. 60. この手の挿話は、しばしばE・S・ハートランド氏がその *Legend of Perseus* (vol. i. pp. 12, 17, 18, etc.; vol. iii. pp. 6, 7, 8, etc.) において分析した物語の類型で出てくる。
(190) Fr. Boas, in *Fifth Report on the North-Western Tribes of Canada*, p. 58 (separate reprint from the *Report of the British Association for 1889*); *id*., in *Journal of American Folk-lore*, i. (1888) p. 218.
(191) 以下参照。W. H. Dall, "Masks and Labrets," *Third Annual Report of the Bureau of Ethnology* (Washington, 1884), pp. 111 *sq*. なお、以下参照のこと。*id*., *Alaska and its Resources* (London, 1870), p. 425; Ivan Petroff, *Report on the Population, Industries, and Resources of Alaska*, p. 176.
(192) Ph. Paulitschke, *Ethnographie Nordost-Afrikas : die Geistige Cultur der Danâkil Galla und Somâl* (Berlin, 1896), p. 47.
(193) Ph. Paulitschke, *op. cit*. p. 156; *id*., *Ethnographie Nordost-Afrikas : die materielle Cultur*, etc. (Berlin, 1893), p. 226.
(194) J. V. Grohmann, *Aberglauben und Gebräuche aus Böhmen und Mähren* (Prague and Leipsic, 1864), p. 54, § 354.

(195) L. Strackerjan, *Aberglaube und Sagen aus dem Herzogthum Oldenburg* (Oldenburg, 1867), ii. 94, § 381; E. Monseur, in *Revue de l'Histoire des Religions*, xxxi. (1895) pp. 297 *sq*.

(196) J. V. Grohmann, *op. cit*. p. 81, § 576.

(197) Homer, *Od*. iii. 332, 341.

(198) Scholiast on Aristophanes, *Plutus*, 1110; Athenaeus, i. 28, p. 16 B; *Paroemiographi Graeci*, ed. Leutsch et Schneidewin, i. 415, No. 100.

(199) さらに以下参照のこと。H. Gaidoz, "Les Langues coupées," *Mélusine*, iii. (1886-87) coll. 303-307; E. Monseur, *loc. cit*.

(200) T. Arbousset et F. Daumas, *Relation d'un Voyage d'Exploration au Nord-est de la Colonie du Cap de Bonne-Espérance* (Paris, 1842), pp. 562-564.

(201) Rev. J. Roscoe, "Further Notes on the Manners and Customs of the Baganda," *Journal of the Anthropological Institute*, xxxii. (1902) p. 60. この慣習は著者の *The Baganda* (London, 1911). という本では言及されていないようである。

(202) A. Oldfield, "On the Aborigines of Australia," *Transactions of the Ethnological Society of London*, N.S. iii. (1865) p. 287.

(203) E. M. Curr, *The Australian Race* (Melbourne and London, 1886), i. 348, 381.

(204) R. Southey, *History of Brazil*, vol. i. Second Edition (London, 1822), p. 231.

(205) E. W. Nelson, "The Eskimo about Bering Strait," *Eighteenth Annual Report of the Bureau of American Ethnology*, part i. (Washington, 1899) p. 423.

(206) Rev. S. Mateer, *The Land of Charity* (London, 1871), pp. 203 *sq*.

(207) Rev. J. Owen Dorsey, "A Study of Siouan Cults," *Eleventh Annual Report of the Bureau of Ethnology* (Washington, 1894), p. 420.

(208) C. Gouldsbury and H. Sheane, *The Great Plateau of Northern Rhodesia* (London, 1911), p. 126.

第十五章　農民達による有害生物の慰霊

1　穀物の敵

(1) J. B. Holzmayer, "Osiliana," *Verhandlungen der gelehrten Estnischen Gesellschaft zu Dorpat*, vii. Heft 2 (Dorpat, 1872), p. 105 note.

(2) G. A. Heinrich, *Agrarische Sitten und Gebräuche unter den Sachsen Siebenbürgens* (Hermannstadt, 1880), pp. 15 *sq*.

(3) R. F. Kainbl, *Die Huzulen* (Vienna, 1894), pp. 79, 103; *id*., "Viehzucht und Viehzauber in den Ostkarpaten," *Globus*, lxix. (1906) p. 387.

(4) E. Krause, "Abergläubische Kuren und sonstiger Aberglaube in Berlin," *Zeitschrift für Ethnologie*, xv. (1883) p. 93.

(5) L. Decle, *Three Years in Savage Africa* (London, 1898), p. 150.

(6) Vetter, "Aberglaube unter dem Jabim-Stamme in Kaiser-Wilhelmsland," *Mitteilungen der Geographischen Gesellschaft zu Jena*, xii. (1893) pp. 95 *sq*.

(7) E. Modigliani, *Un Viaggio a Nias* (Milan, 1890), p. 626.

(8) W. Crooke, *Popular Religion and Folklore of Northern India* (Westminster, 1896), ii. 303.

(9) M. Merker, "Rechtsverhältnisse und Sitten der Wadschagga," *Petermanns Mitteilungen, Ergänzungsheft* No. 138 (Gotha, 1902), pp. 35 *sq*.

(10) Rev. H. Cole, "Notes on the Wagogo of German East Africa," *Journal of the Anthropological Institute*, xxxii. (1902) p. 320.

(11) *Geoponica*, xiii. 5. 註解者によるとハツカネズミに割り当てた畑は近所の人の畑であるが、農民自身の荒地の一部である場合もある。この呪いは昔パリ付近で行われていたという（A. de Nore, *Coutumes, Mythes et Traditions des Provinces de France*, Paris and Lyons, 1846, p. 383）。

（12）A. Meyrac, *Traditions, Coutumes, Légendes et Contes des Ardennes*（Charleville, 1890）, p. 176.

（13）*American Journal of Folk-lore*, xi.（1898）p. 161.

（14）G. Maan, "Eenige mededeelingen omtrent de zeden en gewoonten der Toerateya ten opzichte van den rijstbouw," *Tijdschrift voor Indische Taal- Land- en Volkenkunde*, xlvi.（1903）pp. 329 *sq*.

（15）Rev. J. Batchelor, *The Ainu and their Folk-lore*（London, 1901）, p. 509.

（16）R. van Eck, "Schetsen van het eiland Bali," *Tijdschrift voor Nederlandsch-Indië*, N.S., viii.（1879）p. 125.

（17）J. L. van Gennep, "Bijdrage tot de kennis van den Kangean-Archipel," *Bijdragen tot de Taal- Land- en Volken-kunde van Nederlandsch-Indië*, xlvi.（1896）p. 101.

（18）C. Hose and W. McDougall, "The Relations between Men and Animals in Sarawak," *Journal of the Anthropological Institute*, xxxi.（1901）pp. 198 *sq*.

（19）J. V. Grohmann, *Aberglauben und Gebräuche aus Böhmen und Mähren*（Prague an Leipsic, 1864）, p. 60, § 405.

（20）J. G. von Hahn, *Albanesische Studien*（Jena, 1854）, Heft i. p. 157.

（21）Lagarde, *Reliquiae jurisecclesiastici antiquissimae*, p. 135. この一文は私の亡友W・ロバートソン・スミスに負うもので、彼は私のため親切にもシリア語から訳してくれた。これは *Canons of Jacob of Edessa* にあり、この本はC. Kayser（*Die Canones Jacob's von Edessa übersetzt und erläutert*, Leipsic, 1886; see pp. 25 *sq*.）によるドイツ語訳が出版されている。

（22）W. R. S. Ralston, *Songs of the Russian People*（London, 1872）, p. 255.

（23）Dudley Kidd, *Savage Childhood, a Study of Kafir Children*（London, 1906）, p. 292.

（24）H. A. Junod, *Les Ba-ronga*（Neuchatel, 1898）, pp. 419 *sq*. バロンガ人の間における雨乞い祭については、本書第一巻一八七頁以降参照。

（25）J. Malalas, *Chronographia*, ed. L. Dindorf（Bonn, 1831）, p. 264.

（26）D. Comparetti, *Vergil in the Middle Ages*（London, 1895）, p. 265. 私はこの話と次に述べるコンパレッティの本への言及に関して、オックスフォード大学マートン・カレッジのJ・D・メイ氏に感謝しなければならない。

（27）D. Comparetti, *op. cit.* pp. 259, 293, 341.

（28）E. Doutté, *Magie et Religion dans l'Afrique du Nord*（Algiers, 1908）, p. 144.

（29）*Encyclopaedia Biblica*, iv.（London, 1903）col. 4395.

（30）Grégoire de Tours, *Histoire Ecclésiastique des Francs*, traduction de M. Guizot, Nouvelle Édition（Paris, 1874）, viii. 33, vol. i. p. 514. 同種のいくつかの話については、J. B. Thiers, *Traité des Superstitions*（Paris, 1679）, pp. 306-308 参照のこと。

（31）I Samuel vi. 4-18. ハツカネズミの害がはっきり述べられているこの文は、現存するヘブライ語の文献からは除かれているが、七十人訳聖書には残されている（1 Samuel v. 6.「その国の真ん中にネズミが発生した」）。に保存されている。Dean Kirkpatrick's note on Samuel v. 6（*Cambridge Bible for Schools and Colleges*）参照。

（32）Numbers xxi. 6-9.

2　〈ハツカネズミのアポロン〉と〈狼のアポロン〉

（1）Homer, *Iliad*, i. 39, エウスタティオスの訓詁並びに注釈付；Strabo, xiii. 1. 48 and 63; Aelian, *Nat. Anim.* xii. 5; Clement of Alexandria, *Protrept.* ii. 39, p. 34, ed. Potter; Pausanias, x. 12. 5.

（2）Strabo, xiii. 1. 64; Pausanias, i. 24. 8.

（3）Strabo, xiii. 1. 64; Eustathius, on Homer. *Iliad*, i. 39, p. 34; Dittenberger, *Sylloge Inscriptionum Graecarum*,^{2} No. 609（vol. ii. p. 386）.

（4）Strabo and Eustathius, ll. cc.

(5) W・リッジウェイ教授はディオニュソスにつけられたバサレウス〔Bassareus〕という綽名（Cornutus, *Theologiae Graecae Compendium*, 30）は、「狐」を意味するバサラ〔*bassara*〕から出たもののようだと指摘している。以下参照のこと。J. Tzetzes, *Schol. on Lycophron*, 771; W. Ridgeway, in *The Classical Review*, x.（1896）pp. 21 *sqq*.; S. Reinach, *Cultes, Mythes, et Religions*, ii.（Paris, 1906）pp. 106 *sqq*. 参照。

(6) Pliny, *Nat. Hist*. x. 75; Pausanias, v. 14. 1, viii. 26. 7; Clement of Alexandria, Protrept. ii. 38, p. 33, ed. Potter.

(7)〈ロビゴ〉または〈ロビガス〉として人格化された。以下参照。Varro, *Rerum rusticarum*, i. 1. 6; *id*., *De lingua latina*, vi. 16; Ovid, *Fasti*, iv. 905 *sqq*.; Tertullian, *De spectaculis*, 5; Augustine, *De civitate Dei*, iv. 21; Lactantius, *Divin. Instit*. i. 20; L. Preller, *Römische Mythologie*[3]（Berlin, 1881-1883）, ii. 43 *sqq*.; W. Warde Fowler, *The Roman Festivals of the Period of the Republic*（London, 1899）, pp. 88 *sqq*.

(8) Aristotle, *Hist. Anim*. vi. 37, p. 580 b 15 *sqq*.; Aelian, *Nat. Anim*. xvii. 41; W. Warde Fowler, in *The Classical Review* vi.（1892）p. 413. タイのラオスでは、ネズミの被害は恐るべきものがある。時々この恐ろしいネズミの大群が現れて、密集して次から次へと国土を横断し、行く所にある物一切を食べ尽くし、通り過ぎた後には誠に恐るべき飢饉を招来する。Lieut.-Col. Tournier, *Notice sur le Laos Francais*（Hanoi, 1900）, pp. 104, 135. 同じようにビルマでも、ある年にはネズミが大繁殖し、あらゆる穀物や穀倉を食べ潰して飢饉を招来する。Max and Bertha Ferrars, *Burma*（London, 1900）, pp. 149 *sq*. 参照。

(9) Homer, *Iliad*, i. 39（ed. Im. Bekker）に訓詁学者の引用したポレモン〔Polemo〕より。なお、以下参照のこと。Eustathius on Homer, *Iliad*, i. 39.

(10) Aelian, *Nat. Anim*. xii. 5.

(11) Aelian, *l.c*.

(12) 本書一七六頁参照。

(13) E. Aymonier, "Les Tchames et leurs religions," *Revue de l'Histoire des Religions*, xxiv.（1891）p. 236.

(14) Λύκειος or Λύκιος, Pausanias, i. 19. 3（with my note）, ii. 9. 7. ii. 19. 3, viii. 40. 5; Lucian, *Anacharsis*, 7; Im. Bekker, *Anecdota Graeca*（Berlin, 1814-1821）, i. 277, lines 10 *sq*.

(15) Pausanias, ii. 9. 7; Scholiast on Demosthenes, xxiv. 114, p. 735.

(16) Sophocles, *Electra*, 6.

(17) Scholiast on Demosthenes, xxiv. 114, p. 736.

(18) Pausanias, ii. 9. 7.

(19) P. Einhorn, *Reformatio gentis Letticae in Ducatu Curlandiae*, reprinted in *Scriptores rerum Livonicarum*,vol. ii.（Riga and Leipsic, 1848）p. 621. アインホルンの著作の序文では日付は一六三六年七月十七日となっている。

第十六章　人間霊魂の動物への移転

(1) A. Biet, *Voyage de la France Equinoxiale en l Isle de Cayenne*（Paris, 1664）, p. 361.

(2) J. Chaffanjon, *L'Orénoque et le Caura*（Paris, 1889）, p. 203.

(3) Levrault, "Rapport sur les provinces de Canèlos et du Napo," *Bulletin de la Société de Géographie*（Paris）, Deuxième Série, xi.（1839）p. 75.

(4) G. Osculati, *Esplorazione delle regioni equatorali lungo il Ncpo ed il fiume delle Amazzoni*（Milan, 1850）, p. 114.

(5) J. B. Ambrosetti, "Los Indios Caingua del alto Paraná（misiones）, " *Boletin del Instituto Geografico Argentino*, xv.（Buenos Ayres, 1895）p. 740.

(6) Ch. Wiener, *Pérou et Bolivie*（Paris, 1880）, p. 369.

(7) *Lettres édifiantes et curieuses*, Nouvelle Edition, viii.（Paris, 1781）pp. 335

sqq.
（8）Fr. Coreal, *Voyages aux Indes occidentales*（Amsterdam, 1722）, ii. 132.
（9）H. R. Schoolcraft, *Indian Tribes of the United States*（Philadelphia, 1853-1856）, v. 215 *sq*.
（10）H. R. Schoolcraft, *op. cit.* iii. 113.
（11）Rev. J. L. Wilson, *Western Africa*（London, 1856）, p. 210.
（12）J. C. Reichenbach, "Étude sur le royaume d'Assinie," *Bulletin de la Saciété de Géographie*（Paris）, vii. Série, xi.（1890）pp. 322 *sq*.
（13）D. Livingstone, *Missionary Travels and Researches in South Africa*（London, 1857）, p. 615.
（14）Miss A. Werner, *The Natives of British Central Africa*（London, 1906）, p. 64.
（15）C. Gouldsbury and H. Sheane, *The Great Plateau of Northern Rhodesia*（London, 1911）, p. 200.
（16）Rev. J. Roscoe, "The Bahima", *Journal of the Royal Anthropological Institute*, xxxvii.（1907）pp. 101 *sq*. なお、以下と比較のこと。Major J. A. Meldon, "Notes on the Bahima of Ankole," *Journal of the African Society*, No. 22（January, 1907）, p. 151.
（17）M. Merker, *Die Masai*（Berlin, 1894）, p. 202. 死んだ人間が蛇に変わるという信仰はアフリカでは一般的である。また蛇に乳を供える慣習は珍しくないようである。以下参照のこと。本書第五巻七二頁以降。
（18）J. Halkin, *Quelques Peuplades du district de l'Uelé*（Liége, 1907）, p. 102; *Notes Analytiques sur les Collections Ethnographiques du Musée du Congo, La Religion*（Brussels, 1906）, p. 162.
（19）Father Courtois, "Scène de la vie Cafre," *Les Missions Catholiques*, xv.（1883）p.593. アフリカの類似の信仰に関するさらなる根拠としては、以下参照のこと。Father Courtois, "À travers le haut Zambèze," *Les Mission Catholiques*, xxvii.（1884）p.299（死者の霊魂のホロホロチョウへの転生）; Father Lejeune, "Dans la forêt," *Les Missions Catholiques*, xxvii.（1895）p.248（死者の霊魂の猿、フクロウなどへの転生）。
（20）Father Abinal, "Croyances fabuleuses des Malgaches," *Les Missions Catholiques*, xii.（1880）pp. 549-551. 霊魂転生に関するベツィレウ人の信仰に関する幾分異なった説明は、別の権威によっても述べられている。G. A. Shaw, "The Betsileo," *Antananarivo Annual and Madagascar Magazine, Reprint of the First Four Numbers*（Antananarivo, 1885）, p. 411. なお、以下参照のこと。A. van Gennep, *Tabou et Totémisme à Madagascar*（Paris, 1904）, pp. 272 *sq*., 283, 291.
（21）Rev. J. Sibree, *The Great African Island*（London, 1880）, p. 270.
（22）"Das Volk der Tanala," *Globus*, lxxxix.（1906）p. 362.
（23）W. H. Furness, "The Ethnography of the Nagas of Eastern Assam," *Journal of the Anthropological Institute*, xxxii.（1902）p. 463.
（24）T. C. Hodson, *The Nāga Tribes of Manipur*（London, 1911）, p. 159.
（25）（Sir）J. George Scott and J. P. Hardiman, *Gazetteer of Upper Burma and the Shan States*（Rangoon, 1900-1901）, Part ii. vol. i. p. 26.
（26）Guerlach, "Chez les sauvages de la Cochinchine Orientale, Bahnar, Reungao, Sédang," *Les Missions Catholiques*, xxvi.（1894）pp. 143 *sq*.
（27）E. Aymonier, "Les Tchames et leurs religions," *Revue de l'histoire des Religions*, xxiv.（1891）p. 267. なお、以下参照のこと。D. Grangeon, "Les Cham et leurs superstitions," *Les Missions Catholiques*, xxviii.（1896）p. 46. 後者によると、これら屋敷神〔domestic deities〕の住まいとして白馬は別格扱いされているという。供物を奉納した後は、この馬は丁寧に飼養され、再び乗馬の用に供することは決してない。
（28）F. Blumentritt, "Der Ahnencultus und die religiösen Anschauungen der Malaien des Philippinen-Archipels," *Mittheilungen der Wiener Geogr. Gesellschaft*, 1882, p. 164; *id*., *Versuch einer Ethnographie der Philippinen*（Gotha, 1882）, p. 29（*Petermanns Mitheilungen, Ergänzungsheft*, No 67）.
（29）L. de Freycinet, *Voyage autour du Monde*, ii.（Paris, 1829）pp. 595 *sq*.

（30）K. Semper, *Die Palau-Inseln im Stillen Ocean*（Leipsic, 1873）, pp. 87 *sq.*, 193. これら聖なる動物達は〈カリド〉と呼ばれた。パラオ島民達の〈カリド〉についてのやや異なる話は J. Kubary（"Die Religion der Pelauer," in A. Bastian's *Allerlei aus Volks-und Menschenkunde*, Berlin, 1888, i. 5 *sqq.*）に出ている。

（31）W. D. Helderman, "De tijger en het bijgeloof der Bataks," *Tijdschrift voor Indische Taal- Land- en Volkenkunde*, xxxiv.（1891）pp. 170-175. この著者が語る死んだ虎を歓迎するバッタ人の話は、既述のバットン氏の説明（Batten, *Glimpse of the Eastern Archipelago*, pp. 216 *sq.*）に一致しており、多分この話をバットン氏は参照したのだろう。

（32）C. Hose, "The Natives of Borneo," *Journal of the Anthropological Institute*, xxiii.（1894）p. 165. なお、以下参照のこと。A. W. Nieuwenhuis, *In Centraal Borneo*（Leyden, 1900）, i. 148; *id.*, *Quer durch Borneo*（Leyden, 1904-1907）, i. 105. 後者によると、一般にカヤン人やバハウ人は、鹿や灰色猿の肉を食べるのをさけるが、これは死者の霊魂がその中にいるかもしれないと考えているからである。

（33）Ch. Hose and W. McDougall, "The Relations between Men and Animals in Sarawak," *Journal of the Anthropological Institute*, xxxi.（1901）p. 193.

（34）E. H. Gomes, *Seventeen Years among the Sea Dyaks of Borneo*（London, 1911）, p. 143.

（35）F. S. A. de Clercq, "De West en Noordkust van Nederlandsch Nieuw-Guinea," *Tijdschrift van het Koninklijk Nederlandsch Aardrijkskundig Genootschap*, Tweede Serie, x.（1893）p. 635.

（36）Max Krieger, *Neu-Guinea*（Berlin, N.D.）, p. 404.

（37）K. Vetter, *Komm herüber und hilf uns !* iii.（Barmen, 1898）p. 22. なお、以下と比較のこと。*id.*, in *Nachrichten über Kaiser Wilhelms-Land*, 1897, pp. 87 *sq.*; B. Hagen, *Unter den Papuas*（Wiesbaden, 1899）, p. 225.

（38）H. Zahn, "Die Jabim," in R. Neuhauss, *Deutsch Neu-Guinea*, iii.（Berlin, 1911）p. 310.

（39）R. Parkinson, "Die Berlinhafen Section, ein Beitrag zur Ethnographie der Neu-Guinea Küste," *Internationales Archiv für Ethnographie*, xiii.（1900）p. 40.

（40）Ch. Keysser, "Aus dem Leben der Kaileute," in R. Neuhauss, *Deutsch Neu-Guinea*, iii.（Berlin, 1911）pp. 150 *sq.*

（41）Mr. Sleigh of Lifu, quoted by Prof. E. B. Tylor, in *Journal of the Anthropological Institute*, xxviii.（1898）p. 147.

（42）R. H. Codrington, *The Melanesians*（Oxford, 1891）, pp. 179 *sq.*

（43）R. H. Codrington, *op. cit.* p. 177.

（44）R. H. Codrington, *op. cit.* p. 33. 動物への霊魂転生に関する東インドの信仰の証拠は、G. A. Wilken（"Het animisme bij de volken van den Indischen Archipel," *De Indische Gids*, June 1884, pp. 988 *sqq.*）に集められている。彼はこの信仰は祖先崇拝とトーテミズムの繋がりを示すと主張している。同著者の論文 "Iets over de Papoewas van de Geelvinksbaai," pp. 24 *sqq.*（separate reprint from *Bijdragen tot de Taal-Land-en Volkenkunde van Ned. Indië*, 5e Volgreeks ii.）も参照のこと。ヴィルケンの本件についての見解は、E・B・タイラー教授（*Journal of the Anthropological Institute*, xxviii.［1898］pp. 146 *sq.*）が支持している。さらに *Totemism and Exogamy*, iv. 45 *sqq.* 参照のこと。

（45）*The Laws of Manu*, ii. 201.

（46）*Id.*, v. 164.

（47）*Id.*, xi. 25.

（48）*Id.*, xii. 39-78.

（49）Sir Monier Monier-Williams, *Buddhism*, Second Edition（London, 1890）, pp. 111 *sq.* 全部が全部信用できる訳ではないにせよ、ブッダの多様な転生についての極めて詳しい記事はジャータカに含まれている。この本は故E・B・カウエル教授、W・H・D・ラウズ博士並びにその他の学者達により英文に完訳された尨大な物語の集大成である（6 volumes, Cambridge, 1895-1907）。

（50）Diodorus Siculus, x. 6. 1-3; Jamblichus, *De Pythagorica vita*, xiv. 63;

Porphyry *Vita Pythag*. 26 *sq*.; Ovid, *Metamorph*. xv. 160 *sqq*. ポントスのヘラクレイデスによれば、この哲学者は彼がこの世にピュタゴラスとして生まれて来る前に、四つの異なる人生を経て来たことを記憶していたという。（Diogenes Laertius, *Vit. Philosoph*. viii. 1. 4 *sq*.）。更に E. Rohde, *Psyche*^{3}（Leipsic and Tübingen, 1903）, ii. 417 *sqq*. 参照。

（51）Diogenes Laertius, *Vit. Philosoph*. viii. 1. 4 and 36.

（52）Jamblichus, *De Pythagorica vita*, xxiv. 107-109; Sextus Empiricus, ix. 127-130; Aulus Gellius, iv. 11.

（53）Diogenes Laertius, *Vit. Philosoph*. viii. 2. 77; H. Diels, *Die Fragmente der Vorsokratiker*,^{2} i.（Berlin, 1906）p. 208, frag. 117.

（54）Sextus Empiricus, ix. 129; H. Diels, *op. cit*. i. pp. 213 *sq*., frag. 137.

（55）なお、以下と比較のこと。Sextus Empiricus, ix. 127-130.

（56）Plutarch, *Quaest. Conviv*. iii. 1. 2. 7.; Aulus Gellius, iv. 11. 9; H. Diels, *op.cit*. i. p. 214, fragments 140, 141.

（57）この点についてのピュタゴラスに関しては E. Rohde, *Psyche*^{3}（Tübingen and Leipsic, 1903）, ii. 161 *sqq*.

（58）Plutarch, *De exilio*, 17; *id*., *De esu carnium*, i. 7. 4; Clement of Alexandria, *Strom*. iv. 4. 12, p. 569 ed. Potter; Hippolytus, *Refutatio omnium Haeresium*, vii. 29, p. 388 ed. L. Duncker and F. G. Schneidewin; H. Diels, *op. cit*. i. pp. 207 *sq*., fragments 115, 119.

（59）Porphyry, *De antro nympharum*, 8.

（60）H. Diels, *op. cit*. i. pp. 208 *sq*., frag. 121.

（61）Clement of Alexandria, *Strom*. iii. 3. 14, iv. 23. 152, v. 14. 123, pp. 516 *sq*., 632, 722 ed. Potter; H. Diels, *Die Fragmente der Vorsokratiker*,^{2} i.（Berlin, 1906）pp. 207, 209, 215 *sq*., fragments 115, 124, 144-147.

（62）アリストテレスは、エンペドクレスを天才特有と彼が考える憂鬱症の例として引用している。Aristotle, *Problem*. 30, p. 953 a 27 ed. Im. Bekker.

（63）Stobaeus, *Eclogae*, i. 41. 60（vol. i. p. 331 ed. A. Meineke）; Plutarch, *De esu carnium* ii. 4. 4; H. Diels, *op. cit*. i. p. 210, frag. 126.

（64）紀元前四八〇年頃にブッダが死に、エンペドクレスがどこかで生まれたことはほとんど間違いないようである。従ってブッダの思想がインドからギリシア、あるいはシチリア島へ、エンペドクレス存生中に浸透したと考えるのは困難である。両者のそれぞれの年代については以下参照。H. Oldenberg, *Buddha*^{5}（Stuttgart and Berlin, 1906）, pp. 115, 227; E. Zeller, *Die Philosophie der Griechen*, i.^{4}（Leipsic, 1876）p. 678 note[1].

（65）Plutarch, *Adversus Coloten*, 10; Aristotle, *De Xenophane*, 2, p. 975 a 39-b 4 ed. Im. Bekker; H. Diels, *op. cit*. i. pp. 175, 176, fragments 8 and 12.

（66）古代の権威の証言およびエンペドクレス自身の著作の断片から成り立つ根拠は、H・ディールズの優れた著作 *Die Fragmente der Vorsokratiker*, Zweite Auflage, i.（Berlin, 1906）pp. 158 *sqq*., 173 *sqq*. に十分に集められている。以下と比較のこと。*Fragmenta Philosophorum Graecorum*, ed. F. G. A. Mullach, i.（Paris, 1875）pp. 1 *sqq*.; H. Ritter et L. Preller, *Historia Philosophiae Graecae et Latinae ex fontium locis contexta*, Editio Quinta（Gothae, 1875）, pp. 91 *sqq*.; F. Zeller, *Die Philosophie der Griechen*, i.^{4}（Leipsic, 1876）pp. 678 *sqq*.

（67）Herbert Spencer, *First Principles*, Third Edition（London, 1875）, pp. 536 *sq*.

（68）特定元素の原子崩壊の発見とその発見により提起された一般的問題（進化か分解か）については W. C. D. Whetham, "The Evolution of Matter," in *Darwin and Modern Science*（Cambridge, 1909）, pp. 565-582. 特に彼の次の結論文を参照のこと。「厳密な意味で言えば、新しい放射能科学により発見された原子崩壊過程は、進化とは称し難い。いずれにせよ、放射能変化はより重く複雑な原子を、より軽く単純なものに断片化することである。我々はこの過程を、宇宙が現在の状態に到達し、またその未知の未来に入りつつある際に現れる特徴と見るべきであろうか。それとも我々は進化の主流とは反対の逆流の渦の中に巻き込まれているのだろうか。現在の宇宙の起源となった混沌の中に、極めて高度で複雑な原子からなる物質がいるのであり、その原子が放射能あるいは放射能の関係ない崩壊作用によってより単純な元素になっているのだろうか。それとも単独の電子から成る原初物質が、ゆっくりと集合して元素を形成したが、それでもなおあちこちに不安定なウラニウムやラジウム族の存在によって例証された類の変則分子を残していったのか。あるいはそのような流れで、物質がその原初の単純状態に帰りつつあるのだろうか。」

(69) H. Diels, *Die Fragmente der Vorsokratiker*,[2] i.（Berlin, 1906）pp. 190 *sqq.*; *Fragmenta Philosophorum Graecorum*, ed. F. G. A. Mullach, i.（Paris, 1875）pp. 8 *sqq.*; H. Ritter und L. Preller, *Historia Philosophiae Graecae et Latinae ex fontium locis contexta*[5]（Gothae, 1875）, pp. 102 *sq.*; E. Zeller, *Die Philosophie der Griechen*, i.4（Leipsic, 1876）pp. 718 *sqq.*

(70) Aristotle, *Physic. Auscult.* ii. 8, p. 198b 29 *sqq.*, ed. Im. Bekker;「それゆえ、あらゆるものがみな（つまり一個体のすべての部分）、あるもののためにつくられているようにみえる場合には、いつも、これらは内在的な偶発性によって構成されていて保存されたのであり、そのように構成されていないものは、みなすでにほろび、またほろびつつあるのである。ちょうどエンペドクレスが、人面の雄牛の子供がそのようになったと言ったように」〔古典ギリシア語原文。ダーウィンが省略した最後の一文以外は八杉龍一訳の『種の起源』（岩波書店、二〇〇四年）三六一頁から該当訳文を引用した〕。この一文は、ダーウィンが『種の起源』に序文として付した「歴史的概要」に引用されたもので、これに続けて以下のような注意書きがある。「これには自然陶汰の原理が反映されていることが分かるが、しかしアリストテレスがこの原理を十分認識していなかったことは、歯の形成に関する彼の意見に示されている」。ダーウィンはアリストテレスのエンペドクレスへの言及を省略しているが、これは明らかにそれを無関係かあるいは重要でないとしていたからである。ダーウィンがエンペドクレスの哲学的予見を十分認識していたならば、進化論の先駆者の中に彼を含めたことはまず間違いなかったであろう。

(71) Diogenes Laertius, *Vit. Philosoph.* viii. 2. 62; H. Diels, *Die Fragmente der Vorsokratiker*,[2] i.（Berlin, 1906）p. 205, frag. 112. 本書第一巻二五七頁と比較のこと。

(72) Plato, *Phaedo*, pp. 81 B-84 c; *Republic*, x. pp. 617 D-620 D; *Timaeus*, pp. 41 D-42 D; *Phaedrus*, p. 249 B.

(73) これはE. Zeller（*Die Philosophie der Griechen*, ii.[3] Leipsic, 1875, pp. 706 *sqq.*）. サー・W・E・ゲッツ（on Plato, *Phaedo*, p. 81 E）とJ・アダム（on Plato, *Republic*, x. p. 618 A）の見解である。我々は、この説が我々自身の考えと一致しないからといって、古代並びに近代の一部の解釈者のように、これをアレゴリーに解消してしまう権利はない。

(74) 現代においてはこの霊魂転生説はマクタガート博士により受け入れられており、彼は人間は生まれる前にも生きていたのであって、さらに死後もまた何回も何回も、恐らくは無限に生まれ変わると主張している。彼はさらにプラトンのように、人間が死に際して転生する身体は、前生の本人の性格に相応して決定されるものと示唆している。J. McT. Ellis McTaggart, *Some Dogmas of Religion*（London, 1906）, pp. 112-139. しかし、マクタガート博士は人間霊魂の人間身体への転生を考えているだけのようである。彼は動物への転生の可能性は論じていない。

第十七章　動物聖餐の類型

1　エジプト人とアイヌの聖餐類型

(1) 例えばユチ先住民の間では、「各氏族の面々は自分達のトーテムの名前と姿を持つ動物に危害を加えない。例えば熊氏族の者は決して熊を苦しめない。F. G. Speck, *Ethnology of the Yuchi Indians*（Philadelphia, 1909）, p.70 参照。しかしアメリカのトーテミズムに払われてきた関心にも拘らず、そのシステムの重要な点である人間とそのトーテム動物の関係についてはほとんど資料がない。なお、以下参照のこと。*Totemism and Exogamy*, iii. 88 *sq.*, 311.

（2）本書第一巻八〇頁以降参照。しかし、コリンズは次のように報じている。ニュー・サウス・ウェールズの先住民の間では、女達がカヌーに座らせられ、真昼の太陽の光にさらされ、何時間も小唄をうたって、下にいる魚が餌を食べるよう誘いだす」（D. Collins, *An Account of the English Colony in New South Wales*, London, 1804, p.387）。これはアメリカ先住民が魚や獲物に対して用いるような有和の形式であろう。しかしこの話は、確信をもって語るほど正確なものではない。オーストラリア先住民は殺したカンガルーに対して好意的な感情を持っていることを保証し、死後自分達を苦しめるため戻って来ないよう、彼らを慰めることが時折報じられている。しかしこれを記している筆者はこれを信じていない。以下参照のこと。Dom Théophile Bérenger, in *Les Missions Catholiques*, x.（1878）p.197.

（3）G. Catlin, *O-Kee-pa, a Religious Ceremony, and other Customs of the Mandans*（London, 1867）, Folium reservatum; Lewis and Clarke, *Travels to the Source of the Missouri River*（London, 1815）, i. 205 *sq.*

（4）A. Bastian, in *Verhandlungen der Berliner Gesellschaft für Anthropologie, Ethnologie, und Urgeschichte*, 1870-71, p.59. J・ライネグ（*Beschreiburng des Kaukasus*, Gotha, St. Petersburg, and Hildesheim, 1796-97, ii. 12 *sq.*）は、アブハズ人（アブシャス人［Abchases］）の聖餐と思われるものを記述している。これは秋の中頃に行われる。〈オッジン〉と呼ばれる白い雄牛が聖なる洞穴から現れるが、この洞窟はまた同じく〈オッジン〉と呼ばれる。この牛を捕まえ、集まった男達（女は除く）の歓呼の中に引き回す。それから殺して食べる。この聖なる肉の一片に与らなかった者は、最も不幸とされる。骨はそれから丁寧に集め、大きい穴の中で燃やし、そこに灰を埋める。

（5）A Bastian, *Die Völker des östlichen Asien*, vi.（Jena, 1871）pp.632, note. 牧羊民族であるカルムク人と彼らの羊肉食については以下参照。J. G. Georgi, *Beshreibung aller Nationen des russischen Reichs*（St. Petersburg, 1776）, pp.406 *sq.* なお、以下参照のこと。p.207; B. Bergmann, *Nomadische Streifereien unter den Kalmücken*（Riga, 1804-5）, ii. 80 *sqq.*, 122; P. S. Pallas, *Reise durch verschiedene Provinzen des russischen Reichs*（St. Petersburg, 1771-1776）, i. 319, 325. パラスによると、一般に食用に自分の羊や家畜を殺すのは、裕福なカルムク人だけであるという。普通のカルムク人は、必要の際か大変めでたいことのある時以外は平常は羊などを殺さない。従って贖罪を行う必要のあるのは特に金持ちだけである。

（6）W. E. Marshall, *Travels amongst the Todas*（London, 1873）, pp.129 *sq.*

（7）W. E. Marshall, *op. cit.* pp.80 *sq.*, 130.

（8）R. W. Felkin, "Notes on the Madi or Moru Tribe of Central Africa," *Proceedings of the Royal Society of Edinburgh*, xii.（1882-84）pp.336 *sq.*

（9）現在ではこの部族は羊肉を常食として食べているようである（R. W. Felkin, *op. cit.* p.307）。しかしこれは、本来羊が神聖視されていたことと矛盾するものではない。

（10）W. R. Smith, *Religion of the Semites*[2]（London, 1894）, pp.344 *sqq.* 参照のこと。外用塗布による神々との交流については、本書一〇八頁以降参照。

2　神である動物との行進

（1）本書一二四、一二五頁参照。

（2）*Panjab Notes and Queries*, ii. p.91, § 555（March 1885）.

（3）以下参照のこと。Ch. Vallancey, *Collectanea de rebus Hibernicis*, iv.（Dublin, 1786）p.97; J. Brand, *Popular Antiquities*（London, 1882-1883）, iii. 195 *sq.*（Bohn's ed.）; Rev. C. Swainson, Folklore of British Birds（London, 1886）, p.36; E. Rolland, *Faune populaire de la France*, ii. 288 *sq.* この鳥の名前としては、βασιλίσκος, regulus, rex avium（Pliny, *Nat. Hist.* viii. 90, x. 203）, re di siepe, reyezuelo, roitelet, roi des oiseaux, Zaunkönig などがある。ミソサザイ狩りの慣習については、さらに以下参照のこと。N. W. Thomas, "The Scape-Goat in

European Folklore," Folk-lore, xvii.（1906）pp.270 *sqq*., 280; Miss L. Eckstein, *Comparative Studies in Nursery Rhymes*（London, 1996）, pp.172 *sqq*. エクスタイン嬢は、「王」と呼ばれる鳥を殺すのは、ほんとうの王を殺すもっと古い慣習を緩和したものだろうと示唆している。

（4）J. Brand, *Popular Antiquities*, iii. 194.

（5）R. Chambers, *Popular Rhymes of Scotland*, New Edition（London and Edinburgh, N. D.）, p.188.

（6）*Ibid*. p.186.

（7）P. Sébillot, *Traditions et Superstitions de la Haute-Bretagne*（Paris, 1882）, ii. 214.

（8）A. Bosquet, *La Normandie, Romanesque et Merveileuse*（Paris and Rouen, 1845）, p.221; E. Rolland, *op. cit.* ii. 294 *sq*.; P. Sébillot, *l. c.*; Rev. C. Swainson, *op. cit.* p.42.

（9）G. Waldron, *Description of the Isle of Man*（reprinted for the Manx Society, Douglas, 1865）, pp.49 *sqq*.; J. Train, *Account of the Isle of Man*（Douglas, 1845）, ii. 124 *sqq*., 141.

（10）一九一一年十二月二十七日付水曜日の『モーニング・ポスト』には以下のようにある。「『ミソサザイ狩り』として知られている古代の奇妙な慣習が最近までマン島で一般的に行われていた。蔦と吹き流しで飾った棒を持った少年達の一隊が各戸を回り歩き、ミソサザイの追跡とその死を詳しく述べる奇妙なバラッドを何とも形容しがたい調子で歌い、つぎには報酬を要求したが、ほとんど断られることはなかった。かつて少年達は実際に狩りに参加し、石を投げ付けてこの鳥を殺したが、それは『幸運の』羽毛を分け与えるためだった」。この話から、マン島ではミソサザイ狩りはもう単に名ばかりのものになり、ただ心付けを集めるための言い訳に過ぎないものになっていることが分かる。このように厳粛な祭儀も子供の遊戯に堕落してしまうのである。私は『モーニング・ポスト』の抜粋を親切にも送ってくれたケンジントン、イヴァーナ・コート四十一番地のJ・H・ディーン夫人に感謝しなければならない。

（11）Ch. Vallancey, *Collectanea de rebus Hibernicis*, iv.（Dublin, 1786）p.97; J. Brand, *Popular Antiquities*, iii. 195.

（12）G. H. Kinahan, "Notes on Irish Folk-lore," *Folk-lore Record*, v.（1881）p. 108; Rev. C. Swainson, *Folk-lore of British Birds*, pp.36 *sq*.; E. Rolland, *Faune populaire de la France*, ii. 297; Professor W. Ridgeway, in *Acadery*, 10th May 1884, p.332; T. F. Thiselton Dyer, *British Popular Customs*（London, 1876）, p.497; L. L. Duncan, "Further Notes from County Leitrim," *Folk-lore*, v.（1894）p.197. この慣習は現在も、あるいは数年前までミーズ州で行われていたが、歌の文句は、実質的には本書にあるのと同じである。同地方ではミソサザイは珍しい。「しかし、少年達はよい着物を着てお金を集めるのが面白くて歩き回るのだから、籠の中にミソサザイのいないことは全く問題のないことである」。これらの詳細は、一九〇四年二月二十四日付アイルランド、アビリクス〔Appey-Leix とあるが Abbeyleix か〕発A・H・シングルトン嬢書簡によるものである。

（13）W. Henderson, *Folk-lore of the Northern Counties*（London, 1879）, p.125.

（14）Rev. C. Swainson, *op. cit.* pp.40 *sq*.

（15）Madame Clément, *Histoire des Fêtes civiles et religieuses*, etc., *de la Belgique Méridionale*（Avesnes, 1846）, pp. 466-468; A. De Nore, *Coutumes, Mythes et Traditions des provinces de France*（Paris and Lyons, 1846）, pp. 77 *sqq*.; E. Rolland, *Faune populaire de la France*, ii. 295 *sq*.; J. W. Wolf, *Beiträge zur deutschen Mythologie*, ii.（Göttingen, 1857）pp.437 *sq*. この祭儀は一七八九年の革命で廃止され、王権復古後復活されたが、一八三〇年以降また禁止された。

（16）E. Rolland, *op. cit.* ii. 296 sq.

（17）C. S. Sonnini, *Travels in Upper and Lower Egypt*, translated from the French（London, 1800）, pp.11 *sq*.; J. Brand, *Popular Antiquities*, iii. 198.「ミソサザイ狩り」はスウェーデンの慣習に比較できる。五月一日に子供達がカササギの巣から卵と雛を盗む。これを子供達は籠に入れ、村中の家々を回って主婦に見

せ、一方子供の一人がある滑稽な歌をうたうが、その内容は、もし贈物をくれないと雌鶏、ヒヨコ、卵がカササギの餌食になってしまうという脅しである。子供達はベーコン、卵、牛乳などを貰い、それで後で御馳走を作って食べる。L. Lloyd, *Peasant Life in Sweden*（London, 1870）, pp.237 *sq.* 参照。このような慣習と古代ギリシアの「ツバメの歌」や「烏の歌」（これについてはAthenaeus, viii. 59 *sq.*, pp.359, 360 参照）の類似は明瞭で、昔も今も注目されている。多分ギリシアのツバメの歌や烏の歌のうたい手達は、死んだツバメや鴉またはそれらの像を持ち歩いたことだろう。「烏の歌」はロシア南部で発見されたギリシアの銘文にも引用されている（「六十年が経った」ἐξ δεκάδας λυκάβας κεκορώνικα）。以下参照のこと。*Compte Rendu* of the Imperial Archaeological Commission, St. Petersburg, 1877, pp.276 *sqq.* 現代ギリシアやマケドニアでは、今でも子供達が三月一日に春の歌をうたい、円筒の上をグルグル回り続けている木製のツバメを持ちながら、街を歩き回るのが慣習である。以下参照。J. Grimm, *Deutsche Mythologie*,[4] ii. 636; A. Witzschel, *Sagen, Sitten und Gebräuche aus Thüringen*（Vienna, 1878）, p. 301; G. F. Abbott, *Macedonian Folk-lore*（Cambridge, 1903）, p.18; J. C. Lawson, *Modern Greek Folklore and ancient Greek Religion*（Cambridge, 1910）, p.35. ツバメの像を回転軸上でくるくると回す慣習は、ギリシア同様マケドニアでも行われているが、これはセルビアの雨乞い祭で少女が爪先を軸にくるくる回る動作に比較されよう。この回転の意味は不明瞭である。本書第一巻一九一、一九二頁参照。

（18）S. Johnson, *A Journey to the Western Islands of Scotland*, pp.128 *sq.*（*The Works of Samuel Johnson, LL. D.*, edited by the Rev. R. Lynam, London, 1825, vol. vi.）.

（19）John Ramsay, *Scotland and Scotsmen in the Eighteenth Century*（Edinburgh and London, 1888）, ii. 438 *sq.* この慣習は "Penitential of Theodore" にはっきり言及されており、ケンブルにより *Saxons in England*, i. 525 に引用されている。以下参照。Ch. Elton, *Origins of English History*（London, 1882）, p.411:「もし誰かが一月一日に鹿もしくは仔牛のそばへ行くなら、つまり野獣がいることを皆に伝えて、家畜の毛皮を身につけて、獣の頭を手に入れたなら」〔原文ラテン語〕等とある。

（20）J. G. Campbell, *Witchcraft and Second Sight in the Highlands and Islands of Scotland*（Glasgow, 1902）, pp.230-232. シニーはホッケーのスコットランド名である。この競技は球と弯曲した杖か棒で行われる。

（21）R. Chambers, *Popular Rhymes of Scotland*, New Edition（London and Edinburgh, N. D.）, pp.166 *sq.*

（22）本書第六巻一六三頁以降参照。

3 〈鋤の月曜日〉の祭儀

（1）W. Mannhardt, *Antike Wald- und Feldkulte*（Berlin, 1877）, p.183.

（2）O. Freiherr von Reinsberg-Düringsfeld, *Fest-Kalender aus Böhmen*（Prague, N. D., preface dated 1861）, pp.49-52. なお、以下参照のこと。E. Cortet, *Essai sur les Fêtes Religieuses*（Paris, 1867）, p.83. 同じような〈懺悔の三が日の熊〉の行列が、モラヴィアのドイツ人農民のある者の間で行われているが、ここでは無言の役者が藁ではなく毛皮をかぶり、冬を表すといわれている。W. Müller, *Beiträge zur Volkskunde der Deutschen in Mähren*（Vienna and Olmütz, 1893）, p.431. この後者の解釈は古い慣習の誤解であろう。

（3）この慣習については、本書第一巻一一〇頁以降参照。

（4）昔は町と田舎の両方を、本物の熊やその他の動物に色とりどりのボロ布を付けて連れ回った。この布片や動物の毛は、病気や邪視除けとしてそれらを欲しがる者全員に与えられた、というより売られた。この慣習はコンスタンツ公会議により禁止された。J. B. Thiers, *Traité des Superstitions*（Paris, 1679）, pp.315 *sq.* これらの動物が穀霊を表現していることは言うまでもない。

（5）W. Mannhardt, *Antike Wald-und Feldkulte*, pp.183 *sq.*

（6）本書第六巻一八五頁以降参照。

（7）W. Mannhardt, *op. cit.* p.190.

（8）W. Mannhardt, *op. cit.* p.188.

（9）W. Mannhardt, *op. cit.* pp.191-193.

（10）L. Lloyd, *Peasant Life in Sweden*（London, 1870）, pp.184 *sq.*; W. Mannhardt, *op. cit.* p.196 *sq.*

（11）W. Mannhardt, *op. cit.* p.196.

（12）W. Mannhardt, *op. cit.* pp.197 *sq.*

（13）本書第六巻一八一頁、一九五頁以降参照。

（14）Letter of Professor, G. C. Moore Smith, dated The University, Sheffield, 13th January, 1909.

（15）R. Chambers, *The Book of Days*（London and Edinburgh, 1886）, i. 94 *sq.*; J. Brand, *Popular Antiquities*, New Edition（London, 1883）, i. 506 *sqq.*; T. F. Thiselton Dyer, *British Popular Customs*（London, 1876）, pp.37 *sqq.*; O. Freiherr von Reinsberg-Düringsfeld, *Das festliche Jahr*（Leipsic, 1863）, pp.27 *sq.* Cempare W. Mannhardt, *Baumkultus*（Berlin, 1875）, pp.557 *sq.*; T. Fairman Ordish, "English Folk-drama," *Folk-lore*, iv.（1893）pp.163 sqq.; *Folk-lore*, viii.（1897）p.184; E. K. Chambers, *The Mediaeval Stage*（Oxford, 1903）, i. 208-210; H. Munro Chadwick, *The Origin of the English Nation*（Cambridge, 1907）, p.238.〈鋤の月曜日〉の慣習が行われていると報じられている州は、ノーフォーク、ケンブリッジシャー、ハンティンドンシャー、ノーザンプトンシャー、リンカンシャー、レスターシャー、ノッティンガムシャー、ダービーシャー、チェシャー、ヨークシャーである。このように、この慣習はイングランド中心部の州群に特有なようである。一八八七年一月に、私はこの祭儀をケンブリッジの街で見た。スカーフやリボンで過剰に飾り立てた若者達の群れが、単純な木製の鋤をひき回していた。彼らはかなり早足で歩いており、その脇には仲間が一人寄付金を集める献金箱を持って走っていた。彼らの中には女も、また女の服装をした男も見られなかった。*Folk-lore Journal*, v.（1887）p.161 を参照のこと。

（16）本書第六巻二三六頁以降参照。

（17）G. Kazarow, "Karnevalbräuche in Bulgarien," *Archiv für Religions-wissenschaft*, xi.（1908）pp.407 *sq.*

（18）G. Kazarow, "Karnevalbräuche in Bulgarien," *Archiv für Religions-wissenschaft*, xi.（1908）pp.408 *sq.*

註

（1）Major A. Playfair, *The Garos*（London, 1909）, pp.94 *sq.*

（2）本書二九頁参照。

（3）私の Pausanias, viii. 37. 3（vol. iv. pp.375 *sqq.*）に関する注を参照のこと。

余論

第五十三章　浄化の原初的形態

〈ベチュアナ人の間では、新穀を食べる前に経験しなければならない浄化の儀式の一部として、結婚した男はいずれも自分の妻と同衾しなければならない慣習があることは既に述べた。[1] 服喪時に、どう見ても浄化の一形態としての同衾を要求するやや似たような掟がある。例えば東アフリカのキリマンジャロ山のワジャッガ人の間では、既婚の男が死んだ時は、彼の妻のために他国者を探し出し、その男は服喪中彼女と同衾しなければならない。[2] 同じように、ヴィクトリア湖西方のルアンダ地方のある部族の間では、夫の死後一ケ月ないし二ケ月目に、寡婦は儀式により、夜明けの時刻に実際ではないが形式的に同衾を強いられる。しかしこの同衾は最後までいかない。もし最後までいけば、男は死ぬと信じられている。[3] 伝えられてはいないがこの儀式は、寡婦を死んだ夫と最終的に切り離すことによって、死の穢れから浄めることを意図していると推定される。

第五十四章　アリキアにおける〈マニアエ〉

私は別の箇所で、アリキアにおいて人の形をした〈マニアエ〉と呼ばれるパンを焼くという古代の慣習について言及した。そして私はこれらのパンの中の一つの名前〈マニア〉はまた、〈亡霊の母〉あるいは〈亡霊の祖母〉の名前だったことを示した。[1] 同じような慣習が、アリキアから程遠からぬアルバーニ丘陵のフラスカーティで今でも毎年行われていることを、私はある文通仲間から知った。彼はこう書いている。「四旬節の間フラスカーティのパン焼き人は、三本の長い角を付け、目玉にコショウの実を付け、首のまわりに赤いリボンを付けた、人間の形をしたショウガ入り菓子パンを売る。話によるとこれは悪魔を表すもので、悪魔とそのすべての所業に打ち克つ象徴行為として食べる。しかし、この慣習はキリスト教以前のもので、この説明は後世の付け足しであろう[2]」。

第五十五章　悪霊を騙す試み

別の箇所で、私は偽の埋葬によって悪魔を騙す企てについての原初的な慣習を例示した(1)。そこで引用した例に、私はここで、原初的な民族が悪霊の危険な注目を避けるために行うという詐欺の中から、他のある例を付け加えよう。例えばビルマのシャン人の信じている、小さな子供の生命のまわりを取り巻いている霊の危険について、レスリー・ミルン夫人はこう述べている。「もし子供が虚弱な赤ん坊だったり、あるいは多くの事故に遭ったりすると、その子を苦しめる悪霊達を惑わすため、子供の名前を一度ならず変える。これによって彼を苦しめる悪霊達を混乱させるのだ。すべての凶事、病気、不幸は彼らから来る。人生の不幸は、間接的に前世における悪い考えや行為から引き起こされる。前生で積んだ功徳は、悪霊の攻撃を避けるには不十分である。幸いにこれらの霊は容易に騙される。そこでもし小さい男の子がたいそう不運であると、母親はその子を少女のように装い、女の子の名前を付けて、『小さい娘』と呼ぶ。しかしそれでも多分悪霊は騙されず、子供は依然として不運続きである。そこで母親はその子を密林に連れていって藪の下に隠す。彼女は子供をそこに残しておいて、彼女について来た友人にその子のいる所を告げる。彼女は家に帰って泣き悲しみ、友人全員に自分は赤ん坊を失った哀れな女であると報じる。父親は彼女を叱り、とんでもない悪い女だと言う。そうして人々は皆虎が子供をさらっていって食べてしまったに違いないと言う。しばらくの間、大騒ぎする必要がある。というのも、もし苦しめる対象である赤ん坊がいなければ、霊はきっと騙されて家を離れるからである。夕方近くになると友人が到着し、『ご覧なさい、何と今日は運がよかったことでしょう！　私は赤ん坊を見付けました』という。友人がその子を母親に見せると、母親は、『何とまあ醜い赤ん坊！　何とまあ気難しい顔付き！　失った私のきれいな赤ん坊とは大違い！』と言う。友人は同意して以下のように言う。『この子は確かに醜いけれど、私が育てることにしましょう。見付かった子を私の家に連れていけば大手柄になります。また皆よくやったと言ってくれるだろうし、私の手柄は死んでも残るでしょう』。母親は自分は知ったような口をきいてしまったと答え、この件についてよくよく考えた後、『私にその子をよこして手柄を立てさせて』と言う。しかし友人は言う。『駄目、あなたの手柄はゴマよりも小さいのだから。あなたの家は空っぽで、その空っぽを埋める子供を欲しがっている。この子を連れていってあなたは嬉しいでしょうけど、何の手柄にもならないですよ。私が赤ん坊を育てます』。そこで彼女達は話題を変え、仕事の事を話し始める。すると恐らく子供が喚き始める。そこで友人はこう言う。『何て気難しい子でしょう！　あなたが欲しければ一ルピーで売ってあげます』。そうして赤ん坊は母親に渡され『小さいルピー』または『密林の中で見付かった赤ん坊』と名付られる。

「時にはこの巧妙な企みが何の役にも立たず、赤ん坊は依然として不幸続きだったり、病気の時がある。そこで悪霊を騙す最後の手段がとられる。父親が赤ん坊を敷物でくるみ、墓地に運び、母親は大声で泣き叫びながら後に付いていく。彼らは小さな墓穴を掘り、子供をその中に寝かす。その上に土をかける――もちろん父親は赤ん坊の顔には土をかけないようにたいそう気をつける――そして聖典の一節を暗唱する。今や赤ん坊は死んで埋葬されたので、悪霊は間違いなく退散する。少ししてから赤ん坊を家に連れ帰り、再び新しい名前で呼び、これで悪霊から逃がれる機会を得たという訳である」(2)。

同じように中央セレベスのトラジャ人の間では、誰かが瀕死の状態の時は、最後の手段として友人達が棺桶を作り、その中に葉を詰める。その人の霊魂を連れ去るためやって来た霊は、これに騙されて病人が既に死んで、棺桶に入れられたと思い込むのだと人々は言っている(3)。

第五十六章　新穀の供物(1)

多くの原初的な部族の間では、新穀を神々、死者の霊、あるいは王や首長に供えてから初めて部族の全員がそれを食べてよいということになるが、それはしばしば収穫時のならわしとなっている。例えばケニアのエルゴン山のバゲス人の間では、収穫時に新穀を食べる前に、その一部を集めて、去年穫れた少量の穀物と鶏と共に呪医に送る。呪医は村人が新穀を食べる前にそれを特別の神に供える。この供物によって村人はタブーを解かれ、その年の新穀を食べ始めることができる(2)。上ナイル州のシルック人の間では、トウモロコシの初物は人々が食べる前に聖なる王に供える(3)。同じようにヴィクトリア湖西部のキジバ地方では、家族が新穀を食べる前に、王がその新穀を一番初めに食べるように、その一部を王の所に送らなければならない(4)。タンガニーカの一部族ワベンデ人の間では、トウモロコシの収穫期には、各家がトウモロコシの入った籠を一つ首長の所に持っていき、彼はそれを全員参加の祝宴に供せられるビールを醸造するのに用いる。首長に対するこの供物は、神々自身に対するものとされている[5]。同じように、ニアサ湖〔マラウィ湖とも〕の北端地域に住むコンデ人の間では、「初物のトウモロコシは首長の所に持っていく。それから各戸主は若干のトウモロコシを自分の祖先に供える。双子にもまた初物のトウモロコシを送らなければならない。そうして初めて、一般の人々が初物を食べたとしても問題ないとなるのである。いくつかの地方では、恐らくもっと原初的な儀式が行われている。小さい子供達を連れて呪医が首長の祖先の墓に赴き、そこで若干のトウモロコシを焼き、それを子供達に分配する。そして子供達が帰ると、初物のトウモロコシを皆が食べてよいという合図になる[6]」。

　コンゴ川下流のバコンゴ人は、新穀を神殿に持っていって祖霊に供えた。もし祖霊に新穀を供えることを怠れば、彼らは大地があたかも蒔き付けしなかったかのように不毛になると信じている[7]。トーゴランド南方の都市クロヌでは、人々はある大樹を崇拝し、これには彼らの主神〈アザゴ〉が住むと信じられている。彼らは自分達の所有するすべて——富、子供、作物——は、この樹神の贈り物であると信じている。彼はまたヤムイモの施与者で、ヤムイモの収穫時期には、祭司の許しが出るまで誰もこれを食べてはならない。その許しが出る前に誰かが初物のヤムイモを食べるようなことがあれば、その者と家族全員が死ぬと信じられている。人々は祭司の指定する日を待たねばならず、その日になるとこのようなことが言われる。すなわち、今日は〈アザゴ〉神がヤムイモを食べると。それを聞くとすぐに、皆がその日の準備をする。金持ちは羊、山羊、豚を買い、貧乏人は鶏を求める。指定された日が来るとすべての動物を屠り、ヤムイモを料理する。それから各人は〈アザゴ〉が住む大樹の立っている所に赴く。そこで祭司はヤムイモの一片と肉の一片を木の下に置き、こう言って祈る。「〈アザゴ〉！　今日貴方はヤムイモを食べた。貴方の子供達にも食べさせてやって下さい」。そして祭司自らが初めて初物のヤムイモを食べた時、すべての人々がこれに倣ってよいということになる。それから人々は町に戻って大祝宴を催すが、これは初物のヤムイモの収穫時に毎年繰り返される行事である[8]。

　北ローデシアのイラ語族は、ズールー人やその他の南部諸民族のようにそうした新穀祭を行わないが、トウモロコシを食べる前にはいくらか祖霊に供える。「男が畑に行って数本のトウモロコシを摘み、村に持って帰る。そして皮を剝いである祖先の墓まで持っていく。墓のまわりを清掃し、それから墓前に跪いてこう言う。『何某よ、これは最初に熟したトウモロコシの一部ですが、これを貴方に捧げましょう』。これが終わると彼は家に帰り、小屋の敷居の所で同様にして別の捧げ物をする。その後何本かのトウモロコシを戸口の上か垂木に吊す[9]」。

　南東アフリカのトンガ部族中のロンガ諸氏族では、カヒアモロコシ〔南アフリカ原産のトウモロコシ〕が熟すると、首長あるいは氏族の者がそれを食べる前に、その一部を祖霊に供える。そして首長の本妻が、畑で穫れた最初のカヒアモロコシの粒を挽く。彼女は鍋でそれを料理し、ヒョウタンの中にしまっておいた首長用の粉の中にそれを注ぐ。首長はこの食物を少量取ると、村落の正門の所で祖霊に供える。彼は次のように祈る。「ここに新しい年がやって来た！

あなた方神々が先にお食べになって下さい、〈ルマ〉[10]なのですから。私達もまた、カヒアモロコシのおかげで身体が肥ることはあっても、痩せることはないようにして下さい。あと魔女にカヒアモロコシを増やすようにさせ、小さな畑でも大きな籠が一杯になるようにして下さい」。この後なら誰でも自由に〈ルマ〉の儀式を行い、カヒアモロコシを食べることができる。しかしそれには一定の順序があり、首長が最初、二番目が副首長達、それから相談役、それから戦闘で敵を殺した戦士達、それから首都に召集された村落の長達といった順である。[11]

　インドではチョタ・ナグプルのビルホール人は、初物を祖霊に供えるまではマフア（*Bassia latifolia*）の花や果実を食べない。[12]また彼らは陸稲についても同じタブーに服する。同じように、彼らはダワイの花から採った蜂蜜は、その季節に最初に発見された蜂蜜の数滴を霊に供えてからでなければ食べない。[13]アッサム州のルシャイ・クキ部族の間では、少量の新穀を軒下の壁に、すなわち水管が積み重ねてある場所の上に、導師の両親への供物としていつも置く。[14]

　アンナンでは、人々は新米を自分達が食べる前に祖霊と守護霊に供える。この儀式に用いられる米は普通の米ではなく、この儀式の日に実るよう特別に植え育てたものである。この儀式は年に二回あり、五月の一日と五日の間、十月の一日と十日の間である。新穀を霊に供えるよう指定された日には、一頭ないしそれ以上の豚、時には数羽の雄鶏を犠牲とし、その肉を新米と共にその共同体の神祠に運び、祭壇の上に置く。この儀式に参加した人達はそれから分け前の米を持ち帰り、家族に分配することができる。[15]

　ソロモン諸島中の一つサン・クリストバル島では、木の実を拾いヤムイモを掘る時は、その初物を持って帰って、庭と家の中に吊す。一部はそのままにしておき、一部は偉大な創造神〈アグヌア〉に供物として捧げる。この神は万物、すなわち海、陸、人間と動物、雷、電光、雨と嵐、川、木、山を創ったと信じられている。初物を供える時が来ると、人々はそれを供えておき、ハウヌヌ〔サン・クリストバル島中の地名〕の祭司の合図を待つ。その日が来ると、祭司は初物を〈カガウラハ〉という本物の蛇に供える。そうするとハウヌヌの人々は決められた儀式を行い、そして太鼓の音でこれを次の村に伝える。こうして知らせは太鼓の音で村から村へと伝えられる。それから各村の人々はリュウケツジュの葉を取って、行列をなして〈アグヌア〉の聖なる森に行く。行く時は闘っているふりに興じ、アーモンドが実り、豚の牙が曲がるだろうといった内容の歌をうたう。聖なる森に到着すると、各々がリュウケツジュの葉を地中に植え、中央の木のまわりに立ち、その内の一人が小枝で台を作り、初物で作ったプディングの供物を焼く。そして彼ら全員で、植えたタロイモがよく育ち、バナナはよい実を付けるようにと声高に叫ぶ。それから人々は木の傍に蔓草をおくが、これはその年に人々が木登りに利用する蔓が〈アグヌア〉のお陰で頑丈になり、彼らをしっかり支えてくれるようにである。またプディングを表現する石を置くのは、〈アグヌア〉がその年のすべての料理を祝福するようにであり、木を切り倒す手斧を表現する曲がった棒を置くのは伐採が上手くいくようにである。さらに人々は小さい棒を取って来てリュウケツジュの葉に突き刺し、家の形のように葉を曲げ、〈アグヌア〉がその年家を建てるすべての大工を祝福するようにする。[16]

ソロモン諸島南東にあるサア島では、人々は死者の頭蓋骨、顎骨、毛髪、歯を家の中の遺物箱の中にしまっておく。各戸主は捧げ物である初物を遺物箱の傍に吊し、またヤムイモの初物を備える時は、箱の中にそれを入れる。[17]近くのウラワ島では、捧げ物の初物は〈トリウヒ〉と呼ばれ、ここで〈トリ〉は〈入れる、置く、横たえる〉といった意味である。「祭司は人々が掘り出してくれた二つのヤムイモを手に取ると、リュウケツジュとゴシュユの小枝で縛り合わせ、その小枝が上に重なるようにする。そして葉っぱを束にして背中に縛りつけると、午後四時頃に村を通って浜辺の祭壇に下りていき、そこにヤムイモを供える。人々は皆断食して、家の中で静かにしている。この祭司一人の供物で、村全体の供物として事足りるのである」[18]。太平洋のモートロック諸島では、パンノキの実が熟したとき、それらを首長のもとに供えるまでは誰も食べてはならない。[19]

ヨーロッパでは、西部エストニア人は〈トン〉あるいは〈トニス〉と呼ばれる特定の神を崇拝する。この神は家と家族の守り神とされている。布片と小枝で作った彼の像は家の中に安置され、家庭の神として崇拝される。一切の新穀は供物としてこの神に供える。またビールを新しく醸造した時はビールを、動物を殺した時はその血を、家畜が生まれた時は小銅貨を、子供が生まれた時は数枚の銀貨を、仔牛を産んだばかりの雌牛がいる時はその初乳を、初めて毛を刈られた羊がいる時はその毛の一部を、それぞれこの神に供える。この神への供物の容れ物には籠が用いられ、毎年ある時期になるときれいに空にして、中味はすぐ埋めて来年の供物が入るようにしておく。[20]

第五十七章　肉食の類感呪術

野生人は一般に、人間や動物の肉を食べることによって、その性格と能力を得られるものと信じている。例えばオーストラリアの先住民についてはこう言われている。「友人であろうと敵であろうと、死んだ戦士の身体の軟らかい所の一部を切り取って、それを食べるのがならわしである。そうすることによって死んだ戦士の勇敢な性質は部族の間に保存され、その戦士の霊魂が祖先の猟場に移っても、霊魂がその勇敢な性質の全てまで持ち去ることはないと信じられているのだ」(1)。同じようにイギリス領ニューギニアのナマウ部族は、ある男が他人を合法的に、すなわち戦闘で殺して、その肉を食べた時は、殺された者の霊魂が勝者の身体に入り、彼の戦闘能力を高めると考えていた。ここからカニバリズムの必要が彼らの間に起こったのである(2)。フィリピン諸島の一つであるミンダナオ島ダバオ地方の一部族バゴボ人についてはこう言われている。彼らが戦闘で敵を殺した時は、全戦士が少なくとも一人の敵の身体を切り、大層な勇敢さを示した敵の肝臓の一部を食べるのがならわしである。なぜならこうして敵の特性が得られると考えられているからである。この部族の人々はしばしば人食い人種と言われているにも拘らず、これが人肉を食べる唯一の機会のようである(3)。カリフォルニアの先住民達は、フランスの航海者ラ・ペルーズに以下のことを納得させた。自分達は捕虜や戦闘で殺した敵は食べないが、戦場で勝利を収め、首長や非常に勇敢な者を殺した時は、その身体の一部を食べる。とはいえこれは憎悪や復讐のためというよりも、彼らの勇気に対する称讃のしるしで、この食物は自分達をより勇敢にさせるという信仰からである(4)。

インドのチョタ・ナグプルのオラオン人は、特定の物の力を吸収するためにそれを食べる慣習がある。だからオラオン人は時に鋭い視力を得るため野ウサギの目を食べ、また美声を得るため狐の肝臓を食べる(5)。

第五十八章　狩人による野獣の慰霊[1]

動物は人間同様に死後も霊魂が残ると野生人は信じているので、狩人や漁師は自分が殺して食べる動物や魚の怒りを鎮めるよう気を配る。これは、その動物から離れた霊魂が復讐を企てないようにである。また生きている動物や魚も非常に大切に取り扱うが、これは彼らがやって来て殺されるように誘いこむためである。例えばスーダン西部すなわち仏領スーダンの一部族であるカスーナ・ブーラ人の間では、誰かがライオン、豹、水牛、カモシカ、ハイエナを殺すと、呪医が何か不幸がその者にふりかかると告げる。するとその者は、殺した獣の霊魂を宿らせるため自分の家の前に六十センチほどの高さの小さな家を建て、この霊魂に生贄を捧げる。その際、先住民語で〈コウマ〉と呼ばれる、おそらく冠鶴であろう鳥は決して殺してはならない。しかし、もし誰かが誤って殺すようなことがあれば、そのために小さい家を建て、その家の上に供物を捧げなければならない。また、もし誰かがオランウータンや猪を殺せば、呪医が命じた場合は小さい家を建て、それに供物を捧げる。[2] また象牙海岸の一部族ゴウロ人の間では、もし誰かが鹿の雌を殺してしまった場合、急いで頭蓋骨を取ってその上にささやかな供物を置くが、これは復讐心に燃える死んだ動物の霊魂が彼を追いかけないようにである。同様の慣習が、象や豹を殺した狩人にも遵守されている。[3] 北ナイジェリアのクウォット人は、ライオン、豹、並びにすべての巨大な野獣を、これらの動物が持つと信じている霊力のために恐れている。この恐怖は狩猟や漁における全ての呪術の基礎となっていると言われ、この呪術によって殺された動物の霊魂を慰めることが求められている。その動物がトーテム種であろうとなかろうとである。

ウィルソン－ハッフェンデン大佐は、ライオン氏族の首長の政治的管轄区域内で、猟師がライオンを殺した際に取るべき正式な手続きに関して、次のような説明を受けた。「ライオンを殺した後、狩人はそれを持ち去るといった行動をとる前に、そのことを首長に報じる。同時に、彼は首長の近親を殺したことの許しを得るため贈り物をするが、それは白い雄鶏とビールである。首長の方では成功した狩人の勇気を讃えて贈り物をするが、通常外衣とターバンである。ところでこの品物は、先任の首長が後任の首長を任命する際に与える伝統的な衣服の品目中にある。したがって考えられるところでは、この贈り物は、その狩人がライオンの王者としての霊力に満ち満ちているために、彼を『首長にふさわしい』と認めるという考えと本来的に結び付いているのかもしれない。それから首長は運搬隊を準備して、埋葬儀式を行うためライオンを持ってこさせる……。死んだライオンの頭蓋骨はそれを殺した狩人に与え、ライオン氏族の首長の墓の上に置かせる。そこで狩人は供物を捧げて、その前で祈る。彼はライオンの亡霊〈エキティ〉に、殺した際の自分の無遠慮ぶりに対してライオンの亡霊が危害を加えないよう、以下のように嘆願する。『おおライオンよ、私は今日貴方に食物を捧げる。貴方の霊力〈コフィ〉のため、私が死ぬことのないようにして下さい』。ライオンを埋葬した後、自分の村での生活に戻る前に、狩人は二日間叢林の中に入り、そこでさらに慰霊および浄化のためのある儀式を行う。この中にはアッチャ穀〔atcha-millet〕、白豆、米、七つの麦の穂、七本のトウモロコシの混合物を食べる儀式がある。この混合物にヤシ油を加えて煮る。この儀式を怠るようなことがあれば、狩人は発狂してしまうと信じられている。仲間の村人達は、狩人が殺した動物の〈コフィ〉から身を浄めるまではどんなことがあっても彼を村に入れない。まだ〈コフィ〉が彼に付いていると考えているのである。もし狩人を村に入れてしまうと、彼らの家、食物、またすべての所有物が汚染され、そうして残ったライオン達がやって来て、村を『食べ尽くす』ことによって仲間の復讐を遂げることを彼らは恐れている(4)」。

ヴィクトリア湖西方にあるキジバ地方では、地霊〈イルング〉がバナナ林の端に生い茂っている森の木々を支配し、また同様に川と鳥も支配すると信じられている。野獣もまた彼のもので、その一匹が殺されれば、事故にせよ狩りにせよ、〈イルング〉を鎮める必要がある。狩りに参加した全員が、それはしばしば数百人もの男達であるが、地霊の祭司の住む小屋の前に置かれた、死んだ獣のまわりに集まる。祭司はバナナの木から切った花を持って現れる。彼は花をナイフで二つに切り、様々な種類の木材をその花の中にさし込んだ後、その二片を圧し合せて一つにする。それから鶏を殺し、その鶏とバナナの花を焼串に刺し、地霊の小屋の中に全て運び込む。焼けた肉の匂いが立ちこめ始めるや否や、狩人達は一列に並び、祭司を先頭にして死んだ獣の上を跳び越える。こうして地霊は鎮められる(5)。タンガニーカの一部族ワンダンバ人の間では、象を殺した時は大呪医、彼の不在の時は最初の血を流した者が、象の尾と鼻の先端を切り落とし、後者は埋める。というのも、象の鼻の先端は醜悪で恥ずかしいもので、また男の裸体のように女に見られるのは具合が悪いとされているからである。それから彼は屍体に登って踊り、このように歌う。「彼は死んだ。騒々しく音をたてる奴、彼は死んだ」。それから他の者達も登って、踊り歌う。しかし象狩りに参加したことのない者はそれをしない。とはいえ大呪医に勧められれば話は別であり、大呪医はまず象の尾から取った数本の毛をその初心者の首に巻きつけると、彼を洗い浄める。これらの配慮を怠ると、初心者は死んだ象の霊に取り憑かれ、狂気状態になって象に追いかけられているという幻覚に苦しむことになる(6)。北ローデシアのイラ語族の間では、狩人が象を殺した時は儀式を行うが、その目的は「死んだ象の亡霊が狩人に復讐するのを防ぎ、他の象達も同じように獲物になってくれるように促すためである。象が死ぬと狩人は逃げ去り、仲間達は怒ったふりをして追いかける。それから彼は戻って来て、屍体の上に『呪薬』を持って登り、それを噛んだ後、傷口と肛門の中に吐き出す。その時に屍体の上を這い回る。それから立ち上がって屍体の上で踊り、仲間達は象を囲んで歓迎と祝いに両手を叩く。それから屍体を解体する」(7)。

中央セレベスのトラジャ人の供犠祭では、水牛を槍で突き刺し、大量の傷を付けて死に至らしめる。水牛の毛はキンマと共に籠に入れ、水牛の頭の上で七回ほど円を描くように動かし、その間に詫びの言葉を言う。これは他の水牛が死ぬのを防ぐためだという(8)。

ロイヤルティ諸島中の一つであるウベア島の住民について、ハドフィールド夫人はある特別な種類の魚の場合には、ウベア人は餌の代わりに雄弁術を用いると言っている。「私は六十匹ほどの大魚の群れが捕えられたのを見たが、全員が私に証言したところによれば、これは漁師の一人の説得術によるものだった。その状況と方法は次の通りだった。一人のウベア人が砂浜を歩いていて、陸地から少し離れた水面上に、大量の小さい物体が跳ねているのに気が付いた。彼は友人にそれを指し示したところ、友人はすぐさま驚きの声をあげ、こう叫んだ。『私はこの魚のことを知っている。大急ぎでカヌーを持って来よう』。二人は間もなくカヌーに乗って、イルカの群れの只中に漕ぎ入れた。友人は言った、『さあ、私の言う通りにしてくれ。そうすれば大漁だ。静かに、ゆっくり、岸に向かって漕いでくれ。その間に私が魚達を説得しよう』。それからカヌーの中で立ち上がって、様々な烈しい身振りと説得力のある先住民語の雄弁をもって、次のように魚に話しかけた。『おお魚達よ、あなた達に会えて本当に嬉しい。私はあなた達が我々の島を訪ねてくれることを心から願っている。浜にあなた達が来るつもりなら、ここほどよい所はないことが分かるだろう。ここには多くの大首長達がいる。ここは〈ダウマ〉、〈ニケロ〉、〈ベカ〉の故郷だ——彼らは真に偉大な人物で、多くの人民を統治し、夥しい数のヤシの木を持っている。私はどうにか、あなた達にこの浜辺にやって来てほしいのだ。それから漕ぎ手に向かって、『岸に向かってゆっくりと漕いでくれ』と言った。この雄弁に説き伏せられた魚達はカヌーと共に泳ぎ始め、とうとう浅瀬まで来た。彼は一瞬たりとも熱弁を止めなかったが、そこで漕ぎ手である友人を振り返ってこう言った。『群れの中のあの小さい魚が見えるか？　あれは魚達の王だ。水中に飛び込んで、あれをカヌーの中に投げ込んでくれ』。すぐそうしたところ、たちまち魚達の間に大騒ぎが起こった。魚達はその小さい魚を探し求めてあちこち飛び回った。多くの魚が興奮のあまり砂浜に乗り上げてしまった。一方、他の魚達は浅瀬まで押し戻された。この魚達はすぐ沖に向かって泳ぎ始め、二人はこの魚達を逃してしまったと思った。しかし間もなくこの魚達も戻って来て、他の魚達のように浜辺に乗り上げた。二人は時を移さず魚達をより高い乾燥した陸地に引き上げた。それ以来、ウベア島の北部ではまったく同じ方法で魚の群れを捕まえている。私は隣りのニューヘブリディズ諸島でも、時折こういうことが起こると考えている」(9)。

スレイヴ・レイクと北極海の間の地域に住むイヌイットについて、彼らと共に生活したステファンソン氏はこう述べている。「私はまた、なぜ動物達が人間に殺されることを許すのかが分かった。動物達は人間よりもずっと賢く、人間の考え方も含めてこの世界の一切のことを知っている。しかし動物の必要とする特定の物があり、それは人間からのみ手に入れることができる。アザラシと鯨は塩水の中で暮らしており、このため常に喉が渇いている。彼らは人間の所に行ってそれを求める以外には真水を得る方法がない。従ってアザラシは進んで狩人に殺される。狩人は代わりに水を飲ませる。これはアザラシを岸辺に引き上げた時、必ず柄杓一杯の水をその口の中に注ぐ理由である。もし狩人がこれを怠れば、他のすべてのアザラシはこれを知って、もう決してその狩人に殺されることはない。というのも水が飲めないことを知ってしまったからである。アザラシに一杯の水を与え、そうしてこの言外の約束を守る者は他のアザラシ達に信頼すべき人物として知られ、彼に進んで殺される。アザラシが死ぬ際にしてもらいたいことは他にもあり、ある男達はアザラシの欲していることは何でもしてやるよう非常に気を配るので、アザラシ達はその特定の男に殺されたいとして自ら転がりこんでくる。北極熊はアザラシほど渇きに苦しまない。というのも氷山の頂上の新鮮な雪を食べることができるからである。しかし北極熊は彼らが必要とするある道具を作ることができない。雄の熊が特に欲しいのは曲がりナイフと弓錐で、雌の熊が特に欲しいのは女用ナイフ、皮剝き器、針箱である。したがって北極熊は殺されると、その霊魂（タトコク）が皮と一緒に家の中に入り、皮と共に数日間滞在する（ほとんどの部族の間では、雄熊の場合は四日間、雌熊の場合は五日間）。この間皮は家の裏側の端に吊しておき、熊が性別により欲する道具を皮と一緒に吊しておく。四日目ないし五日目の終わりに、熊の霊魂は呪術の言葉によって家から追い出される。そうして熊の霊魂が去る時に、それは一緒に吊しておいた道具の霊魂も連れていって、以後それらを利用する」(10)。

モロッコのベルベル人は大麦を雀の襲来から守るため、様々な呪術的かつ宗教的儀式を行う。というのはこの地方では大麦が早く実るからである。ティムギシンではこの儀式は二月の半ばにかけて行う。農民は小麦、大麦、トウモロコシ、蜂蜜、バター、油の供物をすべて少量ずつ集める。彼らはそれらを皿にのせて、一人の老婆に与えそのまわりを囲む。それから行列を作って畑に行き、男達は絶えずマスケット銃を一斉発射し、女達はこう歌う。「神様が畑をすべての害から守ってくれるように。おお小さい鳥達よ、ここにあなた方の分け前がある。おおジン（魔霊）よ、ここにお前の分がある！」。それからヤシ林に行く。そこで穀物を木の根元に置いて、こう言う。「ここにあなた達の宴の分がある。おお、ジンと小鳥達よ」。その後畑のまわりを行列になって歩き回り、男達はなおもマスケット銃を発射し、それから村に戻る。別の儀式では行列の際一つないし二つの人形を畑のまわりをかつぎ回り、それから灌木の根元にそれを置く。タガダートでは、雀退治の時期がやって来ると若い娘達がトウモロコシの茎や水車の心棒を使って人形を作り、それを花嫁の格好に装う。彼女達はこれを「他の民族の花嫁」と呼ぶが、これはジンの名前を言うことを避けるための婉曲語法である。こうして飾られた人形は大麦のまわりを担ぎ運ばれ、その最中に行列は歌い、叫び、銃を発射する。それからこれを小さい菓子と共に木の根元に置く。大麦が実り始めると、〈イダ・オウ・ズクリ〉は小鳥を生きながら捕まえて来て、それを翌日の夜に畑の真中に放す。その間、結婚式の時のように歌や叫び声、銃の発射など大騒ぎする。それから同じ具合に大騒ぎしながら村に帰る。翌日この地の雀は皆、巣と雛を棄てて飛び去ると信じられている。こうして雀達は、前日放たれた鳥に倣うという訳である。エイト・ハメドの地では、老婆の捕まえた鳥を籠の中に入れる。盛大な行列を作って人々が行き、それを村の境界の古いキョウチクトウの切株の上に置く。そこで鳥を石で打ち殺す(11)。もちろんこれは他の雀達が大麦畑に侵入しないようにという恐ろしい警告である。

第五十九章　動物への人間霊魂の転生(1)

原初的な人々が時に動物を崇拝し、その生命を助ける別の理由は、彼らは死んだ親族の霊魂を持っているという信仰にある。死に際して、霊魂が転生によってその動物の中に入ったのである。例えば南アフリカのザンベジ川上流の先住民について、リヴィングストンはこう述べている。「この地方では猿は聖なる動物で、決していじめたり殺したりしない。というのも彼らは自分達の祖先が今こういう卑しい格好をしており、また自分達自身も遅かれ早かれ同じような格好になるに違いないと、心から信じているからである(2)」。さらにペラ州のマレー人についてはこう言われている。「マレー人にはいくらか転生の教えがある。この結果彼らは虎を殺すのを躊躇う。というのも虎には誰か人間が宿っているかもしれないからである。事実彼らは、ドイツの中世騎士物語の人狼のように、ある人々は夜になると虎の身体に入る力を持っていて、意のままにその姿を変えると信じている。この獣の力と知力は非常に強大なので、マレー人は災厄が降りかからないよう、その名前を密林の中では口にしようとしない。もし虎が近くにいるかどうか尋ねられると、震え声でひそかに囁くようにして答える(3)」。

さらに死に際して人間霊魂が動物へ転生するという信仰は、サン・クリストバル島の住民によって堅持されており、その結果死者の霊魂が移ったとされる動物の取り扱いにまで影響している。この信仰と慣習は、以下によく記述されている。「死後は非常に多くの亡霊が動物に化身する。先住民が死んだ親族の〈アタロ〉(霊魂)が入った特定の動物をどのようにして決めるかは驚くべきことである。これは、一部は死者の埋められた場所による。首長と一般人民は共に海に葬るのが共通の慣習であり、当然彼らの〈アタロ〉は魚、特に鮫に化身する。死後その頭蓋骨とその他の遺物は木製の鮫の像の中に入れ、それからカヌー用のゴムでしっかり封じ込め、海に流す。それを見張り続けて、最初に近づいて来たものが〈アタロ〉の未来の化身である。普通鮫であるが、タコ、ガンギエイ、海亀あるいは鰐の場合もある。しかしすべての〈アタロ〉が海の動物に化身する訳ではない。男女が年を取ると、先住民達はどういう動物がその者と関連を帯びてくるか注意する。これはしばしば鳥である。鳥は家に来て老人の肩にとまる。これは若い鳥でなければならない。この鳥はその人の霊魂の未来の家として餌を与えられ、敬意をもって取り扱われる。彼が死ぬと、その霊魂はその鳥の中に入る。彼の子供はこの種の鳥は一切食べない。このタブーは一代だけで終わるようである。現在ラウマエには、父親が鷹すなわち〈テヘ〉に変身したという男が住んでいる。彼は鷹を殺したり食べたりすることは一切できない。他の人達は自由にできる。〈アタロ〉の入る鳥は鷹、別種の鷹〈アフィタロンガ〉、カワセミの仲間〈アウスワイ〉、黒白の小鳥〈ワイフィルフィル〉である。さらにまた〈アタロ〉は石や木に入ることもある。これは人の死後、夢で分かる。もし夢の中である人の〈アタロ〉が石あるいは木の所に見られると、それはその人の化身であることが分かる。例えばラフラフの近くの〈トパガの樹〉の中には〈アタロ〉がいる。その人の子供は、この木あるいはその他の〈トパガの樹〉を切り倒さない。そこで〈アタロ〉への供犠が行われる(4)」。

余論原註

第五十三章　浄化の原初的形態

（1）本書五七頁以降参照。
（2）B. Gutmann, *Dichten und Denken der Dschagganeger*, 135.
（3）P. P. Schumacher, "Die Tracht in Ruanda (Deutsch-Ostafrika)," in *Anthropos*, x.-xi.（1915-1916）, 797.

第五十四章　アリキアにおける〈マニアエ〉

（1）本書七一頁以降参照。
（2）一九二五年十一月十七日付、メリーランド州ボルティモア、ジョン・ホプキンズ大学生物学研究所のジョン・ライス・マイナー氏から私宛の書簡。

第五十五章　悪霊を騙す試み

（1）本書七六頁以降参照。
（2）Mrs. L. Milne, *The Shans at Home*, pp. 38 *sq.*
（3）N. Adriani and A. C. Kruijt, *op. cit.* ii. 85.

第五十六章　新穀の供物

（1）本書八〇―九五頁参照。
（2）J. Roscoe, *The Northern Bantu*, pp. 167 *sq.*; *id. The Bagesu*, p. 14.
（3）W. Hofmayr, *Die Schilluk*, p. 312.
（4）H. Rehse, *Kiziba, Land und Leute*, 54.
（5）R. P. Avon, "Vie sociale des Wabende au Tanganyika," in *Anthropos*, x.-xi.（1915-1916）, 104.
（6）D. R. MacKenzie, *The Spirit-Ridden Konde*（London, 1925）, 20.
（7）E. Torday, *On the Trail of the Bushongo*, 236.
（8）C. Spiess, "Beiträge zur Kenntnis der Religion und der Kultusformen in Süd-Togo," in *Baessler-Archiv*, ii.（1912）, 64.
（9）E. W. Smith and A. M. Dale, *op. cit.* ii. 179 *sq.*; i. 139 *sq.*
（10）〈ルマ〉とはカヒアモロコシを含む特定の食物のタブーを解く儀式である。
（11）H. A. Junod, *The Life of a South African Tribe*, i. 396.
（12）S. C. Roy, *The Birhors*, 112.
（13）S. C. Roy, *op. cit.* 520.
（14）J. Shakespear, *The Lushei Kuki Clans*, 65.
（15）P. Giran, *Magie et religion Annamites*, pp. 300 *sqq.*
（16）C. E. Fox, *The Threshold of the Pacific*, pp. 80 *sq.*
（17）W. G. Ivens, *Melanesians of the South-East Solomon Islands*, 178.
（18）W. G. Ivens, *op. cit.* 362.
（19）J. Kubary, "Die Bewohner der Mortlock-Inseln," in Mittheilungen der Geographischen Gesellschaft in Hamburg（1878-1879）, 32.
（20）Dr. F. J. Wiedemann, *Aus dem inneren und äusseren Leben der Ehsten*（St. Petersburg, 1876）, 443.

第五十七章　肉食の類感呪術

（1）H. Basedow, *The Australian Aborigine*, 189.
（2）J. H. Holmes, *In Primitive New Guinea*, 156.

（3） Fay-Cooper Cole, *The Wild Tribes of the Davao District, Mindanao*, 94.
（4） *Voyage de La Pérouse autour du Monde*, ii.（Paris, 1797）, 272 sq.
（5） S. C. Roy, "Magic and Witchcraft on the Chota Nagpur Plateau," in the *Journal of the Royal Anthropological Institute*, xliv.（1914）, 32.

第五十八章　狩人による野獣の慰霊

（1） 本書一三三一一七二頁参照。
（2） L. Tauxier, *Le Noir du Soudan*, p. 327.
（3） L. Tauxier, *Négres Gouro et Gagou*, p. 204.
（4） Captain J. R. Wilson-Haffenden, *The Red Men of Nigeria*, pp. 167 *sqq*.
（5） H. Rehse, *Kiziba, Land und Leute*, pp. 126 *sqq*.
（6） A. G. O. Hodgson, "Some Notes on the Hunting Customs of the Wandamba," in the *Journal of the Royal Anthropological Institute*, lvi.（1926）, 63.
（7） E. W. Smith and A. M. Dale, *op. cit.* i. 167.
（8） N. Adriani and A. C. Kruijt, *op. cit.* ii. 175.
（9） E. Hadfield, *Among the Natives of the Loyalty Group*（London, 1920）, pp. 96 *sq*.
（10） V. Stefansson, *My Life with the Eskimo*（London, 1913）, pp. 56 *sq*.
（11） E. Laoust, *Mots et choses berbères*, pp. 338 *sqq*.

第五十九章　動物への人間霊魂の転生

（1） 本書一八〇頁以降参照。
（2） D. and C. Livingstone, *Narrative of Expedition to the Zambesi*（London, 1865）, pp. 160 *sq*.
（3） F. McNair, *Perak and the Malays*（London, 1878）, 221.
（4） C. E. Fox an F. H. Drew, "Beliefs and Tales of San Cristoval," in the *Journal of the Royal Anthropological Institute*, xlv.（1915）, 161 *sq*.

第五部下解説

石塚正英

1　第五部下の概要

前巻および本巻すなわち本書第五部のテーマは、第四巻「死にゆく神」、第五巻「アドニス、アッティス、オシリス」で奏でられたライトモチーフの延長上にある。神々の死と再生に関する儀礼・民俗を、ディオニュソス、デメテル、ペルセポネなどギリシア神話の神々にことよせつつ、古今世界各地の生活文化に保存されてきた植物霊、動物霊の死と再生にかかわるフォークロアを詳説している。そのうち、第六巻（第五部の上）は植物霊に特化し、本巻（第五部の下）は動物霊に特化している。本巻の構成は以下のようである。第九章「動物としての古代植物神」、第十章「神を食べること」、第十一章「新穀の供犠」、第十二章「肉食に関する類感呪術」、第十三章「神である動物を殺すこと」、第十四章「狩人による野獣の慰霊」、第十五章「農民達による有害生物の慰霊」、第十六章「人間霊魂の動物への転生」、第十七章「動物聖餐の類型」。その中から特記するべき記述をピックアップしてみる。

第九章「動物としての古代植物神」では、あるときは森や樹木の霊であり、その同じ存在が、またあるときは穀物の霊に転化ないし融合する（二〇頁）。あるときは山羊や牛、馬の霊だったものが、別の事態では樹木の霊になっている。有名なところでは、地中海神話に登場するディオニュソス——あるときは雄牛神、あるときは葡萄樹神——の事例がある。その関係をフレイザーは、アテナイの儀礼において確認している、「脱穀の終わり頃に設定されたアテナイの供犠の時期は、祭壇の上に置かれた小麦や大麦が収穫の供物だったことを示唆している。

さらに、その後の食事の聖餐的性格――全員が神なる動物の肉を分け食べる――は近代ヨーロッパの収穫の晩餐との相似を示している。既に見たように、この晩餐では穀物霊を表す動物の肉を収穫者達が食べるのである」（二二頁）。フレイザーはこの事例をエジプトや地中海地方のほか、古今東西の各期各地に見出している。例えばギニア地方に、カシュガル地方に、中国各地に。このように、幾つかの儀礼や信仰が交じり合ったり融合したりする点について、フレイザーは、厳密に類型化したり発展図式化したりする必要を感じていない。「自然の事実は人間の理論の貧弱な棚などいつでも吹き飛ばしてしまうのである」（三八頁）。

第十章「神を食べること」では、メラネシア、東南アジア、インド、アフリカそのほか世界各地から紹介された事例を以下のように整理できる。①新穀を穀物霊の具現とみてこれを食する→②穀物を人形《ひとがた》に焼くなどして擬人化する→③擬人化された穀物霊を食べる。それらの諸類型に共通する現象として、断食や浄め、球技や舞踊、タブー遵守など、様々な儀礼が介在する。フレイザーによれば、野生・先住諸民族が執り行う儀礼は、植物や樹木の「精霊もしくは神そのもの」、「初収穫の果実の内に宿る神」に向けられる（六四〜六五頁）。だが、地域によっては、食べるものに自らの血液を振りかけたり練りこんだりもするのだった。例えば「メキシコ人はパンや穀物の形をとった神々を食べることで、常に満足していたわけではなかった。この神の命を宿す材料を、人間の血でこねて固めるだけでは物足りなかったのだ。彼らは生きている神とのより密接な結合を切望しているように見え、本当の人間の肉を食べることによりそれを達成したのである」（七〇頁）。こうした人間（人肉）と穀物霊（収穫物）との連携は、厄払い、厄除け、魔除けなどの儀礼に活用されるケースが多い。身代わりの人形パンなどである。

第十一章「新穀の供犠」では、穀物の霊や神々への供犠という儀礼は、神々を食するという儀礼の後に発生したと解釈できる事例がたくさん紹介されている。供犠は、ときには王（王の霊）や死者（死者の霊）をも対象とした。神観念の洗練（生物そのもの→生物霊→人形をした生物霊→生物を眷属とする神々）およびバリエーション（氏族的守護神・個人的守護神・死後的守護神など）に関係するわけである。その際、儀礼は政治的でなく宗教的である点を確認するのに、フレイザーはトンガの事例を引いている。「新穀を首長に供える所ではどこでも、首長がそれを受けるのはその公的資格というよりもその宗教的資格においてである。実際、トンガ王が大量の新穀の分け前を受け、その量は神なる首長に割り当てられるよりも大きい。しかし次の事は非常に注目される点である。すなわち、新穀の割り当てが神なる首長主宰の下に行われる一方、王とその他の大首長達がその場から退いて群衆の中にまぎれこみ、まるで単なる平民として、このように非常に厳粛な宗教的祭儀に参加する権利を持っていないことを示している」（九二～九三頁）。

第十二章「肉食に関する類感呪術」では、王ないし神の身体を食べることで得られる神霊の更新、これが論述される。「このように神の身体を食べる理由は、原初的な観点から見ると、単純明快である。動物や人間の肉を食べれば、その動物や人間の物理的な特性だけでなく、倫理的かつ知的な特性をも得られると野生人は一般的に信じている。そこで、動物が神とされると、単純な野生人はその動物の肉と共にその神性をも吸収し得ると信じる訳である」（九六頁）。肉食に関するこうした類感呪術の事例を、フレイザーは古今東西各地に拾い集めている。中にはアイヌ民族の「カワウソ頭」をもって日本列島の事例（物忘れに関係）をも紹介している（九九頁）。あるいは、死者の灰を飲んで故人の特性を受け継ぐ事例が紹介されている（一〇五～一〇六頁）。そうしておいてフレイザーは、言葉にこそしないものの、新約聖書のあの有名な場面「最後の晩餐」に読者をいざなうのであった。

第十三章「神である動物を殺すこと」では、農耕民でなく狩猟民のもとでの類感呪術を説明している。その際フレイザーは、野生人が「個の生命」と「類の生命」を区別だてしない観念に注目している。現代人は、ある個別の動物に何らかの感化を与えても、それだけでは同種のほかの動物には何の影響もないと考えるが、野生人はそうではないのである。例えば、カリフォルニア先住民は「種はそのままでは個体のように年を取り死んでいくと考えており、従って彼らが神聖視しているある特定の種の絶滅を防ぐために、何らかの手段をとらなければならないと考えるのである。この破局を回避するため考え得る唯一の方法は、血管にまだ生命の潮が流れ走り、老齢の沼によどんでいない種の一匹を殺すことである。このようにして、一つの水路から逸れ出した生命は、より新鮮に生き生きと、新しい水路に流れ込むと彼らは考える」（一一三頁）。

ただし、生きたままの動物は、やがてその動物をかたどった像で代理されるようになる。その像に毛皮をまとわせたりするのだった。そうこうするうちに、〔動物＝神そのもの〕を殺す習慣は〔像＝神の代理〕への供犠と解されるようになっていく。神そのものとしての動物を殺していた慣習に、神像へのいけにえとしての動物を殺すような儀礼が取って代わることとなるのであった。事例の一つに、熊に儀礼を施すアイヌ民族が取り上げられている（一一八〜一三二頁）。

第十四章「狩人による野獣の慰霊」では、人間あるいはその身体と動物あるいはその身体との間に区別立てをしない野生人の習俗が取り上げられる。その習俗においては、一方が他方を利用するだけという片務的な関係は想定されていない。そこで、人間たちは、自らの食糧として殺す動物（種）に対して慰霊をほどこし、一種の言い訳をすることになる。だが、その観念は彼らにとっての地上、森羅万象で完結していた。しかし、生活世界の多様化を通じて野生人が生と死を区別するようになると、彼らは動物にあっても、肉体が滅んでも霊魂は不滅であるような観念を抱くようになった。さらには、生きている間にも、霊魂は身体から遊離していくことを観念するようになる。そうなれば、動物の慰霊はその意味や意義を確立していくこととなるのだった。そこから、動物を殺した後でなく殺す前にも、お礼や敬意の言葉を述べお世辞を述べることにもなったのだ。なかには、殺された動物は親族のように哀悼の意を払われ、手厚く埋葬されたりもした。蛇を大切にする北米のチェロキー先住民は、ガラガラヘビを首長とみなして敬った（一四一頁）。

第十五章「農民達による有害生物の慰霊」では、〔悪霊敬して避ける〕式の儀礼が説明されている。これは、本当は最初から避けたいものの、相手が強すぎて一筋縄ではいかないと見た人々が採用するおだて戦術である。「農民は害虫を扱うときに、極めて厳しくする一方で甘やかしもするという具合にその間をこらえていく。すなわち親切にする一方厳しくし、厳格と寛容を調節するのである」（一七四頁）。そのための像をこしらえて、これに儀礼を施すこともした。また、フレイザーによると、ギリシアやローマには害虫から名前をとった神々がいた（一七八頁）。

第十六章「人間霊魂の動物への転生」では、死後に霊魂が宿る先としての動物について事例紹介がなされている。すでに記したように、生活世界の多様化を通じて野生人は生と死を区別するようになる。そうすると必然的に、死後の世界を想定することとなる。けれどもその世界はけっこう彼らの世界と隣り合わせなのだ。彼らが日頃崇拝している動物たちの体内に移っていくとの観念を抱くようになる。あるいはまた、野生人は、死後特定の動物になって生まれ変わると観念するのだった。トーテム信仰の世界であれば、信徒諸衆の始母はカンガルーだったりするわけで、彼らの霊魂は死後カンガルー内に移り住むか、カンガルーに生まれ変わるかするということである。

第十七章「動物聖餐の類型」では、先住民が動物に対して執り行う二種の崇拝を対比的に扱う。すなわち、「一方においては、動物を崇拝し、従って殺しもせず食べもしない。他方においては、動物を殺して食べるならわしになっているが故に崇拝するのである」（一九五頁）。さらには、「動物崇拝のまったく異なる二つの類型に対応して、動物神を殺す慣習にもまったく異なる二つの類型がある」。この類型を紹介するのにフレイザーは、ことのほかアイヌ民族の事例を援用する。「聖餐で殺される動物が部族により通常は殺さない種に属するのか、それとも殺される種に属するのかどうかを確かめる必要がある。前者はエジプト型に属し、後者はアイヌ型に属する」（一九六頁）。さらには、各地の動物聖餐儀礼には謝肉祭との関連が指摘されている。

2　神を食べること

神を食べることについては、本訳書第一巻の「日本語版監修者解説」において、私は次のように記しておいた。「殺される神とその儀礼、あるいは、殺される老王の身体から若い新王の身体に移って生き抜く神霊・外魂とその儀礼――共感呪術（類感呪術・感染呪術）――を研究テーマにすえた『金枝篇』、この著作に集約されるフレイザーの仕事は、大別して、二つの目的をもっている。一つは理論的なものであり、タイラーが『原始文化』などで披露した進化主義的歴史観――人の考えは呪術的な段階から宗教的な段階へ、そして科学へと進歩する――およびアニミズム的宗教発展説を受け継ぎ発展させることである。そして、いま一つはケーススタディにかかわるものであり、世界各地で十九世紀までに残存してきたさまざまに学術的価値のある資料・史料――その中にはカニバリズムつまり人肉食も含まれる――を、当時においてかなうかぎり広範囲に蒐集することである」（第一巻、四四二頁）。ここに記された「カニバリズムつまり人肉食」とは、ある民族の人神たる王や長老の人肉を食べることである。ヘロドトスの『歴史』にはマッサゲタイにおけるその風俗が記されている。「マッサゲタイの国では（中略）非常な高齢に達すると、縁者がみな集まってきてその男を殺し、それと一緒に家畜を屠って、肉を煮て一同で食べてしまう。こうなるのがこの国では最も仕合わせなことであるとされており、病死したものは食わずに地中に埋め、殺されるまで生きのびられなかったのは、不幸であったと気の毒がるのである」[*1]。

ところで民族の神は、もともとは人間でなく動植物であることが自然であった。自らの神である動植物から、昔々、彼らの祖先たちは生まれたのである。そのような意味をもつ動植物を食べる行為、それは一見すると冒瀆にみえるが、ある種の儀礼を施すことにより、きわめて聖なる行いとなるのだった。その儀礼とは、神との合一を実現する儀礼である。

「さらにテスモポリア祭（デメテル祭における一儀礼）においては、女達が豚の肉を食べたことが注目される。もし私の考えが正しければ、この食事は信者達が神の身体を分かち合う、厳粛な聖餐ないし聖体拝領だったに違いない」[*2]。

テスモポリアでの儀礼とそれに続く神人合一の食事は、パンとぶどう酒を食するキリスト教徒の儀礼に余韻を遺している。パンあるいは小麦は、地中海海域にあっては、イエス、マリア、デメテル、イシスなどを象徴しており、ぶどう酒は、イエス、ディオニュソスなどを象徴しているのである[*3]。

3 ベンヤミンのアウラと本物の神

「複製技術時代の芸術作品」（一九三九）の著者ベンヤミンは、その中で写真や映画の複製技術に言及し、それらによって作られた作品にはもとのオリジナルに備わっていた「アウラ」が減少ないし消滅している、と主張した。ここにいう「アウラ」とは、ベンヤミンの言うところでは「どんなに近距離にあっても近づくことのできないユニークな現象[*4]」となる。それは、先史の儀礼的世界に関連し、自然神の身体から発散される「気」のようなものであろう。それは、神と人とが互酬の原理に即して生活しているかぎりでもっとも強烈に発散される。発散は、そのような相互的・交互的な関係を前提にしている。また、発散は本物からしか生じない。神の代理や象徴、像からはでてこない。ベンヤミンは言う。「古代ギリシア人が知っていた芸術作品の複製技術の方法は、ふたつだけであった。鋳造と刻印である。ギリシア人によって大量生産された芸術作品は、ブロンズ像、テラコッタ、硬貨だけであった。その他はすべて一回かぎりのもので、技術的に複製することができなかった[*5]」。

ここでベンヤミンが引用するギリシア人は文明期の人々である。神の像を作るのは文明期に特徴的なことである。先史の人々――ギリシアではペラスゴイ人――は自然のままの神ないし自然から切り取った神としての像（かたち）は知っているが、神の代理、象徴、洗練としての人格的ないし幾何学的な像は知るところでない。神は常に自然に備わる具象的なかたちを備えていたので、代理や象徴、洗練は知らなかったのである。もし仮に先史人が人格的なブロンズ像を崇拝していたとしたら、それは一歩先に文明に入り込んだ人々から伝えられたものでしかなく、ブロンズ像に備わる神観念は文明からすぐさま先史にもどされた。すなわち、ブロンズそのものが神なのであって、ブロンズが何か別の神の代理の像というわけではなかった。

神との対話＝儀礼においてアウラを感じるのは、眼前の相手が本物の神であるときだけである。神はけっして複製品ではありえない。これっきりといった、単数に限定された存在である。そのような神を、先史の人々は自然の断片で自らの手でこしらえるか、自然の中から選定した。

ところで、文明時代の人々、とくに超越神を信仰する人々は、そのような自然神、庶物神を小バカにした。それは子どものもてあそびに相応しい代物であり、崇高なる神のたんなる代理品、護符か、あるいは崇高な地位から堕落した形態にすぎない、と決めつけたのである。しかし、ベンヤミンはそのような解釈は採用しなかった。

彼の立場にたって議論を進めると、ある神像が鑑賞の対象でなく礼拝の対象である場合、たとえそれが複製品であってももはや複製とは観念されず、「いま」「ここに」しかない本物となったのであり、そうであるからアウラの発散源であると観念される。つまり、件の像は何かもっと崇高な神の代理であるよりはそれ自身が単独の神であり、かけがえなき一回性のものであると観念されることになるのである。いや、もっと本質的な言い方をすると、アウラを発する神がみは絶えず人々の儀礼によってその場で一つだけ造りだされるのである。そのとき、アウラを発するのは造り出された神のみならず、これをこしらえている人からも出ていると考えてよい。

ところで、ベンヤミンは彼の同時代において、子どもたちの世界には未だアウラを発するような遊びが存在しているように考える。そうであるから、一九二九年から三二年にかけてベルリンとフランクフルトのラジオ局から、ドイツ中の子どもたちに向かって非キリスト教的な、異教的な雰囲気の伝承や風習——例えば魔女裁判——を熱っぽく語るのだった。以下において、ベンヤミンから子どもたちへのそうしたメッセージを引用してみよう。

「きみたちが初めて魔女ということばを聞いたのは、『ヘンゼルとグレーテル』でだったろう。そのときみたちは、何を考えたろうか?」[*6] ドイツの子どもたちにそのように問いかけつつ、ベンヤミンは、魔女信仰の拡大を促したのは自然科学者や法学者だったと言う。「嘘めいて聞こえるかもしれないが、その新しい自然科学が、魔女信仰を大きく育てる働きをした」[*7]。この見解は、大人でなく子どもたちに向けて発せられた。そこに意味がある。大人の多くは科学の信奉者である。それに対して子どもたちは概ね摩訶不思議の世界、神秘の森を散策する旅人である。ほかでもない、その子だけに付き添う守護霊が旅のお供をしたりしてくれるケースもあろう。ベンヤミンは、そのような子どもたちととっても相性があっている。

ハインリヒ・ハイネは著作『精霊物語』(一八三五)の中でこう述べている。「異教の時代に空中を飛ぶことができるといわれたのは、みな女王とか貴族の女たちであった。そして当時尊敬すべきものとみなされていたこの魔術は、のちのキリスト教の時代になると、魔女たちのいまわしい行為とされてしまった。魔女の飛行についての俗信は古代ゲルマンの伝承の変装したものである」[*8]。歌唱曲「ローレライ」の歌詞で広く知られるハイネは、ヨーロッパにキリスト教が伝わる以前のゲルマンないしケルト的な異教の世界をこよなく愛していた。ローレライにしても、そのような世界に関連する伝承をもとにした物語である。上に引用した箇所は、そのハイネが魔女や魔女信仰についてどんなふうに考えていたかを示す文章と言える[*9]。

ベンヤミンは、魔女狩りに持ち出されるキリスト教の神が一種の複製であることを知っていた。金太郎アメともステレオ・タイプともいってもいいこの神観念を、はたして中世・近世の民衆は信仰していたであろうか。中世以降、神はとりたてて複製の対象になっていく。それを嫌う農民たちは、これっきり、これ一体といった神像を選定して修道院などから盗みだした。文明の神としてのキリスト、教会の祭壇における神人(人となった神)キリストは複製可能である。複製品つまり十字架像を通して本物のキリストが霊となって介在するというのが文明の、カトリック公認の神観念である。

それに対して、先史の神としてのイエス、ガリラヤ湖畔における人神――人となった神でなく、神となった人――イエスは複製不可能である。イエスは、新約聖書を文字通りに解釈するならば、最後の晩餐で予行演習したとおり、磔刑後、使徒たちに食べられてしまったと思われる。本書第五巻解説で定義したミュトス的先史文化論では、ガリラヤ湖畔のイエス信徒たちは、イエス=人神を食べることでイエス=アウラを崇拝したといえる。その文化論はフレイザー『金枝篇』のエッセンスであろう。

4　南方熊楠と柳田国男

フレイザーが十一巻からなる『金枝篇』決定第三版を刊行した一九一一年頃、日本でははやくも宗教学、神話学、歴史学、民族学、民俗学ほかの諸分野でフレイザーが注目され始める。その一九一一年三月、のちに博物学者とも菌類学者とも、そして世界的民俗学者とも称されることになる南方熊楠は、同じくのちに日本民俗学の父と称されることになる柳田国男に一通の書簡[*10]をおくっている。その中で南方は、柳田の論文「山神とオコゼ」前編に関連する助言として、フレイザー著作を紹介している。「『学生文芸』の「山神とオコゼ」のこと。……霊代をtotemとせるは如何。貴文のここの意味ならんにはfetiche（またfetishと書す）なるべしと存じ候。ドイツ人シュルツェの『フェチッシュ篇』とて名高き著述あり。totemは形あるものにあらず。……英人フレザー氏近著『トテミズムおよび族外婚』と題せる大著二巻あり。小生購うこと能わざれども、大意は雑誌の批評にて見申し候」。

日本におけるフレイザー受容の歴史上、この書簡はきわめて重要な位置にある。イギリスでフレイザー民俗学・民族学を学んだ南方が、そのエッセンスを、日本において民俗学を創始することになる柳田にダイレクトに伝えているからである。

その南方の助言があって、柳田はフレイザーの著書を読みはじめる。そして、翌一九一二年四月二十六日付書簡で、南方に以下のように書き送った。「御教示によりフレエザーの『黄金の小枝』第三版を買ひ入れ、このごろ夜分少しづつよみ始め候。なかなかひまのかかる事業に候が、日本ばかりと存じをり候ひし風習の外国に多きを知り候ことは大なる愉快に候[*11]」。

しかし柳田は、南方の博学に、学問的な立場から嫉妬する。当時にあってすでに南方は、イギリスにおいてタイラーやフレイザーのアニミズム理論には到底収まりきらない事例をたくさん読み知っていたからであり、それを惜しげもなく柳田に開陳していたからである。

そのこともあってか、柳田は、いわゆる日本に固有の「一国民俗学」をめざすこととなったのである。その点につき、研究者の赤坂憲雄は、次のように分析している。「宗教・文化・習俗などにおける〃国際的の一致、民族相互間の共通性〃を広くさまざまな民族誌の文献から収集し、そこに普遍的な意味を見いだそうとするフレイザーの方法は、たしかに南方の『民俗学』に通底するものがある。そして、それは昭和期に入ってからの柳田が、もっとも厳しく拒んだ方法でもあった。柳田と南方のよく知られた離反劇の背景は、想像される以上に根深いものがある[*12]」。

また、研究者の布村一夫は、次のように考察している。「柳田はフレーザーのエスノロジー（民族学）をうけいれない――というのは、フレーザーによって祖述されたタイラーの『勇猛な学説』は、イギリスではそうでなくとも、この国ではあまりにも革新的であるからである。そしてフレーザーのフォークロアをうけいれても、それの諸外国のものとの比較研究においてではなく、一国だけにとじこもってしまい、柳田民俗学としての日本民俗学の建設にまいしんしていくのである」[*13]。

布村は、柳田はフレイザーを受け入れないとしているが、日本の天皇制とも絡むような〈王殺し〉を最大のテーマとする意味でのフレイザーは敬遠するものの、総体としてのフレイザーはすすんで受け入れていく。例えば、柳田国男の「年譜」（定本柳田國男集編纂委員会編『定本柳田國男集』別巻第五、筑摩書房、一九七八年）によると、柳田のフレイザーへの接近は次のように進んでいく。一九一二年四月二十一日、『黄金の小枝』（『金枝篇』）五冊の読書開始（第三版の最初の五冊とみられる）。一九一三年八月、『穀神論』『不死霊魂論』等を読書。一九一九年五月十五日、『旧約民習論』（『旧約聖書のフォークロア』）を購入（原書刊行の翌年にあたる）。

その証拠ともなる言葉を、柳田自身が以下のように遺している。「私が陶酔するような気持ちで本を読んだのはフレイザーの『金枝篇』**The Golden Bough** だけです。『旧約聖書のフォクロア』**Folklore in the Old Testament** なども、新しい印象であったが、三分の二まで読んで後はまだ怠っている。あの人のものは今ふり返ってみると、注意力が非常に行き届いていて、結論が簡明直截でないのも貴とく、すべての小さな事実を粗末にしてはならぬという考えを養いえたのは、これはまったくフレイザー先生のおかげです。南方熊楠氏の非凡さは、もっとまとまりがつかぬようだが、ともかくも国際的の一致、民族相互間の共通性というものがこんなにあるものかを考えて、終りにエリオット・スミスらの説にも、耳を傾けるようになった。時間が足りなくってドイツのものを読んだのはずっと少なく、日本の民俗学にもしもドイツの民族学者の影響が少なかったとすれば、それはわれわれも責任を分たなければならない。読んでいる人があるとは思うが、私がフレイザーを読んだような熱心さでは読んでいない」[*14]。

最後に、本巻の編集を担当された藤原編集室の藤原義也氏、文藝翻訳家の今本渉氏、映画批評・翻訳家の後藤護氏、および国書刊行会の佐藤純子さんに、心よりお礼を申し上げる。また、本年は翻訳者の神成利男生誕百年にあたることを記しておきたい。

註

1 ヘロドトス、松平千秋訳『歴史』上、第二一六節、（岩波文庫、一九七一年）、一五九頁。

2 J・G・フレイザー、神成利男訳、石塚正英監修『金枝篇──呪術と宗教の研究──』（国書刊行会、第七巻［本巻］、二〇一七年）、二一八〜二一九頁。

3 以下の文献を参照。臼井隆一郎『パンとワインを巡り神話が巡る──古代地中海文化の血と肉──』（中公新書、一九九五年）。石塚正英「パンのイエスと麦畑のイエス」、『石塚正英著作選【社会思想史の窓】』第四巻、（社会評論社、二〇一五年）、三八頁以降、所収。

4 佐々木基一編集解説『複製技術時代の芸術』（晶文社、一九七〇年）、一六頁。

5 同上、一〇頁。

6 小寺昭次郎・野村修訳『子どものための文化史』（晶文社、一九八八年）、一一頁。

7 同上、一三頁。

8 ハインリヒ・ハイネ、小澤俊夫訳『精霊物語』（岩波文庫、一九八〇年）、五三、五四頁

9 魔女信仰やプレ・キリスト教的異教に関するハイネの見解については石塚正英『「白雪姫」とフェティシュ信仰』（理想社、一九九五年）参照

10 南方から柳田へ、一九一一年三月二十六日『南方熊楠全集』第八巻（平凡社、一九七二年）、一二〜一三頁。

11 飯倉照平編『柳田国男南方熊楠往復書簡集』（平凡社、一九七六年）、二七六頁。

12 赤坂憲雄「日本人の原郷をさぐる　柳田国男とフレイザー」、『一国民俗学を越えて』（五柳書院、二〇〇二年）、二二三〜二二四頁。

13 布村一夫『神話とマルクス』（世界書院、一九八九年）、二七二〜二七三頁。

14 柳田国男・折口信夫対談「民俗学から民族学へ──日本民俗学の足跡を顧みて──」、大藤時彦解説『民俗学について　第二柳田国男対談集』（筑摩書房、一九六五年）、六八頁。初出『民俗学研究』一九五〇年二月号。

J・G・フレイザー
金枝篇——呪術と宗教の研究
全10巻＋別巻1

THE GOLDEN BOUGH: A STUDY IN MAGIC AND RELIGION

失われた世界をめぐる厖大な事例の集積。
ジャンルを横断して現在を刺激し続ける不滅の金字塔。

神成利男＝訳　石塚正英＝監修

1 呪術と王の起源（上）
THE MAGIC ART AND THE EVOLUTION OF KINGS

2 呪術と王の起源（下）
THE MAGIC ART AND THE EVOLUTION OF KINGS

3 タブーと霊魂の危機
TABOO AND THE PERILS OF THE SOUL

4 死にゆく神
THE DYING GOD

5 アドニス、アッティス、オシリス
ADONIS ATTIS OSIRIS

6 穀物と野獣の霊（上）
SPIRITS OF THE CORN AND OF THE WILD

7 穀物と野獣の霊（下）
SPIRITS OF THE CORN AND OF THE WILD

8 スケープゴート
THE SCAPEGOAT

9 麗しのバルドル（上）
BALDER THE BEAUTIFUL

10 麗しのバルドル（下）
BALDER THE BEAUTIFUL

別巻　参考文献・通巻総索引

金枝篇《きんしへん》――呪術《じゅじゅつ》と宗教《しゅうきょう》の研究《けんきゅう》 7
穀物《こくもつ》と野獣《やじゅう》の霊《れい》（下）

THE GOLDEN BOUGH : A STUDY IN MAGIC AND RELIGION
PART V : SPIRITS OF THE CORN AND OF THE WILD

2017 年 9 月 20 日初版第 1 刷発行

著　者　J・G・フレイザー
訳　者　神成利男
監修者　石塚正英

装　訂　山田英春
編集協力　今本渉・後藤護・藤原編集室

発行者　佐藤今朝夫
発行所　株式会社国書刊行会　〒174-0056　東京都板橋区志村 1-13-15
電話 03-5970-7421　ファックス 03-5970-7427
http://www.kokusho.co.jp

印刷所　三松堂株式会社
製本所　株式会社ブックアート

ISBN978-4-336-05559-0

J・G・フレイザー（James George Frazer）

1854年スコットランド、グラスゴーの裕福な家庭に生まれる。グラスゴー大学卒業後、ケンブリッジ大学トリニティ・カレッジに進み、民俗学・神話学を修める。1879年同カレッジのフェロー、1907年にはリヴァプール大学の教授となり、イギリス最初の社会人類学の講座を担当。また、パウサニアスなどギリシア・ローマの古典の翻訳・考証研究にも力を注ぐ。1890年に本書初版、1900年に同第2版、1911年に同3版を刊行。古代ローマの金枝の伝説に端を発した研究は、呪術の原理、王の起源、タブー、農耕儀礼、スケープ・ゴート等をめぐる世界各地の習俗・伝説へと広がっていき、人類学のみならず、T・S・エリオットやコンラッドをはじめとする文学や、映画・美術・社会学など様々なジャンルに影響を与えている。本書のほか、『サイキス・タスク』（1909）、『トーテミズムと族外婚』（1910）、『旧約聖書のフォークロア』（1918）などがある。1941年没。

*

神成利男（かんなり　としお）

1917年秋田県に生まれる。朝鮮総督府鉄道局や大蔵省財務局に勤務。1959年頃から本書の翻訳を始める。1970年退職と同時にアイヌの里二風谷に移住。1991年に死去するまでに本書の翻訳を完成させる。訳書として、イサベラ・バード『コタン探訪記――日本の知られるざる辺境北海道編』（北海道出版企画センター、1977年）がある。

*

石塚正英（いしづか　まさひで）

1949年新潟県に生まれる。1981年立正大学大学院博士後期課程満期退学。立正大学文学部講師、東京電機大学理工学部講師を経て、現在、東京電機大学大学院理工学研究科教授（文化史学・歴史知学専攻）。文学博士。主な著書として、『フェティシズムの信仰圏』（世界書院、1993年）、『信仰・儀礼・神仏虐待』（世界書院、1995年）、『歴史知とフェティシズム』（理想社、2000年）、『石塚正英著作選【社会思想史の窓】』全6巻（社会評論社、2014～15年）などが、編著書として、『哲学・思想翻訳語事典』（論創社、2003年）、『石の比較文化誌』（国書刊行会、2004年）などがある。

事項索引

本索引は，A・ロジャースによる原著索引を参考に，監修者および編集部が編んだものである。便宜上，事項，地名，人名の３つに分類した。各項目に付した原語は，原則としてフレイザーの表記を踏襲している。

あ行

アイオワ人　Iowa Indians　下：141
アイギス（山羊皮）　下：41
アイサワ　Aïsawa　上：34
アイスクラピウス　Aesculapius　下：66, 223
アイソンとメデイア　Aeson and Medea　下：99
アイヌ　Aino　下：99, 160; 新しい穀物を食べる祭儀　下：47; 熊に対する曖昧な態度　下：194-195; 動物聖餐の類型　下：195-196; ハツカネズミの慰撫　下：175; ワシミミズク，鷲，鷹に示す尊敬　下：129-130
アイヌ，樺太の　Aino of Saghalien　熊祭　下：122-124
アイヌ，日本の　Aino of Japan　熊殺しの慣習　下：118-122
アウェンバ人　Awemba　上：85　下：172
青トウモロコシ踊り　Green Corn Dance　下：61
アカイア人　Achaeans　上：45
赤髪の男の犠牲　Red-haired men sacrificed　上：172, 173　下：36
赤毛の子犬の犠牲　Red puppies sacrificed　上：172　下：36
赤と黒（熊狩人の顔に塗る）　Red and black　下：146
赤と白（豹狩人の顔に塗）　Red and white　下：148
アカネ　Madder　上：155, 157-158
アーカンサス先住民　Arkansas Indians　下：94
アカンバ人　A-Kamba　下：82
アクジャチェメン部族　Acagchemem tribe　下：112
アクティウム　Actium　上：65, 68
アグヌア（神）　Agunua　下：273-274
アグバシア神　Agbasia　下：51-52, 224
アグニ神　Agni　下：86
悪魔・亡霊　Demons or ghosts　銃の発射で追い払う　下：74; —を騙すための像　下：72
明けの明星　Morning Star　上：159, 204, 206
顎骨　Jawbones　下：128, 274
アザゴ（神）　Azago　下：272
アシニボイン人　Assiniboins　下：145
アシラ人　Ashira　上：88
アシャンティ人　Ashantees　下：53-54, 102
アシュラ　Asura　下：86
アジュンバ人　Ajumba　下：151
足　Feet　敵の足を食べる　下：103
脚の不自由　Lame　—を装う　下：162
脚を引きずる（跛行）　Limping on one foot　上：156, 187, 190
脚を引きずる山羊　Cripple goat　上：114, 187
アスタルテ　Astarte　上：42
アスティ人　Asti　上：37
アステカ語　Aztec　上：121
アステカ人　Aztecs　上：203　下：24, 67-69
汗（有名戦士の）　Sweat of famous warriors　下：103
アタマン人　Athamanes　上：93
新しい器　New vessels　下：63, 65
新しい火　New fire　下：55, 59, 60, 62, 94, 226
アチェ人　Achinese　上：206
アッティカ月　Attic months lunar　上：51
アッティス　Attis　上：24, 29, 30, 42, 145, 169-171, 178　下：19, 30, 34, 35
アテナ　Athena　上：53　下：40-41, 222
アテナイの女王　Queen of Athens　上：39-40, 219
アデリ人　Adeli　下：84
アドニス　Adonis　上：24, 29, 30, 42, 145, 146, 171, 173, 178, 249　下：19, 30, 34-35, 219
アニトス（祖先の霊）　Anitos　下：88
アニミズム　Animism　上：126, 142-143
アパッチ人　Apaches　下：155

アバブ　Ababu　下：182
アピス（聖牛）　Apis　下：37, 39, 114, 221
アビポン人　Abipones　上：202　下：97
アブ月　Ab　上：255
アブハズ人　Abchases　下：77, 196, 263
油　Oil　神聖な―　下：88; 人間の犠牲に塗る　上：164
アフロディテ　Aphrodite　上：42
アヘン　Opium　上：161, 164
アポヤオ人　Apoyaos　上：160
アポロン　Apollo　上：30, 215, 218, 230; イナゴ，白カビの―　下：178; 狼の―　下：178-179; ハツカネズミの―　下：178
雨乞いの呪法　Rain-charm　上：147, 152, 166, 167, 173, 177, 238
アマコーサ・カフィール人　Amaxosa Caffres　下：146
アマズールー人　Amazulu　上：207
アマゾン人　Amazons　下：102
天照（アマテラス）　Ama-terasu　上：143
亜麻の母　Flax-mother　上：95
アマンブェ人　Amambwe　下：182
網　Nets　生物として扱われる　下：249
雨　Rain　死んだ首長の霊が降らす―　下：80
アメイ・アウイ　Amei Awi　上：73
アメゾウェ　Amedzowe　下：77
アメリカ先住民　American Indians　女性の農作業　上：88-90; トウモロコシの擬人化　上：119-1221; 熊狩りの儀式　下：145
アモン　Ammon　下：41, 114-115
綾取り　Cat's cradle　上：78, 232, 271-272, 283
アラビア人　Arabs　上：124　下：99, 177
アラワク先住民　Arawak Indians　下：104
蟻　Ant　下：28, 101, 174, 193
アリアドネ　Ariadne　上：248
アーリア民族（人）　Aryans　上：92-93, 94, 140　下：21, 68
アリキアの森　Arician grove　下：40-44
アルクトゥロス星　Arcturus　上：50-51, 222
アルテミシオン月　Artemision　下：23, 216
アルテミス，ブラウロニアの　Artemis, Brauronian　下：222
アルフール人　Alfoors　上：132, 153　下：48, 74
アルール部族　Alur tribe　下：138
アレクトロナ（太陽の娘）　Alectrona　下：42-43, 223
アンガミ人　Angamis　上：162　下：183
アンゴニ人　Angoni　下：74, 82, 102
アンタンカラナ人　Antankarana　下：183
アンテステリア祭　Anthesteria　上：39-41, 218, 219
アンナ・クアリ　Anna Kuari　上：162
イアシオン　Iasion　上：141
家の戸口　Door of house　悪魔を防ぐ　下：72
イカ人　Ika　上：273
イガラ人　Igaras　下：147
イカリオスとエーリゴネ　Icarius and Erigone　下：93
イクウェリ人　Ikweri　上：272
〈イグサ刈り〉　Rush-cutter　上：251
イグサ製の人形　Puppets of rushes　下：78-79
イグビラ人　Igbiras　下：83
イゴロト人　Igorrots　上：255　下：184
石　Stone　重みの呪術　上：77; 最後の束に入れる―　上：97-99; 祭られた―　下：90; ―の面会　上：158
イシス　Isis　上：41, 42, 50, 144, 146, 173, 249　下：37, 74, 167, 218, 221, 222
イシリメラ（プレイアデス）　Isilimela　上：207
イストミアの競技　Isthmian games　上：69
イスラエル人　Israelites　下：31, 178, 254
イスラム教徒　Muslim　上：34, 157, 207, 276
イソワ　Isowa　上：34
偉大な太陽（ナチェズ先住民の首長）　Great Sun　下：61-63, 227
偉大なる母（最後の束）　Great Mother　上：97-98
イタチ　Weasels　下：152, 174
イダ・バタラ　Ida Batara　上：137
イチジク　Fig　上：24-25, 78　下：82-83, 229
イチジクのディオニュソス　Fig Dionysus　上：25
イナオ（アイヌの削り掛け）　Inao　下：119-123, 129, 130, 243
イナゴ　Locust　上：77　下：174, 176-179
イナゴのアポロン　Locust Apollo　下：178
イナゴのヘラクレス　Locust Hercules　下：178
イナチ（供物の分け前）　Inachi　下：90-92
稲荷　Inari　上：195
犬　Dog　下：32, 35, 36, 46, 57, 88, 93, 94, 97, 99, 100, 124, 127, 128, 131, 136, 142, 145, 153-155, 157, 163, 164, 188, 207, 244, 249, 251, 252, 253
イヌイット　Esquimaux　上：232　下：65-66,

157, 161, 163, 164, 250, 253, 278; →エスキモー
稲の霊魂　Soul of rice　下：48
猪　Boar　上：74, 79, 195-199, 218; 穀物を荒らす— 下：35; —とアドニス 下：30
祈り　Prayers　死者の霊への— 下：82, 83, 88; 死んだ動物にあてた— 下：120, 128, 144-146, 150-151, 155, 162, 185
祈りの場所　Place of prayer　下：83
イバン人　Ibans　下：176, 246
イベリア人　Iberians　上：93
イボ人　Ibo　上：272, 273
イラ語族　Ila-speaking tribes　上：274, 281 下：272, 277
イラヤ人　Irayas　下：88
イルング（地霊）　Irungu　下：277
慰霊　Propitiation　狩人による野獣の— 下：133-172, 276-280; 農民による有害生物の— 下：173-179
イロクォイ先住民　Iroquois　上：122, 245 下：252
インカ人　Incas　上：158, 203
インギャルド　Ingiald　下：100
インドラ　Indra　下：86
引力と斥力　Attraction and repulsion　下：190-192
ヴィクトリア先住民　Aborigines of Victoria 上：92, 202
ウィチョール先住民　Huichol Indians　上：122 下：70
ウィツィリプツトリ神　Vitzilipuztli　下：67-68
ウィツィロポチトリ神　Huitzilopochtli　下：67, 69, 72
ウィナムワンガ人　Winamwanga　下：82, 231
ウィルビウス　Virbius　上：178 下：40-42, 223
ウェスタの処女　Vestal virgins　下：41, 78
ウェディヨウィス神　Vedijovis　上：41
ヴェンド人　Wends　上：98, 105, 182
ウェンバ人　Wemba　下：106
ウォラロイ人　Wollaroi　下：108
ヴォーロスの顎鬚　Beard of Volos　上：156
ウコン　Turmeric　上：163, 164, 166
蛆　Maggot　下：98, 135
ウズラ　Quail　上：178, 194, 200
ウナギ　Eels　下：32, 93, 183, 184
唸り板　Bull-roarers　上：79, 80, 82, 217, 233, 234 下：186
ウベア人　Uveans　下：278
馬　Horse　アリキアの森から追放 下：40;〈雄馬の十字架〉上：193;〈雄馬〉の疲労 上：193;〈雄馬〉を見る 上：194; 米の収穫時の祭儀 下：210-211; 聖域からの追放 下：42-43; マルスへの供犠 下：41; リュクルゴスの死の伝説 上：36; —とウィルビウス 下：40-44; —としての穀物霊 上：192-194; —の頭のデメテル 下：29-30, 211
馬の頭　Horese's head　下：29-30, 41, 42, 210-211, 223
馬の祭儀　Ceremony of the Horse　下：210-211
海亀　Turtles　下：32, 88, 154, 156, 281
ウラッハ（鬼婆）　Wrach　上：101-102, 239, 257
占い　Divination　下：136, 150
占い師　Diviner　下：99
エウェ人　Ewe　上：157 下：43, 51, 66, 77, 78, 83, 84, 99, 102, 147, 156, 230, 249
エウブレウス　Eubulus　上：53 下：28
エウモルピダイ　Eumolpids　上：53
液果　Raspberries　下：63
エジプト人　Egyptians　上：67, 146, 171, 219, 256 下：31, 32, 34, 36-39, 114, 194-197, 229, 246
エスキモー　Esquimaux　下：102, 158, 169, 171, 250, 253, 255; →イヌイット
エストニア人　Esthonians　上：188, 196-198 下：47, 173, 274
エドノス人　Edonians　上：36
エネルギー保存　Conservation of energy　下：166, 253
エーリゴネとイカリオス　Erigone and Icarius 下：93
エル・キボロン氏族　El Kiboron clan　下：182
エレウシス競技　Eleusinian Games　上：60-65, 69, 82, 227, 228, 229
エレウシスの大秘儀　Great mysteries of Eleusis 上：50, 51, 56, 60, 69, 70, 223
エレウシスの秘義　Eleusinian mysteries　上：42-44, 52-55, 58-60, 62, 64-65, 70-71, 82, 129, 220, 227, 234, 242 下：21, 24, 93
エレウシスの碑文　Eleusinian inscription　上：52-53
エレウテリア競技　Eleutherian games　上：65
エンカウンター湾沿岸部族　Encounter Bay tribe 上：91

演劇　Drama　呪術的一　上：129; トラキアの謝肉祭での一　上：37
エン・ジェムシ人　En-jemusi　上：87
エンナ　Henna　上：57
燕麦　Oaths　下：64, 173, 202, 204, 205
燕麦王　Oats-king　上：114
燕麦男　Oats-man　上：149, 151
燕麦女　Oats-woman　上：113
燕麦女王　Oats-queen　上：114
燕麦の狼　Oats-wolf　上：179-181
燕麦の種馬　Oats-stallion　上：192
燕麦の花嫁　Oats-bride　上：113-114
燕麦の母　Oats-mother　上：96
燕麦の雌牛　Oats-cow　上：190, 191
燕麦の雌豚　Oats-sow　上：196
燕麦の山羊　Oats-goat　上：178, 185-189
燕麦馬鹿　Oats-fool　上：104
エンブ人　Embu　上：273
エンボク・スリ　Emboq Sri　上：136
王　King　カルカソンヌの一（ミソサザイ）下：200；死後ライオンになる　下：182; 謝肉祭の一　上：38; 収穫人の一　上：194; 新穀を最初に食べる　下：54, 58; 毎年殺す慣習　上：169; 一に新穀を供える　下：80, 84, 87; 一の形をした神　上：30; 一の息子（父の代わりの犠牲）上：30, 36, 169
オヴァンボ人　Ovambo　下：58, 80, 102
雄牛　Bull, Ox　王蛇への供犠　下：183; 穀物霊としての一　上：189-192　下：23; 穀物霊の化身　下：23-26; 古代エジプトの聖なる一　下：36-37; 収穫畑で殺される一　上：190-191; 脱穀場で殺される一　上：191-192; ディオニュソスとの関係　上：31-32, 35, 40; ディオニュソスの犠式における一　下：27; ブポニアにおける供犠　下：21-22; ベチュアナ人の供犠　下：170-171; 一の像　下：24-26
雄牛供犠　Sacrifice of bull　死んだ首長の墓前での一　下：82; マグネシアの一　下：22-23; ミトラ教の一　下：24
雄牛の畜舎（ブコリウム）　Ox-stall（Bucolium）　上：40
王蛇（ボア・コンストリクター）Boa-constrictor　下：98, 135, 183, 186
嘔吐　Vomiting　宗教儀式としての一　下：59, 60
王の妻（死後豹になる）　Kings'wives　下：182
雄馬の疲労　Fatigue of the Horse　上：193
オウム　Parrot　下：67, 135
狼　Wolf　穀物霊としての一　上：179-182　下：204; 殺す時の祭儀　下：142-143; 罪人の転生　下：193; 剝製にした一　上：182; 一の心臓　下：100; 一への供犠　下：179
狼のアポロン　Wolfish Apollo　下：178-179
大鴉　Ravens　下：143
大熊座　Bear the Great　上：206
大コウモリ　Flying fox　下：188
大鹿（エルク）　Elk　下：32, 33, 185
大麦　Barley　アーリア民族最古の栽培穀物　上：94; エレウシス競技の賞品　上：61-62
大麦の狼　Barley-wolf　上：179, 180
大麦の花嫁　Barley Bride　上：123, 277
大麦の母　Barley-mother　上：94, 96, 118, 119, 221
大麦の雌牛　Barley-cow　上：190, 191
大麦の雌豚　Barley-sow　上：196
大麦の老婆　Old Barley-woman　上：99
オカナケン先住民　Okanaken Indians　下：94
オグン（戦の神）　Ogun　下：120
オシリス　Osiris　上：24, 31, 40-41, 42, 50, 144-146, 171-174, 177, 178, 216, 219, 256　下：19, 31, 34-37, 41, 74, 167, 220
オジブワ先住民　Ojibway Indians　下：141, 145
オーストラリア先住民　Australian aborigines　上：91-93, 201, 208, 263　下：100, 108, 171, 195, 239, 253, 263, 275
オスチャーク人　Ostiaks　下：143, 144
オタワ先住民　Otawa Indians　下：145, 160
オタワのトーテム氏族　Otawa totem clans　下：248
夫と妻の同衾　Cohabitation of husband and wife　下：57, 226
男やもめと未亡人　Widows and widowers　下：162
乙女（最後に刈られた穀物）　Maiden　上：99, 101, 106-110, 113-116, 141, 167
乙女の頭　Maidenhead　上：110
乙女の饗宴　Maiden Feast　上：109
踊り　Dance　青トウモロコシ一　下：61; 馬の頭の仮面の一　下：211; 海獣の霊を楽しませる一　下：158-159; 神を演じる人々の一　下：118; 仮面の一　下：211, 245; 熊祭における女達の一　下：121-122, 124, 127; コリヤーク人の女達の鯨を殺した時の一　下：149; コリヤーク人の虎や狼を殺したときの一　下：144; 殺した豹を祭る一　下：147; 最後の束と共に

/周りで 上：97, 100, 103, 112, 148, 149; 作物を生育させる― 下：203, 204, 206; 鮭のための― 下：162; 懺悔の三が日の熊の― 下：203-204; 謝肉祭の仮装の― 下：208; 呪医の― 下：58; 収穫の晩餐の― 上：96, 103; 新穀供犠との結び付き 下：82-84, 89, 92, 93; 新穀祭儀の王の前での― 下：58; ズールー人の王の― 下：55, 225; 松明― 下：62; ダコタ先住民の戦士の― 下：100; ダヤク人の― 上：129; 天使の― 下：204; トーテム動物の真似 下：61; 虎の屍体のまわりでの― 下：140; 播種の前の仮面舞踊 上：128; 播種の祭りの― 上：74; プレイアデスに対する― 上：201, 202, 204, 205, 207; ポーニー先住民の― 上：159; メキシコの― 下：68;〈老婆〉の― 上：139; 鰐を捕まえた時の女達の― 下：137; →仮面舞踏
鬼婆 Wrach →ウラッハ
雄羊 Ram 下：41, 66, 71, 72, 85, 114-115, 196, 197, 205, 208, 229
オヒョウ Halibut 下：161
オマグア人 Omagua Indians 上：202
オマハ先住民 Omaha Indians 下：32, 33, 135, 170, 171, 220
オムオンゴ樹 Omuongo tree 下：58
親指，死んだ敵の Thumbs of dead enemies 下：171
オラオン人 Oraons 上：162, 276 下：84, 275
オリオン座 Orion 上：205, 206, 208, 280, 281
オリノコ先住民 Indians of Orinoco 上：90, 203 下：102, 151, 180
オリュンピア紀 Olympiads 上：65, 66
オリュンピア Olympia 下：66
オリンピック競技 Olympic games 上：65, 68
オロチ人 Orotchis 下：128
オロ・ンガジョ人 Oloh Ngadju 下：75
オンス Ounce 下：150, 151
雄鶏 Cock 上：178, 182-183, 199, 281 下：29, 36, 42, 46, 83, 84, 148, 273, 276
雄鶏の羽毛 Feathers of cock 上：199
雄鶏の束 Cock-sheaf 上：182
女 Women 産褥で死んだ― 下：73; 霊魂を持っていない 下：101; ―の上を飛び越える Jumping over a woman 下：55, 161, 226
女達の誓い（プレイアデスによる） Oath of women 上：204

か行

カイエンヌ先住民 Indians of Cayenne 下：180
海獣 Sea beasts 神話的起源 下：157; 食べる際のイヌイットの掟 下：65; 膀胱を海に戻す 下：158-159
カイ人 Kai 上：76-79, 81, 205 下：36, 103, 186
害虫 Vermin 下：173, 174, 177, 178
カイングア先住民 Caingua Indians 下：180
カウア人 Kaua Indians 上：82
ガウリ（収穫の女神） Gauri 上：140
蛙 Frog 下：188, 244
顔，熊狩人の Faces of bear-hunters 赤と黒に塗る 下：146
ガオリ人 Gaolis 上：26
カガウラハ（蛇） Kagauraha 下：273
ガグ人 Gagou 上：272
カササギ Magpie 下：264-265
果実と根 Fruits and roots 下：63-64
カシム Kashim 下：158
果樹 Fruit-tree 上：24, 198 下：89
カスーナ・ブーラ人 Kassounas Bouras 下：276
火星 Mars 上：173
ガゼル Gazelles 下：182
カタランガ人 Catalangans 下：88
ガチョウ Goose 上：178, 199, 258
カチン人 Kachins 下：86
割礼 Circumcision 上：207 下：104, 107, 226
ガドバ人 Gadbas 下：85
カトリックの慣習 Catholic custom 聖母の像を食べる 下：71
蟹 Crab 上：77
カニバリズム Cannibalism 下：275
カニャリ人 Canari 上：158
カヌー Canoe 上：33, 78, 88
ガネーシャ Gaṇeṣa 下：50
カネロス先住民 Canelos Indians 下：180
カノープス Canopus 上：202
カバ Hippopotamus 下：35, 98, 135, 150-151, 182
カフィール人 Caffres 上：86, 207 下：55, 107, 108, 110, 182, 225, 254
カブイ人 Kabuis 上：234
カボチャ Pumpkin 上：85, 88, 122, 159

カボチャの精霊　Spirit of Squashes　上：122
鎌（最後の立穂に投げ付ける）　Sickles　上：97, 101, 102, 107, 108, 115
神　God　死と復活　上：29-31; 精霊との区別　上：117; 動物の形で殺される—　上：35; 余所者の姿をした—　上：158; —を食べる　下：45-79, 111
髪　Hair　殺した敵の—　下：104
神殺し　Killing a god　神である動物を殺す　下：112-132; 二つの類型　下：195
神との交わり　Communion with deity　下：202
雷　Lightning　下：107-108
「神の畑」　“Field of God”　下：26, 217
カミラロイ人　Kamilaroi　下：74, 103, 108
カムイ　Kamui　下：47, 118, 119, 128, 242
カムチャツカ人　Kamtchatkans　上：206　下：143-144, 164, 170
亀　Tortoises　下：33, 97, 115-118, 242; →海亀
仮面　Masks　上：34, 37-40, 140, 148, 256　下：149-150, 208
仮面舞踊　Masked dances, Masquerade　上：74-76, 82, 128-129, 232, 246　下：211, 245
カヤン人　Kayans　上：72-76, 81-82, 127-129, 157, 206, 232, 233, 234, 246, 265　下：26, 49, 99, 185, 246, 260; →バハウ人
がらがら　Rattles　上：30, 31, 139
ガラガラヘビ　Rattlesnake　下：94, 140 142
殻竿 Flail　上：63, 104-106, 151, 155, 167, 179, 181, 185, 188, 191, 196, 251　下：206
ガラ人　Gallas　下：104, 170, 254
烏　Crow　下：99, 135, 188, 235
烏の歌　Crow Song　下：265
身体に塗る　Smearing the body　下：108-110
身体を洗う　Washing　下：33, 58, 65, 66
カーリー　Carley　上：102
カリアッハ（古女房）　Cailleach　上：99-100, 114-116, 134, 142, 276
刈り株の雄鶏　Stubble-cock　上：182
刈り手　Reapers　最後の束の競技　上：191-192; 特殊な言葉の使用　上：132; 目隠しした—　上：102, 107-108; 余所者を刈り取るふり　上：154; —の競争　上：97, 100-102, 106-107, 114, 148; —の叫び声　上：174
刈り手の歌　Songs of the corn reapers　上：145-147, 170
刈り取り　Reaping　インドネシア式の—　上：125-127; 競争　上：147-148; 背中の痛み　上：188
カリフォルニア先住民　Californian Indians　上：90-92　下：109, 112, 113, 114, 162, 181, 197, 275
カリブ人　Caribs　上：88　下：97
カリブ人の戦士　Carib warriors　下：108
カリマンタン人　Kalarnantans　下：185
狩人　Hunters　野獣の慰霊　下：133-172
カーリン（老婆）　Carlin or Carline　上：99, 102, 142
カルイン（祭儀）　Colluin　下：201-202
カルムク人　Kalmucks　下：196, 263
ガレラ人　Galelareeze　上：194　下：73
カレル人　Karels　下：252
カレン人　Karens　上：28, 130
カロク先住民　Karoks of California　下：162
ガロ人　Garos　下：84, 210-211, 223
カロ・バタク人　Karo-Bataks　上：134
カロライナ先住民　Carolina, Indians of　下：140
皮　Skins　生贄の動物の—　下：114-115, 164
カワウソ　Otter　下：99, 123, 146, 153, 154, 170
雁首（最後の束）　Gander’s neck　上：177
カンサス先住民　Kansas Indians　下：100
元日　New Year’s Day　上：198　下：201
肝臓　Liver　犬の—　下：100; 狐の—　下：275; 熊の—　下：122, 126; 剛勇の座　下：101; 鹿の—　下：99; 敵の—　下：275; 蛇の—　下：100; 勇敢な男の—　下：103; 霊魂のありか　下：101
カンド人　Kandhs　上：163; →コンド人
木　Trees　—の中の死者の霊　下：82-83, 88
キアン（カーン）　Kirn or kern　上：106-108, 110, 241, 242, 243
キアン・ドール　Kirn-doll　上：107, 108, 241
キアンの晩餐　Kirn-supper　上：108
キアン・ベイビー　Kirn-baby　上：106, 107, 241
キクユ人　Kikuyu　上：208
犠牲の動物の代用　Substitutes for animal sacrifices　下：229
キゾ先住民　Quixos Indians　下：180
北回帰線　Tropic of Cancer　上：90-91, 281
キチェ人　Quiches　下：94
喫煙　Smoking　下：58, 64, 145
狐　Fox　上：78, 177, 178, 189, 194-195, 262　下：119, 135, 144, 156, 169, 181, 206, 252, 258, 275

狐の尾（最後の束） Fox's tail 上：177
狐の口 Mouth of dead fox 下：156
狐の舌 Fox's tongue 下：170
狐のディニュソス Foxy Dionysus 下：178
祈禱と呪文 Prayer and spell 上：80
キノアの母 Quinoa-mother 上：120
木の女 Wood-woman 上：156
木の摩擦（火を熾す） Friction of wood 下：55, 59, 62, 196
キビ Millet 下：47, 50, 65, 81-83
キャッサバ Cassava 上：87, 88, 236, 273
キャリアー先住民 Carrier Indians 下：153
九（儀式における数字） Nine 上：133
球技 Game of ball 下：61, 62-63
休耕 Fallow 上：43, 49, 58, 86, 89, 114
キュベレ Cybele 上：42
共感呪術 Sympathetic magic 上：23, 28, 78, 99, 272, 277 下：36, 96, 168, 170, 195, 227
競技 Games 運動― 下：56; カヤン人の― 上：73-76; ギリシアの八年周期 上：65-69; ギリシアの四年周期 上：64-65, 67-69; 原初的農耕における呪術的意義 上：72-93; 収穫者による 上：62-64
競争 Contests 刈り手の― 上：62, 97, 99-102, 106-107, 114, 148, 168; 穀物の束ね手の― 上：97-98, 147-150, 168; 穀物霊獲得のための― 上：62-63, 124; 脱穀者の― 上：104-105, 147-149, 151, 168
競走 Race 最後の束を争う刈り手の― 上：191-192; 収穫祭の― 上：63; 収穫畑での― 上：98; 農耕との関連 上：75; →競馬
共同体のタブー Communal taboos 上：75, 233
浄め Purification 初物を食べる前の― 下：51, 52, 54, 57-61, 64, 65; 蛇殺しのための― 下：142; 火による― 下：159; 漁期初めの鮭を食べる前の― 下：162
浄めの儀式 Ceremonies of purification 上：27
切り傷 Scarification 宗教儀式としての― 下：60; 迷信的理由による― 下：106-108
ギリシア人 Greek 上：23-25, 27-29, 41, 48, 49, 52-53, 55, 57, 64-71, 72, 81, 84, 91, 93, 94, 126, 127, 129, 140-142, 146, 158, 171, 174, 208, 213, 217, 221, 222, 224, 229, 256 下：21-23, 26, 29, 31, 66, 93, 170, 178, 189-190, 198, 207
キリスト教徒 Christian 上：34, 36, 37, 57, 71, 276
義理の娘（儀式における） Daughter-in-law 下：87
ギリヤーク人 Gilyaks 下：76, 124-129, 131, 134, 153, 169, 194, 197, 201, 203, 244, 245, 252
キワイ人 Kiwai 上：271
キワイ・パプア人 Kiwai Papuans 上：274
金細工人 Goldsmith 下：188
禁じられた食べ物 Foods forbidden 上：77
キンブンダ人 Kimbunda 下：103
キンマ Betel 上：26, 132-134, 137
グアイクル人 Guaycurus 上：202
グアナ人 Guanas 上：282
グアラニ人 Guaranis 上：202
クエンカ人 Cuenca 上：158
クウォット人 Kwottos 下：276
供犠・犠牲 Sacrifice 網への― 下：249; 狼への― 下：179; 触ってはいけない 下：33; ヒキガエルへの― 下：184; メキシコの人間― 下：68
クキ人 Kukis 下：238
クケルとクケリカ Kuker and Kukerica 下：207-208
クサンチクス月 Xanthicus 上：255
クシェトルパル（神） Kshetrpal 下：85
孔雀 Peacock 下：34, 110, 188
鯨 Whale 下：65-66, 149-150, 157-159, 168, 279
クスクス Cuscus 下：66, 186, 187
クドゥル人 Kudulu 上：162
クニャー人 Kenyahs 上：206
首狩り Head-hunting 上：160-161, 170, 255
「首を叫ぶ」 Crying the neck 上：174-175
熊 Bear 上：35, 199; アイヌによる儀礼的殺し 下：118-124; アイヌの曖昧な態度 下：194-195; 穀物霊としての― 下：203-204; 死者の霊魂をもつ― 下：181; シベリアにおける重要性 下：124
熊踊り Bear-dance 下：124, 127
熊殺し Bear slain アメリカ先住民の― 下：145-146; カムチャツカ人，オスチャーク人，コリヤーク人，フィン人，サーミ人の― 下：143-144
熊猫 Bear-cat 下：185
熊の皮 Bear-skin 下：78, 122, 125, 127, 144, 145, 207
熊の肝臓 Bear's liver 下：122
熊祭 Bear-festival アイヌの― 下：118-124; オロチ人の― 下：128; ギリヤーク人の― 下：124-128; ゴルディ人の― 下：128

蜘蛛　Spider　下：110, 152
「供物椀」　"Cup of offering"　下：120
クライヤック・ケバック　Clyack-kebback　上：111
クライヤックの束　Clyack sheaf　上：110-112, 146, 242　下：41
クリーク先住民　Creek Indians　下：58, 60, 61, 65, 66, 69, 97, 226
クリスマス　Christmas　上：96, 109, 110, 112, 182, 197-199, 242, 262　下：29, 41, 179, 199, 200, 202, 204
クリスマス・イヴ　Christmas Eve　上：198　下：199, 200, 204
グリーンランド島民　Greenlanders　下：158
クールグ人　Coorgs　下：49
クルコ（神）　Curcho　下：241
クル・ゴッサイ（女神）　Kuil Gossaih　下：85
クルーベン（悪霊）　Krooben　下：74
グレ（馬の像）　Guré　下：210-211
クーレース　Curetes　上：30
クレッペル（木槌）　Klöppel　上：104-105
黒い山羊皮の者　Black-Goat-skin　上：32
グロ人　Gouro　上：272
クロス川住民　Cross River natives　下：83
クロニオン月　Cronion　下：23, 216
黒塗りの顔　Blackened faces　上：37, 191, 197, 198
黒のデメテル　Demeter Black　上：173-174
鍬　Hoes　女性の使用　上：85-87
鍬入れ　Hoeing　上：49, 73, 74, 81, 114, 233, 274
クワキウトル先住民　Kwakiutl Indians　上：33　下：142, 160
燻蒸　Fumigation　下：41, 110
ゲー（大地の女神）　Ge　上：220
競馬　Horse-race　上：61, 72, 124　下：83
ケーキ　Cakes　生殖器の形の―　上：56
ケクチ人　Kekchis　下：142, 154
ケシ　Poppy　上：46, 48, 56, 63, 95, 161, 162, 222, 248
夏至　Summer solstice　上：56, 66, 86, 90, 172　下：58, 118
化体説　Transubstantiation　下：68
ケツァルコアトル神　Quetzalcoatl　下：69
月経中の女性　Menstruous women　下：162
結婚　Marriage　ゼウスとデメテルの―　上：57-58; ディオニュソスとアテナイの女王の―　上：39-40; ―式の真似　上：37-38; ハツカネズミの―　下：176
齧歯類　Rodents　下：184
毛虫・芋虫　Caterpillars　下：110, 174, 176, 177, 223
ケラー（米の霊魂）　Kelah　上：130
ゲール語　Gaelic　上：108, 114-115, 276
ケレス　Ceres　上：46, 70, 96, 103-104, 131, 220, 231, 262　下：85, 93, 111
腱　Sinew　死体の―　下：171-172; 腿の―　下：167-169
肩胛骨　Shoulder-blade　下：150, 167
献酒　Libations　下：119, 121
ケンピング　Kemping　上：107
腱を切る　Hamstringing　死んだ動物の―　下：169-172; 人間の―　下：171-172
公現節　Twelfth Day　下：200, 204, 205
耕作　Ploughing　謝肉祭における祭儀　下：206-208; 中国の儀式　下：26; ―の祭儀　下：50-51
耕作地の開拓　Land cleared for cultivation　上：84, 86-87
子牛　Calf　上：31, 32, 41, 105, 191-192, 204
子牛の王　King of the Calf　上：191
行進　Processions　神である動物との―　下：197-202; 動物に扮した男達の―　下：203
甲虫　Beetle　下：176, 177
コウモリ　Bat　下：181, 188
五月一日　May, the first of　下：264
五月の柱　Maypole　下：42, 115
黄金色のデメテル　Demeter Yellow　上：45-46
コギウル（大祭司）　Cogiour　下：83
コク人　Kochs　下：84
黒貂　Sable　下：123, 152-153
穀穂の冠　Crown of corn-ears　上：46, 57, 105, 150, 181, 186
穀物　Corn　エレウシス秘義における刈り穂の顕示　上：44; 収穫の慣習　上：145-177; 女性への擬人化　上：93; 聖餐として食べる新穀　下：45; デメテルとペルセポネへの新穀奉納　上：51-53; デメテルのアテナイ人への贈り物　上：52; デメテルの象徴　上：46; 母と娘への二重の擬人化　上：140-144; ―の神聖性　下：81; ―の花環　上：95-96; ―を束ねる競争　上：97-98, 147-150, 168
穀物男　Corn-man　上：63, 151
穀物女　Corn-woman　上：95, 105, 155
穀物神　Cereal deity　下：47, 65

穀物の木槌　Corn-mallet　上：105
穀物の赤ん坊　Corn Baby　上：141, 192, 241, 276
穀物の犬　Corn-pug　上：180
穀物の雄牛　Corn-bull　上：191
穀物の狼　Corn-wolf　上：179-182, 197, 199
穀物の乙女　Corn-maiden　上：62, 94, 106, 138, 155, 248
穀物の茎　Corn-stalks　上：46, 56, 61, 63, 70, 105, 149-150, 225
穀物の花環《リース》　Wreath of corn　上：95-96
穀物の母 Corn-mother　上：54, 62, 94-97, 103, 106, 116, 118, 119-144, 145, 156, 167, 172, 199, 248, 276　下：208
穀物の穂　Queen of the Corn ears　上：44, 47, 48, 56, 57, 103, 140, 169, 183
穀物の雌牛　Corn-cow　上：190, 192
穀物の雌豚　Corn-sow　上：179, 196
〈穀物の中心都市《メトロポリス》〉　Metropolis of the Corn　上：54
穀物の山羊　Corn-goat　上：185-186, 188-189
穀物馬鹿　Corn-fool　上：104
穀物霊　Corn-spirit　猪としての一　下：205; 演劇的に表現された一　下：203; 雄牛・雌牛・畜牛としての一　上：189-192　下：23; 狼・犬としての一　上：179-182　下：204; 雄鶏としての一　上：182-183; 獲得のための競争　上：62, 124; 刈り手に略奪され貧しくなった一　上：155; 狐としての一　上：194-195; 熊としての一　下：203-204; 子牛としての一　上：192; 子供としての一　上：106; 殺される人間の化身　上：167-170; 最後の刈り手，束ね手，脱穀者の形をとる一　上：116, 145, 158, 168; 最後の束の中の一　上：98, 104, 116　下：45; 女性への影響　上：117; 脱穀場で殺される一　上：191-192; 男女としての一　上：114　下：23-24; 動物としての一　上：178-200; 鳥としての一　上：194; 人形で表現された一　上：151; 人間の形をとる一　上：117, 138; 猫としての一　上：184-185; 野ウサギとしての一　上：183-184; 初穂の刈り取り　上：146; 花嫁・花婿としての一　上：113-114; 豚（猪・雌豚）としての一　上：195-198; 古女房と乙女としての一　上：114; 豊穣をもたらす力　上：117; 山羊としての一　上：185-189　下：204; 余所者で表現された一　上：152-153; 老人としての一　上：97; 老人の姿をした一　上：139; 〈藁の熊〉として表現された一　下：205; 一の尾　上：177, 179-180, 197　下：24, 41; 一の首　上：177; 一の動物化身　上：199-200; 一を殺す　上：147-158
湖上生活者　Lake-dwellers　上：94, 238
コスルワラワ（聖湖）　Kothluwalawa　下：118
コスキモ先住民　Koskimo　上：217
古代ゲルマン人　Ancient Germans　上：93
子供　Children　悪霊から守る　上：26-28; 収穫時の犠牲　上：158; 播種に用いる　上：115; 箕に入れる慣習　上：25-26; 一を売る　上：27
子羊　Lamb　上：31, 197, 220; 下：197, 252
コブラ・カペラ　Cobra-capella　下：115
コベウア先住民　Kobeua Indians　上：82　下：109
コマ　Spinning tops　上：74, 75, 78, 128, 136
小麦男　Wheat-man　上：151
小麦の犬　Wheat-dog　上：180
小麦の狼　Wheat-wolf　上：180, 181
小麦の雄鶏　Wheat-cock　上：182
小麦の木槌　Wheat-mallet　上：105
小麦の花嫁　Wheat-bride　上：113
小麦の母　Wheat-mother　上：96, 119
小麦の雌牛　Wheat-cow　上：190
小麦の雌豚　Wheat-sow　上：196
小麦の老婆　Old Wheat-woman　上：99
米　Rice　アッサムでの栽培　上：89; 収穫時の馬の祭儀　下：210-211; 女性として扱う　上：126; 新米を食べる際の祭儀　下：48-51; ニューギニアでの栽培　上：89; 一の王　上：134; 一の蒸留酒　上：161; 一の父と母　上：138
米の赤ん坊　Rice baby　上：277-278
米の王　King of the Rice　上：134
米の子供　Rice-child　上：134-135
米の蝶　Butterfly of the rice　上：130
米の花婿　Rice-bridegroom　上：135-136
米の花嫁　Rice-bride　上：135-136, 146
米の母　Rice-mother　上：119, 124, 131-136, 138, 246, 247
米の女神　Rice-goddess　上：137
米の霊魂　Rice-soul　上：125-130, 132-136, 146, 194, 232, 246, 270, 278
暦　Calendar　原始の一　上：90-91; 宗教的事情による調節　上：66-67; プレイアデスと原始の一　上：201-209; ローマの　上：67
コリヤーク人　Koryak　下：143, 144, 149, 156
ゴリラ　Gorilla　下：182
ゴルディ人　Goldi　下：128, 129

コルワ人　Korwas　上：89
コレー（ペルセポネの通称）　Kore　上：141, 220
コロンビア先住民　Colombian Indians　下：184
根菜と種子　Roots and seeds　上：90-92
コンデ人　Konde　下：272
コンド人　Khonds　上：163, 165-167, 170, 173
ゴンド人　Gonds　上：162, 167
コンピタリア祭　Compitalia　下：71, 72, 78
コン・マ（女神）　Khön-ma　下：72

さ行

斎戒・禁欲　Continence　下：26, 60, 64, 71, 159
祭儀　Ritual　原初的―　上：117-118; 呪術的―　上：117-118; ディオニュソスの―　上：31
最後の束　Last sheaf　穀物霊としての　下：45; ―の束ね手　上：106, 168; ―を編む　上：101, 102, 107, 108, 110; →偉大なる母; 乙女; 雁首; 狐の尾; 競争; 競走; 祖母; 野ウサギの尾; 花嫁; 冬; 物乞い; 老婆; 老爺
祭司　Priest　鮫の像の―　下：184; 首長がつとめる　下：89; テスカトリポカ神の―　下：110; 初物を所有する　下：89
祭司（暦の管理者）　Pontiffs　上：67
祭典　Festival　新火祭　下：94; 新ヤムイモの―　下：51-54, 83, 84; 冬至の―　下：69; 膀胱の―　下：158-159
サカイアの祭典　Sacaea　上：171
魚　Fish　漁労部族が払う敬意　下：159-161; 儀礼的扱い　下：161-163; 初物を祭儀に供える　下：93; ―の神聖視　下：32; ―の中の死者の霊魂　下：180, 183, 186; ―への償い　下：161; ―を食べない　下：97, 148, 180
魚の王　Master of the Fish　下：161
魚の骨　Bones of fish　下：160, 162, 163
魚への祈願者　Preachers to fish　下：161
サカラヴァ人　Sakalava　下：222
ザクセン人　Saxons　上：188, 194　下：173
作物　Crops　生長の呪文　上：77; 輪作　上：86; ―に対する人身供犠　上：158-167
ザグレウス　Zagreus　上：29
ザクロ　Pomegranates　上：30, 43
鮭　Salmon　下：63, 160-163, 165, 251
サゴヤシ　Sago palm　上：78, 153, 274
ササク人　Sassaks　上：136
サソリ　Scorpions　下：110, 142, 177, 183
サダナ（米の花婿）　Sadana　上：136
サテュロス　Satyrs　下：19-20, 215
サツマイモ　Sweet potatoes　上：76, 80, 86-89, 127, 237;　下：84, 93
サトウキビ　Sugar-cane　上：79, 88, 89, 127　下：86, 88, 184
サトゥルナリア祭　Saturnalia　下：53
サニン・サリ（米の女神）　Saning Sari　上：131-132
サバト　Sabbaths　上：82, 233, 234
サバリオス（祭典）　Sabarios　下：46
サパロ先住民　Zaparo Indians　下：97
サポテコ人　Zapotecs　上：120
サモア人　Samoans　下：33, 93, 114
サモエード人　Samoyed　下：169, 247
サーミ人（ラップ人）　Lapps　下：143, 144, 163, 164, 168, 247
鮫　Shark　下：88, 90, 160, 174, 187, 281; ―に奉献された神殿　下：184
猿　Monkey　下：94, 97, 150, 151, 181, 188, 193, 259, 280
三月一日　March, the first of　下：265
サンカランマ（女神）　Sunkalamma　下：71
懺悔火曜日　Shrove Tuesday　下：203
懺悔の三が日の熊　Shrovetide Bear　下：203, 265
産褥　Childbed　下：73
サン人（ブッシュマン）　Bushmen　下：97, 98, 134, 197, 254
サン・フアン・カピストラーノ（宣教師館）　San Juan Capistrano　下：112, 240
ザンベジ川上流先住民　Zambesi, tribes of the Upper　下：98, 280
ジェンナ（タブー）　Genna　上：233-234
塩　Salt　使用の禁止　下：124, 127; ―断ち　下：60, 71, 228
鹿　Deer　上：37, 127, 139, 199, 217　下：61-63, 65, 66, 69, 97, 99, 107, 117, 119, 154-158, 167, 168, 181, 185, 188, 202, 235, 250, 253, 260, 265, 276
鹿肉　Venison　下：65, 66, 97, 99, 136, 154, 155, 157, 167, 168, 181, 185
シグルズ　Sigurd　下：100
死の穢れ　Pollution of death　下：227, 268
死者　Dead　家の中に埋葬する　下：83; 毛虫の中の死者の霊魂　下：174; 収穫終了時に祭

る 下：80-81; 動物の中の死者の霊魂 下：180; 一の霊に対する恐怖 下：38; 一の骨 下：104; 一の霊魂 下：54
死者の脂を身体に塗る Anointing the body 下：108-109
死者の再生 Rebirth of the dead 上：68
死者の骨 Bones of the dead 触ることで人徳を取得 下：104; 一の保存 下：164
死者の書 Book of the Death 上：146
死者の霊 Dead spirits, Spirit of the Dead 雨を降らす 下：80; 木の中の一 下：82-83; 作物への影響 上：79; 一に初収穫物を捧げる 下：80-95; 一への祈り 下：82, 88
シー人 Szis 上：138
自然時計 Natural timekeepers 上：51
舌 Tongues 護符としての動物の一 下：170; 殺した男の一 下：103; 殺した動物の舌を切り取る 下：170; 鳥の一 下：101
シチリア人 Sicilians 上：53-54, 57, 248
脂肪 Fat 一を体に塗る 下：104, 109
シミルカミーン先住民 Similkameen Indians 下：100
ジャガー Jaguar 下：97, 180, 181
ジャガイモ Potato 上：5, 88, 103, 120, 160, 179, 180, 243, 244, 245 下：46-47, 123
ジャガイモの犬 Potato-dog 上：180
ジャガイモの狼 Potato-wolf 上：179, 180
ジャガイモの母 Potato-mother 上：120, 244
ジャガイモの老婆 Old Potato Woman 上：103
ジャコウネコ Paradoxurus 下：185
ジャータカ Jatakas 下：260
ジャッカル Jackal 下：98, 135, 188
謝肉祭 Carnival 上：37-41 トラキアの一 下：206-207; ボヘミアの慣習 下：203; 一熊 下：203
ジャワ人 Javanese 上：126, 131, 247
ジャンカリ神 Jankari 上：162
シャン人 Shans 上：130, 162 下：105, 183, 270
呪医 Medicine-man 下：141, 142, 277
収穫 Harvest 一終了時の死者への供犠 下：80-81
収穫男 Harvest-man 上：149
収穫女 Harvest-woman 上：103
収穫の雄鶏 Harvest-cock 上：182, 183, 199
収穫の慣習と春の慣習 Harvest-customs and spring customs 上：116-118
収穫の冠 Harvest-crown 上：114, 149, 182
収穫の子供 Harvest-child 上：106
収穫の女王 Harvest-Queen 上：103-104, 107
収穫の花輪 Harvest-wreath 上：186
収穫の母 Harvest-mother 上：97
収穫の晩餐 Harvest-supper 上：96, 98, 106, 109-112, 152, 182, 183, 185, 187, 190, 191, 195, 199, 258
収穫の山羊 Harvest-goat 上：178, 186
十月の馬 October horse 下：42, 210, 211
十二の神々 Twelve Gods 下：23
銃の発射 Firing guns 一で悪魔を追い払う 下：74
主顕祭 Epiphany 上：198
ジュコ人 Jukos 下：107
守護霊 Guardian-spirit 下：105, 135, 273
種子 Seed 子供が播く 上：85-86; 女性が播く 上：84-85
種子の選り分け Winnowing 上：92
呪術 Magic 占いへの格下げ 上：234; →共感呪術; 類感（模倣）呪術
シュスワップ先住民 Shuswap Indians 下：153
呪像 Effigies 上：24, 37, 63, 97, 108, 115, 173, 188, 191, 196, 234, 254, 279; 家の扉にかける 下：71; 死者と共に埋める 下：72-73; 中国における雄牛の一 下：24-25; 病気を防ぐ一 下：74-75
首長 Chief 祭司役をつとめる一 下：89; 死後神となる一 89; 神聖な一 下：33; 祖先の首長への供犠 下：82; 一の霊が雨を降らす 下：80; 一の霊がライオンにはいる 下：181-182
首長・王の一時的退位 Temporary abdication of chief 下：55, 57
樹木 Trees ディオニュソスとの関係 上：24-25
呪文 Spell 作物の生長を促す一 上：77; 物語形の一 上：79-80; 命令形の一 上：80
樹霊（樹木の霊） Tree-spirit, Wood-spirits 上：99, 116, 117, 167, 169 下：20
シュレウス Syleus 上：170-171
純潔（播種者に求められる） Chastity 上：85-86, 234
シュンパオリ（神） Shumpaoli 下：81
春分 Equinox 上：160, 255
ショウガ Ginger 上：89
少女の犠牲 Girls sacrificed 上：158-160

女王の聖所（リュコスラ） Sanctuary of the mistress 下：43
食人 Cannibals 上：32-34, 217
食人霊 Cannibal Spirit 上：34
職人崇拝 Artificers, worship of 下：52-53
植物 Plants 精霊から生命を与えられている 下：64
植物神 God of vegetation 上：23, 29, 31, 35, 169, 256
処女の犠牲 Virgins sacrificed 上：158-159
女性 Women 原初農耕における役割 上：84-93; 穀物霊の影響 上：117; 雌牛の乳をしぼる 上：87; プレイアデスに誓う 上：204; —の競走 上：63
ショチケツァル Xochiquetzal 上：158-159
シリア人 Syrians 下：30-32, 220
シルウァヌス Silvanus 下：20
シルック人 Shilluck 下：271
白い雄羊 White ram 下：196
白いトウモロコシの女神 Goddess of the White Maize 上：172
進化と分解 Evolution and dissolution 下：191-192
白カビ Mildew 下：178-179
白カビのアポロン Midew-Apollo 下：178
シング・ボンガ（太陽神） Sing Bonga 下：84
信仰される動物 Worshipful animal 年に一度殺される 下：201
新穀 New corn 聖餐として食べる 下：45-46
親縁関係 Kinship 人間と虎の— 下：140; 人間と鰐の— 下：137-139
新ジャガイモ New potatoes 下：46-47
人身供犠 Human sacrifices 古代エジプトの— 上：171-173; 作物に対する— 上：158-167
神人同形説 Anthropomorphism 上：143
心臓 Heart 狼の— 下：100; 鳥，モグラ，鷹の— 下：99; 川鴉の— 下：99-100; 犠牲者の— 上：158-159, 203; 熊の— 下：100; 死者の特性を得るために食べる 下：101-103; 知識の座としての— 下：102; ディオニュソスの 上：30-31; 人間犠牲の— 下：70; ライオン・豹の— 下：98
真鍮の蛇 Brazen serpent 下：178
シンテオトル Cinteotl 上：122
新年 New Year カヤン人の新年の祭り 上：74-76; プレイアデスの出現が決定する 上：86, 202, 205, 207
シンハラ人 Cingalese 上：251
新米 New rice —を食べる儀式 下：49-51
新ヤムイモ New yams 下：48, 51-54, 83, 91-92
水牛 Buffalo 下：24, 26, 50, 134, 147, 148, 196
頭蓋骨 Skulls 上：6, 160-162, 220; 下：88, 90, 102; 敵の— 下：104; 熊の— 下：119, 121, 122, 124, 127, 128, 144, 146
崇拝 Worship 牛の— 下：37; 動物崇拝の二類型 下：195; 蛇の— 下：197-198
鋤 Plough 原初的農耕における— 上：84; ディオニュソスとの関係 上：25
鋤起こし Ploughing アッティカの— 上：81; アテナイの聖なる儀式 上：40; 雄牛の使用 上：237; ギリシアの— 上：45; 謝肉祭の儀式における— 上：38
スキチア人 Scythians 上：255
鋤の月曜日 Plough-Monday 上：41 下：203-209, 266
スキロポリオン月 Scirophorion 下：215, 216
スク人 Suk 上：87 下：65, 99, 227
スー人 Sioux 上：159, 166, 167, 253 下：102, 156
鈴 Bells 上：37, 38, 186 下：207, 208, 210
スズカケノキ Plane-tree 上：24
雀 Sparrow 下：173, 176, 279, 280
スーダン黒人 Sudanese negroes 下：143
スティエン人 Stiens 下：152
ズニ先住民 Zuni Indians 下：115, 117-118, 241, 242
スプリング・クリーク人 Spring Creek 上：202
スプリングボック Springbok 下：98
スブリキウス橋 Sublician bridge 下：78
スペイン人 Spaniard 上：121, 158
スポーツ・運動（収穫祭における） Sports, athletic 上：75, 272
スミンテウスのアポロン Smintheus Apollo 下：178
宗教と社会の階層 Strata of religion and society 下：37-38
スラヴ人 Slavonic peoples 上：94-96, 102, 140
スリ（穀物女神） Sri 上：125
スリンキート人 Thlinkeet 下：161, 170
ズールー人 Zulus 上：84-86, 207, 234 下：35, 55-57, 69, 98, 99, 103, 107, 225, 272

聖キャサリン日　St. Catherine's Day　下：174
聖金曜日　Good Friday　上：41
聖餐　Sacrament　神を食べる　下：111; 供犠と結び付いた—　下：66; 穀物霊を動物の形で食べる　下：29; 動物聖餐の類型　下：194-209; トーテム動物の—　下：109-110; 初収穫物の—　下：45-66; 豚肉の—　下：29, 31; 遊牧民族における—　下：196
聖餐パン　Sacramental bread　下：72
聖女　Scared women　上：40-41
聖燭節　Candlemas　上：197
聖ジョージの祭日前夜　St. George's Eve　下：170
聖ステファノの日　St. Stephen's Day　下：199-200
聖体祝日　Corpus Christi Day　上：203
聖なる鍬入れ　Sacred ploughings　上：81, 233
聖なる結婚（エレウシスの）　Sacred Marriage　上：57-59
聖なるもの　Sacred things　危険とみなされる　下：33
聖灰水曜日　Ash Wednesday　上：197
聖ペトロの祝日　St. Peter's Day　上：197
聖母の像　Effigies of Madonna　下：71
聖マシュー日　St. Matthew's Day　下：174
生命の主人　Master of Life　下：94
精霊　Spirits　神との区別　上：117-118; 子供を悪霊から守る　上：26-28; 死者の霊が作物に与える影響　上：79; —の真似　上：128
セイリッシ先住民　Salish Indians　下：63
ゼウス　Zeus　上：29, 30, 32, 36, 43, 45, 47, 50, 57-59, 171, 218, 269; —とデメテル　下：23; —とヘラクレス　下：114
ゼウス・ソシポリス　Zeus Sosipolis　下：22-23
ゼウス・ポリエウス　Zeus Pollens　下：21-23, 216
石器時代　Stone Age　上：65, 94, 238
接種　Inoculation　倫理的その他の徳性の—　下：106-108
切断　Mutilation　雄牛の—　下：170-171; 死体の—　下：171-172
セト　Set　下：34; →テュポン
セドナ（女神）　Sedna　下：65, 157
背中の痛み　Pains in back　上：188
セミノール先住民　Seminole Indians　下：61, 65, 69, 141
セミ・バントゥ人　Semi-Bantu　上：273
セメレー　Semele　上：30, 31
先祖　Ancestors　—の像　下：48; —の霊への供物　下：81-82, 84, 87-89
前兆　Omen　下：99
戦闘の踊り　War dance　下：63
象　Elephant　下：35, 69, 98, 99, 107, 146, 152, 182, 248, 276-278　下：35, 69, 98, 99, 107, 146, 152, 182, 248, 276-278
像　Image　害虫の—　下：177; 神の—　下：67, 69-71, 114; 様々な使用法　下：72; 祖先の—　下：48; 動物の—　下：229; 蛇の—　下：197
葬式，毛虫の　Funeral of caterpillars　下：176
象虫　Weevils　下：173
祖先伝来の競技　Ancestral Contest　エレウシス競技の—　上：61-62, 64; 脱穀場の祭りの—　上：62-63, 228; ハローアの—　上：56
ソバ　Buckwheat　上：161
祖母（最後の束）　Grandmother　上：97
ソンギシュ部族　Songish　下：162

た行

太陰暦　Lunar calendar　上：51, 65-69, 206, 223, 255
大エレウシス競技　Great Eleusinian Games　上：61, 65, 228, 229
ターイ人　Thay　下：87
大地の神　Earth-god　上：59; 下：53, 224
大地の神々の奴隷　Slaves of the Earth Gods　下：53, 224
大地の女神　Earth-goddess　下：83-84; →地母神
大地の母　Earth-mothers　上：245
大地の霊　Sirit of the earth　下：86
大徹宵祭　Great Vigil　上：121
松明　Torch　デメテルと—　上：53, 224; —行進　上：44
松明踊り　Torchlight dance　下：62
大網脂肪　Caul-fat　下：108
太陽　Sun　新穀を供える　上：158; 播種の期日を決定　上：128; 日本の太陽神　上：143; 野生人による観察　上：206; アレクトロナの父なる—　下：43; , —と月の結合　下：217; —に制定された儀式　下：60; —の神殿　下：94
太陽神　Sun-god　上：68, 143, 256, 282
タウアレ先住民 Tauaré Indians　下：106
タウントゥー人　Taungthu　上：130

鷹　Hawks　アイヌの崇拝 下：129–130
鷹の目　Falcon's eye　下：109
竹の子　Bamboo shoots　上：77
ダコタ先住民　Dacotas　下：100, 163, 242
叩く　Beating　雄牛像を— 下：24–25; 雄牛の皮をかぶった男を— 下：201; 少年をイヌワシの脚の骨で— 下：239
駝鳥　Ostrich　下：157
脱穀　Threshing　慣習 上：96, 104, 135, 204; 穀物霊を殺す 上：191–192; —の競争 上：147–151
脱穀者　Thresher　最後の束に括り付けられる— 上：96, 104; 脱穀場で首を絞めたり脱穀したりするふりをする 上：103, 150; 藁で縛り水中に投じる 上：151–152; —の競争 上：104–105, 147–151, 168
脱穀場　Threshing-floor　上：45, 48, 56, 61, 63 下：23, 49, 81, 203
脱穀の犬　Threshing-dog　上：179
タナラ人　Tanala　上：27 下：183
タニ神　Tani　下：93
種蒔き　Sowing; →播種
タノ（フェティシュ神）　Tano　下：181
タバコ　Tobacco　季節最初の— 下：64; 吐剤として使用 下：59
タブー　Taboos　上：73, 75, 128, 130, 135, 156, 217, 233, 234, 246, 270; 海獣の捕獲後の— 下：157–158; 乳に関する— 下：65
タブーの村　Tabooed village　下：87
タプイア人　Tapufyas　上：202
卵の殻　Shells of eggs　下：75, 253
ダマトリオス月　Damatrius　上：47
ダヤク人　Dyaks　上：76, 124, 126, 129, 140, 265 下：74–75, 87, 99, 103, 136–137, 139, 176, 185, 230
タライン人　Talaings　上：130
タラウマラ先住民　Trahumare Indians　上：153 下：161
タリアナ人　Tarianos Indians　下：105
タリ・ペヌー　Tarri Pennu　上：163
タルゲリオン月　Thargelion　下：23, 216
ダルフール人　Darfur　下：101
タロイモ　Taro　上：5, 76–79, 153, 274
団子　Dumplings　人の形の— 上：105; 豚の形の— 上：196, 199
断食　Fast　下：59–61, 65, 94, 145, 162, 274
男性生殖器　Male organ of generation　ディオニュソスの象徴 上：29; —の呪像 上：37
胆嚢　Gall-bladders　下：100
タンムズ　Tammuz　上：171, 173
血　Blood　神との交流の手段 下：197; 熊の— 下：100; 仔羊の— 下：197; 殺した敵の— 下：102–105; 宗教的儀式として流す 下：60, 70; ビーバーの— 下：250; 竜の— 下：100
小さき鹿　Little Deer　下：154–155
小さな木の女　Little Wood-woman　上：156
小さな畑　Miniature Fields　上：73, 157, 274
チェコ人　Czech　上：95
チェッティ神　Chetti　上：26
チェレミス人　Cheremiss　下：47, 66, 229
チェロキー先住民　Cherokees　上：122, 130 下：97, 133, 141, 142, 151, 154, 168, 226
地下のゼウス　Subterranean Zeus　上：50, 58, 59 下：23
チキタノ人　Chiquites　下：154
チコメ・コアトル　Chicome couatl　上：122
チーズの月曜日　Cheese Monday　上：37 下：208
乳　Milk　下：65, 108, 182
チニグチニク神　Chinigchinich　下：113
血の契約　Blood-covenant　下：105
チベット人　Tibetans　下：72
地母神　Earth-goddess　ギリシア美術の— 上：70; デメテルとの区別 上：45, 46, 70; —に対する人身供犠 上：163, 165–166
チャドワル人　Chadwars　下：33
チャマール人　Chamars　上：269
チャム人　Chams　下：50, 66, 178, 184
チャーン　Churn　上：106–108, 241, 242, 276
チュイ人　Tschwi　下：73
中国人　Chinese　上：26, 27 下：26, 76, 100, 103, 161
チュクチ人　Chuckchees　下：143
チュートン人　Teutons　上：140
蝶　Butterfly　下：33, 183, 187
跳躍　Leaps　上：72, 82, 228 下：206
チョロティ人　Chorotis　上：282
チリグアノ人　Chiriguano　上：282 下：97, 181
血を塗る　Smearing of blood　下：197
チン人　Chins　下：87
ツィムシアン先住民　Tsimshian Indians　上：33, 34 下：162
ツェルタル人　Tzentales　下：154
ツォンガ人　Thonga　上：281

月　Moon　人間の犠牲 上：172; 豚の供犠 下：31; —の観察 上：86
蔦の少女　Ivy Girl　上：107
綱引き　Tug of War　上：232, 233, 234
角のあるディオニュソス　Horned Dionysus 上：29, 31-32, 40
唾　Spittle　上：164, 166
ツバメの歌　Swallow Song　下：265
罪の告白　Confession of sin　下：57
紡錘　Spindle　下：86, 208, 232
鶴　Cranes　上：47, 49, 222
ディアシア祭　Diasia　下：229
ディエリ人　Dieri　上：80 下： 103
ディオクレス　Diocles　上：43
ディオニュソス　Dionysus　上：5, 23-41, 42, 55, 58, 117, 118, 145, 178, 213-219, 225, 234 下：19-21, 27, 30, 35, 41, 111, 178, 258; —の墓 上：30
ディガー先住民　Digger Indians　下：109
ティーターン　Titans　上：29, 30, 32, 40
剃髪　Tonsure　下：77, 230
ディンカ人　Dinka　下：38-39, 83, 222, 231
ティンネ先住民　Tinneh Indians　下：63, 142
手形　Hand-marks　下：211
敵　Enemies　—の死体を切断 下：171-172
適者生存　Survival of the fittest　下：192
敵の手　Hands of enemies　—を食べる 下：103
敵の脳　Brains of enemies　—を食べる 下：102-103
テスカトリポカ神　Tetzcatlipoca　下：70, 110
テスモポリア祭　Thesmophoria　上：30, 56, 86 下：27-29, 36, 217, 218, 219
テーセウス　Theseus　上：147
鉄斧　Iron axe　下：159
テトン先住民　Teton Indians　下：152
デメテル　Demeter　上：5, 30, 35, 41, 42-71, 72, 82, 84, 86, 93, 94, 112, 114, 117, 118, 122, 126, 127, 129, 135, 140-144, 145, 157, 173-174, 178, 219-231, 234, 237, 238, 242, 248, 249 下：19, 21, 23, 26, 27-30, 35, 41, 93, 167, 208, 211, 218, 219
『デメテル讃歌』 *Hymn to Demeter* 上：42-45, 60, 220, 224, 242, 249
「デメレルとペルセポネの割れ目」"Chasms of Demeter and Persephone"　下：27
デメテルの綽名　Epithets applied to Demeter 上：57
デメテルの穀物　Demeter's corn　上：45-46, 52
デンディット（神）　Dengdit　下：222, 231
テュポン　Typhon　上：32, 40, 173 下：34, 36-37, 74, 221
デラウェア先住民　Delaware Indians　下：141
デルフォイの神託　Delphic oracle　上：25, 53-55, 224
テレポス神　Telephus　下：66, 227
天界の牧人　Heaven-herds　下：107
天空の神　Sky God　上：59-60
天空の神ゼウス　Sky-god Zeus　上：57-59
天使の踊り　Angel dance　下：204
転生　Transmigrations　亀への— 下：117-118; 熊への— 下：124; 人間霊魂の動物への— 下：98, 180-193
天文学の起源　Origin of Astronomy　上：201
伝令官と舌　Heralds and tongues　下：170
トーイトンガ（聖なる首長）　Tooitonga　下：90-92, 233
胴上げ　Tossing　上：108
トゥカノ人　Tucanos Indians　下：105
闘牛　Bull-fight　下：56
道化師　Fool　下：206
冬至　Winter solstice　上：90, 182, 197, 225 下：69, 203
頭髪を剃る　Heads shaved　下：108
トゥピ先住民　Tupi Indians　下：171
トゥピナンバ人　Tupinambas　上：89
動物　Animal　穀物霊としての— 上：178-200; 宗教儀式で引き裂かれ貪り食われる— 上：34-35; 人間霊魂への転生 下：180-193; —崇拝の二類型 下：195; —と人間の区別をしない野生人 下：133-135; —の頭（エジプト王） 上：172; —の形で殺された神 上：35; —の言語を覚える 下：100-101; —の復活・再生 下：130, 163; —の不滅についての野生人の確信 下：164-166; —の骨 下：164
動物化身　Animal embodiments　上：199-200
動物としての植物神　Deities of vegetation as animais　下：19-44
動物の言語　Language of animais　鳥の言語 下：100; 蛇の肉を食べて得る 下：100-101
トウモロコシ　Maize　上：48, 85, 87, 89, 90, 93, 117, 119-122, 127, 138, 139, 157-162, 172, 199, 203, 244, 245, 248, 270, 273, 281, 282 下：32, 35, 55, 56, 58, 61, 64, 67, 70, 77, 82-85, 88, 94, 95, 106, 177, 249, 271-272, 277, 279

トウモロコシの母　Maize-mother　上：119-120, 199, 244
トウモロコシの女神 Maize-goddess　上：121-122, 172
トゥラテヤ人　Toerateyas　上：247
徒競走　Contests in Running　上：63, 72, 75, 124
吐剤　Einetics　下：59-61
年　Year　十三の月に分ける　下：61
トダ人　Todas　下：196
土地の耕作　Tilling of the earth　罪悪と考えられる　下：50
トーテム　Totem　―の祭儀　下：109-110; ―を食べると皮膚病になる　下：32
トーテム動物　Totemic animals　―の真似をする踊り　下：61
トーテム信仰　Totemism　下：21, 32, 37, 38, 117, 195
トナカイ　Reindeer　下：144, 157, 169
トビウオ　Flying-fish　下：90
トフォケ人　Tofoke　上：87
トモリ人　Tomori　上：132, 189
虎　Tiger　下：33, 100, 139-140, 165, 185, 238, 260, 270, 280-281
ドラヴィダ系部族　Dravidian race　上：162, 163
トラジャ人　Toradjas　上：126, 132, 153, 194, 246, 247, 270, 281　下：104, 271, 278
トララキ人　Tolalaki　下：103
トラロック（雷神）　Tlaloc　上：158
トランペット　Trumpets　上：31
鳥　Bird　神の名代としての渡り鳥　上：138; ―としての穀物霊　上：194; ―としての霊魂　上：125, 246; ―の言葉　下：100; ―の舌　下：101
トリプトレモス Triptolemus　上：43, 44, 52, 53, 56, 60-63, 70, 225, 227, 228, 229　下：28
トリンギット人　Tlingit　下：161
トロイア人　Troezenians　下：93
トン，トニス（神）　Tonn or Tonis　下：274
トンガ部族　Thonga　下：272
ドングリ　Acorns　上：78, 90
鈍重な動物　Slow-footed animais　下：97-98
トンディ（霊魂的実質）　Tondi　上：126
トンプソン先住民　Thompson Indians　下：64, 93, 97, 135, 146, 155, 169, 248

な行

ナウラス先住民　Nauras Indians　下：102
ナガ人　Nagas　上：162, 166, 255　下：74, 183, 230
なぞなぞ　Riddles　上：132
ナチェズ先住民　Natchez Indians　下：61, 94, 227
ナハール人　Nahals　下：85
ナマ人　Namaquas　下：98
ナマウ部族　Namau　下：275
生パンの像　Dough image　下：67, 69, 74, 229
涙　Tears　雄牛の―　下：24
縄跳び　Skipping-rope　下：125
ナンガ（聖域）　Nang-a　下：89
軟膏，呪術の　Ointment　下：110
ナンディ人　Nandi　上：86, 208　下：54, 102, 104
南米先住民　South American Indians　上：88　下：106
肉食に関する類感呪術　Homoeopathic magie of a flesh diet　下：96-111
肉と乳　Meat and milk　下：65, 227
ニクプラ（雨神）　Nyikplă　下：43
ニサン月　Nisan　上：255
ニシキヘビ氏族　Python clan　下：115
二重神　Duplication of deities　上：143
ニシン　Herring　下：160-161
ニシュガ先住民　Nishga Indians　下：78
ニスカ人　Niska　上：34
偽の哀悼　Pretended lamentations　下：176-177
偽の埋葬　Fictitious burials　下：73-74, 270
二年周期　Biennial cycle　上：69, 216
二年周期の祭典　Biennial festivals　上：31, 69
ニャムニャム人　Niam-Niam　上：87
ニャンジャ語族　Nyanja-speaking tribes　下：32
人形　Puppet, Dummy　穀物霊を表す―　上：151; 最後の束で作った―　上：97-98, 155; 収穫時の―　上：106; 脱穀時の―　上：104-105; 亡霊や悪魔の注意をそらす　下：72, 79
人形の代理使用　Vicarious use of images　下：72
人間の犠牲　Human victims　神と見なされた―　上：165-166; ―の代用　上：165
人間の供犠　Human sacrifices　メキシコの―　下：68

人間の犠牲の血　Blood of human victim　種子にふりかける　上：160, 166; 畑に撒く　上：162, 166
人間の犠牲の肉　Flesh of human victim　畑に埋める　上：165, 166; 一を食う　上：160, 162, 167
「人間の身代わり」 "Substitutes for a person"　下：76
ヌエル人　Nuehr　下：39
ヌートカ先住民　Nootka Indians　上：34　下：145, 160
ヌバ人　Nubas　下：83, 232
猫　Cat　上：128, 177, 178, 184-185, 188, 199　下：43, 137, 211
猫の尻尾　Cat's tail　上：177
ネズミ　Rat　下：31, 36, 85, 175, 178, 184, 188, 257, 258
ネメアの競技　Nemean games　上：69
農耕　Agriculture　起源　上：92; 競技の呪術的意義　上：72-83; 女性の役割　上：84-93
野ウサギ　Hare　上：172, 178, 179, 183-185, 199, 200, 263　下：98, 117, 155, 188, 211, 248, 254, 275
野ウサギの尾（最後の束）　Hare's tail　上：177
脳髄　Brain　下：103, 109
農夫の妻　Farmer's wife　上：105
ノスリ　Buzzard　下：61, 112-114

は行

灰　Ashes　犠牲の一　上：103, 160, 165-167, 171-173; 死者の灰を飲む　下：105-106; 弔問者に塗る　下：109; 肥料としての一　上：86, 88, 206
ハイエナ　Hyaena　下：142, 182, 276
排泄行為　Easing nature　上：155, 158
ハイダ人　Haida Indians　上：34
蠅　Fly　下：164, 177, 178, 183
蠅捕りのゼウス　Zeus the Fly-catcher　下：178
墓　Graves, Tomb　偽の一　下：74; 一の前での供犠　下：82; 一の前での祭儀　下：82
バーガー人　Burghers　下：49
バガンダ人　Baganda　上：87　下：53, 83, 146, 148, 149, 161, 171, 226, 248
バク　Tapir　下：97, 151, 180
白鳥　Swan　下：193
バクンドゥ人　Bakundu　下：74
バゲス人　Bagesu　下：271
ハゲタカ　Vulture　下：110, 188, 197
バゴボ人　Bagobos　上：160　下：275
バコンゴ人　Bakongo　上：281　下：272
バコン人　Bakongs　下：185
パシパエ　Pasiphae　上：40
播種（種蒔き）　Sowing　カヤン人の播種の祭り　上：73; ギリシアの一　上：47; 子供による一　上：85-86; ザクセン人の慣習　下：173; 女性による一　上：84-85; 太陽の観察による期日決定　上：128; デメテルへの供犠　上：54; プレイアデスの出現による期日決定　上：206; 山羊を殺す　上：189; 一と子供の成長　上：28-29; 一の祭儀　下：50; 一の祭り　上：82
播種用の穀粒　Seed-corn　上：96, 139, 183, 197, 199
バスト人　Basutos　下：81, 101, 107
バダガ人　Badagas　下：49　下：49
畑の鍵　Key of the field　上：152
バタリ・スリ　Batari Sri　上：137
バタング・ルパール人　Batang-Lupars　上：75
蜂　Bee　下：188, 193
八年間の王の任期　Octennial tenure of kingship　上：66, 68
八年周期　Octennial cycle　上：65-69, 91, 230
バッカス　Bacchus　上：24, 32, 36, 215
バッカス神信奉者　Bacchanals　上：32
ハツカネズミ　Mouse　下：156, 175-179, 256, 257
ハツカネズミのアポロン　Mouse Apollo　下：178
バッサーリ人　Bassari　下：84
初収穫物（初物）　First-fruits　エレウシスでデメテルとペルセポネに捧げる一　上：51-52; 王に奉献　下：80, 84, 87; 原初的民族は食べようとしない　下：22; 死者の霊に供える　下：80, 82-84, 86-88; 太陽に捧げる一　上：158; デメテルに捧げる一　上：48; 農耕女神に捧げる　下：50; 野生人が食べるのをためらう理由　下：64-65; 一の供犠　下：80-95; 一の聖餐　下：45-66
バッタ　Grasshoppers　下：177
バッタ人（バタク人）　Battas or Bataks　上：126, 133, 206　下：75, 140, 185, 260
初物の果実　New fruits　一を食べる儀式　下：48
鳩　Pigeon　上：78, 79　下：33, 50, 184

バトンスネイクの根　Button snake root　下：59, 60
花咲くディオニュソス　Flowery Dionysus　上：25
バナナ　Bananas　上：73, 74, 79, 80, 85, 87–89, 128, 135, 160, 270, 273, 274, 277, 278　下：34, 73, 75, 76, 84, 88, 90, 94, 148, 187, 188, 273, 277
花嫁（最後の束）　Bride　上：113–114
バナール人　Banars　下：36
葉に覆われた踊り手　Leaf-clad dancers　上：74
パヌア部族　Panua　上：163
パネス（鳥祭）　Panes　下：112–113
ババ（老婆）　Baba　上：102–104　下：207, 208
バハウ人　Bahaus　上：72, 81, 127　下：260; →カヤン人
母なる穀物　Mother-corn　上：104
母なる大地　Mother Earth　下：77
母なる綿　Mother-cotton　上：123
母の束　Mother-sheaf　上：97, 117
バヒマ人　Bahima　下：182
パプア人　Papuans　上：89　下：100, 186
バヤ人　Baya　上：273
パラオ島民　Pelew Islanders　下：184, 260
パラウン人　Palaungs　上：277
胎児《はらご》，ヘラジカの　Embryos of elk　下：155
パラジャ人　Parjas　下：33
バラモン　Brahman　下：68, 86, 188; —の少年（犠牲）上：162, 166
ハリネズミ　Hedgehog　下：188
春の祭典　Spring festival of Dionysus　上：31, 41
春　Spring　—の到来の祭儀 下：24
ハルポクラテス　Harpocrates　上：172
バルム（死者の霊）　Balum　上：79
パレンケ人　Palenques　下：143
ハローア（脱穀場の祭り）　Haloa　上：55–56
パロス島年代記　Parian chronicler　上：60
バロツェ人　Barotsé　上：85　下：107
バロンガ人　Baronga　上：85　下：177, 257
パン　Pan　下：19–21, 30
パン　Loaf　猪の形の— 上：197; 最後の束で作った 上：105; 人の形の— 下：45, 71, 72
パンアテナイア競技　Panathenaic games　上：65, 229
バンガラ人　Bangala　上：87
万聖節　Hallowmas　上：99
ハンセン氏病　Leprosy　下：31–33
バントゥ・カヴィロンド人　Bantu Kavirondo　上：235
バントゥ人　Bantu　上：273
ハンノキの枝　Aider branches　下：149
バンバラ人　Ba-Mbala　上：87
万霊節　Feast of All Souls　上：39, 218
火　Fire　新しい— 上：203　下：55, 59, 60, 62; 木を擦って起こす 下：90, 95, 196; 聖— 上：203　下：162, 196; 吹き付けの禁止 下：162; —起こしの禁止 上：165; —祭 下：94; —の神 下：70;　—による浄化 下：159; —を消す 下：59
秘儀　Mysteries　エウモルポスによる創設 上：60; エレウシスの— 上：42–44, 57–60, 64–65, 82–83, 112–113, 129; ギリシアの— 上：82; 大秘儀の日付 上：50; ディオニュソスの— 上：36; 不死信仰との結合 上：71; マンティネイアの— 上：222
ピアロア先住民　Piaroas Indians　下：180
ヒェス・アッテス　Hyes Attes　下：30
輓臼　Mill　上：171
ヒキガエル　Toad　下：125–126, 183–184
ヒクイドリ　Cassowary　下：135, 186
ビクーニャ　Vicuña　下：97
ビサ人　Bisa　上：85
ビサルタイ人　Bisaltae　上：25
羊　Sheep　下：43, 69, 93, 97, 148–149, 196, 197, 202, 219, 248, 252, 263, 272, 274
羊の皮　Sheep-skin　下：202
ヒッポリュトス　Hippolytus　下：40, 223
「火なし家なし」（神話人物）　“Fireless and Homeless”　下：168
ビーバー　Beaver　下：152–155, 168, 250
皮膚病　Skin disease　下：32, 118
ヒマワリの根　Sunflower root　下：64
「秘密の耕作の畑」　“Field of secret tillage”　下：50–51
ビムセン（インドの神）　Bhímsen　下：85
ピュアネプシア　Pyanepsia　上：51
ピュアネプシオン月　Pyanepsion　上：47, 51, 86, 223, 235
ピュティア競技　Pythian games　上：65, 67
ヒューロン人　Hurons　下：160
豹　Leopard　下：98, 138, 147–148, 182; —を殺した者 下：148
病気　Sickness　像で防ぐ 下：74–75
ヒョウタン　Calabash　下：55–57, 62, 174, 177,

225, 272
ピラエ（像） Pilae 下：229
蛭 Leech 下：177
ビール Beer 上：101-102, 148, 154, 181, 182, 213
ピルア（穀倉） Pirua 上：119-120, 244
ビール人 Bhils 下：34
ビルホール人 Bihors 下：273
ビルマ人の治療法 Burmese cure 下：76
ピロ先住民 Piros Indians 下：180
卑猥な歌 Obscene songs 下：177
ヒンドゥー教 Hindu 上：125
ヒンドゥー人 Hindoos 上：94 下：38, 50, 69, 86
ファウヌス Fauns 下：19-20
ファディ（タブー） Fady 下：43
フアナ人 Huanas 上：282
ファフニール（竜） Fafnir 下：100
ファレシャ人 Faleshas 下：254
ファン人 Fans 下：97, 109
フィン人 Finns 下：143, 144
プエブロ先住民 Pueblo Indians 上：204
ブカウア人 Bukaua 上：79, 80 下：88
ブギニ人 Buginese 上：126
ブコリウム Bucolium 上：39
「夫妻」（火付けの棒） "Husband and wife" 下：55
不死性，動物の Immortality of animais 下：166, 182
不死の希望 Hope of Immortality 上：71
不死の老婆 Old Woman who Never Dies 上：138-139
ブージュゲース家 Bouzygai 上：81, 233
プシリ人 Psylli 下：115
ブシリス Busiris 上：171-172
フズール人 Huzuls 下：174, 223
ブスク（新収穫物祭） Busk 下：58
豚 Pig, Swine クレタ島では食べない 下：219; 穀物畑を荒らす 下：36; 穀物霊としての― 上：195-198; 古代エジプトにおける― 下：31-36; 月への供犠 下：31; デメテルとの関係 下：27-30; ―とアッティス 下：30; ―の中の死者の霊 下：180, 186
双子 Twin 下：52, 73, 138, 177, 272
豚肉 Pig's flesh, Pork, Swine's flesh ―を食べない 下：30, 36, 97; 食べない理由 下：66, 97; 祭儀として食べる 下：29, 31
豚肉の禁忌 Pig-meat forbidden 上：85
豚の乳 Milk of pig 下：31, 32
二柱の女神 Two Goddesses 上：42, 44, 53-55, 59, 62, 71
復活・再生 Resurrection 魚の― 下：160, 162; 動物の― 下：130, 163-164; 物語における― 下：166-167; ―のため死者の骨を保存 下：164
復活祭 Easter 上：41, 197
復活祭前夜 Easter Eve 上：96
ブッシュネグロ（スリナム） Bush negroes 下：32
ブッダの転生 Transmigrations of Buddha 下：188
ブテア Butea frondosa 下：85
ブドウ Grapes 上：24-25, 31, 32, 35, 36, 40, 47-49, 56, 84, 145-146, 157, 170-171, 222, 255, 266 下：45, 93, 111
ププレム（部族評議会） Puplem 上：91, 236
ブポニア（祭儀） Bouphonia 下：21, 22, 27, 29, 216
ブポニオン月 Bouphonion 下：216
ブーミヤ（ヒマラヤの神） Bhumiya 下：85, 232
〈冬〉 Winter 最後の束に与えられる名 上：101; 収穫の晩餐の名 上：111
ブユ Gnats 下：177
冬の祭典 Winter festival 上：31
ブラジル先住民 Indians of Brazil 上：82, 89, 202, 232 下：97, 151
フーラ人 Foulahs 下：138
ブラック・ドリンク Black Drink 下：59, 61
ブラックフット先住民 Blackfeet Indians 上：204 下：151
ブラフイ人 Brahuis 上：269
フラメン・ディアリス（祭司） Flamen Dialis 下：93
ブランコ Swinging 上：77-78, 81, 234
ブリティッシュ・コロンビア先住民 Indians of British Columbia 上：32, 33, 217
ブリング・ウネ Buring Une 上：73
プル（天文学者） Pul 上：91
篩 Sieves 上：26, 269
ブルガリア人 Bulgarians 上：103 下：207, 208
プルートス Plutus 上：141
プルトン Pluto 上：43, 45, 53, 58-59, 70 下：23, 28, 208
古女房 Old Wife（Cailleach） →カリアッハ

フール・ヘン　Fool-hen　下：97
プレイアデス　Pleiades　上：47, 49, 86, 201-209, 222, 232, 235, 236, 263-266, 274, 280-282
無礼講の期間　Periods of lincense　下：53-56
プロアルクトゥリア　Proarcturia　上：50
プロイセン人　Prussians　下：93
プロエロシア　Proerosia　上：50-51, 55, 70, 81, 223
プロセルピナ　Proserpine　上：70, 220, 231
ブロミオス　Bromios　上：213
ブロム人　Bulloms　上：208
ヘアスキン先住民　Hare-skin Indians　下：168
ベク人　Beku　下：109
臍の緒　Navel-string　上：106, 177
ベチュアナ人　Bechuanas　上：160, 207　下：33, 57, 109, 170, 239, 269
ベツィレウ人　Betsileo　下：84, 183, 259
ベッシー（鋤の月曜日の扮装）　Bessy　下：205-206
ヘパイスティオス月　Hephaestius　上：222
蛇　Serpent, snake　ウィダーで崇拝される―　下：181; 白―　下：101; 聖なる蛇を殺す　下：115; 接種で嚙まれるのを防ぐ　下：107; 北米先住民が尊敬する―　下：140-142; ―殺しの後の祭儀　下：142; ―の中の死者の霊　下：184-186; ―の中の死んだ王子　下：182; ―崇拝　下：197-198; ―の舌　下：170; ―の霊感を受ける　下：138; ―への供物　下：28; ―を防ぐ呪術　下：177-178
蛇祭司　Snake priest　下：142
蛇部族　Snake tribe　下：197-198
ヘブライ人　Hebrews　上：157　下：32, 249
ヘミテア　Hemithea　下：66, 220
ヘラ　Hera　上：30, 32, 218
ヘライオン月　Heraeon　下：23
ベラクーラ人　Bella Coola　上：34
ヘラクレス　Hercules　上：147, 170, 171, 250　下：114, 115, 178, 229
ベラ・ペヌー　Bera Pennu　上：163
ペリシテ人　Philistines　下：177, 178
ペルー人　Peruvians　上：119, 120
ペルセポネ　Persephone　上：5, 29, 41, 42-71, 72, 82, 114, 117, 118, 126, 127, 129, 135, 140-142, 144, 145, 157, 219, 220, 222, 224-228, 231, 248　下：21, 23, 27-29, 36, 93, 208, 211, 218, 219, 229
ベルベル人　Berbers　上：123-124, 277　下：279
ヘルメス　Hermes　上：269　下：170
ペレ人　Kpelle　上：272
弁明・謝罪　Apology　野生人の殺した動物に対する―　下：139-141, 143-144, 155
ボア・コンストリクター　Boa-constrictor; →王蛇
膀胱，海獣の　Bladders of sea-beasts　下：158-159
疱瘡　Small-pox　上：27-28, 215
亡霊・悪魔　Ghosts or demons　下：72-76, 89-90; 死体の切断による無力化　下：170-172; 動物の―　下：140-142, 144-152, 154, 157, 169-171
ボエドロミオン月　Boedromion　上：50, 51, 64, 223, 229
ホーキー（収穫の祝宴）　Hawkie　上：103, 240
ボクシング　Boxing　上：72, 228　下：92
北米先住民　North American Indians　下：97, 134, 140, 145, 152, 156, 160, 164, 195, 229
ホグマネイ　Hogmanay　下：201
星（天候への影響）　Stars　上：208-209
ホー人　Hos　上：93, 157　下：51, 84
ポセイドン　Poseidon　下：29, 93
ポタワトミ先住民　Potawatomi Indians　下：141
ホッキー車　Hockey cart　上：240
ホッテントット人　Hottentots　上：281
ホップの収穫　Hop-picking　上：152
ボトクド先住民　Botocudos　下：105
ポー・ナガール（農耕女神）　Po-nagar　下：50-51
ポーニー人　Pawnees　上：159, 166, 167, 172
骨　Bone　犬が齧るのを許さない　下：145, 153, 155, 164; 魚の―　下：160, 162; 鹿の―　下：154, 155; 水中に投ずる　下：163; 損壊を防ぐ　下：164; 敵の骨と頭蓋骨　下：164; 動物の―（再生のために保存する）　下：163; 年老いた動物の―　下：99
ボバ　Boba　上：103, 151
ポリネシア人　Polynesian　上：204-205　下：33
ホルス　Horus　上：172; ―神の目　下：34
ボールモス（ボーリモス）　Bormus or Borimus　上：146, 170
ホロホロ鳥　Guinea-fowl　上：86
ボロロ先住民　Bororos　下：58, 135
ポンガル祭　Pongal feast　上：162

ポンゴール（祭儀） Pongol 下：50
ホンジュラス先住民 Honduras, Indians of 下：154
ポンド人 Pondos 下：55, 57

ま行

マイア Maia 上：269
マイアミ人 Miamis 上：139
マイジュン・ヴーン Mhaighdean-Bhuana 上：109, 114
マイジュンブーイン Maidhdean-buain 上：108
埋葬 Burial 下：73–74
マイ・ダラト人 Mai Darat 下：75
マウ・ソザ（女神） Mawu Sodza 下：84, 232
マオリ人 Maoris 上：205 下：93, 105, 161
マカッサル人 Macassars 上：126
マカラカ人 Makalaka 下：81
マカンガ人 Makanga 下：182
マサイ人 Masai 上：208 下：65, 182, 227
マジャール人 Magyar 下：167
マスコーギ先住民 Muskoghees 下：102
マダガスカル人 Malagasy 下：139
マタベレ人 Matabelé 上：85 下：58, 174
松 Pine-tree 上：25, 213
マツェ人 Matse tribe 下：83
祭り Festival 耕作前の—（プロエロシア） 上：50–51, 55; エレウシスにおける穀物の茎の— 上：56; 脱穀場の—（ハローア）上：55–56, 62–53
マディ人 Madi 下：196
マニア（亡霊の母・祖母） Mania 下：71, 72, 269
マニアエ（パン） Maniae 下：71–72, 229, 269
マニオク Manioc 上：82, 87–89, 202, 234, 236, 274; →キャッサバ
マヌ法典 Laws of Manu 下：188
マネロス Maneros 上：146, 171, 172, 174, 249
魔の眼 Evil-eye 上：150
マフア Bassia latifolia 下：85, 273
魔法 Witchcraft —から身を守る 下：202
マミリアの塔 Mamilian tower 下：41, 42
豆 Bean 食べることを禁じる 下：189
豆の犬 Peas-pug 上：180
豆の雄鶏 Bean-cock 上：182
豆の精霊 Spirit of beans 上：122
豆の母 Pea-mother 上：95, 96
豆の雌牛 Peas-cow 上：191
豆の山羊 Bean-goat 上：185
マラ人 Malas 下：70–71
マラヴェ人 Maraves 下：231
マリアンデュノス人 Mariandynian 上：146
マリモ人 Marimos 上：160, 166–167, 173
マルス Mars 下：41
マレー人 Malays 上：124–126, 135, 141, 142, 205, 270, 281 下：137, 185, 280
マレー人，パタニ湾の Malays of Patani Bay 下：137
マングース Ichneumon 下：188
マンゴー Mango tree 下：33, 85, 86
マン・シェン（神） Mang-Shen 下：25
マンダヤ人 Mandaya tribe 上：280
マンダン人 Mandans 上：138
マンネワル人 Mannewars 下：85
マンベトゥ人 Mambettu 上：274
箕 Winnowing-basket, Winnowing-fan ディオニュソスの象徴 上：25; 犠牲の灰を撒く道具 上：172, 173 下：36; 揺り籠としての— 上：25–26; —の中の蛇の像 下：197
ミソサザイ狩り Huntirlg the wren 下：198–201, 203, 263, 264
ミトラ教の供犠 Mithraic sacrifice 下：24
緑の祭典 Green Festival 上：56, 70, 225
緑のデメテル Demeter Green 上：46, 173–174, 231
南回帰線 Tropic of Capricorn 上：90
ミナンカバウ人 Minangkabauers 上：131 下：137, 139
ミニチュアの小屋 Miniature huts 下：83
ミネタリー先住民 Minnetaree Indians 上：138, 248 下：163
ミネルウァ Minerva 上：30
ミノタウロス Minotaur 上：40
耳 Ears 敵の死体から切断 下：171; —知識の座としての 下：101
ミリ人 Miris 上：89 下：100
〈ミール・アンド・エール〉 Meal and ale 上：111–112
ミレット（粟） Millet 上：85, 86, 89
民話 Folk-tales 野獣の舌を切り取る— 下：170
ムーア人 Moor 上：124
ムカサ神 Mukasa 下：161
虫 Worm 罪人の転生 下：188; —の中の死者の霊 下：183

ムジモス（死者の霊） Muzimos 下：81
ムポングウェ人 Mpongwe 上：87
ムネウィス（聖牛） Mnevis 下：37, 221
ムルング（死者の霊魂） Mulungu 下：82
目 Eyes 祈りの時閉じる 下：63; 動物の目をくり抜く 下：169-171; 敵の目をくり抜く 下：171; 一を食べる 下：103-104
迷信的慣習 Superstitious practices 上：77
メイリキオス Meilichios 上：25
雌牛（穀物霊としての） Cow 上：189-192
雌牛の皮 Cow's hide 上：191 下：201-203
雌牛の乳 Cow's milk 下：227
雌馬 Mare 上：112, 113, 117, 192-193, 242, 277
「雌馬を叫ぶ」 "Crying the Mare" 上：192-193
目隠しした刈り手 Reapers Blindfolded 上：102, 107-108
メガラ（地下の割れ目） Megara 下：218
メキシコ人 Mexican 下：67-70, 228
メタゲイトニオン月 Metageitnion 上：64, 229
メデイアとアイソン Medea and Aeson 下：99
メドンティダイ家 Medontids 上：68
メラネシア人 Melanesians 上：205
メリアー Meriah 上：163 166
メル（最後の束） Mell 上：106-107, 241
メル・サパー Mell-supper 上：106, 241
メル・ドール Mell-doll 上：106, 241
メルの束 Mell-sheaf 上：106, 241
雌鶏 Hen 下：46, 97, 98, 148, 203, 265
模擬戦 Mock Battle, Sham fight 下：60, 135
モコビ人 Mocobis 上：202
モスキート先住民 Mosquito Indians 下：253
物語形式の呪文 Narrative spells 上：78-80
物乞い（最後の束） Beggar 上：155
モル人 Moru tribe 下：196
モンゴル民族 Mongolian peoples 下：164
モンダール Mondard 下：22
モンブット人 Monbuttoo 上：87

や行

ヤオ人 Yaos 下：81, 82
山羊 Goat 上：32, 34-39, 41, 48, 114, 160, 165, 178-179, 185-189, 199, 216, 217, 218 下：19-21, 27, 29, 30, 33, 36, 40-41, 43, 50, 52, 66, 69, 71, 82, 83, 85, 99, 114, 125, 179, 182, 202, 204-205, 207, 210, 215, 218, 222, 272
山羊の首 Goat's neck 上：187
野牛 Buffalo 上：139, 204
ヤコブ Jacob 下：167
野獣 Wild animals 狩人による慰霊 下：133-172, 276-280
野生人 Savage 動物の不滅についての確信 下：164-166; 非論理的ではない 下：131
野生のイチジク Wild fig trees 下：82-83
野生の果実や根 Wild fruits and roots 下：63-64
屋根 Roof 下：88, 122, 123, 149, 158
ヤビム人 Yabim 上：79, 80, 153 下：174, 186
ヤブメ・アイモ Jabme-Aimo 下：164
山 Mountains 一への供犠 下：93
ヤマアラシ Porcupine 下：35, 109, 156, 168, 188, 238
ヤマウズラ Partridge 下：188
ヤマネ Dormice 下：177
ヤムイモ Yams 上：5, 76-80, 87-89, 91, 157, 160, 205, 237, 264, 271, 273-275, 279, 280 下：48, 51-54, 64, 77, 83, 84, 89-92, 272-274
ヤン・セリ Yang-Seri 下：36
憂鬱症 Melancnoly 下：261
勇気（胆嚢にある） Courage 下：100
遊牧社会の段階 Pastoral stage of society 下：37, 38
遊牧民族 Pastoral tribes 下：196
ユカン Phyllanthus emblica 下：85
ユダヤ人 Jews 上：34, 197 下：31, 33, 167, 220
ユチ先住民 Yuchi Indians 下：262
ユノー Juno 上：30
ユピテル Jupiter 下：93
ユピテル（クレタ王） Jupiter 上：30
指輪 Ring 上：112, 243
夢 Dream 不滅に関する信仰の源 下：165
ユラカレ先住民 Yuracares Indians 下：151, 163
ユーラカン（魚） Olachen fish 下：162
ユールの猪 Yule Boar 上：197-199 下：29, 41, 205
ユールの雄羊 Yule ram 下：204-205
ユールの山羊 Yule Goat 下：204-205
ユールの藁 Yule straw 上：197-198, 262
容器 Vessels 熊の肉用の一 下：127, 128; 初

収穫物に用意した— 下：46, 48, 55, 56, 59, 63, 65
善き精霊　Good Spirit　上：139
予言　Prophecy　下：99
余所者　Stranger　穀物霊の表象としての— 上：105, 152, 153, 168; —の人身供犠　上：161; —の排除　上：73, 82, 165, 232
四年周期　Quadriennial period of Greek games 上：65, 67-69, 230
ヨルバ人　Yoruba　上：273, 279　下：73, 102
ヨーロッパの穀物　Cereals in Europe　初期アーリア民族の栽培　上：94; 有史以前の栽培 上：65
ヨンベ人　Yombe　下：82

ら行

ライオン　Lion　下：69, 98-99, 101, 107, 109, 110, 135, 138, 146-147, 181-182, 188, 276-277
ライ麦女　Rye-woman　上：151
ライ麦の犬　Rye-pug　上：180
ライ麦の猪　Rye-boar　上：196, 197
ライ麦の狼　Rye-wolf　上：178-181
ライ麦の花嫁　Rye-bride　上：113
ライ麦の母　Rye-mother　上：95, 96
ライ麦の雌豚　Rye-sow　上：178, 196
ライ麦の物乞い　Rye-beggar　上：155
ライ麦の山羊　Rye-goat　上：185, 186
ライ麦の老婆　Old Rye-woman　上：95, 99, 103, 151, 156
ラケリマラザ（神）　Rakelimalaza　下：43
ラピュスティアのゼウス　Laphystian Zeus 上：36
リクニテス（箕の男）　Liknites　上：25, 37
リス　Squirrel　下：184
リディア人　Lydians　上：31
リテュエルセス　Lityerses　上：145-177, 250, 255
リトアニア人　Lithuanians　上：95
リノス（アイリノス）　Linus or Ailinus　上：146, 170-171, 174, 250
リーベル・パテル　Fathe Liber　上：29, 215 下：93
竜の血　Dragon's blood　下：100
リュケイオン　Lyceum　下：179
リルウェット人　Lillooet Indians　下：146, 155
リル・マヨラン（神）　Lir majoran　下：88
リンゴ　Apple　上：24, 48, 49; —の木　下：22
輪作　Rotation of crops　上：86
類感（模倣）呪術　Homoeopathic or imitative magic　上：28, 56, 60, 173, 232, 246, 247　下：96-111, 169, 171, 206-208, 275
類人猿　Apes　下：109, 151
ルオ人　Ja-luo　下：98
ルクンゲン部族　Lkungen tribe　下：162
ルシャイ・クキ部族　Lushei Kuki　下：273
ルーチュー先住民　Loucheux Indians　下：168
ルリチャ部族　Luritcha tribe　下：164
霊魂　Soul　肝臓に位置する　下：101; 毛虫の中の人間—　下：174; 人間霊魂の動物への転生　下：180-193; —の不滅　上：31　下：133
霊魂の転生　Transmigrations of souls　古代インドにおける教え　下：188; 古代ギリシアの— 下：188-189, 193
霊媒　Medium　下：138
レサ人　Lesa　上：273
レーシイ（森の霊）　Ljeschie　下：20
レスリング　Wrestling　上：72, 75, 228, 272 下：92
レット人　Letts　上：81　下：179
レーナイオーン月　Lenaeon　上：58
レングア先住民　Lengua Indians　上：202　下：157
ロウス月　Lous　上：171, 255
老婆（最後の束）　Old Woman　上：97-100, 102-104, 114, 151, 156, 167, 199, 276
〈老魔女〉を焼く　Burning the Old Witch　上：151
老爺（最後の束）　Old Man　上：97-99, 104
ローサイ人　Lhoosai　上：89
ロシアの森の霊　Russian wood-spirits　下：20
ロータ・ナガ人　Lhota Naga　上：162
ロバ　Ass　下：42, 136, 188, 193, 211
ロマ　Zypsy　上：37-38
ローマ人　Roman　上：54, 70, 131, 172, 208, 248　下：26, 43, 71, 93, 198, 210
ローマ人の白カビ崇拝　Romans worship mildew 下：178
ロロ（族長）　Rollo　下：101
ロンガ人　Ronga　上：281　下：272

わ行

ワイン　Wine　上：32, 38-40, 56, 188　下：93, 111, 207, 240

ワカン　Wakan　下：242
惑星　Planets　上：172, 202, 207
ワゴゴ人　Wagogo　下：32, 98, 102, 174
鷲　Eagles　下：129–130, 135, 151, 170
ワシミミズク　Eagle-owl　下：129
ワジャッガ人　Wajagga　下：99, 269
ワ人　Wa　上：161
綿　Cotton　下：86
ワタトゥル人　Wataturu　下：65
ワドウェ人　Wadowe　上：87
鰐（クロコダイル）　Crocodile　下：32, 33, 43, 75, 88, 98, 136–139, 176, 181, 183, 184, 186, 187, 189, 245, 246, 281
ワヘイア人　Waheia　下：32
ワヘヘ人　Wahehe　下：32
ワベンデ人　Wabende　下：271
ワボンデイ人　Wabondei　下：98
ワメギ人　Wamegi　上：160, 253
藁　Straw　—詰めの雄牛 上：190 下：21, 22; 懺悔の三が日の熊に使う 下：203–204; ユールの— 下：204; —人形 下：22, 77, 229; —の熊 下：205, 206
ワンガタ人　Wangata　上：273
ワンダンバ人　Wandamba　下：277
ワンヤムウェシ人　Wanyamwezi　上：87 下：146

地名索引

あ行

アーガイルシャー　Argyleshire　上：100, 109, 114, 116
アイゼナッハ　Eisenach　上：155
アイゼナッハ・オーバーラント　Eisenach Oberland　上：185
アイルランド　Ireland　上：108, 241, 275–276　下：200
アイレイ島　Islay　上：100, 116
アウクスブルク　Augsburg　上：196
アウリッヒ　Aurich　上：177, 184
アカルナイ　Acharnae　上：25
アクロポリス　Acropolis　上：37, 40, 233　下：21, 40–41, 222
アシュバッハ　Aschbach　上：148
アッサム　Assam　上：89, 170, 233, 234, 255　下：74, 84, 100, 183, 210, 223, 273
アッシニ王国　Assinie　下：54
アッティカ　Attica　下：21, 22, 23, 27, 93, 179, 193, 215, 216
アテナイ　Athens　上：25, 32, 39–41, 42, 46, 47, 50–56, 61, 62, 65, 68, 72, 218, 224, 226, 228, 229, 231, 233, 234　下：21, 22, 27, 40, 41, 93, 143, 179, 222, 229
アードリシグ　Ardrishaig　上：109
アーネベルゲン　Ahnebergen　上：180
アバディーンシャー　Aberdeenshire　上：110, 112, 113, 146
アバドゥール　Aberdour　上：110, 111
アビュドス　Abydos　上：256
アフリカ　Africa　上：36, 112, 160, 166, 171, 172, 173, 206, 222, 232, 256, 281　下：38, 39, 41, 98–99, 115, 138, 146–147, 181, 238, 259; 北アフリカ　上：123　下：99; 中央アフリカ　上：87, 274　下：32, 81, 101, 142, 146, 182, 196; 西アフリカ　上：86–87, 93, 160, 272　下：43, 51, 54, 73, 77, 83, 97, 99, 103, 109, 115, 147, 151, 181, 253; 東アフリカ　下：269　下：82, 147; 南アフリカ　上：84, 86, 206–207　下：35, 58, 81, 97, 109, 110, 177, 181, 280
アマゾン　Amazon　上：88, 203, 282　下：105
アモイ　Amoy　下：76
アミアン　Amiens　上：185
アメリカ　America　上：88, 119–122, 232　下：38, 163, 167, 175, 241, 262
アヤンボリ　Ayambori　上：89
アラスカ　Alaska　下：135, 142, 153, 161, 169, 253　下：135, 142, 153, 161, 169, 253
アラド　Arad　上：191
アリキア　Aricia　下：71–72, 228, 269
アリゾナ　Arizona　上：204
アルキュオニア湖　Alcyonian Lake　上：31
アルゴス　Argos　上：31
アルザス　Alsace　上：189, 195
アルジェリア　Algeria　上：217
アル諸島　Aru Islands　下：100
アルティスハイム　Altisheim　上：97
アルデンヌ　Ardennes　下：175
アルト・ピラオ　Alt-Pillau　上：99
アルトレスト　Alt Lest　上：155
アルパック　Alpach　上：113
アルバニア　Albania　下：176
アルブケルケ　Albuquerque　上：282
アロス　Alus　上：36
アンダマン諸島　Andaman Islands　上：232　下：109
アントリム州　Antrim　上：102, 108, 275, 276
アンナン　Annam　下：25, 249, 273
アンハルト　Anhalt　上：152, 156, 184, 262
アンボイナ　Amboyna　下：88
イアリュソス　Ialysus　下：42, 43
イェリシャウ　Jarischau　上：63
威海衛　Weihaiwei　下：25
イギリス領ギアナ　British Guiana　上：88　下：104
イギリス領中央アフリカ　British Central Africa　上：207　下：32, 35, 98, 102
イギリス領ニューギニア　British New Guinea　上：271, 274, 275　下：275
イギリス領東アフリカ　British East Africa　上：86, 87, 208, 235　下：54, 65, 82, 99
イースター島　Easter Island　下：93
イストミア　Isthmia　上：69
イースト・ライディング　East Riding　上：

151
イダ　Idah　下：147
イタリア　Italy　上：29, 52, 169, 184　下：19, 20, 28, 93, 216, 232
イツグルント　Itzgrund　上：99
イバダン　Ibadan　上：279
イル・ド・フランス　Isle de France　上：150, 152
インヴァネスシャー　Inverness-shire　上：113, 242
イングランド　England　上：41, 57, 103, 106, 107, 108, 115, 121, 200, 240, 241, 248, 258　下：200, 205, 206, 208, 266
インジア川　Inzia river　上：87
インデルスドルフ　Indersdolf　上：189
インド　India　上：26, 27, 29, 89, 140, 150, 162, 171, 222, 238, 252, 269, 270, 276, 284　下：33, 34, 38, 49-50, 68, 70-72, 84-86, 100, 188, 196, 198, 201, 203, 232, 261, 273 , 275
インドシナ　Indo-China　上：162
インド諸島　Indian Archipelago　上：90, 170, 205　下：138
インドネシア　Indonesia　上：124-127, 132, 246　下：156
ヴァイデン　Weiden　上：99
ウアウペス川　Uaupes River　上：88
ヴァンツレーベン　Wanzleben　上：181
ヴァンネフェルト　Wannefeld　上：189
ヴィクトリア湖　Lake Victoria Nyanza　上：87　下：138, 142, 269, 271, 277
ウィザ　Viza　上：37, 38
ヴィシャーカパトナム　Vizagapatnam　上：162
ヴィーゼント渓谷　Wiesent　上：186
ウィダー　Whydah　下：181
ヴィッティケナウ　Wittichenau　上：105
ヴィーデングハルデ　Wiedingharde　上：155
ウィトルジー　Whittlesey　下：205, 206
ヴィルキシュケン　Wilkischken　上：151
ウェールズ　Wales　上：101
ヴェスターヒューゼン　Westerhüzen　上：96
ヴェストファーレン　Westphalia　上：97, 98, 182, 183, 195, 240
ウェタル島　Wetar　下：32
ヴェルダン　Verdun　上：180
ヴェルムランド　Wermland　上：155　下：45
ヴェンデ地方　Vendee　上：173
ヴォージュ山脈　Vosges Mountains　上：180, 184, 185
ヴォルヘンビュッテル　Wolfenbuttel　上：106
ヴォレッツ　Wolletz　上：98
ヴォロネジ　Voroneje　上：156
ウガンダ　Uganda　上：87　下：102, 138, 148
ウサガラ丘陵　Usagara hills　上：160
ウジンゲン　Usingen　上：195
ヴズール　Vesoul　上：185
ウドヴァルヘリ　Udovarhely　上：150, 183
ウベア島　Uvea　下：278
ヴュルテンブルク　Würtemburg　上：188
ヴュルムリンゲン　Wurmlingen　上：191
ヴュンシェンズール　Wünschensuhl　上：182
ウラワ島　Ulawa　下：187, 274
ウンナ　Unna　上：98
エアシャー　Ayrshire　上：108, 184
エイト・ハメド　Ait Hamed　下：280
エウボイア島　Euboea　上：217
エクアドル　Ecuador　上：158
エジプト　Egypt　上：23, 24, 26, 32, 42, 50, 145-146, 170-174, 230, 256　下：31, 32, 34, 36, 37, 39, 41, 74, 114, 115, 143, 147, 219, 222
エストニア　Esthonia　上：28, 198
エセックス　Essex　下：200
エーゼル島　Oesel　上：196, 198　下：47, 173
エゾ　Yezo　下：118, 121
エトナ山　Mount Etna　上：53, 224
エピダウロス　Epidaurus　上：226
エピナル　Epinal　上：180
エフェソス　Ephesus　上：226
エペイロス　Epirus　上：93
エリス　Elis　上：32, 218
エルヴァンゲン　Ellwangen　上：188
エルゴン山　Mount Elgon　上：273　下：271
エルフルト地方　Erfurt　上：97, 150
エレウシス　Eleusis　上：42-44, 50-65, 70-71, 72, 81-83, 112, 113, 124, 127, 129, 157, 220, 223, 225, 226-231　下：24, 26, 93, 208
エロパンゴ　Elopango　上：159
オークニー諸島　Orkney Iskands　上：279
オー湖　Loch Awe　上：100, 115
オーストラリア　Australia　上：80, 91-93, 263　下：74, 100, 102, 103, 109, 164, 171, 252, 253, 275
オーストリア　Austria　上：103, 104, 113, 182, 192
オスナブリュック地方　Osnabrück　上：97
オセール　Auxerre　上：96, 191

オニチャ　Onitsha　下：51, 73
オーバープファルツ　Oberpfalz　上：150
オーバーメトリンゲン　Obermedlingen　上：191
オフォーテン　Oefoten　上：186
オーベリンタール　Oberinntal　上：188
オランダ　Holland　上：155, 184
オランダ領ニューギニア　Dutch New Guinea　上：89
オランダ領ボルネオ　Dutch Borneo　上：206
オリノコ川　Orinoco River　上：90, 203
オリュンポス　Olympus　上：43, 58
オルコメノス　Orchomenus　上：36
オルミュッツ　Olmutz　上：155
オンストメッティンゲン　Onstmettingen　上：196

か行

カイマニ湾　Kaimani Bay　上：89
カイロネア　Chaeronia　上：49
カヴィロンド　Kavirondo　下：32
カスタボス　Castabus　下：66, 220
ガゼル半島　Gazelle Peninsula　上：89
ガダルカナル島　Guadalcanar　下：89
カナラ　Canara　上：270
ガブリンゲン　Gablingen　上：186
ガボン　Gaboon　上：87
カムチャツカ　Kamtchatka　下：124, 127, 241
カメルーン　Cameroon　上：273
ガヨ地方　Gayo-land　下：36
樺太　Saghalien　下：118, 122, 123, 129, 244
カラブリア　Calabria　下：105
カリアのケルソネス　Carian Chersonese　下：66
ガリチア　Galicia　上：96, 182
カリフォルニア　California　下：109, 115, 162, 240, 241, 275
カリンティア　Carinthia　上：151
カルウ　Kalw　上：192
カルカソンヌ　Carcassone　下：200
ガルデレーゲン　Gardelegen　上：189
カルナック　Karnak　上：172
カルベ　Calbe　上：189
カンゲアン諸島　Kangean archipelago　下：176
カンペ　Campe　上：195
カンボジア　Cambodia　下：36, 76, 152
ギアナ　Guiana　上：282; →イギリス領―
キール　Kiel　上：184
キジバ　Kiziba　上：87　下：142, 271, 277
北アメリカ North America　上：122, 130, 138, 139, 248
キタイロン山　Mount Cithaeron　上：218
北ナイジェリア　Northern Nigeria　下：107, 276
北ユーイスト島　North Uist　上：116
北ローデシア　Northern Rhodesia　上：274, 281　下：82, 106, 172, 272, 277
キプロス　Cyprus　上：171, 248
ギャロウェイ　Galloway　上：183-184
ギュイエンヌ　Guyenne　上：181
キュジコス　Cyzicus　上：31
キュナイタ　Cynaetha　上：31
ギリシア　Greece　上：5, 23-41, 42-71, 82, 93, 94, 114, 122, 135, 140-144, 145, 208, 216, 222, 224, 229, 230, 255, 269　下：19, 20, 23, 29, 31, 33, 34, 43, 99, 174, 178, 179, 188, 191, 193, 208, 209, 216, 261, 265
キリマンジャロ山　Mount Kilimanjaro　下：269
ギルギット　Gilgit　下：50
キルヒレナン　Kilchrenan　上：115
キルマーノック　Kulmarnock　上：184
キルマーティン　Kilmartin　上：109
ギルラックスドルフ　Girlachsdorf　上：98
キワイ島　Kiwaii　上：80
キングズミル諸島　Kingsmill Islands　下：90
キンタイア半島　Kintyre peninsula　上：100, 116
キンロス　Kinross　上：152
グアサクアルコ　Guazacualco　下：164
グアヤキル　Guayaquil　上：158
クイーン・シャーロット諸島　Queen Charlotte Islands　上：34　下：145
クウィル川　Kwilu river　上：87
クオップ地方　Quop　上：129
クスコ　Cuzco　上：203
クノッソス　Cnossus　上：40, 66, 68
クプファーベルク　Kupferberg　上：156
クマシ　Coomassie　下：53-54, 102
クラウゼンブルク　Klausenburg　上：183
グラウデンツ　Graudenz　上：190
クラクフ　Cracow　上：103
グラン・チャコ　Gran Chaco　上：202, 282
グリューネベルク　Grüneberg　上：185
クリンラリッホ　Crianlarich　上：115

クルスク　Kursk　上：156
グルノーブル　Grenoble　上：187
クルランド　Courland　上：197
クレタ島　Crete　上：30, 56, 94, 238　下：219
グレンコー　Glencoe　上：115
クロイツブルク　Kreutzburg　上：186
クロクシン　Kloxin　上：149
クロヌ　Klonu　下：272
ゲアロッホ　Gareloch　上：110, 177, 250
ケイ諸島　Kei Islands　下：88
ケイスネス　Caithness　上：101
ケダ　Kedah　上：281
ケニア　Kenya　上：273　下：271
ケルン　Cologne　上：181
ケント　Kent　上：107, 251
ケンブリッジ　Cambridge　上：103
コスティ　Kosti　上：38, 39
コス島　Cos　上：48, 51, 56, 57
コーチシナ　Cochin China　下：140, 183
コートドール　Côte-dór　上：195
コーニッツ　Conitz　上：189
ゴームスール　Goomsur　上：254
コーラーヴィンケル　Kohlerwinkel　上：196
コリンヒェン　Chorinchen　上：104
コーンウォール　Cornwall　上：175, 177, 257
コンゴ　Congo　上：85, 87, 273, 281　下：182
コンゴ川下流　Lower Congo　下：272
コンスタンティノープル　Constantinople　下：177
コンメニイ　Kon-Meney　下：183
ゴンメルン　Gommern　上：149

さ行

サア島　Saa　下：90, 274
サヴェルヌ　Zabern　上：189, 195
サオヌ・エ・ロアール　Sâone-et-Loire　上：195
ザクセン　Saxony　上：96, 98, 105, 113
ザクセン・コーブルク　Saxe-Coburg　上：99
サグマンテン　Szagmanten　上：156
サザランドシャー　Sutherlandshire　上：113, 243　下：47
サフォーク　Sufolk　上：240
ザムラント　Samlant　上：99
サモア　Samoa　下：34, 93
サモス　Samos　上：218
サ・モン・カム州　Hsa Möng Hkam　上：130
サラワク　Sarawak　上：205, 206, 232
サリーニェ　Saligné　上：105
ザルツァ　Salza　上：197
ザルツヴェデル　Salzwedel　上：189
ザルツブルク　Salzburg　上：103
ザルデルン　Saldern　上：106
ザンクトガレン州　St. Gall　上：186
サン・クリストバル島　San Cristoval　下：273, 281
ザンジバル　Zanzibar　上：157
サンデー島　Sanday　上：279
サンドウィッチ諸島　Sandwich Islands　下：184
サント・マリー島　Isle of St. Mary　下：150
サン・フアン・カピストラーノ　San Juan Capistrano　上：90
ザンベジ川　Zambesi river　上：86　下：81, 98, 182, 280
ジェベル・ヌバ　Jebel-Nuba　下：83, 143
シエラレオネ　Sierra Leone　上：208
シェラン島　Zealand　上：155
シキオン　Sicyon　下：179
シチリア　Sicily　上：53, 55, 224
下コンゴ　Lower Congo　上：281
シャフハウゼン　Schaffhausen　上：191
シャム　Siam　上：26　下：76, 137
ジャワ島　Java　上：26, 126, 135, 136, 146, 206, 247　下：101, 138, 175
シャンベリー　Chambéry　上：181, 190, 191
シュヴァーベン　Swabia　上：97, 186, 190, 191, 196
シュタイエルマルク　Styria　上：95, 167, 186
シュタイナウ　Steinau　上：195
シュターデ　Stade　上：180, 195
シュッタルシェン　Schüttarschen　上：105, 156
シュテッティン　Stettin　上：149, 154
シュトゥットガルト　Stuttgart　上：192
シュトラウビンク　Straubing　上：186
シュトレーリッツ　Strehlitz　上：63
シュパハブリュッケン　Spachbrücken　上：186
ジュラ地方　Jura　上：180
シュレジエン　Silesia　上：63, 97, 98, 99, 104, 105, 113, 114, 150, 155, 156, 180, 182, 185, 190, 194
シュレースヴィヒ　Schleswig　上：155, 189
シュロップシャー　Shropshire　上：177, 192,

258
小アジア　Asia Minor　上：170, 208
ショートランド諸島　Shortland Islands　上：280
シリア　Syria　上：23, 42, 145, 173, 255　下：31, 176, 253
ジルバーベルク　Silberberg　上：105
シンバン　Simbang　上：153　下：186
スイス　Switzerland　上：186, 190, 194
スウェーデン　Sweden　上：105, 155, 184, 197–199, 237　下：45, 101, 204, 264
スカイ島　Skye　上：114, 187
スカンディナビア　Scandinavia　上：197
スキロン　Scirum　上：233
スコットランド　Scotland　上：99, 101, 107–109, 112–114, 134, 140–142, 152, 153, 157, 167, 242, 261, 276　下：42, 45, 161, 198, 201
スーダン　Sudan　下：83, 143, 276　下：83, 143, 276
ストーンヘイヴン　Stonehaven　上：113
スパルタ　Sparta　上：66, 68, 217
スペイン　Spain　上：93, 121
スポティスウッド　Spottiswoode　上：107, 108
スマトラ島　Sumatra　上：131, 133, 134, 206　下：36, 137–140, 185
スランゴール州　Selangor　上：135
スレイヴ・レイク　Slave Lake　下：278
ゼースト　Soest　上：152
セネガンビア　Senegambia　下：115, 138
セラム島　Ceram　上：90　下：49, 87, 138
ゼーラント　Zealand　上：155
セレベス島　Celebes　上：90, 126, 132, 153, 158, 189, 194, 205, 246, 247, 255, 270, 281　下：32, 48, 49, 74, 75, 87, 103, 104, 138, 156, 175
セント・キルダ　St. Kilda　下：201
セント・ジョージ村　St. George　上：37
象牙海岸　Ivory Coast　上：272　下：276
ソシエテ諸島　Society Islanders　上：204
ソロモン諸島　Solomon Islands　上：280　下：65, 89, 90, 187, 273, 274
ソロール　Solor　上：152

た行

大バッサム　Great Bassam　下：24
タイリー　Tyrie　上：110–112
タイリー島　Tiree　上：99
ダウン　Down　上：108, 276
ダウンズ地方　Downs　上：274
タガダート　Tagadirt　下：279
タナ島　Tana　下：89
ダバオ　Davao　上：280　下：275
タヒチ　Tahiti　下：73, 93
ダマ島　Dama　下：75
タマラ島　Tamara　下：186
ダムフリースシャー　Dumfriesshire　上：108
ダラム　Durham　上：106
タルヌフ地方　Tarnow　上：96
タンガニーカ　Tanganyika　下：271, 277
タンガニーカ湖　Lake Tanganyika　上：85, 281　下：82
タンジール　Tangier　上：123
ダンツィヒ　Danzig　上：95, 148
ダントロカストー列島　D'Entrecasteaux archipelago　上：280
ダンバートンシャー　Dumbartonshire　上：110, 177, 250
中央アメリカ　Central America　上：158
中央セレベス　Central Celebes　下：104, 271, 278
中国　China　上：27　下：24–27, 76, 134, 217
チューリッヒ　Zurich　上：156, 191, 195
チューリンゲン　Thüringen　上：104, 150, 156, 182, 191, 196, 251
チュンバ島　Tjumba　下：87
朝鮮　Corea　下：77, 86, 87, 100
チョタ・ナグプル　Chota Nagpur　上：162, 276　下：273, 275
チョドイ　Chodoi　上：135
チロル　Tyrol　上：113, 151, 180, 188
チンナ・キメディ　Chinna Kimedy　上：164, 165
ツサヤン　Tusayan　上：204
ティーゲンホーフ　Tiegenhof　上：97
ディジョン　Dijon　上：190
ティムギシン　Timgissin　下：279
ティモール島　Timor　下：73, 138
ティモール・ラウト　Timor-laut　下：88, 109, 156
ティリュンス　Tiryns　上：66
ティルジット地方　Tilsit　上：151, 156
ティロー州　Tillot　上：151
ディンゲルシュテット　Dingelstedt　上：150
ディンケルスビュール　Dinkelsbuhl　上：95
デインジャー島　Danger Island　上：205
デヴォンシャー　Devonshire　上：174–177

デカン高原　Decan　上：26
テットナンク　Tetnang　上：188
テニンベル島　Tenimber　下：88
テネドス島　Tenedos　上：36, 41
テーベ　Thebes　上：30, 36, 218
デューク・オブ・ヨーク島　Duke of York Island　下：161
デューレンビュヒッヒ　Dürrenbüchig　上：186
デラゴア湾　Delagoa Bay　上：85　下：177
デリー州　Derry　上：276
デルフォイ　Delphi　上：30, 52, 65, 230
デンデラ　Dendereh　上：172
デンマーク　Denmark　上：99, 155, 197　下：204
ドイツ　Germany　上：28, 63, 94, 97, 106, 113, 140, 141, 152, 157, 177, 179, 180, 182-184, 194, 197, 239　下：42, 101, 174, 280
ドイツ領ニューギニア　German New Guinea　上：76, 79-80, 153, 205　下：36, 88, 103, 160, 174, 186
トゥールガウ州　Thurgau　上：186, 190, 191
ドゥクス　Dux　上：180
トゥーミ　Toome　上：275, 276
トゥルーロ　Truro　上：176
トーゴランド　Togoland　上：93, 157　下：51, 77, 83, 84, 147, 156, 272
トスカナ　Tuscany　上：194
ドビシュヴァルト　Dobischwald　上：104
ドフィネ　Dauphiné　上：185
ドブ島　Dobu　上：275
トラヴァンコール　Travancore　上：27　下：171
トラウンシュタイン　Traunstein　上：189, 196
トラキア　Thrace　上：24, 25, 32, 36-41, 213, 218　下：206-208
トラスカーラ　Tlaxcallan　上：158
トランシルヴァニア　Transylvania　上：150, 182, 183, 184, 188, 194　下：173
トリアー　Trèves　上：177, 181
ドレー　Doreh　上：89
トレジャリー島　Treasury Island　上：205
トレス海峡諸島　Torres Straits islands　上：205, 232　下：103
ドレスデン　Doresden　上：191
トレムセン　Tlemcen　上：217
トンガ諸島　Tonga Islands　下：33, 90-94

な行

ナイジェリア　Nigeria　上：272, 273, 279
ナイセ　Neise　上：114
ナイル川　Nile　上：173
ナクソス島　Naxos　上：25
ナッサウ　Nassau　上：195
ナポリ Naples　下：177
ニアサ湖　Lake Nyasa　下：74, 82, 272
ニアス島　Nias　上：90, 157, 206　下：36, 76, 88, 174
ニカラグア　Nicaragua　下：70
西アジア　West Asia　上：23, 146, 169, 170, 174
西インド諸島　West Indies　上：88
ニジェール川三角洲　Niger Delta　下：73
日本　Japan　上：143, 195, 252　下：47, 99, 118, 122, 175, 243, 244
ニムプチュ　Nimptsch　上：63
ニューアイルランド　New Ireland　上：272
ニューカレドニア　New Caledonia　下：48, 103
ニューギニア　New Guinea　上：72, 78, 80-82, 89, 90, 205, 232, 234, 274, 280, 283　下：32, 75, 88, 100, 109, 186, 275; →イギリス領—
ニュー・サウス・ウェールズ州　New South Wales　上：202
ニュージーランド　New Zealand　下：33, 104
ニュー・ディアー　New Deer　上：111
ニューブリテン島　New Britain　上：89, 275, 280
ニューヘブリディズ諸島　New Hebrides　上：205　下：89, 278
ネフテンバッハ　Neftenbach　上：156
ネメア　Nemea　上：69
ネルトリンゲン　Nördlingen　上：150, 152, 195
ノイアウツ　Neuautz　上：197
ノイザース　Neusaass　上：97
ノイシュタット　Neustadt　上：104
ノイハウゼン　Neuhausen　上：149
ノーサンバーランド　Northumberland　上：103, 106
ノース・ライディング　North Riding　上：106
ノルウェー　Norway　上：95, 150, 152, 184, 186　下：101
ノルマンディ　Normandy　上：152, 153, 194

は行

バイエルン　Bavaria　上：95, 99, 104, 106, 148, 150, 156, 186-190, 195, 196
ハイランド地方　Highland　上：108, 110, 114, 115, 141　下：42, 161, 201
ハーヴィー諸島　Hervey Islands　上：204
ハウヌヌ　Haunu nu　下：273
白ロシア　White Russia　上：197
パースシャー　Perthshire　上：109
バストランド　Basutoland　上：86　下：106
ハーゼルベルク　Haselberg　上：152, 188
パタニ湾　Patani Bay　下：137
バーデン　Baden　上：186, 188, 192, 196
ハートフォードシャー　Hertfordshire　上：192
パトラス　Patrae　上：25, 70
ハノーファー　Hanover　上：95, 97, 186
パノペオス　Panopeus　上：48
バビロニア　Babylonia　上：171, 255
バビロン　Babylon　上：23, 171, 255
パラオ諸島　Pelew Islands　下：73, 184
パラグアイ　Paraguay　上：202, 282
ハラン　Harran　上：171, 172
パリ　Paris　下：177, 257
バリ島　Bali　上：136-137, 206　下：176
バルクィッダー　Balquhidder　上：109, 120, 141, 250
パルナッソス山　Parnassus　上：30, 230
ハルマヘラ島　Halmahera　上：126, 194
パレスティナ　Palestine　下：31, 35
バロチスタン　Baluchistan　上：269
ハンガリー　Hungary　上：183, 191
バングウェオロ湖　Lake Bangweolo　上：85
バンクス諸島　Banks'Islands　上：205　下：73
パンジャーブ　Punjaub　上：26, 123
ハンフリー島　Humphrey　上：205
ヒエラポリス　Hierapolis　下：30
東インド諸島　East Indies　上：119, 126, 140, 246, 247　下：48, 87, 100, 176, 244
東フリースラント　East Friesland　上：177, 183
ピカルディ地方　Picardy　上：183
ビジャ（ビシャ）　Bizya　上：37, 39
ビストリツァ　Bistritz　上：194
ビチュニア　Bithynia　上：146, 170, 174
ピットスライゴー　Pitsligo　上：110
ピュイ・ド・ドーム　Puy-de-Dôme　上：192
ピュタンジェ地方　Putanges　上：152, 153
ビラスプール　Bilaspore　上：26
ビルク　Birk　上：184
ビルマ　Burma　上：28, 130, 138, 161, 170, 246, 277　下：84, 86, 183, 258, 270
ファイフ　Fife　上：113, 152
ファイレンホーフ　Fielenhof　上：179
ファスレイン　Faslane　上：177, 242
ファルケナウ　Falkenauer　上：105
プイイ　Pouilly　上：190
フィガリア　Phigalia　下：211
フィジー　Fiji　下：89
フィニステル　Finisterre　上：181
フィリピン諸島　Philippine Islands　上：160, 170, 280　下：37, 103, 275
ブイル　Buir　上：181
フェス　Fez　上：34
フェニキア　Phoenicia　上：146, 170, 171
フェルナンド・ポー島　Fernando Po　下：115, 241
フォアハルツ　Vorharz　上：113
フォキス　Phocis　上：48
フォルダース　Volders　上：151
フォン湾　Huon Gulf　上：79
福州　Foo-Chow　上：26, 27
ブーゲンヴィル海峡　Bougainville Straits　上：205
ブシリス　Busiris　上：172, 256
ブータン　Bhutan　下：76
ブブイ川　Bubui river　下：186
フュルステンヴァルデ　Furstenwalde　上：63, 182
フライ川　Fly River　上：80
プラウス　Prauss　上：63
ブラウンスベルク　Braunsberg　上：186
ブラジル　Brazil　上：82, 89, 202, 206, 232, 236　下：58, 97, 105, 106, 109, 135, 151, 171, 245
フラスカーティ　Frascati　下：269
プラタイア　Plataea　上：65, 68, 230
ブラマプトラ川　Brahmapootra　上：162
ブラーラー　Braller　上：182
ブラワヨ　Bulawayo　下：58
フランケン　Franken　上：105
フランケンヴァルト　Frankenwald　上：156
ブランケンフェルデ　Blankenfelde　上：149
フランシュ・コンテ　Franche-Comte　上：185, 188
フランス　France　上：96, 176, 177, 179-181,

184, 185, 193, 194 下：45, 199, 200
ブランデンブルク　Brandenburg　上：98
ブリ　Brie　上：150, 152
ブリアンソン　Briançon　上：185
フリオス地方　Phlius　上：32
ブリティッシュ・コロンビア　British Columbia　下：64, 78, 93, 97, 100, 135, 142, 145, 146, 153, 155, 160, 161, 162, 169
フリーディンゲン　Friedingen　上：196
プリュギア　Phrygia　上：23, 42, 145, 147, 158, 167-170, 173, 174, 213, 255
ブルガリア　Bulgaria　下：207, 208
ブルゴーニュ　Bourgogne　上：177, 195
ブルターニュ　Brittany　上：96, 141
ブルック　Bruck　上：95
ブル島　Buru　上：126 下：48, 100
ブルボネ　Bourbonnais　上：195
ブルンシャオプテン　Brunshaupten　上：181
ブレス　Bresse　上：177
プロイセン　Prussia　上：63, 97-99, 106, 141, 148, 179, 184-186, 189, 190, 192
プロペタク　Poelopetak　上：126
フロリダ島　Florida　上：264 下：65, 89, 90, 187
ブンツラウ　Bunzlau　上：190
ペシヌース　Pessinus　上：169
ペスニッツ　Pessnitz　上：191
ベスバウ　Besbau　上：63
ヘッセン　Hesse　上：186, 197
ベナン　Benin　上：160 下：54
ヘブリディス諸島　Hebrides　上：99
ベーマーヴァルト山岳地方　Böhmer Wald Mountains　上：187
ペラ　Perak　上：281; 下：280
ベラクルス　Vera Cruz　上：203
ベリー　Berry　上：192, 193
ヘリガン　Heligan　上：176
ベリックシャー　Berwickshire　上：107
ペルー　Peru　上：88, 89, 119, 120, 140, 158, 203, 264 下：159, 180, 252
ペルガモス　Pergamus　下：66
ベルギー領コンゴ　Belgian Congo　上：273
ベルクキルヒェン　Bergkirchen　上：63
ベルネック　Berneck　上：105
ベルネラ島　Bernera　上：100
ベルファスト　Belfast　上：97, 276
ヘルブレヒティンゲン　Herbrechtingen　上：191
ヘルミオン　Hermion　上：32
ヘルムスドルフ　Hermsdorf　上：99
ベルンカステル　Bernkastel　上：187
ベンガル　Bengal　上：89, 163 下：84, 140
ベン・クルアハーン山　Ben Cruachan　上：100
ベンニッシュ地方　Bennisch　上：104
ペンブルックシャー　Pembrokeshire　上：101, 102, 116, 176, 257, 261 下：200
ペンリン島　Penrhyns　上：205
ポアトゥ　Poitou　上：195
ホアヒネ島　Huahine　下：93
ホイエルズヴェルダ　Hoyersweda　上：105
ボイオティア　Boetia　上：24, 36, 47, 48
ホーイック　Hawick　上：241
ボガジム　Bogadjim　下：160
ボカージュ　Bocage　上：194
ホシャンガバード　Hoshangábád　上：150
ポソ　Poso　上：132, 158 下：156
ポツダム　Potsdam　上：149
ポトニエ　Potniae　上：36
ボフスレン　Bohuslan　上：237
ボヘミア　Bohemia　上：98, 102, 105, 152, 156, 187, 188, 190 下：101, 170, 176, 178, 203, 204
ポメラニア　Pomerania　上：154
ポーランド　Poland　上：102, 103, 104, 106, 182, 183, 189, 190
ポリネシア　Polynesia　上：205
ボリビア　Bolivia　上：245 下：97, 106, 151, 163, 181
ボーリンゲン　Bohlingen　上：192, 196
ホルシュタイン　Holstein　上：95, 195
ボルドー　Bordeaux　上：191
ボルネオ島　Borneo　上：72, 81, 82, 90, 127-129, 140, 157, 206, 234, 255, 265 下：26, 49, 74, 75, 87, 99, 136, 185, 243
ホルンカンペ　Hornkampe　上：97
ポワレ県　Poiret　上：105
ホンジュラス　Honduras　下：154
ポンタムソン　Pont à Mousson　上：190
ボントク地方　Bontoc　上：160, 255
ボンベイ　Bombay　下：74

ま行

マイニンゲン　Meiningen　上：197
マクデブルク　Magdeburg　上：95, 97, 149, 181

マグネシア　Magnesia　上：24　下：22, 216
マケドニア　Macedonia　上：171, 255
マダガスカル　Madagascar　上：27　下：43, 84, 109, 139, 150, 183, 222
マット・グロッソ　Matto Grosso　上：202
マドラス　Madras　上：162
マハカム川　Mahakam River　上：76, 128, 129, 206, 232
マブイアグ島　Mabuiag　上：80　下：135
マラッカ　Malacca　上：278
マルクズール　Marksuhl　上：155
マルクトゥル　Marktl　上：188
マルケサス諸島　Marquesas Islands　上：280
マルコ・ティルノブスコ　Malko-Tirnovsko　下：207
マル島　Mull　上：109, 116
マレー川　Murray River　上：91
マレー諸島　Murray Islands　上：275, 280
マレー半島　Malay Peninsula　上：134, 135, 146　下：75
マンティネイア　Mantinea　上：65, 68, 222
マンデリン　Mandeling　上：134　下：140
マン島　Isle of Man　下：199, 202, 264
ミッテルマルク　Mittelmark　上：148
ミナハッサ　Minahassa　上：194　下：48, 74, 87, 104
南アメリカ　South America　上：88, 282
南ショーネン　Southern Schonen　上：155
ミュグリッツ　Müglitz　上：113
ミュケナイ　Mycenae　上：66
ミュコノス島　Myconus　上：58
ミュンツェシャイム　Münzescheim　上：186
ミルザプル　Mirzapur　下：174
ミンダナオ島　Mindanao　上：160, 280　下：275
メキシコ　Mexico　上：117, 120-122, 153-154, 158-159, 166-167, 171-173, 203, 245, 254　下：67-70, 72, 110, 154, 161, 164, 228
メクレンブルク　Mecklenburg　上：154, 180, 181, 186
メタポントゥム　Metapontum　上：227
メルゼブルク　Merseburg　上：149
メンダラム川　Mendalam River　上：75, 76, 128, 246
メーン島　Mon　上：188
モアブ　Moab　上：98
モスバッハ　Mosbach　上：186
モーゼル川　Moselle　上：187, 195
モートロック諸島　Mortlock Islands　下：274
モパネ　Mopane country　下：181
モラヴィア　Moravia　上：113, 207
モロッコ　Morocco　上：34, 123, 277　下：101, 279

や行

ヤムナ川　Jumna　上：123
ユルツェン　Uelzen　上：186
ヨークシャー　Yorkshire　上：106, 151, 240

ら行

ラダク　Ladakh　下：85
ライヒェンバッハ　Reichenbach　上：98
ラヴェンスベルク　Ravensberg　上：195
ラウマエ　Raumae　下：281
ラオス　Laos　上：26
ラグニト　Ragnit　上：151
ラゴス　Lagos　上：160
ラ・シオタ　La Ciotat　下：201
ラジャマハル　Rajamahall　下：85, 140
ラッツェブルク　Ratzeburg　上：154
ラトゥカ　Latuka　下：146
ラドルフツェル　Radolfzell　上：192, 196
ラヌウィウム　Lanuvium　下：28
ラフラフ　Rafurau　下：281
ラミン　Ramin　上：154
ラーロスの野　Rarian Plain　上：43, 60, 62, 81, 157, 229　下：26
ランゲンビーラウ　Langenbielau　上：105
ランファイン　Lanfine　上：108
ランプサコス　Lampsacus　上：47
リディア　Lydia　上：170
リトアニア　Lithuania　上：103, 104, 151　下：46-47, 204, 223
リーフ諸島　Reef Islands　下：48
リベリア　Liberia　上：272
リューゲン島　Rügen　上：180
リュコスラ　Lycosura　下：43
リューネブルク　Lüneburg　上：155, 186
リュネヴィル　Lunévill　上：191
リヨン　Lyons　上：185
リール　Lille　上：193
リンダウ　Lindau　上：156
リンドス　Lindus　下：66
ルーアン　Louhans　上：195

ルアンダ地方　Ruanda　下：269
ルイス島　Lewis　上：100
ルイジアナ　Louisiana　下：61, 153, 155
ルソン島　Luzon　上：160, 255　下：36, 88
ルッカウ　Luckau　上：63
ルマ・ラリ　Lumi lali　上：73, 81
レスボス　Lesbos　上：184
レーレンバッハ　Röhrenbach　上：196
ロアール川　Loire　上：195
ロアンゴ　Loango　上：273
ロイヤルティ諸島　Loyalty Islands　下：278
ロシア　Russia　上：81, 103, 146, 156, 234　下：20, 176, 229, 265
ロスキレ　Roeskilde　上：155
ロスリン　Roslin　上：113
ローゼンハイム　Rosenheim　上：190
ロッホアーバー　Lochaber　上：110
ロートリンゲン　Lothringen　上：151, 167, 180, 190
ローマ　Rome　上：41, 67, 262
ロムスダル　Romsdal　上：150
ロレーヌ　Lorraine　上：180; →ロートリンゲン
ロングノール　Longnor　上：193
ロングフォーガン　Longforgan　上：109
ロンボク島　Lombok　上：136
ロン・ル・ソルニエ　Lons-le-Saulnier　上：180

人名索引

あ行

アウグスティヌス　Augustine　上：70, 248
アウグストゥス　Augustus　上：65
アコスタ　Acosta, J. de　上：119, 120, 244 下：67, 228
アタマス王　Athamas　上：36
アデア　Adair, James　下：167, 226
アポロドロス　Apollodorus　上：219, 220
アポロニウス，ティアナの　Apollonius of Tyana　下：177
アリアーガ　Arriaga, J.　上：244, 264
アリステイデス　Aristides　上：53, 60, 61, 229
アリストテレス　Aristotle　上：65, 227　下：179, 192, 216, 261, 262
アルテミシアとマウソロス　Artemisia and Mausolus　下：106
アンティオコス・ソテル　Antiochus Soter　上：171
アンティノオス　Antinous　上：65, 68
アンドレー　Andree, Dr. Richard　上：201
イソクラテス　Isocrates　上：52
イデラー　Ideler, L.　上：69
ウァロ　Varro　上：70, 231　下：22, 40, 41, 216, 222, 241
ヴィジェノス　Vizyenos, G. M.　上：37, 218
ヴィーデマン　Wiedemann, Prof. A.　下：222
ウィルキンソン　Wilkinson, R. J.　上：125
ウィンステット　Winstedt, R. O.　上：277
ウィルソン-ハッフェンデン　Wilson-Haffenden, J. R.　下：276
ウェルギリウス　Virgil　下：177
ウェルシュ　Welsh, Miss　上：241
ウェレス　Verres, C.　上：57
ウォレス　Wallace, A. R.　上：236
ウッドフォード　Woodford, C. M.　下：89
エウアイネトス　Euainetos　上：227
エウドクソス，クニドスの　Eudoxus of Cnidus　上：66, 230 下：34
エウポルボス　Euphorbus　下：188–189
エウモルポス　Eumolpus　上：43, 60, 61
エウリピデス　Euripides　上：231
エクスタイン　Eckstein, Miss L.　下：264
エリヤ（預言者）　Elijah　上：156
エレクテウス　Erechtheus　上：60
エンペドクレス　Empedocles　下：188–193, 261, 262
オウィディウス　Ovid　上：219, 220
オスキュラティ　Osculati, G.　下：180
オーフェルベック　Overbeck, J.　上：222

か行

カエサル　Caesar, Julius　上：67
カッシング　Cushing, Frank H.　下：241, 242
カリアス　Callias　上：52, 228
カリマコス　Callimachus　上：269
キケロ　Cicero　上：54, 224 下：111
キャメロン　Cameron, Hugh E.　上：242
キャンベル，J　Campbell, Major J.　上：164, 166, 254
キャンベル，J・G　Campbell, Rev. J. G.　上：99, 115
クセノフォン　Xenophon　上：52, 228
クラーク　Clarke, E. D.　上：57, 103, 226, 240
クルック　Crooke, W.　上：252 下 224, 232
グレイ　Grey, Sir George　上：91
クレオストラトス，テネドスの　Cleostratus of Tenedos　上：66, 230
グレガー　Gregor, Rev. Walter　上：110, 242
グレゴリウス，トゥールの　Gregory of Tours　下：177
クレメンス，アレクサンドリアの　Clement of Alexandria　上：44
クロイト　Kruyt, A. C.　上：246, 247
ケクロプス　Cecropus　上：60
ゲミノス　Geminus　上：209
ケレオス王　Celeus　上：43
ケンソリヌス　Censorious　上：69, 230
コルメラ　Columella　上：222

さ行

サアグン　Sahagun, B. de　上：121, 245
サクソ・グラマティクス　Saxo Grammaticus

下：101
サッフォー　Sappho　上：146
サバジオス　Sabazius　上：213
サマヴィル　Somerville, Professor W.　上：247
シャカ（ズールー人独裁者）　Chaka　下：56
シャトーブリアン　Chateaubriand, François-René de　下：94, 227
シュヴァインフルト　Schweinfurth, G.　下：38
シュテルンベルク　Sternberg, Leo　下：127, 131, 244
シュテンゲル　Stengel, P.　上：229
シュミット　Schmidt, A.　上：230
シュレンク　Schrenck, L. von　下：124–127, 244
ショイベ　Scheube, Dr. B.　下：121–122, 243
ジョンソン　Johnson, Dr. Samuel　下：201
シングルトン　Singleton, Miss A. H.　下：264
スカンデルベグ　Scanderbeg, Prince of Epirus　下：104
スキート　Skeat, W. W.　上：135
スタウト　Stout, Professor G. F.　下：253
スチュワート　Stewart, Balfour　下：253
ステファンソン　Stefansson, V.　下：278
スペンサー　Spencer, Herbert　下：190–192
スミス，G・C・ムーア　Smith, Professor, G. C. Moorc　下：205
スミス，W・ロバートソン　Smith, W. Robertson　上：255　下：216, 219, 220, 221, 251, 254, 257
ゼラー　Seler, Edward　上：121, 245
セリグマン　Seligmann, Dr. C. G.　下：222, 231
セルウィウス　Servius　上：214, 217, 250
ソシテオス　Sositheus　上：249
ソフォクレス　Sophocles　上：52

た行

ダーウィン　Darwin, Charles　下：192, 262
ダンカン　Duncan, Mr.　上：33
ディオドロス　Diodorus　上：53–54, 146, 172, 221, 224
ディッテンベルガー　Dittenberger, W　上：223, 229
ティロ　Thilo, G.　上：214
ディーン　Deane, Mrs. J. H.　下：264
デ・ヴィット　de Wit, Augusta　上：247
テオクリトス　Theocritus　上：46, 48, 50, 57, 213, 248
テオフラストス　Theophrastus　上：223, 228
デモクリトス　Democritus　下：100
デュ・プラッツ　Du Pratz, Le Page　下：61, 227
ドーキンス　Dawkins, R. M.　上：218
ド・スメット　De Smet, J.　上：253
ドッドウェル　Dodwell, E.　上：57
ドリュアス　Dryas　上：36

な行

ニーウエンフイス　Nieuwenhuis, Dr. A. W.　上：74–76, 81, 232
ニール　Neil, R. A.　上：216　下：219
聖ニコラウス　St. Nicholas　上：156
ニコルソン，A　Nicolson, A.　上：114
ニコルソン，J　Nicholson, J　上：250, 251
ニルソン　Nilsson, Professor M. P.　上：218, 224, 225, 284　下：216
ノンノス　Nonnus　上：29, 30

は行

バイロン　Byron, George Gordon　上：175
パウサニアス　Pausanias　上：213, 229
バウマイスター　Baumeister, A.　上：219
聖パウロ　St. Paul　上：71
バーク　Bourke, Captain J. G.　下：242
バチェラー　Batchelor, Rev. J.　下：119–121, 128–130, 243, 244
バッジ　Budge, Dr. E. A. Wallis　上：256
ハドフィールド　Hadfield, E.　下：278
ハートランド　Hartland, E. S.　上：239, 251–252
ハドリアヌス　Hadrian　上：65
ハドン　Haddon, Dr. A. C.　上：233, 247
ハリソン　Harrison, Miss J. E.　上：214, 224, 225
バーン　Burne, Miss C. S.　上：175
パンディオン　Pandhion　上：60
ビーヴァー　Beaver, W. N.　上：274
ヒエロン　Hieron　上：227
ヒッポリュトス　Hippolytus　上：44, 227
ヒポクラテス　Hippocrates　上：222
ヒメリオス　Himerius　上：54
ヒュギヌス　Hyginus　上：220

ピュタゴラス　Pythagoras　下：167, 188–189, 261
ピロコロス　Philochorus　上：56
ピンダロス　Pindar　上：60, 62, 64, 68, 229, 230
ファーニヴァル　Furnivall, J. S.　上：246
ファーネル　Farnell, Dr. L. R.　上：216, 222, 225　下：215
フィルミクス・マテルヌス Firmicus Maternus 上：30
フェルキン　Felkin, Dr. R. W.　下：197
フォティオス　Photius　上：250
フカール　Foucart, P.　上：219
ブッダ　Buddha　下：188–190, 260, 261
ブラウン　Brown, Dr. Burton　下：230
プラトン　Plato　下：193, 262
ブランド　Brand, John　上：103
プリニウス　Pliny　上：208, 222, 238, 266
プルタルコス　Plutarch　上：31, 47, 219, 233, 235　下：35, 37, 79, 254
ブルック　Brooke, Rajah　下：137
プレイフェア　Playfair, Major A.　下：210
プレラー　Preller, L.　上：220
プロクロス　Proclus　上：30
ペイシストラトス　Pisistratus　上：219
ヘシオドス　Hesiod　上：46, 47, 49, 51, 222, 228
ヘリック　Herrick, Robert　上：240, 248
ベロソス　Berosus　上：171
ヘロドトス　Herodotus　上：171, 256
ペンテウス　Pentheus　上：36, 218
ホーエンスブロッホ　Hoensbroech, Count von 下：71
ボスカナ　Boscana, Father G.　下：112
ホメロス　Homer　上：24, 42, 43, 45, 56, 58, 71, 94, 158, 170, 219, 220, 221, 228, 242, 249　下：170
ポルピュリオス　Porphyry　下：215–216

ま行

マイヤー　Meyer, Prof. E.　上：256
マイヤーズ　Myres, Professor J. L.　上：225
マウソロス　Mausolus　下：106
マクシモス　Maximus Tyrius　上：225
マクタガート　McTaggart, Dr. J. McT. Ellis 下：262
マクドナルド　Macdonald, Rev. James　下：225
マクファーソン　Macpherson, Major S. C. 上：166
マクラガン　Maclagan, Dr. R. C.　上：115, 116
マッカーシー　M'Carthy, Sir Charles　下：102
マッテス　Matthes, Dr. B. F.　下：87
マリー　Murray, Sir James　上：241
マンハルト　Mannhardt, W.　上：28, 94, 96, 98, 138, 192, 193, 215, 221, 223, 244, 250, 252　下：20, 167, 203, 210, 215, 223
ミダス　Midas　上：147
ミドルトン　Middleton, J. H.　上：175
ミルトン　Milton, John　上：104
ミルン　Milne, Leaslie　下：270
メイ　May, J. D.　下：257
メトン　Meton　上：230
モーガン　Morgan, L. H.　下：248
モムゼン　Mommsen, August　上：219, 223, 229
モールトン　Moulton, Professor J. H.　上：221, 228, 237, 238

や行

ヨヘルソン　Jochelson, W.　下：149

ら行

ライリー　Riley, E. Baxter　上：271
ラウズ　Rouse, Dr. W. H. D.　上：248
ラウスト　Laoust, E.　上：277
ラ・ペルーズ　La Pérouse, Comte de　下：275
ラング　Lang, Andrew　下：21
ラントマン　Landtman, G.　上：271
リヴィングストン　Livingstone, D. and C. 下：280
リッジウェイ　Ridgeway, Professor W.　上：58, 226, 239　下：258
リュクルゴス　Lycurgus　上：36
ルキアノス　Lucian　下：27, 218
ルノルマン　Lenormant, François　上：220
ルーベンゾーン　Rubensohn, O.　上：225
レアルコス　Learchus　上：36
ロスコー　Roscoe, Rev. John　上：253
ロッシャー　Roscher, W. H.　下：215
ロベック　Lobeck, Chr. A.　下：29, 218